普通高等教育“十一五”国家级规划教材

新编21世纪法学系列教材

总主编 曾宪义 王利明

案例行政法教程

第二版

Administrative Law with Case Studies

主 编 莫于川

撰稿人（以撰写章节先后为序）

莫于川 禹竹蕊 康枫翔 李洪雷

李岩松 高文英 郭庆珠 田文利

刘 飞 杨伟东 林鸿潮

中国人民大学出版社

·北京·

编审委员会

主编简介

莫于川 法学博士，中国人民大学法学院教授、宪政与行政法治研究中心执行主任、中国行政法研究所所长，中国行政法学研究会副会长。

内容简介

本书由莫于川教授带领行政法学界一批中青年骨干学者集体编写完成，以典型行政法案例作为研究对象和思考线索，由此展开对于行政法学基本原理和知识的学习讨论，力图把提升解决行政法制实务问题与行政法学理论问题的能力结合起来，意在“以案学法”，通过行政案例的分析研讨，帮助读者初步掌握行政法学的基本原理。本书内容涉及当代行政法的基本方面，包括：行政法的基本理念和基本原则；行政机关、被授权组织以及受委托组织、行政公务人员、行政相对人和行政组织法、人员法等方面的知识；行政主体的各类公法行为的内容，包括行政立法行为和制定其他规范性文件等抽象行政行为，行政许可、行政处罚、行政强制、行政征收、行政征用、行政确认、行政奖励、行政给付、行政紧急行为等行政执法行为，行政裁决和行政仲裁等行政司法行为，行政合同、行政指导、行政规划等新型行政管理行为方式，以及行政程序法制的有关内容；对行政权力予以监督制约和对行政相对人合法权利予以法律救济，包括监督行政法制、行政复议、行政赔偿、行政补偿、行政诉讼等内容。本书脉络清晰、内容丰富、形式新颖，各章的结构体例大致包括【本章提要】、【阅读资料】、【探讨性案例】、【复习题】等板块，每章各节包括【案例介绍】、【案例分析】、【法律背景】、【知识点介绍】等部分。作者希望通过教材的充实内容和创新体例，给读者提供更多的参考信息和更大的思考空间，有助于读者正确理解和运用行政法知识，特别是有助于读者通过本书的学习，可以在案例分析基础上及相应的理论知识讲解中，直接把握行政法的基本理念、概念和原理，同时提高解决行政法制实务问题的能力，有利于成长为适应新时期法治中国建设要求的人才。

作者简介

禹竹蕊　法学博士，四川行政学院教授，中国行政法研究所研究员

康枫翔　法学博士，甘肃政法学院副教授，中国行政法研究所研究员

李洪雷　法学博士，中国社会科学院法学研究所研究员、室主任，中国行政法研究所研究员，中国行政法学研究会理事

李岩松　法学博士，黑龙江大学法学院教授

高文英　法学博士，中国人民公安大学法律系教授，中国行政法研究所研究员，中国行政法学研究会常务理事

郭庆珠　法学博士，天津师范大学法学院副教授，中国行政法研究所研究员，中国行政法学研究会理事

田文利　法学博士，河北工业大学文法学院副教授，中国行政法研究所研究员，中国行政法学研究会理事

刘　飞　法学博士，中国政法大学中欧法学院教授、院长，中国行政法研究所研究员，中国行政法学研究会常务理事、副秘书长

杨伟东　法学博士，国家行政学院法学部教授、副主任，中国行政法研究所研究员，中国行政法学研究会常务理事

林鸿潮　法学博士，中国政法大学法治政府研究院副教授、应急法研究中心执行主任，中国行政法研究所研究员

撰写分工

本书第二版撰写分工是——莫于川：导言、各编导读、第一章、第二章、结语、附录；禹竹蕊：第二章、第十一章、附录；康枫翔：第二章、附录；李洪雷：第三章；李岩松：第四章、第五章；高文英：第六章；郭庆珠：第七章、第八章、第十章；田文利、刘飞：第九章；刘飞：第十一章；杨伟东：第十二章、第十六章；林鸿潮：第十三章、第十四章、第十五章。较之本书第一版，本书第二版的作者增加了禹竹蕊、康枫翔，撰写分工略有调整。本书由莫于川负责补充、修改、统稿，第一版由高文英、柳雁军、赵燕、赵鑫、于阳、刘威、孔凡松协助主编工作，第二版由禹竹蕊、康枫翔、谢林江、殷守革协助主编工作。

总　序

曾宪义

在人类文明与文化的发展中，中华民族曾作出过伟大的贡献，不仅最早开启了世界东方文明的大门，而且对人类法治、法学及法学教育的生成与发展进行了积极的探索与光辉的实践。

在我们祖先生存繁衍的土地上，自从摆脱动物生活、开始用双手去进行创造性的劳动、用人类特有的灵性去思考以后，我们人类在不断改造客观世界、创造辉煌的物质文明的同时，也在不断地探索人类的主观世界，逐渐形成了哲学思想、伦理道德、宗教信仰、风俗习惯等一系列维系道德人心、维持一定社会秩序的精神规范，更创造了博大精深、义理精微的法律制度。应该说，在人类所创造的诸种精神文化成果中，法律制度是一种极为奇特的社会现象。因为作为一项人类的精神成果，法律制度往往集中而突出地反映了人类在认识自身、调节社会、谋求发展的各个重要进程中的思想和行动。法律是现实社会的调节器，是人民权利的保障书，是通过国家的强制力来确认人的不同社会地位的有力杠杆，它来源于现实生活，而且真实地反映现实的要求。因而透过一个国家、一个民族、一个时代的法律制度，我们可以清楚地观察到当时人们关于人、社会、人与人的关系、社会组织以及哲学、宗教等诸多方面的思想与观点。同时，法律是一种具有国家强制力、约束力的社会规范，它以一种最明确的方式，对当时社会成员的言论或行动作出规范与要求，因而也清楚地反映了人类在各个历史发展阶段中对于不同的人所作出的种种具体要求和限制。因此，从法律制度的发展变迁中，同样可以看到人类自身不断发展、不断完善的历史轨迹。人类社会几千年的国家文明发展历史已经无可争辩地证明，法律制度乃是维系社会、调整各种社会关系、保持社会稳定的重要的工具。同时，法律制度的不断完善，也是人类社会文明进步的显著体现。

由于发展路径的不同、文化背景的差异，东方社会与西方世界对于法律的意义、底蕴的理解、阐释存有很大的差异，但是，在各自的发展过程中，都曾比较注重法律的制定与完善。中国古代虽然被看成是“礼治”的社会、“人治”的世界，被认为是“只有刑，没有法”的时代，但从《法经》到《唐律疏议》、《大清律例》等数十部优秀成文法典的存在，充分说明了成文制定法在中国古代社会中的突出地位，唯这些成文法制所体现出的精神旨趣与现代法律文明有较大不同而已。时至20世纪初叶，随着西风东渐、东西文化交流加快，中国社会开始由古代的、传统的社会体制向近现代文明过渡，建立健全的、符合现代理性精神的法律文明体系方成为现代社会的共识。正因为如此，近代以来的数百年间，在西方、东方各主要国家里，伴随着社会变革的潮起潮落，法律改革运动也一直呈方兴未艾之势。

从历史上看，法律的文明、进步，取决于诸多的社会因素。东西方法律发展的历史均充分证明，推动法律文明进步的动力，是现实的社会生活，是政治、经济和社会文化的变迁；同时，法律内容、法律技术的发展，往往依赖于一大批法律专家以及更多的受过法律教育的社会成员的研究和推动。从这个角度看，法学教育、法学研究的发展，对于法律文明的发展进步，也有着异常重要的意义。正因为如此，法学教育和法学研究在现代国家的国民教育体系和科学研究体系中，开始占有越来越重要的位置。

中国近代意义上的法学教育和法学研究，肇始于19世纪末的晚清时代。清光绪二十一年（公元1895年）开办的天津中西学堂，首次开设法科并招收学生，虽然规模较小，但仍可以视为中国最早的近代法学教育机构（天津中西学堂后改名为北洋大学，又发展为天津大学）。三年后，中国近代著名的思想家、有“维新骄子”之称的梁启超先生即在湖南《湘报》上发表题为《论中国宜讲求法律之学》的文章，用他惯有的富有感染力的激情文字，呼唤国人重视法学，发明法学，讲求法学。梁先生是清代末年一位开风气之先的思想巨子，在他的辉煌的学术生涯中，法学并非其专攻，但他仍以敏锐的眼光，预见到了21世纪中国法学研究和法学教育的发展。数年以后，清廷在内外压力之下，被迫宣布实施“新政”，推动变法修律。以修订法律大臣沈家本为代表的一批有识之士，在近十年的变法修律过程中，在大量翻译西方法学著作，引进西方法律观念，有限度地改造中国传统的法律体制的同时，也开始推动中国早期的法学教育和法学研究。20世纪初，中国最早设立的三所大学——北洋大学、京师大学堂、山西大学堂均设有法科或法律学科目，以期“端正方向，培养通才”。1906年，应修订法律大臣沈家本、伍廷芳等人的奏请，清政府在京师正式设立中国第一所专门的法政教育机构——京师法律学堂。次年，另一所法政学堂——直属清政府学部的京师法政学堂也正式招生。这些大学法科及法律、法政学堂的设立，应该是中国历史上近代意义上的正规专门法学教育的滥觞。

自清末以来，中国的法学教育作为法律事业的一个重要组成部分，随着中国社会的曲折发展，经历了极不平坦的发展历程。在20世纪的大部分时间里，中国社会一直充斥着各种矛盾和斗争。在外敌入侵、民族危亡的沉重压力之下，中国人民为寻找适合中国国情的发展道路而花费了无穷的心力，付出过沉重的代价。从客观上看，长期的社会骚动和频繁的政治变迁曾给中国的法治与法学带来过极大的消极影响。直至70年代末期，以“文化大革命”宣告结束为标志，中国社会从政治阵痛中清醒过来，开始用理性的目光重新审视中国的过去，规划国家和社会的未来，中国由此进入长期稳定、和平发展的大好时期，以这种大的社会环境为背景，中国的法学教育也获得了前所未有的发展机遇。

从宏观上看，实行改革开放以来，经过二十多年的努力，中国的法学教育事业所取得的成就是辉煌的。首先，经过“解放思想，实事求是”思想解放运动的洗礼，在中国法学界迅速清除了极左思潮及苏联法学模式的一些消极影响，根据本国国情建设社会主义法治国家已经成为国家民族的共识，这为中国法学教育和法学研究的发展奠定了稳固的思想基础。其次，随着法学禁区的不断被打破、法学研究的逐步深入，一个较为完善的法学学科体系已经建立起来。理论法学、部门法学各学科基本形成了比较系统和成熟的理论体系和学术框架，一些随着法学研究逐渐深入而出现的法学子学科、法学边缘学科也渐次成型。1997年，国家教育主管部门和教育部高校法学学科教学指导委员会对原有专业目录进行了又一次大幅度调整，决定自1999年起法学类本科只设一个单一的法学专业，按照一个专业招生，从而使法学学科的布局更加科学和合理。同时，在充分论证的基础上，确定了法学专业本科教学的14门核心课程，加上其他必修、选修课程的配合，由此形成了一个传统与更新并重、能够适应国家和社会发展需要的教学体系。法学硕士和博士研究生及法律硕士专业学位研究生的专业设置、课程教学和培养体系也日臻完善。再次，法学教育的规模迅速扩大，层次日趋齐全，结构日臻合理。目前中国有六百余所普通高等院校设置了法律院系或法律本科专业，在校本科学生和研究生已达二十余万人。除本科生外，在一些全国知名的法律院校，法学硕士研究生、法律硕士专业学位研究生、法学博士研究生已经逐步成为培养的重点。

众所周知，法律的进步、法治的完善，是一项综合性的社会工程。一方面，现实社会关系的发展，国家政治、经济和社会生活的变化，为法律的进步．变迁提供动力，提供社会的土壤。另一方面，法学教育、法学研究的发展，直接推动法律进步的进程。同时，全民法律意识、法律素质的提高，则是实现法治国理想的关键的、决定性的因素。在社会发展、法学教育、法学研究等几个攸关法律进步的重要环节中，法学教育无疑处于核心的、基础的地位。中国法学教育过去二十多年所走过的历程令人激动，所取得的成就也足资我们自豪。随着国家的发展、社会的进步，在21世纪，我们面临着更严峻的挑战和更灿烂的前景。“建设世界一流法学教育”，任重道远。

首先，法律是建立在经济基础之上的上层建筑，以法治为研究对象的法学也就成为一门实践性很强的学科。社会生活的发展变化，势必要对法学教育、法学研究不断提出新的要求。经过二十多年的奋斗，中国改革开放的前期目标已顺利实现。但随着改革开放的逐步深入，国家和社会的一些深层次问题，比如说社会主义市场经济秩序的真正建立、国有企业制度的改革、政治体制的完善、全民道德价值的重建、环境保护和自然资源的合理利用等等，也已经开始浮现出来。这些复杂问题的解决，无疑最终都会归结到法律制度的完善上来。建立一套完善、合理的法律制度，构建理想的和谐社会，乃一项持久而庞大的社会工程，需要全民族的智慧和努力。其中的基础性工作，如理论的论证、框架的设计、具体规范的拟订、法律实施中的纠偏等等，则有赖于法学研究的不断深入，以及高素质人才特别是法律人才的养成，而培养法律人才的任务，则是法学教育的直接责任。

其次，21世纪是一个多元化的世纪。20世纪中叶发生的信息技术革命，正在极大地改变着我们的世界。现代科学技术，特别是计算机网络信息技术的发展，使传统的生活方式、思想观念发生了根本的改变，并由此引发许多人类从未面对过的问题。就法学教育而言，在21世纪所要面临的，不仅是教学内容、研究对象的多元化问题，而且还有培养对象、培养目标的多元化、教学方式的多元化等一系列问题，这些问题都需要法学界去思考、去探索。

中国人民大学法学院建立于1950年，是新中国诞生后创办的第一所正规高等法学教育机构。在半个多世纪的岁月中，中国人民大学法学院以其雄厚的学术力量、严谨求实的学风、高水平的教学质量以及丰硕的学术研究成果，在全国法学教育领域处于领先地位，并开始跻身于世界著名法学院之林。据初步统计，中国人民大学法学院已经为国家培养法学专业本科生、硕士生、博士生一万余人，培养各类成人法科学生三十余万人。经过多年的努力，中国人民大学法学院形成了较为明显的学术优势，在现职教师中，既有一批资深望重、在国内外享有盛誉的法学前辈，更有一大批在改革开放后成长起来的优秀中青年法学家。这些老中青法学专家多年来在勤奋研究法学理论的同时，也积极投身于国家的立法、司法实践，对国家法制建设贡献良多。

有鉴于此，中国人民大学法学院与中国人民大学出版社经过研究协商，决定结合中国人民大学法学院的学术优势和中国人民大学出版社的出版力量，出版一套“21世纪法学系列教材”。自1998年开始编写出版本科教材，包括按照国家教育部所确定的法学专业核心课程和其所颁布印发的《全国高等学校法学专业核心课程基本要求》而编写的14门核心课程教材，也包括法学各领域、各新兴学科教材及教学参考书和案例分析在内，到2000年12月3日在人民大会堂大礼堂召开举世瞩目的“21世纪世界百所著名大学法学院院长论坛暨中国人民大学法学院成立五十周年庆祝大会”之时，业已出版了50本作为50周年院庆献礼，到现在总共出版了80本。为了进一步适应高等法学教育发展的形势和教学改革的需要，最近中国人民大学法学院与中国人民大学出版社决定将这套教材扩大为四个系列，即：“本科生用书”、“法学研究生用书”、“法律硕士研究生用书”以及“司法考试用书”，总数将达二百多本。我们设想，本套教材的编写，将更加注意“高水准”与“适用性”的合理结合。首先，本套教材将由中国人民大学法学院具有全国影响的各学科的学术带头人领衔，约请全国高校优秀学者参加，形成学术实力强大的编写阵容。同时，在编写教材时，将注意吸收中国法学研究的最新的学术成果，注意国际学术发展的最新动向，力求使教材内容能够站在21世纪的学术前沿，反映各学科成熟的理论，体现中国法学的水平。其次，本套教材在编写时，将针对新时期学生特点，将思想性、学术性、新颖性、可读性有机结合起来，注意运用典型生动的案例、简明流畅的语言去阐释法律理论与法律制度。

我们期望并且相信，经过组织者、编写者、出版者的共同努力，这套法学教材将以其质量效应、规模效应，力求成为奉献给新世纪的精品教材，我们诚挚地祈望得到方家和广大读者的教正。

2006年7月1日

序　言

法学教育是高等教育的重要组成部分，是建设社会主义法治国家、构建社会主义和谐社会的重要基础，并居于先导性的战略地位。在我国社会转型的新世纪、新阶段，法学教育不仅要为建设高素质的法律职业共同体服务，而且要面向全社会培养大批治理国家、管理社会、发展经济的高层次法律人才。近年来，法学教育取得了长足的进步，法科数量增长很快，教育质量稳步提高，培养层次日渐完善，目前已经形成了涵盖本科生、第二学士学位生、法学硕士研究生、法律硕士研究生、法学博士研究生的完整的法学人才培养体系，接受法科教育已经成为莘莘学子的优先选择之一。随着中国法治事业的迅速发展，我们有理由相信，中国法学教育的事业大有可为，中国法学教育的前途充满光明。

教育的基本功能在于育人，在于塑造德才兼备的高素质人才。法学教育的宗旨并非培养只会机械适用法律的“工匠”，而承载着培养追求正义、知法懂法、忠于法律、廉洁自律的法律人的任务。要完成法学教育的使命，首先必须认真抓好教材建设。我始终认为，教材是实现教育功能的重要工具和媒介，法学教材不仅仅是法学知识传承的载体，而且是规范教学内容、提高教学质量的关键，对法学教育的发展有着不可估量的作用。

第一，法学教材是传授法学基本知识的工具。初学法律，既要有好的老师，又要有好的教材。正如冯友兰先生所言：“学哲学的目的，是使人作为人能够成为人，而不是成为某种人。其他的学习（不是学哲学）是使人能够成为某种人，即有一定职业的人。”一套好的教材，能够高屋建瓴地展示法律的体系，能够准确简明地阐释法律的逻辑，能够深入浅出地叙述法律的精要，能够生动贴切地表达深奥的法理。所以，法学教材是学生学习法律的向导，是学生步入法律殿堂的阶梯。如果在入门之初教材就有偏颇之处，就可能误人子弟，学生日后还要花费大量时间与精力来修正已经形成的错误观念。

第二，法学教材是传播法律价值理念的载体。好的法学教材不仅要传授法学知识，更要传播法律的精神和法治的理念，例如对公平、正义的追求，尊重权利的观念。本科、研究生阶段的青年学子，正处在人生观、价值观形成的阶段，一套优秀的法学教材，对于他们价值观的塑造和健全人格的培养具有重要意义。

第三，法学教材是形成职业共同体的主要条件。建设社会主义法治国家，有赖于法律职业共同体的生成。一套好的法学教材，向法律研习者传授共同的知识，这对于培养一个接受共同的价值理念、共同的法律思维、共同的话语体系的法律共同体，具有重要的作用。

第四，法学教材是所有法律研习者的良师益友。没有好的教材，一个好的教师或可弥补教材的欠缺和不足，但对那些没有老师指导的自学者而言，教材就是老师，其重要作用是显而易见的。

长期以来，在我们的评价体系中，教材并没有获得应有的注重，对学术成果的形式优先考虑的往往是专著而非教材。在不少人的观念中，教材与创新、与学术精品甚至与学术无缘。其实，要真正写出一部好的教材，其难度之大、工作之艰辛、影响之深远，绝不低于一部优秀的专著，它甚至可以成为在几百年甚至更长的时间内发挥作用的传世之作。以查士丁尼的《法学阶梯》为例，所谓法学阶梯，即法学入门之义，就是一部教材。但它概括了罗马法的精髓，千百年来，一直是人们研习罗马法最基本的著述。日本著名学者我妻荣说过，大学教授有两大任务：一是写出自己熟悉的专业及学术领域的讲义乃至教科书；二是选择自己最有兴趣、最看重的题目，集中精力进行终生的研究。实际上，这两者是相辅相成的。写出一部好教材，必须要对相关领域形成一个完整的知识体系，还要能以深入浅出的语言将问题讲清楚、讲明白。没有编写教材的基本功，实际上也很难写出优秀的专著。当然，也只有对每一个专题都有一定研究，才能形成对这个学术领域的完整把握。

虽然近几年我国法学教育发展迅速，成绩显著，但是法学教育也面临许多挑战。各个学校的师资队伍和教学质量参差不齐，这就更需要推出更多的结构严谨、内容全面、角度各有侧重、能够适应不同需求的法学教材，为提高法学教学和人才培养质量、保障法学教育健康发展提供前提条件。

长期以来，中国人民大学法学院始终高度重视教材建设。作为新中国成立后建立的第一所正规的法学教育机构，中国人民大学法律系最早开设了社会主义法学教学课堂，编写了第一套社会主义法学讲义，培养了新中国第一批法学本科生和各学科的硕士生、博士生，产生了新中国最早的一批法学家和法律工作者。中国人民大学法律系因此被誉为“新中国法学教育的工作母机”。半个多世纪以来，中国人民大学法学院为社会主义法制建设培养了大批优秀的法律人才，并为法学事业的振兴和繁荣作出了卓越贡献，也因此成为引领中国法学教育的重镇、凝聚国内法律人才的平台和沟通中外法学交流的窗口，并在世界知名法学院行列中崭露头角。为了对中国法学教育事业作出更大的贡献，我们有义务也有责任出版一套体现我们最新研究成果的法学教材。

承蒙中国人民大学出版社的大力支持，我们组织编写了本套教材，其中包括本科生用书、法律硕士研究生用书、法学研究生用书和司法考试用书四大系列，分别面向不同层次法科教育需求。编写人员以中国人民大学法学院教师为主，反映了中国人民大学法学院整体的研究实力和学术视野。相信本套教材的出版，一定能够为新时期法学教育的繁荣发展发挥应有的作用。

是为序。

2006年7月10日

目　录

导　言　走向民主、科学、规范的中国行政法 …………………… 1

第一编　绪　论

第一章　行政法的基本理念 …………………… 15

第一节　公共行政的基本含义 …………………… 15
第二节　行政法的概念和特征 …………………… 18
第三节　行政法的渊源和类型 …………………… 21
第四节　行政法的法律关系 …………………… 25
第五节　行政法学体系框架 …………………… 29

第二章　行政法的基本原则 …………………… 32

第一节　行政合法性原则 …………………… 33
第二节　行政合理性原则 …………………… 36
第三节　行政应急性原则 …………………… 39
第四节　行政信赖性原则 …………………… 41
第五节　行政公开性原则 …………………… 46

第二编　主体论

第三章　行政组织法 …………………… 53

第一节　行政机关 …………………… 54
第二节　被授权人 …………………… 60
第三节　受委托的组织 …………………… 65
第四节　行政机关的公务员 …………………… 68

第四章　行政人员法 …… 73

第一节　公务员的概念与分类 …… 74
第二节　公务员的法律地位、权利、义务 …… 77
第三节　公务员的国家公职关系 …… 81
第四节　其他行政公务人员的法律地位和权利义务 …… 85

第五章　行政相对人 …… 89

第一节　行政相对人的概念与分类 …… 89
第二节　行政相对人的法律地位、权利、义务 …… 93
第三节　行政相对人与行政参与制度 …… 96

第三编　行为与程序论

第六章　制定行政规范的行为 …… 105

第一节　行政立法行为 …… 105
第二节　制定其他规范性文件的行为 …… 115

第七章　行政处理行为（上） …… 123

第一节　行政处理行为概述 …… 124
第二节　行政许可 …… 131
第三节　行政处罚 …… 134
第四节　行政强制 …… 140

第八章　行政处理行为（下） …… 145

第五节　行政征收 …… 145
第六节　行政征用 …… 148
第七节　行政确认 …… 150
第八节　行政奖励 …… 154
第九节　行政给付 …… 156
第十节　行政紧急行为 …… 159

第九章　行政主体实施的其他行为 …… 166

第一节　行政合同（包括政府采购） …… 167
第二节　行政指导 …… 170
第三节　行政规划 …… 175
第四节　行政调查和行政检查 …… 180

第五节　行政裁决、行政调解与行政仲裁 …… 186
第六节　行政事实行为 …… 196

第十章　行政程序 …… 202

第一节　行政程序的概述 …… 202
第二节　行政程序的主要制度 …… 205
第三节　行政程序的法律责任 …… 211

第四编　监督与救济论

第十一章　对行政的监督体系 …… 223

第一节　国家权力性监督体系 …… 223
第二节　非国家权力性监督 …… 233
第三节　若干特殊的监督制度 …… 238

第十二章　行政复议 …… 244

第一节　行政复议概述 …… 244
第二节　行政复议的基本原则 …… 249
第三节　受案范围 …… 253
第四节　复议机关与管辖 …… 258
第五节　参加人 …… 262
第六节　复议程序 …… 266

第十三章　行政赔偿 …… 273

第一节　归责原则 …… 273
第二节　赔偿范围 …… 276
第三节　赔偿关系 …… 279
第四节　赔偿程序 …… 281
第五节　赔偿标准及其计算 …… 284

第十四章　行政补偿 …… 288

第一节　补偿范围 …… 289
第二节　补偿程序 …… 293
第三节　补偿标准 …… 295

第十五章　行政诉讼（上） …… 299

第一节　行政诉讼概述 …… 299

第二节　行政诉讼的受案范围 …… 304
第三节　行政诉讼的管辖 …… 312
第四节　行政诉讼的主要参加人 …… 318

第十六章　行政诉讼（下） …… 326

第五节　行政诉讼的程序 …… 327
第六节　行政诉讼的证据 …… 341
第七节　行政诉讼的法律适用 …… 348
第八节　行政诉讼的裁判标准 …… 352
第九节　行政诉讼的裁判类型 …… 359
第十节　行政裁判的执行和非诉讼执行 …… 372

结　语　在行政法制建设现有基础上不断稳步前进 …… 377

附　录　行政法制实务常用法律文件目录 …… 380

导言

走向民主、科学、规范的中国行政法

通过典型案例来学习行政法的理论知识，具有特殊的意义和价值，是当今比较通行的一种高效率的学习方式；但在学习过程中，学习者需要警惕被淹没于成堆的案例材料之中，无法宏观把握，迷失前进方向，而必须保持广阔深邃的目光，对行政法治的核心价值和基本路向具有明确全面的认知。中共中央、国务院于 2015 年 12 月印发的《法治政府建设实施纲要（2015—2020 年）》提出“到 2020 年基本建成职能科学、权责法定、执法严明、公开公正、廉洁高效、守法诚信的法治政府”的目标，并将“法治政府”的衡量标准描述为“政府职能依法全面履行，依法行政制度体系完备，行政决策科学民主合法，宪法法律严格公正实施，行政权力规范透明运行，人民权益切实有效保障，依法行政能力普遍提高”，还首次提出“实行法治政府建设与创新政府、廉洁政府、服务型政府建设相结合”的新方针、新要求，这些尚需结合专业问题研讨加以把握。

那么，面对如此目标设定，处于重大历史发展机遇期的中国行政法在 21 世纪走向何方、何地？换言之，在历史反思和现实分析的基础上，以科学的态度对中国行政法未来发展趋势和可能前景进行分析预测，对其可能带来的影响提出因应对策，这对于行政法学者特别是初学者来说，具有重要的理论探索与实践指导意义。本书导言按照行政法学通说的体系结构，从环境因素、一般论、主体论、行为论、救济论和部门论六个方面切入，对中国行政法的发展趋势略加分析探讨，旨在为人们前瞻性地思考和解决与此有关的一系列紧要课题，为进行深入具体的案例讨论和理论学习打下基础、提供参考。

一、关于环境因素之发展及其影响

行政法生存发展于社会环境之中，与社会环境紧密联系和相互影响。要探讨中国行政法在 21 世纪的发展趋势，首先需要认识其环境因素即经济、政治、社会和思想文化等要素的发展变化趋势及其影响。这里所谓环境因素，从空间范围来看不仅包括国内因素，也包括国外因素，是指全球视野中的环境因素。

当今世界的经济、政治、社会和思想文化正在发生重大变革和调整，这是将长期延续下去的发展变化进程，对法制建设包括行政法制建设将带来广泛、深刻和持久的影响。从世界范围看，已经出现并继续演进且将长期存在和发生影响的重大发展变化包括：新技术革命的广泛深入发展特别是信息网络化和虚拟世界的形成发展，及至当下“互联网+”的时代机遇和挑战，经济全球化和模式多样化的进程特别是WTO原则和规则的运行，建立资源环境保护机制和可持续发展模式的不断努力，知识经济时代的来临，人权问题日益受到人们重视和逐步得到改善并不断发展与接受新的人权理念，国家、社会和公民的权利（权力）关系和利益关系及其矛盾冲突之平衡协调机制的相应发展，国际冲突频发及其经济因素成分加重趋势和有关协调机制的探索（如建立国际经济、政治新秩序的全球努力），全球范围民主化潮流包括行政民主化潮流的出现和深入发展，政府角色和职能的调整和转变、行政权力和创新成果共享理念与机制的顽强生长以及民营化进程的稳健发展，建立突发公共危机（自然灾害、全球重大经济危机特别是金融危机、生化武器和恐怖主义威胁、核战争、烈性传染病和其他重大突发事件导致的公共危机）预防和应对机制的不断努力，建立传统和新类型重大社会问题（贫困、粮食、毒品、癌症、艾滋病、民族矛盾、宗教冲突、人口老龄化、教育终身化、器官移植和克隆技术等现代科技对传统伦理的挑战、婚姻家庭观念的新旧冲突和多样化宽容化等）解决机制的各国各界共同努力，政治意识形态矛盾冲突的变形及其矛盾冲突重心逐渐转向经济利益矛盾冲突的进程，文化的交流、作用、冲突和协调的范围和力度加强，传统文艺形式的扬弃与新型教化和娱乐形式的出现并存发展，等等。这些发展变化对于法制建设包括行政法制建设的影响是极为广泛、强烈和深刻的。

例如，在讨论中国的改革和发展问题时，近些年来，许多学者提出中国已进入第二代改革。他们认为：第一代改革是从三十多年前开始的，其成功的重要因素之一是鼓励竞争，依靠政策调动人们争取先富起来的积极性；20世纪90年代中后期开始的第二代改革难度更大，其主要内容是健全法制，依法保护产权并强调正当竞争，为此需要重新思考政府和国家在改革和发展中的作用。现代市场经济史已充分说明，经济发展完全由政府包办或政府严重缺失都会导致失败，必须重新思考和调整政府与企业、与市场、与社会的关系，适应和学会参与、合作、共治的新机制（如PPP）。经济发展不仅是资金、技术等要素的投入，它还与基本的制度环境（即决定如何使用那些投入的规则和习惯）有关；而有效政府的基本任务之一就是制定、确认并维护这些规则和习惯；故没有一个有效的政府，则经济和社会的可持续发展都是不可能的。而所谓有效政府，现在人们的认识和实践是必须使政府行为方式进一步适应现代市场经济的客观要求；同时，应在自由市场的“小政府”与激进主义（集权主义）的“大政府”之间建立某种形式的妥协，也就是建立规模适中的政府即“中政府”，而这些都需要体现民主法治精神的现代行政法律制度加以规范和保障。[①] 可见，在我国的转型发展中，经济与政治体制改革的深入，特别是政府角色和职能的调整和转变，这一环境因素对于健全现代市场经济法制包括行政法制，增强政府依法行政和宏观调控的

① 参见［美］托尼·于特：《第三条道路不是通往天堂之路》，载《参考消息》，1998-10-12；莫于川：《中政府：我国城市政府组织法制的理性选择》，载《现代法学》，1995（2）。

能力，最终实现行政法治目标，显然提出了更高要求。

经济和法制是对行政法的发展具有广泛深刻影响的两个特别重要的环境因素（这里所说的法制是指包括各个法律部门在内的整个法律制度系统，它也构成行政法的周围环境，而行政法是其中的一个要素），同时行政法的发展也对经济和法制发展产生能动影响。如果循着改革开放的正确道路前进，不发生大的战争等曲折，中国的经济与法制在21世纪的发展，可大致分为三个阶段：

第一阶段：2000—2010年前后（可简称21世纪前期）。这是21世纪中国经济与法制发展的关键阶段。这一阶段形成了比较完整的社会主义市场经济体制，经济实力加速增强，经济与社会趋于协调发展，执政党和政府提出的2010年远景目标得到实现；同时立法工作取得具有突破意义的成绩，形成比较完整的社会主义法律体系。当然，如按更高的法治愿景和判断标准，这个阶段也可延至2020年前后，即中国共产党建党一百周年之际。

第二阶段：2011（或如前述理由自2021起）—2050年前后（可简称21世纪中前期）。到21世纪中叶，中华人民共和国建立一百周年（2049年）的时候，将基本实现可持续发展的现代化，建成富强民主文明的社会主义国家，在经济总量上将成为世界第一经济体（但从人均水平衡量仍有差距，或处于世界上所有国家的后四分之三群体，也即中等发达和发展中国家的排头）；同时，包括执法、司法、守法和法律监督在内的法律实施将大大改善，公务人员队伍的法律素质将显著提高，在法文化革新的基础上或将推出一些重大的法制变革举措（如违宪司法审查制度、更高程度政务公开制度的探索），依法治国方略的推行获得重要突破和广泛实效。

第三阶段：21世纪后半期（可简称21世纪后期）。此阶段会特别注重加大质量效益型发展力度并获得显著成效，主要表现为高科技支持下的我国经济发展达到人均水平进入世界前列，形成高水平上的经济稳健、持续和协调发展，成为现代意义的经济强国；同时，按照依宪治国目标完成一系列重大的法制变革，在深入进行法文化革新的基础上建立起比较完善和富有成效的权力监督机制，特别是人事法治体系，大致形成符合现代民主法治精神的新型法文化，初步实现现代意义上的依宪治国理想，基本建成现代法治国家。

二、关于一般论之发展趋势分析

从世界范围来看，与经济体制演进、民主政治发展、社会结构变化、文化交流多元、法治模式转换、管理理念务实化、哲学思维实用化等过程同步，行政法文化在20世纪后期发生了深刻变革，21世纪这一趋势将继续，从理念原则到制度规范进行全面持久的改革和发展，包括行政立法、执法、守法、司法、法制监督的一系列观念变革与制度创新，以适应其环境因素即经济、政治、社会和思想文化等要素的发展变化所提出的客观要求。也可视之为市场经济、多元民主、共同治理、科学行政、法治行政等多学科的新理论带来的影响和变化。

从世界主要法治国家的情况看，受20世纪后期全球化、信息化、市场化和民主化等世界性潮流的影响，在21世纪继续涌现一系列重大而深刻的行政法发展变化，总的趋势为：在民营化进程中政府将转移出某些传统职能，同时随着社会生活的发展将承担更多的新职能，故需要依法赋予行政机关相应的职权、职责，特别是行政指导和公共服务的职能；随着世界性行政民主化潮流深刻持续的影响，应当赋予行政相对人更多的主动参与行政过程的选择机会，同时采取科学合理的方法（特别是多渠道监督和程序约束）增强对行政的监督效果和追究责任效果，以及对行政相对人的救济效果和信赖利益保护效果，逐步建立起民主法治政府，具体表现为有限政府、阳光政府、责任政府、亲民政府和服务型政府（包括相应的行政法治理念和制度），或曰法治政府建设与创新政府、廉洁政府、服务型政府建设相结合的形态，也即体现出民主精神、科学精神和法治精神的现代行政法治系统，从而实现符合现代法治精神的行政法文化革新目标。

本书认为，对于中国行政法而言，行政法文化革新的主要内涵和追求就是民主精神、科学精神和法治精神得以实现。而这三种精神追求的具体表现，也就是21世纪中国行政法治发展的如下三个互系互动的进程：

1. 行政法的民主化进程。例如，行政主体和行政权力的多元化社会化发展，行政相对人更广泛和主动地参与行政过程，在行政相对人的财产权利和人身权利受到更充分的法律保障的前提下，其政治权利和社会权利将受到更多关注，更加注重依法保障公民参与、行政公开、非强制性行政方式的采用、监督权利的依法行使等各项行政民主制度的逐步扩大与有效实施。

2. 行政法的科学化进程。例如，在行政法制实践中更加注重现代科学技术的运用和行政管理理念与方法创新，特别是电子政务的全面推行和电子政府的稳步建立，“互联网＋”的广泛高效运用，更加注重权利与义务、权力与责任、规范与效果、成本与效益的协调和平衡。将科学精神作为观念更新和制度创新的重要前提，可使行政法制模式更符合我国实际。

3. 行政法的法治化进程。例如，行政机关的行为更加规范化、制度化和具有更强的预期性，具有“双刃剑”特性的行政权力将更严格地纳入行政法的原则和规则的约束下运作，人权保障更加受到关注和依法推进，对行政相对人权利的救济更加充分，行政相对人的行为也将更有效地受到行政法原则和规则的多重有效约束。

在21世纪前期，我国一些重要的行政法律和相关法律文件已经或将会陆续制定或修订出台，如：行政（信息）公开法、行政编制法、行政计划法、行政合同法、行政指导法、行政程序法、行政监督法等。当然，由于种种原因，主要是主观上的原因，这方面的进展也可能延迟。

在21世纪中前期或后期，由于现代电子信息技术和立法技术发展的推动，以及出于对统一法典的功用与价值追求及其他主客观条件渐趋成熟，我国将会有部分省、自治区或直辖市尝试制定统一法典式的地方行政法规或规章总编，也不排除在此基础上全国人大及其常委会尝试制定实体性（或实体为主）的我国统一行政法典的可能。

一国多法域（内地（大陆）、港、澳、台）带来的行政法制运作中的矛盾以及法文化冲突问题，在21世纪前期将越来越尖锐地显露出来，系统研究和妥善解决好这方面的问题，与解决好一国多法域带来的宪法民主课题相配合，具有多方面的重大意义。

行政法的理论基础研究在21世纪前期、中前期将持续受到关注并获得进一步发展，形成更多共识。但总的来看，关于行政法理论基础研究的各种学说观点（例如平衡论、控权论、服务论、民主论等）将长期并存发展，共同推动行政法的发展，尚不可能形成大一统的局面。

交流对话口径不一，是许多人文社会科学门类中普遍存在的“常见病”，必须重视解决。中国行政法长期存在的用语不够规范统一（如“规范性文件”、“非规范性文件”、“其他规范性文件”、“行政规范性文件”等不知使用哪一个较为规范），使用者对某些重要概念（如“具体行政行为”、“双方行政行为”、“行政司法行为”等）缺乏共识的问题，在21世纪前期能够获得部分解决，到21世纪中前期将基本得到解决，这将大大有利于行政法领域的法律规范适用和学术交流对话。

从法律部门和学科体系的角度来看，除导言后面将要提出进行分别讨论的内容之外，21世纪中国行政法治发展将出现的另一个重要变化是：在行政法制实践中的方法、手段日趋多样化的同时，行政法学研究方法在21世纪将有越来越多的重要改进，此系中国行政法（学）现代化的重要组成部分。其中，案例分析、定量分析、比较研究、交叉研究、边缘研究、社会调查、试点方法、网络平台、信息技术、多元评估等现代社会科学研究方法，将受到更多关注和配合采用，研究方法的科学性将显著增强。例如，行政法政治分析、行政法经济分析、行政法社会学、行政法文化学、行政法心理学等边缘交叉研究将有较大发展。

同时，与判例在行政法制实务中的作用逐渐加大的进程相适应，典型案例将更多地进入教科书基本内容中，案例研讨成为最重要的教学内容和方式之一，甚至可以尝试性地作为首选的教学内容，而不仅仅是一种点缀和“佐餐”。同时，在行政法教学领域中，实用化的诊所法律教育（或称法律诊所教育）和法律能力训练的教学方式，也将结合国情创新适用获得发展。

总体而言，从基本理念、指导原则、基本内容、方法技术、教学研究方式等各方面来分析，我国行政法学在21世纪将进一步从机械法学向能动法学、从静态法学向动态法学、从单一工具法学向综合功能法学演进，这一变迁过程将对行政法的教学科研和整个法制建设以及社会生活各方面带来重大和深刻的影响。

三、关于主体论之发展趋势分析

在行政法的一般论、行为论和救济论继续深入发展的同时，主体论在行政法学体系框架中的分量和地位是否会“日趋缩减和边缘化、次要化”？我们对此给予否定回答。可以预见，为了全面推进依法行政，从根本上解决职能交混、职责不清的难题，行政法的主体问题研究必须受到更多重视，主体理论将重新获得较大的发展。其中，行政组织法和人员法在21世纪前期和中前期将有很大发展，行政机关的职能和权限划分等方面将获得一些突破，形成科学有效的行政权力清单、负面清单和行政权限争议（冲突）解决机制，以及对行政组织和人员的监督机制和责任追究机制；特别是行政编制法将更受重视并获得发展，其权威性将在逐渐严格的编制执法过程和公务员制度的完善过程中得到增强，以利于克服行政机关职能交混、职责不清的现实弊端。行政法的主体法律制度进一步健全完善，与行政法的行为法律制度和监督救济法律制度发展相协调，这是增强我国行政法的科学性与可操作性的基本要求和重要努力之一。

20 世纪末期出现的行政主体多元化及其表现形态多样化的现象，在 21 世纪会进一步发展。主要表现为：一是行政机关的类型将进一步增多，在越来越多的高技术、高成本和复杂巨系统的新公共管理领域（如科技发展新领域管理、灾害危机管理、网络虚拟空间的行政监管等）会增设或强化行政管理机关；二是被授权组织的范围将进一步扩大，随着行政管理事务民营化进程的推进，会有越来越多的法律法规授权行政机关以外的组织（如企事业单位、社会中介组织、非政府组织）依法独立行使某一方面的管理权；三是被委托组织的范围也将进一步扩大，为了行政的效率化、便宜化和民主化，会有越来越多的行政机关通过行政协议方式将某些单项行政事务委托给其他组织承担，尽管委托事务产生的法律后果仍归属于委托者。行政主体多元化及其表现形态多样化的重要原因之一是行政权力的社会化，即行政权力由过去单一地由行政机关专有行使，逐步扩展为更多的社会组织选择性参与行使，形成越来越多的社会行政主体；其根本原因在于 20 世纪后期一再持续出现的世界民主化潮流引起的行政民主化进程，对行政权力的分配与行使所带来的持续深刻影响，它使得人们对于行政法治的价值具有更大的认同，对于行政权力的行使具有更多的选择余地和参与机会。随着行政民主化进程的推进，行政权力社会化这一趋势在 21 世纪将获得前所未有的发展。

我国现行的地方制度为：一般地方＋民族自治地方＋特别行政区；改革开放过程中陆续出现许多在政策条件乃至立法权限等方面有别于传统体制的各类特殊区域，其变化发展日益显著，如经济特区、出口保税区、自由贸易区、沿海开放城市、计划单列城市、较大的市、市地合并后的市、设区的市等；而且我国地方制度将会有更加多样和深远的发展。① 伴随地方制度的多样化和地方自治成分的增加，关于分类型、分层次的有限地方自治制度的探讨和实践将进一步受到重视并有较大发展，因此地方立法和地方行政立法问题也将被放到更加突出的地位②，将促进地方行政组织法的有关部分从 21 世纪中期开始出现令人瞩目的发展。③

---

① 例如，我国台湾地区在“一国两制”的框架内，今后可发展成为地方自治成分较之香港特别行政区和澳门特别行政区更大、更特殊的“特别自治区”，有助于实现和平统一、增进人民福祉、推动中华振兴的宏大目标。

② 从 2015 年新修正的《立法法》来看，地方性法规和地方政府规章的制定权也进一步扩展至所有的设区的市（还包括多个特许的未设区的市）。

③ 关于地方自治问题，学界历来有不同见解。一般认为，现实生活中已很难找到一种完全不带有自治成分的地方制度，我国的一般地方制度实质上也是一种地方自治制度，但在习惯上不这样提。今后我国丰富、特殊和有限地方自治制度的发展，从某种意义上说乃是地方自治成分在现有基础上的进一步增大。

关于行政机关以外的其他行政主体（如公法人、公务法人等被授权组织）的研究将有较大发展，那种混合组成、“官民”结合、地位独立的行政委员会一类的机构（类似美国的州际商业委员会等独立机构）在21世纪将有一定程度的发展，并在未来行政组织体系中占有不可忽视的地位，与此相关的立法和行政立法以及理论研究也将有新的发展。①

在21世纪前期以及中前期，以《中华人民共和国公务员法》（以下简称《公务员法》）的修订和配套立法的陆续出台为基础，公务员制度在规范化运作方面将有较大进步，公务员队伍整体的法律素质在健全的行政组织法推动下将有更显著的提高，基本形成科学化、高效化、法治化的我国公务员法律制度。

行政相对人在行政过程中的地位、作用和权利，特别是监督行政、参与行政、合作行政、共同治理、权利救济等问题，将进一步受到重视和解决，成为所有重要的行政法律、法规、规章的基础性内容之一，并出现行政相对人参与行政和权利保护的专门立法和分散立法相结合的形态。简言之，关于行政相对人的理论研究和立法保护在21世纪将会有较大发展，这是行政民主化和民主行政法发展的必然要求。

四、关于行为论之发展趋势分析

首先是依法行政的基本理论、依法行政的制约因素、依宪治国与依法行政的关系、依法行政与行政救济的关系等方面的问题将进一步受到重视，中央人民政府和地方各级人民政府将制定更加科学规范、符合实际的依法行政实施纲要、规划和计划来指导实践，依法行政和法治政府的理论和实践在21世纪前期能够获得更快、更人、更理性的发展。②

由于我国社会发展的总趋势乃是建设为人民服务的国家和走向合理的福利政策国家（所谓合理的界限是福利政策不至于压抑经济发展活力），建设服务型政府，所以给付行政、保育行政和服务行政等方面的行为在21世纪将大量增加，相应的行政作用立法也将有更大发展。

将进一步建立和完善针对抽象行政行为的纠错机制，切实规范抽象行政行为，首要的是将规章以下的行政规范性文件制度化地纳入法治轨道（《行政诉讼法》的首次修改已经将此推进一步），还要逐步依法约束行政法规、规章层次的行政规范性文件，这对于21世纪我国行政法的发展具有重大的理论和实践意义。同时，行政行为的外延将日益宽泛化，抽象行政行为与具体行政行为的界限也会逐渐淡化。

经过坚持采取完善立法、强化监督的一系列措施（例如在行政处罚法、行政许可法、

---

① 例如在三峡库区、京津冀一体化发展区域那样的特殊区域，也可成立专门的发展管理局或联席会（类似于美国的独立机构）发挥作用，以适应经济社会发展与公共管理的特殊需要。

② 例如，国务院于1999年11月8日颁布了《关于全面推进依法行政的决定》，于2004年3月22日颁布了《全面推进依法行政实施纲要》，于2008年5月12日颁布了《关于加强市县政府推进依法行政的决定》，于2010年10月10日颁布了《关于加强法治政府建设的意见》，中共中央、国务院于2015年12月27日颁布了《法治政府建设实施纲要（2015—2020年）》。这些重要的行政纲要文件对于推动依法行政发挥着独特作用。

行政强制法得到修正的基础上，择时制定出行政收费法、公益捐助法、行政补偿法等），过去长期和普遍存在、人民群众反映极为强烈的“三乱现象”（即乱处罚、乱收费、乱摊派）和“审批经济现象”，有望在21世纪前期和中前期被纳入法治轨道，得到比较根本的解决。

根据我国加入WTO的承诺和实施区域开发战略的要求，将通过一系列行为法律制度创新，包括废除不符合WTO原则和规则以及不符合区域开发战略要求的过时法律规范，为更好地符合WTO的要求和推进区域开发提供更适用配套的行政法律制度。

现代行政法在强调依法行政的同时也注重行政的民主性、效率性、灵活性和积极能动性，所以行政机关的非正式行为、非权力行为或非强制行为等（如指导性行政计划、行政契约行为、行政指导行为、行政信息行为、行政服务行为、行政资助行为、行政奖励行为、行政经营行为等柔性管理行为方式）在21世纪将进一步受到重视和稳健发展，并逐步纳入法治轨道（上述几个重要的行政纲要文件已对此作出了规范），表现为比较适度、规范和可救济。

行政裁决、行政调解、行政仲裁等行政司法行为在21世纪将呈多样化发展，并通过专门立法加以规范化，对于社会生活特别是经济生活的积极调整作用或将进一步发挥出来。

行政程序法与行政实体法相辅相成，具有规制行政主体行为的积极作用。在行政民主化和行政法治化的双重进程的强有力推动下，我国的行政程序法律制度在21世纪前期和前中期将有较大发展，其中与行政公开制度有关部分的发展或将更明显。例如被称为参与行政的立法新机制就要求：重要行政立法草案公布出来听取民众意见的草案公告制度将更加规范、便民（公众评论期间应尽可能延长），行政立法审议会制度或将在试点基础上逐步建立起来①，行政执行过程中的听证程序制度进一步完善等。而且，在地方行政程序立法制度创新实践的基础上，涵盖面广、包容性强、适应性好的我国行政程序法典，可望在21世纪前期或稍后制定出来，这具有行政法治发展的里程碑意义，而且单行法中的行政程序立法也会不断加强和完善以与之配套；但行政程序制度的有效运作不可能一蹴而就，尚需更长时期的行政程序法制实践来逐渐整合。

此外，由于行政程序制度一方面可以规制行政权力的行使过程，另一方面也存在一定的刻板性、高成本性等缺点，且在其发展成熟并超过一定限度后会凸显和放大这方面的缺点，制约行政的活力和效率，所以辩证和长远地看，我国行政程序制度发展的目标应定位于适度发展，而不是程序设置得越多越好、越烦琐越好。一般说来，行政程序与行政的规范和公正有关，但也存在成本和效率方面的问题，对此应有辩证认识和理性的行政程序立法政策取向。

各种自然灾害、事故灾难、突发公共卫生事件、突发环境事件、突发社会安全事件等的出现，往往导致公共危机，需要全社会特别是政府加以特殊的应对和管理。这种“危机管理”也称为“紧急状态管理”（Emergency Management），特指公共危机的潜伏、爆发、

---

① 2015年3月15日第十二届全国人民代表大会第三次会议通过的《全国人民代表大会关于修改〈中华人民共和国立法法〉的决定》在增强立法程序民主性方面，增加了立法论证、立法听证等制度，确定了审议过程中的“三审制”程序等。

控制、化解、修复、常态化等全过程的应对机制和制度安排。一个国家和地区为防止突发事件的巨大冲击力导致社会生活秩序的全面失控，就需要运用行政紧急权力并实施系统配套的紧急法律规范，来调整紧急情况下的各种社会关系，以有效控制和消除危机，恢复正常的社会生活秩序和法律秩序，维护和平衡社会公共利益与公民合法权益，这就是所谓公共应急法制，它具有权力优先性、紧急处置性、程序特殊性、社会配合性、救济有限性等诸多特点。危机管理＋利益平衡，乃是公共应急法制的主要功能。由于政府在公共危机管理中需要运用行政紧急权力，采取一系列紧急措施（包括大量的即时行政强制措施），必要时还可中断某些法律规范的实施，甚至暂停或限制公民的部分宪法权利（但不得限制和剥夺生命权、民族语言使用权、宗教信仰权等最基本的人权，这称为不得超越权利克减底线），具有极大的优先性、紧急性、强制性和权威性，因而也具有恣意和滥用的特殊条件和可能，必须对其加以更为严格有效的监督和约束；而紧急情况下的特别行政程序、司法程序、救济程序等程序约束乃是最有效的约束机制之一。从许多国家的行政程序立法实践来看，针对特殊和紧急情况的行政法治需要，在行政程序法典中专门设立若干紧急程序条款，是一种比较普遍和有效的做法。因此，在出台单行法律和法规的基础上，将要出台的我国统一行政程序法对于如何加强公共应急法制建设必须有所回应，也即在行政程序法典中专设一个部分来规定紧急行政程序，就公共危机中的行政应急管理措施的适用范围、程序原则、约束机制、补救机制等加以具体规定，这对于满足公共危机管理的特殊需求，通过规范紧急行政权力的行使过程来保护行政相对人的合法权益不受行政权力伤害，具有特殊意义。因此，2004 年修宪将紧急状态理念和规范明确地载入宪法，提供了更加明确的宪法依据之后，我国应急法制建设在 21 世纪前期还将继续获得较快发展，例如修改突发事件应对法、制定紧急状态法以及相关法律法规，以满足公共危机管理法治化的基本要求。

五、关于救济论之发展趋势分析

我国行政法的监督与救济环节中许多曾长期争论的内容，以及新的监督与救济制度，在 21 世纪中前期会陆续达成共识而得以确立。例如，关于行政怨情申诉的法律制度将通过现有信访投诉举报制度的法治化改造得以建立健全，新闻舆论对行政的监督将得到有效的法律保障和规范，将有更多的行政机关的外部行为（包括行政契约行为、行政指导行为、行政事实行为、抽象行政行为等）纳入行政复议和司法审查的范围，涉及和影响到公民权益的行政内部行为和一些准行政行为也将逐步纳入行政复议和司法审查的范围，新的复议、诉讼类型将得以确立（如公益行政诉讼、集团行政诉讼等），首次修订后的《行政诉讼法》在司法审查的受案范围等方面已然展现出更为长远的眼光。[①] 简言之，监督行政法律制度中

---

① 2014 年 11 月 1 日修订、2015 年 5 月 1 日起施行的《行政诉讼法》将受案范围从原来的“具体行政行为”改为“行政行为”，虽然在当下的行政法制实务中仍主要指向具体行政行为，但已为今后进一步拓展行政行为范围和行政诉讼受案范围预留了空间。

的司法因素将逐步增多（但也不是无限度增多），直至达到对行政的必要监督力度后与其他监督行政方式处于动态平衡和协调状态。同时，公开发布的典型行政判例在司法审查实践中的指导作用将进一步加大。

应当指出，我国行政法的监督与救济环节中，人大监督的牵头作用在21世纪将会越来越充分地发挥出来，特别是人大对政府的“人事监督”和“钱包监督”这两大权力将会更强有力地行使（例如审计监督今后可由全国人大常委会直接领导或指导）。而且，期盼着人大监督专员制度或类似制度能在21世纪的中前期建立起来。①

在关于纠纷解决的行政终局进一步减少，各种非诉讼纠纷解决机制（ADR方式）获得发展的同时，我国行政诉讼法律制度建设和理论研究将在21世纪得到深入发展，其显著特点是受案范围将大大扩展，审理程序和审查标准将更为丰富，证据制度将更加完善。②

同时，行政赔偿、行政补偿和相应的个人追偿制度及其立法也将在21世纪前期和中前期获得进一步发展和完善，对行政相对人的权利救济将更加便利、充分和可靠，同时对有严重过错的行政执法人员的责任追究也将更切实、更规范且更精细。

六、关于部门论之发展趋势分析

部门行政法也称分论行政法、行政法分论，其包括的领域和门类很多。尽管有一些行政法学者对于部门行政法没有太大的研究兴趣（在国外也有这样的行政法学者），有的学者甚至认为部门行政法应当取消或预言其将会消失，但多数学者认为部门行政法有其特殊的作用，不能轻率地否定其存在价值，而且部门行政法的实际发展和在实践中的独特作用也与“消亡论”的判断不相符合。从历史经验来看，随着现代行政范围的不断扩大和行政方式的不断变化，特别是随着行政法制建设进入精细化发展阶段，我国行政法学研究今后应摆脱单一的总论研究模式，谋求研究对象的多样化，尽可能研究行政领域涉及的各种法律问题，运用实证方式揭示和解决各部门行政法领域的具体问题，如改善金融行政监管方式和手段等金融行政法领域的问题，公安、工商、土地、税务、城市治理、食药安全等行政领域的法制改革等。总的来说，由于经济、政治、社会和思想文化发展的特点，特别是国家职能和政府角色的变化走向，21世纪我国的部门行政法将获得与总论行政法（常称为行政法总论）大致相应的发展，其中主要是在经济与社会发展中的给付性、服务性和保护性

---

① 建立人大监督专员制度的理由在于：监督专员制度（Ombudsman）是当今一些市场经济发达国家的监督体制中一个重要和有实际效果的组成部分，其运作经验值得刚走上市场经济轨道的我国借鉴；在探索新监督体制的过程中，作为完善现行监督体制的特别措施之一，应以大胆改革、积极探索的精神，尽快建立人大监督专员制度，以拓展监督方式和救济渠道。在具体操作上，可先进行试点，由全国人大常委会有选择地向部分行政区域和特殊地区派出监督专员（不是按行政区划逐一派出，而是跨区域派出），由其对相应区域、机关的行政权力（也可包括其他的国家权力）行使过程实行一种比较及时、直接，具有超脱性、权威性的特别监督制约。

② 本书认为，随着诉讼实践的发展和法制资源的增多，作为一种目标模式，今后我国行政诉讼受案范围宜按“两要素说”加以确定，即：只要具有“损害事实”和“联系因素”，就可纳入司法审查范围。这样，关于行政指导行为、抽象行政行为、内部行政行为等长期存在的可诉性争议，就不再成为问题。

领域发展较快。具体而言，预期如下五个方面的部门行政法制和专题研究在21世纪将受到更多重视，获得较快发展：（1）关于经济稳定增长和经济秩序维护（包括金融秩序监管）、资（能）源利用与保护、环境（生态）改造与保护等可持续发展方面的行政法；（2）关于教育、科技（含知识产权和新科技领域）、文化、卫生保健、体育运动方面的行政法；（3）关于人权，安全（包括国家安全、社会安全、食品安全、药品安全等），政治发展，社会发展与社会保障，民族发展和宗教事务方面的行政法；（4）关于网络领域管理和服务（包括电子商务、电子政务、电子社会事务管理和服务）制度建设和运行方面的行政法；（5）关于经济与社会生活中涉外因素（国际间、区际间事务）方面的行政法。

21世纪中国行政法将出现的上述民主化、科学化、法治化发展演进不会是孤立进行的，而是紧密联系、相互影响的交叉复合进程，其与我国经济、政治、社会和思想文化生活等各个方面以及其他公法领域将有强烈、深刻、持久的交互影响，故须以民主法治发展的眼光，根据行政法治发展的要求，从观念上、体制上、规范上和具体制度及方法技术上进行深入研究与思考，把握发展趋势，作出正确选择，积极推进观念更新和制度创新，努力推动中国行政法的制度建设和理论研究获得更大发展，促进行政法治目标的完整实现。

行政法是一个重要的法律部门，认真学习行政法律知识并增强运用能力，有助于依法行政和促进依法行政。当下我国仍处于社会转型发展时期，行政管理和行政法制实践中正发生许多变化，这些变化的情况经常以典型案例或争议事件的形式呈现在人们面前，使得从事实务工作和理论工作的人士常感困惑。应以现代法治和发展开放的眼光来分析当下各级政府机关为主进行的行政管理改革创新，特别是给予地方政府积极推动行政法制改革创新的探索试误空间，准确捕捉并认真分析这些典型案例或争议事件所带来的丰富信息，注意深化有关问题的理论认识，这有利于我们的学习研究和工作进步。

理论来源于实践又指导实践。理论知识和实践经验对于行政法学者、初习者来说都非常重要。因此，如能通过生动的典型案例讨论提升解决行政法实务问题的能力，同时将案例讨论渐次结合相关行政法理论知识并逐步体系化、深刻化、内在化，获得理论与实务的全面学习进步，这对于初习者来说是一种高效适用的学习方式，本书试图对此作出探索与创新。

在预先考虑到我国行政法理论体系和行政法实务的复杂多样性的前提下，本书从当今行政法新理念和行政法制具体实务的角度，以若干典型的行政法案例作为分析讨论样本，通过十六章的分步解说，精要地阐述了当代依法行政理论与实践的基本内容，涉及行政法的基本理念、基本原则、行政组织法、行政行为与行政程序法、行政监督与行政救济法等论域，兼顾了理论的完善性和实务的操作性。作者期望通过新的叙事方式以及对这些内容的专题阐述，帮助读者增强依法行政和促进依法行政所需要的行政法律知识和能力，特别是全面和牢固地树立起现代行政法治观念，这是依法行政、依法办事能力的重要内核。

第一编
绪论

【本编导读】

第一编绪论，从宏观层面讨论了行政法的基本问题，大致包括行政法的基本理念和基本原则两大部分。首先介绍关于行政法上的基本概念、行政法的特征、行政法的法律渊源、行政法的分类、行政法的地位和作用、行政法律关系等基本理念，主要解决读者对于行政法学基本问题的认知，为后面的讨论打下必要的基础。行政法的基本原则对行政立法、行政执法、行政司法等行政法制的各类基本活动发挥着宏观指导作用，且在一定条件下引导、规范行政行为的实施及行政争议的处理，本编对行政法基本原则体系加以专门研讨，主要阐述行政合法性、行政合理性、行政应急性、行政信赖性、行政公开性五项基本原则。现代行政法的产生发展是建设法治国家的一个重要标志。这是因为，产生行政法的重要前提是行政活动必须服从一类有别于私法的公法规范。在国外，行政法学在近几十年出现了注重行政程序、公民参与、政务公开、经济分析、比较研究、公私（法）融合、方法创新等发展趋势，受到学界重视和研究；在我国，改革开放三十多年来介绍国外相关成果、强化监督救济法、拓展研究视野、开掘研究深度等方面都有突破。这些都值得予以关注和研究，而且需要进一步关注和研究当代行政法制和行政法学的发展趋势。

第一章
行政法的基本理念

本章提要

不同的法律意识和法制观念，对于客观事物会有不同的认识，也会有不同的法律实施效果。正所谓“人们的观念就是人们的眼镜，戴怎样的眼镜就会看到怎样的世界”。顺应当今世界行政法治发展的趋势，行政法的基本理念必须体现：宪法至上、尊重人权、行政权限、行政民主、行政服务、行政公开、程序法治、注重证据、政府诚信、接受监督、权利救济、法治必成等现代行政法治观念，这是推进依法行政、建设法治政府的应有之义。

确立行政法的基本理念首先要明确行政、行政法、行政法的渊源、行政法律关系、行政法的地位等行政法的基本概念。行政可以分为公共行政和私人行政，行政法学研究公共行政。公共行政又可以从动态和静态两个方面理解。行政法的概念也有广义和狭义之分，其中广义的行政法概念，是指对行政活动过程特别是行政权力运行过程加以规范、监督与补救，调整行政与监督行政的主体及其行为所形成的社会关系的有关法律规范和原则的总称。我国行政法的渊源包括：宪法、法律、行政法规、地方性法规、自治条例和单行条例、行政规章、国际条约、法律解释及其他行政法渊源。行政法律关系也即行政法上的法律关系，由主体、内容和客体三要素构成。

第一节　公共行政的基本含义

【案例介绍】

王某是四川省某高校外语系二年级的本科生。1996 年 10 月下旬，秋季开学一个月后的某天傍晚，她在学校宿舍里私自用电炉煮饭时不慎失火，造成部分公私财物毁损，本人也被轻微烧伤。因其行为严重违反了学校关于禁止在学生宿舍使用燃煤、燃油炉具和各种用于煮饭、烧水的电热器具的规定，故受到记大过的处分，同时学校总务处行政科依据学校有关规定给予其罚款 100 元的“行政处罚”。

这时，《中华人民共和国行政处罚法》已开始施行，各种媒体正在广泛宣传该法有关知识；王某看报后认为学校行政科不是国家行政机关，无权对她实施行政处罚，要求退还100元罚款，但校方不予退还；于是王某将此争执情况反映到省教育委员会，要求撤销学校作出的“行政处罚”，责令学校退还该项罚款。

【案例分析】

此案涉及的问题是：学校行政科及其“行政处罚”行为是什么性质？案例所涉及的问题究竟是否属于行政法调整的范围？结合我国现行法律规定，我们可从学校行政科及其处罚行为的性质来加以认识和理解。从公共行政静态层面的含义不难看出，该学校（包括学校行政科）不是国家行政机关，不具有公共行政权力，在没有法律法规授权的情况下不能以自己的名义对外从事公共行政管理活动即“公共行政”；学校的组织性质是具有公共职能的事业单位，总务处行政科（现在一般高校都实行后勤管理社会化而将总务处改称为后勤集团）的性质是学校这个事业单位的内部行政（管理）部门，在没有获得法律法规授权的情况下，此类管理活动是事业单位的内部管理活动，其罚款行为是学校采用经济手段进行的内部管理措施，属于“私人行政”的范畴，与我国《行政处罚法》所说的行政处罚不是一回事，只要不违反法律规定，教育行政机关就不应干预（撤销）此类正常的高校内部管理行为。至于学校行政科所处罚的100元罚款的性质，基于上述理由，学校行政科显然无权作出《行政处罚法》所调整、规范的行政处罚，但学校的公共财物因学生的过错行为受到人为毁损后，按照“有损害必有救济”的法治原则，是有权要求责任人予以赔偿的；而有关违反校规的罚款规定虽然是由学校单方面制定的，但根据《中华人民共和国高等教育法》（以下简称《高等教育法》），学生应当“遵守学生行为规范和学校的各项管理制度”，学生入校报到注册后，实际上已与学校就此达成了某种合意（协议），双方都应遵守。可见，此案中所谓“行政处罚”的100元“罚款”，并不是我国《行政处罚法》第8条第2项所指的行政处罚种类之一的“罚款”，其性质属于一种比较特殊的赔偿金。简言之，尽管王某认为学校行政科无权作出“行政处罚”的意见是有一定道理的，但其要求退还“罚款”的要求本身不能得到支持。当然，高校有关规章制度的用语应当规范化，以减少误解。

【法律背景】

《高等教育法》第三十条、第三十八条、第五十三条；《行政处罚法》第九条、第十条、第十一条、第十二条、第十三条、第十四条、第十五条。

【知识点介绍】

所谓“行政”，英文为Administration，语源出于拉丁文administrare，原义是“执行事务”。从早先的广泛用法来看，“行政”与“管理”是同等概念，它既指对国家事务的管理（这称为“公共行政”），也泛指企业和各种社会组织对其内部事务的管理（这称为“私人行政”，其中大量的是企业管理活动）；但从现在通行的用法即狭义上来看，“行政”

一词通常特指“公共行政”（Public administration），这种含义的“行政”与行政法密切相关，中外行政法和行政法学著述也都是从此种角度来使用和研究“行政”这一概念的。从行政发展史来看，公共行政的许多原则和方法是从私人行政特别是企业管理经验中借鉴移植而来。

对于特指公共行政的“行政”的含义，国内外学界的观点甚多，主要有：

1.“除外说”。这种观点是建立在分权思想的基础上并以国家职能的分工为前提的，它认为“行政是指除立法、司法以外的所有国家作用或曰国家职能”。这种曾非常盛行的观点，对于立法、行政、司法三权分立的政体模式来说是相适应的。①

2.“国家意志执行说”。这种早期的观点是以美国著名行政学家F.古德诺针对三权分立理论而提出的“政治、行政二分说”为基础的，即认为政治是国家意志的表达（如制定政策），行政是国家意志的执行（如执行政策），政治与行政应分立。②

3.“目的说”。这种观点认为，现代行政是“以积极具体地实现国家目的而进行的具有整体统一性的连续形成的国家活动”，是“为适应国家社会的需要而具体实施公共政策的过程及行动”。此种观点是针对“除外说”的缺陷而从正面提出的定义。③

4.“目的＋职能说”。这种观点认为，行政是“国家行政机关为实现国家的目的和任务而行使的执行、指挥、组织、监督诸职能”④。

一般来说，“行政”的概念可以从动态和静态两个方面理解。在动态上将“行政”定义为执行国家意志的关于国家事务和公共事务的执行性决策、组织、调控和处理等公共管理活动或过程，这也是最常用的含义；在静态上将“行政”定义为执行国家意志的承担执行性国家事务和公共事务的公共管理组织，即人们通常所说的除国家立法机关、司法机关以外的国家行政机关。就动态的“行政”而言，在现代社会，行政活动面广、量大、涉及因素多且表现形态丰富，根据不同的标准可对行政作出不同的分类。例如：根据功能之不同，可分为积极行政与消极行政；根据性质的不同，可分为规制行政与给付行政；根据方式的不同，可分为权力行政与非权力行政；根据内容的不同，可分为负担行政与授益行政；根据权力行使自由度的不同，可分为羁束行政与裁量行政；等等。由于现代行政已介入和渗透到社会生活的方方面面，影响到人们日常生活的几乎每个角落、每个环节（故有所谓“从生到死的行政”之说法），对经济与社会的发展和公民权利的实现有着巨大影响，故作出上述划分，有助于全面认识行政，掌握其规律，通过立法和司法来更有效地规范和保障行政。

---

① 参见罗豪才主编：《行政法学》，2页，北京，中国政法大学出版社，1996。

② 参见张金鉴主编：《云五社会科学大辞典·行政学》，10页，北京，商务印书馆，1976。

③ 参见［日］田中二郎：《新版行政法》上卷，5页，东京，弘文堂，1994；［日］南博方：《日本行政法》，杨建顺、周作彩译，8页，北京，中国人民大学出版社，1988。

④ 许崇德、皮纯协主编：《新中国行政法学研究综述（1949—1990）》，30页，北京，法律出版社，1991。

第二节　行政法的概念和特征

【案例介绍】

2008 年 9 月初，某市 A 区 B 镇的农民向有关部门反映："农民砍自家地里的玉米还得缴费办'砍伐证'、'准运证'。如果不办，镇政府就处罚你！"当地的绝大多数农户因未办"两证"，致使数万亩成熟玉米无法收割。据当地某媒体报道：2008 年 9 月初以来，镇政府每天派人派车赶赴该镇的所有村庄宣传，要求每亩玉米缴费 500 元，农户在办理"砍伐证"、"准运证"后才能收割，否则将"给予严重处罚直至追究刑事责任"。据当地村民们反映，每村的田间地头，都有一群身着迷彩服的人在巡逻，他们中的大多数人，都是镇政府聘来的，发现有人"无证收割"，就要把他拉到镇政府处罚。镇政府的办证程序也十分复杂，往往是村民跑一趟很难办成。据了解，办证的程序是：首先，办证村民要向村干部打报告，报告中要写清申请人姓名、收割目的等；然后，再由村干部签字盖章同意；最后，还必须有具体负责的镇领导签字批准，上述手续齐全后才能办理相关许可证。

按照当地镇政府工作人员的解释，办理"两证"所收的费用，只是一种押金，目的是震慑乱烧秸秆的行为，将来还要退还。但镇政府是否有权强迫农民办"两证"？农民割自家地里的庄稼是否属于政府管辖权限？这些资金如何使用？谁去监管？当地农民对此议论纷纷，该事件也引起了有关政府部门的注意。[①]

【案例分析】

镇政府作为基层人民政府，必须严格依法行政。而依法行政的基本要求首先就是行政机关实施行政管理，应当依照法律、法规、规章的规定进行；没有法律、法规、规章的规定，行政机关不得作出影响公民、法人和其他组织合法权益或者增加公民、法人和其他组织义务的决定。虽然依法行政的法是广义上的法，可以说法依据非常广泛，《中华人民共和国立法法》（2015 修正，以下简称《立法法》（2015 年））[②] 等有关法律对"法"的范围已经

---

① 参见"河南斐城农民收割玉米须办证，每亩收费 500 元"，见新华网，http://news.xinhuanet.com/politics/2008-09/18/content_10070975.htm，2012 年 5 月 9 日访问。

② 《行政诉讼法》于 2014 年 11 月 1 日根据《全国人民代表大会常务委员会关于修改〈中华人民共和国行政诉讼法〉的决定》修正，《立法法》于 2015 年 3 月 15 日根据第十二届全国人民代表大会第三次会议《关于修改〈中华人民共和国立法法〉的决定》修正，另外，最高人民法院于 2015 年 4 月 20 日通过了《最高人民法院关于适用〈中华人民共和国行政诉讼法〉若干问题的解释》并于是年 5 月 1 日起施行。为防止混淆，本书拟将修改前后的《立法法》、《行政诉讼法》以及两个司法解释，分别简称为"《立法法》（2000 年）"与"《立法法》（2015 年）"、"《行政诉讼法》（1989 年）"与"《行政诉讼法》（2014 年）"、"《行政诉讼法若干解释》（2000 年）"与"《行政诉讼法若干解释》（2015 年）"。

有明确的界定，行政机关必须依法行政。

此外，按照《中华人民共和国行政许可法》（以下简称《行政许可法》）的规定，“提供公众服务并且直接关系公共利益的职业、行业，需要确定具备特殊信誉、特殊条件或者特殊技能等资格、资质的事项，可以设定行政许可”。而本案中农民收割玉米，显然不属于“直接关系公共利益的职业、行业”。除此之外，《行政许可法》还规定，只有全国人大及其常委会、国务院和省级地方人大及其常委会可以依法设定行政许可，省级人民政府可以依据法定条件设定临时性行政许可，其他国家机关一律不得设定行政许可。可见，无论县政府还是镇政府，根本无权就收割玉米设置门槛，如此做法是一种典型的公权扩张与越位。

公权力行使的目的应当是维护公共利益和公共秩序。这也是为什么许多国家将行政法界定为“对行政活动过程特别是行政权力运行过程加以规范、监督与补救，调整行政与监督行政的主体及其行为所形成的社会关系的有关法律规范和原则的总称”的重要原因。那么，本案中公权越位的目的到底是什么？我们认为从镇政府每亩地500元的办证收费标准或许可见一斑。更何况，“秸秆砍伐证”本身就是有成本的。从每天派人派车深入各个村庄宣传，到每村的田间地头都有政府聘用人员站岗值班，当地政府为了办证动用了大量的人力物力资源。如果将办证费用如数退还村民，这就意味着政府将独自消化其中的成本，对于这些明显属于预算外的开支，镇政府究竟将以何种名义抹平账单？当收费标准远远超出一纸证件所应支付的成本时，谁又能说这不是一种不折不扣的“办证经济”？

焚烧秸秆在中国沿袭已久，方便是原因之　，焚烧过后的草木灰为特别好的肥料是原因之二。严禁焚烧确实有利于环境，但对农民而言，增加的收割费用也算是不大不小的负担。虽然保护环境也应成为农民的义务，但应考虑到中国农民收入过低的现实，在可能的范围内尽可能地给予一些补贴，而不能只强调焚烧秸秆对环境的不利影响，将保护环境的经济负担全部压在农民身上。现在的问题是，一些政府官员只将目光执著于政府要求、行政威仪，并且不惜一切代价予以维护，而没有将目光执著于民生、执著于与民为善，将政府意志完全凌驾在了民众利益之上。马克斯·韦伯曾经提出过一个“意图伦理”的理论：即一个行为的伦理价值在于行动者的信念、意向的价值，行动者可以有理由拒绝对后果负责。换言之，只要动机是美好的，意图是正确的，目标是正义的，那么，无论手段是否合法、后果如何，其行为都是应该容忍甚至值得赞赏的。实际上，“意图伦理”的要害，在于它违背了法治的基本精神——“程序正义”。表现在秸秆砍伐证事件上，就是当地政府因为要让秸秆处置实现环保化、资源化、商品化，以及自诩有让农民增收的“意图”，可以出台土政策，要求农民必须到指定地点交秸秆，甚至不惜让玉米烂在地里，不惜缴费办证。勒令农民为收割玉米“办证”，其实质是非法设立行政许可，是公权对私权的侵犯。

【法律背景】

《行政许可法》第十二条、第十三条、第十四条、第十五条、第十六条、第十七条。

【知识点介绍】

行政法与民事法、刑事法一样，属于基本法律部门之一。但何谓行政法？这是需要认真思考、准确把握的一个基础性问题。

我国自20世纪80年代后期以来，学者提出的较有影响的行政法概念主要有："单一关系调整说"、"两种关系同时调整说"、"行政权力双向规范说"，等等。目前较为普遍、权威的一种观点认为：所谓行政法，是指对行政活动过程特别是行政权力运行过程加以规范、监督与补救，调整行政与监督行政的主体及其行为所形成的社会关系的有关法律规范和原则的总称。这是一种广义的概念，既调整行政关系又调整监督行政关系，即规范行政权力运行过程和规范监督行政权力运行过程。狭义的行政法，指行政主体行使行政权力、实施行政管理及与给予损害救济有关的法律规范和原则的总称，也即调整行政关系或曰规范行政权力运行过程的法律规范和原则的总称。

与其他部门法相比，行政法在形式上和内容上都具有一些显著而又相互关联的特征。这些特征主要表现在形式和内容上。

（一）形式上的特征表现

1. 尚无统一、完整的实体行政法典。其原因在于，行政法涉及的社会生活领域十分广泛，内容纷繁复杂，技术性和专业性较强且行政关系变动较快，因而难以制定出一部包罗万象、完整统一的实体行政法典。虽然多年来国内外都有人提出，像民法、刑法等部门法那样制定一部包容整个行政法领域的实体行政法典，甚至人们也作过尝试，但迄今尚未获得成功。[①] 尽管如此，尚无完整统一的实体行政法典这一特点，并不能成为否定行政法存在和发挥作用的理由。而且这一特点随着现代电子技术的发展，今后会不会发生飞跃性变化，有否可能通过采用电子版行政法典的方式获得突破加以改变，现在尚难预料。

2. 有统一的行政程序法典。众所周知，民事、刑事等法律部门都有一部与实体法典相对应的诉讼法典；而与之相比较，自19世纪末期以来，越来越多的国家在其行政法体系中不但有一部行政诉讼法典，同时还有一部行政程序法典（尽管没有统一完整的行政实体法典），而这种情况在民事、刑事等法律部门是不存在的。可以说，这是与前一特点紧密联系的形式上的又一重要特点。对此，已有学者进而提出，鉴于不少国家的行政程序法典中已融入了大量的行政实体规范，加之现代电子技术的超乎想象的飞速发展，将来有无可能出现统一完整的行政法典现在尚难预料，故不宜过早就下绝对否定的结论。

3. 行政法规范及其存在形式特别多。这是因为，制定行政法规范是采取多级分别立法的方式，其制定机关甚多，效力层次不同（法律、法规、规章等），行政法规范及其存在的

① 德国威敦比克邦（现多称北威州）曾用11年的时间制定过一部包括行政实体法一般原则的《德国威敦比克行政法典》，该法典共4编224条，涵括行政法的主要方面，于1936年通过后因希特勒上台而未实施。这可能是尝试制定实体行政法典的唯一实例，尽管未获成功。参见应松年主编：《行政法与行政诉讼法词典》，209页，北京，中国政法大学出版社，1992。此后，1994年荷兰出台了一部基本行政法典，但其实也是类似于民法通则那样的行政法通则，有许多章节还只是一些框架，仍不是真正意义上的行政法典。

法律形式和法律文件的数量特别大，居各部门法之首。

（二）内容上的特征表现

1. 内容广泛，数量庞大。现代行政活动领域十分广泛，已不限于传统的治安、税收、军事、外交等方面，还扩展到经济、科技、文化等社会生活的各个方面，这些方面发生的社会关系需要行政法加以调整，这就决定了行政法有着广泛的内容，庞大的数量，涉及领域几乎覆盖全社会。

2. 易于变动，稳定性弱。这主要体现在以行政法规和规章形式表现的数量巨大的这一部分行政法规范，相对而言不够稳定，也即行政立法的稳定性较弱。其原因在于，当代社会生活节奏加快，各方面社会关系处于不断变动之中，因而具有调整这些社会关系之功能的行政法规范就呈现出较强的变动性。

3. 实体规范与程序规范交织。这一特点不仅表现在《中华人民共和国行政诉讼法》（以下简称《行政诉讼法》）这一诉讼程序法中包含了许多实体性规范，而且在我国行政法中还存在一类特有的行为规范即行政程序规范，这是根据行政民主、法治、科学、效率的要求而对行政机关依法行使职权所作的特别程序约束。行政实体性规范与行政程序性规范如此紧密地交织共存于一个法律文件中，在实施和考察行政活动时很难将其截然分开，这种现象可说是行政法区别于民事法、刑事法的一个重要特点。

第三节　行政法的渊源和类型

【案例介绍】

甲市市民任某和朋友李某是生意伙伴，二人在甲市光彩大世界开了一家汽车配件店。2008 年 8 月 18 日，甲市公安局直属分局的网警来到店里，称李某的电脑涉嫌传播不良信息，要进行检查。为做生意方便，今年 4 月任某也把自己的电脑从家中带来，当时也放在店里。任某说，网警当时顺便也检查了他的电脑，发现了他下载的淫秽视频后，就扣押了他的电脑主机。任某称，这段视频是他 2007 年 11 月从网上下载的，长约 30 分钟。当时自己还没有结婚，既没有传播，也没有让别人看，完全是为了好奇，事后忘了删除。9 月 12 日，任某收到了警方的处罚决定书，称“进行日常检查时发现其中一台电脑上复制下载有一部淫秽视频”，决定对任某“警告并处1 900元罚款”。对此，任某表示将申请行政复议，他称自己看淫秽视频虽然不对，但只是他一个人观看，没有传播也没有造成严重后果，类似夫妻在家中看黄片，是否违法值得商榷。

甲市公安局直属分局出具的处罚决定书称，对任某的处罚，有本人陈述、检查笔录和淫秽物品鉴定为证，处罚的依据是《计算机信息网络国际联网安全保护管理办法》（又称《公安部33号令》，以下简称《联网安全保护办法》）第5条第6项和第20条，其中第5条第6项规定：任何单位和个人不得利用国际联网制作、复制、查阅和传播“宣扬封建迷信、淫秽、色情、赌博、暴力、凶杀、恐怖，教唆犯罪”的信息，第20条规定：“违反法律、行政法规，有本办法第五条、第六条所列行为之一的，由公安机关给予警告，有违法所得的，没收违法所得，对个人可以并处五千元以下的罚款，对单位可以并处一万五千元以下的罚款；情节严重的，并可以给予六个月以内停止联网、停机整顿的处罚，必要时可以建议原发证、审批机构吊销经营许可证或者取消联网资格；构成违反治安管理行为的，依照治安管理处罚条例的规定处罚；构成犯罪的，依法追究刑事责任。”

《中华人民共和国治安管理处罚法》（以下简称《治安管理处罚法》）第68条规定：“制作、运输、复制、出售、出租淫秽的书刊、图片、影片、音像制品等淫秽物品或者利用计算机信息网络、电话以及其他通讯工具传播淫秽信息的，处十日以上十五日以下拘留，可以并处三千元以下罚款；情节较轻的，处五日以下拘留或者五百元以下罚款。”

2008年9月26日下午，警方公布复议结果，认为本案认定事实清楚，适用法律正确。但因为任某是初次违反《联网安全保护办法》，且情节较轻，对其作出警告并处1 900元罚款的处罚过重，因此撤销处罚，给予批评教育。

【案例分析】

本案主要涉及两个行政法问题：一是在多个法律规范之间存在冲突时，执法人员如何适用？二是公权力的行使与私权利的保护之间，是否存在边界以及存在何种边界？

行政法本身的特点决定了行政法的法律渊源有多种表现形式。本案中警方主要依据了两个法律规范：一个是《治安管理处罚法》（法律）；另一个是《联网安全保护办法》（规章）。而两个法律文件对个人浏览淫秽信息是否构成违法，规定得不一致。2006年3月1日起施行的《治安管理处罚法》第68条只对传播者进行处罚，而没有将公民复制、查阅淫秽、色情信息纳入行政处罚内容。第69条也是只处罚组织播放淫秽音像者，而没有规定对观看者予以处罚。《联网安全保护办法》是1997年12月30日公安部发布的部门规章。其第5条规定：任何单位和个人不得利用国际联网制作、复制、查阅和传播下列信息，包括“宣扬封建迷信、淫秽、色情、赌博、暴力、凶杀、恐怖，教唆犯罪”等九项内容。

那么，“查阅”或者个人浏览淫秽信息到底是否构成违法？本书认为，“查阅”或者个人浏览淫秽信息，只要不是为了营利目的，不是为了传播扩散，社会危害性不大，仅反映其个人的想法和做法，这属于道德调整的范畴，不必纳入法律调整范围，公权力不应过多干预私生活。

另外，在本案中，当《联网安全保护办法》和《治安管理处罚法》规定不一致时，警方能否进行选择？本书认为，法律效力的废止有两种，明示废止与默示废止。明示废止是指在新法或者其他法律文件中规定废止法；默示废止，即在适用法律中，出现新法与旧法冲突时，适用新法而使旧法事实上废止。如果出现立法机关所立新法与旧法发生矛盾时，应当按照“新法优于旧法”等办法解决矛盾，旧法被新法“默示”地废止。显然，《联网安全保护办法》关于查阅“淫秽、色情”属于违法行为的规定，已经因为《治安管理处罚法》的出台而效力废止，并不需要专门的立法机关明确来废止这一规定的效力。因此甲市警方对任某的行政处罚属于适用法律不当，警方处罚依据的部门规章应当依法修改。依照《立法法》（2015 年）规定，《治安管理处罚法》属于“法律”，《联网安全保护办法》属于“规章”，法律的效力高于规章；而且《联网安全保护办法》是 1997 年开始实施，《治安管理处罚法》则是 2006 年开始实施。警方应当按照既是上位法又是新法的《治安管理处罚法》而不应按照下位法且是旧法的《联网安全保护办法》来处理。

【法律背景】

《治安管理处罚法》第六十八条、第六十九条；《联网安全保护办法》第四条、第五条、第六条、第二十条；《立法法》（2015 年）第八十八条。

【知识点介绍】

行政法的法律渊源是指行政法律规范的根本来源和外部表现形式。在不同的国家，其行政法的渊源不尽相同。例如，法国行政法绝大多数来自最高行政法院的判例（这在大陆法系国家中是比较特殊的），而我国行政法来源于有关国家机关创制的抽象性规范。我国行政法的渊源分为一般渊源和特别渊源。一般渊源包括：（1）宪法；（2）法律；（3）行政法规；（4）地方性法规（含一般地方性法规、自治条例和单行条例、经济特区法规、特别行政区立法）；（5）规章（含部门规章、地方政府规章与联合规章）。特别渊源很多、很分散，效力等级往往视其与一般渊源的关系而定，包括：（1）法律解释（含立法解释、行政解释、司法解释、地方解释）；（2）联合法律文件（如过去常见的党政联合发布的文件，这种做法已逐渐减少）；（3）国际条约（但保留条款除外①）。此外还有军事法规、军事规章。

1. 宪法。宪法所包含的行政法律规范通常原则性较强，涉及行政权力的取得、行使及对其进行监督的根本性问题的规定。主要包括：（1）关于行政权力的来源和行使权力的基本原则之规定，如规定政府由本级人大产生和对它负责并报告工作，行政机关实行民主集中制；（2）关于行政机关的法律地位和行政体制之规定，如规定地方各级人民政府既是地方各级国家权力机关的执行机关，又是地方各级国家行政机关；（3）关于行政组织及权限之规定，如规定各级政府的设立程序、职责权限等制度；（4）关于公民权利与行政权力的关系及处理原则之规定，如公民受到行政机关侵害时有权获得赔偿；等等。

2. 法律。狭义的法律，是由全国人大及其常委会制定的。法律中凡涉及行政权力的设定及权限、行使及运用、对行政权力加以监督和在受到行政权力侵害时予以补救的规范，均属

---

① 在我国，国际条约一般需要通过立法和行政立法转化为国内法加以实施。我国加入世界贸易组织（WTO）等许多国际组织后，由于加入的国际条约和作出的对外承诺日益增多，如果转化工作跟不上，国际条约与国内法的冲突问题会日益突出。

行政法律规范。它们是行政法最重要的渊源之一。

3. 行政法规。行政法规是国务院制定的一类规范性文件的总称，它是对比较原则的法律规定加以具体化的主要形式之一，数量较大。其效力仅次于法律，高于地方性法规、部门规章和地方政府规章。行政法规不得与宪法和法律相抵触，必须按法定程序制定。

4. 地方性法规。地方性法规是由省、自治区、直辖市、设区的市以及自治州的人大及其常委会制定的，其中有相当一部分涉及行政机关权力的取得、行使以及对行政权力进行监督等问题，与行政权力行使过程中行政相对人的权利和义务有关，成为地方行政机关行使行政权力的重要依据之一。①

5. 自治条例和单行条例。自治条例和单行条例是民族自治地方权力机关按照法定权限并依照当地民族的政治、经济和文化的特点所制定的一类规范性文件。其制定程序中有明确的按级报批和备案的规定。它与地方性法规一样，所包含的法律规范多数是行政法规范，因而也是行政法的重要渊源。

6. 行政规章。行政规章分为部门规章和地方政府规章，前者是由国务院组成部门和一部分具有行政管理职能的直属机构、直属事业单位依法制定的，后者是由省、自治区、直辖市、设区的市、自治州的人民政府依法制定的。在实践中，行政规章的面广、量大、使用频率高，这是其他形式的行政法渊源无法相比的。但需要指出的是，行政规章的效力不及前述那些法律渊源，目前在我国的司法审查中不能作为审判“依据”，而是“参照”适用。

7. 国际条约。我国参加和批准的国际条约（但保留条款除外），凡内容涉及行政法的，也是其重要渊源。而且，随着国际交往的范围扩展、频率加大，此类渊源将会越来越多，但一般需要转化适用。

8. 法律解释。有权机关对法律、法规、规章所作的解释，包括立法解释、司法解释、行政解释和地方解释，凡涉及行政法的，通常也作为行政法的渊源。

9. 其他行政法渊源。这包括行政机关与党派、与群众团体等联合发布的法规、规章等文件。此类渊源的产生有特殊的国情和时代背景，今后将会逐步减少。

需要注意的是，在特别行政区适用的行政法渊源（包含各层次的规范）有其特殊性，包括其“原有法律”和“特别行政区立法机关制定的法律”中的行政法规范，只适用于该特别行政区。

还要指出，各层次法律文件中的大量行政法律规范在运行中难免发生冲突，解决冲突的基本原则或者说行政法律规范的冲突解决机制是：（1）宪法中的行政法律规范具有最高效力；（2）下位法服从上位法（含同级行政立法服从同级人大立法）；（3）如系同一机关制定的法律规范，则特别法优于一般法，新法优于旧法，难以判断的冲突由制定机关（或其常设机构）裁决；（4）如系“效力等级相同”的法律规范，则规章之间的冲突由国务院裁决；部门规章与地方性法规之间发生冲突不能确定如何适用时，分为两种情况：由

---

① 《中华人民共和国立法法》（2015年）将地方性法规的立法权进一步扩展至所有“设区的市”及“自治州”人大及其常委会。

国务院裁决适用地方性法规，或因国务院认为应当适用部门规章而由国务院提请全国人大常委会裁决；省级政府规章与省内较大的市地方性法规之间的冲突，由该省级人大常委会裁决。

第四节　行政法的法律关系

【案例介绍】①

法国纪龙德省国营烟草公司雇佣的工人在开着翻斗车作业的时候，不慎将布朗戈的女儿撞伤。布朗戈先生向普通法院提出了诉讼，要求国家赔偿损失。他的诉讼依据是《法国民法典》第1382条："任何人的行为使他人受损害时，因自己过失而致使损害发生之人，该对他人负赔偿责任"；第1383条："任何人不仅对因其行为所引起的损失，而且对因其过失或疏忽所造成的损害，负赔偿责任"；第1384条："任何人不仅对其自己的行为所造成的损害，而且对应由其负责的他人的行为或其管理下的物件所造成的损害，均应负赔偿责任"。他认为，国营烟草公司的人员所犯的过失国家应负民事上的责任，所以他将纪龙德省的省长列为了被告。普通法院予以受理。纪龙德省省长向该普通法院提出了不服管辖书，而普通法院又坚持自己对该案件有管辖权，从而产生了普通司法与行政司法管辖权限的积极争议，被送至权限争议法庭予以裁量。于是行政司法机关和普通司法机关哪个机关拥有审理国家损害赔偿案件的一般权限成为本案争议的关键。1873年2月8日，权限争议法庭裁决如下："因国家在公务中雇佣的人员对私人造成损害的事实而加在国家身上的责任，不应受在民法典中为调整私人与私人之间关系而确立的原则所支配，这种责任既不是通常的责任，也不是绝对的责任，这种责任有其固有的特殊规则，依公务的需要和调整国家权力与私权利的必要而变化。"由此，权限争议法庭的裁决排除了普通法院对公物损害赔偿诉讼案的管辖权，确立了行政司法机关是审理这类案件唯一具有权限的机关。

【案例分析】

本案的法律意义是多方面的，除大家比较关注的重要一点即该案最早确立的对非权力作用的国家赔偿责任外，此案所涉及的行政法律关系等问题，也是值得认真研究和讨论的。

法国是大陆法系的代表性国家，其国内法分为公法和私法两大类，行政法被划为公法之列。行政法律关系引起的争议或者发生的纠纷由行政法院管辖，而不由普通法院管辖。

① 参见胡建淼主编：《外国宪法案例及评述》下，626页，"[法国] 1873年布朗戈诉国家案"，北京，北京大学出版社，2004。

在法国行政法中，并非行政制度中的所有活动都由公法调整，而只是一部分由公法调整，一部分则由私法调整。如何划分两者的界限也就成了法国行政法的基础问题。法国的法律从来没有规定一个适用行政法的明确标准。所以划分行政活动适用公法还是私法的标准，都是由行政法院和权限争议法庭在判例中提出来的。随着社会的发展，行政职能的变化，法国行政法院在实践中也提出或确认过不同的标准，学术界对此也建立过不同的学说。

布朗戈案例出现以前，对于行政机关的活动进行管辖划分时，采取过两个实质标准：(1) 国家债务人，即在国家作为债务人的时候，普通法院是无权管辖的。认为只有行政法院有权判国家负担金钱给付的义务，普通法院是无权管辖的。(2) 公共权力行为，即只有行政机关行使公共权力的行为属于行政法院的行政审判管辖范围，比如行政机关采取命令和禁止方式的行为等；其余"事务管理行为"由普通司法机关管辖，比如采取合同方式进行等。19 世纪前半期，国家的职务不多，主要限于司法、警察、国防、税收事项，因此上述两个标准大致符合当时的情况。19 世纪后半期随着国家公务活动的大量增加，非以公共权力为特征，而以提供公共服务为己任的广义行政行为不断出现。也就是说，公务活动引发的法律关系，有些具有行政法律关系的特征，有些行政行为，如以提供公共服务为己任的广义行政行为则行政法律关系特征并不明显。如何解决这类行为引起的纠纷就成为摆在权限争议法庭法官面前的一道难题。布朗戈案件中，法官就抛弃了国家债务人和公共权力两个标准，提出了将公务活动作为划分行政审判管辖权限的新标准。从此，法国在行政法上开始了以公务活动为标准衡量哪些行政活动适用公法，具有行政法律关系的特征，反之则适用私法的时代。也就是说，凡行政机关直接以满足公共利益为目的的公务活动，具有行政法律关系的特征，使用行政法，由行政法院管辖；行政机关的财产管理活动等则属于非公务活动，适用私法，由普通法院管辖。布朗戈案件所确认的原则也逐步影响到了行政法学上。如波尔多大学 L. 狄骥教授就建立了"公务"学说。其强调行政主体直接满足以公共利益为目的的一切活动，例如国防、外交、教育等都是公务。当某种公共利益难以由私人进行或私人活动不能满足需要时，国家就把它确立为一种公务，并保障其实施。

但第二次世界大战之后，随着国家职能的变化，行政管理活动的扩大，国家日益干预经济活动，或者把私人企业国有化，出现了大量的经济公务和工商公务，这些公务以前是个别现象，不适用行政法，适用民商法，也由普通法院管辖。此外，随着社会保障制度的建立，出现了自由职业组织同业会等社会公务和职业公务等。这些公务的发展都超出了以往行政法上公务的适用范围，因此也动摇了公务标准作为行政法院和普通法院管辖的界限标准。于是又出现了多元化标准，其中代表性的有公共利益说、新公共权利说、广义行政法与狭义行政法说等。

应当说，布朗戈案件的法律意义除上面提到的最早确立了非国家权力作用的国家赔偿责任外，还主要包括该案所确立的普通法院与行政法院划分管辖权的公务活动标准，确立了行政法律关系的新的含义，代表并迎合了当时建立与发展法治国家的需要，具有划时代的历史意义。

【知识点介绍】

行政法律关系也即行政法上的法律关系，概言之，是指基于行政法律规范的确认和调整而在行政关系以及监督行政关系的当事人之间形成的权利义务关系。行政法律关系的主要特点包括：

1. 这种法律关系的当事人中必有一方是行政主体。行政主体是指享有国家行政权力、能以自己的名义从事行政管理活动并独立承担相应法律责任的机关、机构或组织，其范围包括行政机关和法律、法规、规章授权的组织。受委托组织、行政公务人员不属于行政主体范围，但其公务行为的后果归属于行政主体。

2. 行政法律关系当事人双方的地位不对等。这一特征也被称为行政法律关系的单方面性，即国家行政机关单方面的意思表示常可引起行政法律关系的产生、变更和解除，而无须征得相对方的同意。当然，这种不对等性并不表现在监督行政的法律关系中。

3. 行政法律关系当事人的权利义务基本上由法律规范事先规定，一般来说不能由当事人相互约定和自由选择，当事人只能依法享有权利并承担义务。但行政合同的出现，是这一特征的例外，因为行政合同双方当事人可进行一定程度的协商让步和权利义务约定。

4. 行政法律关系当事人的权利义务具有相对性和统一性。在这种行政法律关系中，当事人的权利和义务出现许多交叉重叠，难以截然分开，这与民事法律关系的情况有所不同。尤其是对于国家行政机关而言，这种相对性表现得更为明显：法律授予行政机关的职权，同时也是一种职责，职权与职责犹如刀刃与刀背的关系，二者是统一的、不可分割的，行政职权既是其可以行使的权力，又是其必须行使而不得放弃的权力，即其必须履行的职责，否则就是行政失职，将承担法律责任。

5. 行政法律关系引起的争议大都由行政机关或行政裁判机关依照行政程序或行政司法程序加以解决，只有在法律明文规定的情况下才通过普通司法程序解决。这是由于此类争议所涉问题的专业性、技术性强，宜先由专业性强的行政机关或行政裁判机关来解决争议。而且事实上各国都在寻求司法之外解决此类争议的更多、更有效的渠道，以提高行政争议解决效率，同时行政相对人也不丧失最后通过司法程序解决行政争议的选择机会。体现此特征的如英美法系的行政裁判所、大陆法系的行政法院以及我国的行政复议机构等。

行政法律关系有各种分类方法。我国行政法制实务界和行政法学界普遍认同的一种主要的划分方法，是将行政法律关系划分为外部行政法律关系与内部行政法律关系。

1. 外部行政法律关系。这是指行政主体在行政活动中与相对一方所发生的法律关系，是最主要的行政法律关系。其成立条件是：（1）一方当事人是行政机关或法律法规授权组织；（2）双方当事人没有行政隶属关系；（3）双方当事人的地位不对等；（4）行政主体一方依法拥有优先初步解决行政争议的权力。一般认为，外部行政法律关系是基于各类行政作用法的调整形成的。

2. 内部行政法律关系。这是指在行政活动中发生于行政机关内部的法律关系。它包括行政机关之间的行政法律关系和行政机关与公务员之间的行政法律关系及行政监察法律关系。其成立条件是：（1）双方当事人都是行政机关或有行政隶属关系；（2）这种关系具有层级节制和命令与服从的性质；（3）行政主体一方拥有解决此类争议的排他性权力。一般认为，内部行政法律关系是基于宪法、组织法、公务员法、监察法的调整所形成的。

行政法律关系由主体、内容和客体三要素构成。行政法律关系的主体就是行政法律关系当事人，其享有和承担该项行政法律关系所确定的权利（力）和义务；行政法律关系的内容是指行政法律关系主体享有的权利（力）和承担的义务；行政法律关系的客体是指行政法律关系当事人权利（力）义务指向的目标和对象。

1. 行政法律关系的主体。主要包括：国家行政机关、其他国家机关、公民、法人、其他各种经济组织和社会组织。同时，外国人、无国籍人以及外国组织在一定条件下也可在中国成为行政法律关系的主体。行政法律关系主体可分为行政主体和行政相对方。

2. 行政法律关系的内容。主要包括两个方面，即行政主体的权利义务和行政相对方的权利义务。在行政法律关系中，行政主体的权利表现为行政主体所行使的国家行政权力即行政权。至于行政权具体包括哪些权力，学者们的看法不一，其中已被普遍认同的权力有规范制定权、决策权、命令权、检查权、决定权、制裁权、强制权和行政司法权等，而且行政权在一定意义上说具有优先的性质。行政主体的义务即其职责，最基本的职责就是依法行政，其中包括遵守法律法规、积极履行职务、遵守程序、裁量合理、符合行政目的等。由于行政相对方的范围广、类别多，故其权利内容有所差异，但以下权利已被普遍认同为行政相对方的主要权利：自由权、平等权、了解权、参与管理权、受益权、举报权、请求权、申告权、获得救济权、行政诉讼权、民主监督权等。行政相对方的义务主要是守法、服从行政命令、协助行政管理等。

3. 行政法律关系的客体。一般认为，行政法律关系的客体包括：（1）物，即具有使用价值和价值的物质资料。（2）行为，即行政法律关系的主体根据其权利义务而进行的活动，包括作为和不作为，它是最主要的客体。（3）精神财富，即以非物质形式表现出来的智力劳动成果，如著作、专利等。另外，也有学者将行政法律关系的客体划分为人身、行为和财物三类。

行政法律关系处于动态变化之中，包含了产生、变更和消灭的过程。行政法律关系的产生，是指由于一定的法律事实而在行政主体与相对方之间形成特定的权利义务关系。在已有行政法律规范的前提下，行政法律关系的产生取决于：（1）一定事件的发生；（2）一定行为（作为和不作为）的发生。行政法律关系的变更，是指行政法律关系在存续期间发生的变化。它涉及行政法律关系的主体和内容相互交织而发生的增减更替等变化，情形多种多样。行政法律关系的消灭，是指行政法律关系的终止或不复存在。它包括主体的消灭、权利义务的消灭、客体的消灭等多种情形。行政法律关系的变动，以相应的行政法律规范的存在为前提，以一定法律事实的出现为主因。导致行政法律关系变动的法律事实包括事件和行为两大类，前者是不以当事人的意志为转移的客观现象，后者是当事人有意识的能够产生法律效果的行为，是主要的法律事实。

第五节　行政法学体系框架

【知识点介绍】

行政法作为典型的公法，是一个非常重要的法律部门。学习掌握行政法律知识和能力，有助于依法行政和促进依法行政。本书全书共安排 4 编 16 章和数十个典型案例，兼顾“案例研究”和“原理分析”，透过案例分析研究，从行政法的基本理念、行政法的主体与行政组织法、行政主体的行为与行政程序法、监督行政与行政救济法等方面，对行政法的理论与实践问题作出比较系统、重点突出、切合现实的论述。其中：

第一编绪论，从宏观层面讨论了行政法的基本问题，包括行政法的基本理念、基本范畴、基本原则。首先介绍关于行政、行政法、行政法律关系、行政法的框架等基本理念和基本范畴，为后面的讨论打下一个基础。行政法的基本原则对行政立法、行政执法、行政司法等行政法制的各类基本活动发挥着宏观指导作用，且在一定条件下具体规范着行政行为的实施及行政争议的处理。本书主要对行政合法性原则、行政合理性原则、行政应急性原则、行政信赖性原则、行政公开性原则构成的行政法基本原则体系作了分析阐述。

第二编主体论，涉及行政法的各个法律关系主体。行政法律关系主体包括行政主体和行政相对人两大部分。这里从主体论的角度，分析讨论行政机关和被授权组织等各类行政主体，分析讨论受行政机关委托的组织，以及行政组织法制。同时，逐一讨论了各类行政公务人员和相应的行政公务人员法。特别是专章讨论了公民、法人或其他组织的法律地位和权利保障问题，侧重介绍行政相对人的地位、作用及其权利和义务，这是当代行政民主化潮流下发展较快的领域。

第三编行为与程序论，讨论的是广义的行政行为，涉及的内容非常多，行政主体的抽象行为和具体行为的内容，是全书的重点和难点。本编首先系统地介绍行政立法、制定其他行政规范性文件等抽象行政行为，以及行政许可、行政处罚、行政强制、行政征收、行政征用、行政确认、行政奖励、行政给付、行政紧急行为等行政处理行为，还分析了行政合同、行政指导、行政规划、行政事实行为等行政主体实施的其他行为，行政裁决和行政仲裁等行政司法行为。适应行政程序法治快速发展的客观要求，本编在探讨广义行政行为的基础上，还对行政程序的基本理念和基本制度进行了介绍和探讨。

第四编监督与救济论，透过一些典型案例分析讨论对于行政的监督体系，重点研究了行政复议、行政赔偿、行政补偿和行政诉讼等若干重要的广义行政救济制度。俗话说，没有监督，势必滥用权力；没有救济，也就没有权利。可见本编的内容非常重要，篇幅也比较大。

附录是与行政法相关的制定法文本线索，提供给行政法初习者进行系统、深入的学习研究时参考使用。

阅读资料

著作类：

1. 成仲模主编．行政法之理论基础．台北：三民书局，1991

2. 吴庚．政治理论与法学方法．台湾法学研究精要丛书．北京：中国人民大学出版社，2007

3. 罗豪才主编．现代行政法的平衡理论．北京：北京大学出版社，1997

4. 罗豪才主编．现代行政法的平衡理论．第2辑．北京：北京大学出版社，2003

5. 应松年主编．行政法与行政诉讼法学．北京：法律出版社，2005

6. 姜明安主编．行政法与行政诉讼法．3版．北京：法律出版社，2007

7. 莫于川主编．行政法学原理与案例教程．北京：中国人民大学出版社，2007

8. 关保英．行政法的价值定位．北京：中国政法大学出版社，1997

9. 叶必丰．行政法的人文精神．武汉：湖北人民出版社，1999

10. 宋功德．行政法哲学．北京：法律出版社，2000

11. 沈岿．平衡论：一种行政法认知模式．北京：北京大学出版社，2001

12. 李娟．行政法的控权理论研究．北京：北京大学出版社，2001

13. 杨海坤，关保英．行政法服务论的逻辑结构》，北京：中国政法大学出版社，2002

14. 张树义．变革与重构——改革背景下的中国行政法理念．北京：中国政法大学出版社，2002

15. 莫于川主编．依法行政的基本理论与实践．北京：中国工商出版社，2007

论文类：

1. 王宝明．从多层面探讨行政法的基本理念．中外法学，1996（5）

2. 莫于川．略论行政法文化与经济社会发展．法制与社会发展，1996（6）

3. 杨海坤．实现宪政目标下的中国行政法治．政治与法律，2005（1）

4. 莫于川．人权入宪对我国行政法民主化发展趋势的影响．国家行政学院学报，2005（2）

5. 姜明安．软法的兴起与软法之治．中国法学，2006（2）

6. 莫于川．有限政府·有效政府·亲民政府·透明政府——从行政法治视角看我国行政管理体制改革的基本目标．政治与法律，2006（3）

7. 章剑生．现代行政法面临的挑战及其回应．法商研究，2006（6）

8. 胡锦光．论行政法基本理论研究．法学家，2007（1）

9. 于　安．论我国社会行政法的构建．法学杂志，2007（3）

10. 关保英．行政法学分析逻辑的认识．中国法学，2007（3）

探讨性案例

据报载，广州市越秀公安分局将长期在广东省汽车站作案的小偷的照片、姓名、年龄及犯罪记录等信息公布在省站的公告牌上，并上书“严防小偷（嫌疑人）”几个大字，引起过往旅客的围观，许多旅客拍手称快，认为对于这些人人喊打的小偷，此举无疑会给他们以沉重的打击；但也有人表示这种行为涉嫌侵权，会给这些人带来致命的后果。两种截然不同的观点引发了社会的普遍讨论。[①]

案例参考意见：

有学者认为，法律没有明确规定小偷的照片不能张贴，因此该行为不构成违法。本书认为这种观点是不正确的。在传统自由主义国家时期，法无明文规定即禁止、严格遵循法律保留是对公权力行使的基本要求。然而在这个行政事务日益增多、社会变化日新月异的时代，立法不可能穷尽一切事宜，因此赋予行政机关以行政裁量权乃是社会发展所必需，但是即使是裁量权也要受到法律的约束，不是绝对自由的，它应当符合法的基本原则和法定目的。本案中，没有法律禁止公安机关采取警示小偷的行为，是否采取警示行为以及如何实施该行为都是公安机关行使行政裁量权的表现，然而公安机关的裁量权必须符合法律的基本原则，不得有裁量违法，尤应遵循比例原则。

《中华人民共和国宪法》（以下简称《宪法》）第38条规定：“中华人民共和国公民的人格尊严不受侵犯。禁止用任何方法对公民进行侮辱、诽谤和诬告陷害。”可见，人格尊严是宪法上规定的一种基本权利，而人格尊严包含了名誉权、姓名权、肖像权、隐私权等内涵。公权力主体若行使公权力不当也极有可能造成对这些权利的侵害。本书认为，本案中被曝光的小偷的隐私权、肖像权及名誉权均受到了公安机关不同程度的侵犯。

复习题

1. 如何理解行政法中“行政”的内涵？
2. 行政法有哪些显著的特征？
3. 行政法的渊源是什么？
4. 如何理解行政法的地位和作用？
5. 如何认识行政法的各种法律关系？
6. 如何理解行政法律关系的构成和变动？

---

① 参见“广东汽车站高悬小偷‘玉照’专治小偷”，见大洋网，http://travel.tom.com，2003年11月6日访问。

第二章

行政法的基本原则

本章提要

行政法的基本原则，是指普遍适用于一般行政法领域且对行政法具有基础性作用的法律原则，或曰贯彻行政法律关系全过程的指导原理和准则。在法治国家中，行政活动不仅需要遵循法律规则的控制，还要接受法律原则的制约。行政法由于其所调整对象的复杂性与易变性，很难建立一个统一的法典，许多事项只有依赖在长期的司法实践、学说讨论中，通过法律人共同体的对话、论辩而形成的法律原则。域外行政法理认为，一般行政法原则无论其来源如何，也不论其成立年代的早晚，都具有法律效力，是行政法的法源。行政法基本原则可能产生于宪法的具体化，法律的抽象化，正义原则的直接推导，习惯法和比较法。

法律原则是法律规则的生命，体现了法律规则所内蕴的价值，是其正当化的根据。立法机关在制定立法时，需要依据法律原则设定具体行政法规则，这既有利于提高法律的体系性，也可以保证行政法在实质价值上的正当性。行政机关在执法过程中，当需要使用含义存在模糊和争议之处的法律规则时，往往需要从隐含于法律规则背后的法律原则出发，对其加以解释。行政法基本原则也可以帮助弥补行政法的漏洞，有利于保证行政法作为一个逻辑严密的法秩序而存在。行政法基本原则对于更有效地控制行政裁量权具有重要意义。当行政机关拥有裁量权时，只要在外观上不超越裁量权的外部界限，形式上很难认定其违法，但行政法基本原则对于判断裁量行为的实质合法性提供了更好用的标尺。不仅在行政执法过程中，而且在行政诉讼过程中都存在这个问题。我国法院以往不习惯运用法律原则来帮助裁断案件，就连行政诉讼法规定的滥用职权条款也很少被用做撤销具体行政行为的判断基础，这种现象正在逐步改变，在一些案件中，法院开始在判决书中引述法律原则作出判决，取得较好的社会效果。

行政法基本原则可以概括为：行政合法性原则、行政合理性原则、行政应急性原则、行政信赖性原则、行政公开性原则，下面加以分述。

第一节　行政合法性原则

【案例介绍】

韩某某诉辽宁省普兰店市公安局强制精神治疗案①

上诉人（一审原告）：韩某某，辽宁省普兰店市公安局交通警察大队警察。

被上诉人（一审被告）：辽宁省普兰店市公安局。

韩某某因生活和工作方面的事由，自 1977 年起多次到普兰店（隶属于大连市）市委、市政府上访，但问题始终得不到解决，有关部门甚至将其拒之于上访门外，韩感到愤怒，一次在公安局的墙上挂上草包，以示不满。普兰店市公安局对韩的行为予以了严厉的批评，并向大连市公安局精神疾病司法医学鉴定组提出申请，要求对韩某某进行司法医学鉴定。1997 年 12 月 28 日，该鉴定组作出了大精鉴字第 97048 号“大连市公安局精神疾病司法医学鉴定书”，结论是“被鉴定人数年来频繁上访，言行偏激，妨碍公务行为与疾病有直接因果关系，对其行为丧失辨认及控制能力，故评定为无责任能力，因目前正处于本症发病期，建议采取监护性措施”，但未向原告及其家属宣告，鉴定书中也没有鉴定人签章等必要条件。普兰店市公安局依据《大连市监护治疗管理肇事肇祸精神病人条例》于 1998 年 3 月 2 日将韩某某送往大连市安康医院进行监护治疗，1998 年 12 月 1 日，韩某某被保外就医。韩某某因不服普兰店市公安局将其送往大连市安康医院进行精神病监护治疗限制其人身自由的行为，向普兰店市人民法院提起行政诉讼。

法院判决认为，司法医学鉴定组未经鉴定委员会授权对无卷宗、案由、案号的案件当事人即原告作出无鉴定人签章的医学鉴定，是无法律效力的，被告在为向原告宣告的情况下，依据无法律效力的医学鉴定将其送往大连市安康医院，进行精神病监护治疗，是违法的。《大连市监护治疗管理肇事肇祸精神病人条例》（以下简称《条例》）第 8 条规定：“经鉴定人确认为肇事肇祸的精神病人，住所地在本市内，由大连市公安局批准，送安康医院监护治疗；……县（市）区政府所在辖区内精神病医院设置安康病房，受治经大连市公安局批准的肇事肇祸精神病人。”1996 年 10 月 1 日试行的《行政处罚法》第 9 条规定：“……限制人身自由的行政处罚，只能由法律规定。”所以《条例》作为地方性法规，制定的限制人身自由的条款是无效的。被告依据无效的《条例》将原告送往大连市安康医院进行精神病监护治疗，也是违法的。《中华人民共和国民法通则》（以下简称《民法通

---

① 参见辽宁省普兰店市人民法院（2000）普行初字第 9 号判决书。

则》）第 17 条规定："无民事行为能力或者限制民事行为能力的精神病人，由下列人员担任监护人：（一）配偶；（二）父母；（三）成年子女……对担任监护人有争议的，由精神病人的所在单位或者住所地的居民委员会、村民委员会在近亲属中指定……"原告有监护人是无可争议的，被告作为原告单位在未经征得原告监护人的同意，私自变更监护人，本身就是违法，将原告送往大连市安康医院进行精神病监护治疗，更是违法的。但被告称将原告送往大连市安康医院进行精神病监护治疗，属于其内部行为，本院予以维持。为了维护和监督行政机关依法行政，保护当事人的合法权益，故依据《中华人民共和国行政诉讼法》第五十四条（一）项之规定，判决如下：维持被告普兰店市公安局 1998 年 3 月 2 日将原告韩某某送往大连市安康医院进行精神病监护治疗的行政行为。

韩某某对该判决不服，向大连市中级人民法院提出上诉。2001 年 3 月 27 日，根据辽宁省人大常委会、大连市市委指示精神，于普兰店市公安局交通警察大队会议室召开关于韩某某诉普兰店市公安局非法限制人身自由一案协调会。参加会议的有：大连市中级人民法院行政庭庭长和一法官、大连市公安局法制处处长和一科长、普兰店市公安局一副局长（兼任普兰店市公安局交通警察大队队长）、政治处主任、韩某某及其妻、母和女儿。协调会上，韩某某与普兰店市公安局达成"关于韩某某及其家庭现状问题的处理意见"，普兰店市公安局撤销 1997 年 12 月作出的对韩某某进行精神病鉴定的申请；撤销 1998 年将韩某某送往大连市安康医院进行监护性治疗的措施，后韩某某撤回上诉。

【案例分析】

本案中，普兰店市公安局在事实认定方面存在严重错误，也违反了《民法通则》有关监护人的规定，明显违反了法律优位原则。有争议的问题是，公安局是否违反了法律保留原则。一审法院认为，《大连市监护治疗管理肇事肇祸精神病人条例》违反《行政处罚法》第 9 条的规定而无效，但行政行为属于行政强制措施而不属于行政处罚措施，因此《行政处罚法》的规定是不适用的。根据当时适用的《立法法》（2000 年）第 8 条，限制人身自由的强制措施，必须由法律做规定。[①] 普兰店市公安局是在 1998 年 3 月 2 日将韩某某送往大连市安康医院进行监护治疗的，《立法法》（2000 年）自 2000 年 7 月 1 日起施行，因此对于被诉具体行政行为合法性的判断，是否可以以《立法法》（2000 年）为依据？这涉及行政行为违法判断的基准时问题。对于撤销诉讼，通说主张以作成行政行为的时间点为判断的基准时。因为撤销诉讼的标的是原告主张被告的行政行为违法并损害其个人权利或法律上的利益，法院的任务就在于审查行政行为是否以其作出时的事实与法律状态为根据，进而判断该行政行为是否违法并损害原告权益，并最后决定是否将其撤销。在行政行为作出后的

① 在限制人身自由的强制措施的法律保留方面，《立法法》（2015 年）与《立法法》（2000 年）并无区别。

事实或法律状态变更，既然不是行政机关作出行政行为时所能加以斟酌考虑的事项，自然不能以其后（从原处理发布到法院言词辩论终结之间）出现的事实或法律状态为判断基准。但这一原则也有例外，例如有持续效力的行政行为、尚未执行或因提起法律救济而停止执行的行政行为，如果原处理决定在作出时合法但在法院言词审理结束时已经不符合现状，则虽然原行政行为仍然合法，但相对人可以主张原行政行为已经丧失存在的根据从而请求废止，主管机关如果加以拒绝则可提起新的行政诉讼，并与已经提起的撤销诉讼并案审理。

另外，法院判决被诉行为属于内部行政行为予以维持，这明显属于错误判决，实际上该行政行为属于外部行政管理行为，而不属于内部行政行为，一审法院判决在很大程度上是一种对行政机关妥协的产物。

【法律背景】

《行政处罚法》第九条；《立法法》（2015 年）第八条、第九条。

《大连市监护治疗管理肇事肇祸精神病人条例》第一条　为了加强对肇事肇祸精神病人的监护、治疗和管理，维护社会治安秩序，保护精神病人的合法权益，根据《中华人民共和国宪法》和其他法律的有关规定，制定本条例。

《民法通则》第十七条、第十八条、第十九条。

【知识点介绍】

行政合法性原则包括两方面的内容，一是法律优位原则，二是法律保留原则。根据法律优位原则，行政活动必须符合有效的法律规范，不得与其相抵触。法律优位原则要求行政机关作出行政活动时，必须符合法律对其权限、事实认定（包括调查取证）、法律适用和行政程序等方面的明确规定。法律保留原则所要解决的问题，则是根据行政行为对公民权利自由等影响程度的不同，需要有何种层级的法律规范对其进行授权，如果没有必要的授权，行政机关就不得采取一定形式的行政行为。例如，根据《行政处罚法》和《立法法》的规定，对公民政治权利的剥夺、限制人身自由的强制措施和处罚只能由法律设定；行政法规可以设定除限制人身自由以外的行政处罚；地方性法规可以设定除限制人身自由、吊销企业营业执照以外的行政处罚；规章可以设定警告或者一定数量罚款的行政处罚。根据《行政许可法》的规定，地方性法规和省、自治区、直辖市人民政府规章，不得设定应当由国家统一确定的公民、法人或者其他组织的资格、资质的行政许可；不得设定企业或者其他组织的设立登记及其前置性行政许可。应当指出，对于法律保留原则可以从两个层次上加以理解。一个层次涉及的是最高国家权力机关的立法权与其他国家机关立法权的关系，这属于宪法学关注的焦点；另一个层次涉及的是行政机关的职权是否必须以立法机关制定的狭义法律为依据，这是行政法学关注的焦点。

第二节　行政合理性原则

【案例介绍】

浙江郭某某诉诸暨市国土资源局土地管理行政处罚案[①]

郭某某系诸暨市暨阳街道东三村赵四自然村村民。2001年3月开始，郭某某在拆除老房的基础上，未经有批准权的人民政府批准，擅自重建东面一间40.96平方米的住宅。2002年11月16日，诸暨市人民政府向郭某某颁发了诸暨集用（2002）字第1—13279号《集体土地使用证》。2006年2月7日，诸暨市人民政府以郭某某未经批准、擅自重建东面一间面积为40.96平方米的住宅，提供的房屋权源证明失实为由，对郭某某作出诸政行决字（2006）第1号行政决定，撤销诸暨集用（2002）字第1—13279号《集体土地使用证》，由诸暨市国土资源局依法办理更正登记。郭某某不服，向绍兴市人民政府申请行政复议。2006年5月28日，绍兴市人民政府作出维持诸暨市人民政府行政决定的复议决定。郭某某于2006年6月19日向诸暨市人民法院提起行政诉讼。该院于2006年8月3日作出（2006）诸行初字第22号行政判决：维持诸暨市人民政府作出的行政决定。郭某某不服，提起上诉，绍兴市中级人民法院于2006年10月27日作出判决：驳回上诉，维持原判。2007年3月22日，诸暨市国土资源局对郭某某未经审批、非法占地建房行为进行立案查处。2007年9月11日，诸暨市国土资源局向郭某某送达行政处罚告知书。2007年11月28日，诸暨市国土资源局认为郭某某的行为违反了《中华人民共和国土地管理法》（以下简称《土地管理法》）第62条第3款和《浙江省实施〈中华人民共和国土地管理法〉办法》（以下简称《浙江省实施土管法办法》）第40条之规定，属非法占用土地的行为。诸暨市国土资源局依据《土地管理法》第77条第1款之规定，对郭某某作出责令其退还在暨阳街道东三村郭庄处非法占用的40.96平方米土地上新建的房屋的诸土资监罚（2007）第169号行政处罚决定书。郭某某不服诸暨市国土资源局作出的行政处罚决定，于2008年1月28日向诸暨市人民政府提起行政复议。2008年4月20日，诸暨市人民政府作出维持诸土资监罚（2007）第169号行政处罚决定的复议决定。

郭某某不服，诉至法院。

诸暨市人民法院经审理认为，《浙江省实施土管法办法》第3条第1款规定，县级以上人民政府土地行政主管部门统一负责本行政区域内土地的管理和监督工作。诸暨市国土资源局是诸暨市人民政府土地行政主管部门，其对郭某某擅自建房行为进行查处，主体适格。《土地管理法》第62条第3款规定，农村村民住宅

---

① 参见浙江省绍兴市中级人民法院（2008）绍中行终字第37号判决书。

用地，经乡（镇）人民政府审核，由县级人民政府批准。《浙江省实施土管法办法》第40条规定，已建的建筑物、构筑物，需要重建、扩建的，应当符合土地利用总体规划确定的用途和城市规划、村庄和集镇规划，并依法重新办理规划、用地审批手续。郭某某从2001年3月开始，未经有批准权的人民政府批准，擅自在暨阳街道东三村土名为郭庄处，将原平房拆除后重新建造占地40.96平方米三层住宅。诸暨市人民法院（2006）诸行初字第22号和绍兴市中级人民法院（2006）绍中行终字第55号行政判决书，分别确认郭某某违反法律法规，擅自建造40.96平方米住宅的事实。诸暨市国土资源局根据郭某某非法占地、擅自建房的行为，依据《土地管理法》第77条关于农村村民未经批准或者采取欺骗手段骗取批准，非法占用土地建住宅的，由县级以上人民政府土地行政主管部门责令退还非法占用的土地，限期拆除在非法占用的土地上新建的房屋的规定，对郭某某作出责令其退还非法占用的40.96平方米土地；限郭某某在处罚决定书接到之日起10日内自行拆除非法占用的40.96平方米土地上新建的房屋的处罚决定，认定事实清楚，适用法律法规正确，程序合法。据此判决：维持诸暨市国土资源局于2007年11月28日作出的诸土资监罚（2007）第169号行政处罚决定。

郭某某不服，提出上诉。

绍兴市中级人民法院经审理认为，《行政处罚法》第4条第2款规定，设定和实施行政处罚必须以事实为依据，与违法行为的事实、性质、情节以及社会危害程度相当。《行政处罚法》第27条规定，违法行为轻微并及时纠正，没有造成危害后果的，不予行政处罚。说明行政执法中行政裁量必须遵循执法成本和执法收益的均衡，应当符合比例原则。从行政执法目的和手段的关系而言，手段对目的应当是适当的，虽然行政目的是正确的，但也必须选择合适的手段。行政机关必须选择相对成本最小的执法手段，选择对行政相对人最小侵害的方式，从而使行政执法的成本与执法收益相一致。

本案上诉人郭某某在拆除60多平方米老房的原宅基地上，重建一间40.96平方米的住宅，并未多占其他土地面积，也未改变土地用途和性质，从庭审调查情况及双方提交的证据看，上诉人所建房屋是否违反城市规划及所在村区域是否有具体的规划要求，被上诉人未提供充分的证据予以证明。而且从实际状况看，上诉人的重建房屋与其他房屋在结构上已连为一体。可见，上诉人违法行为的事实、性质、情节以及社会危害程度相比于其他未经审批非法占地行为相对轻微。

《浙江省实施土管法办法》第40条规定："已建的建筑物、构筑物，需要重建、扩建的，应当符合土地利用总体规划确定的用途和城市规划、村庄和集镇规划，并依法重新办理规划、用地审批手续。不改变土地用途并在规定的占地面积范围内重建的，应当简化手续，及时批准。"《土地管理法》第77条第1款规定："农村村民未经批准或者采取欺骗手段骗取批准，非法占用土地建住宅的，由县级人民政府土地行政主管部门责令退还非法占用的土地，限期拆除在非法占用的土地上新建的房屋。"被上诉人在《浙江省实施土管法办法》第40条规定的补办手续与《土地管理法》第77条第1款规定的拆除选择中，应当考虑上述特定的基本情况，首先选择最小侵害的方式，在此方式不具备条件时，可再考虑更严厉的制裁措施。也就是，农村村民宅基地原拆原建，不改变土地利用性质，不扩大土地利用面积，不违反城市规划、村庄和集镇规划，虽未经审批，但其违法行为的事实、性质、情节以及社会危害程度相比于其他未经审批非法占地行为相对轻微，处理方式应有所区别，否则行政裁量不符合比例原则。因此，被上诉人适用《国土地管理法》第77条规定对上诉人作出的行政处罚决定属于适用法律错误。原审判决维持不当。关于上诉人提出的行政处罚的时效问题，对非法占用土地的违法行为，在未恢复原状之前，应视为具有继续状态，因此本案未超过行政处罚追诉时效。据此判决：

一、撤销浙江省诸暨市人民法院（2008）诸行初字第15号行政判决；

二、撤销诸暨市国土资源局作出诸土资监罚（2007）第169号行政处罚决定。

【案例分析】

行政法的基本使命就是要确保政府官员对裁量权的行使负责。如果不对行政自由裁量决定实质内容进行适度的司法审查，那么行政诉讼中合法性审查制度的功能也会大打折扣。所谓行政自由裁量是指在法律许可的情况下，对作为或不作为以及怎么样作为，在方法、种类、幅度、结果、程序等方面进行选择的权力。对自由裁量的司法审查就是审查裁量决定是否合理，裁量权有没有不适当地行使。法院在什么层面，依据什么标准控制对行政裁量行为司法审查的深浅？如何才能保证行政裁量是适度的，不会为目的而不择手段，不会采取总成本高于总利益的行为。在大陆法系，是通过手段与目的之间的衡量来实现，即借助比例原则来进行有效控制。行政机关的裁量行为，既要保证行政管理目标的实现，又要兼顾保护相对人的权益，应以达到行政执法目的为限，尽可能保证行政相对人权益受到的伤害最小，这是比例原则的要义。在2010年颁布的《中华人民共和国行政强制法》（以下简称《行政强制法》）中明确了比例原则，即第5条“行政强制的设定和实施，应当适当。采用非强制手段可以达到行政管理目的的，不得设定和实施行政强制”。

《土地管理法》第77条第1款从文义上看，该条款有明确而详细的规定，属于羁束行政行为，行政主体必须严格依照法律作出行为，不具有主观判断加以选择的空间。但是，行政主体在选择适用法律过程中是无法回避自身的主观参与及价值判断的。更何况在本案中，土地行政主管部门在行政处罚中同时引用了《浙江省实施土管法办法》第40条规定。该办法明确了，已建的建筑物在符合相关规划时，不改变土地用途并在规定的占地面积范围内重建的，应当重新办理审批手续并且应当简化手续及时批准。显然，行政违法行为的处理方式有明显的不同，行政主体对处理的结果存在裁量的选择。上诉人违法行为的事实、性质、情节以及社会危害程度相比于其他未经审批非法占地行为相对轻微，诸暨市国土资源局作出拆除处罚，显然与其违法程度不相适应，违反了行政裁量的比例原则。所以本书认为，绍兴市中级人民法院作出撤销判决是正确的。

【法律背景】

《土地管理法》第六十二条第三款、第七十七条第一款。

《浙江省实施土管法办法》第三条第一款 县级以上人民政府土地行政主管部门统一负责本行政区域内土地的管理和监督工作。

第四十条　已建的建筑物、构筑物，需要重建、扩建的，应当符合土地利用总体规划确定的用途和城市规划、村庄和集镇规划，并依法重新办理规划、用地审批手续。不改变土地用途并在规定的占地面积范围内重建的，应当简化手续，及时批准。

《行政处罚法》第四条第二款、第二十七条；《行政强制法》第五条。

【知识点介绍】

行政合理性原则，是指行政机关不仅应当按照法律、法规规定的条件、种类和幅度范围作出行政决定，而且要求这种决定应符合法律的意图和精神，符合公平正义等法律理性，符合作为全社会共同行为准则的社会公理。其具体要求主要有：（1）行政行为应符合立法目的。任何法律规范的制定都是基于一定的社会需要，以达到实现社会公益的某种行政管理目标。（2）行政行为应建立在正当考虑的基础上，要有正当的动机。所谓正当考虑、正当动机，是指行政机关作出某一行政行为，在其最初的出发点和动机诱因上，不得违背社会公平观念或法律精神，必须客观、实事求是，而不是主观臆断、脱离实际，或存在法律动机以外的目的追求。如：行政机关进行罚款的动机如果不是为了制裁违法行为，而是为了增加本机关的收入，改善本机关工作人员的福利待遇，就属于不正当动机。（3）行政行为的内容应合乎情理。所谓合乎情理，指合乎事情的常规或规律。

总之，行政合理性原则要求行政机关的行为要符合常理，与行政内部及外部各方面因素相协调。所谓自由裁量权，也就是赋予行政机关更多的权力，同时也应使其受到更多的限制。既要防止对自由裁量限制过严，使自由裁量变成羁束决定；又要防止对自由裁量的放任，预防其变得专横，破坏行政法治。一般来说，具有不正当动机、不相关考虑、不合理内容和不协调表现的行政决定，就是滥用自由裁量权的决定，是对法律精神的背离和抵触。换言之，目的要正当、考虑要适当、内容要合理、行为要协调这几个方面是互相联系的，共同形成对行政自由裁量的实质控制，使行政法治得以完善。

第三节　行政应急性原则

【案例介绍】

2007年北京市对流感的有效预防①

自2007年元旦以来，流感在北京市呈高发趋势，北京市各医院接诊的呼吸道传染病患者持续走高，全市每日有近5 000人被流感病毒击倒。对此，北京市卫生局

① 参见王思海：《北京流感呈高发趋势，卫生部门启动应急预案》，见 http：//news. xinhuanet. com/local/2007－01/09/content＿5584640. htm。

在1月9日启动应急预案，对呼吸道传染病人加强监测。据北京市疾控中心监测显示，截至1月6日，北京市67家医院的内科、儿科、急诊，累计监测病人251万多人次，符合流感样病例定义的病例有68 374人。元旦后，流感样病例进一步增加，占监测病人总数的7.29%，较去年同期的4.49%有显著上升。以北京市二级以上医疗机构内科、儿科、急诊日门诊数计算，目前北京市每日就诊流感样病例4 700余人，其中15岁以下儿童占全部病例的58%，60岁以上老人占5%。北京市卫生局紧急启动的应急预案要求，在流感高发期，北京市、区（县）疾病预防控制机构呼吸道传染病应急小分队实行24小时值班，保持高度戒备状态，对集体发热事件报告，及时开展流行病学调查和处置。北京市卫生局要求各大医院要落实首诊负责制，增加接诊医务人员，为患者提供方便快捷的治疗，同时预防院内交叉感染。社区医院应做好人员和药品储备，鼓励症状较轻的感冒病人到社区就近就医。北京市卫生局还要求全市预防接种门诊继续做好流感疫苗接种服务工作，满足市民接种流感疫苗的需要。北京市卫生局、北京市教委同时要求强化中、小学校的每日学生晨、午检制度，学校一旦发现流感样病例学生，要及时通知家长带孩子就医，并在家休息。同时，要求各级学校一旦发现集体发热病例，及时向属地疾病预防控制机构报告。

【案例分析】

各类突发事件由于其后果严重、时间紧迫，人们采取正常状态下的各种手段将无法消除突发事件所带来的影响，而必须采取特定的应急措施。比如本案中北京市卫生局、北京市教委在面对流感突发卫生事件时，对各大医院、社区医院、门诊、学校等机构提出了相较一般执法手段更为严格的应急措施，如强化学生晨、午检制度，及时通知和报告的义务。可见，非常状态下的应急措施比一般的行政执法手段更加严厉、苛刻，有的时候甚至需要中断正常的法律秩序，乃至于克减公民的部分基本权利，如人身自由权、财产权等。但是，为了实现更为重大、迫切的公共利益，并从最根本上保护公民的最大利益，采取这样的应急措施仍然是必要的。应急措施的采用，标志着一定范围的正常法律秩序转入非常法律秩序，事关重大。但是应急措施的实施主体、实施程序、实施手段等均需要遵守《中华人民共和国突发事件应对法》（以下简称《突发事件应对法》）的规定。

【法律背景】

《突发事件应对法》第三条、第十一条、第十二条。

【知识点介绍】

行政应急性原则，是指为应对现实而紧迫的公共管理风险和危机，行政主体基于公共利益和行政相对人的根本利益考量，采取行政应急措施的实质法治主义原理和准则。行政应急性原则是行政主体为保障重大公共利益和行政相对人的根本利益，维护经济与社会秩序，保障社会稳定协调发展，在面临突发事件导致公共管理危机等紧急情况下特别是进入紧急状态下，可实施行政应急措施，其中既包括具有行政作用法上的具体规定的行为，也可包括一些没有具体法律规范甚至停止某些宪法权利和法律权利、中断某些宪法和法律条款实施或突破一般行政程序规范的行为，同时也为常态下的各种应急准备工作（如应急工作机构的建设、应急队伍的日常建设、应急物资的储备更替等）提供指导和依据。根据行政应急性原则，行政机关在紧急情况下为了重大公益需要，也可采取没有具体法律规定、中断法律实施、甚至与法律相抵触的行为。

第四节　行政信赖性原则

【案例介绍】

陈某某等55人诉深圳市社会保险管理局关于补发、续发退休金行政争议案①

根据《深圳市社会保险暂行规定》（深府（1992）128号文）和《深圳市社会保险暂行规定职工养老保险及住房公积金实施细则》（深府（1992）179号文）的相关规定，在其于1992年8月1日生效后，深圳市企业职工在养老期间领取离退休金和支取养老生活费的标准，应当由社会保险管理机构根据本市职工生活费用价格指数及社会生活水平提高的实际情况进行调整，但这一规定并未得到实际贯彻，实践中，深圳市社会保险管理局仍然是套用特区机关和事业单位的提高工资标准的规定，并且依据相关规定多次调整了企业离退休人员的基本养老金。这种做法也未引起争议。

1995年3月30日深圳市人民政府《关于企业职工退（离）休待遇计发工作的通知》（深府（1995）68号文）第5条规定："对我市所有退休（退职）人员的养老保险待遇建立正常调整机制，凡1994年7月31日以前已退休的人员，从1994年8月1日起不再随机关事业单位工作制度进行调整，而根据我市居民生活费用价格指数上涨幅度及职工月平均工资增长的一定比例，于每年7月进行调整。"该通知正式确立了深圳市企业职业养老金保险待遇的调整机制，终结了套用特区机关和事业单位提高工资标准的做法。

1995年10月24日深圳市政府发布的《深圳经济特区机关事业单位工资改革实施办法》和《深圳经济特区机关事业单位特区津贴实施办法》（深府（1995）255号文），对深圳经济特区机关事业单位的工资制度进行了改革，开始按月发放特区津贴，并且特区津贴标准列入计发离退休费的基数，退休人员按期退休时的特区津贴档次所对应的津贴标准，以本人计发退休费的比例折算。这次改革的结果，全市机关事业单位退休人员随机关套改大幅调整退休金（仅"特区津贴"和

① 本案例未向社会公布，本书对其基本情况的了解得自内部途径。

“保留津贴”两项，人均每月增加1 000元以上）。由于全国机关、事业单位工资改革是从1993年10月1日起实施，因此，尽管深圳机关、事业单位的工资改革批准时间是1995年，但也执行国务院的规定从1993年10月1日起实施。

这一次工资改革的实惠，深圳市企业的离退休人员未能得到，并且从1995年起，他们已享受了7年的每年4个月工资额的生活补贴也被扣发。深圳市的企业离退休老人从1995年起不断找深圳市社保局和政府，要求解决问题，但一直未获解决。1999年年初，深圳市陈某某等2 003名企业退休老人以深圳市社保局为被告，提起行政诉讼。此案经过福田区法院、深圳市中院和广东省高院三级审理，原告的诉讼请求均未获支持。

本案争议的焦点是：根据深府（1995）68号文，企业退休职工养老金待遇“自1994年8月1日起不再随机关和事业单位工资制度进行调整”，现在深府（1995）255号文《深圳经济特区机关事业单位特区津贴实施办法》溯至1994年8月1日之前的1993年10月1日生效，其是否应当适用于此前离退休的企业工作人员？

陈某某等55人认为：《关于退休基金统筹前后退休费发放标准问题的请示报告的批复》（深府复（1985）200号文）、《关于印发深圳经济特区企业退（离）休干部计发退（离）休费基数的暂行办法的通知》（深府办（1991）168号文）以及深圳市政府常务会议19号纪要（深府常纪（1991）19号）都规定了企业退休金按机关标准计发的办法。1995年3月30日，（深府（1995）68号文）确认了上述文件中规定的统筹单位的企业退休职工按机关标准计发退休金的事实。由于深府（1995）255号文规定的特区津贴执行效力溯至1993年10月1日，这正在陈某某等人可以随机关工资改革调整退休金的时间内，因此，1994年7月31日前退休的统筹单位企业退休人员都可以适用深府（1995）255号文，享受相当特区津贴的退休金待遇。而且国务院发（1995）6号文和国发（1997）26号文规定按原来的方式发放。只有这样，统筹单位企业的退休金基数才能与机关同职同级人员持平。综上所述，上述深圳市政府发布的规范性文件，就是其领取从1993年10月1日起执行特区津贴的法律依据，也就是请求补发、续发退休金的法律依据。

深圳市社会福利管理局和两审法院认为，根据《国务院关于企业职工养老保险制度改革的决定》（国发（1991）33号文）、《深圳市社会保险暂行规定》（深府（1992）128号文）和《深圳市社会保险暂行规定职工养老保险及住房公积金实施细则》（深府（1992）179号文），自1992年开始，深圳市企业职工退休金的调整就应当根据深圳市职工生活费用价格指数及社会生活水平提高的实际情况进行调整，而非套用机关、事业单位职工工资的调整办法。虽然相关规定没有落实，但不能否认其法律效力。从而自1993年10月1日开始执行的机关和事业单位工资改革方案，则当然不适用于此前已经离退休的企业工作人员。至于1995年3月30

日深圳市人民政府作出的《关于企业职工退（离）休待遇计发工作的通知》（深府（1995）68号文）将1994年7月31日作为截止日期的规定，广东省高院认为，由于其与《国务院关于企业职工养老保险制度改革的决定》（国发（1991）33号文）相抵触，不应适用。广东省高院认为，深圳市社保局在1991年6月26日国发（1991）33号文之后一段时间内，未严格贯彻国务院规定，根据城镇居民生活费用价格指数增长情况，参照在职职工工资增长情况对企业职工的退休金进行调整，而是考虑其他一些因素，仍然参照机关、事业单位调整工资的方法调整了企业职工的退休金，这是不符合依法行政的要求的。对于该实际做法的评判，应坚持保护行政管理相对人合法权益原则。如果被上诉人套机关工资标准调整的退休金数额少于按《深圳市社会保险暂行规定》第30条规定调整的数额，上述人有权请求按《深圳市社会保险暂行规定》第30条规定计算不足退休金。如果算出来的退休金数额多于第30条规定调整的数额，根据信赖保护原则，已调整发给的退休金不再变动。但上诉人主张从1993年10月1日起机关、事业单位工资改革所增加的特区津贴等工资待遇应纳入企业职工退休金调整的范围，请求法院判令深圳市社保局补发、续发该项工资待遇，这一主张不能支持。

【案例分析】

本案是社会保障制度改革过程中发生的案件。广东省高院认为，1995年3月30日深圳市人民政府作出的《关于企业职工退（离）休待遇计发工作的通知》（深府（1995）68号文）将1994年7月31日作为截止日期的规定，与《国务院关于企业职工养老保险制度改革的决定》（国发（1991）33号文）相抵触，不应适用。这种观点从法律角度来看是有道理的。不仅如此，该通知与深圳市政府《深圳市社会保险暂行规定》（深府（1992）128号文）、《深圳市社会保险暂行规定职工养老保险及住房公积金实施细则》（深府（1992）179号文）的规定也不一致。

但从实践来看，1991年颁布的《国务院关于企业职工养老保险制度改革的决定》是养老保险制度改革的前期成果，其中许多是原则性、指导性的规定。正如1995年《国务院关于深化企业职工养老保险制度改革的通知》（国发［1995］6号文）所指出的，《国务院关于企业职工养老保险制度改革的决定》发布后，企业职工养老保险制度改革仍处于探索阶段。后一通知要求各地区应当建立基本养老金正常调整机制，也表明1991年决定中对建立基本养老金正常调整机制的要求在实践中普遍未得到落实。《深圳市社会保险暂行规定》（深府（1992）128号文）、《深圳市社会保险暂行规定职工养老保险及住房公积金实施细则》（深府（1992）179号文）尽管规定废止套用特区机关和事业单位的提高工资标准，但一直并未付诸实践。深圳市的实践，长期以来都是套用机关、事业单位职工工资，效果很好。广东省高院提出："对于该实际做法的评判，应坚持保护行政管理相对人合法权益原则。如果被上诉人套机关工资标准调整的退休金数额少于按《深圳市社会保险暂行规定》第三十条规定调整的数额，上诉人有权请求按《深圳市社会保险暂行规定》第三十条规定计算不足退休金。如果算出来的退休金数额多于第三十条规定调整的数额，根据信赖保护原则，已调整发给的退休金不再变动。”表面上看来对相对人的合法权益予以了充分的重视和保护，但实际上，因为在1994年7月31日之前深圳市根本未建立一套根据该市职工生活费用价格指数及社会生活水平提高的实际情况调整企业离退休人员养老保险待遇的方案，相对人根本无法进行比较，根本不具有可操作性，各方当事人对此也没有发生争议。

《国家公务员暂行条例》第60条规定：“国家公务员工资水平与国有企业相当人员的平均工资水平大体持平”①；国务院1993年颁布的《关于机关和事业单位工作人员工资制度改革问题的通知》（国发（1993）79号文）第2条规定：“机关与企业事业单位实行不同的工资制度，机关工作人员的平均工资水平要与企业相当人员的平均工资水平大体持平，保持合理的比例关系。”这些规定虽然都针对的是在职职工，但其原则同样也适用于离退休职工。从而，在未实际建立基本养老金正常调整机制的情况下，根据本市机关、事业单位退休人员的养老金待遇是确立离退休职工养老金待遇的一个相对比较合理的参照系。深圳市长期以来套用机关、事业单位职工工资，实际效果也很好。反之，如果改革的结果导致企业离退休人员的养老金待遇与机关、事业单位离退休人员相差过多，则此改革显然是不公正的，也必然会导致社会的不稳定。

广东省高院的判决明确承认信赖保护原则的效力，这一点值得赞许。但其对信赖保护原则适用有避重就轻之嫌。高院判决的重心，是在1991年6月26日国发（1991）33号文之后一段时间内，相对人根据套用机关、事业单位职工工资方案实际取得的退休金，与法定的根据该市职工生活费用价格指数及社会生活水平提高的实际情况调整企业离退休人员养老保险待遇的方案相比，二者所导致离退休金的差别。但对于这一问题当事人并未发生争议，真正发生争议并且与信赖保护原则也密切相关的是，深圳市人民政府作出的《关于企业职工退（离）休待遇计发工作的通知》（深府（1995）68号文）是否有效，而广东省高院过于简单化地处理了这一问题。笔者认为，在其效力的判断问题上，不应局限于形式法治的思考，认为其与国务院的上位规定以及深圳市有关规章相抵触而无效，而应考虑到社会转型与制度变革时期的实际情形，平衡依法行政原则与法律安定性原则、信赖保护原则和诚实信用原则的不同要求。既然在《国务院关于企业职工养老保险制度改革的决定》（国发（1991）33号文）、深圳市政府《深圳市社会保险暂行规定》（深府（1992）128号文）、《深圳市社会保险暂行规定职工养老保险及住房公积金实施细则》（深府（1992）179号文）公布后很长一段时间内，在养老金调整问题上深圳市社保局都未执行相关规定，而在机关、事业单位工资调整后突然变化，突然转而执行这些规定，显然违背法律安定性原则、信赖保护和诚实信用原则。

---

① 该条例已于2005年被《公务员法》所替代，该条款也修改为《公务员法》第75条：“公务员的工资水平应当与国民经济发展相协调、与社会进步相适应。国家实行工资调查制度，定期进行公务员和企业相当人员工资水平的调查比较，并将工资调查比较结果作为调整公务员工资水平的依据。”

【法律背景】

《行政许可法》第八条、第六十九条。

【知识点介绍】

对于当代行政法上的行政信赖性原则，也称为行政信赖利益保护原则，可作如下界定：行政信赖性原则是在现代法治国家中，基于保护人民正当权益的考虑，行政主体对其在行政管理过程中形成的可预期的行为、承诺、规则、惯例、状态等可预期因素，必须遵守信用，不得随意变更，否则将承担相应的法律责任；如出于重大公共利益的考量确需变更时，也须作出相应的补救安排。行政信赖性原则的宗旨在于保障私人的既得权益，维护法律安定性以及私人对它的确信。受到法律保护的信赖利益须有正当性。所谓正当，是指私人对行政机关的行为或其创造的法律状态深信不疑，并且对信赖基础的成立为善意且无过失；如果信赖利益的成立是因可归责于私人事由所导致，则此信赖利益不值得运用此项原则通过公法来保护。行政信赖性原则是第二次世界大战之后在德国发展起来的一项法律原则。现在，除了德国，行政信赖性原则在荷兰、瑞士、意大利、丹麦、希腊、葡萄牙、日本、韩国、我国台湾等许多国家和地区，也都被接受和运用。

在行政信赖性原则发展过程中，法律安定性原则贡献最大。法律安定性的具体内涵，根据德国法哲学家 H. Coing① 的概括，可以分为两个方面：其一是法律文字中权利义务规定的明确性。这不仅要求法律的构成要件、法律效果必须明确，并且要求法律规定的主体、客体、权利与义务均应明确。这样，相关的法律状态才可以获得可认识性，相关的法律行为可以获得可预见性，当事人的权利并因此而得到保障。其二是法律关系与法律状态的安定性。在这种意义下的法律安定性，可以保障既存的法律关系或状态，使其免于权力恣意运作的侵害。例如合法创设的权利与占有状态可以不受妨碍地存在，法院的确定裁判应予维持等。在德国，联邦行政法院在承认信赖保护原则的首个判决中，其推理实际上就是围绕着法律安定性原则和依法行政展开的，而将私人信赖利益保护看作是法律安定性原则的一个附带要求与结果。联邦宪法法院也一贯认为，对私人而言，法律安定性原则主要即指信赖利益保护，也即是要求私人对国家可能的干预，可以事先得知并据此作出安排。

根据保护方式的不同，信赖保护可以分为存续保护和财产保护两种。存续保护又称为完全的信赖保护，是指当私人对行政机关存在正当的信赖时，行政机关应保证该信赖基础的存续，如果行政机关的行为违反了私人的信赖，则应将其撤销甚至宣告无效。财产保护又称为补偿的信赖保护，是指虽然存在正当的信赖，但由于公益的需要又必须对原法律秩序加以变更，为解决这一矛盾，既允许行政机关变更原法律秩序，但同时要求行政机关对私人因信赖原法律秩序存续所受的损失予以补偿。

行政信赖性原则的适用领域，包括对依职权撤销或废止授益行政处理的限制；法律溯及效力的限制；行政计划效力的确保和行政机关所作行政法上承诺的履行等。我国《行政

① Helmut Coing, Grundzuege der Rechtsphilosophie, 2. Aufl. Berlin 1969, S. 143－144. 转引自邵曼璠：《论公法上之法律安定性原则》，载于城仲模主编：《行政法之一般法律原则（二）》277 页，台北，三民书局，1997。

许可法》在行政许可的废止与撤销问题上已经体现了行政信赖性原则的要求。

第五节　行政公开性原则

【案例介绍】

张某某诉江苏省如皋市物价局案[①]

2009年5月26日，如皋市物价局印发皋价发［2009］28号“市物价局关于印发《行政处罚自由裁量权实施办法》的通知”。该文件包含附件“如皋市物价局行政处罚自由裁量权实施办法”，该实施办法第10条内容为“对《价格违法行为行政处罚规定》自由裁量处罚幅度详见附件一（2）”。

2013年1月9日，张某某向如皋市物价局举报称，如皋市丁堰镇人民政府在信息公开事项中存在违规收费行为。该局接到举报后答复称，丁堰镇政府已决定将收取的31位农户的信息检索费、复印费共计480.5元予以主动退还，按照如皋市物价局《行政处罚自由裁量权实施办法》第9条第3项的规定，对其依法不予行政处罚。

2013年3月8日，张某某向如皋市物价局提出政府信息公开申请，要求其公开“皋价发［2009］28号”文件。如皋市物价局答复称，该文件系其内部信息，不属于应当公开的政府信息范围，向原告提供该文件主文及附件“如皋市物价局行政处罚自由裁量权实施办法”，但未提供该文件的附件一（2）。张某某不服，提起诉讼。

如东县人民法院认为，本案的争议焦点为涉诉信息应否公开。首先，行政机关进行行政管理活动所制作和获取的信息，属于政府信息。行政机关单纯履行内部管理职责时所产生的信息属于内部管理信息。如皋市物价局称其对丁堰镇政府作出不予处罚决定的依据即为“皋价发［2009］28号”文件，在相关法律法规对某些具体价格违法行为所规定的处罚幅度较宽时，该文件是该局量罚的参照依据。可见，涉诉信息会对行政相对人的权利义务产生影响，是被告行使行政管理职责过程中所制作的信息，不属于内部管理信息。其次，涉诉信息是如皋市物价局根据该市具体情况针对不同的价格违法行为所作的具体量化处罚规定，根据《国务院关于加强市县政府依法行政的决定》（国发（2008）17号）第18条的规定，针对行政裁量权所作的细化、量化标准应当予以公布，故涉诉信息属于应予公开的政府信息范畴。再次，如皋市物价局仅向张某某公开涉诉文件的主文及附件“如皋市物价局行政处罚自由裁量权实施办法”，而未公开该文件的附件一（2），其选择性公开涉诉信息的部分内容缺乏法律依据。如皋市物价局应当全面、准确、完

---

① 参见“张某某诉江苏省如皋市物价局案”，见中国法院网案件库，http://www.chinacourt.org/article/detail/2014/09/id/1437646.shtml，2014年10月9日访问。

整地履行政府信息公开职责。据此判决被告于本判决生效之日起15个工作日内向原告公开“皋价发［2009］28号”文件的附件一（2）。

一审宣判后，当事人均未上诉，一审判决发生法律效力。

【案例分析】

该案涉及内部信息的界定问题。所谓内部信息，就是对外部不产生直接约束力的普遍政策阐述或对个案的非终极性意见。根据《中华人民共和国政府信息公开条例》（以下简称《政府信息公开条例》）的规定，“行政机关对符合下列基本要求之一的政府信息应当主动公开：（一）涉及公民、法人或者其他组织切身利益的；（二）需要社会公众广泛知晓或者参与的；（三）反映本行政机关机构设置、职能、办事程序等情况的；（四）其他依照法律、法规和国家有关规定应当主动公开的”。对于内部信息而言，由于对外不直接产生直接约束力，因而一般免除公开内部信息，目的是保护机构内部或不同机构之间的交流，从而使官员能够畅所欲言，毫无顾忌地表达自己的真实想法。

但本案中，“皋价发［2009］28号”是被告行使行政管理职责过程中所制作的信息，是对价格违法行为进行量化处罚的依据，会对行政相对人的权利义务产生影响，因而不应属于内部信息。同时，法院对行政机关公开政府信息的标准进行了严格审查，明确要求行政机关应当准确、完整、全面履行政府信息公开职责，不能随意地选择性公开，这些都具有较大的参考价值。

【法律背景】

《国务院关于加强市县政府依法行政的决定》（国发（2008）17号）（十八）规范行政执法行为……要抓紧组织行政执法机关对法律、法规、规章规定的有裁量幅度的行政处罚、行政许可条款进行梳理，根据当地经济社会发展实际，对行政裁量权予以细化，能够量化的予以量化，并将细化、量化的行政裁量标准予以公布、执行……

《政府信息公开条例》第二条、第九条、第三十三条。

【知识点介绍】

行政公开，是指行政主体将行政过程和相关要素（除法定情形外）向行政相对人及社会公开，以利于实现其知情权、参与权、表达权和监督权及其他合法权利。行政公开包括丰富的内容，如政府的法律文件等情报资料信息公开，行政决定公开，行政职位的开放性，特定职务的公务人员收入状态公开，政府公开采购制度，基层政务公开制度，等等。简言之，包括了行政行为及其过程方方面面的公开制度和方式。

行政公开性原则作为行政法的基本原则之一，具体要求主要有以下几点：（1）行政立法和行政政策公开。这不但要求行政主体在制定行政法规、规章和行政政策之前应该广泛征求行政相对人以及普通公民的意见，还应该通过举行听证会等形式保证公众参与到行政立法和制定行政政策的活动当中。对于民众的建议是否采纳要予以说明，并给予相应解释。行政法规和规章制定后，应该一律在政府公报或其他公开刊物上公布；行政政策除依法必须保密的以外，也应通过相应的形式向社会公布。（2）行政执法行为公开。这意味着行政执法行为的标准和条件必须公开，行政执法行为的程序和手续必须公开。尤其是那些涉及行政相对人重大权益的行政执法行为，应采取一定的公开形式举行，允许公众旁听，允许媒体采访报道。正如有德国学者所言："行政法的透明性、可接受性、可靠性和可预测性要求每一个执法人员应当公开所采用的法律方法及得出处理结论的过程。"① （3）行政裁决和行政复议行为公开。这两种行为旨在解决争议，其裁决或复议的依据、标准、程序和最终决定都应一律公开，以确保公平、公正。（4）行政信息、情报公开。行政机关制定的行政法规、规章和行政政策，实施的行政执法行为、行政裁决行为和行政复议行为，除法律法规明确规定应当保密的以外，应该允许新闻媒体进行发布和报道，以形成有效的舆论监督。

2008 年 5 月 1 日起施行的《政府信息公开条例》正是对《全面推进依法行政实施纲要》确立的打造阳光行政、建设法治政府这一宏大目标的立法保障。2011 年 7 月 29 日由最高人民法院发布、于 2011 年 8 月 13 日起施行的《关于审理政府信息公开行政案件若干问题的规定》（法释（2011）17 号）细化了有关规定，为有关行政争议的司法救济提供了更有效的法律保障。

阅读资料

1. 翁岳生编．行政法．上．北京：中国法制出版社，2002

2. 姜明安主编．行政执法研究．北京大学出版社，2004

3. 应松年主编．当代中国行政法．上．北京：中国方正出版社，2005

探讨性案例

1992 年以前，杭州市出租车经营权是经行政审批无偿使用的。后来激增的出租车数量给刚开始大规模旧城改造的杭州造成很大的交通压力，杭州市政府决定从 1992 年年底开始，暂时停止出租车发展。直到 1995 年，才开始恢复投放一定量的出租车，其经营权不再是无偿取得，而是通过竞投和拍卖，有偿取得 10 年经营权使用期。在 2000 年的一次出租车经营权拍卖活动中，一辆 10 年期的出租车，经营权被拍到 38 万元。于是，杭州出租车市场出现"双轨制"：一部分是 1992 年以前无偿使用经营权的出租车，另一部分是 1995 年以后有偿取得 10 年经营权的出租车。为终止这种双轨制的状态，2001 年 5 月 18 日，杭州市政府发布通告，决定对市区（不含萧山区、余杭区）通过行政审批获得经营权、并至今尚未缴纳经营权有偿使用费的3 675辆小型客运出租汽车，按每辆 3 万元标准一次性征收经营权有偿使用费，核定经营使用权年限为 10 年。方某某等 688 名个体出租车经营户认为杭

① ［德］汉斯·J·沃尔夫、奥托·巴霍夫、罗尔夫·施托贝尔：《行政法（一）》，高家伟译，321 页，北京，商务印书馆，2002。

州市政府的这一行为违反了法律、法规及行政决定的有关规定，违反了自愿、公平的法制原则，是滥用职权的行为，于2001年6月27日向杭州市中级人民法院提起诉讼。7月25日，杭州市中级人民法院公开审理这一行政诉讼案件。法院认为，杭州市人民政府为了维护社会主义计划经济和市场经济两个不同时期投入市区营运的小型客运出租汽车经营户的公平竞争，体现公平原则，依职权作出《关于对市区行政审批的小型客运出租汽车征收经营权有偿使用费的通告》，于法有据，程序合法；故方某某等688名个体出租车经营户的诉讼请求无事实和法律依据，法院不予支持。

本案引起了社会广泛的关注，形成了两种相反的观点。一种观点认为，杭州市政府的做法合法合理。其理由是：(1) 双轨制造成了出租车行业竞争的不公平。(2) 一些出租车主用行政审批得到的营运证在市场上进行交易，获取暴利。出租车经营权是国家资源，不是个人财产。此次涉及的3 675辆车中，有1 645辆是个体的，绝大部分已私下进行了交易。1997年之前就有800辆转让。1997年之后，政府暂停这种转让，但仍有200辆车私下转让，有的车转让费高达60多万元。国家资源大量流到个人腰包里，这显然不合理。出租车司机推动了市场发展，但是，政府的作用也不可埋没。政府制定鼓励甚至保护出租车市场发展的政策，加快交通设施建设，对出租车市场效益起了重要作用。(3) 1992年以前行政审批取得经营权的出租车营运，至今已有9至20年了，在这段"既往"时间内，其经营权没有被征费，也没有被补费。所以，《通告》并没有"溯及既往"。

另一种观点认为：杭州市政府的做法是违法的。其理由是：(1) 杭州市政府废止出租车司机已经获得的许可，违背了法律不溯及既往的法治原则。(2)《通告》出台前，出租车市场并没有人感到不公平。根据市场经济的原则，不应将早先加入出租车市场的人与后面加入的人"扯平"。否则，是否原先买原始股的那些人后来大都赚了钱，是否可以因此向他们收费呢？原先加入出租车市场的人是"创始者"，市场是他们闯出来的，其经营权应当可以长期存续并进行转让。

问题：请从信赖保护原则和行政公开性原则角度分析本案的争论问题。

复习题

1. 如何理解和运用行政法的基本原则？
2. 行政合法性原则的含义是什么？
3. 行政合理性原则的具体要求有哪些？
4. 如何理解行政应急性原则的内涵？
5. 如何理解行政信赖性原则的内涵？
6. 行政公开性原则有哪些具体要求？

第二编

主体论

【本编导读】

第二编主体论，涉及行政法的各个法律关系主体。行政法律关系主体也简称为行政法主体，包括行政主体和行政相对人这两大部分。本编从主体论的角度，分析讨论了行政机关和被授权组织等各类行政主体，还分析讨论了受行政机关委托的组织以及行政组织法制。同时，逐一讨论了各类行政公务人员的法律地位、权利、义务，以及相应的行政公务人员法。特别专章讨论了公民、法人或其他组织的基本概念、法律地位和权利保障问题，侧重介绍行政相对人的概念、分类、地位及其权利和义务，以及参与行政管理、实行共同治理的路径和方式。参与行政、合作行政是当代行政民主化潮流下发展特别快的领域，有必要加以系统的专门探讨。

第三章 行政组织法

本章提要

各种行政事务的执行同样有赖于各类不同的组织予以承担，行政组织即是指依法承担行政任务、履行行政职能的各类组织。行政组织法是有关行政组织的法，是行政法的基本组成部分。狭义上的行政组织法是指有关公法人、行政机关和行政机构等各类组织体的法律规范，可称为行政机关组织法，广义上的行政组织法除了狭义上的行政组织法以外，还包括有关构成行政组织的人的要素（公务员）的公务员法，以及供行政目的使用的物的要素（公物）的公物法。

在现代行政国家，随着行政任务范围的扩展与种类的增多，传统的科层制行政组织形态的局限日益凸显，“分散化”与“去官僚化”成为行政组织改革的重点内容，在传统的科层制行政机关之外出现了众多其他类型的行政组织：（1）局署。局署是对政府部相对独立的行政组织，它们或者在政府部之外设立，不受部长的直接控制（独立署）；或者虽设立在部内部，但其活动不必遵循部内普通组织的正规运作方式，在预算和管理方面享有较大的自主权，从事执行性事务（执行署）。（2）公法人。公法人作为具有公法上法律人格的法律实体，独立承担法定的行政任务，自负其责地进行行政活动。（3）私法组织形式的行政。对于一些特别强调效率性、灵活性与回应性的行政任务，国家可以设立私法形式的组织，如商业公司或者私法上的财团（基金会）等来执行。（4）私人。为了充分发挥民间的专业技术和管理资源，国家可通过给予私人以授权、特许、承包等方式使其介入行政领域。这些私人有的可以依据公法行使公共权力，有的则主要通过商业经营等私法方式实现行政目的。

行政组织法是行政法制的重要组成部分，其发展完善程度对于行政的效能、效率和私人的权益保护都具有直接或间接的重要影响。这主要体现在以下几个方面：（1）行政组织法通过对行政权范围的设定，间接地为国家行政和社会自治、公民自主划定了某种界限，保留了社会和公民不受行政干预的基本自由的领域。（2）行政组织法规定了行政机关的管辖权，行政机关进行行政活动必须在法定的管辖权之内，这构成了对行政活动的限制和对私人权益的保护。（3）行政组织法通过调整行政系统的内部关系，确保行政机关活动的效率和公正。行政系统内部的组织和管理是否适当直接关系到行政职权的合理行使以及行政管理效用的发挥，而行政行为的公正与效率问题又直接关系到行政相对人的权益。

我国现有的行政组织法除宪法关于国家机构的有限规定外，主要由三部分构成。第一部分是法律，包括《国务院组织法》、《地方各级人民代表大会和地方各级人民政府组织法》（简称《地方组织法》）、《公务员法》、《中国人民银行法》、《行政监察法》等。第二部分是单行法律中关于国家权力配置与行政组织设置的规定，例如《土地管理法》等。第三部分是有关国家组织的行政法规和规章。如《国务院行政机构设置和编制管理条例》、《地方各级人民政府机构设置和编制管理条例》、《公安机关组织管理条例》等。总体而言，我国的行政组织法制是行政法制建设的一个薄弱环节，随着我国民主法治建设的发展，必须贯彻行政组织法定主义，健全和完善我国的行政组织法制，以合理分配行政职能，规范行政组织的设置，控制行政组织的规模，提高行政效率效能。

第一节　行政机关

【案例介绍】

福建省水利水电勘测设计研究院诉福建省地质矿产厅行政处罚案①

原告：福建省水利水电勘测设计研究院。

被告：福建省地质矿产厅。

第三人：福建省福州市城乡建设委员会。

原告福建省水利水电勘测设计研究院（以下简称设计院）不服被告福建省地质矿产厅（以下简称地矿厅）对其作出的行政处罚，向福建省福州市中级人民法院提起诉讼。因本案与福建省福州市城乡建设委员会（以下简称城建委）有行政法律上的权利义务关系，福州市中级人民法院通知其以第三人身份参加诉讼。

原告诉称：(1)《矿产资源法实施细则》第44条规定："地下水资源具有水资源和矿产资源的双重属性。地下水资源的勘查，适用《矿产资源法》和本细则；地下水资源的开发、利用、保护和管理，适用《水法》和有关的行政法规。"地下温泉属于水资源。对于原告开发、利用地下温泉的行为，应当依照《中华人民共和国水法》（以下简称《水法》）的规定，并根据《福州市地下热水（温泉）管理办法》（以下简称《地下热水管理办法》），由第三人予以调整。被告对不由自己主管的事务进行管理，其具体行政行为超越职权。(2)《中华人民共和国矿产资源法》（以下简称《矿产资源法》）第45条规定，依照该法进行的行政处罚，应当由市、县人民政府决定。被告不顾管辖权限对原告处罚，其具体行政行为超越职权。

① 参见《最高人民法院公报》，1998 (1)。

(3) 原告没有矿山，也没有从事过开采矿产资源的活动，不属于《全民所有制矿山企业采矿登记管理暂行办法》（以下简称《采矿登记办法》）的适用范围。被告根据这个规定对原告进行处罚，是适用法律错误。(4) 被告在处罚前未调查取证，处罚后也未将处罚决定书直接送交原告，违反了法定的行政处罚程序。请求法院撤销被告的行政处罚决定。

被告辩称：地热是能源矿产，应当由《矿产资源法》、《矿产资源法实施细则》和《采矿登记办法》调整。原告作为全民所有制事业单位，必须依法取得采矿权后才能采矿。被告依据《采矿登记办法》将原告作为行政管理相对人进行行政管理，是合法的。被告对原告两次发出通知后，原告仍不履行通知规定的义务，是违法行为，应当进行处罚。被告的行政处罚适用法规正确，程序并无不妥。法院应当依法维持该行政处罚决定。

第三人称：按照《地下热水管理办法》的规定，福州市地下热水的保护、开发和利用，应当由第三人进行管理。同意原告对被告的辩护诉讼请求。

福州市中级人民法院认为，本案当事人争议的问题归纳起来是：温度为72℃的地下热水是地热还是地下水？它属于矿产资源还是水资源？它应当由《矿产资源法》调整还是由《水法》调整？它应当由哪一个行政管理部门主管？应当由哪一级行政管理机关管辖？如果被告地矿厅有权管辖，其具体行政行为是否符合法定程序？国务院根据《矿产资源法》制定并发布、1994年3月27日起施行的《矿产资源法实施细则》第2条规定："矿产资源是指由地质作用形成的，具有利用价值的，呈固态、液态、气态的自然资源。矿产资源的矿种和分类见本细则所附《矿产资源分类细目》。"所附的细目（一）能源矿产中，列有地热；细目（四）水气矿产中，列有地下水。由此可见，地热与地下水是两个不同的概念。国家技术监督局在1989年8月29日发布、1990年6月1日起实施的GB11615——89号国家标准《地热资源地质勘查规范》中规定，地热资源是指在我国当前技术经济条件下，地壳内可供开发利用的地热能、地热流体及其有用组分。该标准将地热资源按温度分为高温地热资源、中温地热资源和低温地热资源三类。其中低温地热资源里，又将小于90℃大于或等于25℃的地热分为热水、温热水、温水三项。本案涉及的地下热水平均温度为72℃，是地热，不是地下水。《矿产资源法实施细则》第44条是对地下水资源的勘查、开发、利用、保护和管理作出的规定，与本案无关。

全国人大常委会于1986年3月19日颁布并于1986年10月1日起施行（已于1996年8月29日修正）的《矿产资源法》第3条规定："矿产资源属于国家所有……"开采矿产资源，必须依法申请取得采矿权。第9条第2款规定："省、自治区、直辖市人民政府地质矿产主管部门主管本行政区域内矿产资源勘查、开采的监督管理工作。"法律已经明确，地热作为矿产资源，必须依法取得采矿权后才能开采。勘查、开采地热的监督管理工作，在省一级行政区域内，是由省地质矿产行政部门主管的。《矿产资源法》第39条规定："违反本法规定，未取得采矿许可证擅自采矿的，……责令停止开采、赔偿损失，没收采出的矿产品和违法所得，可以并处罚款。"1987年4月29日，国务院根据《矿产资源法》发布的《采矿登记办法》第27条第1、2项规定，对于"开办矿山企业，未办理采矿登记手续擅自开工的"，"正在建设或者正在生产的矿山企业，从本办法发布之日起满一年无正当理由不申请办理采矿登记手续的"，可以给予警告、罚款、通知银行停止拨款等处罚。本案原告设计院作为全民所有制的事业单位，没有依法取得采矿权而开采地热，是违法的，应当依法进行处罚。

1991年7月19日起施行的福州市《地下热水管理办法》第5条规定："市水行政主管部门是地下水资源的主管部门，负责对温泉的统一规划和协调，对温泉的保护工作进行指导。福州市城市建设行政主管部门是温泉开发利用的主管部门（以下简称温泉主管部门），负责温泉的保护和开发利用的统一管理工作。"第27条规定："本办法规定的行政处罚，由市温泉主管部门决定。"这个规定没有根据国家标准把温泉按照温度的不同区分出地热和地下水，以致将部分地热归入地下水中，由此给这部分地热确定的行政主管部门与法律、行政法规的规定不符。本案第三人城建委据此地方性法规认为自己对这部分地热有行政管理权，是不适当的。

《采矿登记办法》第27条的行政处罚，规定由登记管理机关给予。该办法第3条第3款规定的登记管理机关，是省、自治区、直辖市人民政府地质矿产主管部门。被告地矿厅根据《采矿登记办法》的规定，以自己作为实施具体行政行为的主体，对设计院的违法行为进行处罚，并无不当。地矿厅的具体行政行为发生于1994年，评判该具体行政行为是否符合法定程序，应当以行为时的法律为准。地矿厅已经对设计院的违法事实调查取证，又向其发出《关于开采地热必须依法办理采矿许可证的通知》和《限期办理采矿许可证通知书》两个通知。由于设计院对这两个通知均未履行，才依照《采矿登记办法》第27条第1项的规定决定对设计院处以人民币5 000元的罚款。此决定通过邮寄送达当事人。地矿厅的上述具体行政行为认定事实清楚，适用法律法规正确，处罚适当，程序合法，应当维持。据此，福州市中级人民法院于1997年4月30日判决：维持被告福建省地质矿产厅第03号《违反矿产资源法规行政处罚决定书》。本案诉讼费500元，由原告福建省水利水电勘测设计研究院负担。

宣判后，原告、被告及第三人均未提出上诉，判决已发生法律效力。

【案例分析】

本案所涉及的主要行政组织法问题，是对地下热水的管理体制问题。地下热水具有水资源和矿产资源的双重性质，而在我国行政管理体制中，水资源的主管机关是水行政主管部门，而矿产资源的主管机关是国土资源（之前是矿产资源）行政主管部门，在一些地方

（如本案中的福州市）则规定由城建部门来管理城市的地下热水（温泉），这就使得地下热水的管理体制问题容易产生争议。

单纯从国务院《矿产资源法实施细则》第44条规定的字面意思来看，地下热水当然属于地下水资源，因此，只有其勘查适用矿产资源法相关法律法规，而其开发、利用、保护和管理均应适用水法相关规定，而这也就间接决定了相关的行政执法主体。但根据《矿产资源法实施细则》的附件“矿产资源分类细目”，地热和地下水分属能源矿产和水汽矿产，属于两种并列的矿种，地热（含地下热水）并不从属于地下水。地矿部1994年8月9日给安徽省地质矿产局的地函192号答复即采取这一观点。从体系解释的角度，这一观点是合理的。但在实践中，水行政主管部门着眼于上述行政法规规定的字义，而矿产资源主管部门则着眼于附件的矿产资源分类，导致二者之间产生诸多争议。

法院认为，福建省福州市地方性法规的规定没有根据国家标准把温泉按照温度的不同区分地热和地下水，以致将部分地热归入地下水中，由此给这部分地热确定的行政主管部门与法律、行政法规的规定不符。实际区分地热与地下水，基本上是采取了地矿部的逻辑。

在本案发生2年后，国务院法制局1998年1与19日在《关于勘查、开采矿泉水、地下热水行政管理适用法律有关问题的复函》（国法办函5号）中，一方面承认地下热水均具有矿产资源和水资源的双重属性，似乎是将地下热水看作是水资源，但同时明确，“矿泉水和地下热水的勘查、开发、利用、保护和管理，适用《矿产资源法》、《矿产资源法实施细则》和《矿产资源补偿费征收管理规定》。鉴于矿泉水、地下热水管理与水资源管理关系较为密切，在依法办理矿泉水或者地下热水的开采登记手续时，应当附具水行政主管部门的审查意见。为了避免重复管理、重复收费，对于依法取得矿泉水或者地下热水采矿许可证的，不再办理取水许可证。”这一实质性的规定则更着眼于地热的矿产资源属性。但在1998年，经批准的水利部门“三定”方案，将地热管理职能划入了水利部。不过很快，中编办发布的《关于矿泉水地热水管理职责分工问题的通知》（中编办（1998）14号），对水利部的“三定方案”作了修正，重新赋予了地矿主管部门一定范围的地热管理职能。《关于矿泉水地热水管理职责分工问题的通知》中规定：“国务院部门‘三定’规定下发后，有关部门和地方对矿泉水、地热水的管理职责分工问题存在不同认识，使尚未开始机构改革的地方政府无所适从，社会反映强烈，并影响到一些地方法院对矿泉水、地热水采矿权转让案件的审理。为解决这一问题，经中央机构编制委员会办公室、国务院法制办公室和国土资源部、水利部，并经国务院领导同意，现就矿泉水、地热水的管理职责分工问题通知如下：一、国家对水资源实行统一管理。开采已探明的矿泉水、地热水由水行政主管部门在统一考虑地表水与地下水的资源状况和生活用水、农业用水的实际需要的基础上，先办理取水许可证，确定开采限量。水行政主管部门在办理取水许可证时，只能收取工本费。二、开采矿泉水、地热水，用于商业经营的企事业单位（如矿泉水厂、温泉宾馆、地热电厂等），凭取水许可证向地质矿产行政主管部门登记，办理相应的采矿许可证，并按照水行政主管部门确定的开采限量开采。地质矿产行政主管部门办理采矿许可证时，只能收取工本费。三、企事业单位开采矿泉水、地热水的采矿权使用费和矿产资源补偿费，由地质矿产行政主管部门按照《矿产资源开采登记管理办法》和《矿产资源补偿费征收管理规定》征收，并及时全额上缴财政。企事业单位已经缴纳矿泉水、地热水的采矿权使用费和矿产资源补偿费的，不再缴纳水资源费。四、依法转让矿泉水、地热水的采矿权的，由地质矿产行政主管部门按照《探矿权采矿权转让管理办法》的规定办理。”在实践中，水行政主管部门着眼于“三定方案”，国土资源部门着眼于中编办的通知，职能冲突问题仍很严重。

2002 年修订后的《水法》强调了水资源的统一管理，颁布实施后，一些地方政府在进行相关地方立法时，考虑将矿泉水、地热水进行统一管理规定，这就涉及矿泉水、地热水管理职责分工问题。辽宁省政府法制办会同辽宁省人大农经委、省水利厅、省国土资源厅四部门，就中编办通知文件的效力问题到国务院法制办进行了咨询，有关同志作出了口头答复，答复内容是：第一，对地热、矿泉水管理职责分工问题，国务院法制办已经答复多次，14 号文件是国务院法制办会同中编办、水利部、国土资源部等部门，经过多次协调后下发的，是对国务院“三定方案”的一个补充，该文件是合法有效的；第二，新的《水法》颁布实施后，强调了水资源的统一管理，地热、矿泉水、采砂等问题，原则上应发一证，收一费；第三，地热、矿泉水由哪个部门进行管理，地方可以根据本地的情况自行决定。为此，国土资源部向国务院提交了《关于请进一步明确矿泉水、地热水管理职责分工问题的函》（2003 年 6 月 6 日国土资函［2003］152 号），国务院法制办于 2003 年 7 月 3 日作出《对国土资源部〈关于请进一步明确矿泉水、地热水管理职责分工问题的函〉的复函》（国法函［2003］197 号），其中认为：“一、《关于地热水矿泉水管理职责分工问题的通知》（中编办发［1998］14 号）（以下简称 14 号文件）是中编办会同国务院法制办、水利部、国土资源部等部门，经多次协调后下发的，是对国务院‘三定方案’的补充，在国务院对有关部门职责尚未作出调整的情况下，仍应执行 14 号文件的规定。二、按照修订后的《水法》对水资源实行统一管理的精神，在地热水、矿泉水管理问题上，今后的改革方向应该是‘发一证、收一费’。”

通过梳理与地下热水管理体制的相关争议，可以发现我国行政组织法制存在的问题。根据行政组织法原理，一方面，行政机关的职权划分必须以行政组织法规范为前提，规定国家行政机关的职权是行政组织法最重要的功能，行政机关权限法定是行政法治原则的最基本要求；另一方面，行政组织法在具体划分行政机关的职权时，必须充分、合理地考虑行政管理事项的客观情况。而目前我国的行政组织法在这两个方面都出现了问题：有些行政机关的行政职权没有法律依据，而有的法律规范虽对某些行政机关的职权作出了规定，却规定得不够科学和客观，或者规定得过于原则和抽象，因不够细化而难以操作，还有相当一部分行政机关的职权是依照位阶较低的规章进行划分的，等等。地下热水管理体制中的职权划分出现交叉、重叠和冲突，就是没有科学划分职权范围、各自维护部门利益等原因造成的。这种因行政组织法的不完善而导致的行政管理混乱现象，在我国体制转轨、政府职能转变的制度变迁过程中还大量存在。进一步改进和完善行政组织法一直是我国行政法治建设中的重点课题。

【法律背景】

《矿产资源法》第十六条、第三十九条、第四十五条；《矿产资源法实施细则》第二条、第四十四条。

《福州市地下热水（温泉）管理办法》第五条 市水行政主管部门是地下水资源的主管部门，负责对温泉的统一规划和协调，对温泉的保护工作进行指导。

福州市城市建设行政主管部门是温泉开发利用的主管部门（以下简称市温泉主管部门），负责温泉的保护和开发利用的统一管理工作。

市地质矿产部门负责温泉的普查勘探，参与制定我市温泉中、长期保护和开发利用规划，核定控制开采总量，对温泉合理开发利用进行监督。

水利、城市建设、地质矿产部门都要各负其责，互相配合，保证本办法的实施。

第二十七条 本办法规定的行政处罚，由市温泉主管部门决定。当事人对处罚决定不服的，可以在收到处罚通知之日起十五日内向福州市人民政府申请复议或直接向人民法院起诉。对期满不履行又不起诉的，由市温泉主管部门申请人民法院强制执行。

【知识点介绍】

行政机关在组织上具有单独的法定地位，以此与行政机关的内部机构等相区别。这种单独的法定地位体现在两个方面。一是行政机关在组织上必须具有一定的独立性，应具有单独的预算、编制和印信等。二是行政机关应具有特定的管辖权，能够在其管辖范围内处理行政事务。基于行政机关这种单独的法定地位，行政机关才可以作为行政程序的当事人、行政复议的被申请人、行政诉讼的被告和行政赔偿的义务机关。

行政机关内部经常设有各种部门，在中国行政法学上称为行政机构或内部机构。何种行政机关应设立何种内部机构，以及各个行政机构的名称、级别等，一般根据各行政机关的地位、组织规模和职权范围等确立。行政机关有时也设立外部单位，在中国行政法学上被称为“派出机关”或“派出机构”，前者由人民政府派出，本身构成另一个独立的下级行政机关；后者由人民政府的职能部门派出，尽管它在空间和组织上具有一定的独立性，但仍然只属于行政机关（所属职能部门）的一部分，而非独立的下级行政机关。

行政机关的管辖权要解决的问题是特定的行政任务应由哪一行政机关承担。行政机关数量众多，必须对每一机关的管辖权作出明确规定，以确保行政统一，并避免各个机关重复作业、发生矛盾以及推诿责任。私人在需要与行政机关发生联系时，也可以根据该规定辨认主管机关。管辖权包括事务管辖权、地域管辖权和层级管辖权。

我国的中央国家行政机关包括国务院、国务院的组成部门、国务院的直属机构、部委归口管理的国家局。我国的地方国家行政机关包括县级以上地方各级人民政府及其职能部门、乡镇人民政府、各级人民政府的派出机关。

第二节 被授权人

【案例介绍】

田某诉北京科技大学拒绝颁发毕业证、学位证案①

原告：田某，男，北京科技大学应用科学学院物理化学系1994级学生。

被告：北京科技大学。

1994年9月，原告田某考入被告北京科技大学下属的应用科学学院物理化学系，取得本科生学籍。1996年2月29日，田某在参加电磁学课程补考过程中，随身携带写有电磁学公式的纸条，中途去厕所时，纸条掉出，被监考教师发现。监考教师虽未发现田某有偷看纸条的行为，但还是按照考场纪律，当即停止了田某的考试。北京科技大学于同年3月5日按照“068号通知”第3条第5项关于“夹带者，包括写在手上等作弊行为者”的规定，认定田某的行为是考试作弊，根据第1条“凡考试作弊者，一律按退学处理”的规定，决定对田某按退学处理，4月10日填发了学籍变动通知。但是，北京科技大学没有直接向田某宣布处分决定和送达变更学籍通知，也未给田某办理退学手续。田某继续在该校以在校大学生的身份参加正常学习及学校组织的活动。

1996年3月，原告田某的学生证丢失，未进行1995至1996学年第二学期的注册。同年9月，被告北京科技大学为田某补办了学生证。其后，北京科技大学每学年均收取田某交纳的教育费，并为田某进行注册、发放大学生补助津贴，还安排田某参加了大学生毕业实习设计，并由论文指导教师领取了学校发放的毕业设计结业费。田某还以该校大学生的名义参加考试，先后取得了大学英语四级、计算机应用水平测试BASIC语言成绩合格证书。田某在该校学习的4年中，成绩全部合格，通过了毕业实习、设计及论文答辩，获得优秀毕业论文及毕业总成绩全班第九名。

被告北京科技大学的部分教师曾经为原告田某的学籍一事向原国家教委申诉，原国家教委高校学生司于1998年5月18日致函北京科技大学，认为该校对田某违反考场纪律一事处理过重，建议复查。同年6月5日，北京科技大学复查后，仍然坚持原处理结论。

1998年6月，被告北京科技大学的有关部门以原告田某不具有学籍为由，拒绝为其颁发毕业证，进而也未向教育行政部门呈报毕业派遣资格表。田某所在的应用科学学院及物理化学系认为，田某符合大学毕业和授予学士学位的条件，由于学院正在与学校交涉田某的学籍问题，故在向学校报送田某所在班级的授予学

---

① 参见《最高人民法院公报》，1999（4）。

士学位表时，暂时未给田某签字，准备等田某的学籍问题解决后再签，学校也因此没有将田某列入授予学士学位资格名单内交本校的学位评定委员会审核。

田某向北京市海淀区人民法院提起了行政诉讼，海淀法院受理了此案，并于1999年2月14日判决：一、被告北京科技大学在本判决生效之日起30日内向原告田某颁发大学本科毕业证书；二、被告北京科技大学在本判决生效之日起60日内召集本校的学位评定委员会对原告田某的学士学位资格进行审核；三、被告北京科技大学于本判决生效之日起30日内履行向当地教育行政部门上报原告田某毕业派遣的有关手续的职责。第一审宣判后，北京科技大学提出上诉。北京市第一中级人民法院经审理认为，原判认定事实清楚、证据充分，适用法律正确，审判程序合法，应当维持。

【案例分析】

本案审理过程中争论的一个重点问题是，北京科技大学作为事业单位，能否作为行政诉讼的被告。北京市海淀区人民法院认为，在我国目前情况下，某些事业单位、社会团体，虽然不具有行政机关的资格，但是法律赋予它行使一定的行政管理职权。这些单位、团体与管理相对人之间不存在平等的民事关系，而是特殊的行政管理关系。他们之间因管理行为而发生的争议，不是民事诉讼，而是行政诉讼。尽管《行政诉讼法》（1989年）第25条①所指的被告是行政机关，但是为了维护管理相对人的合法权益，监督事业单位、社会团体依法行使国家赋予的行政管理职权，将其列为行政诉讼的被告，适用行政诉讼法来解决它们与管理相对人之间的行政争议，有利于化解社会矛盾，维护社会稳定。《中华人民共和国教育法》（以下简称《教育法》）第21条规定："国家实行学业证书制度。""经国家批准设立或者认可的学校及其他教育机构按照国家规定，颁发学历证书或者其他学业证书。"第22条规定："国家实行学位制度。""学位授予单位依法对达到一定学术水平或者专业技术水平的人员授予相应的学位，颁发学位证书。"《中华人民共和国学位条例》（以下简称《学位条例》）第8条规定："学士学位，由国务院授权的高等学校授予。"本案被告北京科技大学是从事高等教育事业的法人，原告田某诉请其颁发毕业证、学位证，正是由于其代表国家行使对受教育者颁发学业证书、学位证书的行政权力时引起的行政争议，可以适用行政诉讼法予以解决。

海淀法院的判决，结合了行政诉讼法对法律法规授权组织的规定并吸收了学术界对行政主体的研究成果，具有一定的合理性，对于扩大行政诉讼保护范围的实践意义，尤为突出。但是同时应当看到仅从授权角度讨论事业单位等组织行政法地位的局限。

被授权人概念的提出，主要目标是为了解决某些组织在行政诉讼中的被告问题，因此它尽管触及了行政任务承担主体多元化这样一个行政现实，但却由于专注于行政诉讼的角度而

① 此处引用的是当时有效的《行政诉讼法》（1989年），其中第25条即《行政诉讼法》（2014年）中第26条，内容没有变化。

未能将问题的研究推向深入。被授权人的概念也混淆了组织因国家根据单行法授权而拥有的行政职能和该组织本身具有的内在职能。例如我国的公办大学和官办社团，国家设立这类组织的本来任务就是执行行政任务（可能是干预行政，也可能是服务行政），只是在组织形式上与行政机关有所不同，从授权的角度将其与行政机关作区分，并未把握问题的实质。不仅如此，由于我国法制尚不健全，这类实际上执行行政任务的组织所承担的一些行政职能可能并没有法律法规的依据，而只是根据党与和政府的政策和不成文的惯例，仅因其没有法律法规依据而不视其为行政任务的承担主体，实际上导致了国家监督特别是司法监督的缺位。新近学者所提出的社会公行政的概念，认识到法律法规授权组织概念的缺陷，但将一些组织章程等看做公权力来源是有问题的，实际上从他们所列举的事业单位和官办社会团体来看，其权力来源还是国家的授予，将其看做“社会主体”是有问题的。我们也无法接受这样的观念，即民间的组织可以纯粹根据自己的章程来行使原本属于国家的公共权力。

具体到事业单位来说，考察我国事业单位历史演进，可以发现，事业单位的核心特征是在行政机关之外，相对独立地承担公共服务职能的公共组织，至于其活动领域和管理方式等，都是依附于这一性质而产生的。实践中一些名为事业单位，但实际上不承担公共服务职能的组织，则是因为种种原因，对事业单位概念误用或滥用的结果。未来中国的事业单位，应当坚持其作为相对独立承担公共服务职能的公共机构性质，并在此基础上对其类型划分、组织结构和管理体制等问题进行探讨。

明确事业单位的这一基本性质，可以将下列组织排除在事业单位之外。一类是以营利为目的的公办组织。我国目前许多事业单位承担的是应由营利性市场主体来提供的非公益性服务与产品，这其中既有计划经济时代的遗留物，但也不乏基于各种因素而设立的新机构。大量非公益型机构充斥于事业单位之中，使得国家财政负担过重，无力发展那些真正具有社会公益性的社会事业。不仅如此，这些机构利用其特殊的地位和条件进行不正当竞争，造成了经济社会秩序的混乱。因此对于承担这类职能的事业单位，应当通过民营化改革，使其转变为普通的企业，从而回归民间。另一类是实际承担政府监管或行政执法职能的所谓事业单位。将证监会、保监会、银监会和电监会等政府监管机构定性为事业单位，有利于采取灵活的财务会计和工资福利等制度，吸纳专业人才，提高监管绩效。但由于其行使的市场监管职能与公共服务职能存在很大差别，人事管理实质上也基本遵循一般行政机关的做法，将其定性为事业单位正当性不足。要解决这一矛盾，应当进行政府监管机构改革，建构符合政府监管机构特点的管理体制，明确承认政府监管机构区别于一般行政机关的特殊性，而不是将其与履行公共服务职能的事业单位混为一谈。对于那些因为行政编制等原因而被纳入事业单位、不具有特殊性的行政执法机构，则应通过编制管理制度改革，使其回归行政机关序列，但其人事和财物管理等方面仍可保持一定的灵活性。

明确事业单位的这一性质，有助于我们正确认识事业单位改革的目标。为了落实以人为本的科学发展观、建设和谐社会，政府的公共服务职能只能强化而非弱化。事业单位作为主要承担公共服务职能的公共机构，其地位应当提升，国家财政等保障责任应当进一步充实。事业单位改革的目标，绝不是如一些人认为的那样，是要减轻政府的财政负担，为政府甩包袱，而是要建立适应其职能性质的组织构造和体制机制，促使其更加有效地履行公共服务职能。

如果将事业单位定性为相对独立地承担公共服务职能的公共机构，则它并非如很多人所认为的那样是中国特有的现象。实际上在西方国家，大量存在行政机关之外相对独立地承担公共服务职能的公共机构。一方面，在德国、法国等大陆法系国家，公务法人（公务机构）是极为重要的一种公法组织形式，这是指为持续履行某种特定的公共目的而成立的一个结合人与物的公法人。工业化和城市化的发展，要求国家承担大量的服务行政任务，涉及教育、文化、科技、保育和公共事业等众多领域，为了适应这些新的行政任务对专业性和灵活性的要求，这些国家在科层制的传统行政机关之外创设公务法人，作为拥有法律人格的组织体独立地履行行政任务，以避免传统行政机关的官僚习气和僵化手续，增加管理机构的独立性和自主能力，这被称为间接国家行政，是行政分权的一种形式。这种组织形式具体的益处有：避免一般行政上的官僚主义习气、僵化手续和保持一定程度的精神自由；能够得到捐赠人的信任，容易得到社会上的赞助；具有财政上的独立和经营上的灵活性。作为一个法人，公务机构在管理上必然享有一定的自主权，拥有一定的独立性。但这种独立性并不是绝对的，它还必须接受国家主管机关的监督。

另一方面，在近年遍及全球的公共行政改革浪潮中，执行机构的设立被许多国家所采用，例如英国的执行署（executive agency）、法国的中央服务机构（The Service of National Scope，SCNS）、意大利的局署[①]和荷兰特别管理局（special regime agency）等，成为履行公共服务职能的一种新的组织形式。这些执行机构是相对独立的部属机构，它们在组织上仍然在部内，不具有独立的法律人格，需要接受部长的领导，部长对它们的活动向议会负责，管理人员在预算和管理方面具有很大的自主权。例如，英国执行署一般具有准自治的地位，但它并非独立于其所属部之外的法律实体，其普通职员也属于英王雇员。利害关系人对执行署的行为不服申请司法审查，应以部而非执行署为被告。在执行署中设首席执行官（Chief Executive）总管政策执行。首席执行官是专业化的管理人员，通常从文官队伍之外招聘。首席执行官对部长负责，对机构目标的实现承担责任，根据“框架文件”（framework document）行使宽泛的管理权限。框架文件是首席执行官与部长之间的基本协定，但财政部经常也是一方当事人。框架文件有的长达数百页，其中一般包括：当前与将来的合作目标；执行署的财政安排，包括预算与审计程序；执行署的人事政策；执行署绩效的评价标准等。框架协议每三年重审一次，但在此期间也可进行调整。框架协议有时被称为契约，但由于执行署不是独立的法律实体，因而其严格说来最多称为“准契约”。当执行机构没有达到确定的绩效目标时，主管部的主要惩罚手段是降低首席执行官和高层管理者的绩效工资。执行机构改革的基本逻辑是，中央文官系统应当由一个相对较小的核心组成，它只负责政策的制定，以减轻政治家的政治责任负担，提高决策的质量；在其之外设置大量

① See Marine，The Politics of Quasi-autonomous Organizations in France and Italy（PSA annual conference），Leicester，2003，pp. 21 - 24.

执行署，它们只负责执行政策，对于事务执行享有较高的自主权，以提高执行的质量。这与我国执政党提出的健全决策权、执行权、监督权既相互制约又相互协调的权力结构和运行机制这一行政体制改革思路具有一定的相通之处。

参照国外的经验，在将行使行政监管与执法职能以及进行营利活动的公办组织剥离后，作为相对独立承担公共服务职能的我国事业单位，从组织结构角度主要可以分为两类。一类为公务法人。某些服务职能的履行需要一定程度的独立性和灵活性，由行政机关直接管理不妥当时，就可以把负责机构创设为公务法人。公务法人作为公法人，独立履行法定任务和承担相应责任，同时必须遵守国家法律并接受国家的监督。公务法人在提供公共服务时可以在公法（行政法）或私法（民法）的利用关系之间进行选择，即所谓行为形式的选择自由，如果选择公法利用关系，则其活动应遵循行政行为和行政程序的法律规范，对其行为不服，相对人可申请行政复议与行政诉讼；如果选择运用私法方式提供服务，则应遵循民法规则，发生纠纷时遵循民事争议解决途径。公务法人的治理结构主要由两部分组成，即决议机关和执行机关。决议机关为理事会，负责对重大问题的审议、决策，理事会一般包括相关政府机构代表、雇员代表、用户代表、独立专家等。执行机关为主席或总经理，主要负责日常管理工作。另一类是执行机构。对于一些不适合作为独立法人运作的事业单位，可以改造为附属于一定政府部门的执行机构。执行机构不具有独立的法律人格，法律责任由所属政府部门承担，但为保障执行机构的活力与效率，应赋予其一定的自主权，并对其运作机制进行改革，例如，可从公务员队伍之外招聘职业经理人作为首席执行官，按照其与相关政府部门签订的框架协议进行管理，相关政府部门依据框架协议定期对其绩效进行考评。

【法律背景】

《行政诉讼法》（2014年）第二十六条；《教育法》第二十一条、第二十二条；《学位条例》第八条。

【知识点介绍】

被授权人是指拥有行政职权，但其行政职权并不因组织的成立而形成，而来自单行法授权的主体，也被称为“法律、法规授权的组织”或“被授权组织”。在中国行政法学上，被授权人和行政机关一起被称为行政主体。行政主体即能够以自己的名义对外行使行政职能并承担相应法律责任的主体。一般认为，被授权人的特点是：（1）它与行政机关不同，其只有在行使法律、法规授权的行政任务时才能成为行政主体，承担相应的法律责任。在非行使法律法规授权的行政任务时，则不是行政主体，而或者是一般的民事主体，享有民事权利、承担民事义务；或者只是行政机关的内部机构或者派出机构，没有独立的主体地位。（2）其所行使的是特定的行政任务，而不是一般的行政任务，其所能行使的行政权的范围很窄，仅限于法律、法规的特别规定。而正式的行政机关行使国家的一般行政管理职能，不限于某种具体领域或者具体事项。（3）其行使的职能为具体法律、法规所授而非行政组织法所授，且具体法律、法规对相应组织的授权通常有一定期限，通常限于办理某一具体行政事务，该行政事务完成，相应授权结束；而行政组织法对行政机关的授权具有相对稳定性，只要该行政机关存在，就一直行使该职能。

我国目前对被授权人的理解，存在如下值得注意和讨论的问题：（1）关于个人是否可以作为被授权人。目前多数学者认为，只有组织才可以作为被授权人，但也有学者认为，不仅组织可以作为被授权人，公民个人也可以作为被授权人，并举出海船上的船长等为例证。（2）关于行政授权的概念。有学者将授权分为两类，除了法律法规授权外，还有“行政授权”，即行政机关根据法律规定的授权。行政授权既不是法律、法规对行政权力的设定，也不是指行政机关对行政权力的委托，而是指行政主体（授权人）在法律、法规许可条件下，通过合法的程序和形式，将自己行政职权的全部或部分转让给有关组织（被授权人），后者据此以自己的名义行使该职权，并承受该职权行为效果的法律制度。（3）关于行政机关的内部机构或者派出机构是否可以作为被授权人。部分学者认为授权行政主体包括获得单行法授权的行政机关内部机构或派出机构，另有学者则认为授权主体只包括私人组织。（4）关于规章授权组织是否为行政主体。在行政管理实践中，规章已对一些组织进行授权，按照行政法学界的流行观点，规章授权的组织是不具有行政主体资格的。因为对规章授权的组织，我国行政诉讼法并未将其列入行政诉讼被告的种类之中，这意味着规章授权的组织还不能独立承担行政法上的法律责任。但是，《行政诉讼法若干解释》（2000 年）第 20 条第 2 款规定：“行政机关的内设机构或者派出机构在没有法律、法规或者规章授权的情况下，以自己的名义作出具体行政行为，当事人不服提起诉讼的，应当以该行政机关为被告。”显然，这一司法解释的规定，从反面表达了在有规章授权的情况下，被授权的机构或组织具有行政诉讼被告的地位，能独立承担行政法上的法律责任。但是这并不意味着规章授权一定是合法的，是否合法要根据具体情况，例如所授权力的性质，被授予权力组织的性质等综合加以判断。（5）关于社会公行政的概念问题。近年来有人提出，行政主体的概念除了行政机关、法律法规授权以外，还应包括非政府公共组织。非政府公共组织是指非政府、非企业、非营利性的组织，它们是依照组织章程、规约等进行自治管理、行使自治权的组织。这种自治权属于一种公权力，这类组织进行的管理活动不属于国家行政，但属于社会公行政，是行政任务社会化、国家向社会分权的产物。非政府公共组织包括社区组织（居民委员会和村民委员会）、行业组织（行业协会和专业协会）和公共事业单位等。

第三节 受委托的组织

【案例介绍】

邱某萍诉天台县公安局限制人身自由案[①]

1996 年 11 月 10 日，浙江省天台县某村的 16 岁少女邱某萍，因生活琐事与邻

① 参见浙江省高级人民法院（2001）浙行再字第 10 号行政判决书。

居发生争吵，继而与当时年仅 14 岁的邱某江相互扭打，致使邱某江小便出血。事后，经法医鉴定属轻微伤。18 日，县公安局对此以刑事案件受理，对邱某萍实施 48 小时留置盘问，20 日，公安局将留置盘问改为监视居住，从 18 日到 27 日，邱某萍一直被关在一间临时性的羁押室里，与 20 多名男性犯罪嫌疑人一同关押。在此期间她受到了来自男性犯罪嫌疑人的种种侮辱和猥亵，身心均受到严重摧残。后邱某萍被转到天台县行政拘留所继续关押。1997 年 1 月 1 日，县公安局在作出撤销监视居住决定后，既未说明理由，也没有出具任何书面证据，又将邱某萍送至该县法制教育学校进行强制教育。1997 年 3 月 14 日，在邱某萍向学校交足了 2 510元的各种费用后，终于回到家里。这时，她已在这所法制学校“学习”了 117 天。7 月 28 日，邱某萍向天台县人民法院提起行政诉讼，要求确认被告县公安局限制其人身自由行为违法，并给予经济赔偿。8 月 22 日，县法院受理了此案。1999 年 6 月，天台县人民法院作出判决认为，被告（公安局）以原告（邱某萍）涉嫌伤害罪立案侦查，采取监视居住刑事强制措施，不属于行政诉讼范围，原告可依法提起刑事赔偿请求，驳回原告邱某萍的诉讼请求。1999 年 9 月，邱某萍向台州市中级人民法院提起上诉，台州市中级人民法院经审理后判决维持原判。

此后，邱家继续向浙江省高级人民法院申诉。2001 年 12 月，浙江省高级人民法院先就邱某萍的申诉下发了“行政裁定书”，认为台州市中级人民法院的行政判决在认定事实和适用法律上确有错误，决定由高级人民法院进行提审。2001 年 12 月，浙江省高级人民法院就邱某萍关于“男女同囚”的申诉案进行了公开审理，2002 年 1 月，浙江省高级人民法院下达了行政判决书。判决书认为，天台县公安局对未满 16 周岁的邱某萍采取留置盘问 2 天的行政强制措施，且在此期间将身为女性的邱某萍与其他男性关押一室，显属违法，天台县公安局违法对邱某萍实施留置时，将其与男性共同关押，已造成对邱某萍名誉权的损害，根据《中华人民共和国国家赔偿法》（以下简称《国家赔偿法》）第三十条之规定，天台县公安局应当在一定范围内以一定方式为邱某萍消除影响，公开赔礼道歉。撤销台州市中级人民法院（1999）天行终字第 87 号行政判决和天台县人民法院（1997）年行初字第 85 号行政判决，确认天台县公安局自 1996 年 11 月 18 日对邱某萍留置盘问和自 1997 年 1 月 1 日至 3 月 14 日将邱某萍送天台县法制教育学校学习并限制其人身自由的具体行政行为违法，天台县公安局应赔偿邱某萍共计 11 309.75 元。

【案例分析】

在本案的审理过程中，针对究竟应由谁对原告邱某萍在县法制教育学校被限制人身自由的行为负责这一问题，产生了两种不同意见。一种意见认为，被告县公安局不应对此负责，因为邱某萍被限制人身自由的行为发生在她被公安局“送至”县法制教育学校之后，应当负责的是县法制教育学校。另一种意见认为，虽然县法制教育学校具体实施了限制邱某萍人身自由的行为，但县公安局作为决定的作出者，应当承担相应的法律责任。我们赞同后一种观点。《行政诉讼法》(1989 年)第 25 条规定:“由行政机关委托的组织所作的具体行政行为,委托的行政机关是被告。”因此本案应由县公安局作为委托行政机关对受委托组织县法制教育学校的行为向外部承担法律责任。

本案中的县法制教育学校的性质很特殊,它既不是工读学校,也不是少管所,却同样能相对限制在校生的人身自由。案发过程中,1997 年 1 月 1 日,县公安局对邱某萍作出撤销监视居住的决定后,又将其送至县法制教育学校进行强制教育。在此期间,邱某萍既不能出学校大门,又不能接受家人的探望,仍然处于被限制人身自由的非法状态。而我国有关的法律法规中并没有设立法制教育这类性质学校的明确规定,其设立于法无据,其合法性问题应当首先受到质疑。如果这种法制教育学校是以某些地方政府规章或层次更低的规范性文件作为依据而设立的,那么,这些地方政府规章和文件也是违法的,因为它们破坏了我国法律的统一性。对此,应当向有权机关建议撤销。另一方面,依据违法的地方政府规章或规范性文件设立的法制教育学校亦应被撤销。

【法律背景】

《行政诉讼法》(2014 年)第二十六条。

【知识点介绍】

受委托的组织,也称受委托人,是指受行政机关委托行使一定行政职权的非国家机关的组织。这种组织的特征是:(1)它行使一定的行政职权是基于行政机关的委托,而不是基于法律法规的授权,因此,其行使职能时只能以委托行政机关的名义,而不能以自己的名义进行,所产生的法律责任也要由委托的行政机关承担。(2)它只能根据行政机关的委托行使特定的行政职权,而不是行使一般的行政职权。所谓“特定的行政职权”,指委托行政机关委托其行使的,并且依据法理是行政机关可以委托其他组织行使的某种行政职权。之所以强调“行政机关可以委托其他组织行使的”是因为某些行政职权只能由行政机关自己行使而不得委托他人行使,如行政立法,对行政相对人实施限制人身自由的行政处罚等。(3)它是基于行政机关的委托,而非基于法律法规的授权行使行政职权。因此,受委托组织以行政机关的名义行使行政职权,其对外行使行政职权的法律后果由委托的机关承担。如《行政处罚法》第 18 条第 1 款规定:委托行政机关对受委托的组织实施行政处罚的行为应当负责监督,并对该行为的后果承担法律责任。受委托组织在委托范围内,以委托行政机关的名义实施行政处罚;不得再委托其他任何组织或者个人实施行政处罚。

现行法律没有规定受委托组织的统一条件,只是在一些单行法律中对此有所规定。比较典型的是《行政处罚法》,该法第 18 条第 1 款规定:“行政机关依照法律、法规或者规章的规定,可以在其法定权限内委托符合本法第 19 条规定条件的组织实施行政处罚。行政机关不得委托其他组织或者个人实施行政处罚。”第 19 条规定:“受委托组织必须符合以下条件:(一)依法成立的管理公共事务的事业组织;(二)具有熟悉有关法律、法规、规章和业务的工作人员;(三)对违法行为需要进行技术检查或者技术鉴定的,应当有条件组织进行相应的技术检查或者技术鉴定。”由于行政处罚对相对人的权益具有严重的不利影响,所以行政处罚法对受委托组织的条件规定得比较严格，对接受委托承担其他行政职权的组织的条件就没有这么严格。

受委托组织必须在委托的职权范围内，以委托的行政机关的名义行使行政职权，履行行政职责，其后果由委托的行政机关承担。对于受委托的组织实施的行政行为不服申请行政复议或提起行政诉讼，应以委托的行政机关作为被申请人或被告。受委托的组织还应当接受委托的行政机关的监督和指导。

第四节　行政机关的公务员

【案例介绍】

吴某、何某诉某市公安局治安管理处罚案[①]

原告：吴某，某市公安局复兴码头派出所民警。

原告：何某，某市公安局复兴码头派出所民警。

被告：某市公安局。

1994 年 10 月 6 日，某市公安局复兴码头派出所民警吴某在其所属管辖区域的某港 8 号码头巡逻值勤时，发现一艘江苏海门“平山一号”民船正准备卸货，便上前制止。经查询得知，该船未办理卸货手续。船主申辩说，在场的航运公安局工纠队员周某已经收取了管理费，但未出具收据。这时正在船上查看船民户口的周某过来，让船主卸货，并声称“出了事我负责”。周某当时未戴工纠队员标志，吴某要求周某出示证件，并讲清是否已经对该船收取了装卸费的问题，遭到周某拒绝。吴某又要求船主交验航运簿，周某出面阻拦。吴某十分气愤，便要拉周某一起去派出所将问题讲清楚，周某不同意，两人发生争执，吴某即用电话向派出所总值班室何某报告。何某得知后，即赶到码头，发现周某已回工纠队办公室，就与吴某赶到工纠队办公室要周某去派出所，周某不从，何某于是回派出所拿了一副拇指铐和一支超高压枪式电击器，并带了两个民警，再次要求周某去派出所。周某再次拒绝后，何某、吴某便强行给周某铐上拇指铐，周某极力挣扎，两人认为其不老实，便又用电击器对其进行控制（后经法医鉴定，造成轻微伤害），并将其带往复兴码头派出所。

事情发生后，某区公安局以违反《中华人民共和国治安管理处罚条例》（以下简称《治安管理处罚条例》）[②] 第 22 条第 1 项“殴打他人，造成轻微伤害”为由，对何某、吴某分别作出警告、拘留的行政处罚。吴某、何某两人不服，在法定期限

① 参见张树义主编：《行政法教学案例》，70 页，北京，中国政法大学出版社，1999。

② 该《条例》现已被《治安管理处罚法》（全国人大常委会 2005 年 8 月 28 日通过，自 2006 年 3 月 1 日起施行）所取代。

内向某市公安局提出申诉，某市公安局审查后改变定性为“非法限制他人人身自由”，维持原处罚决定。吴某、何某两人仍不服，依法向人民法院提起行政诉讼。

原告诉称，他们在法定的执行公务的时间执行公务，周某在未佩戴工纠队员标志的情形下一味与执法人员作对，并阻挠正常的执法活动，原告将其送往派出所是正当的执行公务的行为，因此，请求人民法院撤销该处罚决定。

被告某市公安局辩称，吴某、何某两人的行为不应该视为公务行为，而是超越职权的行为，因此，应将该行为定性为违反治安管理的行为，公安部门有权对此进行处罚。

法院审理后认为，公务人员行使国家行政权的行为都应是公务行为，公务行为有可能是合法的，也可能是公务人员未严格按照法定内容和形式而为的违法行为。本案中，吴某、何某的行为是在执行公务过程中作出的，虽然两人在执行公务的手段、程序上有一定程度的缺陷，但这并不影响其行为的公务性质，应当属于违法的公务行为，对违法的公务行为应该通过行政系统内部程序解决，由行政机关根据《国家公务员暂行条例》① 对其工作人员给予内部纪律处分，而不应该由行政机关通过外部行政管理的方式进行处理，因此，本案中公安局针对吴某、何某两人的公务行为所作出的处罚决定是不正确的，根据《行政诉讼法》（1989 年）第 54 条第 2 项的规定，判决撤销某市公安局对吴某、何某两人的行政处罚决定。

【案例分析】

本案的主要争议在于对吴某、何某两人行为性质的认定。担任公务员的公民在法律上具有双重身份，即公务员身份与公民个人身份。这两种身份的法律地位、行为性质以及相应行为结果的承担者有所不同。当国家公务员代表行政机关，以所在行政机关的名义行使国家行政权，应当属于代表行政机关行使职务的公务行为，行为的法律结果应当归属于相应行政机关，如公务员在执行职务的过程中存在违法，则应由行政机关对违法公务员依据《中华人民共和国公务员法》（以下简称《公务员法》）和《中华人民共和国行政监察法》（以下简称《行政监察法》）进行纪律惩戒，构成犯罪的则应当追究其刑事责任，行政机关就违法行为向相对人履行国家赔偿法律义务后，对具有故意和重大过失的公务员具有求偿权。公务员以公民个人的身份所实施的行为属于个人行为，其法律责任，包括民事和行政法律责任应当由个人独立承担。《治安管理处罚条例》（现升级为《治安管理处罚法》）作为一部治安管理规范，其针对的主要是以公民个人身份实施的行为，相关的处罚是外部管理行为，一般不应适用于公务员的公务行为。

我国通说认为，认定公务行为应当把握以下几个标准：第一，看其实施行为时是否以行政机关的名义作出，公务行为必须是以行政机关的名义作出的；第二，看其是否具有行

① 该《条例》现已被《中华人民共和国公务员法》（第十届全国人民代表大会常务委员会第十五次会议于 2005 年 4 月 27 日通过，自 2006 年 1 月 1 日起施行）所取代。

政职权，只有行使行政职权或者与其相关的行为才可能是公务行为；第三，看其行为时间是否为工作时间。但以上标准并非绝对的，在实践中需要根据实际情况从多方面进行综合分析认定。

本案中，被告作出的行政处罚，混淆了公务员两种不同性质的行为以及相应的法律责任。本案中，吴某与周某发生争执，吴某与何某将周某带往派出所的行为是在执行公务的过程中发生、以公安局的名义进行的，符合公务行为的基本标准，虽然在传唤周某的过程中其违法采用警械对周某造成了人身伤害，但这种违法并不能改变其公务行为的性质。因此，吴某、何某两人的行为是在执法过程中实施的公务行为，属于行使行政职权的行为。对此行为造成的损害，周某可以通过行政侵权赔偿程序解决，由吴某、何某所属的行政机关（某市公安局）作为赔偿义务人来履行相应的赔偿义务，某市公安局在赔偿后可向吴某、何某求偿，也可根据公务员管理的相关规定对其工作人员给予行政处分。《治安管理处罚条例》第 22 条第 1 项的规定，针对的是以公民个人身份实施的行为而非公务员的公务行为，其处罚是一种外部管理活动而非内部纪律惩戒，因此，本案中公安局针对吴某、何某两人的公务行为作出治安管理处罚决定是不正确的。

【法律背景】

《治安管理处罚法》第四十三条；《国家赔偿法》第十四条。

【知识点介绍】

根据《公务员法》的规定，我国的行政机关公务员，是指依法履行公职、纳入国家行政编制、由国家财政负担工资福利的行政机关工作人员。法律、法规授权的具有公共事务管理职能的事业单位中除工勤人员以外的工作人员，经批准参照公务员法进行管理。人民团体和部分群众团体的工作人员，也参照公务员法进行管理。

我国目前规范行政机关公务员的法律规范有：《公务员法》、《公务员职务任免与职务升降规定》（试行）、《公务员调任规定》（试行）、《新录用公务员任职定级规定》、《公务员考核规定》（试行）、《公务员培训规定》（试行）、《公务员奖励规定》（试行）、《公务员录用体检通用标准》（试行）等。中共中央批准由中共中央办公厅印发的《党政领导干部选拔任用工作条例》、《党政领导干部交流工作规定》、《党政领导干部辞职暂行规定》、《党政领导干部职务任期暂行规定》、《党政领导干部选拔任用工作监督检查办法（试行）》等文件，也对行政机关公务员的管理进行了规范。

成为公务员应当具备下列条件：（1）具有中华人民共和国国籍；（2）年满十八周岁；（3）拥护中华人民共和国宪法；（4）具有良好的品行；（5）具有正常履行职责的身体条件；（6）具有符合职位要求的文化程度和工作能力；（7）法律规定的其他条件。

公务员应当履行下列义务：（1）模范遵守宪法和法律；（2）按照规定的权限和程序认真履行职责，努力提高工作效率；（3）全心全意为人民服务，接受人民监督；（4）维护国家的安全、荣誉和利益；（5）忠于职守，勤勉尽责，服从和执行上级依法作出的决定和命令；（6）保守国家秘密和工作秘密；（7）遵守纪律，恪守职业道德，模范遵守社会公德；

(8) 清正廉洁，公道正派；(9) 法律规定的其他义务。

公务员享有下列权利：(1) 获得履行职责应当具有的工作条件；(2) 非因法定事由、非经法定程序，不被免职、降职、辞退或者处分；(3) 获得工资报酬，享受福利、保险待遇；(4) 参加培训；(5) 对机关工作和领导人员提出批评和建议；(6) 提出申诉和控告；(7) 申请辞职；(8) 法律规定的其他权利。

公民经过法定程序，进入行政机关担任一定的行政职务，成为行政机关公务员，从而与国家之间构成国家公职关系。我国行政机关公务员的任用主要有选任、委任、调任、考任和聘任五种方式，从而使国家公职关系发生。公务员晋升、降职、交流（调任、转任和挂职锻炼）、撤职等情形，将导致国家公职关系的变更。发生一定的法律事实，可能致使国家公职关系消灭，这些事实主要有公务员退休、辞职、辞退、调出、死亡、开除。

公务员职位类别按照公务员职位的性质、特点和管理需要，划分为综合管理类、专业技术类和行政执法类等类别。公务员也可以分为领导职务公务员和非领导职务公务员。

公务员执行公务时，认为上级的决定或者命令有错误的，可以向上级提出改正或者撤销该决定或者命令的意见；上级不改变该决定或者命令，或者要求立即执行的，公务员应当执行该决定或者命令，执行的后果由上级负责，公务员不承担责任；但是，公务员执行明显违法的决定或者命令的，应当依法承担相应的责任。

阅读资料

1. 应松年主编. 当代中国行政法. 上. 北京：中国方正出版社，2005
2. 翁岳生编. 行政法. 上. 北京：中国法制出版社，2002
3. 应松年，薛刚凌. 行政组织法. 北京：法律出版社，2002

探讨性案例

长春亚泰足球俱乐部诉中国足协案

原告：长春亚泰足球俱乐部及教练员、球员。

被告：中国足球协会。

2001年，中国足协组织全国足球甲级联赛并实施管理，长春亚泰依据有关规则参加了全国足球甲级B组联赛。在联赛中，长春亚泰于2001年10月6日第22轮与浙江绿城足球队的比赛中，净胜6球，在整个赛季中排名甲B第二。按照中国足协发布的《全国足球队甲级联赛规则》第9条关于“获得全国足球甲级B组联赛前两名的队，次年参加全国足球甲级A组联赛”的规定，长春亚泰足球队应升入甲A足球队之列。但是，中国足协在联赛后的2001年10月16日作出足纪字（2001）14号“关于对四川绵阳、成都五牛、长春亚泰、江苏舜天和浙江绿城俱乐部足球队处理的决定”（以下简称14号处理决定），该决定以踢假球为由，取消了长春亚泰升入甲A资格和2002年、2003年甲乙级足球联赛引进国内球员的资格，并限长春亚泰3个月的内部整顿，同时对教练员、球员作出停止转会资格的处罚。

长春亚泰不服中国足协的14号处理决定，于2001年10月19日和11月10日两次向中国足协提出申诉状，中国足协未在法定时间内答复，原告认为，中国足协的“14号处理决定”为法律授权的组织作出的行政处罚行为，该行为没有事实与法律依据，依法提起行政诉讼。2002年1月23日，北京市第二中级人民法院作出（2002）二中行审字第37号行政裁定书，以长春亚泰及其教练员、球员对中国足协提起的行政诉讼“不符合法律规定的受理条件”为由，裁定不予受理。

原告不服一审裁定，认为按照我国《行政诉讼法》及最高人民法院关于行政诉讼受案范围和条件的规定，中国足协的“14号处理决定”属于行政诉讼的受案范围，完全符合受理条件，向北京市高级人民法院提起上诉。

2002年5月8日下午，中国足协公布了关于对长春亚泰队、原成都五牛队及相关人员减轻处罚的决定，决定指出：长春亚泰队和原成都五牛队及所属俱乐部进行了内部整顿。根据俱乐部提交的整顿报告和本会调查组的调查结果显示，长春亚泰和成都足球俱乐部整顿态度有了较大的转变，整顿比较认真，整顿效果较好。为此，依据《中国足球协会纪律处罚办法》第3条、第29条第2项之规定，本会决定对长春亚泰队和原成都五牛队及相关人员减轻处罚。

问题：如何认识中国足协的法律地位？

复习题

1. 简述行政机关的管辖权。
2. 简述被授权组织的概念与特征。
3. 简述受委托组织的概念与特征。
4. 如何依法处理公务人员执行公务时的错误？

第四章
行政人员法

本章提要

行政人员是指履行国家公职，享有与履行国家公职相关权利和义务要求的国家公务人员以及非公务员身份的其他行政公务人员。其中公务员是标准意义上的行政人员，是具有严格法律意义上国家公职身份的人员，其他行政公务人员是获得法律授权允许或者有权行政主体的委托来行使一定行政管理行为的非公务人员。

行政人员法是指规范行政公务人员和其他行政公务人员的法律法规及其他规范的总称。对于公务员的管理主要通过《公务员法》来调整，对于其他行政公务人员，我国在法律制度层面上还缺少独立完整的法律调整，但在部分国家法规和规范性文件中，对其他行政公务人员也有一定规范性规制，特别是涉及其他行政公务人员身份产生的法律文件中，例如与授权和委托相关的法律文件中，往往对其他行政公务人员有具体的规范和要求。

公务员是指依法履行公职、纳入国家行政编制、由国家财政负担工资福利的工作人员。依照《公务员法》的规定，国家公务员的法定要件有三个：第一个是依法履行公职，第二个是纳入国家行政编制，第三个是由国家财政负担工资福利。符合以上条件的非工勤工作人员被称为公务员。公务员是具有特殊双重身份的公民，其公职身份的获得不能使其丧失公民身份，但公务员在履行国家公职要求时，也不能受其公民身份的影响和干扰。

公务员和其他行政公务人员通过自己所承担的具体行政职务内容与国家、国家机关、其他社会组织和公民产生各种行政公职法律关系。公务员与其所在的行政机关是一种行政隶属法律关系，其他行政公务人员与国家机关或具有行政职能的组织之间是一种特殊的劳动关系。公务员与其他行政公务人员之间所形成的是行政公职监督法律关系，公务员和其他行政公务人员要按照国家法律要求接受监督。公务员和其他行政公务人员在履行行政职能过程中，代表其所在行政机关和具有行政职权的组织与行政相对人之间形成行政管理法律关系，在这个法律关系中，行政相对人应遵守和服从公务员和其他行政公务人员的依法管理。

国家公务员法对公务员的权利义务作出了具体明确的规定。公务员法规定公务员应当履行下列义务：模范遵守宪法和法律；按照规定的权限和程序认真履行职责，努力提高工作效率；全心全意为人民服务，接受人民监督；维护国家的安全、荣誉和利益；忠于职守，勤勉尽责，服从和执行上级依法作出的决定和命令；保守国家秘密和工作秘密；遵守纪律，恪守职业道德，模范遵守社会公德；清正廉洁，公道正派；以及法律规定的其他义务。公务员在履行国家公职过程中还享有下列权利：获得履行职责应当具有的工作条件的权利；非因法定事由、非经法定程序，不被免职、降职、辞退或者处分的权利；获得工资报酬，享受福利、保险待遇的权利；参加培训的权利；对机关工作和领导人员提出批评和建议的权利；提出申诉和控告的权利；申请辞职的权利；法律规定的其他权利。

国家法律对其他行政公务人员的具体权利和义务虽然没有明确直接的规定，但鉴于其他行政公务人员履行行政公务的需要，也应参照国家公务人员的任职条件和权利义务内容进行一定约束。相信伴随着国家行政法治建设的不断发展，对其他行政公务人员的规范和要求会越来越明确，越来越严格。

第一节　公务员的概念与分类

【案例介绍】

交警执法行为不规范致车翻倒 两村妇状告交警大队[①]

交警大队的干警在执行公务中，未按执勤法的要求打手势示意来车受检，而是一边喊话一边推出停车示意牌拦车，致超速行驶的摩托车刮碰收费站的隔离墩而翻车，两名村妇遂将广西宜州市公安局、宜州市公安局交通警察大队告上法院，要求赔偿各项损失。日前，广西宜州市人民法院对这起国家机关工作人员职务侵权纠纷案件作出一审判决。

2006年8月28日下午，宜州市公安局交通警察大队秩序管理中队民警及协管员到宜州市城西收费站执勤。16时30分许，交警执勤人员韦万华发现原告兰某从广维方向驾驶一辆违章的两轮摩托车（乘车人郑某头部未按规定戴安全头盔），便走出收费站岗亭到东侧匝道口制止该违章摩托车，协管员示意其停车，同时将停车示意牌推至匝道中强制纠正该违章摩托车，由于原告兰某驾驶的摩托车超速并强行冲卡，无法控制车辆，致使该车刮擦收费站匝道的隔离墩后翻车，造成原告兰某、郑某受伤，两轮摩托车受损的交通事故。事故发生后，宜州市公安局交通警察大队的民警将兰某送到河池市第一人民医院进行门诊治疗，截至2006年9月5日，兰某的门诊治疗费为133.70元。兰某的车辆定损费为200元。郑某于2006年8月28日至10月21日到河池市第一人民医院门诊治疗费为1 048.50元。郑某又于2006年11月2日至12月1日到河池市第一人民医院住院治疗29天，住院费

① 参见“交警执法行为不规范致车翻倒 两村妇状告交警大队”，见中国法院网案件库，http://www.chinacourt.org/article/detail/2008/01/id/285889.shtml，2014年10月9日访问。

用为2 490.64元。郑某2006年12月15日至2007年1月10日到宜州市人民医院门诊及住院治疗26天，医疗费用为22 819.47元。该院建议：出院后全休3个月。郑某再于2007年2月3日至8月28日到该院门诊治疗费用为1 452.60元。郑某又于2007年9月18日至10月9日到该院住院治疗21天，用去医疗费为2 527.93元。该院对郑某出院医嘱：建议到上级医院进一步检查治疗。宜州市公安局交通警察大队已支付郑某费用共计30 527.93元。

另查明，宜州市公安局交通警察大队是宜州市公安局独立核算二层机构，有自己独立的财产和经费。桂MW61××车车主为兰某。收费站过道车辆限速为每小时5公里。

在诉讼中，法院释明兰某亦是郑某的赔偿责任人后，郑某仍明确表示在本案中对兰某应承担的责任部分不主张权利。

宜州市法院审理后认为，宜州市公安局交通警察大队工作人员在执行公务中，未按执勤法的要求打手势示意来车受检，而是一边喊话示意来车停车，一边推出停车示意牌拦车，该执法行为不规范。本案损害事故宜州市公安局交通警察大队负有一定的责任，对原告二人受到的损害，依法应承担相应的民事赔偿责任。兰某驾车经过收费亭时，不按每小时5公里的限速规定行驶，而是超速行驶，在遇前方有执勤人员示意强制纠正违章时致使车辆失控，碰刷收费站的隔离墩以致发生交通事故，与事故的发生也有一定的因果关系。根据双方的过错程度，宜州市交通警察大队在本案中应承担主要责任即75%的责任，兰某负事故的次要责任即承担事故25%责任。郑某在事故中未主动在头部戴好安全头盔，该违章责任由车辆驾驶员承担，其虽不承担责任，但在本案中应吸取教训，今后应主动遵守交通规则。兰某在本案中请求赔偿医疗费、摩托车损失有事实和法律依据，理由成立，本院予以支持。郑某医疗费用共计38 739.14元。兰某受轻微伤，后果不严重，其请求赔偿精神损失费，理由不成立，本院不予支持；原告兰某要求赔偿后续整形费，因其没有医疗机构证明需要整形的意见，且该费用尚未发生，可待实际发生后另行起诉。原告郑某要求赔偿精神补偿费5 000元，证据不充分，理由不能成立，本院不予支持；其请求赔偿残疾补偿金，因未出具相应残疾等级的证明，可待有依据后另行起诉；对赔偿后续治疗费的请求，因医院未出具相关证明且该费用尚未发生，可待实际发生后另行起诉。宜州市公安局交通警察大队主张，郑某的部分损失不是该事故引起的，而是郑某旧伤引起的，但宜州市公安局交通警察大队没有证据证实，其主张本院不能采信。由于郑某在本案中对兰某应承担的责任不主张权利，故本院在本案中对兰某应承担的责任不予审理。

综上所述，宜州市公安局交通警察大队应赔偿给郑某医疗费、误工费、护理费、住院伙食补助费29 054.36元（38 739.14元×75%），而该队已支付给郑某30 527.93元，其给付的款额已超过其应当赔偿的数额，被告没有提起反诉，多付之款不在本案审理范围内，因此，郑某要求宜州市公安局交通警察大队赔偿医疗费、误工费、护理费、住院伙食补助费的诉讼请求已没有事实依据，其诉请理由亦不成立，本院不再支持。宜州市公安局交通警察大队有自己的财产和经费，能独立承担民事责任，本案中宜州市公安局不承担赔偿责任。经合议庭评议和审判委员会讨论决定，作出判决：被告宜州市公安局交通警察大队赔偿给原告兰某医疗费、车辆损失费 250.28 元（333.70 元×75%）。驳回原告郑某和兰某的其他诉讼请求。

【案例分析】

宜州市公安局交通警察大队秩序管理中队民警执勤人员韦万华在处理交警违章事务时，未能严格按照规范标准执行，导致相对人兰某和郑某人身和财产损害，宜州市交警大队支付了赔偿费用，其理由可以作如下理解：

作为国家行政机关中的工作人员，民警执勤人员韦万华依法具有一定的执法权能，同时其也负有依照法律规范要求严格执行行政管理权力的义务。协管人员在国家公务员的带领下所作的行为是按照公务员的要求和意图完成的，是行政法律关系中的一种委托行为，其行为后果应视为公务人员的行为后果。

宜州市公安局交通警察大队秩序管理中队民警韦万华的行政处理行为后果，是在其行政执法权能范围内产生的，对相对人的损害后果应由公务人员所在的行政机关承担。由于交警大队具有独立的行政责任能力，因而由宜州市公安局交通警察大队承担赔偿责任。

【法律背景】

《公务员法》第一条、第二条、第三条、第四条、第五条、第六条、第七条、第八条、第九条、第十条、第十四条、第十五条、第十六条、第十七条、第十八条、第十九条、第二十条；《国家赔偿法》第三条、第四条、第五条、第七条。

【知识点介绍】

公务员是指依法履行公职、纳入国家行政编制、由国家财政负担工资福利的工作人员。根据《公务员法》的规定：首先，公务员必须是依法履行公职的人员，是依照法律规定履行公职；其次，公务员是纳入国家行政编制的人员，没有纳入行政编制序列的人员不是法定范围内的公务员；最后，公务员是由国家财政负担工资福利的人员，但公立学校的教师和科研院所的科研人员不在此列。此外，公务员不包括行政机关中的工勤人员。

伴随着我国市场经济的完善和发展，市场经济体制对行政人员管理的规范要求逐步加强，因而对公务员和其他行政公务人员的规范管理也就显得越来越重要。从政府自身角度来看，也要求对公务员进行更加严格的规范管理，以使公务员的管理能够在民主、科学、法治的轨道上良性运行。

我国传统公务员的管理不仅制度模糊，而且分类不清，不利于公务员的有效管理，责权利不清更不利于公务员自身的健康发展。因此，1992 年国务院通过了《国家公务员暂行条例》，该条例于 1993 年 10 月 1 日起施行。1994 年国家人事部又发布了《国家公务员录用暂行规定》。之后，为了进一步规范公务员的管理，保障公务员的合法权益，加强对公务员的监督，建设高素质的公务员队伍，促进勤政廉政，提高工作效能，2005 年 4 月通过了《公务员法》，并于 2006 年 1 月 1 日起施行。

按照《公务员法》的规定，公务员是各级国家机关中由人民代表机关选举或决定或由行政机关任命担任国家职务，行使国家权力，执行国家公务的人员。公务员在行使国家公务过程中，应以国家名义进行，国家机关对公务员的公务行为承担相应法律责任，同时公务员在具有相应职权和优先权的同时，也承担相应的公务员责任。

按照公务员产生形式分为选举产生的公务员和非选举产生的公务员两类，这两类国家公务员的法律地位是不同的。选举产生的公务员由国家组织法调整，非选举产生的公务员由公务员法调整。按照公务员所属的组织类型不同，可以将公务员分为国家机关公务员和事业单位公务员。对国家机关公务员的管理依照公务员法调整，对事业单位公务员的管理参照公务员法调整。

按照公务员法的规定内容，可以将我国公务员分为中国共产党机关的工作人员，人大机关的工作人员，行政机关的工作人员，政协机关的工作人员，审判机关的工作人员，检察机关的工作人员，民主党派机关的工作人员。

按照公务员法的规定，依照公务员职位类别以及公务员职位的性质、特点和管理需要，可以将我国公务员划分为综合管理类公务员、专业技术类公务员和行政执法类公务员。这是我国总结公务员管理经验，对公务员作出的一种职位性分类。此种分类使我国公务员管理更加规范化，更具有针对性。同时，我国公务员法还规定对于具有职位特殊性，需要单独管理的，还可以增设其他职位类别，对各职位类别的适用范围由国家在公务员法之外另行规定。

第二节 公务员的法律地位、权利、义务

【案例介绍】

未尽注意义务致当事人骨折 重庆警察赔偿 1.5 万[①]

2005 年 8 月 4 日，铜梁县旧县广播站报警称，有人在广播站吵闹不休。旧县派出所的两民警接警后赶到现场，看到当地居民张某和女婿与广播站的祝某正抓成一团。纠纷是因安装闭路电视线引发的。当时，张某双手紧紧抓住祝某的衣服，不让其离开，并大声叫骂。两民警见状，对双方进行劝解，并叫张某放手。同时，民警口头传唤张某到派出所调查解决，被张某拒绝。期间，一民警抓住张某的左

① 参见“未尽注意义务致当事人骨折 重庆警察赔偿 1.5 万”，见中国法院网案件库，http://old.chinacourt.org/html/article/200511/12/185213.shtml，2014 年 10 月 9 日访问。

手，责令他放手。随后两民警离开现场。

后来，张某被传唤到派出所接受调查。当天下午，张某说他的左手痛得厉害，民警把他带到旧县镇医院检查，诊断表明无骨折特征。当年 8 月 23 日，张某到铜梁县中医院作 X 光片检查诊断，其左手第 2.4 指末节基底部骨折。在医院治疗 11 天后，再次诊断为陈旧性骨折，伸肌腱止点陈旧性断裂。

事后，张某找派出所要求赔偿，但一直没有结果。2006 年 3 月，张某向铜梁县法院提起行政赔偿诉讼，要求该县公安局赔偿医疗费、交通费、鉴定费、复印费、误工费和残疾赔偿金共计 4 万余元。

重庆市铜梁县法院审理后认为，县公安局对违反治安管理的行为人可以依法实施行政强制措施，但民警在执行职务过程中未尽到合理的注意义务，致使张某身体受到伤害，应承担一定赔偿责任。同时，张某在纠纷中也有不理智行为，亦不积极配合民警执行职务，经劝解仍有不理智行为，应对自身的伤害承担主要责任。

最后，法院判决铜梁县公安局赔偿张某医疗费、残疾赔偿金等15 049.24元，于判决生效后 10 日内赔偿。

【案例分析】

从人民法院认定的事实来看，该案民警在处理治安案件过程中，没有尽到应有的注意义务，致使当事人张某手部受到伤害。因此，依照人民法院的判决，该损害后果由民警所在的公安机关负责赔偿。

公务人员在执行国家法律所赋予的行政职权的过程中，依照法律规定行使一定的职权，但同时也负有相应的法律义务。对公务员的义务要求同赋予公务员的职权相一致，因此国家公务员不仅要依法履行职能，同时也要依法履行相应的义务。

对于治安案件，依照治安管理处罚法的规定，公安机关的人民警察可以依法予以处理。公安机关可以对违反治安管理秩序的当事人采取行政强制和进行治安处罚，但要求是在事实清楚、证据确凿的前提之下进行。同时治安管理法也规定，公安机关处理治安案件，应当按照公开、公正的原则要求，在尊重和保障人权的前提下，在保护公民的人格尊严要求下，对治安违法行为予以处理，同时要求办理治安案件应当坚持教育与处罚相结合的原则。

人民警察在处理治安案件中是负有一定注意义务的，这既包括对治安案件事实的全面调查义务，并结合法律规定作出合法的处理，当然也包括处理案件过程中对当事人的人身和财权等合法权益的保护义务。本案中的民警在处理治安案件过程中，恰恰是没有注意到对当事人人身权益的尊重和保护，导致了最终的损害后果，因此民警对此是负有一定责任的。

民警作为公务人员在依法履行职责过程中，是代表其所在的公安机关进行的，民警在法定范围内的执法活动以及与执法活动相关的必要行为及其产生的法律后果，应由民警所在的公安机关承担。

因此，对于民警在处理治安案件过程中因没有尽到注意义务所产生的赔偿法律后果，由民警所在的公安机关予以承担，对相对人进行经济赔偿。

【法律背景】

《公务员法》第十二条、第十三条；《治安管理处罚法》第五条、第六条、第七条、第八条、第九条。

【知识点介绍】

公务员的法律地位是公务员法律身份和公务员法律资格的体现，是公务员享有公务员权利和履行公务员义务的基础，也是公务员享有公务员权利和履行公务员义务的一种体现。公务员法律地位是由公务员在公务员法律关系中的特殊位置决定的。

公务员相对于其所在的行政机关，是依照法律规定享有特定国家机关相应职权的公职人员，公务员与国家之间是一种特殊的法律委托关系。公务员在法定职权范围内的公职行为是代表国家和国家机关的一种法律行为，其行为后果是由国家和国家机关来承担的。同时国家与公务员之间产生了一种特殊的服务法律关系，公务员依照法律规定行使国家职权，国家对公务员支付报酬并承担其相应福利待遇。

公务员相对于相对人，是依照法律规定行使国家和国家行政机关职权的公职人员。公务员和行政相对人之间产生的行政法律关系不同于民事法律关系，是一种单向性的行政管理法律关系。在这个法律关系中，公务员的合法有效的行政管理活动对行政相对人是具有法律效力和约束力的，相对人必须予以服从和遵守。如果相对人认为国家公务员的行为违法或者行为无效应通过合法有效的途径进行自我权利救济。因此，在公务员和相对人之间产生的法律关系中，虽然二者之间的法律地位在本质上是平等的，但公务员的公职地位和相对人的私权身份之间存在明显差异。

在接受国家监督机关和社会组织个人监督过程中，公务员的身份是被监督者，公务员应服从和接受来自监督主体的监督。公务员在监督法律关系中不是一个接受监督和审查的普通公民，而是一个接受监督的享有国家公职身份的公务人员。公务员在监督法律关系中被监督的法律地位是由国家公权力的性质和公务员依法代为执行国家公职权力的法律性质决定的。

公务员作为国家机关中的组成人员，既享有国家法律赋予其的职权，同时也要履行法律为其设定的相应义务。公务员的权利和义务是公务员身份的体现，是公务员法律地位和资格的一种法律表现形式。公务员权利义务的表述中往往将公务员义务放在公务员权利之前，称之为公务员义务和权利。强调公务员义务高于公务员权利体现了对公务员公职身份的认识更加明确，对公务员依法履行义务和享有权利的关系认识更加清晰。

公务员的义务是指国家法律对公务员在法律规定范围内必须要予以履行责任的要求，即对公务员必须作出和不得作出一定行为的约束。如果公务员不能达到法定的公务员义务要求，公务员就要承担相应的法律损益性后果，承担相应的行政法律责任或者刑事法律责任。

依照公务员法，公务员的义务主要包括以下几个方面：

第一，公务员有模范遵守宪法和法律的义务。作为国家公务人员有义务成为遵守宪法和法律的模范，成为厉行法治的典范，这既是法治社会的要求，也是依法行政的要求。第二，公务员应按照规定的权限和程序认真履行职责，努力提高工作效率。依法履行职责，不越权不滥权，高质量高效能地完成职权内容是公务员必须予以达到的工作要求。第三，公务员应全心全意为人民服务，接受人民监督。公务员作为公职权力的行使者，应密切联系群众，接受人民群众的监督，以全心全意为人民服务为宗旨完成好自身所负有的职权责任。第四，公务员应维护国家的安全、荣誉和利益。公务员在履行职权工作中，应将国家的安全、荣誉和利益放在重要的位置上，这是公权力的性质所决定的。第五，公务员应忠于职守，勤勉尽责，服从和执行上级依法作出的决定和命令。这是公务员职务身份的要求，也是公职法律机制的基本要求。第六，公务员应保守国家秘密和工作秘密。公务员在职务活动中会更有机会接触和掌握一定的国家秘密和工作秘密，对于这些内容公务员应依法予以保密，否则就要承担相应的行政或者刑事法律责任。第七，公务员应遵守纪律，恪守职业道德，模范遵守社会公德。尊重社会伦理道德，遵守社会公德和职业纪律是每一个公民均应达到的标准，公务员具有公职和公民双重身份，就更应模范遵守道德和纪律。第八，公务员应清正廉洁，公道正派。这既是对公务员的基本要求，也是对公务员的最高要求。廉洁公正是合理合法完成公务员职权的基本保障，也是对公务员履行行政职权的基本要求。第九，公务员应履行法律规定的其他义务。

公务员权利是公务员依照国家法律规定享有一定的利益或者作出和不予作出某种行为的选择能力。公务员的权利是依法赋予的，并受到国家法律的保护。其他社会组织和人员，包括国家机关和其他国家公务人员如果侵犯公务员的权利，都应承担相应的法律责任。对于公务员的人身权利和财产权利公务员有选择的自由，但对于公务员所享有的同国家公职权力相关的权利内容，公务员是不得任意放弃的，这是公务员完成国家职权的一种要求。依照国家公务员法，公务员的权利主要包括以下几个方面：

第一，公务员有获得履行职责应当具有的工作条件的权利。享有一定的工作条件是公务员完成具体工作内容的前提保障，因此这既是公务员自身的权利内容，也是公务员公职身份的权利内容。第二，非因法定事由、非经法定程序，公务员不被免职、降职、辞退或者处分。公务员的公职身份是依法享有的，这既是公务员自身的合法权益内容，也是公务员合法、有效、全面完成公职内容的保障。第三，公务员有获得工资报酬，享受福利、保险待遇的权利。公务员的这些权利是国家法律赋予公务员的基本生活权利保障，是公务员进一步完成工作内容的前提条件。第四，公务员具有参加培训的权利。通过培训使得公务员能够更好地完成工作内容，是公务员工作的要求，也是公务员自身发展的基本要求。第五，公务员对机关工作和领导人员有提出批评和建议的权利。第六，公务员有提出申诉和控告的权利。在公务员自身合法权益受到侵犯和侵害的时候，公务员可以通过申诉和控告等形式来维护自身的合法权益。第七，公务员有申请辞职的权利。除非国家法律有特殊的要求，公务员具有放弃公务员公职身份的权利。第八，公务员具有法律规定的其他权利。

公务员的权利和义务是相辅相成的，是作为公务员的特殊公职法律身份所必须具有的法律内容。这些权利义务符合公务员队伍建设需要，更是国家公权力得以充分实现的保障。因此，公务员在享有国家法律所赋予其权利的同时，更要严格遵守国家法律所规定的义务，这样才能有效完成公务员的具体工作内容，达到国家对公权力实现的基本要求。

第三节　公务员的国家公职关系

【案例介绍】

案例一①：

2004年，大学毕业生唐女士被商务部录用为公务员之后不久，即收到了商务部取消自己公务员录用资格的决定，其原因是唐女士已经怀孕。为了保住来之不易的工作，唐女士将商务部告上了法庭，要求该部撤销决定，并赔偿精神损失1元钱。北京市东城区人民法院一审裁定驳回了唐女士的起诉，理由是这起争议不属于法院管辖范围。

北京市东城区人民法院在裁定中指出，唐女士属于商务部录用的国家公务人员，应向商务部同级人民政府人事部门申诉，此案不是法院受理范围。商务部在此案答辩中指出，它们取消唐女士公务员录用资格，是因为她在被录用时隐瞒了婚姻状况，单位因此认定唐女士品质不可靠，决定取消录用。

唐女士的律师表示在起诉前，唐女士就曾向中央国家行政机关在京直属事业单位人事仲裁委员会提起申诉，该仲裁委以此案不属于该委管辖范围为由不予受理。史律师说，是否上诉还要与唐女士本人商量后决定。

案例二②：

2005年10月，天津师范大学2006年应届毕业生，在校主修气象学、地质学等课程，家在湖南省长沙浏阳市的孔某某报名参加了国家机关公务员考试。报考的职位为湖南省湘西土家族苗族自治州气象业务管理员。2005年11月26日，孔某某进行笔试，笔试成绩100分（行政职业能力成绩55分、申论45分），达到了中央组织部、国家人事部划定的地州市气象局录用分数线。2006年2月28日下午，孔某某参加完面试后，湖南省气象局通知他做好次日上午体检的准备。正当他为此欣喜不已时，当晚湖南省气象局又打来电话通知孔某某，称其综合分数不合格，不能体检。3月3日，孔父了解到儿子孔某某的面试成绩为62.3分。为此，孔某某将省气象局告上法庭，请求法院判令确认被告对原告的录用程序违法。

在庭审中，湖南省气象局的答辩理由为：其一，公务员录用程序属于抽象行政行为，因其产生的纠纷不属于行政诉讼法的调整范围。其二，因孔某某所申报

---

① 参见"不服公务员资格被取消 孕妇状告商务部被驳回"，见中国法院网案件库，http://old.chinacourt.org/public/detail.php?id=159252，2014年10月9日访问。

② 参见"应届毕业生告赢省气象局 录用程序被判违法"，见新华网，http://news.xinhuanet.com/employment/2006-04/13/content_4418408.htm，2014年10月9日访问。

的湘西州气象业务管理员岗位只有一人合格，按《中央、国家机关 2006 年考试录用公务员和机关工作人员工作实施方案》的相关规定，当面试人数与拟录用人数达不到 3～5 倍的比例时，用人单位可以不对其面试。但它们考虑到湘西州地处湖南较偏远地方，平素很少有人自愿报考，也为了不让优秀考生因只有一人上线而失去录用机会，经请示上级主管部门，它们结合衡阳市气象局同类岗位有 3 人上线的情况，作出让孔某某参加体检的决定。这一是考虑可以进行部门内调剂，与其他 3 人有可比较性，二是为了给原告一个机会。

庭审中，湖南省气象局承认，它们是安排统一面试，对录取的岗位没有确定面试人数，也没有告知孔某某面试时将在部门内调剂。它们最后之所以通知孔某某不去体检，是因为孔某某在最终的面试中，笔试和面试的综合成绩为 56.2 分，是所有参加面试的考生中成绩最差的，特别是“语言表达”和“计划、组织与协调”两项，孔某某得到面试成绩中的最低分，这与其应聘的业务管理岗位的要求相差甚远。

然而，孔某某家人对这一说法提出了质疑。孔父说，儿子达到了国家规定的成绩标准，就证明是合格的，而且庭审质证时对方对此没有异议。所谓“是所有参加面试的考生中成绩最差的”一说，是气象局拿孔某某与报考省局类或者其他地市的人比较。由于要求条件不同，因此，并不是客观的评价。

孔父认为，湖南省气象局之所以放弃孔某某的原因是，孔某某是唇裂，形象上与其他考生存在差异，但这一问题并非国家规定禁止录用的要件。而且，为解决这一问题，孔某某做了手术，38 天里一直在治疗，“语言表达”已经不错了。

4 月 12 日下午，记者获悉，此案经过审理后，长沙市雨花区人民法院送达了判决书。该法院认为，根据中央组织部、国家人事部《中央、国家机关 2006 年考试录用公务员和机关工作人员工作实施方案》，当面试人数与拟录用人数达不到规定比例（3～5 倍）时，考录机关可以进行跨部门调剂或部门内调剂。调剂原则上在同类考试笔试合格人员中进行，由此可认定考录机关在面试前就应当将各报考职位的面试人选按规定比例确定到位。但湖南省气象局未按上述原则确定面试人选，就通知孔某某参加面试。即使省气象局有意向在所有报考业务管理员类职位的笔试合格考生中统一进行面试，然后再择优录取，根据程序公正原则，也应当告知行政相对人，但省气象局没有履行告知义务，故判决省气象局对孔某某实施的考录公务员的行政行为程序违法。被告败诉。

【案例分析】

以上两个案例均与公务员公职关系的产生和消灭有关，即与公职法律关系的产生和消灭有关。依照我国公务员法的规定，公务员的录用需要经过考试，需要符合法律规定的程序和要求，才能产生公务员公职法律关系。同时，公务员的辞退也需要经过符合法律规定的程序，依照法律规定的条件和要求进行。

第一个案件中，唐女士在被录用为国家公务员之后，因为自己怀孕而被所在机关辞退，即在唐女士公职法律关系产生不久，即因所在机关的辞退行为将其公职法律关系予以消灭。《公务员法》第 83 条规定：公务员有下列情形之一的，予以辞退：在年度考核中，连续两年被确定为不称职的；不胜任现职工作，又不接受其他安排的；因所在机关调整、撤销、合并或者缩减编制员额需要调整工作，本人拒绝合理安排的；不履行公务员义务，不遵守公务员纪律，经教育仍无转变，不适合继续在机关工作，又不宜给予开除处分的；旷工或者因公外出、请假期满无正当理由逾期不归连续超过 15 天，或者一年内累计超过 30 天的。在该条所列的可予以辞退的法定理由中，均与工作和与工作有关的工作能力和工作态度相关。同时，《公务员法》第 84 条规定：对有下列情形之一的公务员，不得辞退：因公致残，被确认丧失或者部分丧失工作能力的；患病或者负伤，在规定的医疗期内的；女性公务员在孕期、产假、哺乳期内的；法律、行政法规规定的其他不得辞退的情形。可以明确看到，我国公务员法对孕期妇女是禁止辞退的。但对于处于试用期期间的公务员的处理，《公务员法》第 32 条规定：新录用的公务员试用期为 1 年。试用期满合格的，予以任职；不合格的，取消录用。该条是针对处于一年试用期之内的公务员的处理办法，合格的话可以予以任职，不合格的话取消录用，但对于试用期如果是怀孕的妇女如何处理，这涉及第 32 条和第 84 条之间的优先适用问题。如果任何情况下都不得将怀孕妇女予以辞退，则将适用第 84 条，即对孕期的妇女不得予以辞退；如果对试用期内的公务员不考虑任何例外，则将适用第 32 条，即适用期间不合格的取消录用。所以，对于本案的处理，还应具体分析《公务员法》第 84 条和第 32 条的适用问题。

第二个案件是发生在公务员考试录用过程中的案件。原告认为，在公务员考试过程中被告录用程序违法，没能公平对待自己参加的公务员考试。被告认为自己作出的与原告利益相关的决定是抽象行政行为，不属于人民法院管辖。在经过人民法院审理之后，最终人民法院判决被告因没有履行告知义务，即因被告在录用公务员过程中程序违法而败诉。但人民法院在行政诉讼中所做的判决只能围绕具体行政行为是否合法来进行审查，并不能对行政处罚显失公正之外的行政行为进行直接的变更，因此人民法院虽然作出了被告败诉的判决，但也不能在相对人和行政组织之间直接产生行政公职法律关系。

在这两个案件中还有一点需要注意的是，第一个案件人民法院不予受理，第二个案件人民法院不仅受理了，而且作出判决。其原因主要在于第一个案件发生在已经被录用的公务员和其所在行政机关之间；第二个案件发生在尚未被机关录用的相对人和行政机关之间。依照我国行政诉讼法的规定，发生在相对人与行政机关之间的行政法律关系是属于人民法院受案范围的，但发生在公务员和所在行政机关之间的内部法律关系不属于人民法院受案范围。因此，对于第一个案件中原告的起诉，人民法院认为不属于其受案范围，对于第二个案件，人民法院认为属于行政诉讼受案范围。由此可以看出，我国现有法律规定对公职法律关系的监督救济以及保护还没有达到应有的程度，相较对行政相对人权利的保护来说还有一定差距。

【法律背景】

《公务员法》第十一条、第二十一条、第二十二条、第二十三条、第二十四条、第二十五条、第二十六条、第二十七条、第二十八条、第二十九条、第三十条、第三十一条、第三十二条、第八十条、第八十一条、第八十二条、第八十三条、第八十四条、第八十五条、第八十六条。

【知识点介绍】

公务员公职关系是指公务员因自身的公务员职务身份而与国家和国家机关之间所形成的特殊权利义务法律关系。从法学角度分析公务员公职法律关系，主要从公务员公职法律关系的产生、变更和消灭等几个方面进行。

公务员的公职关系产生带来公务员公职身份变化，使公务员本人从一个普通的公民变成一个具有特定公职身份的人，同时在公务员和国家以及国家机关之间产生具有法定内容的权利义务关系，例如遵纪守法的义务、认真履行职责的义务，以及获得工资报酬的权利、享受相应福利的权利以及接受培训的权利等。公职法律关系产生的主要途径有考任、选任、聘任、委任四种形式。依照我国公务员法的规定，对录用担任主任科员以下及其他相当职务层次的非领导职务公务员，采取公开考试、严格考察、平等竞争、择优录取的办法。同时规定公务员录用考试采取笔试和面试的方式进行，考试内容根据公务员应当具备的基本能力和不同职位类别分别设置。国家机关通过对录用公务员成绩和其他必须内容的考核最终确定录用名单并予以公示。

公职法律关系的变更即公务员和所在行政机关组织的变化，以及具体权利义务内容的变化。对行政机关和公务员的权利义务的要求可能因法律事实和法律行为的变化而带来一定的变化，例如公务员公职法律关系的变更因公务员的职务升降和公务员交流所导致的对特定公务员的权利义务要求发生变化。公务员职务交流包括调任、转任和挂职锻炼等几个方面。

公务员公职法律关系的消灭是指因法律事实或者法律行为导致在公务员与国家以及国家机关之间所产生的法律关系不再存在，例如因公务员自身的死亡或者辞职所导致的公务员公职法律关系的消灭，或者因国家机关对公务员的辞退所导致的公务员公职法律关系的消灭，此外还包括退休、取消录用资格以及罢免或者开除公职等形式所带来的公务员公职法律关系的消灭。

公职法律关系的产生、变更和消灭所带来的权利和义务及其变化是公职法律关系的主要内容。公务员公职法律关系是我们分析和处理公务员法律事务，处理和解决公务员法律纠纷的重要内容。因此，对公务员公职法律关系应进行全面的掌握才能真正全面了解和掌握公务员法律关系相关内容。

第四节　其他行政公务人员的法律地位和权利义务

【案例介绍】

称协管员“贴条儿”违法 市民告交通队败诉①

北京市民王先生驾车外出办事，随手将车辆停在路旁。办完事回来后，他发现自己的小客车被贴上了《违法停车处理告知单》。王先生按照告知单的要求前往西单交通队，执法民警查看了协管员提供的违法停车证据照片后对王先生作出了处罚决定。王先生虽然接受了处理，但并不服气，将交通队告上法院，其理由是，交通队委托交通协管员“贴条儿”并拍照取证是违法的。

法院经审理查明，2006年1月11日上午9时左右，王先生的车辆未按要求停放在停车泊位中，车的前轮轧在人行横道上。一个多小时后，西单交通队所属的协管员进行巡逻时发现王先生的车辆停车违规，于是填写了一张《违法停车处理告知单》粘贴在车前挡风玻璃上，告知王先生在3日内前往西单交通队接受处理。协管员还在违规现场进行拍照取证。

法院认为，《北京市实施〈中华人民共和国道路交通安全法〉办法》第78条第4款规定：“市和区、县人民政府组建的道路交通安全协管员队伍，协助交通警察维护道路交通秩序，劝阻、告知道路交通安全违法行为。”根据该规定，市和区、县人民政府可以组建协管员队伍，协助维护交通秩序。此案中，交通队根据交通协管员所拍摄的违法停车照片，并听取王先生的陈述和申辩后作出了处罚决定，处罚行为并无不当。据此法院驳回了王先生的诉讼请求。

【案例分析】

该案件的核心问题是交通队交通协管员的“贴条儿”并拍照行为是否合法，即交通协管员的行为是否属于合法的具体行政行为。

对于该行为是否属于合法的具体行政行为，原告北京市民王先生认为协管员的主体身份不合法，因而协管员的贴条和拍照行为是不符合法律规定的。其根本理由是认为行使国家行政管理职能只能由国家公务员进行，而其他任何组织或者个人都无权实施行政管理行为。但此种理解是不符合我国公务人员相关法律规定的。在我国行政法律规定中，行使国家行政权力，完成行政管理活动的既包括国家公务人员，也包括其他获得授权来行使行政公职权力的社会组织，同时依法获得有权行政主体的委托的组织和个人也可以作出一定的

---

① 参见“称协管员‘贴条儿’违法 市民告交通队败诉”，见中国法院网案件库，http://www.chinacourt.org/article/detail/2007/05/id/248318.shtml，2014年10月9日访问。

行政行为。

法院经审理查明，王先生的车辆违章停放是客观事实，同时依照《北京市实施〈中华人民共和国道路交通安全法〉办法》的规定，交通协管员队伍是人民政府组建并协助交通警察维护道路交通秩序，行使部分劝阻和告知等交通行政管理职权的合法主体，因而交通协管员的“贴条儿”行为是合法的。并且交通队又是在听取了王先生的陈述和申辩之后才作出了行政处罚决定，其处理程序也符合法律规定，并无不当。

《行政处罚法》第17条规定：“法律、法规授权的具有管理公共事务职能的组织可以在法定授权范围内实施行政处罚。”而在我国社会转型期和行政改革过程中，特别是在公众参与行政管理已成为世界潮流的当下，具有管理公共事务职能的组织呈现出多元化、多样化的局面，本案中“市和区、县人民政府组建的道路交通安全协管员队伍”，完全可以视为一类具有管理公共事务职能的组织，如果地方性法规授权给它在法定授权范围内实施行政处罚，是具有合法性、正当性、可行性的。而根据我国宪法、地方组织法和立法法的规定，地方性法规在经济与社会管理事务方面，恰恰具有诸多的法律规则制定权。上述北京市地方性法规已明确规定，政府组建的道路交通安全协管员队伍有权“协助交通警察维护道路交通秩序，劝阻、告知道路交通安全违法行为”；因此，即便将交通协管员（他是道路交通安全协管员队伍中的一员）视为交通警察的“行政伙伴”，将这种“协助”、“劝阻”、“告知”理解为经过授权的行政处罚行为过程中的一个要素、环节，也是完全可以的；而根据“举重以明轻”的法理，如果将这种“协助”、“劝阻”、“告知”理解为公民作为“行政助手”参与行政管理的一种权利或义务，最终作出具有强制性法律效力的行政决定者仍是该行政机关，那就更不成问题，这是行政民主化潮流中日益增多的直接民主形态之一。[①]

行使国家行政管理职权的主体包括国家公务员和具有合法主体资格的非国家公务员身份的组织，即获得国家法律法规授权的其他能够行使公职权力的组织。因此，行政公职行为可以由具有法律职权的行政主体作出，也可以由经过法律授权的组织作出，当然，实施具体行政行为的具体人员包括公务员，授权组织中的具有合法身份的人员和获得有权行政主体委托行使行政权力的人三个部分。这三种人员中非国家公务员之外的人员我们可将其称为“其他行政公务人员”。

本案中由其他行政公务人员——交通协管员依照法定权限和程序要求完成的交通行政管理行为也是具有法律效力的行政行为，因而也是合法有效的。

【法律背景】

《北京市实施〈中华人民共和国道路交通安全法〉办法》第九条　本市鼓励单位和个人在公安机关交通管理部门的统一组织下，提供志愿服务，协助维护道路交通秩序。

第七十八条第四款　市和区、县人民政府组建的道路交通安全协管员队伍，协助交通警察维护道路交通秩序，劝阻、告知道路交通安全违法行为。

---

① 参见莫于川：《现代司法理念与行政管理创新——换个角度看交通协管员的“贴条”行为》，载《人民法院报》，2007-01-25。

《行政处罚法》第十七条。

【知识点介绍】

其他行政公务人员是指除了国家公务员以外的其他履行国家公职的人员，主要是指依法获得一定行政职权和依法履行一定行政职责的非公务员身份的人员。这些人员既包括获得法律法规授权具有一定行政职能的社会组织中非公务员身份的人员，也包括获得有权行政主体的合法委托而可以完成一定行政行为的非公务员身份的人员。

依照《公务员法》的规定，公务员是指依法履行公职、纳入国家行政编制、由国家财政负担工资福利的工作人员。相对于公务员依法履行公职、纳入国家行政编制、由国家财政负担工资福利的三个法定要件，其他行政公务人员既不是国家行政编制中的人员，也不是由国家财政统一负担工资福利的工作人员。其他行政公务人员只是能够依法获得并执行一定范围的行政管理职权，依法履行获得的部分范围行政公职的人员。

《公务员法》对公务员身份的获得条件具有明确的法律规定，例如，年龄要求年满18周岁，要求具有中华人民共和国国籍，要求拥护中华人民共和国宪法，要求具有良好的品行，要求具有正常履行职责的身体条件、文化程度和工作能力等。由于其他行政公务人员也是要依法履行一定的行政职能，完成一定的行政管理行为，因而虽然国家现有法律没有直接的规定，但对其他行政公务人员只有具备以上这些基本条件，才能更好地完成所要履行的行政公职内容。

由于身份与国家公务人员之间的本质差别，其他行政公务人员的权利和义务和国家公务人员的权利和义务还是具有一定差异的。公务员法对公务员的权利义务进行了严格的设定，其主要目的即是考虑到公务员履行职能的要求。虽然其他国家公务人员也要履行一定的行政职能，但其他公务人员履行职能是在特定的范围之内进行，同时，其他公务人员履行行政职能还有其他公务员的指导和领导，相对于公务员履行公共职能，其他行政公务人员履行国家公职的独立性大大减弱。因此，对于其他行政公务人员的权利义务的要求没有像国家公务员那样严格和明确。但伴随着我国行政法治建设水平的不断提高，对其他行政公务人员的权利义务的要求也会越加明确，从制度上会更加规范。

阅读资料

1. 杨景宇，李飞主编．中华人民共和国公务员法释义．北京：法律出版社，2005

2. 张旭霞．公务员制度．北京：对外经贸大学出版社，2006

3. 李春燕．公务员法教程．北京：中国法制出版社，2005

4. 本书编辑组．公务员工资、福利、保险．北京：中国法制出版社，2005

5. 姜明安主编．行政法与行政诉讼法．北京，北京大学出版社，高等教育出版社，2002

探讨性案例

四川审计局干部严某某系高县审计局干部。2004年8月5日上午，严某某找到单位局长李某某，要求李某某解决外勤津补贴的发放等问题，后两人发生争执，李某某遂向高县公安局110报警。高县公安局110接警后，在民警肖某与协警员严某来到高县审计局会议室了解情况的过程中，严某某当众打了局长李某某一耳光。当日，李某某到高县人民医院住院治疗3天，诊断为右眼球挫伤和右视网膜震荡伤，共用去医药费786.06元。高县公安局在对该行政违法案件立案后，于2004年8月5日向严某某履行了告知程序，并作出给予严某某行政拘留15日的处罚决定。严某某不服公安局行政拘留15日的处罚决定而起诉。四川省宜宾县人民法院对该案进行异地公开审理后认为，高县公安局认定的事实清楚，证据确实充分，程序合法，适用法律正确，人民法院依法作出判决维持高县公安局的行政处罚的决定，驳回严某某要求高县公安局公开赔礼道歉、恢复名誉的诉讼请求。①

问题：分析该案中的法律关系。

复习题

1. 如何理解行政人员的概念和范围，如何理解行政人员法的概念？
2. 如何理解公务员的概念和种类？
3. 公务员的权利和义务有哪些？
4. 如何理解其他行政公务人员的概念？
5. 其他行政公务人员的权利和义务应该有哪些？

---

① 参见《审计局干部一耳光打伤局长》，见中国法院网，http：//www.chinacourt.org/artcle/detail/2005/06/id/165784.shtml。

第五章

行政相对人

本章提要

行政相对人是因为一定的行政法律事实和行政行为而与行政主体之间产生行政法律关系的公民、法人或者其他组织。行政相对人是行政行为的指向对象和利害关系人。依照不同的法律标准可以对行政相对人作不同的分类，例如具体行政行为相对人和抽象行政行为相对人；公民类行政相对人和组织类行政相对人；不同行政行为种类所及的各种类行政行为相对人，例如行政处罚相对人、行政许可相对人等；人身性行政相对人和财产类行政相对人。

行政相对人是具有一定权利义务的行政法律关系主体之一，具有一定的法律地位，是行政法律制度保护对象之一。行政相对人的权利包括行政知情权、参与权、申辩权、抵抗权、监督权、复议权、诉讼权、要求赔偿权等。行政相对人的义务包括提供真实全面材料的义务，积极配合行政主体行政处理行为等义务。

行政相对人是具有独立法律地位的行政处理法律关系主体之一，同时也是相对于行政主体的弱势行政法律关系主体。行政相对人需要法律制度和行政主体给予更多的保护和尊重。伴随着行政法治建设程度的提高，相对人的法律地位应通过法律权利义务的完善设定和执行得到越来越高的体现。

第一节　行政相对人的概念与分类

【案例介绍】

河北两律师起诉广电总局要求禁映《色·戒》[①]

2008年1月28日下午，河北冀华律师事务所律师张力、陈肖言二人作为原

① 参见“河北两律师起诉广电总局要求禁映《色·戒》”，见中国法院网案件库，http://old.chinacourt.org/html/article/200801/31/285631.shtml，2014年10月9日访问。

告，向北京市第一中级人民法院递交行政起诉状，请求法院判令国家广播电影电视总局撤销影片《色·戒》的电影片公映许可证，并在全国范围内停止发行、放映该影片。二人表示，如果中级法院不予立案，他们将向北京市高级人民法院申诉或者起诉。二原告认为："在观看影片《色·戒》后，不仅未能获得任何精神享受，反因该片遭受了巨大的精神痛苦，民族自豪感、民族自尊感遭受严重挫伤！"二原告对影片《色·戒》宣扬的内容十分气愤。张力、陈肖言律师提起诉讼的四条理由是：

其一，恶意改编抗日故事。二人认为，电影《色·戒》系改编自张爱玲的同名小说。该小说取材于抗战时期的真实故事。历史上的郑苹如本来是事败后英勇就义的，丁默村也被当时的国民政府枪决。但电影《色·戒》却将以郑苹如为原型的王佳芝描写成深陷肉欲，继而生情爱上易先生。在易先生为其送上一颗钻戒后，随即叛变，放走易先生，而易先生却又派出军警逮捕了王佳芝及五名抗日青年。被枪决前，五人被吓得恐慌绝望，但王佳芝毫无悔意，易先生也在怀恋王佳芝。

其二，贬损侮辱抗战志士。电影《色·戒》用多种手法丑化抗日志士。数次描写王佳芝练习性交、接受性虐、享受性爱；王佳芝在数次性交并接受一颗钻戒后即成为一个为钱、为性而不顾民族大义的人。爱国青年团体中的男子们则个个懦弱无能，使不得刀、见不得血，且事事办不成，最后还被抓获枪毙。在被枪决前，除王佳芝面无表情表示不悔与易先生的"爱情"外，其余五人都不是从容就义，而是个个被反绑跪地，猥琐不堪。

其三，美化汪伪汉奸头子。易先生的原型本是汪伪政府特务头子丁默村，丁默村双手沾满了抗日志士的鲜血，抗日战争结束后被枪决。但电影《色·戒》却把易先生刻画成外表风度翩翩、性格刚毅果敢、大难不死的英雄，即便是杀了王佳芝仍爱着王佳芝而流下温情的眼泪，以褒扬其充满"人性"。

其四，出品人使用"易先生"为字号的电影制作公司，向正义力量示威。电影《色·戒》中的易先生原型丁默村是汪伪政府的特务头子，杀人无数，罪恶累累，而该电影的"出品人"竟然故意打出以"易先生"为字号的"易先生电影制作公司"，宣扬汉奸形象，挑衅民族感情，向正义力量示威。

二位律师认为，抗日战争是中华民族神圣的救亡战争，所有为抗日战争而牺牲的英烈、参与抗日战争的志士的形象和名誉理应得到维护和尊重。而电影《色·戒》恶搞抗日故事，亵渎抗日英烈，宣扬汉奸形象，损害了国家荣誉，践踏了民族尊严，危害了社会公德，颠倒了真、善、美与假、恶、丑的价值取向，混淆了正义与非正义的基本性质，严重违反了《宪法》第24条的原则规定，也违反了国务院《电影管理条例》第25条、国家广播电影电视总局《电影剧本（梗概）备案、电影片管理规定》第13条、第14条以及国家工商行政管理局《企业名称登记管理规定》第9条的规定。二律师认为，国家广电总局作为电影片审查主管机构，未能尽到法定职责，为影片《色·戒》颁发电影片公映许可证，使这一影片在全国公映，其行为显属违法，依照《行政许可法》第69条之规定，应予撤销。

张力、陈肖言强调："我们并不认为自己提起的是一起公益诉讼，我们只是作为行政行为的利害关系人来起诉的。而根据行政许可法第六十九条：作出行政许可决定的行政机关或者其上级行政机关，根据利害关系人的请求或者依据职权，可以撤销行政许可。"

【案例分析】

本案中涉及的基本问题是张力、陈肖言律师是否是国家总局对《色·戒》发行行政许可行为的相对人？行政相对人是行政主体行政行为的指向对象，包括直接行政相对人和间接行政相对人，即行政行为直接影响其权益的公民、法人和其他组织和受到行政行为间接影响的其他公民、法人或者其他组织。国家广电总局对《色·戒》的发行行政许可直接指向对象是《色·戒》影片的发行方，张力、陈肖言作为影片的观看者是间接受到发行行政许可影响的公民，可以将其认定为间接相对人或者受到行政行为影响的利害关系人。

从我国行政相对人的起诉资格来看，《行政诉讼法》给予相对人很宽泛的起诉资格，只要相对人认为行政行为侵犯合法权益即可以向人民法院提起诉讼。本案中张力、陈肖言律师认为国家广播电视总局的行政许可审批行为影响了他们的权益，自然拥有诉权。

从人民法院行政案件的立案要求看，起诉的原告应是行政行为的相对人或者是利害关系人。国家广电总局的行政许可审批行为的直接指向对象是电影《色·戒》的发行方，但作为观看电影的张力和陈肖言律师是间接受到广电总局行政许可审批影响的相对人，因此也符合行政相对人的身份。

张力、陈肖言作为起诉的原告认为观看影片《色·戒》后，不仅未能获得任何精神享受，反因该片遭受了巨大的精神痛苦，民族自豪感、民族自尊感遭受严重挫伤！因此二人所要维护的自身合法权益实际属于精神上的权益。我国行政诉讼的受案范围是通过行政诉讼法概括式和列举式规定的方式来确定的。在现有的行政诉讼法律规定中，对于相对人认为自身精神受到不良影响能否直接纳入行政诉讼受案范围，还需要通过司法实践和相关立法的确定，因此本章只是探讨相对人的诉权和身份，对本案件是否属于受案范围以及审理过程和结果不作评述。

【法律背景】

《宪法》第二十四条；《行政诉讼法》（2014年）第二条、第二十五条、第四十九条；《行政诉讼法若干解释》（2000年）第十二条、第十三条；《电影管理条例》（2001年）第二十五条；《电影剧本（梗概）备案、电影片管理规定》第十三条、第十四条；《行政许可法》第六十九条；《企业名称登记管理规定》第九条。

【知识点介绍】

行政相对人是行政管理法律关系中的法律关系主体之一，是基于一定的法律事实和法律行为而进入法律关系之中的公民、法人或者其他组织。行政相对人与行政主体之间通过一定的法律事实和法律行为来发生法律关系，作为引起法律事实发生的法律行为，既可以是行政主体作出的行政行为，也可以是行政相对人作出的某种行为。

行政许可行为的直接相对人是被许可的对象，但同时行政许可的社会目的性使得行政许可行为必然同社会广大主体产生更多的的联系，产生更多的影响。作为受到行政许可行为影响的利害关系人，同行政许可行为也同样具有不可分离的现实法律关系。

以受不同行政行为影响作为分类标准，对行政相对人可以作不同的分类。

行政相对人可以分为受到具体行政行为影响的行政相对人和受到抽象行政行为影响的行政相对人。行政立法行为和行政抽象指令行为都会指向一定范围的行政相对人，影响一定范围的行政相对人的权益，这些受到影响的行政相对人即为抽象行政相对人；具体行政行为是行政主体针对特定的对象作出的具有一定法律效力的行政行为，作为受到具体行政行为影响的特定相对人即是具体行政行为的相对人。

以行政相对人的自身形态作为分类标准，相对人可以分为公民类行政相对人和组织类行政相对人。作为行政行为的主体指向对象，既可以是社会上的法人或非法人组织，也可以是公民类的行政相对人。作为公民类的行政相对人，其数量远远大于行政主体，同时其权利和义务的具体内容也不同于组织类的行政相对人。

以行政行为对相对人的具体影响内容作为分类标准，行政相对人可以分为受益性行政相对人和损益性行政相对人。行政相对人因为行政行为而增加了自身的权益，即为受益性行政相对人，行政相对人因为行政行为而使得自身的权益受到减损的，即为损益性行政相对人。

以行政行为的具体种类作为分类标准，相对人可以分为行政立法相对人、行政命令相对人、行政规划相对人、行政许可相对人、行政奖励相对人、行政处罚相对人等。不同的行政行为针对不同的相对人，按照不同的行政行为来对行政相对人进行划分，即可以将行政相对人分为不同行为指向对象的行政相对人。

按照相对人具体受影响的权益，相对人可以分为人身性行政相对人、财产性行政相对人、行为性行政相对人。行政相对人与行政主体之间法律关系的内容是以权利义务的具体内容为核心的。作为行政主体作出的具体行政行为，指向行政相对人的权益主要是人身性权益和财产性权益，因此以行政相对人这些受到影响的具体权益为分类标准，行政相对人可以分为人身性相对人和财产性相对人。人身性相对人和财产性相对人在维护自身合法权益的要求和法律保护的力度上均有一定的差异，对人身性权益的保护应更强于财产性权益的维护。行政法治发展的不同阶段对人身性相对人和财产性相对人的保护力度也是不同的，在不同的发展阶段有不同的侧重。

第二节　行政相对人的法律地位、权利、义务

案例一[①]**：**

【案例介绍】

尤某在某区有一套楼房，2004 年 7 月 20 日，其儿媳王某以向尤某购买了上述房屋为由，向市建委提出房屋产权变更登记申请，并提交了房屋所有权证原件、房屋买卖协议书、尤某、王某的身份证原件等材料。市建委对上述材料进行审查后，于同日进行了房屋权属变更登记，并为王某办理了房屋所有权证。

尤某得知该房屋产权转移后，起诉到一审法院，要求撤销市建委为王某核发的房屋所有权证。一审期间，经尤某申请，法院委托司法鉴定机构对王某向市建委申请办理涉案房屋权属转移登记时提交的房屋产权交易登记表、房屋买卖协议书、已购公有住房上市出售申请确认表中尤某的签名进行司法鉴定，结论为“三份检材上‘尤某’签名不是其本人所写”。一审法院经审理判决后市建委不服，以已审查了尤某、王某提交的协议书、身份证、房屋所有权证等材料，已经尽到形式审查义务；经办机关不是鉴定机关，对于房屋买卖协议的审查也只限于形式要件的审查，而不探究买卖主体双方主观上的真实性；当事人蓄意欺诈，应视为其申报不实为由上诉到二中院。

二审法院经审理认为，王某向市建委申请房屋权属转移登记时，提交的申请材料形式上符合《中华人民共和国城市房地产管理法》（以下简称《城市房地产管理法》）及《城市房屋权属登记管理办法》规定，市建委对上述申请材料进行审查时尽到了形式审查义务。根据查明的案件事实，王某办理被诉房产权属转移登记时，提交的部分申请材料确为虚假材料，其所提房屋权属转移登记申请应属申报不实的情形。因此，市建委依据王某的不实申请，为其办理的房屋权属转移登记依法不能成立。据此，北京市第二中级人民法院终审认定市建委尽到必要形式审查义务，但其为王某办理的房屋权属转移登记并向王某核发房屋所有权证的行政行为无效。

【案例分析】

本案中涉及一审原告尤某，被告市建委，第三人尤某儿媳王某三方行政诉讼法律关系的参与主体。案件的核心是被告市建委的房屋权属转移登记的行政行为。被告市建委在接

---

① 参见“儿媳报不实材料转移房产 公公告建委登记无效胜诉”，见中国法院网案件库，http://www.chinacourt.org/article/detail/2007/09/id/267875.shtml，2014 年 10 月 9 日访问。

受第三人王某申请之后，与王某形成了行政变更登记法律关系。在房屋权属变更登记法律关系中，市建委是行政主体，王某是行政相对人，尤某是合法权益受到影响的第三方。作为提交材料申请要求变更房屋权属的相对人王某，具有向行政主体提交真实合法的相关材料的义务，但王某所提交材料在一审中经鉴定并不真实，材料上尤某的签字不是其所写。王某是通过提交虚假材料获得了市建委的变更权属登记。合法有效行政行为应是依据法律和客观事实所作出的，但市建委按照王某提交的虚假的材料作出的变更权属登记行为缺乏成立的基础和前提，因此该权属变更登记行为被二审人民法院认定为无效。

【法律背景】

《城市房地产管理法》第三十六条、第四十条；《城市房屋权属登记管理办法》第三条、第四条、第十七条。

【知识点介绍】

行政相对人是有特殊法律地位和法律权利义务的行政法律关系主体。行政相对人是相对行政主体而言的，行政相对人在特定的行政法律关系中，虽然没有行政主体的强大的国家权力，但也有国家法律法规赋予的自我保护和监督行政主体的各种权利。

行政相对人的法律地位从本质上讲是与行政主体平等的，因为从深层理论上分析，国家的权力来源于民众。虽然行政主体在行政法律关系中发挥着主要的引导作用，但行政相对人也具有重要的影响地位。在行政法律关系的演化中，行政相对人的身份和形态以及行政相对人的行为，均能引起行政法律关系的产生、变更和消灭。这足以看出行政相对人在行政法律关系中的影响力。

行政相对人的权利和义务不同于行政法律关系中行政主体的权利义务，其目的和宗旨均为相对人自身权益的实现，即私益的实现，而行政主体的权利和义务均是行政职权和职责的要求，即公益的实现。行政主体权利在深层理论理解上，也是来源于相对人的权利赋予，因此在行政法律关系中更不能忽视相对人的权利义务和法律地位。

案例二[①]：

【案例介绍】

河南省登封市11户居民认为规划管理局不履行法定监管职责，对他人违法开发建设的6层商业楼房没有作出相应处理，影响了自己的通风权、采光权等权益，11户居民以登封市规划局为被告提起行政诉讼。2007年7月10日，河南省登封市人民法院正式受理此案。

原告诉称，自1998年以来，11户居民就一直居住在登封市嵩山南路南段东侧外贸局家属楼。但没有想到，2005年11月，第三人登封市宏发农机有限公司在无

① 参见“登封11户居民状告规划局行政不作为索赔百万”，见中国法院网案件库，http：//www.chinacourt.org/article/detail/2007/07/id/256747.shtml，2014年10月9日访问。

任何合法建筑手续的情况下，在距离原告楼房约 6 米处，新建了一幢高达 23.5 米的商业楼。此举不仅严重影响了原告方的通行、通风和采光，而且使原告方深受第三人新建楼房排放废气的侵害。为此，在第三人开挖地基时，原告就多次上访，并要求被告处理，制止第三人的违法行为，但被告不履行其法定职责，致使第三人的违法楼房建成并投入运营。

综上，原告认为，第三人登封市宏发农机有限公司在没有任何手续的情况下，违法建房，而被告作为城市规划建设的主管部门，不履行监管职责，不保护公民的合法权益，造成原告权益受损，故应对其行政不作为承担责任，并应赔偿由此给原告造成的经济损失 100 万元。

【案例分析】

相对人对行政主体作出行政行为或者不作出行政行为具有监督权。无论是行政作为行为还是行政不作为，相对人如果认为该种行为违反了行政主体的职责或者侵犯了自身的合法权益，均可以通过各种途径进行监督。

本案中的 11 户河南登封市居民作为行政主体城市规划管理部门不依法履行规划监管职责的受害者，对规划局的不作为具有监督权。城市规划部门对城市建设行为的控制既要从城市发展的角度考虑，也要从相对人合法权益的维护角度来考虑。本案中农机公司在没有任何合法建筑手续的情况下，即开始建设其家属楼，而且距离原告楼房十分近，已经影响了原告 11 户居民的采光，通风等合法权益。在 11 户居民向规划部门反映情况之后，规划部门没有采取任何有效措施，对相对人的合法权益进一步造成巨大影响。

这种监督权的实现，可以通过提出意见、反映情况等方式实现，也可以通过行政复议、行政诉讼的救济途径来实现。本案中 11 户居民首先向规划部门提出了要求针对农机公司的违章建筑行为进行制止，但规划部门没有采取任何有效措施，继而 11 户居民提起行政诉讼。

【法律背景】

《行政许可法》第六十五条、第八十一条；《行政诉讼法》(2014 年）第十二条。

【知识点介绍】

行政法律关系中的相对人不是完全被动接受行政命令的行政相对人，而是具有一定积极能动性的行政相对人，是在履行相应义务的同时可以行使自身权利的行政法律关系主体之一。

行政相对人的权利具体包括知情权、参与权、申辩权、抵抗权、监督权、申请复议权、要求赔偿权、提起诉讼权等；行政相对人的义务具体包括提供真实全面材料的义务、依法配合行政主体行为的义务、合理合法行使申辩权、抵抗权、监督权的义务以及依法提起复议赔偿和诉讼的义务等。

行政相对人的知情权是行政主体行政公开的目的之一，相对人的知情权既是对相对人的地位的尊重，更是相对人的参与权等其他权利得以实现的前提。相对人的参与权是相对人行政法律关系中权利本源地位的表层体现，也是相对人监督权等其他权利实现的前提。相对人的申辩权是相对人针对行政主体的行政处理行为，从自身角度提出意见和看法以及要求的权利，是相对人自我权益保护的一种体现，也是促进行政行为公正有效作出的一种保障权利。相对人的监督权具有一定的广泛性，既包括对行政主体具体行政的监督，也包括对行政主体相关行为的监督，同时，相对人监督权既包括提出批评、建议等行政性监督权，也有复议、诉讼、赔偿等法治性监督权。

行政相对人提供真实全面材料的义务更多地体现在对相对人有提交材料义务的行政法律关系中，提供真实材料的义务是行政行为合法有效作出的前提保证，也是维护行政法治公平正义的基本要求。相对人提供材料既要符合客观事实，也要全面无所隐匿，这是保证行政行为合法合理的基础。相对人依法配合行政主体的义务，既体现行政法治和谐发展的要求，也是对相对人行为从私益维护和公益实现角度的基本要求，相对人不能为了维护自身的权益而任意而为，进而影响了行政行为的作出。同时，相对人积极配合的义务也是相对人对行政主体信赖的一种表现，因此让相对人充分作出相应的配合行为，行政主体也应努力提高自身的公信力。相对人合理合法行使申辩权、抵抗权、监督权，是要求相对人能够领会和理解行政法治的基本要求，能够正确认识行政主体的相应行为和自身权益维护之间的关系，保证自身的自我权益维护的行为不逾越法律的界限。依法提起赔偿和诉讼的义务，其侧重点是依法提起。行政相对人在提起赔偿和诉讼要求的时候，要符合法律法规的基本要求，要依据事实合理合法主张权利，而不能纠缠诉讼，从而造成行政管理更大的不必要负担和行政资源支出。

行政法律关系中的行政相对人具有自身独立的法律地位和权利义务，对行政主体不履行和不依法履行法定职责，从维护自身合法权益的角度出发，可以进行监督。这是行政主体依法行政的要求，也是行政相对人有效维护自身合法权益的需要。相对人的监督权从广义上包括参与权、申辩权、起诉复议权等，狭义的监督权是指行政相对人向行政主体以提出意见和建议的形式进行监督。

第三节　行政相对人与行政参与制度

【案例介绍】

被指违章 申辩遭协警员加倍罚款 海口一市民起诉交警部门①

2006 年 5 月 24 日 9 时，从事律师职业的海口市市民许某在穿越人行横道一半

① 参见“被指违章 申辩遭协警员加倍罚款 海口一市民起诉交警部门”，见中国法院网案件库，http：//www.chinacourt.org/article/detail/2006/09/id/218924.shtml，2014 年 10 月 9 日访问。

时人行绿灯转换为红灯，而她在确保安全的情况下继续通过。海口市交巡警支队交通协警员称她的行为违反了交通法规，并因为她的申辩给予加倍处罚。许某认为对其所作出的行政处罚违法，同时对协警员的执法权提出了质疑，以交警部门为被告提起了行政诉讼。

原告许某在诉状中称，2006年5月24日9时许，在海口白龙路与海府一横路的人行横道处，她当时看见交通信号灯显示为绿灯，就从人行横道上穿过马路，走到一半时人行绿灯转换为红灯。她熟知法律，知道根据规定，“红灯亮时，禁止行人进入人行横道，但是已进入人行横道的，可继续通过或在道路中心线等候”。因此她在确保自身安全的情况下继续通行。然而，此时一名协警员走过来，称她的行为违反了交通法规，要罚款10元。许某申辩了自己的通行依据，并要求该协警员出示工作证。但是，该协警员认为她在狡辩，不但不出示工作证，并以她态度不好为由将罚款加重为20元。许某当场告诉该协警员的做法违反了《行政处罚法》，她有权拒交罚款。该协警员吹哨子叫来在附近路口蹲守的其他3名协警员，将她团团围住，称不交钱就不放她离开。许某只好缴纳了20元罚款。许某说，该协警员给她出具的4张处罚决定书中，只有1张处罚书上列出的依据为“违反第89条”。许某认为该协警员的行政处罚行为存在4处违法：

(1) 行政处罚前的调查程序违法。根据《行政处罚法》规定，在作出行政处罚决定前，应由2名以上的执法人员调查事实。而该协警员对她作出的此次行政处罚，仅由1人包办调查与决定处罚工作，《当场处罚决定书》上也只有“陈明进”1人的盖章。

(2) 行政处罚前的告知程序违法。“行政机关在作出行政处罚决定前，应当告知当事人作出行政处罚决定的事实、理由及依据，并告知当事人依法享有的权利。”而协警员在作出行政处罚决定前，没有履行这一法定告知义务，且在她要求下仍拒绝履行这一告知义务，侵犯了她作为行政相对人应享有的知情权。

(3) 行政处罚决定书违法。协警员给她出具的4张《处罚决定书》上，均未列出原告的违法行为、行政处罚具体依据与地点，违反了行政处罚决定书制作规定。

(4) 因为她行使申辩权利而被加重处罚违法。《行政处罚法》明确规定，行政机关不得因当事人申辩而加重处罚。而协警员在她行使申辩权时，却给予她加倍罚款。于是，许某请求法院判决撤销该交巡警支队对她作出的行政处罚决定，并归还20元罚款；协警员就对其进行的漫骂、侮辱与暴力威胁行为向她公开赔礼道歉。

许某递交了诉状后，又向法院递交了增加诉讼请求，请求判决确认该案被告委托协警员实施行政处罚违法。据她所知，实施本案行政处罚的协警员并非被告机关的公务员，而只是被告机关聘请的临时工或合同工。国务院《关于贯彻实施〈中华人民共和国行政处罚法〉的通知》明确指出：“有的地方、部门聘用合同工、临时工从事执法工作，经费和其他保障条件又不具备，导致执法人员的整体素质下降，影响政府形象……决定停止合同工、临时工从事行政处罚工作。”

2006年8月初，龙华区法院发出《传票》，通知原、被告双方8月16日开庭审理本案。但被告方以代理人出差培训为由，申请延期审理。9月20日，龙华区法院决定再次开庭，海口市交巡警支队的诉讼代理人始终没有出场。法庭再次宣布择日开庭。主审法官宣布，根据《行政诉讼法》第48条规定：经人民法院两次合法传唤，原告无正当理由拒不到庭的，视为申请撤诉；被告无正当理由拒不到庭的，可以缺席判决。

【案例分析】

行政处罚中相对人并不是一个完全被动的被处罚者，对行政处罚决定的作出，相对人也有一定的参与权。在行政处罚中相对人接受告知的权利，以及相对人自身进行申辩的权利最充分说明了相对人的参与权。

许某在遇到交通协管员的处罚时，要求其出示工作证件以表明其身份，同时提出了自身的质疑和主张，这是作为被处罚人的基本权利，即参与权的体现。代表行政主体进行行政管理处罚的行政公务人员应主动向行政相对人表明身份，以期能够使得相对人明确自身所受到处罚来自于行政组织体系中的哪个部门，并积极配合行政主体工作人员的工作。相对人申辩权是针对行政主体工作人员的具体处理行为提出相对人自身的意见和主张。本案中作为被处罚人的许某提出了自身没有违章闯红灯的主张，是其行使申辩权的一种集中体现，是作为相对人在行政处理行为中行使参与权的体现。同时，相对人对工作人员的身份和在其未能出示有效证件的情况下提出质疑也是相对人的基本权利内容。我国行政处罚法明确规定不得因相对人的申辩而加重处罚，即是通过制度性规定以求保障相对人的参与权充分实现。

许某作为被处罚的行政相对人主张在行政处罚人员未能出具合法有效单据的情况下，自身不应缴纳行政处罚罚款，是符合行政处罚的相应法律规定的。依照我国行政处罚法的规定，行政处罚主体应出具具有法律效力的处罚单据，即出具盖有省以上财务章的处罚单据才能对相对人进行罚款处罚，否则相对人有权拒缴。相对人的拒缴权作为抵抗权，从本质上看也是相对人参与权的体现，只是这种参与权体现地更具有极端性，是相对人通过一定作为或者不作为来对抗行政主体的行政行为，实质上是相对人参与行政处理的另一种形式。

【法律背景】

《行政处罚法》第四条、第六条、第三十四条、第三十五条、第三十七条、第四十一条、第四十二条。

【知识点介绍】

了解行政相对人行政知情权、参与权、申辩权、抵抗权、监督权的具体内涵及其制度是理解和掌握行政相对人法律地位、法律身份的重要内容。行政法治的公开透明要求行政相对人在行政法律关系中具有广泛行政参与性的权利，这些行政相对人行政参与制度既是行政法治化的体现，也是相对人维护其自身权益的重要保障。

行政相对人参与行政处理可以通过不同的行政法权利的行使来实现。例如通过行政主体的告知义务的履行，了解和掌握行政主体工作人员的身份，明确行政主体进而了解自身所受到的行政处理的来源和出处，为相对人后面的自我权益维护打下基础。行政主体工作人员在对行政相对人进行行政处理过程中，相对人还有权进行自我申辩，即从自身的角度提出意见和依据，这也是行政相对人参与权的重要体现。行政相对人在自身所谓违法行为出现的过程中，处于与行政主体不同的位置，能够感受和接受行政主体所领会不到的事实和证据，因此行政相对人在行政主体工作人员作出行政处理时，提出自身的意见和主张是必要的。相对人的申辩权不仅是相对人参与权实现的一种形式需要，更是行政行为建立在全面客观事实基础上得以作出的基础。

行政相对人的参与权是行政处理行为中相对人的一种权利，对此种权利宗旨的不同理解会带来不同的相对人权益后果。如果理解这种参与权更多是对相对人自身的权益维护，那在行政处理过程中，行政工作人员就应更多地将行政相对人参与申辩行为同相对人自身的权益结合起来考虑，如果相对人参与权更多的是对行政行为的矫正，那行政主体工作人员就应更多地考虑行政行为合理合法性与相对人主张之间的关系。

行政相对人的参与权是一种程序性权利，是相对人在行政处理作出过程中的一种程序性权益。这种权利的行使可能影响行政行为的最终作出，但不能直接影响行政行为的最终作出，相对人参与权的行政行为影响力是通过行政主体工作人员调查取得的事实和听取相对人意见后，才产生行政行为影响力的。因此，从行政程序角度对行政相对人的参与权进行有效的制度保证就显得十分必要，否则就会形成相对人参与权无法产生任何行政行为影响力的不良后果。这就是我们看到的相对人不断陈诉意见进行申辩，但行政主体工作人员置之不理依然按照自身的考虑进行行政处理的不良行政行为。究其根本原因即是对相对人的参与权缺乏有效的程序制度的保障，因此我们应进行更多的程序制度设计，以保护相对人参与权的充分实现，进而维护相对人合法权益，保障行政主体行政行为合法、有效的作出。

阅读资料

1. 莫于川．行政法原理与案例教程．北京：中国人民大学出版社，2007

2. 姜明安．行政法与行政诉讼法．北京：高等教育出版社，2005

3. 方世荣．论行政相对人．北京：中国政法大学出版社，2000

4. 方世荣．行政相对人权益保护．北京：人民法院出版社，2005

探讨性案例

父子三人因房屋产权生纠纷 房管部门吃官司①

1992年，周某某出资3万元购买了石河子市区临街的一间面积为30多平方米的商铺用房。当时交清购房款后，房产公司给周某某出具了购房收据一张。时隔一个月后，周某某接到去内地大学进修的录取通知书。为了上学，周某某在没有来得及办理产权登记的情况下，在临行时把购房卡交给了他的父亲，让他在房屋内暂住。后来周某某从学校毕业，就一直留在内地工作，没有再回新疆。

2006年11月，时隔十多年后，周某某从内地回到石河子，手持当年的购房发票到当地房管部门办理房产证时，吃惊地发现，该处房屋早已办过房产证，房屋所有权人由父亲变为了弟弟周某安。气愤之中，周某某找到父亲询问，周父说："当年你决定在内地工作后，我以为你不会再回新疆了，就到房产公司把购房卡换成了我的名字。"1995年6月，周父瞒着儿子，手持房产公司给他出具的购房卡、单位出具的买房证明到当地房管部门办理了房屋产权登记，并领取了房产证。2003年10月，周父又将该房以5万元的价格转让给小儿子周某安，房管部门在对房产进行转移登记后，为周某安颁发了房产证。

知道真相后，周某某多次找到弟弟，要求其归还应属于自己的房产，周某安却认为："房屋是通过房产交易所，从房屋产权所有人——父亲的手中购买，房屋交易是合法有效的"，由此拒绝归还房屋产权。

父子三人在房屋所有权的争夺战中就此反目。"都是房管部门审查不严惹的祸！"周某某一怒之下，于2007年3月19日，将房管部门告上法庭，要求法院撤销房管部门分别于1995年给周父、2003年给周某安登记并颁发的房产证。

对此，房管部门认为，两次分别给周父和周某安登记、颁发的房产证均符合法律规定，程序合法；按照相关规定，周某某在买房后3个月内应申请办理所有权登记。但他事隔十多年才去办理，已过登记时限；1995年周某某取得房产证后，周某某并未提出异议，迄今十多年，他的主张也已过了诉讼时效。

案例参考意见：

一审法院认为：房管部门对周父提交的申请材料，为其颁发私有房屋产权证的行为，符合当时《城镇房屋所有权登记暂行办法》的规定。周父享有房屋的所有权，所以于2003年对自己所有的房产进行处分，并不违法。对于诉讼时效，法院认为，最长的诉权保护期为20年，周某某的起诉并未超过诉讼时效，其诉讼权利应当得到保护。一审法院以"诉讼理由不能成立"为由，驳回了周某某的诉讼请求。

周某某不服一审判决，又提起上诉。他认为房管部门在审核业务过程中，没有让申请

---

① 参见"父子三人因房屋产权生纠纷 房管部门吃官司"，见中国法院网案件库，http://www.chinacourt.org/article/detail/2008/02/id/288690.shtml，2014年10月9日访问。

人提交购房发票就办理登记和颁证手续，违反了房屋产权管理相关规定，不具有法律效力，应当予以撤销。房管部门在庭审中辩称："我们没有适用自治区城市房屋的规定，而是适用建设部的规定，其操作性较强。我们的颁证行为合法。"

农八师中级人民法院对案件再次审理后认为：根据自治区和兵团《城市房屋产权产籍暂行办法》细则，房管部门在第一次审查颁证时，没有审查购房发票，仅以周父提供的购房卡和其单位出具的证明就给他登记并颁发房产证的具体行政行为违法，于2003年给周某安登记并颁发的房产证由此也是无效的。遂作出了撤销房管部门1995年给周父、2003年给周某安登记并颁发的房产证。

案例参考法律依据：

《行政诉讼法》第52条　人民法院审理民族自治地方的行政案件，以该民族自治地方的自治条例和单行条例为依据。

1992年《新疆维吾尔自治区〈城市房屋产权产籍暂行办法〉细则》第12条第6项购买房地产开发公司商品房屋的单位和个人提交买房发票及房地产交易管理部门产权转移的证件。

1995年4月《新疆兵团实施〈城市房屋产权产籍暂行办法〉细则》第12条第6项购买房地产开发公司商品房屋的单位和个人，个人购买单位的公房（包括按重置购买的旧房），应提交买房发票及房地产交易管理部门产权转移的证件。

本案中，房管部门在1995年6月给周父核发房屋产权证时，自治区和兵团实施细则均已颁发，两个实施细则对房管部门的具体行政行为具有约束力。

复习题

1. 如何理解行政相对人的概念？
2. 行政相对人的分类有哪几种方式？
3. 行政相对人具有哪些权利？这些权利具有什么意义和影响？
4. 行政相对人具有哪些义务？这些义务的履行具有什么意义和影响？
5. 如何理解行政相对人参与权的内容及其重要意义？

第三编

行为与程序论

【本编导读】

第三编行为与程序论，在行为论部分，讨论广义的行政行为，涉及的内容非常多，是全书的重点和难点。本编首先系统地介绍、讨论了行政行为理论及其发展趋势；在此基础上分析了行政立法和制定其他行政规范性文件的行为，也即专门讨论了抽象行政行为；随后分析了行政处理行为，包括行政许可、行政处罚、行政强制、行政征收、行政征用、行政确认、行政裁决、行政奖励、行政给付、行政紧急行为等具体行政行为；接下来，分析了行政合同、行政指导、行政计划（规划）、行政调查、行政检查、行政裁决、行政调解、行政仲裁以及行政事实行为等行政主体实施的其他行政管理行为。行政机关实施的这些具有或者不具有国家强制力的、刚性或者柔性的行政管理行为，构成了一个多元化和多层次的行为体系。

在程序论部分，讨论现代行政程序法治的有关问题，以适应行政程序法治快速发展的客观要求。历史经验警示人们，所谓行政行为要合法，就包括了必须符合行政程序法。本编先探讨了行政程序的内涵、特征、原则、主体、设定、分类，同时介绍了我国行政程序法典化的争议问题；在此基础上，逐一讨论了行政程序的基本制度，包括程序启动、回避、调查、证据、说明理由、陈述意见、听证、简易程序、紧急程序、信息公开等行政程序制度，以及亟须尽快完善的程序责任制度。

第六章

制定行政规范的行为

本章提要

制定行政规范的行为在行政法学中也称抽象行政行为，是指行政主体针对非特定对象制定具有普遍约束力的、可以反复适用的行政法规、行政规章以及其他行政规范性文件的行为。与行政处理等具体行政行为相比，制定行政规范这种抽象行政行为具有以下基本特征：一是对象的不特定性。制定行政规范的行为以不特定的人或事为行政对象，即它针对的是某一类人或事，而非特定的人或事，所以带有一种普遍性的特征；二是可反复适用性。内容的可反复适用是制定行政规范行为的显著特征，也是区别于具体行政行为的一个显著标志。三是不可诉性。制定行政规范的行为不可诉是目前我国这类抽象行政行为的一个特点。但随着行政法治化进程的发展，这一特点会发生改变。

依据不同的标准，制定行政规范的行为有不同的分类：以所制定的规范程度与效力等级为标准，制定行政规范的行为可以划分为行政立法行为和制定其他规范性文件的行为；以权力来源不同为标准，制定行政规范的行为可以划分为依授权制定行为规则的行为和依职权制定行为规则的行为；等等。

目前，我国有关制定行政规范的行为的主要法律渊源包括《立法法》、《行政法规制定程序条例》、《规章制定程序条例》、《法规规章备案条例》等。

第一节　行政立法行为

案例一：

【案例介绍】

孙志刚，男，汉族，27岁，湖北黄州人，2001年从武汉科技学院艺术设计专业结业，2003年2月24日受聘于广州达奇服装有限公司。同年3月17日晚10时许，孙志刚因未携带任何证件上街，被执行统一清查任务的广州市天河区公安分局黄村街派出所民警带回询问，随后被错误作为“三无”人员送至天河区公安分局收容待遣所，后转送广州市收容遣送中转站。3月18日晚，孙志刚称有病被送往市卫生部门负责的收容人员救治站诊治。3月20日凌晨1时13分至30分期间，孙志刚遭同病房的8名被收治人员两度轮番殴打，于当日上午10时20分因大面积软组织损伤致创伤性休克死亡。

4月25日，《南方都市报》以《被收容者孙志刚之死》为题，披露了孙志刚惨死一个多月却无人过问的前前后后。该新闻经披露后在全国上下引起强烈反响，社会各界为之震惊，在纷纷要求查明真相、严惩凶手的同时，对收容遣送制度更表现出前所未有的关注：5月16日，许志永、俞江、滕彪3位青年法学博士，以普通中国公民名义上书全国人大常委会，要求对《城市流浪乞讨人员收容遣送办法》进行“违宪审查”。三位博士指出，根据《宪法》第37条规定，中华人民共和国公民的人身自由不受侵犯。任何公民，非经人民检察院批准或者决定或者人民法院决定，并由公安机关执行，不受逮捕。禁止非法拘禁和以其他方法剥夺或者限制公民的人身自由，禁止非法搜查公民的身体；《行政处罚法》第9条规定，限制人身自由的行政处罚，只能由法律设定；《立法法》第8条和第9条规定，对公民政治权利的剥夺、限制人身自由的强制措施和处罚，只能制定法律。因此，1982年由国务院颁布的《城市流浪乞讨人员收容遣送办法》及其实施细则中限制公民人身自由的规定，违反了宪法、行政处罚法和立法法。所以建议对《城市流浪乞讨人员收容遣送办法》进行违宪和违法审查。该建议书的主要内容如下：

“全国人民代表大会常务委员会：

《中华人民共和国立法法》① 第88条第2款规定，全国人大常委会有权撤销同宪法和法律相抵触的行政法规。第90条第2款规定，公民认为行政法规同宪法或法律相抵触的，可以向全国人大常委会书面提出进行审查的建议。我们作为中华人民共和国公民，认为国务院1982年5月12日颁布的，至今仍在适用的《城市流浪乞讨人员收容遣送办法》，与我国宪法和有关法律相抵触，特向全国人大常委会提出审查《城市流浪乞讨人员收容遣送办法》的建议。”

2003年5月22日，北京大学法学院贺卫方、北京天则经济研究所盛洪、北京大学法学院沈岿、北京天则经济研究所萧瀚和国家行政学院何海波5人再次“上书”全国人大常委会，建议人大常委会根据《宪法》第71条赋予的权力，启动特别调查程序，组织特别调查委员会，对孙志刚案以及收容遣送制度实施状况进行调查。

【案例分析】

这是《立法法》（2000年）颁布以来，首例公民向全国人大常委会提交审查行政法规的书面建议书事件。该案涉及两个重要的行政立法问题：一是行政法规的立法权限和合法性

① 此处所指为《立法法》（2000年），相应条款为《立法法》（2015年）第97条及第99条。

审查；二是公民上书的法律依据和程序问题。

《立法法》（2000 年）第 8 条第 5 款明确规定，对公民政治权利的剥夺、限制人身自由的强制措施和处罚只能制定法律。第 9 条又规定：本法第 8 条规定的事项尚未制定法律的，全国人民代表大会及其常务委员会有权作出决定，授权国务院可以根据实际需要，对其中的部分事项先制定行政法规，但是有关犯罪和刑罚、对公民政治权利的剥夺和限制人身自由的强制措施和处罚、司法制度等事项除外。[①]《城市流浪乞讨人员收容遣送办法》作为国务院颁布的法律文件，显然没有权力作出限制公民人身自由的规定。该办法违反了《立法法》（2000 年）的相关规定。然而，国务院并没有在《立法法》（2000 年）施行之后，明确废止收容遣送的相关规定。收容遣送制度还在各级行政机关保留着。这项制度的继续存在，直接导致了孙志刚案的发生。

收容遣送制度是由民政、公安部门负责，对于家居农村流入城市乞讨的、城市居民中流浪街头乞讨的以及其他露宿街头生活无着的人员予以救济、教育和安置的一种制度，其法律依据是国务院于 1982 的发布的《城市流浪乞讨人员收容遣送办法》。根据该办法，收容遣送的对象可分为三类[②]：家居农村流入城市乞讨的；城市居民中流浪街头乞讨的；以及其他露宿街头生活无着的。第 3 条则允许省、市、自治区人民政府根据实际情况确定具体的实施办法。根据该办法，可以限制被收容人员的人身自由。1982 年颁布的《城市流浪乞讨人员收容遣送办法》初衷是为了向城市中流浪的弱势人群提供救助，但是在二十多年的实施过程中，收容遣送制度不仅被扩大化适用到更广泛的对象范围，而且用于救助之外的目的。可以说，它的救助功能已经逐渐淡化，而成为一种被各级行政机关用作维护社会治安、服务于城市管理的手段，异化为国家行政机关限制公民人身自由的重要手段。正是认识到收容遣送制度功能的这种异化，加之它在实践中的应用严重侵害了当事人的人身自由等基本权利，法律界一直都存在取消这一制度的强烈呼声。

根据《宪法》规定，全国人大常委会享有违宪审查的权力。第 67 条第 7 项规定，全国人民代表大会常务委员会有权撤销国务院制定的同宪法、法律相抵触的行政法规、决定和命令，因此才有了三博士上书与五学者上书事件。其中引起的问题有：普通公民是否可以直接“上书”全国人大常委会，建议对行政法规进行审查？如何建立适合中国国情的抽象行政行为司法审查制度？根据《宪法》规定，全国人大常委会有权解释宪法并监督宪法的实施，有权撤销国务院制定的同宪法、法律相抵触的行政法规、决定和命令。《立法法》中也有相应的更加具体的规定：公民的建议书由全国人大常委会工作机构进行研究，必要时，送有关的专门委员会进行审查、提出意见。专门委员会认为被提请审查的行政法规同宪法或法律相抵触的，可以向制定机关提出书面审查意见；也可以由法律委员会与有关的专门委员会召开联合审查会议，要求制定机关到会说明情况，再向制定机关提出书面审查意见。

---

① 此处所指《立法法》（2000 年）第 8 条第 5 款、第 9 条与《立法法》（2015 年）第 8 条第 5 款、第 9 条内容相同。

② 参见《城市流浪乞讨人员收容遣送办法》第 2 条。

制定机关应当在2个月内研究提出是否修改的意见，并向全国人民代表大会法律委员会和有关的专门委员会反馈。如果法律委员会和有关的专门委员会审查认为行政法规同宪法或法律相抵触而制定机关不予修改的，可以向委员长会议提出书面审查意见和予以撤销的议案，由委员长会议决定是否提请常委会会议审议决定。①

孙志刚案的发生，再一次暴露了我国行政管理和行政立法领域存在的弊端。我国现行的不少行政法规和行政规章是十几年前甚至几十年前制定的，体现着国家特定时期的一些特点。其中一些过时的法规和规章与今天建设法治社会的主客观要求不相适应，阻碍了社会的进步，也损害了中国的国际形象，必须予以改革。

【法律背景】

《宪法》第三十七条、第四十一条、第七十一条；《立法法》（2015年）第八条、第九条、第九十七条、第九十九条、第一百条、第一百零一条；《行政处罚法》第九条。

【知识点介绍】

行政立法行为是指国家行政机关依法定权限和法定程序制定行政法规、行政规章的活动。关于行政立法权的性质，行政法学理论界争议颇多。多数学者认为，行政立法既有立法的性质，是一种立法行为，又具有行政权的性质，是一种抽象行政行为。按照《立法法》的规定，在我国有权实施行政立法的行政机关包括：国务院及其各部委和有权的直属单位，省、自治区、直辖市和设区的市的人民政府。行政立法权的来源包括两个方面：一是行政组织法的规定；二是单行法律、法规的特别授权。

根据不同的标准，行政立法可以分为不同的种类，主要包括：(1) 职权立法与授权立法。职权立法是行政机关依照宪法和行政组织法规定的权限所进行的立法。授权立法是行政机关根据宪法、组织法之外的其他单行法律、法规或国家权力机关、上级行政机关通过的决议、决定的授权所进行的立法。(2) 执行性立法与创制性立法。执行性立法是指行政机关为贯彻实施国家权力机关制定的法律、法规而制定和发布该法律、法规的实施办法、实施细则的活动。执行性立法的特点是不创制新的权利义务，而只是进一步明确法律、法规既定之权利义务的含义、界限和适用范围，以增强法律、法规的可操作性。创制性立法是指行政机关根据法律的授权，就法律未规定的事项进行立法，创制新的权利义务规范的活动，创制性立法多属职权立法。(3) 执行性立法、补充性立法、自主性立法和试验性立法。执行性立法是指以执行法律或上级机关发布的行政立法文件为目的的行政立法。此类立法在名称中一般带有“实施办法”、“实施细则”的字样。补充性立法是指以补充法律、法规或规章为目的的行政立法。此类立法在名称中一般带有“补充规定”、“补充办法”之类的字样。自主性立法是指不

---

① 《立法法》（2015年）更进一步提出了向提出审查建议的主体进行反馈的机制，即第101条规定：“全国人民代表大会有关的专门委员会和常务委员会工作机构应当按照规定要求，将审查、研究情况向提出审查建议的国家机关、社会团体、企业事业组织以及公民反馈，并可以向社会公开。”

是为了实施某些法律或其他行政管理法规而制定，也不是为了补充某项行政管理法规而制定，而是对法律或其他行政管理法规未规定的事项加以规定的行政立法。此类立法依据宪法和组织法关于行政机关立法职能的规定而进行。试验性立法是指行政机关基于法律或有权机关的授权，对本应由法律规定的事项，在条件尚不充足、经验尚未成熟或社会关系尚未定型的情况下，暂时先由行政立法加以规定，待条件具备后，再正式制定法律的一种立法模式。此类立法一般在名称中有“暂行”或“试行”的字样。（4）中央行政立法和地方行政立法。中央行政立法是指国务院制定行政法规以及国务院各部委制定行政规章的活动。地方行政立法是指省、自治区、直辖市人民政府以及设区的市、自治州的人民政府制定行政规章的活动。

行政法规的制定主要由《立法法》（2015 年）与《行政法规制定程序条例》规范，主要内容包括：

1. 主体。行政法规的制定主体只能是国务院。

2. 权限。国务院制定行政法规的权限有三：（1）为执行法律的规定；（2）为行使国务院自身的职权；（3）为执行全国人大或其常委会授权的事项。其中，国务院根据上述第三项职权制定的行政法规，属于授权立法的范畴。

3. 立项。国务院法制机构应当根据国家总体工作部署拟订国务院年度立法计划，报国务院审批。国务院年度立法计划中的法律项目应当与全国人民代表大会常务委员会的立法规划和年度立法计划相衔接。国务院法制机构应当及时跟踪了解国务院各部门落实立法计划的情况，加强组织协调和督促指导。国务院有关部门认为需要制定行政法规的，应当向国务院报请立项。

4. 起草。行政法规由国务院有关部门或者国务院法制机构具体负责起草，重要行政管理的法律、行政法规草案由国务院法制机构组织起草。行政法规在起草过程中，应当广泛听取有关机关、组织、人民代表大会代表和社会公众的意见。听取意见可以采取座谈会、论证会、听证会等多种形式。行政法规草案应当向社会公布，征求意见，但是经国务院决定不公布的除外。起草部门将行政法规送审稿报送国务院审查时，应当一并报送该送审稿的说明和有关材料。

5. 审查。行政法规起草工作完成后，起草单位应当将草案及其说明、各方面对草案主要问题的不同意见和其他有关资料送国务院法制机构进行审查。国务院法制机构应当向国务院提出审查报告和草案修改稿，审查报告应当对草案主要问题作出说明。

6. 决定。决定颁布行政法规的方式有二：（1）采用建议送审方式的草案，由国务院常务会议审议；（2）采用传批方式的草案，由国务院审批。

7. 公布。行政法规由总理签署国务院令公布。有关国防建设的行政法规，可以由国务院总理、中央军事委员会主席共同签署国务院、中央军事委员会令公布行政法规。行政法规签署公布后，及时在国务院公报和中国政府法制信息网以及在全国范围内发行的报纸上刊载。在国务院公报上刊登的行政法规文本为标准文本。

8. 实施。原则上，行政法规应当自公布之日起 30 日后施行，但是涉及国家安全、外汇汇率、货币政策的确定以及公布后不立即施行将有碍其施行的，可以自公布之日起施行。

9. 备案。行政法规在公布后的30日内，由国务院办公厅报全国人大常委会备案。

10. 解释。行政法规的解释分为两种情况：(1) 法规条文本身需要进一步明确界限或者作出补充规定的，国务院各部门和各省级人民政府可以要求解释，此类解释由国务院法制办拟订解释草案，报国务院同意后，由国务院或其授权的有关部门公布。(2) 对属于行政工作中具体应用行政法规的问题，国务院各部门的法制办和各省级人民政府的法制办可以要求解释，此类解释原则上由国务院法制办答复，涉及重大问题的由国务院法制办提出意见报国务院同意后答复。

行政法规的效力低于宪法与法律，而高于其他立法文件。值得注意的是，国务院根据授权制定的行政法规，在效力上实际略高于其他行政法规。这主要体现在，当此类行政法规与法律相抵触时，并不当然适用法律，而是由全国人大常委会对此作出裁决。也就是说，在特殊情况下，根据授权制定的行政法规，在效力上被认为类同于法律的效力。

案例二：

【案例介绍】

某物资公司于1993年3月在省工商局登记成立，核准经营废旧金属回收等业务。2000年5月在省会所在的A市公安局申请核发了《特种行业许可证》，许可经营生产性废旧金属。2001年4月17日，该物资公司从该省Y市的一公司以每千克14.30元的价格收购废铜线10 035千克，付款14余万元。Y市公安局D分局W派出所接到举报后将废铜线扣押，次日D分局依照《废旧金属收购业治安管理办法》（以下简称《办法》）第13条第1项的规定，对物资公司作出“没收违法所得（非法收购的物品）并处罚款5 000元”的处罚决定，并依照程序向物资公司送达了《公安行政处罚决定书》。

物资公司不服D分局的处罚决定，经过复议后于2001年8月16日向Y市D区人民法院提起行政诉讼。

庭审中，D分局的代理人称：物资公司所持的《特种行业许可证》是A市公安局核发的，违反了《办法》第4条“收购生产性废旧金属的企业，向所在地县级人民政府公安机关申请核发特种行业许可证”的规定，其证照无效。公安部《关于对废旧金属收购业治安管理中有关问题的批复》（公复字［1997］4号）第2条规定：“根据《废旧金属收购业治安管理办法》第四、五条的规定，收购生产性废旧金属的企业，应当在其办理《特种行业许可证》的行政区域内从事收购业务。违者，应视为无证收购，并按照《办法》有关规定予以处罚。”故D分局认定物资公司无证收购，并依照《办法》第13条第1项的规定，对其作出的行政处罚是正确的。

2001年12月21日，D区人民法院作出一审判决：认为原告（物资公司）向A市公安局申请核发特种行业许可证并不违反《办法》第4条“企业应向所在地县级人民政府公安机关申请核发特种行业许可证”的规定精神，原告持有的特种行业许可证合法有效。被告（D分局）处罚所依据的公安部《关于对废旧金属收购业治安管理中有关问题的批复》（公复字［1997］4号）属规章范畴，该批复第2条的规定，属于设定行政处罚。该批复未报经国务院批准，超出了规章对行政处罚的设定范围，违反了《行政处罚法》第4条第3款、第10条、第11条、第12条的规定，本案不予参考适用。被告对原告作出的处罚决定，认定原告持证异地收购生产性废旧金属的行为违法，主要证据不足，适用法律、法规错误，应予撤销。遂判决撤销D分局的行政处罚决定。

D分局不服，于2002年1月22日提起上诉。2002年3月11日，Y市中级人民法院开庭审理了本案。D分局认为D区人民法院对有关法律条文的理解是错误的，其判决应予撤销。其一，《办法》明确规定核发《特种行业许可证》的主体是县级人民政府公安机关，A市公安局并非县级人民政府公安机关，无权核发《特种行业许可证》。但D法院却认为被上诉人（物资公司）向A市公安局申请核发特种行业许可证并不违反《办法》第4条的规定精神，持有的特种行业许可证合法有效。这一认识明显缺乏法律依据，违反法律规定。其二，D区人民法院认为公安部《关于对废旧金属收购业治安管理中有关问题的批复》关于超出行政区域从事收购行为的处理规定，属于设定行政处罚，违反了行政处罚法的有关规定，这一观点是不成立的。全国人大常委会《关于加强法律解释工作的决议》第3条规定："不属于审判和检察工作中其他法律、法令如何具体应用的问题，由国务院及主管部门进行解释。"国务院办公厅《关于行政法规解释权限和程序问题的通知》（国办发［1999］43号）规定，凡属行政工作中具体应用行政法规的问题，有关行政主管部门在职权范围内能够解释的，由其负责解释。《办法》是经国务院批准并由公安部发布的，属于行政法规。公安部有权对该《办法》作出解释。公安部的公复字［1997］4号批复就是对《办法》作出的解释，是对跨行政区域收购行为如何依照《办法》进行处理的一种指引，并不是对跨行政区域收购行为设定的新的处罚。

庭审中双方当事人争论的焦点是被上诉人（物资公司）所特的特种行业许可证是否有效、公复字［1997］4号批复本案能否参照适用。Y市中级人民法院于3月19日作出终审判决。法院认为，虽然《办法》规定颁发特种行业许可证的机关是县级人民政府公安机关，但不能以此否认县级公安机关的上级公安机关颁证的效力。在没有依法定程序撤销被上诉人所持特种行业许可证的情况下，该证是合法有效的。公安部［1997］4号批复是1997年6月25日作出的，有关行政处罚的批复内容，属于规章性质。该批复是在行政处罚法颁布实施以后的行政行为，依法应遵循行政处罚法的相关规定。《行政处罚法》第12条第1款规定：国务院部、委员会制定的规章可以在法律、行政法规规定给予行政处罚的行为、种类和幅度的范围内作出具体规定。而《办法》未将持证异地收购行为列入应给予行政处罚的行为之中。因此，该批复超出了行政处罚法授予国务院部委的行政处罚规定权的范围。根据《宪法》第90条的规定，公安部有权在其职权范围内颁布规范性文件来执行法律和行政法规，即享有执行立法权。而对于已经实施的行政法规条文本身需要进一步明确界限或者作补充规定的补充立法权，应由国务院作出解释。因此一审法院对公复字［1997］4号批复不予参考适用是正确的。上诉人上诉理由不能成立，一审判决认定事实清楚，程序合法，适用法律正确，应予维持。遂判决驳回上诉，维持原判。

【案例分析】

本案主要涉及两个法律问题：一是公安部《关于对废旧金属收购业治安管理中有关问题的批复》（公复字〔1997〕4号）是否为行政规章，其法律效力如何？二是该批复在本案中能否作为Y市公安局D分局行政处罚合法的依据？

公安部《关于对废旧金属收购业治安管理中有关问题的批复》（公复字［1997］4号）是以批复的形式作出的，虽然它对全国公安工作中关于废旧金属收购业中的治安问题普遍适用，但是这种批复文件并没有经过法律规定的严格的规章制定程序，因而它的效力等级只能是公安行政规章以外的其他公安行政规范性文件。《行政诉讼法若干解释》（2000年）第62条第2款规定：人民法院审理行政案件，可以在审判书中引用合法有效的规章及其他规范性文件。从而以司法解释的形式确立了规章以下的其他规范性文件在行政诉讼审判中的效力问题，即选择适用，人民法院审查行政主体作出的具体行政行为所依据的其他规范性文件的合法性，对合法有效的其他规范性文件可以作为法院审理案件的依据。其他规范性文件如果与法律、法规、规章或较高层次的规范性文件冲突，那么其就是无效的，就不能作为行政诉讼审判的依据。本案中被告（D分局）处罚所依据的公安部《关于对废旧金属收购业治安管理中有关问题的批复》（公复字［1997］4号）中第2条的规定属于设定行政处罚。而行政处罚法第14条明确规定，其他规范性文件不得设定行政处罚。在此案中，公安部的批复中的规定与《行政处罚法》相抵触的部分是无效的，因而不能作为人民法院认定公安机关作出的行政处罚合法的依据，因而被告公安机关作出的行政处罚主要证据不足，适用法律、法规错误，应当撤销。

【法律背景】

《规章制定程序条例》第二条、第三条、第四条、第六条、第三十三条、第三十四条、第三十五条；

《废旧金属收购业治安管理办法》第二条、第十三条；

《行政处罚法》第四条第三款、第十条、第十一条、第十二条、第十四条。

【知识点介绍】

行政规章简称规章，其作为行政立法的两种形式之一，按照立法的机关不同又可以分为国务院各部门制定的部门规章和四类地方政府制定的地方政府规章。根据《立法法》（2015年）第80条、第82条的规定，国务院各部、委员会、中国人民银行、审计署和具有行政管理职能的直属机构，可以根据法律和国务院的行政法规、决定、命令，在本部门的权限范围内，制定规章；省、自治区、直辖市和设区的市、自治州的人民政府，可以根据法律、行政法规和本省、自治区、直辖市的地方性法规，制定规章。

制定行政法规和行政规章应当遵循行政立法的原则。行政立法原则，是贯穿于行政立法行为始终，通过行政法律规范所体现的一种基本准则。我国行政立法应当贯彻的原则主要有：

首先，行政立法的基本原则。根据我国立法法的有关规定，行政立法行为与其他立法行为一样，应当遵循以下基本原则：（1）依法立法的原则。行政立法必须遵守宪法的基本原则，以经济建设为中心，坚持社会主义道路、坚持人民民主专政、坚持中国共产党的领导、坚持马克思列宁主义和毛泽东思想邓小平理论，坚持改革开放。立法应当依照法定权限和程序，从国家整体利益出发，维护社会主义法制的统一和尊严。行政立法不仅要与权力机关和上级行政机关的立法保持一致，而且所制定的多个行政法律规范之间，一个行政法律规范内部条款之间应保持一致。坚持依法立法原则应当反对破坏法制统一原则的部门垄断主义和地方保护主义。（2）民主立法原则。行政立法在内容上，要尊重人民的权利，真正反映和体现人民大众的利益、愿望和要求。行政立法在程序上，要发扬社会主义民主，保证人民通过多种途径参与立法活动，如确立公众对行政立法的提议权和讨论权，建立相应提议的答复制度，建立行政立法的听证制度等。（3）合理原则。行政立法应当从实际出发，科学合理地规定公民、法人和其他组织的权利与义务、行政机关的权力与责任。

其次，行政立法的一般原则。行政立法除应遵循上述基本原则以外，根据 2001 年 11 月 16 日国务院公布施行的《规章制定程序条例》的规定，制定行政规章还应当遵循下列原则：（1）体现改革精神，科学规范行政行为，促进行政机关职能向社会管理和公共服务转变。（2）符合精简、统一、效能的原则，相同或者相近的职能规定由一个机关承担，简化行政管理手续。（3）切实保障公民、法人和其他组织的合法权益，在规定其应当履行义务的同时，应当规定其相应权利和保障权利实现的途径。（4）体现行政机关的职权和责任相统一的原则，在赋予行政机关必要职权的同时，应当规定其行使职权的条件、程序和应承担的责任。（5）体现可操作性原则。行政立法的主要目的是执行法律和法规的规定，保证法律、法规在行政管理领域的执行，从而起到补充法律和法规空白和漏洞，解释法律和法规的原则性规定和立法意图，并使法律和法规切实适合行政管理的实际情况。为了保证行政立法的可操作性，就要求行政立法用语应当准确、简洁，条文内容应当明确、具体，具有可操作性。并且应当注意，法律法规已经明确规定了的，行政立法原则上不做重复规定。

根据《立法法》和《规章制定程序条例》的规定，行政规章立法的程序为：

1. 立项。需要制定行政规章的首先应当立项。立项申请应当对制定规章的必要性、所要解决的主要问题、拟确立的主要制度等作出说明。立项申请由行政机关所属的行政机关批准后执行。

2. 起草。需要制定行政规章的由国务院部门和设区的市以上人民政府组织起草。起草行政规章应注意以下几个问题：（1）起草规章可以邀请有关专家、组织参加，也可以委托有关专家、组织起草。(2) 起草规章应当深入调查研究，总结实践经验，广泛听取有关机关、组织和公民的意见。听取意见可以采取书面征求意见、座谈会、论证会、听证会等多种形式。(3) 起草规章直接涉及公民、法人或者其他组织切身利益，有关机关、组织和公民对其有重大意见分歧的，应当向社会公布，征求社会各界的意见；起草单位也可以举行听证会。听证会应当公开举行，起草单位应当在举行听证会的30日前公布听证会的时间、地点和内容；参加听证会的有关组织、公民对起草的规章，有权提问和发表意见；听证会应当制作笔录，如实记录发言人的主要观点和理由；起草单位应当认真研究听取听证会的反映，应当说明对听证会意见的处理情况及其理由。(4) 起草规章涉及其他部门职责或者与其他部门关系紧密的，起草单位应当充分征求其他部门意见。其他部门有不同意见的，应当充分进行协商，协商不能取得一致意见的，起草单位应当在上报规章草案送审稿时说明情况和理由。(5) 报送审查的规章送审稿，应当由几个起草单位主要负责人共同签署。送审的规章稿应当对制定规章的必要性、规定的主要措施，有关方面的意见等情况作出说明。

3. 审查。规章送审稿由法制机构负责统一审查。审查内容包括：(1) 是否符合宪法、法律、行政法规和其他上位法的规定；是否符合党和国家的政策；(2) 是否切实保障公民、法人和其他组织的合法权益，在规定其应当履行的义务的同时，应当规定相应的权利和保障权利实现的途径；(3) 规定的事项是否属于本机关的权限范围，是否体现职权和职责的统一原则，在规定职权的同时是否规定了行使职权的条件、程序和应承担的责任；(4) 是否与有关规章协调、衔接；(5) 是否正确处理了有关机关、组织和公民对规章送审稿主要问题的意见；(6) 是否符合立法技术要求等。

审查中若发现下列问题之一的，法制机构可以缓办或者退回起草单位：(1) 制定规章的基本条件尚不成熟；(2) 有关机构或者部门对规章送审稿规定的主要制度存在较大争议，起草单位未与有关部门协商的；(3) 不符合起草的其他要求的。

主管部门法制机构应当认真研究各方面的意见，与起草单位协商后，对规章送审稿进行修改，形成规章草案和对草案的说明。说明应当包括制定规章拟解决的主要问题、确立的主要措施以及与有关部门的协调情况。规章草案和说明由法制机构主要负责人签署，提出请本部门或者本级人民政府有关会议审议的建议。

4. 决定和公布。规章应当经部务会议或者委员会会议决定。以地方政府规章形式出现的，应当经政府常务会议或者全体会议决定。公布规章的命令应当载明该规章的制定机关、序号、规章名称、通过日期、施行日期、部门首长或者省长、自治区主席、市长署名及公布日期。部门规章签署公布后，部门公报或国务院公报和全国范围内有关报纸应当及时刊登。以地方政府规章签署公布后，本级人民政府公报和本行政区域范围内的报纸应当及时刊登。

5. 解释和备案。规章解释权属于规章制定机关。规章有下列情况之一的，制定机关应当作出解释：(1) 规章的规定需要进一步明确具体含义的；(2) 规章制定后出现新情况，需要明确适用规章依据的。规章的解释同规章具有同等效力。规章应当自公布之日起30日内，由法制机构依照《立法法》和《法规规章备案条例》的规定向有关机关备案。规章备案应当注意以下问题：（1）部门规章向国务院备案。以地方政府规章形式出现的由地方人民政府报国务院备案，同时较大市人民政府规章还应同时报省一级人民政府备案。（2）报送规章备案，应当提交备案报告、规章文本和说明，并按照规定的格式装订成册。（3）国务院法制机构对报送国务院备案的规章进行审查。审查内容包括：是否超越权限；是否违反上位法；是否与其他规定有抵触；是否适当；是否违背法定程序等。对于不报送规章备案或者不按规定报送备案的，由国务院法制机构通知制定机关，限期报送；逾期仍不报送的，给予通报，并责令限期改正。

可见，在行政立法的主体上，《立法法》（2015 年）大大扩展了地方政府的立法权，我国 284 个设区的市政府陆续地都将享有规章制定权。同时，更值得一提的是，为了避免规章增设公民义务、减损公民权利，《立法法》（2015 年）第 80 条第 2 款和第 82 条第 6 款规定，“没有法律或者国务院的行政法规、决定、命令的依据，部门规章不得设定减损公民、法人和其他组织权利或者增加其义务的规范，不得增加本部门的权力或者减少本部门的法定职责”；“没有法律、行政法规、地方性法规的依据，地方政府规章不得设定减损公民、法人和其他组织权利或者增加其义务的规范”。

第二节　制定其他规范性文件的行为

【案例介绍】

2008 年某市的番茄种植规模达 2 万亩，产量近 6 万吨，但由于市场行情不好，番茄的销售受到很大冲击，滞销严重。为了帮助番茄种植户们走出困境，该市市委、市政府专门发文，要求各区、县采取有效措施推动番茄外销。于是乎，为了响应市委、市政府号召，该市白云区政府发起了“番茄品尝活动”——向区属机关和企事业单位发出通知，要求每个干部职工“品尝”100 斤番茄，费用由各单位自行解决，该项活动与干部职工的考核奖惩挂钩。文件下发后，在居民和干部职工中引起了强烈反响。有居民表示，区政府的这一措施有利于解决本市番茄种植户的困难，同时也不会给干部职工带来多大的不便，是利民的好举措。但也有干部和职工表达了不同的意见。

【案例分析】

“红头文件”并非法律用语，是老百姓对“各级政府机关下发的带有大红字标题和红色印章的文件”的俗称，主要是指行政法学中所称的其他行政规范性文件，或简称规范性文件。

从制定机关的权限来看，行政法规的制定机关是国务院，规章的制定机关是设区的市以上的政府，以及国务院各部门、各直属机构和具有行政管理职责的直属事业单位。而一般“红头文件”即其他规范性文件，有行政管理权的行政机关在行政管理工作需要时就可以制定。可见，“红头文件”实际上有广义与狭义之分。广义的“红头文件”就是从字面理解的带红头和红色印章的，既包括行政机关直接针对特定公民和组织而制发的文件，也包括行政机关不直接针对特定公民和组织而制发的文件，以及行政机关内部因明确一些工作事项而制发的文件。狭义的“红头文件”专指行政机关针对不特定的公民和组织而制发的文件，这类文件对公众有约束力、涉及他们的权利和义务，也就是法律用语所称的行政法规、规章以外的其他具有普遍约束力的规范性文件。公众所关心、关注的，应当是指狭义上的“红头文件”。

本案涉及行政法学中一个很重要的问题，其他规范性文件能否对公务员工作之外的行为予以限制？从法理上看，设定公务员的基本义务和权利属于法律的调整范围，通过法律予以规范，但对于公务员工作时间之外的行为，是否可以通过其他规范性文件的形式予以限制，我国法律并没有明确的规定。从实际情况来看，政府对公务员工作时间之外的行为是可以作出一些要求的，但从一些国家的情况来看，也主要限于不能集会游行示威，或者对涉及一些特殊部门比如保密、安全部门工作人员的行动自由予以一定的限制，很少对公务员工作之外吃什么、购买什么作出规定。在本案中，某市白云区政府以其他规范性文件的形式要求每个干部职工“品尝”100 斤番茄，实际上是对内部的工作人员在工作之外行为的限制，本书认为这种限制应当有法律依据，这涉及公务员的权利保障和义务界限的问题，在没有法律依据的情况下，采取其他规范性文件形式，随意限制公务员的行为是不妥当的。

【法律背景】

《行政诉讼法》（2014 年）第十二条、第十三条；《行政诉讼法若干解释》（2000 年）第一条。

【知识点介绍】

其他行政规范性文件是指各级行政机关为实施法律、行政法规和规章，在法定权限内制定的，效力在行政规章以下的具有普遍约束力的决定、命令及行政措施。制定其他行政规范性文件与行政立法有着密切的联系，二者都是行政机关实施的抽象行政行为，都是行政机关实施具体行政行为所依据的规范行文件，但是二者有很大的区别：

首先，制定主体的范围不同。行政立法只能由具有行政立法权限的行政主体制定，而制定其他行政规范性文件的主体既可以是具有行政立法权限的行政主体，也可以是各级行政机关。

其次，制定的程序不同。行政立法要遵守较为严格的法规规章制定程序，要经过较为正式、严格的提案、审查、备案，而其他行政规范性文件的制定则比较简易，不需要经过行政立法那样严格的程序。

再次，规范的内容不同。行政立法是对全国行政机关适用的普遍的行为准则，而其他行政规范性文件往往是针对更为具体的行政工作实践中出现的问题作出的批复、答复和解释，或是在某一地区内政府系统中适用的规范性文件。有些涉及公民、法人和其他组织的权利义务的规定，行政立法可以在法定的权限内作出限定，而其他行政规范性文件则不能，例如，《行政处罚法》中规定："国务院部、委员会制定的规章可以在法律、行政法规规定的给予行政处罚的行为、种类和幅度的范围内作出具体规定。尚未制定法律、行政法规的，前款规定的国务院部、委员会制定的规章对违反行政管理秩序的行为，可以设定警告或者一定数量的罚款的行政处罚。除本法第九条、第十条、第十一条、第十二条以及第十三条的规定外，其他规范性文件不得设定行政处罚。"

最后，效力的大小不同。行政立法的效力高于其他行政规范性文件，其他行政规范性文件的效力不能与之相抵触，否则无效。其他行政规范性文件的制定往往会以行政立法为依据，是对行政立法实施问题的具体规定。

其他行政规范性文件的法律效力主要体现在行政诉讼和行政管理两个领域。

在行政管理领域，其他行政规范性文件的法律效力主要表现在下述几个方面：对作为被管理者的公民、法人和其他组织具有约束力和强制执行力。制定其他行政规范性文件的行为，属于抽象行政行为，一经颁布，相应的公民、法人和其他组织必须服从、遵守，对相应文件所确定的义务必须履行。如果相对人违反其他行政规范性文件的规定，不履行相应的义务，行政机关可以依法对其采取强制措施，强制其遵守和履行。对行政机关本身具有确定力。行政机关一经发布规范性文件就不能任意撤销、改变、废止，并且必须按照规范性文件的内容实施自己的行为。当然，这种确定力也不是绝对的，当其他行政规范性文件违法时，应当按照法定程序予以变更和撤销。其他规范性文件也是行政机关审理复议案件的依据。行政复议机关审理复议案件，不仅以法律、法规、规章为依据，其他行政规范性文件也是重要的依据。复议机关如果发现具体行政行为所依据的其他行政规范性文件与法律、法规、规章或上一位阶的规范性文件相抵触，可以在法定职权内撤销或改变，如果复议机关无权撤销或变更，则应当提请有权处理的行政机关依法处理。

在行政诉讼领域，其他行政规范性文件的法律效力体现在：行政诉讼法司法解释中规定，人民法院审理行政案件可以在裁判文书中引用合法有效的其他规范性文件。因而，合法有效的其他行政规范性文件可以作为人民法院认定具体行政行为合法的依据。

行政立法行为与制定其他行政规范性文件行为作为抽象行政行为，其监督救济问题一直法学界和实务部门热议的话题。其中关于抽象行政行为的司法审查问题，下列几点讨论值得注意：

抽象行政行为司法审查的范围。目前，对抽象行政行为的司法审查的范围，学术界提出了四种意见。第一种意见认为所有抽象行政行为都应接受司法审查。① 第二种意见认为只

---

① 参见罗文燕：《对抽象行政行为进行司法审查的法律思考》，载《杭州大学学报》，1996（6）；邵俊武：《论抽象行政行为的司法监督》，载《甘肃政法学院学报》，1997（1）；董晓波：《论抽象行政行为的监督机制》，载《江苏广播电视大学学报》，2002（2）；等等。其中邵俊武同时又认为："对国务院根据全国人大的授权而为的抽象行政行为，因其实质上是国家权力机关将部分立法权的暂时的、部分的转让，其行为是代表机关的行为，具有临时法律的性质，故人民法院无权对其进行司法审查。"

对规章及其以下的规范性文件进行司法审查。[①] 第三种意见是只对行政法规、规章以外的其他规范性文件进行司法审查。[②] 第四种意见是采用渐进式，先对其他规范性文件进行司法审查，然后依次推进。[③] 尽管有学者主张："成熟的行政诉讼不应该有受案范围的规定。"[④] 但是考虑我国法治发展的现实与发展趋向，我们主张根据我国行政诉讼制度的实际和宪法制度的发展，明确把行政法规纳入违宪审查，行政规章及其以下的规范性文件（包括行政解释）应明确纳入司法审查受案范围。

从《行政诉讼法》（2014 年）来看，该法第 53 条规定，"公民、法人或者其他组织认为行政行为所依据的国务院部门和地方人民政府及其部门制定的规范性文件不合法，在对行政行为提起诉讼时，可以一并请求对该规范性文件进行审查。前款规定的规范性文件不含规章。"可见，我国在对规范性文件进行司法审查方面，已迈出一大步，大致与行政复议制度接轨了。

阅读资料

行政立法行为

论著类：

1. 刘莘．行政立法研究．北京：法律出版社，2003

2. 陈伯礼．授权立法研究．北京：法律出版社，2000

3. 应松年主编．外国行政程序法汇编．北京：中国法制出版社，1999

4. 王名扬．英国行政法．北京：中国政法大学出版社，1987

5. 张正钊，韩大元主编．比较行政法学．北京：中国人民大学出版社，1998

6. 杨建顺，李元起主编．行政法与行政诉讼法教学参考书．北京：中国人民大学出版社，2003

---

① 参见崔卓兰：《行政规章可诉性之探讨》载《法学研究》，2000（1）；吴幼珍等：《抽象行政行为能否提起诉讼的探讨》，载《政治与法律》，1997（2）；易继松等：《抽象行政行为司法司法审查制度重构》，载《广西政法管理干部学院学报》，2001（6）；彭建民：《对抽象行政行为可诉性的探析》，载《中南民族学院学报》，2001（1）；都玉霞：《部分抽象行政行为的可诉性浅析》，载《政法论丛》，1998（2）；等等。他们首先肯定了抽象行政行为的可诉性，又建议"修改现行行政诉讼法，将行政规章及规章以下规范性文件与具体行政行为一并列入我国行政诉讼的受案范围"。其认为"存在的问题多、部门保护色彩浓的主要出现于规章及其他规范性文件之中"，"不仅制定数量大，而且一旦颁布则少有机关根据情况整理与及时废改"，规定由司法机关对之进行经常性审查十分必要。

② 参见高鸿：《抽象行政行为可诉性研究》，载《法律科学》，1997（4）；闫桂贞：《抽象行政行为的可诉性研究》，载《行政与法制》，2000（7）；林文清：《论抽象行政行为的司法审查》，载《福建政法管理干部学院学报》，2001（3）；王良钧：《抽象行政行为可诉性误区的探析》，载《河南省政法管理干部学院学报》，1999（4），袁汝海：《试论抽象行政行为的可行性》，载《江西行政学院学报》，2000（2）；江必新：《WTO 与我国的司法审查制度》，载《法律适用》，2001（3）；等等。在闫桂贞文中，作者将抽象行政行为界定为"仅指行政立法以外的、行政机关制定其他具有普遍约束力的决定、命令的行为，即狭义上的抽象行政行为"。

③ 参见王敬波：《论我国抽象行政行为的司法监督》，载《行政法学研究》，2001（4）。

④ 刘善春：《行政诉讼价值论》，168 页，北京，法律出版社，1998。

7. 胡锦光，杨建顺，李元起．行政法专题研究．北京：中国人民大学出版社，1998

论文类：

1. 皮纯协，朱韶斌．社会主义市场经济条件下的行政立法．行政法学研究，1994（1）

2. 皮纯协，余凌云．制定法规规章程序——法律经济学的透视．行政法学研究，1994（4）

3. 莫于川，王静．程序的民主性：行政立法的关键．法学，1995（2）

4. 皮纯协，刘连泰．可持续发展原则与行政立法的思路．法学杂志，1998（1）

5. 杨建顺．行政立法过程的民主参与和利益表达．法商研究，2004（3）

6. 朱岚．关于行政道德立法问题的思考．兰州学刊，2004（6）

7. 曾祥华．行政立法的经济正当性．燕山大学学报（哲学社会科学版），2004（4）

8. 曾祥华．论公众参与及其行政立法的正当性．中国行政管理，2004（12）

9. 于立深．行政立法过程的利益表达、意见沟通和整合．当代法学，2004（2）

10. 莫于川．行政指导的立法约束．中国法学，2004（2）

11. 赵丽．论入世对中国行政立法观念的影响．福州党校学报，2004（6）

其他抽象行政行为

论著类：

1. 姜明安主编．行政法与行政诉讼法．北京：北京大学出版社，高等教育出版社，1999

2. 应松年主编．外国行政程序法汇编．北京：中国法制出版社，1999

3. 王名扬．英国行政法．北京：中国政法大学出版社，1987

4. 张正钊，韩大元主编．比较行政法学．北京：中国人民大学出版社，1998

5. 杨建顺著．日本行政法通论．北京：中国法制出版社，1998

6. 杨建顺，李元起主编．行政法与行政诉讼法教学参考书．北京：中国人民大学出版社，2003

7. 胡锦光，杨建顺，李元起著．行政法专题研究．北京：中国人民大学出版社，1998

论文类：

1. 高若敏．论行政规章以下行政规范性文件的效力．法学研究，1993（3）

2. 杨翔．抽象行政行为不等于行政立法行为——兼与张树义同志商榷．中国法学，1994（1）

3. 叶必丰．澳大利亚1977年行政决定（司法审查）法（1977年6月16日通过）．行政法学研究，1996（1）

4. 陈宗璋．有普遍约束力的行政决定、命令的立法缺陷及行政审判之完善．理论与改革，1997（1）

5. 张建飞．论行政命令．浙江学刊，1998（3）

6. 于立深译．美国《管制计划与审查》行政命令．行政法学研究，2003（4）

7. 彭阳，郑全新．关于行政立法以外的其他规范性文件监督的思考．行政论

坛，2004 (1)

探讨性案例

王某某的丈夫与扬中市糖烟酒公司批发部营业员徐某某（系王某某儿媳徐某的姐姐）勾搭成奸后，被王某某发现。1995年8月23日上午8时许，王某某路经徐某某的工作单位找徐。因徐不在，王即问徐的同事作风好不好，徐的同事没有理睬。当王某某走至天龙物资公司门前遇见其女儿郭某某，谈及其夫与徐某某通奸关系时，徐某某骑自行车赶来，互相发生谩骂，徐某某拿起链条锁朝王某某打去。王某某亦用秤杆还击，秤杆与链条锁相撞后折断。在打骂过程中，王某某被徐某某用链条锁打伤。扬中市人民医院诊断为王某某双上肢、左颊部、胸部等处软组织损伤。徐某某面部亦有损伤。同年9月14日下午4时许，王某某与其夫到其儿媳妇徐某所在单位扬中煤球厂，向该厂领导反映婆媳不睦，请求厂方做些工作。王某某还向厂领导反映了徐某的姐姐徐某某与其夫通奸情况。徐某将徐某某喊来，厂领导将徐某某阻止在办公室门外，徐某某便在办公室外叫喊，要求王某某恢复其名声，后用剪刀将王某某的助力车胎戳破。当日扬中市公安局城西派出所接到报案后即派员前往现场，做了教育疏导工作。

同年10月10日下午4时许，徐某回家拿生活用品，因王某某之夫拒绝开院门，导致双方发生口角。徐某某闻讯后，赶至王某某家，手持锄头，与徐某一起将王某某家的部分院墙及花格损坏。徐某某、徐某用石子往院内投掷，致王某某头部被砸伤。扬中市人民医院诊断为：王头颅后枕部挫裂伤。扬中市公安局法医鉴定为“头部损伤构成轻微伤”。1995年11月25日扬中市公安局正式立案，后又以此违反治安管理的行为属民间纠纷为由，选择调解处理。因王某某坚持要求扬中市公安局对徐某某、徐某予以治安处理，致使调解不成。1996年2月16日，扬中市公安局口头告知王某某可向法院提起民事诉讼，王某某不服，于同年3月27日向扬中市人民法院提起行政诉讼，要求扬中市公安局履行保护人身权、财产权法定职责，对徐某某、徐某予以治安处罚。镇江市中级人民法院因特殊原因，于同年4月3日指定丹徒县人民法院审理此案。

丹徒县人民法院经审理认为：本案的最初起因是由原告的丈夫与徐某某的奸情引起的，属于民间纠纷。在打架斗殴、毁坏财产的过程中，虽然徐某某、徐某等人负有主要过错责任，但情节尚属轻微，且双方当事人中还有婆媳关系，被告根据《治安管理处罚条例》及其相关规定，从有利于化解矛盾的角度出发，选择调解，是法律允许的。被告立案后，即进行了调查取证，并在查明事实的基础上，分别做了调解工作，在调解不成时，告知其向人民法院提起民事诉讼，应视为被告已经履行了法定职责。1996年6月26日，丹徒县人民法院根据《治安管理处罚条例》第5条、《行政诉讼法》（1989年）第53条，参照公安部《关于公安机关贯彻实施〈行政诉讼法〉若干问题的通知》第12条之规定，该院于1996年6月26日作出判决如下：驳回原告的诉讼请求。

原告不服一审判决，向镇江市中级人民法院上诉。镇江市中级人民法院经审理认为，本案的最初起因是因上诉人的丈夫与徐某某的奸情引起的。在打架斗殴、毁坏财产的过程中，徐某某、徐某负有主要过错责任。被上诉人从有利于化解家庭矛盾的角度出发，选择了调解处理，在调解不成时，告知上诉人向法院提起民事诉讼是正确的。该法院依照《行政诉讼法》（1989 年）第 61 条第 1 项之规定，于 1996 年 12 月 12 日作出判决如下：驳回上诉，维持原判。原告不服一、二审判决，向江苏省高级人民法院提出申诉。

案例参考意见：

江苏省高级人民法院经审理认为：本案的最初起因是因原审上诉人的丈夫与徐某某的奸情引起的。徐某某实施侵害原审上诉人王某某人身权、财产权的行为，已触犯了《治安管理处罚条例》的有关规定，应受到处罚。原审被上诉人扬中市公安局在原审上诉人不同意调解，调解未果的情况下，不依法作出裁决显属不当。原一、二审判决驳回原审上诉人王福英的诉讼请求不当，应予纠正。该院依照《行政诉讼法》（1989 年）第 54 条第 3 项的规定，于 1998 年 11 月 12 日作出判决如下：

一、撤销江苏省镇江市中级人民法院（1996）镇行终字第 10 号行政判决和丹徒县人民法院（1996）徒行初字第 1 号行政判决；

二、被上诉人扬中市公安局在接到本判决之日起 3 个月内履行法定职责。

原一、二审诉讼费 380 元由原审被上诉人扬中市公安局负担。

在一审诉讼期间，扬中市公安局就本案的基本情况向该省公安厅作了请示，江苏省公安厅遂作出了《关于对违反治安管理的行为调解不成是否应当裁决问题的答复》，答复中引用了公安部《关于公安机关贯彻实施〈行政诉讼法〉若干问题的通知》第 12 条的规定，对调解不成或调解达成协议后反悔的，应当告知当事人到人民法院按民事案件起诉。① 但实际上，第 12 条的规定是"对于因民间纠纷引起的打架斗殴和毁坏他人财物的行为，除对违反治安管理的行为调解或裁决外，对造成的损失和伤害，需要赔偿和负担医疗费用的，可以进行调解处理，对于调解不成或调解后达成协议反悔的，应告知双方当事人向人民法院按民事案件起诉"，由此可见该省公安厅的答复对公安部的《通知》第 12 条断章取义，公安部的通知的本意并不是对违反治安管理的行为调解不服告知双方当事人向人民法院按民事案件起诉，而是对需要赔偿和负担医疗费用调解不服向法院按民事案件起诉，因而该省公安厅作出的此规范性文件缺乏法律依据，不能作为合法有效的其他规范性文件被法院作为认定案件的依据。此外，这里值得注意的另一点是，该省公安厅作出的答复是应某市公安局的要求在诉讼中作出的，根据行政诉讼法的规定，行政机关作出具体行政行为时必须有充分的事实根据和法律依据，在诉讼中被告自行搜集的证据不能作为认定案件事实的依据。同样，该省公安厅在诉讼中回复的规范性文件的法律效力应该在作出之后发生效力，而在此之前某市公安局已经作出对相对人进行调解的决定，因而该省公安厅的回复不能作为法院认定某市公安局不履行法定职责合法的法律依据。

---

① 参见张树义主编：《行政诉讼证据判例与理论分析》，366 页，北京，法律出版社，2002。

案例参考法律依据：

公安部《关于公安机关贯彻实施〈行政诉讼法〉若干问题的通知》第十二条；《治安管理处罚法》第九条；《公安机关办理行政案件程序规定》第一百五十二条、第一百五十三条、第一百五十四条、第一百五十五条、第一百五十六条、第一百五十七条、第一百五十八条。

复习题

1. 什么是行政立法？简述行政立法的性质。
2. 简述行政立法的调整范围和法律效力。
3. 行政立法如何划分权限？行政立法权限冲突的解决机制如何运行？
4. 我国的行政立法体制如何，其对于建设法治国家有何重大意义？
5. 什么是制定其他规范性文件的行为，它和行政立法行为有何异同？
6. 简述制定其他规范性文件的行为的形式分类。
7. 宜选择何种路径将抽象行政行为纳入法治轨道？

第七章

行政处理行为（上）

本章提要

行政行为一词由法国首创，后德国继受之，德国“行政法学鼻祖”Otto Mayer（奥托·马雅）在行政法学中引入这个概念，经过系统的理论研究，使之成为行政法学的一个核心范畴，之后，日本、我国台湾地区等许多国家和地区都引入了这个概念。一般认为行政行为是指行政主体为实现行政管理的目标而行使行政权力，对外部作出的具有法律意义、产生法律效果的行为。一般来讲，行政行为具有单方性、强制性和无偿性等法律特征。

行政处理行为是行政主体为实现行政目的，而依当事人的申请或者依职权依法处理涉及特定相对人权利义务的具体行政行为。其中多数行为也常称为行政执法行为。行政处理行为在整个的行政法学体系中具有重要的地位，它直接影响相对人的权利义务，是行政行为研究的重点，也是现有的行政救济制度构建和发展的基础。本章重点讨论某些具体的行政处理行为，包括行政许可、行政处罚、行政强制、行政征收、行政征用、行政确认、行政奖励、行政给付、行政紧急行为等。探讨的内容包括以上各种行为的概念、特征、分类、遵循的基本原则以及相关的制度等。在我国，以上各种具体行政处理行为中有的已经有专门的法典性法律进行规范，如《行政许可法》、《行政处罚法》、《行政强制法》等，更多的行政处理行为尚无专项的、法典性的法律进行规范，但在法律、法规和规章中有大量的规范性内容对其进行调整。

我国宪法规定“依法治国，建设社会主义法治国家”，而实现各种具体的行政处理行为的法治化是“依法治国”的重要内容。行政处理不仅要符合实体法的要求，也要符合程序法的要求，还要符合条理法的要求。[①] 由于行政处理行为类型多、讨论篇幅大，故分为2章

① 这里所谓条理法，是指立法目的、立法精神、法律价值、法律原则以及特殊条件下的社会公德、当地习惯等成文或不成文的广义法规范，它以立法精神、法律价值和法律原则为基本内核。条理法是与实体法、程序法相呼应的法学概念或曰学理概念。一般在法律文本中，总则第1条都开宗明义地规定了该法的立法精神、立法目的、立法依据等，而总则的前几条都是关于法律原则的成文规定，文本的其他章节条款中还会蕴含一些法律原则，而法律文本的全文会尽量体现出该法的立法精神和法律价值。例如，《政府信息公开条例》中蕴含“政府信息公开”的立法精神和法律原则，“政府信息以公开为原则、不公开为例外”的表述虽然最终在该行政法规出台时没有明文规定在通过的正式文本中，但实际上它已体现在全部38个条文中。因此，2014年10月23日通过的《中共中央关于全面推进依法治国若干重大问题的决定》在提出“深入推进依法行政，加快建设法治政府”的重大任

加以讨论。本章先讨论行政处理行为的一般问题和行政许可、行政处罚、行政强制。

第一节　行政处理行为概述

案例一：

【案例介绍】

原告：赵某某，男，汉族，住郑州市。

被告：郑州市城市管理行政执法局，住所地：郑州市陇海西路。

2002年9月7日，郑州市城市管理行政执法局作出（郑执法）罚款字（2002）第31号行政处罚决定书，以原告赵某某违章停放为由，决定罚款200元。

原告不服诉称，2002年9月7日，原告在桐柏路就餐，将车停放在规划好的停车位，就餐后，发现车已被被告拖走，并告知罚款200元。被告的行为并非依法成立，请求人民法院依法判令撤销（郑执法）罚款字（2002）第31号行政处罚决定。

被告辩称，2002年9月6日16时45分，我局巡查人员巡查时，发现一辆面包车停放在陇海路与桐柏路交叉口北约200米处的西侧人行道上，我局工作人员将该

务时，特别强调要“坚持以公开为常态、不公开为例外原则”，以全面推进政务公开。再如，行政法中的公开、公平、公正原则，比例原则，最小损害原则，信赖利益保护原则等，都以不同形式广泛存在于近年来通过的各层次、各类型法律文本中。这些都属于条理法的范畴。此外，在某些特殊情况下，得到确认、达成共识的社会公德、当地习惯等也属于条理法的范畴，是不成文形态的法规范，在社会生活中往往能起到实体和程序的法规范作用，在条件适合的情况下还可能转化为法条。而判例法国家运用判例断案，就其实质和功用而言，其实也是在运用条理法。从实际情况看，学者、法官对经典案例进行总结，并写出文章，人们对他们总结出的自然公正、越权无效、行政公开、正当程序、比例原则等法律价值、原则都能接受，才产生前例约束后例、上例约束下例的法律实施功效。究其根本，他们运用的是案例蕴含的法原理也即条理法，而不仅仅是判例的形式，这也是条理法的运用实例之一。当下无论在英美法国家还是在大陆法国家，无论是否专门设立了行政法院，大多数国家在对行政争议的司法审查活动中都广泛运用判例法，其动因和效果值得研究。在我国，最高人民法院自2011年12月20日发布了第一批共4个指导性案例至今，已发布10批共52个指导性案例，其中包括9个行政指导性案例。这些指导性案例是严格依照《最高人民法院关于案例指导工作的规定》确立的标准和程序，从各高级人民法院推荐的案例中精选出来的。它们不同于以往任何单位和部门发布的案例，也不同于最高人民法院以往发布或者刊发的各类案例，主要体现在三个方面：一是名称不同，二是程序要求不同，三是指导效力不同。正式建立指导性案例制度，是深入推进司法改革创新的重要举措，指导性案例所确定的裁判要点，对人民法院审理类似案件、作出裁判具有指导效力，法官在审判类似案件时应当参照，且可作为裁判文书的说理依据引用。这实际上是我国逐步走向有所适用判例、逐步建立中国特色的判例法制度的重要过渡步骤，是开始注重认知和运用条理法的一种表现。参见莫于川：《试论条理法在调整特别权力关系中的作用——以公立高校管理行为争议解决机制为例》，载《河南财经政法大学学报》，2014（3）。

车拖离，并依据《中华人民共和国道路交通管理条例》（以下简称《道路交通管理条例》）[①] 第75条规定，处以罚款200元。赵某某称他的车停放在规划好的停车位，不符合事实，其停车位置是人行道，不是经有关部门批准的停车位，我局作出的处罚是合法的，请求人民法院判决维持。

法院审理查明，2002年9月6日下午，原告赵某某将其驾驶的车辆停放在桐柏路与陇海路交叉口北约200米处西侧后，离开车辆。被告郑州市城市管理行政执法局以原告将车辆停放人行道上，车无人看管，车停放位为非机动车停车场，本路段为禁停路段为由将车辆拖走。在诉讼中，被告提供一份勘验笔录，但勘验笔录中注明的勘验时间2002年9月6日与勘验人签署的时间2002年9月5日不一致，登记的勘验人与盖执法印章的勘验人不一致。2002年9月7日，被告工作人员对原告进行了询问，制作了询问笔录，笔录中赵某某承认当时不在车上，对被告可能要作出的处罚要求进行陈述和申辩，随后，被告工作人员对原告的陈述和申辩制作了笔录，赵某某申辩称当时车停在划有机动车停车位的位置，并有中原区车管会人员看管收费。被告没有提供证据证明已对赵某某的该申辩进行了复核，于同日作出（郑执法）罚款字（2002）第31号行政处罚决定书，决定书载明："赵某某，经立案调查，你于2002年9月6日在陇海路与桐柏路口西实施违章停放的行为，有勘验笔录、询问笔录为证，违反了《道路交通管理条例》第61条规定，根据《道路交通管理条例》第75条规定，本局决定予以罚款200元处罚。"

法院认为，被告郑州市城市管理行政执法局2002年9月7日作出的（郑执法）罚款字（2002）第31号行政处罚决定，引用《道路交通管理条例》，该条例规定有关处罚由公安机关实施，被告作出的行政处罚决定只引用该条例，没有引用其是否有权执行、实施该《条例》第75条的依据。被告提供的勘验笔录注明的勘验时间与勘验人签署的勘验时间不一致，勘验人员的签名与印章不一致，对被告该勘验笔录的证据效力不予认定。原告陈述、申辩称当时车停在划有机动车停车位的位置，被告应当认真听取原告的陈述和申辩，被告没有提供证据证明已对原告提出的申辩事实和理由进行了复核，应当认定被告没有进行复核。被告制作的行政处罚决定书中认定原告有违章停放的行为，只是对原告的行为进行了定性，没有载明其违反法律、法规或规章的事实。因此被告作出的行政处罚决定认定事实不清，主要证据不足。被告没有提供证据证明其在作出行政处罚决定前向原告告知了作出行政处罚决定的事实、理由和依据，应当认定其在作出行政处罚决定前没有告知作出该行政处罚决定的事实、理由和依据，被告也没有提供证据证明作出该行政处罚决定已经行政机关负责人决定，被告该罚款行政处罚决定程序违

---

① 我国已经于2003年10月通过了《中华人民共和国道路交通安全法》，并于2004年5月1日实施，《中华人民共和国道路交通管理条例》已被废止，但本案发生在2002年适用的是该条例。

法。《道路交通管理条例》第 75 条共有 4 项，每一项都规定了不同类型的违法行为，其中第 4 项规定，“不按规定停车或车辆发生故障不立即将车移开，造成交通严重堵塞的”违法情况，该项规定的含义应是“不按规定停车造成交通严重堵塞或车辆发生故障不立即移开造成交通严重堵塞”的情形。被告行政处罚决定引用《道路交通管理条例》第 75 条，既没有指明适用的是该条哪一项，也没有提供证据证明原告有不按规定停车造成交通严重堵塞的行为。因此被告作出该行政处罚决定适用法律、法规错误。行政处罚应当坚持处罚与教育相结合，教育公民、法人或其他组织改正其违法行为，自觉守法，实施行政处罚行为应当以事实为依据，与违法行为的事实、性质、情节以及社会危害程度相当，并应当责令当事人改正或限期改正违法行为，同样，被告不能证明其罚款行政处罚决定行为已履行了上述法定义务，遵守了上述法定原则。综上，被告郑州市城市管理行政执法局 2002 年 9 月 7 日作出的（郑执法）罚款字（2002）第 31 号行政处罚决定认定事实不清，主要证据不足，适用法律、法规错误，程序违法。

法院依照《行政诉讼法》（1989 年）第 54 条第 2 项第 1 目、第 2 目、第 3 目，《行政处罚法》第 3 条第 2 项、第 4 条第 1 款、第 5 条、第 23 条、第 31 条、第 32 条、第 39 条第 1 款第 2 项、第 41 条，《行政诉讼法若干解释》（2000 年）第 57 条第 2 款第 3 项之规定，判决确认被告郑州市城市管理行政执法局 2002 年 9 月 7 日作出的（郑执法）罚款字（2002）第 31 号行政处罚决定无效。[①]

【案例分析】

职权法定、越权无效是行政法的一个基本原则，它要求行政机关的职权由法律明确规定，各级行政机关应该在自己的职权范围内作出行政处理行为。行政机关超越职权作出的行政处理是无效的。《行政处罚法》第 15 条规定：“行政处罚由具有行政处罚权的行政机关在法定职权范围内实施。”根据《道路交通管理条例》第 8 条的规定，违反该条例的由各级公安机关进行处罚，因此，郑州市城市管理行政执法局适用该条例对原告赵某某的停车行为进行处罚是明显的超越自己的执法职权，行政行为是无效的。

行政处理行为的作出应该建立在有充分事实依据的基础之上，应该有充分的证据证明事实确实存在，否则就会构成行政行为的重大瑕疵。《行政处罚法》第 4 条第 2 款规定：“设定和实施行政处罚必须以事实为依据，与违法行为的事实、性质、情节以及社会危害程度相当。”第 30 条规定：“公民、法人或者其他组织违反行政管理秩序的行为，依法应当给予行政处罚的，行政机关必须查明事实；违法事实不清的，不得给予行政处罚。”本案中，由于郑州市城市管理行政执法局并没有固定有关的证据，难以证明原告赵某某有违章停放车辆的事实。因而，法院最终认定其作出的行政处罚决定认定事实不清，主要证据不足。

---

① 参见河南省郑州市中原区人民法院（2002）中行初第 128 号行政判决书。

行政处理行为的作出还要符合法定程序的要求，否则也会构成违法，重大的程序违法也会导致行政行为无效的法律后果。《行政处罚法》第3条规定："公民、法人或者其他组织违反行政管理秩序的行为，应当给予行政处罚的，依照本法由法律、法规或者规章规定，并由行政机关依照本法规定的程序实施。没有法定依据或者不遵守法定程序的，行政处罚无效。"而且《行政处罚法》第31条、第32条和第41条专门规定，作出行政处罚时，行政机关应该履行告知的义务并且应该听取当事人的陈述和申辩，否则会导致行政行为的无效。本案中也没有证据证明郑州市城市管理行政执法局履行了这些义务，遵循了这些程序规定。

【法律背景】

《行政处罚法》第三条、第四条第二款、第十五条、第三十条、第三十一条、第三十一条、第四十一条；

《道路交通安全法》第五条。

案例二：

【案例介绍】

原告：上蔡县和店粮食管理所（以下简称和店粮所）。地址：和店集。

被告：上蔡县建设局。地址：上蔡县蔡都镇南环一路西段。

原告不服被告2002年12月20日作出的（2002）罚字第495号行政处罚决定，于2003年1月8日向法院提起行政诉讼。

原告诉称，被告的行为是没有事实依据，没有法律依据，违反法定程序，适用法律错误，滥用职权的重复处罚行为，应当依法撤销。

被告辩称，2002年3月18日，该单位行政执法人员通过到原告单位现场拍照、了解掌握了原告未签订管线安装、铺设合同，擅自交由不具备相应资质等级的施工人员随意施工的基本事实。依据上述违法事实，曾于2002年3月26日对原告作出过（2002）罚字第422号行政处罚决定，后形成诉讼，一审、二审法院均认为：行政处罚程序遗漏了听证程序，撤销了原422号行政处罚决定。并判决重新作出具体行政行为，因此作出第495号行政处罚决定，符合相关法律规定，不是滥用职权重复处罚。该行政处罚程序合法规范，根据行政处罚法的规定，先后作了立案，权利告知，听证告知等，由于原告消极拒收，只有采取留置送达的形式，送达相关文书，原告放弃相关陈述、申辩及听证权利，最后作出第495号行政处罚决定。而且对原告处罚适用法律、法规正确适当。原告将线路及管道安装、铺设工程交由本单位职工自行施工，且未签订合同，该行为违反了《河南省建设工程质量管理条例》第17条第1款的规定，属违法行为，因此，依据该《条例》第44条第1款第1项的规定，对其处罚是合法和适当的。综上请求法院依法维持对原告的处罚。

法院查明：2002年3月18日，被告单位执法人员对原告院内竣工的办公楼进行了现场勘验，认定原告擅自将安装工程指定给无资质证书者施工并随后作出了（2002）罚字第422号行政处罚决定书，决定对原告处罚：（1）补办手续；（2）罚款10 000元。原告不服，提起行政诉讼，一审法院以被告对原告处罚缺少事实依据，事实不清，证据不足，程序违法为由，判决撤销了被告的（2002）罚字第422号行政处罚决定书。并判决被告在30日内重新作出具体行政行为。原告不服，认为判决被告重新作出具体行政行为没有法律依据，提出上诉。二审法院维持了一审法院的判决。2002年12月15日被告重新立案。在立案审批表中记载，2002年12月15日经上蔡县建设局城建监察大队张全胜、王春节在和店粮所巡查时发现和店粮所新建办公楼线路及院内供水设备安装时，没有确定资质等级，签订承包合同，擅自施工。申请立案查处，同日批准立案，在没有调取任何新的证据，行政机关负责人亦未对调查结果进行审查的情况下，于2002年12月20日作出了（2002）罚字第495号行政处罚决定，认定原告新建办公楼线路及院内供水设备安装时，没有确定资质等级，签订承包合同，擅自施工，该行为违反了《河南省建设工程质量管理条例》第17条第1款的规定。根据该《条例》第44条第1款第1项的规定，决定对原告处罚：（1）责令改正；（2）罚款10 000元。原告不服起诉来院，庭审中原告撤回要求被告赔偿经济损失的诉讼请求。

法院认为，被告在一审、二审均认定对原告处罚事实不清，证据不足的情况下，再次对原告处罚于法无据，在本案中，本是2002年3月18日发现的案情又编造为2002年12月15日在巡查时发现，且没有进行任何调查，行政机关负责人亦没有对案情进行审查，违反了《行政处罚法》第38条的规定，属程序违法，适用《河南省建设工程质量管理条例》第44条第1款第1项的规定，对原告处罚没有事实根据，属适用法律错误，根据《行政诉讼法》（1989年）第54条第2项第1目、第2目、第3目之规定，判决如下：撤销2002年12月20日被告作出的（2002）罚字第495号行政处罚决定书。①

【案例分析】

行政机关作出行政行为，尤其是侵益性的行政行为应该符合法律规定，这是法治国家的基本要求。这里所讲的符合法律规定不仅包括实体法的规定也包括程序法的规定，否则行政行为的效力就会受到质疑，可能会导致行政行为无效或被撤销的法律后果。本案中上蔡县建设局于2002年3月18日作出的（2002）罚字第422号行政处罚决定书已被法院以缺少事实依据，事实不清，证据不足，程序违法为由撤销。后来，上蔡县建设局针对同一事实又于2002年12月20日作出了（2002）罚字第495号行政处罚决定，在作出这一处罚的时候虽然遵循了立案、权利告知、听证告知等程序，但是针对“缺少事实依据，事实不清，证据不足”的缺陷和不足并没有进行补充的调查，显然违反了《行政处罚法》第36、37、

---

① 参见河南省上蔡县人民法院（2003）上行初字第5号行政判决书。

38条规定的对于应处罚的行为和事实应该进行全面、客观的调查的程序要求。

【法律背景】

《行政处罚法》第三十六条、第三十七条、第三十八条。

《河南省建设工程质量管理条例》第十七条第一款　建设单位应当根据工程特点和技术要求，依法招标，确定相应资质等级的勘察、设计、施工、监理单位承担工程业务，并依法签订承包合同，明确质量责任，严禁任何单位和个人以任何名义，任何形式干预正当的招标投标活动。

第四十四条第一款第一项　建设单位违反本条例规定有下列行为之一的，由县级以上建设行政主管部门责令改正，可以处五千元以上，三万元以下罚款。情节严重的，由有关部门对其主管责任人和直接责任人给予行政处分；构成犯罪的依法追究刑事责任：（一）未依法招标或将建设工程发包给不具有相应资质条件的勘察、设计、施工、监理单位的；（二）……

【知识点介绍】

行政处理行为是行政主体为实现行政目的，而依当事人的申请或者依职权依法处理涉及特定相对人权利义务的具体行政行为。行政处理行为必须是行使行政权的行为，或者说基于行政权而作出的行为。

行政处理行为的法律特征主要包括：（1）单方意志性。行政主体作出行政处理，是依法在法定职权、授权范围内而为，无须与相对人协商或征得对方的同意。即使行政相对人的行政参与也不会改变行政行为的单方性（2）强制性。行政处理行为是行政权行使的表现。行政权力作为一种国家权力形态，具有支配他人和强制他人服从的力量。就行政主体而言，这种强制性表现为行政主体作出意思表示的法定性，不以意思自治为原则。就行政相对人而言，这种强制性表现为19世纪行政法学上所说的服从和遵守，以及20世纪行政法学上所说的配合。行政行为对行政相对人的强制性是行政行为单方性的保障。（3）无偿性。民事法律行为是以等价交易、有偿服务为原则的。行政行为尽管也是一种服务，但却是一种通过实施法律来实现的公共服务，一般来讲是无偿的。（4）对象的特定性。行政处理是针对特定的相对人作出的，直接影响特定人的权利义务。

行政处理的成立要件，是指构成一个行政处理所必须具有的条件，是从性质上区别行政处理与其他行为或非行政处理的标准。行政处理的成立必须具备主体、权力、法律和形式四个必要要件：（1）主体要件。行政处理的主体必须具有行政主体资格，即行为主体是能够以自己的名义实施行政管理并承担由此产生法律后果的组织。一般情况下，只有行政机关才能作出行政处理，但有法律法规授权的情况下，被授权的组织在其授权范围内可以作为行政主体作出行政处理，行政机关和被授权的组织也可以委托其他组织作出行政处理，被委托组织在委托的范围内也可以以委托机关的名义作出行政处理。除上述行政机关、被授权的组织外，其他任何机关和组织都不能作出行政处理。（2）权力要件。行政处理是行使行政职权、实施行政管理的行为。行政主体是否行使行政权力作出行为，是行政处理与民事行为区别的关键。（3）法律要件。行政处理是能够产生直接法律效果的行为，即能够直接产生、变更或消灭相对人的权利义务。（4）形式要件。行政处理是行政主体内在意思的外在表现。行政处理的表现形式主要有四种：一是口头形式，二是书面形式，三是动作形式，四是默示形式。行政处理的表现形式是行政处理成立的一个必要条件。

行政处理的成立是其生效的前提，但成立的行政处理并不必然地合法有效；而合法有效的行政处理却必然是已成立的行政处理，必然包含所有的构成要素；未成立的行政处理，则意味着其根本不存在，自然也就不用谈其效力。

行政处理的生效要件，包括行政处理主体合法，行政处理权限合法，行政处理依据合法，行政处理内容合法，行政处理程序合法，行政处理形式合法。

行政处理的效力，是指行政处理所具有以国家强制力为保障的约束力。包括公定力、确定力、拘束力、执行力。它们既相互独立又相互依存，共同组成了行政处理的完整效力内容。公定力是指行政处理一经成立，在法律上推定其合法有效，任何个人和组织都应当予以承认和尊重，而不得否认与拒绝。公定力是一种推定的法律效力，与行政处理是否真正合法没有必然联系。确定力是指有效成立的行政处理，具有不可随意变更力和不可争执力，前者主要是针对行政主体而言的，指行政处理已经作出，行政主体非经法定的程序和理由不得随便变更；后者主要是针对行政相对人而言的，是指行政处理作出后经过法定的复议或诉讼期限后，相对人不得再对其效力提出异议。拘束力是指行政处理主体和行为相对人所具有的服从、遵守的约束效力。执行力是指行政处理合法有效成立后，行政主体依法有权采取一定手段，使行政处理得到实现的效力。

行政处理的无效是指行政处理自始不产生法律效力，属于绝对无效。有权国家机关可宣布该行为无效。一般来讲，符合以下几种情况的行政处理是无效的：行政处理具有特别重大的违法情形或具有明显的违法情形；行政主体不明确或明显超越相应行政主体职权的行政处理；行政主体受胁迫作出的行政处理；行政处理的实施将导致犯罪；没有可能实施的行政处理。行政处理无效的法律结果：行政相对方可在任何时候请求有权国家机关，如行为机关、行为机关的上级机关、人民法院宣布该行为无效；有权国家机关可在任何时候宣布相应行政处理无效；行政处理被宣布无效后，行政主体通过该行为从行政相对方处所获取的一切（如罚没款物等）均应返还相对方。

行政处理的撤销是指在相应的行为具备可撤销的情形下，由有权国家机关作出撤销决定而使之失去法律效力。引起行政处理撤销的原因主要有两类：一是行政处理因违法即不符合法定要件而被撤销；二是行政处理因自由裁量严重违法，即滥用职权，特别是畸轻畸重，也会被撤销。

行政处理的补正是指对程序或形式违法但轻微的行政处理，通过事后弥补其违法性，使之成为合法的行为。

第二节　行政许可

案例一：

【案例介绍】

上诉人（原审原告）：代某某，男，住重庆市江北区。

被上诉人（原审被告）：重庆市江北区卫生局，住所地：重庆市江北区建新东路。

原审法院经审理查明，2004 年 8 月 4 日，原告向被告提出开办个体诊所的申请，同日，被告作出《关于不予批准代某某申请开办个体诊所的说明》，依据《重庆市医疗机构管理条例》和《江北区医疗机构设置规划》的规定，以江北区现有医疗机构达 400 余家，能满足江北区人民群众的基本医疗需求，现已停止各种诊所的设置审批为由，对原告的申请暂不予审批。原告不服，向重庆市卫生局申请复议，重庆市卫生局维持被告作出的《关于不予批准代某某申请开办个体诊所的说明》。原告以被告不履行法定职责为由向法院提起诉讼。

原审法院经审理认为，被告系江北区卫生行政主管部门，负有对原告要求开办个体诊所的申请进行审查的职责。被告受理原告的申请后，以原告的申请不符合《江北区医疗机构设置规划》的要求，作出《关于不予批准代某某申请开办个体诊所的说明》，即被告针对原告的申请作出了相应的具体行政行为。原告因对被告作出具体行政行为内容有异议，便认为被告没有履行法定职责的理由不成立。原告认为其申请符合法定条件，被告作出的该决定违法，可就该决定提起诉讼，而不能以被告未许可即是不作为为由，要求被告履行法定职责。在诉讼中，经法院释明，原告仍坚持其诉讼请求。故判决：驳回原告的诉讼请求。

二审法院认定的案件事实与原判无异。

二审法院认为，被上诉人重庆市江北区卫生局作为江北区卫生行政主管部门，具有对要求开办个体诊所的申请进行审查的法定职责。重庆市江北区卫生局受理上诉人代某某的申请后，根据《重庆市医疗机构管理条例》和《江北区医疗机构设置规划》，对代某某的申请不予以审批。被上诉人作出的《关于不予批准代某某申请开办个体诊所的说明》，是针对代某某申请开办个体诊所进行初审后作出不予批准的书面说明，同时也是对代某某的申请作出的相应具体行政行为。因此，重庆市江北区卫生局履行了法律、法规赋予的对开办个体诊所进行审查的职责。至于重庆市江北区卫生局作出的《关于不予批准代某某申请开办个体诊所的说明》适用法律、法规是否正确，程序是否合法则是另一诉讼问题。上诉人不能因为对被上诉人作出的具体行政行为内容有异议，而否认被上诉人针对上诉人的申请履行了法定审查职责。因此，原审判决驳回上诉人要求履行法定职责的诉讼请求并无不当。上诉人的上诉理由不能成立。

据此，二审法院依照《行政诉讼法》第 61 条第 1 项的规定，判决：驳回上诉，维持原判。①

【案例分析】

行政许可是对法律一般禁止的解除，有些禁止的解除会受到事项和数量的限制，以满足公共利益和秩序的需要。一般来讲，行政许可要经过以下程序；当事人提出申请；申请的形式要件审查与受理；调查、核实是否符合行政许可的条件；行政机关批准申请或不批准申请。因此，无论是批准许可还是不批准许可都是行政许可过程中可能的结果。对于不准许行政许可的决定，相对人可以进行行政复议或进行行政诉讼。对此，我国《行政许可法》第 38 条明确规定："申请人的申请符合法定条件、标准的，行政机关应当依法作出准予行政许可的书面决定。行政机关依法作出不予行政许可的书面决定的，应当说明理由，并告知申请人享有依法申请行政复议或者提起行政诉讼的权利。"因此，只要行政机关遵循以上的程序，无论是批准许可还是不批准许可都履行了自己行政许可的法定职责。本案中重庆市江北区卫生局遵循了《行政许可法》的规定，不批准代某某申请开办个体诊所的申请不属于不履行法定职责的情形，对于该不批准决定代某某完全可以另行提起行政诉讼审查其合法性。

【法律背景】

《行政许可法》第三十八条；

《重庆市医疗机构管理条例》第九条市卫生行政部门负责下列医疗机构的设置审批：（一）一百张床位以上的综合医院、中医医院、中西医结合医院、民族医院、疗养院和康复医院；（二）专科医院、妇幼保健院（所）、急救中心（站）；（三）专科疾病防治院（所）。区、县（自治县、市）卫生行政部门负责本辖区内除前款以外的其他医疗机构的设置审批。

第十条　单位或个人设置医疗机构应按本条例第九条规定的审批权限，向卫生行政部门提出申请，卫生行政部门应自收到申请之日起三十日内作出决定。批准的，发给《设置医疗机构批准书》；不予批准的，应书面说明理由。区、县（自治县、市）卫生行政部门审批发给《设置医疗机构批准书》，应同时报市卫生行政部门备案。

案例二：

【案例介绍】

上诉人（一审被告）：虞城县卫生局。

被上诉人（一审原告）：张某某，住虞城县城关镇公安路。

一审法院认定，原告张某某经评审取得了主治医师的任职资格且已执业多年，申请设置医疗机构从事个体行医已具备条件，可以向所在地县级人民政府卫

---

① 参见重庆市第一中级人民法院（2004）渝一中行终字第 415 号行政判决书。

生行政部门申请，现其向被告虞城县卫生局提出设置医疗机构申请书等有关材料，被告应按规定进行审核后作出具体行政行为，遂判决被告虞城县卫生局在判决生效后30日内对原告要求办理《医疗机构执业许可证》的申请作出具体行政行为。

上诉人虞城县卫生局不服一审判决，以没有收到过被上诉人张某某的申请材料，作出具体行政行为没有前提条件，一审法院认定事实不清，适用法律错误为由提起上诉，请求撤销一审判决。被上诉人张某某辩称，其多次拿相关申请材料到上诉人处找领导及有关部门递交，均被拒绝接受且没有对其作出批准或不批准的答复，一审判决认定事实清楚，适用法律正确，请求维持一审法院的判决。

经审理查明，被上诉人张某某于1988年获得主治医师资格，后从单位辞职。自2000年上半年开始，其多次找到上诉人虞城县卫生局领导及有关人员反映要求开办私人诊所，并填写了设置医疗机构申请表及其他有关材料申请办理《医疗机构执业许可证》。因其拟开设诊所相距虞城县李老家乡卫生院较近，该院向卫生局反映将对其业务产生影响，上诉人虞城县卫生局遂口头答复被上诉人待问题协调好后再说，申请表亦无人收取，二审诉讼期间，被上诉人又在法庭正式向虞城县卫生局提交申请。

二审法院认为：被上诉人张某某向上诉人虞城县卫生局提出办理《医疗机构执业许可证》的申请，虞城县卫生局应按国务院《医疗机构管理条例》的有关规定进行审核后在一定期限内作出批准或不批准的答复。一审判决由虞城县卫生局在规定期限内作出具体行政行为并无不当，上诉人理由不能成立，依法不予支持。

二审法院根据《行政诉讼法》（1989年）第61条第1项之规定，判决如下：驳回上诉，维持原判。①

【案例分析】

本案的案情和上一个案例相似，都是公民个人申请医疗机构的许可，而且诉请法院的理由都是卫生行政机关不作为。但是本案的情形和上一案例有明显的不同：上一个案例中卫生行政机关在收到当事人申请后，按程序进行了审查、核实，并且作出了不予批准的决定，实际上已经履行了自己的职责，进行了作为。而本案中的虞城县卫生局实际上是以长期不予答复的方式拒绝履行自己行政许可的职责。张某某形成书面材料进行申请，具备合法申请的形式要件。在本案中，虞城县卫生局虽没有收取张某某的申请材料，但在张多次口头和书面申请后，虞城县卫生局以待协调好问题后再说的答复，证明该局实际已知并受理了张的申请，该局提出没有收到张某某的申请无法作出具体行政行为的理由显然是不能成立的。虞城县卫生局在事实上受理了张某某的申请后，并没有按照《行政许可法》的要求对该申请进行审查、核实，并进而作出批准和不批准的决定，因而没有尽到履行自己职责的义务。国务院颁发的《医疗机构管理条例》第12条也明确规定，卫生行政部门受理申

---

① 参见河南省商丘市中级人民法院（2001）商行终字第6号行政判决书。

请人的设置申请后，应在30日内作出批准或不批准的答复。但是虞城县卫生局未在该条例规定的时间内针对张某某的申请作出批准或不批准的决定，已经构成了不作为。

【法律背景】

《行政许可法》第三十二条、第三十四条；《医疗机构管理条例》第十五条、第十二条。

【知识点介绍】

行政许可，是指在法律规范一般禁止的情况下，行政主体根据行政相对人的申请，经依法审查，通过颁发许可证或者执照等形式，依法作出准予或者不准予特定的行政相对人从事特定活动的行政行为。

行政许可是一种行政行为。一般来讲，行政许可具有以下特征：行政许可是依申请的行政行为；行政许可是对一般禁止进行解除的行政行为；行政许可是授益性行政行为；行政许可是要式行政行为。

《行政许可法》将行政许可分为“普通许可”、“特许”、“认可”、“核准”、“登记”五类。普通许可是行政机关确认自然人、法人或者其他组织是否具备法定条件的许可方式。它是实践中运用最广泛的一种行政许可。特许是基于行政、社会或经济的特殊需要，将本来属于国家的特殊权利或权力赋予相对人的许可方式。认可是由行政机关对申请人是否具备特定技能的认定，主要适用于为公众提供服务、直接关系公共利益并且要求具备特殊信誉、特殊条件或者特殊技能的资格、资质的事项。核准是行政机关对某些事项是否达到特定技术标准、经济技术规范作出判断、确定的许可方式。登记是行政机关确立个人、企业或者其他组织的特定主体资格的许可方式。

行政许可的撤销，是指作出行政许可决定的行政机关或者其上级行政机关，根据利害关系人的请求或者依据其职权，对行政机关及其工作人员违法作出的准予行政许可的决定，依法撤销其法律效力的行为。

注销行政许可，是指基于特定事实的出现，而由行政机关依据法定程序收回行政许可证件或者公告行政许可失去效力。为了维护正常的行政管理秩序，维护市场交易安全，在出现特定事实而使行政许可失去效力的时候，行政机关就应该办理有关手续、注销行政许可，向社会公示行政许可失去效力的事实。已经作出的行政许可决定自注销决定生效之日起失去效力，公民、法人或者其他组织继续从事该项活动的行为属于违法行为。

第三节　行政处罚

案例一：

【案例介绍】

原告：孔某某，住深圳市南山区。

被告：深圳市规划与国土资源局南山分局，住所地：深圳市南山区深南大道。

原告孔某某不服被告深圳市规划与国土资源局南山分局要求其限期拆除违法建筑的深规土南监字［2003］第12号《行政处罚决定书》，诉至法院。

原告孔某某诉称：(1) 被告作出的具体行政行为程序违法。原告于2003年8月12日同时收到《行政处罚权利告知书》和《行政处罚决定书》。而《行政处罚权利告知书》和《行政处罚决定书》作出的时间分别为8月12日和8月18日，此行为剥夺了原告陈述、申辩和举证权。2003年8月21日，被告在《南山日报》上刊登了《行政处罚决定书》，作出的日期又为2003年8月16日。因此，《行政处罚决定书》是被告违反程序作出的具体行政行为，依法不能成立。(2) 被告对原告的处罚不当。理由：1) 原告取得土地使用权的方式具有特殊性。原告所建建筑物所在地块是广州军区从南山村租来土地供原告使用。2) 原告所建房虽然影响了城市规划，但依法可采取改正措施，没有必要拆除。原告所建两栋住宅未对城市规划造成破坏性影响，可以通过补办有关手续予以改正。3) 原告所建房屋属永久性建筑，质量良好，投资巨大，如强行拆除，将会造成社会资源的巨大浪费。4) 原告所建建筑物所在地是南山村村民集体所有的历史用地，南山村希望保留该建筑作为村民福利活动中心。5) 根据深南处违建办（2003）6号文，原告所建房屋符合该文关于补划用地红线的工作“方案二”所述情况。根据该方案，对于原告所建房屋，应当按建成的现状，参照《土地管理法》的有关规定予以适当处罚。综上所述，原告认为被告作出《行政处罚决定书》程序违法，并且，对原告处罚过重。为此，请求法院判令：(1) 撤销深规土南监字［2003］第12号《行政处罚决定书》；(2) 由被告承担本案诉讼费。

被告深圳市规划与国土资源局南山分局依法递交了答辩状，并在庭审中辩称：(1) 被告具体行政行为事实清楚、证据充分，程序合法。2003年2月，被告通过巡查发现原告兴建违法建筑物，遂于2003年3月7日向原告发出《停止违法行为通知书》，责令其立即停工，但原告仍继续抢建。2003年8月12日，被告向原告发出《行政处罚权利告知书》，告知其作出行政处罚的事实、理由及依据，以及原告依法享有的权利。由于原告既未在规定期限内行使陈述、申辩权，又未停止违法行为，被告遂于2003年8月18日正式向原告发出《行政处罚决定书》，责令其限期自行拆除违法建筑。被告上述具体行政行为的作出及送达当事人的程序是符合法定程序的。(2) 原告在诉状中对房屋由来的解释不能作为其违法行为的抗辩事由。该地块已规划用作南山区公园用地，不允许兴建住宅楼，该违法建筑已对城市规划造成破坏性的严重影响，不属于可以采取罚款及限期改正方式处罚的范畴。(3) 被告具体行政行为依据的法律、法规正确，处罚适当。被告作出具体行政行为所依据的法律有：《中华人民共和国城市规划法》（以下简称《城市规划法》，已失效）、《深圳经济特区规划土地监察条例》、《行政处罚法》。综上所述，被告作出的具体行政行为事实清楚、适用法律正确，符合法定程序。

法院认定以下事实，2003 年 2 月，被告监察人员在例行巡查过程中，发现原告在南山区荔庭苑西侧荔枝林内兴建未经报建的违法建筑物，该地块规划为市政公园。被告遂于 2003 年 3 月 7 日向原告发出《停止违法行为通知书》（30045 号），责令其立即停止施工，但原告并未停止施工。为此，被告又于同年 8 月 12 日向原告发出《行政处罚权利告知书》（深规土南告字［2003］第 14 号）。2003 年 8 月 18 日，被告根据《城市规划法》第 42 条的规定，向原告发出《行政处罚决定书》（深规土南监字［2003］第 12 号），限期自行拆除违法建筑。原告对此不服，认为被告作出行政处罚程序违法，而且处罚过重，遂于 2003 年 10 月 30 日向本院提起诉讼。

法院认为，原告在南山区荔庭苑西侧荔枝林内兴建建筑物前，未向城市规划行政主管部门申请批准，且不能举出其建筑物为合法有效的证据，其建房行为是违法的，也不符合城市规划相关规定。原告诉称被告违反法定程序于 2003 年 8 月 12 日同时向其送达了《行政处罚权利告知书》及《行政处罚决定书》，剥夺其陈述、申辩和举证的权利，因缺乏相关事实依据，本院不予采信。被告依职权并按法定程序于 2003 年 8 月对原告兴建的违法建筑物作出强制拆除的具体行政行为，适用法律、法规正确，符合法定程序，处罚适当。依照《行政诉讼法》（1989 年）第 54 条第 1 项之规定，判决如下：维持深圳市规划与国土资源局南山分局深规土南监字［2003］第 12 号《行政处罚决定书》。①

【案例分析】

本案涉及对于行政处罚的理解，即什么行为是行政处罚行为？在本案中，深圳市规划与国土资源局南山分局针对原告孔某某的违章建筑制作了《行政处罚决定书》，虽然该决定冠以“行政处罚”之名，但是在行政法学的意义上是不是属于行政处罚行为是值得探讨的。行政处罚，是指行政主体为对违法者予以惩戒，依法对行政相对人违反行政法律规范尚未构成犯罪的行为，给予人身的、财产的、名誉的及其他形式的法律制裁的行政行为。行政处罚行为本质上是对相对人违法行为的惩戒和制裁。根据《行政处罚法》第 8 条的规定，行政处罚的种类包括：（1）警告；（2）罚款；（3）没收违法所得、没收非法财物；（4）责令停产停业；（5）暂扣或者吊销许可证、暂扣或者吊销执照；（6）行政拘留；（7）法律、行政法规规定的其他行政处罚。本案中，深圳市规划与国土资源局南山分局作出的所谓的《行政处罚决定书》责令原告孔某某限期拆除违法建筑，显然并不在《行政处罚法》规定的、类型化的行政处罚种类之内。那么是不是属于第（7）项规定的“法律、行政法规规定的其他行政处罚”呢？从本质上分析也不属于。因为行政处罚是对相对人违法行为的制裁，而本案中相对人虽然也有违法行为在先，但是“责令限期拆除违法建筑”并不是对于违法的制裁，而是恢复到违法前的状态，本质上应该属于行政命令的范畴。国务院法制办公室还

---

① 参见广东省深圳市南山区人民法院（2003）深南法行初字第 54 号行政判决书。

专门对此进行过解释，认为根据《行政处罚法》第 23 条关于“行政机关实施行政处罚时，应当责令改正或者限期改正违法行为”的规定，《城市规划法》第 40 条规定的“责令限期拆除”，不应当理解为行政处罚行为，系行政处罚前的监管行为。

【法律背景】

《行政处罚法》第八条；

《关于“责令限期拆除”是否是行政处罚行为的答复》（国务院法制办公室秘书行政司国法秘函［2000］134 号，2000－12－01）

四川省人民政府法制办公室：你办《关于“责令限期拆除”是否是行政处罚行为的请示》（川府法［2000］68 号）收悉。经研究，现函复如下：根据《行政处罚法》第二十三条关于“行政机关实施行政处罚时，应当责令改正或者限期改正违法行为”的规定，《城市规划法》第四十条规定的“责令限期拆除”，不应当理解为行政处罚行为。

《城市规划法》第四十条。

案例二：

【案例介绍】

原告：浚县黎阳面馆。

被告：浚县公安消防大队

被告浚县公安消防大队查明浚县黎阳面馆未按照该大队 2002 年 4 月 18 日下发的浚公消限（2002）第 18 号《责令限期改正通知书》要求的改正期限消除火灾隐患。2002 年 6 月 28 日，浚县公安消防大队根据《中华人民共和国消防法》（以下简称《消防法》）第 43 条和《河南省消防条例》第 46 条之规定作出（浚）公消行决字（2002）第 35 号公安行政处罚决定书。决定给予黎阳面馆停业、并处罚款 2 万元的处罚。

原告浚县黎阳面馆诉称：2000 年春，原告面馆开业，为安全顺利经营，面馆房屋结构、炉灶、通道设置均按消防安全进行布局。2002 年 4 月，被告到原告面馆检查，给原告提出整改意见。接通知后，原告负责人积极行动，按要求购置配置，并三次找被告对原告整改的楼梯给予设计，但被告一直未有回复。被告不顾事实，违法对原告进行处罚，侵犯了原告的合法权益，请求人民法院依法撤销被告作出的（浚）公消行决字（2002）第 35 号公安行政处罚决定书。

被告浚县公安消防大队辩称：被告于 2002 年 4 月 18 日给原告送达了整改通知。同年 5 月 28 日被告对原告进行复查，发现原告对其提出的火灾隐患一条未改，按照国家《建筑设计防火规范》第 5.3.13 条规定，面馆楼梯的宽度不应小于 1.1 米，而该单位楼梯宽度仅为 0.89 米。根据法律规定，整改火灾隐患是原告的职责，被告只有监督的职责，没有为其代为设计的义务。在处罚以前，曾经向原告送达告知权利通知书，有浚公消听告字（2002）第 47 号告知听证权利通知书及送达回证为证。原告提出的诉讼理由不成立，被告对原告作出的处罚决定，事实清楚，证据充分，程序合法，应依法予以维持。

法院查明：2002年4月18日，被告浚县公安消防大队对原告进行了消防监督检查，发现原告存在违反消防法规的行为，已构成火灾隐患，当日，被告向原告送达了《责令限期改正通知书》，责令原告在2002年5月28日前改正，2002年5月28日，被告派员对原告的整改情况进行复查，发现原告对《责令限期改正通知书》中提出的五点问题在限期内仍未整改，不符合要求，并绘制了原告一楼、二楼的平面图。2002年6月25日，被告浚县公安消防大队向原告送达了告知权利通知书和告知听证权利通知书，但原告在指定的期限内未进行陈述和申辩，也未提出要求听证的申请。2002年6月28日，被告浚县公安消防大队作出（浚）公消行决字（2002）第35号公安行政处罚决定书。原告不服该行政处罚决定，起诉来院。

法院认为：被告浚县公安消防大队对原告进行消防监督检查，提出了原告存在的火灾隐患，并责令原告限期改正。被告在对原告整改情况进行复查时，发现原告在限期内仍未整改，于是向原告送达了复查意见书，原告对被告送达的复查意见书予以签收，同时被告浚县公安消防大队绘制的现场平面图亦证明原告违法事实客观存在。原告诉称理由不能成立，本院不予采信。被告依照法定程序向原告送达了告知权利通知书和告知听证权利通知书，在原告放弃权利的情况下，被告依法对原告作出了（浚）公消行决字（2002）第35号公安行政处罚决定，综上，被告对原告作出的行政处罚决定，事实清楚，证据确凿，适用法律、法规正确，符合法定程序。

法院根据《行政诉讼法》（1989年）第54条第1项之规定，判决维持被告浚县公安消防大队作出的（浚）公消行决字（2002）第35号公安行政处罚决定。①

【案例分析】

行政处罚的作出不仅要符合实体法的规定，同时也要符合程序法的要求，这是依法行政原则的基本要求，否则，其合法性和效力就会受到质疑。本案中被告浚县公安消防大队作出的（浚）公消行决字（2002）第35号公安行政处罚决定符合了有关实体法和程序法的规定。首先，原告浚县黎阳面馆有违反消防法的事实在先，那么公安消防大队作为负有管理职权与职责的行政机关，有权对于该违法事实进行调查和处罚。其次，被告在处罚之前依照法定程序向原告送达了告知权利通知书和告知听证权利通知书，履行了《行政处罚法》规定的程序义务。《行政处罚法》第31条规定："行政机关在作出行政处罚决定之前，应当告知当事人作出行政处罚决定的事实、理由和依据，并告知当事人依法享有的权利。"第32条规定当事人有权进行陈述和申辩。在本案中，当事人放弃了陈述、申辩的权利。最后，浚县公安消防大队根据《消防法》和《河南省消防条例》的规定对原告浚县黎阳面馆进行处罚适用法律正确。因此，本案中浚县公安消防大队作出的行政处罚并无不当。

---

① 参见河南省浚县人民法院（2002）浚行初字第67号行政判决书。

【法律背景】

《行政处罚法》第六条、第三十条、第三十一条、第三十二条、第四十一条；《消防法》第四十三条。

《河南省消防条例》第四十六条　营业性场所有下列行为之一的，责令限期改正；逾期不改正的，责令停产停业，可以并处三千元以下三万元以下罚款，并对其直接负责的主管人员和其他直接责任人员处一千元以下罚款；（一）对发现的火灾隐患不及时消除的；（二）不按照国家有关规定配置消防设施和器材的；（三）不能保障疏散通道、仓库、娱乐场所等建筑物内设置员工宿舍的，依照前款的规定处罚。在具有火灾隐患的车间、仓库、娱乐场所等建筑物内设置员工宿舍的，依照前款的规定处罚。

【知识点介绍】

行政处罚，是指行政主体为对违法者予以惩戒，依法对行政相对人违反行政法律规范尚未构成犯罪的行为，给予人身的、财产的、名誉的及其他形式的法律制裁的行政行为。其特点是：行政处罚的主体是具有法定职权的行政主体；行政处罚的对象是有违反行政法律规范行为的行政相对人；行政处罚的目的注重同时对违法者予以惩戒和教育；行政处罚具有制裁性。

行政处罚的设定，是指有关国家机关在法律规范中创设行政处罚的种类的活动，其实质就是某种处罚由哪一个机关通过何种形式来规定。我国行政处罚的设定权的配置主要遵循两个准则：一是符合我国的立法体制，合理分配中央与地方、立法机关与行政机关的设定权；二是从确实保护相对人的合法权益的目的出发，区别行政处罚的不同情况，进行不同层次的设定权分配。行政处罚法所规定的设定权包括创设权与规定权两个方面，创设权是指在没有上位阶法律规范对处罚加以规定的情况下自行规范处罚的权力；规定权是指在上位阶法律规范已对处罚作出规定的前提下作出进一步具体规定的权力，规定权受到已有法律规范的限制，不能超出已有规范所确定的处罚行为、种类和幅度等。

行政处罚的实施主体是指能够享有行政处罚权，进行处罚行为的组织。作为对公民权益影响较大的行政职权，必须对处罚权行使者作严格的规定。行政处罚的法定实施主体包括：

1. 行政机关。行政机关是最主要的行政处罚实施主体。行政处罚权作为行政管理的重要手段，应当由行政机关行使，但并不是任何行政机关都可以行使处罚权，只有由法律、法规和规章明确授权，即依法取得特定的行政处罚权的行政机关才能行使。

除了由单一的行政机关实施处罚外，《行政处罚法》还规定了有关综合执法机关实施处罚的问题，该法明确规定了国务院或者经国务院授权的省、自治区、直辖市人民政府可以决定一个行政机关行使有关行政机关的行政处罚权。综合执法就是将原来由几个行政机关分别行使管理权力的管理领域统一由一个行政机关合并进行管理，其目的是便于精简机构、提高效率、减少职权纠纷。在决定合并的处罚事项上，只要经国务院或者经国务院授权的省、自治区、直辖市人民政府决定的可以行使有关行政机关的处罚权的行政机关，就取得了独立的行政处罚主体的地位，它可以自己的名义实施处罚，并独立地承担法律后果。当然，行政处罚权的合并是在综合管理领域，且不能违背专属处罚的规定，如对限制人身自由的行政处罚权只能由公安机关行使。

2. 法律、法规授权的组织。除行政机关拥有行政处罚权外，经法律、法规授权的组织也可以行使行政处罚权。《行政处罚法》规定："法律、法规授权的具有管理公共事务职能的组织可以在法定授权范围内实施行政处罚。"在此，授权只能是法律、法规的明确授权，规章不能授权，并且接受授权的组织应当是具有管理公共事务职能的组织，它在授权范围内可以自己的名义实施行政处罚。

基于公共管理的需要，行政机关可以依法将自己拥有的行政处罚权委托给非行政组织行使，但接受委托的组织必须具备法定的条件：该组织应属依法成立的管理公共事务的事业组织；具有熟悉有关法律、法规、规章和业务的工作人员；对违法行为需要进行技术检查或者技术鉴定的，应当有条件组织进行相应的技术检查或者技术鉴定。

行政处罚程序是指处罚主体在实施处罚过程中所要遵循的步骤与方式，包括处罚决定程序和处罚执行程序。处罚决定程序有简易和一般两种程序，听证是一般程序中的特殊程序，不是独立程序。

简易程序即当场处罚程序，主要适用于事实清楚、情节简单、后果轻微的违法行为。简易程序简单快捷，有利于提高行政处罚的效率。一般程序也称普通程序，是除简易程序以外作出处罚所适用的程序。其适用的范围十分广泛，比简易程序要复杂、严格，是处罚中的基本程序。听证程序是指行政机关在作出处罚决定之前，公开举行由利害关系人参加的听证会，对事实进行质证、辩驳的程序。听证程序只是一般程序中特殊的调查处理程序，并不包含行政处罚的全过程。与一般程序中的调查取证程序相比较，只是对比较重大的处罚案件适用特殊方式的调查取证程序而已。行政处罚执行程序，是指确保行政处罚决定所确定的内容得以实现的程序。行政处罚决定一旦作出，就具有法律效力，处罚决定中所确定的义务必须得到履行。

第四节　行政强制

案例一①：

【案例介绍】

2009年间，仁化县人民政府（下称仁化县政府）规划建设仁化县有色金属循环经济产业基地，需要征收广东省仁化县周田镇新庄村民委员会新围村民小组的部分土地。叶某胜、叶某长、叶某发（下称叶某胜等三人）的房屋所占土地在被征收土地范围之内，属于未经乡镇规划批准和领取土地使用证的"两违"建筑

① 参见"叶某胜、叶某长、叶某发诉仁化县人民政府房屋行政强制案"，见中国法院网案件库，http://www.chinacourt.org/article/detail/2014/08/id/1429369.shtml，2014年10月9日访问。

物。2009年8月至2013年7月间，仁化县政府先后在被征收土地的村民委员会、村民小组张贴《关于禁止抢种抢建的通告》《征地通告》《征地预公告》《致广大村民的一封信》《关于责令停止一切违建行为的告知书》等文书，以调查笔录等形式告知叶某胜等三人房屋所占土地是违法用地。2009年10月、2013年6月，仁化县国土资源局分别发出两份《通知》，要求叶某发停止土地违法行为。2013年7月12日凌晨5时许，在未发强行拆除通知、未予公告的情况下，仁化县政府组织人员对叶某胜等三人的房屋实施强制拆除。叶某胜等三人遂向广东省韶关市中级人民法院提起行政诉讼，请求确认仁化县政府强制拆除行为违法。

广东省韶关市中级人民法院认为，虽然叶某胜等三人使用农村集体土地建房未经政府批准属于违法建筑，但仁化县政府在2013年7月12日凌晨对叶某胜等三人所建的房屋进行强制拆除，程序上存在严重瑕疵，即采取强制拆除前未向叶某胜等三人发出强制拆除通知，未向强拆房屋所在地的村民委员会、村民小组张贴公告限期自行拆除，违反了《行政强制法》第34条、第44条的规定。而且，仁化县政府在夜间实施行政强制执行，不符合《行政强制法》第43条第1款有关“行政机关不得在夜间或者法定节假日实行强制执行”的规定。据此，依照《行政诉讼法若干解释》（2000年）第57条的规定，判决：确认仁化县政府于2013年7月12日对叶某胜等三人的房屋实施行政强制拆除的具体行政行为违法。宣判后，各方当事人均未提出上诉。

【案例分析】

本案充分体现了行政审判监督政府依法行政、保障公民基本权益的重要职能。即使对于违法建筑的强制拆除，也要严格遵循《行政强制法》的程序性规定，拆除之前应当先通知相对人自行拆除，在当地张贴公告且不得在夜间拆除。本案被告未遵循这些程序要求，被人民法院判决确认违法。《行政强制法》自2012年1月1日起至今施行不久，本案判决有助于推动该法在行政审判中的正确适用。

【法律背景】

《行政强制法》第三十四条、第四十三条第一款、第四十四条。

案例二：

【案例介绍】

廖某某诉龙南县人民政府房屋强制拆迁案[①]

原告廖某某的房屋位于龙南县龙南镇龙洲村东胜围小组，2011年被告龙南县

---

① 参见“廖某某诉龙南县人民政府房屋强制拆迁案”，见中国法院网案件库，http：//www.chinacourt.org/article/detail/2014/08/id/1429367.shtml，2014年10月19日访问。

人民政府批复同意建设县第一人民医院，廖某某的房屋被纳入该建设项目拆迁范围。就拆迁安置补偿事宜，龙南县人民政府工作人员多次与廖某某进行协商，但因意见分歧较大未达成协议。2013年2月27日，龙南县国土及规划部门将廖某某的部分房屋认定为违章建筑，并下达自行拆除违建房屋的通知。同年3月，龙南县人民政府在未按照《行政强制法》的相关规定进行催告、未作出强制执行决定、未告知当事人诉权的情况下，组织相关部门对廖某某的违建房屋实施强制拆除，同时对拆迁范围内的合法房屋也进行了部分拆除，导致该房屋丧失正常使用功能。廖某某认为龙南县人民政府强制拆除其房屋和毁坏财产的行为严重侵犯其合法权益，遂于2013年7月向赣州市中级人民法院提起了行政诉讼，请求法院确认龙南县人民政府拆除其房屋的行政行为违法。赣州市中级人民法院将该案移交安远县人民法院审理。安远县人民法院受理案件后，于法定期限内向龙南县人民政府送达了起诉状副本和举证通知书，但该政府在法定期限内只向法院提供了对廖某某违建房屋进行行政处罚的相关证据，没有提供强制拆除房屋行政行为的相关证据和依据。

安远县人民法院认为，根据《行政诉讼法》（1989年）第32条、第43条及《行政诉讼法若干解释》（2000年）第26条之规定，被告对作出的具体行政行为负有举证责任，应当在收到起诉状副本之日起10日内提供作出具体行政行为时的证据，未提供的，应当认定该具体行政行为没有证据。本案被告龙南县人民政府在收到起诉状副本和举证通知书后，始终没有提交强制拆除房屋行为的证据，应认定被告强制拆除原告房屋的行政行为没有证据，不具有合法性。据此，依照《行政诉讼法若干解释》（2000年）第57条第2款第2项之规定，确认龙南县人民政府拆除廖某某房屋的行政行为违法。

该判决生效后，廖某某于2014年5月向法院提起了行政赔偿诉讼。经安远县人民法院多次协调，最终促使廖某某与龙南县人民政府就违法行政行为造成的损失及拆除其全部房屋达成和解协议。廖某某撤回起诉，行政纠纷得以实质性解决。

【案例分析】

本案涉及行政强制执行的程序问题。根据《行政强制法》，“行政机关作出强制执行决定前，应当事先催告当事人履行义务。催告应当以书面形式作出，并载明下列事项：履行义务的期限；履行义务的方式；涉及金钱给付的，应当有明确的金额和给付方式；当事人依法享有的陈述权和申辩权。当事人收到催告书后有权进行陈述和申辩。行政机关应当充分听取当事人的意见，对当事人提出的事实、理由和证据，应当进行记录、复核。当事人提出的事实、理由或者证据成立的，行政机关应当采纳。”龙南县人民政府在未按照《行政强制法》的相关规定进行催告、未作出强制执行决定、未告知当事人诉权的情况下，组织相关部门对廖某某的违建房屋实施强制拆除，同时对拆迁范围内的合法房屋也进行了部分拆除，导致该房屋丧失正常使用功能，违反了《行政强制法》中关于行政强制执行程序的规定。

另外，本案还凸显了行政诉讼中行政机关的举证责任并彰显了司法机关的司法权威，对促进行政机关及其工作人员积极应诉，不断强化诉讼意识、证据意识和责任意识具有警示作用。修改前后的《行政诉讼法》以及相关的司法解释明均确规定了行政机关在诉讼中的举证责任，不在法定期限内提供证据，视为被诉行政行为没有证据，这是法院处理此类案件的法律底线。本案中，被告将原告的合法房屋在拆除违法建筑过程中一并拆除，在其后诉讼过程中又未能在法定期限内向法院提供据以证明其行为合法的证据，因此只能承担败诉后果。

【法律背景】

《行政强制法》第三十五条、第三十六条、第三十七条；《行政诉讼法》（2014 年）第三十四条、第二十六条。

【知识点介绍】

行政强制包括行政强制措施和行政强制执行。我国已经制定了《行政强制法》，并于 2012 年 1 月 1 日开始实施。根据《行政强制法》，行政强制措施，是指行政机关在行政管理过程中，为制止违法行为、防止证据损毁、避免危害发生、控制危险扩大等情形，依法对公民的人身自由实施暂时性限制，或者对公民、法人或者其他组织的财物实施暂时性控制的行为。

行政强制执行，是指行政机关或者行政机关申请人民法院，对不履行行政决定的公民、法人或者其他组织，依法强制履行义务的行为。

行政强制有以下特征：

1. 行政强制的主体是作为行政主体的行政机关或法律、法规授权的组织。适用行政强制的行政主体，应有严格的条件限制，都必须由法律、法规予以明确规定。行政机关或法律、法规授权的组织在其本身没有直接采取行政强制权力的情况下，它们可以依法申请人民法院实施强制（有学者认为，行政机关申请人民法院强制执行不属于行政强制的范畴，而应属于司法强制。也有学者认为，行政机关申请人民法院强制执行，实质上是行政权的延伸，故应归入行政强制）。

2. 行政强制的对象是拒不履行行政法义务的行政相对人，或对社会秩序及他人人身健康和安全可能构成危害或其本身正处在或将处在某种危险状态下的行政相对人。行政强制并非适用于所有违反行政法律规范的相对人，但相对人必须违反了特定的法律、法规，符合适用行政强制的条件。

3. 行政强制的目的是保证法定义务的彻底实现，或制止违法行为、防止证据损毁、避免危害发生、控制危险扩大等。

4. 行政强制行为的法律性质是一种具有可诉性的具体行政行为。行政强制属单方行政行为，由行政主体单方面作出，无须相对人同意。相对人不服行政强制，可以依法向人民法院提起诉讼。

2012年1月1日起施行的《行政强制法》，体现了约束公权力、保障私权利，利益平衡、私权优先，以人为本、行政为民，行政谦抑、减少伤害，穷尽非强制行为、加强程序约束，加强监督制度、强化责任机制等新理念，确立了行政强制的法定原则、适当原则、教育与强制相结合原则、防止滥用原则、权利救济原则五大原则构成的基本原则体系，确立了行政强制的设定制度、行政措施制度、两类执行制度、责任制度等最主要的强制制度，顺应了我国建设法治政府、服务型政府的时代要求。行政强制执行是指在行政法律关系中，作为义务主体的行政相对人不履行其应履行的义务时，行政机关或者人民法院依法采取行政强制手段，迫使其履行义务或者达到与履行义务相同状态的活动。行政强制执行可以分为间接强制和直接强制，前者主要包括执行罚和代执行；后者主要包括对于相对人人身的强制和对于财产的强制等。为了避免给相对人造成不必要的损失，在行政强制执行前一定要首先劝说相对人主动履行义务，在相对人拒绝履行的情况下，强制执行的方式应该尽可能地符合循序增强的模式，即能采取间接执行解决的，应该先采取间接执行方式，否则的话再采取直接执行。

第八章

行政处理行为（下）

本章提要

行政处理行为的制度和理论框架已在上一章的提要中作了介绍，上一章已专门讨论了行政处理行为的一般问题和行政许可、行政处罚、行政强制，在此基础上，本章接续讨论行政征收、行政征用、行政确认、行政奖励、行政给付、行政紧急行为的有关问题。

第五节　行政征收

案例一：

【案例介绍】

上诉人（原审被告）：天津市公路养路费征稽处，住所地：天津市南开区复康路。

被上诉人（原审原告）：赵某，住址：天津市河东区。

原审判决认定的事实为，赵某于 2003 年 12 月 2 日购买解放牌微型客车一辆。2003 年 12 月 2 日，赵某为所购汽车按照半吨的标准缴纳了一旬天津市公路养路费、天津市贷款道路建设车辆通行费。后赵某向天津市公路养路费征稽处所属中山门养路费征稽所缴费时，被告知应按照 1 吨标准缴纳规费。赵某与天津市公路养路费征稽处对赵某汽车的核定标准意见不同，赵某因此未予缴纳。赵某以所购汽车属第 49 批公告规定的 5 人座汽车，应按半吨的标准缴纳公路养路费和贷款道路建设车辆通行费，而天津市公路养路费征稽处不予依法征收为由，向原审法院提起行政诉讼。

原审法院认为，天津市公路养路费征稽处依据《公路养路费征收管理规定》第 6 条第 3 项、《天津市公路管理条例》第 6 条、第 34 条的规定，具有对行驶车辆和有车单位、个人征收养路费的主体资格及法定职权。依据津政发［2003］52 号《批转市建委关于改革我市贷款道路建设车辆通行费收费管理方案的通知》、津政发［2003］53号《关于印发天津市贷款道路建设车辆通行费征收管理办法的通知》，天津市公路养路费征稽处不具有征收贷款道路建设车辆通行费的主体资格和法定职责。天津市公路养路费征稽处核定赵某所购汽车应按照1吨的标准征收公路养路费，是依据第47批公告汽车新产品技术参数而核定的，但该证据与赵某提供的第49批公告汽车技术参数存在差异，且第49批公告发布在后。赵某提供的证据能够证实，天津市公路养路费征稽处曾于2003年12月2日对赵某所购汽车按照半吨的标准征收了一旬的公路养路费。现天津市公路养路费征稽处依据第47批公告内容对赵某所购汽车核定为1吨，并要求赵某按照1吨标准缴纳公路养路费，证据不足，不予支持。赵某应按何种标准缴纳公路养路费，应由天津市公路养路费征稽处在查清事实后依法予以重新核定。依据津政发［2003］52号《批转市建委关于改革我市贷款道路建设车辆通行费管理方案的通知》的规定，天津市公路养路费征稽处不具有征收天津市贷款道路建设车辆通行费的法定职责，赵某要求天津市路养路费征稽处依法征收贷款道路建设车辆通行费的诉讼请求，不予支持。综上，依据《公路养路费征收管理规定》第6条、《天津市公路管理条例》第6条、第34条、交公路发［2000］563号中华人民共和国交通部、国家发展计划委员会《关于印发〈公路汽车征费标准计量手册〉（第三册）的通知》、《公路汽车征费标准计量核定原则》，依照《行政诉讼法》（1989年）第54条第2项第1目、《行政诉讼法若干解释》（2000年）第56条第1项的规定，判决：(1) 责令天津市公路养路费征稽处对赵某所有的汽车的公路养路费缴纳标准重新予以核定；(2) 驳回赵平的其他诉讼请求。案件受理费100元，由赵某、天津市公路养路费征稽处各负担50元。

本院审查认定的案件事实与原审法院认定的事实一致。二审经庭审质证、辩论，双方当事人对原审法院认定上诉人具有征收养路费的主体资格和法定职权，不具有征收贷款道路建设车辆通行费的主体资格和法定职权，没有异议；上诉人对原审法院认定被上诉人曾向其申请办理所购买的解放牌微型客车缴费事宜的事实，亦没有异议。双方争议焦点是上诉人应如何确定被上诉人汽车缴费标准。本院认为，依据《公路养路费征收管理规定》第6条第3项“养路费征收稽查机构及其人员的职责是：（三）依法上路上户对行驶车辆和有车单位、个人征收养路费……”的规定，原审法院认定上诉人天津市公路养路费征稽处具有对行驶车辆和有车单位、个人征收养路费的主体资格及其法定职权，符合法律规定。根据《天津市贷款道路建设车辆通行费征收管理办法》第3条第2款“天津市贷款道路建设车辆通行费征收办公室（以下简称市通行费征收办公室），负责通行费的征收工作”的规定，被上诉人赵某要求上诉人履行依法征收天津市贷款道路建设车辆通行费的法定职责的诉讼请求没有法律依据，原审法院不予支持正确。上诉人认为被上诉人所购汽车应依照第47批公告所载“额定载客（人）6～8”的技术参数予以核定征费标准，因上诉人的证据不足以推翻被上诉人所购汽车为5人座的事实，故上诉人的核定结论缺乏相应的依据。综上所述，上诉人请求撤销原审判决的上诉请求理由不足，其上诉请求本院难以支持。原审法院判决上诉人在查清事实后依法重新核定被上诉人汽车公路养路费的缴纳标准，驳回被上诉人要求上诉人履行征收天津市贷款道路建设车辆通行费法定职责的诉讼请求，认定事实清楚，适用法律正确，审判程序合法。

法院依照《行政诉讼法》（1989年）第61条第1项的规定，判决如下：驳回上诉，维持原判。①

【案例分析】

本案涉及的是一种典型的行政征收行为，即行政征费。行政征费具有强制性和无偿性的特点，行政主体可以以强制方式无偿取得相对人的财产所有权。正是由于其强制性和无偿性，使其成为一种典型的侵益性的行政行为，因而要求它的作出必须具有明确的法律依据。世界各国无不对行政征收进行严格的法律规制。无论是从保护相对人的角度出发，还是从确保经济、社会健康、有序地发展角度出发，都应当对行政征收的项目、征收金额、征收机关、行政征收相对人的范围、征收程序等从法律上作出明确的规定。本案中，天津市公路养路费征稽处对赵某的行政征费涉及两个征费项目，一是公路养路费征收；二是天津市贷款道路建设车辆通行费的征收。对于以上两个项目分别又涉及两个方面的问题，即天津市公路养路费征稽处作为征收机关有没有权力进行征收；征收标准是什么、金额是多少？法院依法认定天津市公路养路费征稽处不具有征收天津市贷款道路建设车辆通行费的权限，有权征收公路养路费，但对于赵某车辆的公路养路费的缴纳标准应该在查清事实的基础上重新核定以确定金额。从本案可以看出，行政征收必须有明确的规范依据。

【法律背景】

《天津市贷款道路建设车辆通行费征收管理办法》第三条 天津市市政工程局是通行费征收管理的行政主管部门。天津市贷款道路建设车辆通行费征收办公室（以下简称市通行费征收办公室）负责通行费的征收工作。天津市贷款道路建设车辆通行费稽查管理处（以下简称市通行费稽查管理处）负责通行费的稽查管理工作。

《天津市公路管理条例》第三十六条 公路规费包括公路养路费和国家批准征收的用于公路建设、养护的专项费用等。公路规费由公路管理部门和养路费、通行费征收稽查部门负责征收，专款专用。

《公路养路费征收管理规定》第六条。

【知识点介绍】

行政征收，是指行政主体根据法律、法规的规定，以强制的方式无偿取得相对人财产所有权的一种具体行政行为。行政征收具有以下特征：（1）强制性。实施行政征收行为，不需征得相对人的同意，甚至可以在违背相对人意志的情况下进行。征收的对象、数额及具体征收的程

① 参见天津市高级人民法院（2005）津高行终字第0001号行政判决书。

序，完全由行政机关依法确定，无须与相对人协商一致。（2）无偿性。国家为了完成其职能，维护其统治，必须耗用一定的物质财富，而作为凌驾于社会生产之上的管理机构的国家行政机关，本身并不直接从事生产、创造财富。因而，只有凭借国家行政权力，通过行政征收来取得所需的物质财富。行政相对人的财产一经国家征收，其所有权就转移为国家所有，成为国家财产的一部分，由国家负责分配和使用，以保证国家财政开支的需要。所以，行政征收是无偿的，是财产的单向流转，无须向被征收主体偿付任何费用。这也是行政征收与行政征用最主要的区别，行政征用是由于行政相对人为了公共利益作出了特别牺牲，所以，需要国家对其损失进行补偿，具有有偿性。（3）法定性。行政征收直接指向的是行政相对人的经济利益，其强制性和无偿性，决定了它对相对人的权益始终都具有侵害性。因此，为了确保行政相对人的合法权益不受违法行政征收行为的侵害，必须确立行政征收法定的原则。

行政征收主要包括征税和征费。税，亦称税收，是国家税收机关凭借其行政权力，依法强制地、无偿地取得财政收入的一种手段。费，即各种社会费用，是一定行政机关凭借国家行政权所确立的地位，为行政相对人提供一定的公益服务，或者授予国家资源和资金的使用权而收取的代价。

行政征收的原则包括：行政征收法定的原则；公平、公开的原则；及时、足额征收并尊重行政相对人财产权的原则。

第六节　行政征用

【案例介绍】

孔某某诉泗水县人民政府房屋征收决定案[①]

2011 年 4 月 6 日，泗水县人民政府作出泗政发［2011］15 号《泗水县人民政府关于对泗城泗河路东林业局片区和泗河路西古城路北片区实施房屋征收的决定》，其征收补偿方案规定，选择货币补偿的，被征收主房按照该地块多层产权调换安置房的优惠价格补偿；选择产权调换的，安置房超出主房补偿面积的部分由被征收人出资，超出 10 平方米以内的按优惠价结算房价，超出 10 平方米以外的部分按市场价格结算房价；被征收主房面积大于安置房面积的部分，按照安置房优惠价增加 300 元/m^2 标准给予货币补偿。原告孔某某的房屋在被征收范围内，其不服该决定，提起行政诉讼。

济宁市中级人民法院经审理认为，根据《国有土地上房屋征收与补偿条例》第 2 条、第 19 条规定，征收国有土地上单位、个人的房屋，应当对被征收房屋所

① 参见“孔某某诉泗水县人民政府房屋征收决定案”，见中国法院网案例库，http：//www.chinacourt.org/article/detail/2014/08/id/1429370.shtml，2014 年 10 月 19 日访问。

有权人给予公平补偿。对被征收房屋价值的补偿，不得低于房屋征收决定公告之日被征收房屋类似房地产的市场价格。根据立法精神，对被征收房屋的补偿，应参照就近区位新建商品房的价格，以被征收人在房屋被征收后居住条件、生活质量不降低为宜。本案中，优惠价格显然低于市场价格，对被征收房屋的补偿价格也明显低于被征收人的出资购买价格。该征收补偿方案的规定对被征收人显失公平，违反了《国有土地上房屋征收与补偿条例》的相关规定。故判决：撤销被告泗水县人民政府作出的决定。宣判后，各方当事人均未提出上诉。

【案例分析】

行政征用是和行政征收不同的一个概念，二者最大的区别就在于行政征收是国家无偿取得相对人的财产所有权，而行政征用是行政主体为了公共利益取得相对人财产的所有权或使用权，但要给予经济补偿。本案典型意义在于：《国有土地上房屋征收与补偿条例》第2条规定的对被征收人给予公平补偿原则，应贯穿于房屋征收与补偿全过程。无论有关征收决定还是补偿决定的诉讼，人民法院都要坚持程序审查与实体审查相结合，一旦发现补偿方案确定的补偿标准明显低于法定的“类似房地产的市场价格”，即便对于影响面大、涉及人数众多的征收决定，该确认违法的要坚决确认违法，该撤销的要坚决撤销，以有力地维护人民群众的根本权益。

【法律背景】

《宪法》第十条、第十二条；《国有土地上房屋征收与补偿条例》第二条、第十九条。

【知识点介绍】

行政征用是指行政主体为公共利益目的，根据法律的规定，以强制的方式取得相对人财产所有权或使用权，并给以补偿的一种具体行政行为。

行政征用是一种具体行政行为，其主体是行政主体，是行政权的行使和对财产权的一种限制。行政征用必须合乎特定的目的，即为公共利益的需要或公共目的。行政征用必须依法而行，要“依据法定程序”和“依照法律规定”。对于行政征用给相对人财产造成的损失必须给以补偿。

行政征用具有四个特征，即公益性、权属转移性、补偿性、强制性。

1. 公益性。行政征用的核心在于行政主体不需要经过财产权人的同意，即可取得财产，因此行政征用体现了个人利益与社会利益的冲突。公共利益是对公民财产进行征用的基础。

2. 权属转移性。因公共利益的需要，国家限制被征用者对其财产自由处分，而责令其将财产向国家转移，这样，国家获得对财产的权利，被征用者丧失相应权利，财产权实现转移，包括财产所有权的转移和财产使用权的转移，如对房屋征用，原权利人即丧失了所有权而转为国家所有，再如对国有土地的征用，该土地的使用权即被政府收回，原权利人则丧失了土地使用权。

3. 补偿性。补偿性是行政征用制度的一个重要属性。国家对于个人所享有之既得权利，仅能基于特殊公益上的理由，且应给以补偿，方能予以剥夺和限制。现代各国都在宪法性文件中普遍确立了“非经公正补偿不得征用”的原则。

4. 强制性。行政征用权是一种社会公共权力，公共权力垄断公共强制力资源，以抑制因个人任性而阻碍社会公共利益实现的行为。在存在利益差别和资源稀缺的情况下，强制性必然是行政征用的根本属性，表现为：可以不顾被征用者意愿单方决定征用与否、征用范围、期限等，对于被征用者拒绝、阻挠、破坏征用的行为，可采取强制措施，强行征用。

行政征用补偿救济程序包括行政救济和司法救济两条途径。

1. 行政救济。在行政阶段，行政机关应主动与被征用人就补偿的范围、标准、方式、期限、计算方式等问题充分协商，尽量达成双方都能接受的补偿协议。如不能取得一致，行政机关进行裁决的，相对人可针对行政裁决向上一级行政主体或法定主管机关申请行政复议，复议机关可对征用补偿争议进行调解，调解不成，作出复议裁决。如经过复议相对人不再提出异议，补偿救济程序即可在行政阶段终结。

2. 司法救济。被征用人对行政裁决或决定不服的，可以向司法机关寻求救济。国家对公共建设用地规定了行政征用的形式，行政征用是农用地改为非农用地的唯一合法形式，也是国家对土地进行保护、对其使用进行控制的有效手段。

第七节　行政确认

【案例介绍】

上诉人（原审原告）：夏某某，住重庆市沙坪坝区。

被上诉人（原审被告）：重庆市公安局交通管理局第六支队，住所地：重庆市沙坪坝区小新街39号。

被上诉人（原审第三人）：王某，住重庆市沙坪坝区。

上诉人夏某某不服被上诉人重庆市公安局交通管理局第六支队于2004年2月12日作出第200420009号道路交通事故责任认定，诉至法院。

一审法院经过庭审举证质证，认定以下事实：夏某某之子刘某和王某的丈夫翁某某均是重庆市职业技能鉴定指导中心工作人员，翁某某系该中心办公室主任，刘某系该中心渝A/A8××6号帕萨特小轿车的专职驾驶员。2004年1月16日晚，翁某某和刘某参加了该中心全体职工在江北加州乐园的聚餐，均不同程度地饮酒后，当晚20时10分，翁某某指派该中心另一驾驶员将翁某某和刘某送至渝A/A8××6号帕萨特小轿车在渝北区花卉园的停放地。当晚20时40分许，渝A/A8××6号帕萨特小轿车在沙坪坝方向沿沙滨路往磁器口方向行驶中，至磁器口急弯道处，该车驶上公路右侧人行道，撞断沙滨路高架桥护栏，坠落至桥下清水溪河道内。六支队接到报案后，立即派出民警对现场进行勘查取证，发现翁某某和刘某当场死亡，翁某某已被甩出车外摔在清水溪河边坎上，刘某被摔在副驾驶位置，无直接证据说明谁是驾车人。六支队调查收集的证据分析确认，刘某、翁某某虽有不同程度的饮酒，但不能确认二人已经醉得不省人事，无法开车。六支队根据收集的证据综合分析，认定是刘某驾车肇事，于 2004 年 2 月 12 日作出第 200420009 号道路交通事故责任认定：刘某有醉酒后驾驶机动车，且进入急弯路段未注意减速慢行、未确保行车安全的违章行为；翁某某乘坐该车无违章行为；根据《道路交通管理条例》[①] 第 7 条第 2 款，第 26 条第 6 项、第 7 项以及《道路交通事故处理办法》[②] 第 19 条第 1 款的规定，认定刘某对此次道路交通事故负全部责任，翁某某不负此次道路交通事故责任。刘某之母夏某某不服该责任认定，于 2004 年 4 月 21 日提起行政诉讼。一审法院认为，六支队制作的道路交通事故现场图、现场勘验笔录、拍摄的事故现场照片，以及六支队对黄某、朱某、黄某、刘某某的询问笔录，刘某和翁某某的死亡鉴定书，道路交通事故车辆技术检验鉴定书，物证鉴定书等证据，经综合认证，对于认定该肇事车辆驾驶员系刘某这一事实，比较充分，并具有一定说服力；六支队所提供的证据之间也具有清楚的逻辑关系；六支队收集的证据以及夏某某向法庭提交的证据材料，均不能证明该肇事车辆并非刘某驾驶的事实；夏某某认为刘某处于深度醉酒，无法驾车，因而该肇事车辆应当是由翁某某驾驶的事实，无相应证据予以证明；六支队认定刘某酒后驾车的行为是导致发生此次交通事故的原因，并无不当；六支队认定刘某的该行为违反《道路交通管理条例》第 7 条第 2 款、第 26 条第 6 项、第 7 项的规定，并根据《道路交通事故处理办法》第 19 条第 1 款的规定作出刘某和翁某某对此次道路交通事故的责任划分，依据的基本事实清楚，适用的法律法规正确，程序合法。一审法院据此依照《行政诉讼法若干解释》（2000 年）第 56 条第 4 项的规定判决驳回夏某某要求撤销重庆市公安局交通管理局第六支队于 2004 年 2 月 12 日作出的第 200420009 号道路交通事故责任认定的诉讼请求。

二审法院经审理认为，被上诉人六支队提交的道路交通事故现场图、现场勘查笔录、事故照片 18 张以及 2004 年 1 月 16 日对周某某的询问笔录，与本案有关联，来源合法，能证明：2004 年 1 月 16 日晚 20 时 40 分许，渝 A/A8××6 号帕萨特小轿车在沿沙滨路往磁器口方向行驶中，至磁器口急弯道处，该车驶上公路右侧人行道，撞断沙滨路高架桥护栏，坠落至桥下清水溪河道内。事故发生后，翁某某和刘某当场死亡，翁某某在车外的清水溪河边坎上，刘某在副驾驶位置等基本事实。被上诉人六支队提交的对黄某的两份询问笔录、对朱某的两份询问笔录、对黄某的询问笔录、对刘某某的询问笔录以及重庆市法医学会 2004 年 1 月 19

① 该条例已被 2003 年《中华人民共和国道路交通安全法》所废止。

② 该办法已经根据《中华人民共和国道路交通安全法实施条例》（中华人民共和国国务院令第 405 号）第 115 条的规定而废止。

日出具两份鉴定书，与本案有关联，来源合法，能证明：刘某和翁某某均是重庆市职业技能鉴定指导中心工作人员，翁某某系该中心办公室主任，刘某系该中心渝 A/A8××6 号帕萨特小轿车的专职驾驶员。2004 年 1 月 16 日晚，翁某某和刘某参加了该中心全体职工在江北加州乐园的聚餐，均不同程度地饮酒后，当晚 20 时 10 分翁某某指派该中心另一驾驶员将翁某某和刘某送至渝 A/A8××6 号帕萨特小轿车在渝北区花卉园的停放地等基本事实。被上诉人六支队提交的重庆市道路交通事故科学技术鉴定委员会 2004 年 1 月 17 日出具的对刘某、翁某某的死亡鉴定书，与本案有关联且来源合法，能证明：翁某某因颅脑、胸部损伤死亡，刘某因颅脑损伤死亡。被上诉人六支队提交的重庆市公安局 2004 年 1 月 17 日出具的对渝 A/A8××6 号帕萨特小轿车道路交通事故车辆技术检验鉴定书，与本案有关联，来源合法，且客观真实，能证明车辆的基本状况。被上诉人六支队提交的重庆刑事科学研究所于 2004 年 2 月 1 日出具的（2004）渝物证鉴字第 006 号物证鉴定书，与本案有关联且来源合法，能证明：在渝 A/A8××6 号帕萨特小轿车驾驶位车门外把手和驾驶位车门内把手各提取的一枚指纹，以及在副驾驶位车门内开关提取的两枚指纹，与死者刘某、翁某某的十指捺印指纹比对，未发现同一。被上诉人六支队提交的上述证据虽然能证明事故发生的时间、地点及事故发生后的现场及死者的基本情况，但是对是谁驾驶渝 A/A8××6 号帕萨特小轿车造成该交通事故这一基本事实，不能证实。因此，对六支队认定刘某系该起交通事故驾驶员的事实，本院依法不予认定。上诉人夏某某提交的新闻报道和重庆市职业技能鉴定指导中心的报告，亦不能证明该起交通事故驾驶员是谁，本院依法亦不予认定。根据《道路交通事故处理办法》第 4 条、第 5 条之规定，被上诉人六支队对其辖区内发生的交通事故享有作出责任认定的职权，其行政执法主体资格合法。被上诉人六支队接到报案后，即派员进行现场勘查和调查取证，并在法定期限内作出责任认定，其行政执法程序合法。但是，六支队在本案中提交的证据不能得出刘某是该起交通事故驾驶员的唯一结论。因此，六支队 2004 年 2 月 12 日作出的第 200420009 号道路交通事故责任认定，认定交通事故发生时是刘某驾驶渝 A/A8××6 号帕萨特小轿车，翁某某是该车乘坐人的事实不清，证据不足。六支队据此作出刘某负此次交通事故全部责任、翁某某不负责任的认定，属适用法律错误。一审法院认定事故发生时是刘某驾驶该车，缺乏证据支持，判决驳回夏某某的诉讼请求明显不当。上诉人夏某某提出事故发生时是翁某某驾驶该车的诉讼理由，亦无充分理由和证据支持，本院不予主张。

二审法院判决如下：(1) 撤销重庆市沙坪坝区人民法院（2004）沙行初字第 53 号行政判决。(2) 撤销重庆市公安局交通管理局第六支队作出的第 200420009 号道路交通事故责任认定。①

① 参见重庆市第一中级人民法院（2004）渝一中行终字第 320 号行政判决书。

【案例分析】

本案所涉及的公安局交通管理局对于交通事故责任的认定是一个典型的行政确认行为，它的核心是对于交通事故中当事人的法律关系进行确认，即对于权利义务关系进行认定。行政确认必须符合某些条件：首先，行政确认必须由具有相应行政管理职权的行政主体在其职权范围内作出。在本案中，重庆市公安局交通管理局第六支队拥有法定的对于交通安全进行行政管理的职权，可以对交通事故的责任进行认定。其次，行政确认应该在查清事实的基础上依法来认定与相对人有关的法律地位、法律关系和法律事实。行政确认的结果具有公定力，能够直接或间接地影响到相对人的权益，因此必须是行政机关或法律、法规授权的组织在查清事实的基础上根据法律法规的规定来作出。本案中，由于相关的事实没有查清，重庆市公安局交通管理局第六支队在证据不足的情况下就贸然认定驾车人是刘某，并且由其对此次道路交通事故负全部责任的确认不妥，这也是最终被法院撤销的主要原因。最后，行政确认是要式行政行为，应该以书面的方式作出。就像本案中重庆市公安局交通管理局第六支队于2004年2月12日作出第200420009号道路交通事故责任认定，应该采取书面形式，并且要加盖作出认定行政机关的公章。

【法律背景】

《道路交通管理条例》（已废止）第八条、第二十六条；《道路交通事故处理办法》（已废止）第四条、第五条、第十九条。

【知识点介绍】

行政确认是指行政主体对行政相对人的法律地位、法律关系或者有关法律事实进行甄别，给予确定、认可、证明（或者否定）并予以宣告的具体行政行为。其特点是：行政确认行为的主体是行政主体。行政确认行为是行政主体所为的具有强制力的行政行为，有关当事人必须服从，否则将要承担相应的法律责任。行政确认行为是对行政相对人的法律地位、权利义务的认定。行政确认一般是要式行政行为。行政确认一般是羁束性行政行为。

行政确认的表现形式主要有五种：（1）确定。是指对个人或者组织法律地位与权利义务的确定，比如颁发土地使用证、宅基地使用证与房屋产权证书，以确定相对人的财产权。（2）认定（认证）。是指对个人或者组织已有的法律地位、权利义务以及确认事项是否符合法律要求的承认和肯定，比如对解除行政合同效力的确认，对交通责任事故的认定，对企业性质的判定和产品质量是否合格的认证等。（3）证明。是指行政主体向其他人明确肯定被证明对象的法律地位、权利义务或者某种情况，如各种学历、学位证明，居民身份，货物原产地证明等。（4）登记。是指行政主体应申请人申请，在政府有关登记簿册中记载相对人的某种情况或者事实，并依法予以正式确认的行为，比如房屋产权登记和户口登记等。（5）鉴证。是指行政主体对某种法律关系的合法性予以审查后，确认或者证明其效力的行为。有关部门对选举是否合法的确认、对文化制品是否合法的确认等。

第八节　行政奖励

【案例介绍】

马某（女）系山东省某县退休人员，由于其子女外出学习空余出一套三居室住房，马某在2005年2月份将其出租给一广西人薛某居住。出租不久马某就发现经常有大量的人员出入薛某的住处，出入人员不与小区居民交往，时常长时间聚集在房间内，行动十分诡秘。为探究竟，马某有一天在他们聚集时，以查看水表为由进入了房间，发现薛某正在向聚集人员讲授传销知识。马某怀疑薛某正在组织人员从事非法传销活动，于是向该县工商局进行了举报。经工商局调查，薛某等人确系在从事非法传销活动，于是依法进行了处理，对组织者薛某进行了处罚，遣散了有关的传销人员。事后，县工商局依据山东省工商局于2004年12月颁布的《山东省工商行政管理机关举报非法传销活动奖励暂行办法》的规定，认为马某的举报符合第3条所规定的“三级举报”的标准，于是根据第4条的规定对马某奖励300元，并对其行为进行褒奖。①

【案例分析】

该案争议焦点是山东省某县工商局对马某的奖励是否属于行政奖励？本案中，山东省工商局于2004年12月颁布的《山东省工商行政管理机关举报非法传销活动奖励暂行办法》，是专门规定对举报非法传销活动的人员进行奖励的行政规范性文件。此《暂行办法》明确规定，制定本奖励办法的目的是为严厉打击非法传销和变相传销活动，鼓励群众举报非法传销和变相传销行为。文件明确规定了受奖励的对象、方式、幅度等。文件还规定本办法自发布之日起执行，也就是从发布之日起就具有法律效力，全省工商行政管理机关都应该遵照执行。本案中，县工商局在对薛某组织的非法传销活动进行查处后依照该办法的规定对马某进行奖励是一种典型的行政奖励行为，也是就此棘手问题加强工商监管的积极作为，有助于满足加大工商行政执法力度的社会需求。

【法律背景】

《山东省工商行政管理机关举报非法传销活动奖励暂行办法》第二条　本办法所称举报人，是指能以书面材料、电话或其他形式向工商行政管理机关反映、检举、揭发非法传销的具体线索，并直接协助执法机关查处案件的自然人。举报奖励对象原则上限于实名举报人，匿名举报人在案后提出奖励要求，并能证明与匿名举报人确属同一人的，按实名举报人对待。与打击非

---

① 参见莫于川主编：《工商行政执法典型案例评析》，498页，北京，中国工商出版社，2006。

法传销和变相传销工作职能有关的公务人员、群体性信访或举报人员，不适用本办法。

第三条 根据举报的内容、真实程度和举报人的贡献大小，将举报分为三个等级：一级举报。举报非法传销活动和主要头目的姓名、真实身份、银行账号、联系电话、活动居住地点、讲课资料等情况真实可靠，并直接协助查处工作，摧毁传销组织网络，抓捕头目，涉案人员众多，范围大，危害严重的大要案件。二级举报。举报非法传销活动及骨干分子姓名、真实身份、银行账号、联系电话、活动居住地点、讲课资料等情况真实可靠，使执法机关直接摧毁传销网络，抓捕骨干分子，涉案人员较多，危害较重的较大案件。三级举报。举报非法传销活动具体地点、传销授课组织者的姓名、联系电话、讲课资料等情况真实可靠，使执法机关直接摧毁非法传销组织，并立案调查。举报某区域有传销活动，但活动地点、人员姓名、联系电话等情况不详细、不准确，执法机关无处查找，无处取证，不能立案的举报，不予奖励。

第四条 根据案情大小，办案机构在结案时或移送时确定等级，经申报批准，分别给予一次性奖金奖励。一级举报奖金人民币 1 000 元。二级举报奖金人民币 600 元。三级举报奖金人民币 300 元。举报内容同时包括一、二、三级举报的，按一级举报奖励。

【知识点介绍】

行政奖励是指行政机关或者法律、法规授予奖励权的组织依照法定条件和程序，对为国家和社会作出重大贡献的单位与个人，给予物质或者精神奖励的具体行政行为。

行政奖励具有以下的法律特征：（1）行政奖励的主体是行政主体。各级人民政府、各级行政主管部门在实施国家行政管理的过程中，有权对符合条件的对象予以行政奖励，成为行政奖励的主体。法律、法规授权的组织在授权范围内有权对符合条件的对象给与奖励，成为行政奖励的主体。（2）行政奖励的对象是贡献突出或者模范遵纪守法的组织或者个人。行政奖励的目的在于表彰先进、激励和推动后进，调动和激发广大人民群众的积极性和创造性，行政奖励具有很强的行政指导属性，它所肯定、弘扬的，不仅对受表彰奖励者，而且对这个社会都会产生引导或者指导的作用，因此，其对象的选定具有较强的严肃性和限定性，行政奖励的对象是对国家、人民和社会作出突出贡献或者模范地遵纪守法的个人或者组织，另一方面，行政奖励的范围相当广泛，国家行政机关及其工作人员、普通公民、企事业单位、社会团体等，都可以成为其对象，外国组织或者个人在中国作出了显著贡献者，同样可以成为行政奖励的对象。（3）行政奖励是行政主体实施的不具有强制执行力的具体行政行为。行政奖励行为具有法律后果，即被奖励者获得了一种由国家认可的资格，并依此资格取得一定的权益。同时，社会及其他个人和组织都必须予以承认。尽管一般情况下行政奖励采取推荐、申报等方式进行，但行政奖励是由行政主体单方面决定的，它与其他具体行政行为不同的是，行政奖励不具有强制执行力，被奖励者对于行政主体给与的奖励可以放弃。（4）行政奖励是一种法定的行政行为。行政奖励的内容、方式、程序及条件等，都由国家的行政法律规范予以明确规定。行政主体必须依法作出行政奖励行为。

行政奖励的性质：（1）行政奖励行为是一种赋权性具体行政行为。无论什么内容和什么形式的行政奖励，都是赋予特定相对人权利，而不是剥夺相对人权利或为相对人设定义务。不仅如此，行政奖励在赋予相对人权利时，并不具体要求相对人做些什么，而只对该相对人未来的行为形成原则性期待，并对其他社会成员产生一种示范性作用。（2）行政奖励所赋予的权利具体表现为利益。行政奖励是对受奖人行为或成绩的肯定和鼓励，既有物质性的，也有精神性的，并且物质奖励是劳动报酬以外的，其数额也不受劳动报酬多少的影响。（3）行政奖励既可以是内部具体行政行为，又可以是外部具体行政行为。受奖人可以接受行政奖励，也可以拒绝接受或放弃行政奖励。

行政奖励的原则：（1）精神奖励和物质奖励相结合的原则。一是在设立行政奖励的环节中，精神奖励和物质奖励的形式应该并重，而不能一头重一头轻；二是在实施行政奖励的环节中，精神奖励和物质奖励既可以分别单独实施，又可以同时并用。（2）标准法定、实事求是的原则。标准法定是指行政奖励的条件、行政奖励的形式由法律规定。实事求是是对实施行政奖励的要求。（3）奖当其行原则。该原则的含义是：行政奖励的程度与受奖者的行为或成绩相匹配。这是公正实施行政奖励要求的集中体现。（4）公正平等原则。该原则的含义是：在法定的奖励条件下，人人都有平等的受奖权，工作成绩或贡献是实施行政奖励的唯一依据。这一原则要求：必须有一种体现民主、公正和平等的评奖机制，凡符合法定奖励条件者，都有平等受奖的权利。

行政奖励的条件：（1）行政奖励的对象必须达到法定的奖励标准，即受奖励人要么达到了模范遵纪守法的法定奖励标准，要么作出了达到奖励标准的突出成绩。（2）实施行政奖励的主体必须是有法定奖励权的行政机关或者法律、法规授权的组织。并且，在实施行政奖励的权限内实施行政奖励。（3）行政奖励必须使用法定的奖励形式，并按法定的程序实施行政奖励。

行政奖励的程序：我国目前没有统一的行政奖励法，因而对行政奖励没有统一的程序要求。归纳我国现行法律、法规的有关规定，关于行政奖励的程序大致有三种不同的情况：一种情况是，法律、法规对特定领域的行政奖励程序作出了较具体明确的规定；另一种情况是，法律、法规将实施行政奖励的程序授权给实施奖励的机关自行拟定；还有一种情况，法律、法规只规定了奖励的条件和权限，未对奖励的程序作任何规定。一般来说，行政奖励应该有以下几个程序：（1）奖励程序的启动。一是有关相对人自行申请或申报；二是群众评选；三是有关单位或个人推荐。（2）审批。审批是行政奖励程序的实质性阶段。（3）公布。公布程序是行政奖励生效的实质性程序。（4）授奖。（5）存档。

第九节　行政给付

【案例介绍】

1988 年，郑某某、伍某某全家户口由当阳市两河镇新星村迁入当阳市玉阳办事处朱湾村，1996 年 12 月 11 日，郑某某之子郑某林应征入伍，同日，湖北省当阳市人民政府征兵办公室向郑某林下达了入伍通知书。通知书注明，凭此通知书注销户口，其家属享受军属待遇。1997 年至 1999 年当阳市玉阳办事处向郑某某、伍某某支付部分优待金，累计欠下 2 225 元，之后，当阳市玉阳办事处以两人于 1997 年将其户口迁回两河镇新星村，其优待金应由当阳市两河镇人民政府支付为由拒付。2001 年 6 月 11 日，郑某某、伍某某经索要未果诉至法院，要求当阳市玉阳办事处支付优待金 2 225 元。①

【案例分析】

本案争议的焦点是当阳市玉阳办事处向郑某某、伍某某支付优待金的行为属于什么性质的行政行为？在本案中，当阳市玉阳办事处向郑某某、伍某某支付优待金显然属于授益性的行政给付行为。依照《军人抚恤优待条例》和《湖北省军人抚恤优待实施办法》的规定，郑某某、伍某某享受军属待遇，同时依法享受国家发放的优待金。从本案来看，郑某林是在其户口所在地玉阳办事处朱家湾村应征入伍的，根据《湖北省军人抚恤优待实施办法》的规定，家居农村的现役义务兵家属，由义务兵入伍时的户口所在地的乡、镇人民政府给与现金优待。按照此规定，那么玉阳办事处就要承担发放郑某某、伍某某优待金的责任，且玉阳办事处于 1997 年至 1999 年向两人发放了部分优待金，两人虽于嗣后将户口由朱家湾村迁到了两河镇新星村，但玉阳办事处不能因两人迁移了户口就停止自己应履行的义务。所以在本案中，发放优待金的责任应由玉阳办事处承担。

【法律背景】

《中华人民共和国兵役法》第五十一条；《军人抚恤优待条例》第三条、第三十一条、第四十六条。

《湖北省军人抚恤优待实施办法》第二条　依照《条例》和本实施办法，享受抚恤和优待的对象（以下简称优抚对象）包括：中国人民解放军现役军人、革命伤残军人、复员退伍军人、退伍红军老战士、革命烈士家属、因公牺牲军人家属、病故军人家属、现役军人家属。

第三条　本实施办法所称的家属，是指军人的父母、配偶、子女，依靠军人供养的十八周岁以下的弟妹，以及军人曾依靠其抚养连续七年以上、现在又必须依靠军人生活的其他亲属（以下简称抚养人）。抚养人须经乡（镇）人民政府证明或依法公证，县（含县级市，省辖市的区，下同）人民政府批准后确认。《条例》实施前已经承认和享受抚养人待遇的，不再变动。

第二十二条　家居农村的现役义务兵家属，由义务兵入伍时的户口所在地的乡（镇）人民政府给予现金优待，优待标准应相当于正常年景当地农民人均纯收入数。家居农村的

① 参见《中国审判案例要览（2002 年商事审判暨行政审判案例卷）》，746～748 页，北京，中国人民大学出版社，2003。

革命烈士家属、因公牺牲军人家属、病故军人家属、革命伤残军人、年老体弱或带病回乡的复员退伍军人，其生活有困难的，应给予优待，保证他们的生活不低于当地群众的平均水平。

第二十四条　优待金由乡镇人民政府统筹解决。优待金应在当年全部兑现到户。

第二十五条　农村现役义务兵家属，可按《中华人民共和国兵役法》规定的服役期限享受优待金。现役义务兵服役期满的，所在乡（镇）人民政府接到部队团以上机关超期服役的通知，应继续发给优待金。

【知识点介绍】

行政给付是指行政主体在公民年老、疾病或者丧失劳动能力等情况下，根据申请人的申请，依照有关法律、法规、规章或者政策的规定，赋予其一定的物质权益或者与物质有关的权益的具体行政行为。

行政给付具有以下特点：首先，行政给付是一种授益性的行政行为，是行政主体向行政相对人给付金钱或者实物的授益行为，行政给付法律关系是通过行政主体的行政行为等单方面形成的，给付主体与受领人之间是一种金钱或者实物的给付关系，这种关系的实现既是给付主体的职责，也是受领人的权利。其次，行政给付是依申请的行政行为，除了自然灾害的救济等紧急情况下的行政给付由行政机关主动实施以外，对绝大多数行政给付来说，给付对象的申请是必不可少的。再次，行政给付的对象是特定的行政相对人，与行政许可等依申请行政行为的申请人具有较强的广泛性和平等性相比较，行政给付的对象具有较强的限定性和倾向性，只有特定的行政相对人才能申请行政给付。最后，行政给付是依法作出的行政行为，这里的“依法”包括依据法律、法规、规章和政策来实施行政给付。在目前我国相应法制尚不健全的情况下，有关政策的运用，有利于行政给付的实施。

行政给付的形式主要包括：第一，抚恤金。一般包括（1）牺牲、病故人员抚恤金，此类抚恤金的发放对象是：烈士和病故的军人、人民警察、参战民兵民工以及党政机关、民主党派、人民团体工作人员的家属。（2）残疾抚恤金，此类抚恤金包括发给革命残疾人员的抚恤金，在乡革命残疾人员的副食品价格补贴，回乡安置的特等、一等残疾军人的护理费，革命残疾人员的伤口复发治疗费、装修假肢和辅助器械等按规定报销的费用，在乡三等革命残疾人员疾病医疗减免的费用。（3）烈军属、复员退伍军人生活补助费，此项补贴费是发给在乡退伍红军老战士的生活补助费、副食品价格补贴和护理费、符合规定条件的烈属、在乡复退军人定期定量补助费和烈军属、在乡复退军人临时补助费。（4）退伍军人安置费。此项安置费是发给无住房或者严重缺房而自立确有困难无法克服的当年回乡义务兵的一次性建房补助费。第二，特定人员离退休金。此项行政给付主要包括以下三种情形：（1）由民政部门管理的军队离退休干部的离休金、生活补助费、副食品价格补贴以及取暖补贴、护理费、丧葬费、遗属生活困难补贴等。（2）由民政部门管理的军队退休干部、无军籍退休职工和由民政部门发放退休金的地方退休人员的退休金、副食品价格补贴以及取暖补贴、护理费、丧葬费、遗属生活困难补贴费等。(3) 由民政部门发放退职金的退职人生活费、副食品价格补贴。第三，社会救济、福利金。此项行政给付主要包括以下四种情形：(1) 农村社会救济，即用于对农村五保户、贫困户等的救济。(2) 城镇社会救济，即用于对城镇居民中无依无靠、无生活来源的孤老残幼和贫困户等的救济。(3) 精简退职老弱病残职工救济。(4) 社会福利金，即用于对社会福利院、敬老院、儿童福利院等社会福利机构、流浪乞讨人员收容救助、安置以及社会残疾人团体及其福利生产单位、科研机构的经费资助。第四，自然灾害救济金及救济物资。此项行政给付主要包括以下情形：(1) 生活救济费和救济物资，即用于解决灾民吃、穿、住及治病等困难，适当扶持灾民生产自救的经费和物资。(2) 安置抢救转移费及物质援助，即用于发生特大自然灾害、紧急状态下临时安置、抢救、转移灾民的费用支出及物资援助。

第十节　行政紧急行为

【案例介绍】

在北京“非典”期间，黄某系刚从北京打工返乡人员。日前，村干部得知其回来的消息后，很快找上门来，要求其到乡卫生院检查身体。乡卫生院医生查看后，发现其有发热症状，遂开出手续要求黄某到县城发热门诊部就诊。黄某则提出夏忙将至，其一旦被隔离家中没有劳动力，请求医生让他到其他医院再查查看，但医生不同意他的要求。黄某就趁医生不注意，偷偷溜回了家。刚回家不久，乡村干部、医生及警察就戴着口罩赶来了。黄某及家人不明事理，竟与来做工作的人吵了起来。警察在劝说未果的情况下，强行将黄某押上了车子，现已对其实施隔离观察。有人认为，这样的做法侵害了黄某的就医选择权，而警察对他这样一个并没有违法行为的人采取强制手段则更为不妥。殊不知有关部门对黄某采取的措施是有法可依的。突发公共卫生事件发生时，为控制传染病传播，减少对社会公众健康的危害，有必要对公民个体采取一定的控制措施。这种措施从最终意义上而言，对大众健康和公民个人人权都是更好的实质性保护。患者与医院之间本来是一种服务与被服务的关系，病人平时可以选择医生，选择医院，而在突发公共卫生事件时（如“非典”时期），就必须服从强制规定，这一观点亦为各国法律所普遍接受。2003 年 5 月 12 日，国务院公布的《突发公共卫生事件应急条例》第 44 条规定：“在突发事件中需要接受隔离治疗、医学观察措施的病人、疑似病人和传染病人密切接触者在卫生行政主管部门或者有关机构采取医学措施时应当予以配合；拒绝配合的，由公安机关依法协助强制执行。”第 51 条同时规定，阻碍突发事件应急工作人员执行职务，触犯《治安管理处罚条例》（已被《治安管理处罚法》废止），构成违反治安管理行为的，由公安机关依法予以处罚；构成犯罪的，依法追究刑事责任。黄某从疫区回来，有关部门要求其接受健康检查，并根据情况采取隔离观察措施是合理合法的，黄某应当予以积极配合；如其不配合，警方可依法协助强制执行。①

【案例分析】

在紧急情况下，为了公共利益的需要，行政机关可以作出某些行政紧急行为。在作出紧急行为时可以对公民的权利进行限制，公民有服从的义务，否则行政机关可以强制其服从。就像在本事例中，在“非典”疫情肆虐的紧急情况下，每一个公民都负有配合行政机关防止疫情蔓延的义务。由于黄某有发热的“非典”疑似病症，而且他又是从当时疫区来的人，因而黄某选择医院进行就医的权利就受到了限制，不仅如此，根据《传染病防治法》的规定，黄某应该接受隔离审查。卫生行政机关和公安机关在黄某及其家人不配合的情况下，对其采取强制隔离的行为是合法的也是必要的。

【法律背景】

《传染病防治法》第三十九条；《突发公共卫生事件应急条例》第四十四条、第五十一条。

【知识点介绍】

行政紧急行为是指在某些特殊的紧急情况下，出于国家安全、社会秩序、公共利益、人身安全等的需要，行政机关可以采取一些紧急的措施的行为。

行政紧急行为的条件：(1) 紧急行为必须符合严格的法定条件才能运用。(2) 必须是在紧急危险的情况下，为了避免国家安全、社会秩序、公共利益或人身安全或其他权利免遭损害，才能实行。(3) 非法定机关作出了紧急行为，事后应由有权机关予以确认。(4) 行政机关作出紧急行为应受有权机关的监督。(5) 紧急行为行使应当适当，应当将负面影响控制在最小的程度和范围内。(6) 紧急行为造成个人或组织正当权益受损失的，应在事后予以一定的补偿。

阅读资料

论文：

1. 王克稳．我国行政审批与行政许可关系的重新梳理与规范．中国法学，2007 (4)

2. 应松年．关于行政强制立法的几个问题．南京工业大学学报（社会科学版），2006 (3)

3. 肖金明．论行政处罚主体制度的完善．山东社会科学，2006 (1)

4. 黄学贤．给付行政适用法律保留原则若干问题探讨．江海学刊，2005 (6)

① 参见《发热病人非典时期无权自选医院》，载《法制日报》，2003－05－28。

5. 胡建淼．“其他行政处罚”若干问题研究．法学研究，2005（1）

6. 应松年．《行政许可法》与政府管理转型．国家行政学院学报，2004（4）

7. 姜明安．论行政执法．国家行政学院学报，2003（4）

8. 莫于川．我国的公共应急法制建设——非典危机管理实践提出的法制建设课题．中国人民大学学报，2003（4）

9. 胡建淼．论中国“行政强制措施”概念的演变及定位．中国法学，2002（6）

10. 叶必丰．行政行为执行力的追溯．法学研究，2002（5）

11. 王成栋．行政征用权与公民财产权的界限——公共利益．政法论坛，2003（3）

12. 沈开举．WTO与我国行政裁决制度公正性研究．中国法学，2002（5）

13. 林莉红．行政奖励诉讼初探．法学杂志，2002（2）

14. 杨海坤．论行政强制执行．法学论坛，2000（3）

著作：

1. 姜明安主编．行政法与行政诉讼法．2版．北京：北京大学出版社，高等教育出版社，2005

2. 应松年主编．当代中国行政法．北京：中国方正出版社，2004

3. 傅红伟．行政奖励研究．北京：北京大学出版社，2003

4. 翁岳生主编．行政法．北京：中国法制出版社，2002

5. 王名扬．美国行政法．北京：中国法制出版社，1995

6. 王名扬．法国行政法．北京：中国政法大学出版社，1989

7. ［德］奥托·迈耶著，刘飞译．德国行政法．北京：商务印书馆，2002

8. ［德］哈特穆特·毛雷尔著，高家伟译．行政法学总论．北京：法律出版社，2000

9. ［德］平特纳著，朱林译．德国普通行政法．北京：中国政法大学出版社，1999

10. ［日］盐野宏著，杨建顺译．行政法．北京：法律出版社，1999

11. ［英］威廉·韦德著，徐炳等译．行政法．北京：中国大百科全书出版社，1997

12. ［印］M.P. 赛夫著，周伟译．德国行政法——普通法的分析．台北：五南图书出版公司，1991

讨论性案例

1997年7月28日，河南省焦作市被单厂向昆明市工商局提起申诉，称朱某某在昆明市经销“全芳”牌床单的行为已严重侵犯其“金芳”牌床单的注册商标专用权，请求对朱某某予以查处。为此，昆明市工商局对朱某某立案调查，认定朱某某在1997年6月至7月间，以个人名义从河南平顶山市棉织厂购买坯布委托河南省汝阳县毛巾被单织布厂加工床单，其经销的“全芳”牌是朱某某以个人名义与河南省汝阳县毛巾被单厂签订床单加工承揽合同加工生产的。“全芳”牌床单的名称、规格、包装袋等均系朱某某本人选择、确定、认可的。其在定做床单时，选用了与知名商品“金芳”被单相近似的名称，选用了图案、排列、色彩、字体相近似“金芳”被单的包装袋，造成“全芳”和“金芳”被单相混淆，使购买者认为是知名商品，而且在商品的外包装袋上的生产厂家是一个未经登记的“河南省豫汝印染有限公司”，因此根据《公司法》第224条的规定于1998年8月17日作出昆工商处字（98）第203号行政处罚决定书对朱某某进行行政处罚。朱某某不服，向云南省工商局申请复议，省工商局未在法定期限内作出复议决定。朱某某即向昆明市五华区人民法院提起行政诉讼，五华区人民法院判决维持市工商局的（98）第203号行政处罚决定。朱某某不服，上诉至昆明市中级人民法院，昆明市中级人民法院以（1999）昆法行终字第5号判决书确认被告对原告进行处罚依据《公司法》第224条属于适用法律、法规错误，故判决撤销行政处罚决定并责令被告重新作出具体行政行为。2000年11月23日，昆明市工商局作出（2000）第99号行政处罚决定书，认定朱某某有冒用有限责任公司的名称和不正当竞争的违法行为，依据《反不正当竞争法》第5条第2项和《公司法》第224条的规定，决定对其作出如下处罚：(1) 责令朱某某停止违法行为；(2) 处以罚款15 000元。作出处罚前，市工商局将工商标字（2000）第2号听证告知书于2000年10月9日送达给赵某某签收，2000年11月23日作出的（2000）第99号行政处罚决定书中，未明确告知当事人朱某某向人民法院提起行政诉讼的具体期限。朱某某，不服于2001年1月3日向云南省工商行政管理局申请复议，云南省工商局维持了原行政处罚决定。

朱某某不服，向昆明市五华区人民法院提起行政诉讼，诉称：被告的行政处罚决定的内容和程序与法律相悖，其认定事实不清，适用法律错误，送达程序不符合法律规定，请求撤销被告作出的行政处罚决定。五华区人民法院经审理认为，原告以自己名义与河南省汝阳县毛巾被单厂签订并实际履行床单加工承揽合同的过程中，其自己确定选择认可的床单的名称、规格、包装等行为构成事实上的冒用有限公司名义伪造生产厂家的违法行为，理应承担相应法律责任，被告仅以原告在销售活动中擅自使用印有未依法登记的“河南省豫汝印染有限公司”字样外包袋的行为认为其是冒用有限责任公司名义的行为，并依据《公司法》第224条规定作出的（98）第203号行政处罚决定书已经被昆明市中级人民法院撤销，现被告依据其享有的行政处罚权和其他行政执行权对原告的违法行为重新作出了相应的处罚，所举证据能证明其具体行政行为的合法性，故判决维持（2000）第99号行政处罚决定书的具体行政行为。

原告不服上诉至昆明市中级人民法院，诉称：市工商局不具备行政处罚主体资格；所作出的昆工商处字（2000）第99号行政处罚决定并未记载朱某某有过冒用有限公司名义的行为却让其承担责任，且处罚决定中的具体处罚数额不知如何计算出来，认为处罚决定书认定事实不清；依据《公司法》第224条进行处罚属适用法律错误；听证通知书送达程序不符合有关听证程序、送达的法律规定，属程序违法；认为一审法院在原审判决中仅用“被上诉人所举证据能证明其具体行政行为合法性”一句话，就作出维持的行政判决，缺乏依据，请求二审法院对被上诉人的行政处罚的合法性进行全面审查，并依法撤销昆工商处字（2000）第99号行政处罚决定书和五华区人民法院（2001）五法行初字第7号行政判决书。

被上诉人辩称，我局对朱某某的违法行为有处罚权，具备本案的行政处罚主体资格；上诉人朱某某在河南加工床单时，自己选择印用“有限公司”字样的包装袋并在昆明进行销售，其行为是冒用有限责任公司的行为；对朱某某的处罚数额是我局根据《公司法》规定进行的自由裁量；适用两部法律对朱某某进行处罚不等于对朱某某进行两次处罚；听证程序中的送达符合法律规定。认为其行政处罚决定事实清楚，适用法律正确，处罚适当，请求二审法院驳回朱某某的上诉请求，维持原行政处罚决定。

二审法院经审理认为，被上诉人市工商局作出的（2000）第 99 号处罚决定对朱某某实施处罚行为，认定上诉人朱某某既有违反《公司法》的违法行为，又有违反《反不正当竞争法》的违法行为的事实，这一认定与被上诉人提交的本案证据所证明的事实相悖，其所依据的处罚事实不清；被上诉人的处罚所依据的证据不足；先前（1999）昆行终字第 5 号判决已对市工商局依据《公司法》第 224 条规定进行行政处罚属于适用法律法规错误进行了确认，但被上诉人仍依据《公司法》第 224 条规定重新作出新的行政处罚，属于适用法律法规错误；被上诉人未严格履行法律法规等规范性文件关于告知及告知文书送达的程序性规定，作出的行政处罚决定违反法定程序。因此，认为市工商局作出的（2000）第 99 号处罚决定所依据的处罚事实不清，证据不足，适用法律、法规错误，依法予以改判，撤销一审判决，撤销市工商局作出的（2000）第 99 号处罚决定。①

案例参考意见：

依据《反不正当竞争法》的第 3 条的规定，县级以上人民政府工商行政管理部门对不正当竞争行为进行监督检查，第 21 条规定：经营者假冒他人的注册商标，擅自使用他人的企业名称或者姓名，伪造或者冒用认证标志、名优标志等质量标志，伪造产地，对商品质量作引人误解的虚假表示的，依照《中华人民共和国商标法》、《中华人民共和国产品质量法》的规定处罚。经营者擅自使用知名商品特有的名称、包装、装潢，或者使用与知名商品近似的名称、包装、装潢，造成和他人的知名商品相混淆，使购买者误认为是该知名商品的，监督检查部门应当责令停止违法行为，没收违法所得，可以根据情节处以违法所得一倍以上三倍以下罚款；情节严重的，可以吊销营业执照；销售伪劣商品，构成犯罪的，依法追究刑事责任。据此，昆明市工商局具有管理本地区市场、维护市场秩序的法定职责及相关的行政管理职权，并可以依法采取责令停止违法行为及一定数量的罚款的行政处罚。因此其作出（2000）第 99 号处罚决定是依职权的行为，并未超出其法定职权，原告的主张不能成立。

根据处罚法定原则的要求，行政处罚的依据应当法定，只有法律、法规或者规章明确规定予以行政处罚的行为，才可以实施行政处罚。本案中，行政相对人朱某某所销售的“全芳”牌被单选用了与知名商品“金芳”被单相近似的名称和图案、排列、色彩、字体近似的包装袋，造成“全芳”和“金芳”被单相混淆，使购买者认为是知名商品，构成的是

① 参见《中国审判案例要览（2002 年商事审判及行政审判案例卷）》，654～659 页，北京，中国人民大学出版社，2003。

《反不正当竞争法》第 5 条第 2 项规定的不正当竞争行为，显然是违反了《反不正当竞争法》的规定，适用《反不正当竞争法》对其进行处罚是正确的。而昆明市工商局对朱某某进行行政处罚决定中却认定朱某某的行为同时违反了《公司法》的规定，这一认定是否成立呢？《公司法》第 224 条规定：未依法登记为有限责任公司或者股份有限公司，而冒用有限责任公司或者股份有限公司名义的，责令改正或者予以取缔，并可处以 1 万元以上 10 万元以下的罚款。构成犯罪的，依法追究刑事责任。如果有充分的证据表明朱某某确将虚构的有限责任公司印在包装袋上，则符合该条规定的情形，属于冒用的行为，昆明市工商局有权适用《公司法》的规定对此进行处罚。然而，昆明市工商局在行政处罚决定书中只记载了朱某某有违反《反不正当竞争法》的事实却并未记载朱某某有过冒用有限公司名义的行为，其提供的证据无法证明朱某某有违反《公司法》这一事实，因此其同时适用《公司法》和《反不正当竞争法》作出的行政处罚决定证据不足，适用法律错误，二审法院的认定是正确的。

处罚程序合法是行政处罚的基本要求。不遵循法定程序的，行政处罚无效。行政处罚程序由行政处罚决定程序和执行程序两部分组成，其中前者是整个行政处罚程序的关键环节，它又可以分为三类：（1）简易程序，是指国家行政机关或法律法规授权的组织对符合法定条件的行政处罚事项，当场作出行政处罚决定的处罚程序，适用简易程序必须符合以下条件：违法事实确凿，有法定依据，较小数额罚款（对公民处以 50 元以下，对法人或其他组织处以 1 000 元以下的罚款）或警告的行政处罚。简易程序较为省略，可以当场处罚，有利于及时、迅速地处理轻微的违法行为，但该程序也应遵循相应的要求，要表明身份，确认违法事实，说明处罚理由和依据，制作行政处罚决定书，并交付和备案。（2）一般程序，这是行政处罚通常所应适用的程序，它较为严格和复杂，适用范围广，分为立案、调查、决定、制作处罚决定书、说明理由并告知权利，当事人陈述和申辩，正式裁决，行政处罚决定书的送达等。（3）听证程序。听证是指行政机关为了合理、有效地实施行政决定，公开举行由全部利害关系人参加的听证会，目的是广泛听取各方面的意见，通过公开合理的程序，将行政决定建立在合法、适当的基础上，避免给行政相对人带来不公正的影响。听证程序由于具有准司法性，因而只适用于某些对行政相对人的权益有重大影响的行政行为，根据我国《行政处罚法》的规定，目前只适用于行政机关作出责令停产停业、吊销许可证或者执照、较大数额罚款的行政处罚决定中。本案主要涉及两方面的程序问题，一是行政处罚决定书的内容；二是听证告知书的送达。关于第一个问题，根据《行政处罚法》第 31 条，行政处罚决定书应当载明申请行政复议或者提起行政诉讼的途径和期限等事项，因此昆明市工商局在作出昆工商处字（2000）第 99 号行政处罚决定中未明确告知朱某某提起行政诉讼的起诉期限是违法的。而关于第二个问题，《行政处罚法》第 42 条规定：行政机关作出责令停产停业、吊销许可证或者执照、较大数额罚款等行政处罚决定之前，应当告知当事人有要求举行听证的权利。由于本案中的行政处罚涉及较大数额的罚款（15 000 元），故而应适用听证程序。而根据《工商行政管理机关行政处罚程序暂行规定》第 39 条的规定：局长对行政处罚建议批准后，由办案机构以办案机关的名义，或者由办案机关委托有关工商行政管理机关，告知当事人拟作出行政处罚的事实、理由及依据，并告知当事人依法享有陈述、申辩权。凡拟作出责令停产停业、吊销营业执照、许可证及较大数额罚款处罚的，应当告知当事人有要求举行听证的权利。采取口头形式告知的，办案机构或者受委托的机关应当将告知情况记入笔录，并由当事人在笔录上签名或者盖章。采取书面形式告知的，办案机构或者受委托的机关直接送达当事人，当事人应当出具签收证明；拒绝签收的，由送达人记明情况并报告办案机构负责人。办案机构也可以采取邮寄送达的方式送达当事人。无法找到当事人的，由办案机关以公告形式告知。根据上述法律、法规，昆明市工商局作出处罚前的听证告知应告知当事人并送达受处罚的当事人，而非他人，昆明市工商局在作出昆工商处字（2000）第 99 号行政处罚决定时，将应送达给当事人朱某某的听证告知书送达给赵某某代签，其听证告知程序违反法律及规范性文件的规定，处罚程序违法。

基于以上几方面分析，本案中，昆明市工商局虽有法定的处罚权，具备本案的行政处罚主体资格，但由于其处罚决定认定事实不清，所依据的证据不足，且处罚违反法定程序，故应依法判决撤销行政处罚决定，二审法院的判决是正确的。

案例参考法律依据：

《反不正当竞争法》第三条、第二十一条；《行政处罚法》第三条、第三十一条、第三十二条、第四十一条、第四十二条；《工商行政管理机关行政处罚程序暂行规定》第三十九条。

复习题

1. 抽象行政行为与具体行政行为的区别是什么？

2. 如何理解行政行为的效力？

3. 什么是行政许可制度？在发展市场经济的情况下，应当如何完善我国的行政许可制度？

4. 什么是行政处罚制度？它与行政处分制度有何异同？目前行政处罚法在实施中存在什么问题？

5. 行政处罚的程序包括哪些类型？它们分别在什么情况下适用？

6. 什么是行政强制？你对我国行政强制法的分类如何理解？

7. 什么是行政征收和行政征用？二者有何区别？

8. 什么是行政给付？行政给付在实践中目前存在哪些问题？

9. 什么是行政紧急行为？其在实践中带来哪些行政法治问题？

第九章

行政主体实施的其他行为

本章提要

除了前面章节介绍的行政立法行为和行政处理行为外，行政主体实施的行为还包括行政合同、行政指导、行政规划、行政调查、行政检查、行政裁决、行政调解、行政仲裁、行政事实行为等多种类型。

行政合同是行政主体为实现一定的行政管理目的，在其职权范围内与相对人在意思表示一致的基础上达成的具有行政法上的权利、义务内容的协议。行政合同的相对人与行政主体处于相对平等的地位，这种行为方式避免了传统行政行为的单方意志、片面决定和强制力的色彩，一定程度上可以满足相对人的参与感，有利于激发相对人的积极性和创造性，更好地实现行政管理目的。

行政指导是行政主体为了适应经济发展和社会管理多样化的需要，在其职能、职责或管辖事务范围内采取的符合法律精神、原则、规则或政策的指导、劝告、建议等不具有国家强制力的行为。行政指导是具有柔和性、灵活性的新型行政活动方式，它本质上不是法律行为，不以国家强制力为后盾，对相对人没有法律上的约束力。

行政规划是指行政主体为了实现特定的行政目标，对未来一定时期内某一地区或某一行业拟采取的方法、步骤、措施依法作出的具有约束力的设计与计划，是政府宏观调控的一种手段。

行政调查是行政主体为实现一定行政目的而收集、整理和分析相关信息的活动，一般的行政调查不直接处分相对人的权利义务，对相对人不产生直接的强制力。行政检查是行政主体依法对相对人遵守法律、法规、规章及有关的行政命令、行政决定等以及相对人履行有关法定义务的情况进行强制性了解的行政行为。行政调查和行政检查都是行政行为的必经程序环节和处分基础，只对相对人产生间接作用。

行政裁决、行政调解和行政仲裁是行政司法行为的重要形式，都是行政机关根据法律的授权，按照准司法程序对法定范围内的争议或纠纷进行审查和裁处，作出影响当事人的权利、义务关系的行为。

行政事实行为，是行政主体基于行政职权实施的，不以产生特定的行政法律效果为目的但影响和改变了事实状态的行为。

第一节 行政合同（包括政府采购）

【案例介绍】

2001年5月31日，经海南省昌江县政府同意，昌化镇政府以书面协议，将棋子湾旅游项目交给琼昌公司开发，期限50年。然而，琼昌公司开发还不到两年，昌江县政府作出会议纪要，单方决定中止棋子湾开发协议，并要求琼昌公司停止经营活动。随即，根据这纸会议纪要，昌化镇政府通知琼昌公司，解除与该公司的协议，并限该公司在一定期限内撤出棋子湾。此后，镇政府派人对琼昌公司经营的设施进行了强制清理。

2004年6月，琼昌公司认为自己的合法经营权受到侵害，对昌江县、昌化镇两级政府一并提起了行政诉讼。经过一审二审，2005年4月，海南省高院作出终审判决，昌江县、昌化镇两级政府单方解除其与琼昌公司的行政合同，没有法律依据，属违法行政，应予撤销。2005年6月，琼昌公司向昌江县、昌化镇两级政府提出行政赔偿申请，但未得到答复。同年8月，琼昌公司向海南中院提起行政赔偿诉讼，要求赔偿损失142.9万余元。但对方认为琼昌公司请求已超过诉讼时效，所请求的赔偿也没有事实根据。

海南中院经过审理后认为，原告琼昌公司的损失与两被告的违法行政有直按的因果关系，依法应予赔偿。原告琼昌公司在向两被告申请赔偿逾期未果的情况下，诉请行政赔偿理由正当，应予支持。但赔偿损失的数额应以司法鉴定的结论为依据。

2006年8月，海南中院作出一审判决，判令昌江黎族自治县人民政府、昌江黎族自治县昌化镇人民政府于判决生效之日起30日内赔偿原告昌江棋子湾琼昌旅游开发有限公司人民币73万余元，并承担司法鉴定费8 000元。

一审判决后，昌江县、昌化镇两级政府不服提起上诉。10月8日，海南省高院作出终审判决，驳回上诉，维持原判。①

【案例分析】

本案中涉及的基本问题是：昌化镇政府与琼昌公司签订的旅游项目开发合同是否是行政合同？该旅游项目开发合同是否属于行政诉讼的受案范围？

行政合同，是行政主体以实施行政管理为目的，与行政相对人就有关事项经协商一致

---

① 参见“海南昌江县会议纪要废除开发合同两级政府被判赔偿73万元”，见中国法院网案件库，http://www.chinacourt.org/public/detail.php?id=219406，2014年10月9日访问。

而达成的协议。行政合同的法律特征有：行政性，即行政主体借助合同的形式来实现其实施行政管理的目的；合意性，即行政合同的签订必须以行政主体与相对人共同协商，意思表示一致为前提。本案中，昌化镇政府作为行政机关，为了促进当地的经济发展，有效地开发、利用风景资源，行使其行政管理职责，与旅游开发公司琼昌公司签订旅游项目开发合同，由昌化镇政府在棋子湾旅游区出让50亩土地给琼昌公司作为招商引资开发棋子湾度假休闲旅游项目使用，土地使用年限50年。政府和琼昌公司在平等基础上进行协商，对旅游区资源开发的范围、期限、出让金、其他的权利义务等内容达成一致。根据合同原理，合同双方必须依照行政合同的约定行使合同的权利、履行合同义务。行政机关作为行政合同的一方当事人的同时，仍可基于行政管理的需要，为了保障合同的有效履行或者出于公共利益的考量，行政主体在合同的缔结、变更和解除上享有行政优益权，依法可以对旅游项目的开发情况进行监督检查。这体现了旅游项目开发合同的行政性、合意性，因此它是一种行政合同。

本案中该旅游项目开发合同是政府与企业签订的综合开发利用土地和旅游资源的行政合同。行政合同履行过程中，政府虽然可以享有单方解除合同的权利，但是政府作为行政主体也必须遵循依法行政的原则，在法定或约定的情形下才能解除行政合同，不得随意单方解除。昌化镇政府与琼昌公司在《协议书》中约定，政府只有在棋子湾旅游整体规划制定后，超过规定期限琼昌公司不按照规划的要求进行改建和经营的情况下，才有权单方解除合同并吸引其他投资者建设该项目。根据这个约定，只有同时具备这两个基本条件，政府才有权单方解除合同：其一是棋子湾的整体规划出台；其二是琼昌公司逾期不按规划的要求改建和经营。然而并未出现这种约定解除情形，也未出现因公共利益需要，因法律、法规、政策或者合同所依据的客观事实发生重大变化而应当解除这一行政合同。昌江黎族自治县人民政府及昌化镇人民政府擅自解除该旅游项目开发合同的行为，没有法律依据，侵犯了琼昌公司根据该旅游项目开发合同所享有的对棋子湾50亩土地及旅游资源的合法经营权，违反了依法行政原则以及合同法上的条约信守原则。昌琼公司作为行政合同的一方当事人，认为昌江黎族自治县人民政府及昌化镇人民政府的行政行为侵犯了其合法权益，依据《行政诉讼法若干解释》（2000年）第2条的规定，公民、法人或者其他组织对具有国家行政职权的机关和组织及其工作人员的行政行为不服，依法提起诉讼的，属于人民法院行政诉讼的受案范围。因此，该旅游项目开发合同纠纷属于行政诉讼的受案范围。

此外，《国家赔偿法》第2条规定，国家机关和国家机关工作人员违法行使职权侵犯公民、法人和其他组织的合法权益造成损害的，受害人有依照本法取得国家赔偿的权利。本案中，昌江县政府和昌化镇政府无法定或约定事由，违法行政，擅自解除旅游项目开发合同的违法行为给昌琼公司的合法经营权造成了损害，因此昌琼公司有权获得行政机关的赔偿。

值得一提的是，在本案发生时，对于行政合同是否属于行政诉讼受案范围尚有争议，但在《行政诉讼法》（2014年）和《行政诉讼法若干解释》（2015年）中，“行政机关不依法履行、未按照约定履行或者违法变更、解除政府特许经营协议、土地房屋征收补偿协议等协议的”已经被明确纳入行政诉讼受案范围，且《行政诉讼法若干解释》(2015年）进一步明确了有关行政合同案件的审判规则。

【法律背景】

《行政诉讼法》(2014年）第二条、第十二条；《行政诉讼法若干解释》(2000年）第二条；《行政诉讼法若干解释》(2015年）第十一条、第十二条、第十三条、第十四条、第十五条、第十六条；《国家赔偿法》第二条；《风景名胜区条例》第四条。

《海南省旅游条例》第八条　县级以上人民政府应当鼓励多种经济成份参与旅游产业的开发和建设，积极培育多元化的旅游市场主体。

县级以上人民政府的经济贸易行政管理部门应当会同有关管理部门，从实际出发制定旅游商品发展规划，引进人才、资金及旅游商品科研、开发、生产、加工项目。组织科研机构、企事业单位及个人开发加工具有海南历史、文化内涵和本地特色的旅游纪念品、土特产品、工艺品及其他旅游消费品，满足旅游者的购物需求。

【知识点介绍】

行政合同是行政主体为了实现特定的行政管理目的，在其职权范围内与相对人意思表示一致而达成的具有行政法上的权利、义务内容的协议，是一种非常灵活的行政管理方式，结合了合同与传统行政行为的特点。一方面，行政合同改变了传统的行政主体单方决定、强权力性的行政管理方式，体现了民事合同中自由、平等的精神，反映了相对人的意志，有利于激发相对人的积极性、主动性和创造性，使相对人更容易接受行政意图；另一方面，行政合同保留了行政主体的行政优益权，行政主体享有对行政合同的监督权、指挥权、单方变更权、单方解除权及制裁权，从而保证了行政管理目标的实现。

随着我国经济体制从计划经济向社会主义市场经济的转变，国家所有权和经营权的分离，行政合同在我国各个领域的运用日益广泛。以合同的内容为标准，行政合同可分为：国有土地使用权出让合同、全民所有制工业企业承包合同、国家科研合同、农村土地承包合同、国家订购合同、公共工程承包合同及公用征收、征用补偿合同。

此外还存在一种有争议的合同，即政府采购合同，它是政府为实现其公共管理职能和公共利益，以法定方式、方法和程序，使用公共资金，从市场上为政府部门或其所辖公共部门购买货物、工程或服务的合同。无论理论界还是实务界，对政府采购合同是行政合同还是民事合同都存在很大争议。尽管《政府采购法》第43条规定“政府采购合同适用合同法。采购人和供应商之间的权利和义务，应当按照平等、自愿的原则以合同方式约定”，但我们并不能因此认定政府采购合同是民事合同而非行政合同。政府采购合同有民事行为的属性，受平等、意思自治、诚实信用、禁止权利滥用等民事合同规则的约束，也有行政行为的属性，而且它更多地体现了行政性，表现为：首先，从初衷上，引进政府采购制度是为了节约财政资金，提高财政资金的使用效率。政府采购的本质是政府支出的安排和使用，是公共支出管理的一个重要手段。它把通过向纳税人征税或发行国债的方式获得的公共资金，用来采购货物、工程和服务以实现政府的公共职能和提供公共服务的目标。其次，从主体上，政府采购合同必须有一方当事人为行政主体。我国政府采购法规定采购人是使用财政资金进行采购的国家机关、事业单位和团体组织，都是具有公共管理职能的组织。再次，从目的上，政府采购合同是行政主体为了实现行政任务或提供给付的目的而与相对人缔结的协议。政府采购合同具有鲜明的公益性、公共政策性，以不具有商业营利目的区别于普通的商业采购。最后，在政府采购合同中，当事人之间的地位并不平等，作为采购人的行政主体和行使公共职能的组织具有主导地位，在政府采购合同的签订、变更、中止、终止、监督检查、救济等方面享有行政优益权。因此，本书认为，政府采购合同是一种行政合同。

长期以来，我国没有确认行政合同独立的法律地位，行政合同是否属于行政诉讼法的受案范围，也存在争议。直到《行政诉讼法》(2014 年)，才明确将“行政机关不依法履行、未按照约定履行或者违法变更、解除政府特许经营协议、土地房屋征收补偿协议等协议的”纳入行政诉讼受案范围。《行政诉讼法若干解释》(2015 年）第 11 条进一步列举了上述协议主要包括“（一）政府特许经营协议；（二）土地、房屋等征收征用补偿协议；（三）其他行政协议”。该解释进一步明确了有关行政合同案件的审判规则，即“民事的归民事、行政的归行政”：人民法院审查行政机关是否依法履行、按照约定履行协议或者单方变更、解除协议是否合法，在适用行政法律规范的同时，可以适用不违反行政法和行政诉讼法强制性规定的民事法律规范。

第二节　行政指导

【案例介绍】

原告福建省福鼎市点头隆胜石材厂不服被告福建省福鼎市人民政府于 2001 年 3 月 13 日以鼎政办（2001）14 号文件下发的《关于 2001 年玄武岩石板材加工企业扶优扶强的意见》，向福建省福鼎市人民法院提起诉讼。

原告诉称：矿山每年开采的玄武岩荒料仅有 9 万立方米，都由第三人福建玄武石材有限公司负责给本市的 920 余家石材加工企业供应，平均每个加工企业只能得到不足 98 方。2000 年，被告曾通过下达鼎政办（2000）59 号和 60 号文件，从全市玄武岩荒料总量中提留 8 000 方，指定供应给 22 家所谓的扶优企业。2001 年 3 月 3 日，被告又下达鼎政办（2001）14 号文件，规定对 31 家企业要用倾斜增加供应荒料的办法扶优扶强。照这样计算，2001 年需要从玄武岩荒料总量中提留 11 300 方去供应那些所谓的扶优扶强企业。平均到每家企业头上，就要被提留 12.28 方荒料。而且被告确定的这 31 家所谓的扶优扶强企业，就有 26 家产值低于 500 万元，根本达不到被告自己制定的扶优扶强条件。被告这种逐年提高扶优荒料提留量的做法，迫使原告逐年减产。原告认为，强劲、优势的企业只能通过公平竞争显露出来，不能通过行政手段扶持起来。被告的这种做法制造了不平等，破坏了公平竞争的社会经济秩序，是违法行政。请求撤销被告的鼎政办（2001）14号文件。

被告辩称：鼎政办（2001）14号文件，只是在取得行政相对方、本案第三人福建玄武石材有限公司同意后，对其业务所作的非强制性、不直接产生法律后果的行政指导性文件。对原告来说，该文件既没有给他设定权利，也没有科以义务，与他的利益没有直接的关系，不属于《行政诉讼法》（1989年）第2条规定的具体行政行为，不是行政诉讼可诉的对象。原告无权就该文件向人民法院提起行政诉讼。

福鼎市人民法院经审理查明：2001年3月13日，被告福鼎市人民政府为了促进福鼎市的玄武岩石材企业上规模、产品上档次，由其下属的办公室作出鼎政办（2001）14号文件，批准下发福鼎市工业领导小组办公室《关于2001年玄武岩石板材加工企业扶优扶强的意见》。该文件中，确定2001年在全市扶持具有一定生产规模的31家石板材企业。文件规定，第三人福建玄武石材有限公司要为年销售收入1 000万元以上的10家企业，每家全年增加供应玄武岩荒料500立方米；要为年销售收入500万元以上的21家企业，每家全年增加供应玄武岩荒料300立方米。该文件以通知的形式下发到福鼎市各乡（镇）人民政府、街道办事处、市直有关单位和龙安开发区管委会。本案审理期间，福鼎市人民政府又于2001年7月13日作出鼎政办（2001）74号文件，决定停止鼎政办（2001）14号文件的执行。[①]

【案例分析】

1. 福鼎市政府以鼎政办（2001）14号文件下发《关于2001年玄武岩石板材加工企业扶优扶强的意见》的行为是具体行政行为

以适用对象是否特定和其确定的规则能否被反复适用为标准，可将行政行为分为抽象行政行为和具体行政行为。抽象行政行为是指行政机关制定的具有普遍约束力的规范性文件，基本特征是对象的不特定性、反复适用性、规范性。具体行政行为，指行政主体就特定的事项，针对特定的对象作出的处理决定，具有特定性和直接性，直接影响特定相对人的权利义务关系。

本案中，福鼎市政府作出鼎政办（2001）14号文件对本市的玄武岩石板材加工企业在2001年的玄武岩荒料的供应情况进行分配，符合具体行政行为的特征。首先，该文件适用的对象具有特定性。福鼎市的这一文件适用的范围是本市的920余家玄武岩石板材加工企业，对象虽然很广泛，但具有特定性。其次，该文件虽然具有抽象行政行为的外观，

---

① 参见《最高人民法院公报》，2001（6），211页。

但它直接发生法律效力，实质上对特定相对人的权利义务作出了处分，具有具体行政行为的内容。该文件明确规定在2001年度，第三人福建玄武石材有限公司为不同层级的年销售收入的企业提供文件中所规定数量的玄武岩荒料，限制了各企业自由获取原材料的权利，直接影响了包括原告点头隆胜石材厂在内的所有本市玄武岩石板材加工企业的权利义务。

2. 福鼎市政府以鼎政办（2001）14号文件下发《关于2001年玄武岩石板材加工企业扶优扶强的意见》的行为不是行政指导行为

行政指导是行政机关在其职责范围内为实现一定行政目的而采取的符合法律精神、原则、规则和政策的指导、劝告、建议等不具有国家强制力的行为。行政机关在其职责、职能或管辖事务范围内，根据经济发展和社会管理的需要可以自由裁量是否进行行政指导，但仍需要遵循正当性、自愿性、必要性原则。

《地方组织法》第59条规定，地方人民政府有权管理本行政区域内的经济、教育、科学、文化、卫生、体育事业、环境和资源保护等事务。福鼎市人民政府作为一级地方人民政府，有权在其管辖的地域范围内管理经济事务，市政府为了促进福鼎市的玄武岩石材企业上规模、产品上档次，由其下属的办公室作出鼎政办（2001）14号文件，批准下发福鼎市工业领导小组办公室《关于2001年玄武岩石板材加工企业扶优扶强的意见》，这一行为属于其管辖事务范围。

福鼎市政府在该文件中对全市的玄武岩荒料进行了分配，不同年销售收入的企业规定不同的供应量，并将该文件以通知的形式下发福鼎市各乡（镇）人民政府、街道办事处、市直有关单位和龙安开发区管委会，要求这些部门施行。对于相对人来说，首先，这一行为不具有行政指导应有的自愿性和非强制性。这一文件的实施并不以相对人的认同和自愿接受为前提，相对人不具有是否接受的选择权，而是由福鼎市政府单方面强制性地规定了各企业应分得的玄武岩荒料的数量。其次，这一行为不具备行政指导正当性的特点。行政指导的正当性的表现形式是，相对人主观上认为如果自己接受行政指导，将会产生对自己有利的法律结果，而且行政指导限于采取引导、说理等非权力作用的行为方式，不能以强制手段实施。本案中，该文件的施行并不存在相对人衡量自己的利益从而选择是否接受行政指导的过程和时机，行政机关也没有采取柔性的非权力手段去引导、说服相对人。再次，不具有进行行政指导的必要性。玄武岩石板材加工行业不是关系国计民生，对公共利益、社会利益有重大影响的行业，在市场经济条件下这些企业应当遵循市场规律，自由竞争、优胜劣汰，政府没有必要运用行政权力进行干预。

因此福鼎市的这一扶优扶强文件并不是行政指导性质的文件。

3. 这一文件侵犯了原告点头隆胜石材厂的经营自主权，属于行政诉讼的受案范围

福鼎市政府的文件是向福鼎市各乡（镇）人民政府、街道办事处、市直有关单位等下发的，似乎不直接影响原告点头隆胜石材厂的权益。但从实施效果上看，它通过对该市唯一一家玄武岩石材供应商的原料供应作了具体规定，客观上限制了包括原告在内的所有玄武岩石板材加工企业自由获得玄武岩荒料的权利。公平竞争所追求的是公平的环境和条件，

其前提是企业自主、独立竞争。如果行政机关运用行政权力介入并干预，“帮助”部分竞争者，则明显违背了自由竞争的原则，因此福鼎市政府对玄武岩石板材加工企业的扶优扶强行为侵犯了未获得“帮助”的企业的公平竞争权。根据《行政诉讼法若干解释》(2000年)第13条的规定，点头隆胜石材厂有权提起行政诉讼。

【法律背景】

《行政诉讼法》(2014年)第十二条、第十三条；《行政诉讼法若干解释》(2000年)第一条、第十三条；《地方组织法》第五十九条。

【知识点介绍】

行政指导，是指行政主体在其职责范围内，为实现一定行政目的而采取的符合法律精神、原则、规则或政策的指导、劝告、建议、协商、示范等不具有国家强制力的行为。它既是现代行政法中合作、协商等民主精神发展的结果，也是在市场经济条件下对市场调节失灵和政府干预双重缺陷的一种补救方法。其特征有：(1)行政性。行政指导虽然不是行政职权性行为，但它是行政主体基于行政职权，为了实现一定的行政目的，特别是社会发展目的而进行的管理活动。(2)方式的多样性和灵活性。法律没有明确地、羁束性地规定行政指导的具体方法，而是由行政主体在其法定职能、职责或管辖事务范围内，根据广泛的社会管理需要采取具体的指导方法，具有很大的自由裁量权。(3)非强制性和自愿性。行政指导采用劝告、鼓励、说服等柔和的不具有强制性的行为方式，并且通过利益诱导和道德引导对相对人施加影响，使相对人为一定行为或不为一定的行为，从而实现相应的行政目的；但是行政指导本质上属于非权力性行为，相对人没有必须服从的义务，是否接受指导取决于其自由意志。

行政指导从具有何种功能(作用)的角度，可划分为以下四类：规制性或抑制性的行政指导，是行政机关为了增进公益、预防危害公益的现象发生，对违反公共利益或妨害公共秩序的行为加以规范的行政指导；调整性或调停性的行政指导，是行政机关在其职权范围内进行的以调整相互对立的当事人之间的利害关系为目的的行政指导；助成性或辅助性的行政指导，是为了促使相对人的行为合理化进行的，以帮助和促进相对人自身利益或事业的发展为目的，为相对人出主意、指方向的行政指导；号召性或合作性的行政指导，是行政机关为了增强两造互动、改善政民关系、提高行政效率，引导行政相对人自觉遵守法律规范，动员、号召、倡导和鼓励行政相对人参与行政管理甚至合作进行行政管理的一类行政指导行为。行政机关在实施合作性的行政指导时，往往通过一定的利益诱导机制引导行政相对人参与某些行政管理事务，以提高行政管理效率，更充分地实现行政相对人参与公共事务管理的基本权利，有助于实现政民互动、合作、和谐的格局。

行政机关实施行政指导时，虽然具有很大的裁量权，但也必须遵循一定的原则，主要有：

1. 正当性原则。指行政指导必须最大限度地保障相对人的利益，增强相对人对行政指导的信赖感。表现为相对人主观上认为如果自己接受行政指导，将会产生对自己有利的法律结果。首先，行政指导的正当性以合法性为前提，这里的“法”，既包括具体的法律规范，又包括宪法、法律的精神、原则以及与宪法、法律一致的国家政策、地方政策等。行政指导即使没有直接的法律依据，只要符合我国宪法、法律的精神、原则或我国的政策，就可以认为是合法的。其次，行政指导作为一种非权力性行为，应当限于采取引导、鼓励、建议等不具有权力行使内容的方式，而不能以强制手段实施。

2. 自愿性原则。指行政指导应以相对人的认同和自愿接受为前提，不得强迫相对人接受指导。行政指导本质上不是法律行为，不以国家强制力为后盾，对相对人不具有法律上的约束力。自愿性原则意味着：第一，相对人接受行政指导，必须是完全出于自己真实的、不受他人意志支配的意思表示。第二，相对人拥有是否接受行政指导的选择权。行政指导实际上是为相对人的决策提供一个可选择的方案，只是试图说服相对人，不产生法律上的约束力。第三，相对人接受行政指导后，自己承担相应的法律后果，无论有利或不利。①

3. 必要性原则。指为了实现特定的行政管理目的，行政主体认为采取行政指导方式比采取行政行为耗费相对较低的成本、能取得更好的效果。行政指导，是行政机关面对日益复杂的社会生活采取的降低行政管理交易成本的制度创新。一方面，法律不可能对行政指导进行详细的规定，而行政指导的实施也不以法律的明确规定为必要前提，只需符合行政机关的职权、职责、事务管辖范围以及一般法律原则，因此某种程度上节约了立法成本。另一方面，行政指导是柔和的、灵活的行政活动方式，可避免行政行为的单方性、强制性引起的行政成本。因此，行政机关进行行政活动时，需要对行政行为、行政指导这两种行为方式进行综合考量，决定是否有必要进行行政指导。

行政指导行为最突出的一个特点是灵活多样、不拘一格和追求效率，这与行政指导作为非权力强制行为的性质是相适应的。这一特点对于行政指导在行政实务中发挥积极作用来说具有重要意义，同时也是其伴生负面作用的原因之一。结合国内外行政指导的实施现状和研究成果，可以将行政指导的常用方式大致概括为抽象行政指导行为、具体行政指导行为、抽象具体两可型行政指导行为，及往下更具体的表现方式。主要是：（1）导向性行政政策・行政纲要；（2）发布信息・公布实情；（3）指导・引导・辅导・帮助；（4）劝告・劝诫・劝阻・说服；（5）告知・指点・提醒・提议；（6）商讨・协商・沟通；（7）斡旋・调解・调和・协调；（8）建议・意见・主张；（9）赞同・表彰・提倡；（10）宣传・示范・推荐・推广；（11）鼓励・激励・勉励。上述行政指导方式方法相辅相成、相互配合、相互补充，其作用和意义非常重要。随着科学技术和社会生活的不断发展以及政府角色的演化，行政指导的方式方法将会日益增多。②

---

① 参见姜明安主编：《行政法与行政诉讼法》，337～338页，北京，北京大学出版社、高等教育出版社，2005。

② 按照对于行政指导行为的最广义理解，抽象行政指导行为中还应包括指导性规划、计划。由于本节采用比较狭义的行政指导行为定义，在下节将专门讨论行政规划、计划，所以在此不再将其列入。

第三节　行政规划

【案例介绍】

2000年11月14日，被告扬州市规划委员会召开了第十四次会议，会议对第三人东方天宇公司在东方百合园北侧，结合已批准的小区规划扩大用地范围，配套建设学校、农贸市场等设施的项目定点进行了审查。原则同意该项目定点，并同意按被告扬州市规划局初审意见，扩大用地范围，统筹规划、分期实施。后扬州市规划局和扬州市城市规划设计院在此基础上编制并审查同意了《念泗二村地段控制性详细规划》。2000年12月25日，扬州市规划局会同市开发办、市政府机关事务管理局、景区办对东方百合园的建筑高度进行了放置气球测试。2001年1月12日，市规委召开第十六次会议，听取了对东方百合园工程项目小高层住宅建筑高度测试情况的汇报，原则同意规划局提出的审查意见，同时建议小高层单体设计要结合屋顶花园建设减少对景区景观的影响。2001年1月15日，市规划局向第三人下达了扬规用地设字（2001）006号《关于扩大东方百合园住宅小区规划范围及下达其建设用地规划设计条件的通知》。2001年2月26日，市规划局召开了关于该小区规划等项目设计方案的专家评审会，形成了《关于东方百合园住宅小区规划等项目设计方案专家评审会纪要》。2002年10月26日，市规划局会同园林局、文管会对东方百合园建筑高度再次进行了放置气球测试。

2003年5月6日，第三人东方天宇公司向被告市规划局提出《关于申请办理“东方百合园”中心高层规划建设许可证的报告》，同时向扬州市规划局提供了2002年8月30日市国土资源局扬国土资（2002）地郊字12号《关于为东方天宇置业有限公司建商品房征地并供地的批复》、2002年10月31日扬州市发展计划委员会扬计（2002）字第355号《关于东方百合园三期工程中心广场商品房开发建设计划的通知》和相关建筑设计图纸。2003年7月1日，东方天宇公司办理了东方百合园中心组团11—6号住宅楼的相关交费手续。2003年7月2日，扬州市测绘研究院对该建设工程项目进行了工程定位测量；2003年7月4日，扬州市测绘研究院对东方百合园待建住宅楼与北侧原有住宅楼的高差进行了测量并对瘦西湖局部、平山堂局部与东方百合园局部距离进行了测量计算。另外，扬州市宏厦建筑设计院对11—6号住宅楼的相关数据和该楼与北邻28幢楼之间的日照间距比作出了说明。2003年7月7日，扬州市规划局对11—6号住宅楼建设工程项目进行了定位和验线，并作出了《扬州市规划局建设工程定位通知书》、《扬州市规划局建设工程验线核准单》。同日，市规划局向东方天宇公司核发了2003076号《建设工程规划许可证》，许可该公司在扬州市百合园小区内建设“九层（局部十层）、住宅 10 022.2 平方米、阁楼 753 平方米、高度 26.5 米”的中心组团 11—6 号住宅楼。

原告扬州市念泗三村 28 幢楼居民曹某某等 35 名居民对市规划局向东方天宇公司核发 2003076 号《建设工程规划许可证》的行为提起行政诉讼。诉称：被告批准第三人在我们居住的楼前建设的 11—6 号高层住宅楼，与被告许可第三人建设的 11—4、11—5 号楼房形成一道屏障，破坏了瘦西湖景区的景观，不符合扬州市的城市规划，严重影响了其居住环境，请求撤销被告的《建设工程规划许可证》。①

【案例分析】

这是一起因规划局颁发建设工程规划许可证而引起的关于日照间距、通风权、采光权的行政案件。相邻权纠纷，以前一般通过民事诉讼途径解决，随着行政诉讼的发展、影响力的提高，相邻权人也会逐渐选择行政诉讼途径。一方面是因为《行政诉讼法若干解释》（2000 年）第 13 条第 1 款规定，被诉的具体行政行为涉及相邻权或者公平竞争权的，相邻权人可以依法提起行政诉讼，这一规定扩大了原告的范围，为相邻权人提起行政诉讼提供了法律依据。另一方面，通过行政诉讼可以从根本上撤销侵权人据以抗辩的理由，通过司法审查督促行政机关在其职责范围内监督侵权人的行为，相邻权人因此可以更好地维护自己的权益。本案涉及的法律问题有：

1. 扬州市规划委员会是否有权编制和审批分区规划的城市的详细规划？《念泗二村地段控制性详细规划》有没有得到合法有效的批准

市规划委员会是负责本市城乡规划管理工作的市政府组成部门，是人民政府进行城市规划决策的议事机构，受市政府委托，对城市规划建设的重大问题进行审议，并向市政府提出审议意见。《城市规划法》第 21 条和《江苏省实施〈中华人民共和国城市规划法〉办法》第 12 条均规定，城市详细规划由城市人民政府审批；编制分区规划的城市的详细规划，除重要的详细规划由城市人民政府审批外，由城市人民政府城市规划行政主管部门审批。《扬州市城市规划管理办法》第 3 条又明确规定了市政府委托扬州市规划委员会负责对城市规划工作进行研究决策、组织实施和管理，组织相应的规划编制和规划审批工作，并负责协调、督促落实重要的规划事项。扬州市地方政府规章的规定没有与上位阶的法律、法规相抵触，因而是有效的，因此扬州市规划委员会有权审批《念泗二村地段控制性详细规划》。

本案中，原告与被告对以市长签发的市规划委员会会议纪要的形式批准的《念泗二村地段控制性详细规划》是否经过合法有效的批准持不同的意见，这里的首要问题是关于会议纪要的性质。

会议纪要是用来记载和传达议定事项和会议精神，要求与会单位共同遵守、执行而使

① 参见《最高人民法院公报》，2004（11），31 页。

用的一种公文。一般的会议纪要是在行政系统内行文，是政府的内部文件，其作用是将会议精神通告相关的行政部门，统一认识、指导工作，通常对外不发生法律效力，也不直接影响行政相对人的权利义务。但是如果会议纪要有向社会公布或向当事人送达等行为，实际影响了公民、法人或其他组织的合法权益，那就不是一般意义的会议纪要，它可能由内部行为转化为外部行为，对外发生法律效力。本案中，扬州市规划委员会的第十四次和十六次会议纪要的内容表明，市规划委员会审查并同意了东方天宇公司相关的项目定点及相关的规划设计，最后由市长批准《念泗二村地段控制性详细规划》。一方面，我国现行的法律、法规只规定城市详细规划的审批机关，并未规定具体的审批形式，虽然该会议纪要不是通常的审批形式，但不能因此认定以会议纪要的形式进行的审批不合法。另一方面，市长签发的以会议纪要为形式的《念泗二村地段控制性详细规划》是对特定的人和特定事项作出的，具有决定的实质内容和作用，实际上使东方天宇公司在该地段的详细规划获得了审批，取得了相应的权利，直接对东方天宇公司的权利义务产生了影响。因此，《念泗二村地段控制性详细规划》在实质意义上获得了审批，应当认定经过了有效的审批程序。

2. 扬州市规划局核发 2003076 号《建设工程规划许可证》的具体行政行为的程序是否违法

市规划局是具体负责城市规划的编制、管理工作的政府职能部门，组织编制市域城镇体系规划、城市总体规划、分区规划及详细规划，负责核发建设项目的“一书两证”（选址意见书、建设用地规划许可证、建设工程规划许可证）等工作。市规划局行使行政职权，审批建设工程规划，不仅要遵守实体法的规定，而且要遵守法定程序。《城市规划法》第 32 条、《江苏省实施〈中华人民共和国城市规划法〉办法》第 26 条以及《扬州市城市规划管理办法》第 40 条对建设工程规划的审批程序的规定是一致的，其程序流程是：要求建设单位或个人持建设项目批准文件、建设用地证件及拟建工程的地形图向规划局提出建设工程规划许可申请；然后由规划局审查，提出建设工程规划设计条件；规划局审查设计方案，发放建设工程规划设计审批通知书；规划局审查建设工程施工图，填发建设工程验线核准单；最后由建设单位或个人按规定缴纳有关费用后，城市规划行政主管部门核发建设工程规划许可证。规划局作为城市规划行政主管部门，应该审查相关的文件、材料是否齐全，手续是否完备，权限是否合法。只有在所有的文件、材料都符合法律、法规、规章的规定时才能发放建设工程规划许可。

本案中，2000 年 11 月 14 日，扬州市规委对相关配套设施的项目定点进行了审查，之后编制并审查同意了《念泗二村地段控制性详细规划》，2001 年 1 月 15 日发出建设用地规划设计条件的通知，2 月 26 日对项目设计方案进行了专家评审，却到 2003 年 5 月 6 日，第三人东方天宇公司才向被告扬州市规划局提出办理“东方百合园”中心高层规划建设许可证的申请。由此可以明显地看出，市规划局提出建设工程规划设计条件和审查建设项目设计方案的时间早于东方天宇公司申请核发《建设工程规划许可证》的时间。这种程序上的时间次序倒置是否构成程序违法？

建设工程规划许可作为行政许可的一种，是依申请的行为，没有相对人的申请，就没有行政机关的审查、准许。“东方百合园”中心高层虽然是东方百合园小区整体建设工程项目中的一个阶段，但它作为一个建设工程，需要单独申请一个建设工程规划许可证，应当遵守法律规定的程序要求。但是，我国目前没有一部统一的行政程序法典对程序问题作出规定，单行法中也只有《行政处罚法》、《治安管理处罚法》等少数法律明确规定了程序违法导致行政行为无效的情形。理论上对程序违法的认定标准也并不统一。本书认为，在我国现有法律框架内，程序违法可分为以下两种情形：其一，该违法行为属于法律明确规定的程序违法导致行政行为无效的情形，那么行政法律关系的对方当事人或利害关系人可以通过法定的救济途径申请撤销这一程序违法的行政行为。如《行政处罚法》第 3 条规定：“公民、法人或者其他组织违反行政管理秩序的行为，应当给予行政处罚的，依照本法由法律、法规或者规章规定，并由行政机关依照本法规定的程序实施。没有法定依据或者不遵守法定程序的，行政处罚无效。”其二，违反程序规定的行为不属于法定的程序违法情形，法律也没有规定该违法行为导致行政行为无效。相对人或利害关系人可以通过申诉途径请求相关国家机关依法审查，如果这一违反程序性规定的违法行为导致实体违法或不公正，应当认定该行政行为无效，并由相关行政机关重新作出行政行为；如果该违反程序性规定的行为并未影响实体结果或者虽然影响了实体但结果仍然是公正的，那么按照程序经济权衡理论，以程序瑕疵为由主张该行政行为无效，并撤销实体合法、公正的行政行为没有实质的意义。本案中，东方天宇公司申请核发《建设工程规划许可证》的程序存在时间次序倒置，申请手续上不符合法律规定，但不必然影响市规划局审核该许可证的实体合法性和正当性，而现行的规划法律、法规也没有明确规定程序违法的具体情形，因此不能认定其程序违法，也不能认定扬州市规划局核发 2003076 号《建设工程规划许可证》的具体行政行为违反法律、法规的规定。

3. 扬州市规划局核发 2003076 号《建设工程规划许可证》是否侵犯念泗三村 28 幢楼居民曹某某等 35 名居民的相邻权

有关住宅和建筑间距的国家标准和江苏省的相关规定中，都明确了住宅间距应以满足日照要求为基础，综合考虑采光、通风、消防、防灾、管线埋设、视觉卫生等要求确定。扬州市规划局核发 2003076 号《建设工程规划许可证》时，通过测算，测出 11—6 号住宅楼与 28 幢楼的日照间距比为 1∶1.365，符合《江苏省城市规划管理技术规定》第 3.1 条中规定的 1∶1.2 的最低限制。扬州市规划局核发的 2003076 号《建设工程规划许可证》，虽然客观上确实缩短了相邻人住宅的日照时间，但仍然符合国家和当地行政主管部门技术规范规定的最低日照标准。因此扬州市规划局的这一行政许可行为并不影响上诉人享有的法定日照、采光、通风等相邻权。

【法律背景】

《城市规划法》第十条、第二十一条、第三十二条、第四十条。

《江苏省实施〈中华人民共和国城市规划法〉办法》第二十六条　建设工程规划许可证的办理程序：

（一）建设单位或个人持建设项目批准文件和建设用地证件向城市规划行政主管部门提出建设申请；

（二）城市规划行政主管部门根据城市规划，提出建设工程规划设计要求，作为工程设计的依据；

（三）城市规划行政主管部门审查建设项目设计方案；

（四）城市规划行政主管部门审查建设工程施工图，确认符合城市规划的要求后，核发建设工程规划许可证。

建设单位或个人在取得建设工程规划许可证和其他有关批准文件后，方可申请办理开工手续。城市规划行政主管部门应当在施工前进行现场验线。

《扬州市城市规划管理办法》第三条　扬州市规划委员会（以下简称市规划委员会），受市政府委托，负责对城市规划工作进行研究决策、组织实施和管理。组织相应的规划编制和规划审批工作，并负责协调、督促落实重要的规划事项。

第四十条　建设工程规划许可证办理程序：

（一）建设单位或个人持建设项目批准文件、建设用地证件、拟建工程的地形图，向城市规划行政主管部门提出书面申请；

（二）城市规划行政主管部门审查建设项目的性质、规模是否符合城市规划要求。若符合或需进一步论证，则由城市规划行政主管部门提出建设工程规划设计条件，作为工程设计的依据；若不符合，通知建设单位或个人不予办理；

（三）城市规划行政主管部门审查设计方案（不少于两个），发放建设工程规划设计审批通知书；重要建设项目还须经专家评审或听取专家意见，扬州市城市规划区内的重要建设项目还要报市规划委员会审定同意；

（四）城市规划行政主管部门审查建设工程施工图，确定建（构）筑物位置，并现场查验建设工程灰线（或基槽），填发建设工程验线核准单；

（五）建设单位或个人按规定缴纳有关费用后，城市规划行政主管部门核发建设工程规划许可证。

《江苏省城市规划管理技术规定》（2004 版）　　3.1 建筑间距　3.1.1　建筑间距应符合日照、消防、抗震、安全的要求，并综合考虑采光、通风、环保、视觉卫生、工程管线和文物保护等方面的要求，同时执行本规定。

3.1.2　住宅建筑的日照一般应通过与其正面相邻建筑的间距控制予以保证。不能通过正面日照满足其日照标准的，对住宅建筑日照间距的控制不应影响周边相邻地块特别是未开发地块的合法权益（主要包括建筑高度、容积率、建筑物退让）。

《中华人民共和国 国家标准城市居住区规划设计规范 GB50180-93》

《行政诉讼法若干解释》（2000 年）第十三条；《城乡规划法》第四十条。

【知识点介绍】

行政规划是指行政主体为了实现特定的行政目标，对未来一定时期内拟采取的方法、步骤、措施依法作出的具有法律约束力的设计与计划。行政规划具有以下特征：（1）综合性。行政规划是在全面、准确把握现实情况的基础上进行的谋划、安排、部署或展望，是规划的目标、过程和行为的综合体。（2）法定性。行政规划直接影响规划的制定者和受规划影响的各类主体未来一定时期内的行为。这种直接的影响力要求行政规划应纳入法律调整的范围，法律须明确规定行政规划的制定机关、制定程序、效力状态、规划的执行机关、违法规划的法律责任等。（3）广泛的裁量性。规划的制定者拟定规划时应当遵守实体法和程序法的规定，同时又有权自主决定规划的目标、内容、手段等，享有广泛的裁量权。行政规划的种类很多，城乡规划就是一种常见和特殊的行政规划。《城乡规划法》经第十届全国人大常委会第三十次会议于2007年10月28日通过、2008年1月1日起施行后，成为主要的调整规划行为的法律依据，原《城市规划法》即行废止。

行政规划作为政府宏观调控的一种手段，其主要作用体现在：第一，可以有效地利用资源，实现总体目标。在社会资源稀缺的情况下，通过设定和实施行政规划，合理利用人力、物力、财力等社会资源，有步骤地实现行政管理目标。第二，可以协调与整合相关行政主体的活动。行政规划的实现，特别是综合性规划的实施，需要相关的行政机关互相配合、互相协作，共同完成行政目标及行政任务。第三，可以指导行政相对人的行为走向。行政规划是行政机关对未来行政活动的政策设计及构想，通常可能涉及利益的再分配，具有很强的执行力。行政相对人通过分析相关的规划信息，可以理性地调整未来的活动。①

第四节　行政调查和行政检查

案例一：

【案例介绍】

广州一企业抗拒统计检查被罚26万元

2003年9月26日，广东省增城市统计局对增城市英豪摩托车实业有限公司进行执法检查。因该公司未按规定提供资料，增城市统计局遂于2003年11月17日向该公司发出了《统计检查查询书》。但该公司以“税务部门调用公司会计资料”为借口，既不答复查询，也不提供相关财务资料和统计原始记录。由于认为该公司行为已构成“拒报统计资料”，增城市统计局对其作出行政处罚35 000元的决定。执法人员明确告知：如对处罚不服，可以提起行政诉讼，但诉讼期间不影响处罚执行，也就是说，必须在处罚决定书规定期限内缴纳罚款，否则将按每天3%加处罚款。增城市英豪摩托车实业有限公司拒不缴纳罚款，并于2004年3月31日向增城市人民法院提起诉讼。增城市人民法院审理后于2004年4月29日作出一审判决：增城

---

① 参见应松年主编：《当代中国行政法》，1038～1048页，北京，中国方正出版社，2005。

市统计局对英豪摩托车实业有限公司进行的统计行政检查的主体和权限合法。英豪摩托车实业有限公司不按期据实答复《统计检查查询书》、不提供统计检查资料的行为，已违反了《中华人民共和国统计法》、《中华人民共和国统计法实施细则》（以下简称《统计法》、《统计法实施细则》）及《广州市统计管理条例》的有关规定。该公司提出的增城市国税局调取了公司账簿资料、使其无法向统计局提供统计检查资料的说法，未能提供有效证据予以证实，不予采纳，维持增城市统计局的行政处罚决定。该公司对一审判决不服，于 2004 年 5 月 14 日向广州市中级人民法院提起上诉。广州市中级人民法院作出二审判决，维持原判。至此，广州市首例统计行政上诉案结束，而英豪公司的加处罚款已累积到 22 万余元。[①]

【案例分析】

这是广州市首例统计行政上诉案，受到了社会的普遍关注。本案主要的法律问题是统计局是否具有行政调查权？英豪公司的行为是否构成拒报？对该公司的拒报行为的处罚是否合法？

统计是国家一项重要的管理机制，国家通过对国民经济和社会发展情况的统计调查，提供统计资料和统计咨询意见，指导并监督国民经济和社会发展。根据《统计法》和《统计法实施细则》的规定，统计部门有权进行统计调查，调查、搜集有关资料，召开有关调查会议，检查与统计资料有关的原始记录和凭证。本案中，增城市统计局有权对英豪摩托车实业有限公司进行统计调查，要求该公司及其人员如实提供统计资料。

原告英豪公司拒报统计资料的违法行为是存在的。首先，《统计法》第 3 条规定，国家机关、社会团体、企事业组织和个体工商户等统计调查对象，必须依照法律规定如实提供统计资料，不得虚报、瞒报、拒报、迟报，不得伪造、篡改。英豪公司作为一个经过工商局核准登记，领取营业执照的企业组织，负有如实提供统计资料的法定义务。其次，本案中，原告明知自身有向增城市统计局提供材料的义务。2003 年 9 月 26 日，增城市统计局对英豪公司进行统计检查，该公司未按规定提供相关资料，此时英豪公司在主观上明知其有义务提供统计材料。再次，原告有经催报而拒不上报统计资料的事实。在收到《统计检查查询书》后，英豪公司以“税务部门调用公司会计资料”为借口，既不答复查询，又拒不提供相关财务资料和统计原始记录。根据《广州市统计管理条例》第 17 条的规定，英豪公司的行为构成了拒报统计资料的违法行为。

统计是了解国情国力，指导并监督国民经济和社会发展的有效工具。统计工作的性质决定了统计机关应当严格执行统计法律法规，统计调查对象应当按时上报统计资料。如果统计对象不按时上报统计资料，不仅影响本地区统计的完整性、准确性和及时性，而且会影响国家对社会、经济各方面的宏观指导和监督。按照《统计法》和《统计法实施细则》的规定，

---

① 参见“广州一企业抗拒统计检查被罚 26 万元”，见中国法院网案件库，http：//www.chinacourt.org/public/detail.php? id=144692，2014 年 10 月 9 日访问。

接受统计调查的企事业组织拒报，被责令改正而拒不改正的，统计局有权予以警告，并可以处 5 万元以下的罚款。本案中，增城市统计局对英豪公司的拒报行为作出35 000元的行政处罚决定，符合法律的规定。

此外，《行政处罚法》规定，行政机关作出责令停产停业、吊销许可证或者执照、较大数额罚款等行政处罚决定之前，应当告知当事人有要求举行听证的权利。《广东省行政处罚听证程序实施办法》规定了较大数额罚款是指对公民处以1 000元以上罚款，对法人或者其他组织处以 5 万元以上罚款。本案中，规划局对英豪公司作出35 000元的罚款，规划局没有法定义务告知当事人可以要求举行听证。该行政处罚程序合法。

【法律背景】

《统计法》第二条、第三条、第二十三条、第二十七条；《统计法实施细则》（2000）第三十二条、第三十三条。

《广州市统计管理条例》第十七条　市、区、县级市人民政府统计部门，有权向被检查单位和个人发出《统计检查查询书》、《统计报表催报书》等文书。被检查单位和个人收到上述文书后，必须在规定期限内如实答复。在规定期限内没有答复的，视为拒报。

被检查单位和个人拒绝、阻挠提供统计检查资料以及转移、隐匿、毁弃统计原始记录、统计台账、统计调查表等统计资料的，视为拒报。

《广东省行政处罚听证程序实施办法》第五条　行政机关以及法律、法规授权的具有管理公共事务职能的组织（以下简称行政机关）作出下列行政处罚（以下简称适用听证程序的行政处罚）决定之前，应当告知当事人有要求举行听证的权利；当事人要求听证的，行政机关应当组织听证：

（1）责令停产停业；

（2）吊销许可证或者执照；

（3）较大数额罚款；

（4）法律、法规可以要求听证的其他行政处罚。

本条前款的较大数额罚款，是指对公民处以1 000元以上罚款，对法人或者其他组织处以 5 万元以上罚款。

【知识点介绍】

行政调查，是行政主体为实现一定的行政目的，收集、整理和分析有关资讯的活动。[①] 行政调查在行政法上具有重要的作用，不论是制定法律规范、进行行政裁决、拟定行政规划、了解法律执行情况还是拟定行政改革计划，行政机关都需要进行调查、获取相关信息。只有掌握了必要的信息，行政机关才能在以行政法律原则的指导下，有效地开展行政活动。行政调查是行政决定作出之前的一个程序步骤，是关于行政机关获取公民、法人和组织的个人信息档案，从事商业经营、公共事业活动信息档案和有关证据材料的制度。行政调查不对相对

---

① 参见皮纯协等主编：《行政法学》，247 页，北京，中国人民大学出版社，2002。

人的权利义务发生直接的影响，其突出的特点是间接性，表现为：第一，间接目的性，行政调查只是为行政机关作出行政决定提供相关信息，对行政管理目的的实现仅起准备或辅助作用；其二，间接强制性，行政调查的开展一般不采用强制手段，其实效性通过后续的行政处罚、行政强制措施等罚则予以体现与保障。

行政调查虽然对相对人只产生间接强制力，但调查权的行使可能进入公民、法人或其他组织的生活或营业场所，一定程度上缩小相对人的隐私权及不受政府干预的领域，蕴含着行政权与公民权之间的紧张关系。行政机关行使调查权，必须遵守宪法、法律的规定。首先，行政调查权受到宪法的限制。我国宪法第 37、39、40 条规定了公民的人身自由、住宅不受侵犯，通信自由和通信秘密受法律保护，特定机关只有在法定情形下才能采取一定措施予以限制。宪法的规定虽然主要适用于刑事领域，但行政调查权同样可能侵犯公民的基本权利和自由，因此行政调查权的行使也应当遵守宪法，不能侵犯公民的合法权益。其次，调查权受法律的限制。行政机关的调查权力来自法律的授权，法律明确规定调查的对象、手段、程序、调查资料的处理及法律救济的，行政机关必须严格遵守；行政调查的形态具有多样性，法律没有具体规定的事项，调查权的行使也应当符合行政目的、法律的精神。

一般的行政调查不直接处分相对人的实体权利义务，对相对人不产生直接的强制力，但行政调查作为行政决定的程序步骤，有可能限制相对人的某些程序性权利，因此应当更加重视调查程序的合法性，保障被调查人的合法权益。程序性保障要求行政执法人员进行行政调查之前，必须向被调查人表明身份。表明身份的法律意义在于说明实施行政调查权的正当性与合法性，从而使被调查人协助行政机关进行调查。除紧急情况外，行政机关进行调查前应事先告知被调查人调查的目的、时间、场所、范围，调查时应说明调查理由。这是公民知情权的内在要求，有利于提高公民参与行政程序的积极性，缓和行政机关和相对人之间的对立状态，促进行政调查的有效开展。

案例二：

【案例介绍】

2002 年 9 月 11 日上午 10 时，被告上杭县药品监督管理局的 4 名工作人员（其中一人为司机）到原告范某某（乡村医生）的卫生室进行执法检查，并出示了执法检查专用证明（其中一人出示行政执法证，其余两人出示药品监督检查专用证明），经检查发现，该卫生室有 290 支 5ml 一次性无菌注射器未毁形、销毁，工作人员当即制作了现场检查笔录，下发了封存扣押通知书，将范某某使用过的未毁形、销毁的 290 支 5ml 一次性无菌注射器予以封存扣押。2002 年 9 月 18 日，上杭县药监局作出（杭）行罚字（2002）第 97 号行政处罚决定书，决定对范某某罚款 500 元。范某某不服，以处罚决定剥夺了他的陈述、申辩权，违反法定程序，并且适用法律错误为由向龙岩市药品监督管理局申请行政复议。龙岩市药品监督管理局认为该处罚决定程序不合法，自由裁量权明显不当，于 2002 年 12 月 6 日作出行政复议决定，撤销了上杭县药监局（杭）行罚字（2002）第 97 号行政处罚决定书，并指定上杭县药监局重新作出决定。2002 年 12 月 10 日，上杭县药监局的两名工作人员又对范某某进行了调查；2002 年 12 月 23 日，上杭县药监局向范某某送达了行政处罚事先告知书和听证告知书；2003 年 1 月 17 日，上杭县药监局以（杭）行罚字（2003）第 1 号行政处罚决定重新作出行政处罚，对范某某给予警告并罚款10 000元，范某某仍不服引起诉争。

福建省上杭县人民法院认为：上杭县药监局认定范某某未将使用过的 290 支 5ml 一次性无菌注射器毁形、销毁的事实清楚、证据充分。本案上杭县药监局的执法人员有 3 名，并已向范某某出示证件，且其中一人具有行政执法证，上杭县药监局的行为并没有违反法律规定，应当认定上杭县药监局的检查等行为合法有效。上杭县药监局原先作出的罚款 500 元的决定没有法律依据，而重新作出的罚款数额，符合《医疗器械监督管理条例》第 43 条的规定，在法定的5 000元至30 000元的幅度内，并未超出。因此，上杭县药监局适用的法规是正确的。上杭县人民法院依照《行政诉讼法》（1989 年）第 54 条第 1 项的规定，判决维持被告上杭县药监局作出的行政处罚决定。①

【案例分析】

本案是福建省药品监督管理机关从卫生行政部门分离组建以后的第一起涉讼行政案件，涉及的主要问题是：上杭县药监局进行行政检查行为，主体是否合法？执法检查行为是否符合法定程序？

行政检查是行政主体依法对公民、法人或其他组织遵守法律、法规、规章以及有关的行政命令、行政决定和履行有关法定义务的情况进行了解的行政行为。行政检查行为主体的合法性包括行政机关及其执法工作人员的合法性。药监局是主管药品和医疗器械，对生产厂家、流通企业及使用单位等进行全方面监督的职能部门，根据《医疗器械监督管理条例》第 43 条的规定，医疗机构重复使用一次性使用的医疗器械的，或者对应当销毁未进行销毁的，县级以上人民政府药品监督管理部门有权责令改正或者根据情形给予相应处罚。因此，上杭县药监局具有对范某某的卫生室的医疗器械使用情况进行行政检查的主体资格。

《行政处罚法》第 37 条规定，行政机关在进行调查或者检查时应当向当事人或者有关人员出示证件。《福建省行政执法资格认证与执法证件管理办法》规定了行政执法机关从事行政执法活动的工作人员，必须通过行政执法资格考试取得行政执法资格；取得行政执法资格证书的人员，由省人民政府法制工作机构核发行政执法证件，执法人员持证上岗；未取得行政执法资格证书和行政执法证件的人员不得从事行政执法工作。福建省上杭县药监局是依据国务院关于药品监督管理体制改革的通知于 2001 年成立的政府执法部门，只有两名从卫生行政部门调入的工作人员有省行政执法证。由于取得省行政执法证的考试一年一次，该部门又是

---

① 参见国家法官学院 中国人民大学法学院编：《中国审判案例要览（2004 年行政审判案例卷）》，295～300 页，北京，中国人民大学出版社、人民法院出版社，2005。

新组建的，应当允许存在一定的过渡期让相关工作人员取得执法证。另一方面，药品和医疗器械是涉及重大公共利益，关系人民的生命和身体健康的特殊领域，药监部门必须按照法律赋予的职责全面、及时地开展执法工作，否则将会给国家和人民的利益带来危害，造成严重的后果。本案进行行政检查的三名工作人员，其中一人有行政执法证，其余两人出示了药品监督检查专用证明，可以证明他们是上杭县药监局工作人员。因此基于法律效果和社会效果的综合考虑，应当认为被告的工作人员具有行政执法资格。

行政检查是具有强制力的行政行为，可能限制相对人的权利，因而行政检查必须依照法律规定的程序进行。本案中，药监局的三名工作人员进行执法，事先出示了行政执法证及药品监督检查专用证明，发现违法行为后即时制作了检查笔录、下发封存扣押通知书，在此基础上药监局作出行政处罚决定，程序上符合法律规定。但是没有根据特别法《医疗器械监督管理条例》的规定进行行政处罚，法律适用错误。重新作出的行为在依法进行行政调查、查清违法事实、收集相关证据的基础上，履行了《药品监督行政处罚程序规定》中的事先告知、听证权告知的程序，并依据《医疗器械监督管理条例》在法定的处罚幅度范围内作出相应处罚，该行政处罚符合法律规定。

【法律背景】

《医疗器械监督管理条例》第四十三条。

《福建省行政执法资格认证与执法证件管理办法》第四条　行政执法机关应当具备行政执法资格和执法条件，并经本级人民政府审查确认和公告。未经审查确认和公告的，不得进行行政执法活动。

行政机关依照法律、法规或者规章的规定，在其法定权限内委托符合法定条件的组织进行行政执法，必须报经本级人民政府批准。

第五条　行政执法机关从事行政执法活动的工作人员，必须通过行政执法资格考试取得行政执法资格，并申领和使用福建省行政执法证和执法标志（以下统称行政执法证件）或者法律、行政法规规定的其他行政执法证件。

第九条　考试成绩合格者，由省人民政府法制工作机构发给行政执法资格证书。行政执法机关应将取得行政执法资格证书的人员名单报本级人民政府法制工作机构备案。

第十条　取得行政执法资格证书的人员，经省人民政府行政主管部门审核批准后，由省人民政府法制工作机构核发行政执法证件，持证上岗。

未取得行政执法资格证书和行政执法证件的人员不得从事行政执法工作。已从事行政执法工作的，应调离行政执法工作岗位。

《药品监督行政处罚程序规定》第二十八条、第三十三条、第三十五条。

【知识点介绍】

行政检查是指行政主体基于行政职权，依法对公民、法人或其他组织守法及履行法律义务的实际情况进行了解、监督的行政行为。行政检查是行使行政权力的重要方式，是发现违法和有效实施其他行政行为的基础和前提。行政检查可能会影响相对人的权利和义务，但通常不直接创设或剥夺相对人的权利。行政检查的目的是对相对人守法和履行义务的情况进行了解，实现对相对人的监督，建立和维护行政主体所期待的社会秩序。

行政检查具有以下几个基本特征：第一，主体的法定性。行政检查的主体只能是法定的行政主体，即享有法定行政检查权的国家行政机关或者法律、法规授权的组织，其他任何个人或者组织不能进行行政检查。第二，职权的法定性。行政检查是行政主体的职权行为，普遍存在于有对外管理权的所有行政机关，行政机关必须在各自的职权范围内进行检查，不能进行越权的行政检查；行政机关进行行政检查时只能采取法定的措施，不能采取法外的其他任何措施。第三，对象的特定性。行政检查的对象是公民、法人或其他组织，特殊情况下也可能是一定的物。这一特征表明行政检查是一种外部行政行为，行政主体对内部进行的监督行为，如行政机关对内进行的财务检查、卫生检查等都不属于行政检查。第四，内容的特殊性。行政检查的内容是公民、法人或其他组织遵守法律、法规、规章以及执行有关的行政命令、决定和履行法定义务的情况。第五，实施的程序性。行政检查是作出和执行行政行为的基础，不直接处分相对人的实体权利义务，只是在程序上限制相对人的一定权利或设定义务，是程序性较强的行为。①

第五节　行政裁决、行政调解与行政仲裁

案例一：

【案例介绍】

山林权属引发争议 村小组状告县政府胜诉②

因不服县政府作出的山林权属争议处理决定，江西省弋阳县港口镇港口村委会苏家村小组一纸诉状将弋阳县政府告上法庭。2008 年 3 月 20 日，江西省弋阳县人民法院审结了此起山林权属行政裁决案件，一审判令撤销被告弋阳县人民政府作出的弋府字（2007）78 号关于将泥岗杨家山山林权属争议的处理决定，由被告重新作出处理决定。

2006 年 6 月，第三人弋阳县港口镇港口村委会李家村小组将泥岗杨家山山场租赁给他人办工厂后，原告弋阳县港口镇港口村委会苏家村小组到现场进行阻止，引起山林权属争议。第三人于 2006 年 8 月 2 日向被告提出调处申请，被告依法调处，查明第三人有 1982 年发放的山林权证并管理至今，原告的土地证与争议山场证不符，被告依据《江西省山林权属争议调解处理办法》第 21 条的规定，“县内的山林

---

① 参见应松年主编：《当代中国行政法》，813～814 页，北京，中国方正出版社，2005。

② 参见“山林权属引发争议 村小组状告县政府胜诉”，见中国法院网案件库，http：//www.chinacourt.org/public/detail.php? id=292718，2014 年 10 月 9 日访问。

权属争议，以林业三定时期确定的权属为依据，林业三定时期未确定权属的，参照农业合作化、四固定时期确定的权属处理……”于2007年5月17日作出了弋府字（2007）78号关于将泥岗杨家山山林权属争议的处理决定，将争议山场确权给第三人所有。原告不服，申请行政复议，上饶市人民政府复议决定，维持被告作出的处理决定。2007年11月28日原告收到行政复议决定书，于是原告向法院提起行政诉讼。

另查明，原告收到被告于2006年12月9日填发的C36060274××××号中华人民共和国林权证，而此证第一页中，又将争议山场的一部分（苏家山）确权给原告所有。

法院经审理后认为，原告现持有被告于2006年12月9日填发的C36060274××××号中华人民共和国林权证，该证第一页，将争议山场的一部分确权给原告所有，尽管是在权属争议期间发放的，在未经法定程序撤销前就具有法律效力，被告作出的弋府字（2007）78号处理决定中没有查明这一事实，属事实不清，故原告请求撤销被告的处理决定的主张，法院予以支持。

在本案审理过程中，被告于2008年2月20日作出撤销上述林权证的决定，在举证期满后向法院递交，超过举证期限，且还未生效，根据《江西省森林条例》第52条的规定，被告应当重新确权。故被告请求维持处理决定的主张，法院不予支持。据此，法院依法作出如上判决。

【案例分析】

本案涉及的基本问题是：弋阳县人民政府是否有权进行行政裁决？弋阳县人民政府作出的山林权属争议处理决定是否合法？

行政裁决是行政机关按照准司法程序，以公断人的身份依法居中处理与其行政管理职能有关的平等主体之间的纠纷的一种具体行政行为。《江西省山林权属争议调解处理办法》第7条规定，各级人民政府负责山林权属争议的调处，县以上林业行政主管部门负责办理调处山林权属争议的具体工作。本案中，弋阳县港口镇港口村委会李家村小组与苏家村小组对泥岗杨家山山场的权属发生纠纷，属于县内集体所有制单位之间的山林权争议，双方协商不成，向弋阳县人民政府提出调处申请，弋阳县人民政府根据《江西省山林权属争议调解处理办法》第14条的规定，有权对该山林权属争议作出行政处理。

根据《江西省山林权属争议调解处理办法》第8条的规定，发生山林权属争议时，双方当事人所在地的人民政府及其有关部门不得单方面发放山林权证和林木采伐许可证等可能影响山林权属争议调处的证照，发放的一律无效。本案中，被告弋阳县人民政府于2006年12月9日，向原告填发C36060274××××号中华人民共和国林权证，将争议山场的一部分确权给原告。有关泥岗杨家山山场的权属纠纷自2006年6月开始，因此该林权证是在权属争议期间发放，依照法律规定应当认定这一发证行为无效。行政行为无效的原因是行政行为存在明显、严重的瑕疵。而明显、严重瑕疵的确定标准，既不是相对人主观想象得出，也不是由法学家运用专业知识予以认定。在具体案件中，一个行政行为是否存在明显且严重的瑕疵，时常发生争议。并非任何机关、组织或个人都有权判断行政行为的效力，而是国家机关垄断了无效行政行为的确认，通常由法定的行政机关或司法机关依照实体法及程序法的规定认定某一行政行为是否无效。法的安定性要求应当赋予行政行为临时的存续力，即使行政行为存在瑕疵，所以在行政行为被确认无效、被撤销之前，要求所有机关、组织或个人对该行政行为表示尊重。本案中，弋阳县政府为苏家村发放林权证按照地方性法规的规定是无效的，但是行政相对人并没有足够的法律知识背景和能力来知晓、判断这一发证行为的效力，而是基于行政主体的地位和作用充分信赖和尊重行政机关作出的行政行为，相信该发证行为的合法性和正当性。因此这一林权证在被确认无效、被撤销之前具有推定的合法效力。

行政裁决是行政机关对平等主体之间的民事纠纷作出裁判、处理的行政行为，在裁决过程中，裁决机关必须作为中立的第三方，客观、全面地认定事实、正确适用法律，在程序上为双方提供平等的机会。本案中，被告弋阳县政府在对苏家村和李家村的山权纠纷进行处理时，认定的事实只有第三人李家村持有的1982年发放的山林权证并管理至今，原告苏家村的土地证与争议山场证不符，并以这些事实为基础按照《江西省山林权属争议调解处理办法》第21条的规定作出行政裁决，将泥岗杨家山山林权确权给李家村所有，明显遗漏了2006年12月9日向原告发放林权证这一重要的事实，属于事实不清、主要证据不足。根据《行政诉讼法》(1989年）第54条的规定，法院判决弋阳县人民政府重新确权。

【法律背景】

《江西省山林权属争议调解处理办法》第七条　各级人民政府负责山林权属争议的调处。县（含县、市、市辖区，下同）以上林业行政主管部门负责办理调处山林权属争议的具体工作。各有关部门应当对调处山林权属争议的工作予以支持和配合。

各级林业行政主管部门可以根据调处工作需要，设立专门机构或配备必要的专职工作人员。

第八条　发生山林权属争议时，双方当事人所在地的人民政府及其有关部门必须及时采取有效措施，防止事态扩大，并不得单方面发放山林权证和林木采伐许可证等可能影响山林权属争议调处的证照，发放的一律无效。

第十四条　对受理的山林权属争议，应当先行调解。调解无效的，负责调处的人民政府应作出处理决定。

第二十一条　县内的山林权属争议，以林业三定时期确定的权属为依据。林业三定时期未确定权属的，参照农业合作化、四固定时期确定的权属处理；农业合作化、四固定时期也未确定权属的，可参照土地改革时期确定的权属，凭当时人民政府颁发的土地证或其存根处理；双方都无证据的，人工林的山权、林权均归造林一方所有，天然林或荒山荒地，按山权、林权各半的原则并结合自然地形处理。

《江西省森林条例》第五十二条　调解处理山林权属争议，按照有关法律、法规和规章的规定执行。

在调解处理山林权属争议过程中，发现有下列情形之一，经查证属实的，原发证机关应当撤销所发的山林权属证书，并依法重新确定山林权属：

（一）伪造发证依据或者一方当事人隐藏、毁灭有关证据的；

（二）发证机关工作人员在发证时徇私舞弊的；

（三）有足够的证据证明该证属错误发放的；

（四）违反法定程序发证的；

（五）违反法律、法规规定的其他情形。

【知识点介绍】

行政司法行为是一种司法性与行政性兼合的特殊的具体行政行为，指行政机关根据法律的授权，按照准司法程序审理和裁处一定争议或纠纷的行为。在我国，行政司法行为主要有行政复议、行政裁决、行政调解和行政仲裁。

行政裁决是行政主体根据法律、法规的授权，以居间裁决者的身份对特定范围内与其行政管理职权的行使密切相关的民事纠纷依法作出处理的具体行政行为。其基本特征有①：(1) 行政裁决的主体是法律、法规授权的行政机关。法律、法规明确规定享有行政裁决权的行政机关，裁决权的范围、内容、行使程序等。在我国，裁决主体分为一般行政机关和专门行政机构两种。一般行政机关，主要是法律、法规授权处理一定范围内民事争议的人民政府；专门行政机构，主要是专利局和商标局内设的专利复审委员会和商标评审委员会。(2) 行政裁决的范围是与行政管理职权密切相关的平等主体之间的民事纠纷。通常认为，行政裁决的事项与行政管理活动或行政处理行为有关。前者如：围绕土地、森林、草原、水源的所有权与使用权所引发的民事争议；后者如：行政机关在对交通事故中的违法行为人进行查处的基础上，对加害人与被害人之间的民事损害赔偿进行裁决。(3) 行政裁决适用准司法程序。行政裁决是行政机关作为与当事人无利害关系的第三方，处于客观中立地位解决民事争议的一种纠纷解决方式，因而裁决程序与司法程序有诸多共同的地方，遵循公开、公正、效率原则，须兼听双方当事人的意见，居中作出裁决。

行政裁决的原则：(1) 公正、平等、合法的原则。行政机关运用行政裁决权，必须坚持和贯彻公正、平等的原则。首先，裁决机关必须在法律上处于独立的第三人地位。其次，裁决者应当实行严格的回避制度。再次，裁决机关必须客观而全面地认定事实，正确适用法律，并实行裁决程序公开。行政机关行使行政裁决权，必须按照法律规定，在程序上为双方当事人提供平等的机会，以确保纠纷的双方当事人在法律面前人人平等。(2) 简便、迅捷的原则。行政机关行使行政裁决权，必须在程序上考虑行政效率和有效实现行政职能，在确保纠纷得以公正解决的前提下，尽可能地采取简单、迅速、灵活的裁决程序。(3) 客观、准确的原则。行政裁决必须客观而全面地认定事实，根据案情的需要，有时需要组织

---

① 参见应松年主编：《当代中国行政法》，1105～1107页，北京，中国方正出版社，2005。

有关调查、勘验或者鉴定，例如在交通事故争议、医疗事故争议、环境污染争议、产品质量争议等技术性争议案件中，必须坚持贯彻客观、准确的原则，尊重科学，尊重事实。（4）调解优先的原则。行政裁决是一种解决纠纷的途径，其根本目的是在法律授权范围内使纠纷的双方达成协议，达到三赢的效果。调解作为一种解决纠纷的方式，备受青睐。（5）司法终裁的原则。行政机关对平等主体之间的民事纠纷的裁决只起预决和初裁作用，若不服裁决，当事人可以在一定期限内向人民法院提起诉讼，由法院作出终局裁决；若对裁决无异议，也不向法院提起诉讼，纠纷便以行政裁决的形式最终解决。

行政裁决的种类：（1）权属纠纷的裁决。双方当事人因某一财产的所有权和使用权的归属产生了争议，双方当事人可以依法向有关行政机关请求确认，并作出裁决。目前权属纠纷的裁决主要是指对自然资源的确权裁决等。（2）侵权纠纷的裁决。作为平等主体的一方当事人的合法权益受到另一方当事人侵犯而产生纠纷时，当事人可以请求行政机关进行制止，行政机关可以对此进行裁决。比如对专利侵权纠纷的裁决等。（3）损害赔偿纠纷的裁决。平等主体的当事人之间因合法权益受到侵害而引起损害赔偿争议时，可以请求行政机关进行裁决。如发生在医疗卫生、产品质量等领域的损害赔偿裁决等。

案例二：

【案例介绍】

1999年，国家实行土地二轮承包期间，原告潘某某（杜某某的法定代理人）所在生产社团修高速公路及其连接线征地，致使各户占有耕地极不平均。生产社将本社所有的土地，包括自留地、饲料地、承包地等进行重新分配、重新发包。潘某某原耕种的自留地约28平方米即由生产社重新分配发包给第三人潘某某耕种，签订了土地承包合同并经过泸县人民政府颁发了土地承包经营权证。潘某某以该28平方米土地属自留地，不属土地二轮承包需要变更的范围与潘某某发生纠纷，社、村干部多次协调未果。潘某某向被告四川省泸县青龙镇政府提出申请，要求解决。青龙镇政府通过调查后，进行调解，调解未果，于2003年6月30日作出泸青府（2003）民决字第1号处理决定：“一、原属杜某某耕种的28平方米土地自生产队划给潘某某起，潘某某取得该地的土地承包经营权，并责令杜某某停止侵害；二、杜某某损毁的100窝莲花白和若干麦苗、麦子，由杜某某赔偿15元人民币；三、潘某某、杜某某人民币532元的医疗费差额平均分摊，杜某某补偿潘某某266元。四、免收双方当事人的《四川省〈民间纠纷处理办法〉实施细则》第29条所规定收取的费用。五、如对本处理决定不服，当事人可在接到处理决定书次日起，十五日内就原纠纷向人民法院起诉，逾期本决定发生法律效力，当事人应当履行。”潘某某不服，诉至法院，请求撤销该处理决定第一项。

泸县人民法院认为：被告对潘某某和潘某某之间的纠纷进行行政裁决，其向法庭提供的据以行政裁决的法律、法规（《土地管理法》、《农村土地承包法》、《四川省〈民间纠纷处理办法〉实施细则》）并未授予其行政裁决该纠纷的职权。镇政府的处理决定属于越权裁决。泸县人民法院判决撤销泸县青龙镇政府作出的泸青府（2003）民决字第1号处理决定第一项。

二审法院认为，潘某某和潘某某之间的纠纷是土地使用权争议，依法应由泸县政府作出确权处理。上诉人青龙镇政府在其处理决定中明确表示，如潘某某和潘某某不服其处理决定，可在指定期限向人民法院起诉，这说明青龙镇政府的处理决定是调解意见性质。因此裁定撤销泸县人民法院的判决，驳回潘某某的起诉。①

【案例分析】

本案涉及的法律问题有：潘某某和潘某某之间的纠纷是土地使用权纠纷还是土地承包经营权纠纷？镇政府是否有权处理个人之间土地使用权纠纷？镇政府在处理潘某某和潘某某之间的纠纷中作出的处理决定是行政裁决抑或行政调解？

在对本案的定性上，一审和二审法院出现了分歧，一审法院认为青龙镇政府对潘某某和潘某某之间的纠纷的处理是行政裁决行为，二审法院认为是行政调解行为。对案件性质的认定是本案审理的关键。笔者认为，青龙镇政府的处理决定实质上包含了两个不同性质的行为，其一是对土地使用权的权属确认，属于行政裁决行为；其二是对人身权、财产权侵权纠纷的行政调解行为。

土地使用权纠纷是农村集体经济组织内的成员之间对集体所有的土地应由谁占有、使用、收益和有限处分而发生的纠纷，一般情况下是农村集体经济组织内两个或多个土地使用人就同一土地的使用权发生的争议，适用土地管理方面的法律、法规解决，由行政机关来确认权属关系，当事人对行政机关的确权决定不服可以提起行政诉讼。而土地承包经营权纠纷是土地所有者（即发包人）与土地使用者（即承包人）之间就土地承包经营合同的履行发生的纠纷，以及土地流转过程中相关当事人之间发生的合同权利义务纠纷，适用农村土地承包法解决，当事人可以向土地承包管理的行政机关申请仲裁或者直接向人民法院提起民事诉讼。土地使用权和土地承包经营权的关系是，土地使用权是土地承包经营权的基础和前提，只有在土地使用权不存在争议的前提下，承包经营权才能产生，承包人和发包人之间的权利和义务才能确定。

本案中，原告潘某某与第三人潘某某就其原耕种的28平方米自留地发生争议，认为属于自留地，不属土地二轮承包需要变更的范围，不应被生产社重新分配、重新发包。自留地是指农村集体经济组织分配给农民个人使用的少量土地，农民可长期使用，种植物归个人所有，无须向国家缴纳农业税。自留地属于农民集体所有，农民个人享有使用权。潘某某与潘某某就自留地发生的纠纷不是土地所有者和使用者之间因履行土地承包经营合同而

① 参见国家法官学院 中国人民大学法学院编：《中国审判案例要览（2004年行政审判案例卷）》，825～829页，北京，中国人民大学出版社、人民法院出版社，2005。

发生的纠纷，而是同一集体经济组织内的两个土地使用人对同一宗土地的使用权发生争议，因此应当是一起土地使用权纠纷。《土地管理法》第16条规定，个人之间的土地所有权和使用权争议，由乡级人民政府或者县级以上人民政府确认权属关系，当事人对行政机关的确权决定不服可以提起行政诉讼。从青龙镇政府作出的处理决定来看，其第一项处理的并不是字面上的土地承包纠纷，而是土地究竟归谁使用的问题，即土地使用权纠纷。土地使用权纠纷是与行政管理密切相关的民事争议，《土地管理法》明确规定了土地使用权纠纷的解决途径，青龙镇人民政府对土地使用权纠纷的处理实际上是将争议土地的权属确认给第三人潘某某，其性质应当是行政裁决行为，对这一裁决不服的，可以提起行政诉讼。从另一角度分析：《民间纠纷处理办法》第11条规定，法律、法规、规章和政策明确规定由指定部门处理的纠纷，应当告知当事人向指定部门申请处理。《土地管理法》已经明确规定了土地使用权纠纷通过行政裁决途径解决，因此本案中青龙镇政府处理决定的第一项内容不属于《民间纠纷处理办法》中行政调解的范围。

青龙镇政府是否有权对这一土地使用权纠纷进行行政裁决？本案中，潘某某与生产社签订了土地承包合同，泸县人民政府为潘某某颁发了土地承包经营权证。农村土地承包经营权证是农村土地承包合同生效后，国家依法确认承包方享有土地承包经营权的法律凭证，颁证机关是县级以上地方人民政府。由此，潘某某与潘某某之间的纠纷不再纯粹是个人之间的土地使用权纠纷，而是介入了泸县人民政府运用行政权力对潘某某的土地承包经营权进行确认。因此，青龙镇政府作为泸县人民政府的下一级行政机关，无权裁决这一土地使用权纠纷。

《民间纠纷处理办法》第3条规定了基层人民政府处理民间纠纷的范围是公民之间有关人身、财产权益和其他日常生活中发生的纠纷。青龙镇政府作出的处理决定的第二项和第三项内容是因土地使用权纠纷未得以解决继而引起的侵犯人身权、财产权的纠纷，其性质与处理决定的第一项不同，根据《民间纠纷处理办法》的规定，属于青龙镇政府处理民间纠纷的范围。从《最高人民法院关于如何处理经乡（镇）人民政府调处的民间纠纷的通知》中的规定看，镇政府对民间纠纷的处理决定属于调解性质，当事人不服处理决定的，只能就原纠纷提起民事诉讼。因此，青龙镇政府对杜某某损毁潘某某的100窝莲花白和若干麦苗、麦子及医疗费承担进行处理，该行为的性质是行政调解。潘某某与潘某某对处理决定不服的，可在诉讼时效内就原纠纷提起民事诉讼。

青龙镇政府作出的处理决定的第五项内容“如对本处理决定不服，当事人可在接到处理决定书次日起，十五日内就原纠纷向人民法院起诉，逾期本决定发生法律效力，当事人应当履行”，这一内容不会影响处理决定的第二、三项内容为行政调解的定性。前面的分析表明，处理决定的第二、三项内容的性质是行政调解，其本身不具有强制效力，不约束相对人，对相对人的权利义务不产生实质性的影响，一方当事人也不能请求镇政府或法院强制执行，因而不会因为青龙镇政府在处理决定中表述上的不恰当而影响行为的定性，当事人提起民事诉讼的时间也不受15日的限制，只要在诉讼时效内即可。

【法律背景】

《行政诉讼法若干解释》（2000年）第一条；《土地管理法》第十六条；《农村土地承包法》第五十一条；《人民调解委员会组织条例》第九条。

《四川省〈人民调解委员会组织条例〉实施细则》第十九条　人民调解委员会主持下达成协议后又反悔的，任何一方可以请求乡镇人民政府、街道办事处或者有关企业事业单位按有关规定处理，也可以依法向人民法院起诉。

第二十二条　人民调解委员会调解民间纠纷不收费。

第二十九条　人民调解委员会违反本细则第二十二条规定的，由乡镇人民政府、街道办事处责令将所收费用全额退还交费者。

《民间纠纷处理办法》第三条、第二十一条；《最高人民法院关于如何处理经乡（镇）人民政府调处的民间纠纷的通知》。

【知识点介绍】

行政调解，是指由国家行政机关主持的，以国家法律、法规及政策为依据，以当事人自愿为原则，通过说服教育的方法，促使民事争议双方当事人友好协商、互让互谅、达成和解协议，从而解决相关争议的活动。主要特征有：行政调解的主体是国家行政机关；行政调解以争议的双方当事人自愿为原则；行政调解的对象是与行政管理有关的民事争议，以及行政补偿、行政赔偿争议等；行政调解结果对当事人不具有法律约束力，不能申请强制执行，完全靠当事人自觉履行调解协议；行政调解是一种诉讼外的调解，不是仲裁或诉讼的必经阶段，不能限制当事人请求通过仲裁或司法途径解决纠纷的权利。

行政调解虽然是行政机关的行政管理行为，但民事争议的双方当事人对行政调解程序享有启动、进行、终结的主动权，行政机关作为调解人只是居间劝和，其调解没有强制性，因而行政调解不是行政行为。我国行政复议法和行政诉讼法规定，不服行政机关对民事纠纷作出的行政调解的，可依法就原纠纷申请仲裁或者向人民法院提起民事诉讼，不得以不服行政调解为由，对进行调解的行政机关提起行政复议或者行政诉讼。

案例三：

【案例介绍】

竞争上岗落聘 兽医师起诉单位被驳回[①]

唐某是云南省会泽县某单位防疫检疫工作站职工。2003年12月20日，唐某与工作站签订了聘期为3年的《事业单位聘用合同书》和《岗位聘任书》，职务为兽医师。2004年年度考核中，唐某被考核评定为优秀。2004年12月20日，工作站根据有关事业单位人事改革政策，决定组织专业人员竞聘上岗，唐某同意并实

① 参见“竞争上岗落聘 兽医师起诉单位被驳回”，见中国法院网案件库，http：//www.chinacourt.org/public/detail.php? id=232645，2014年10月9日访问。

际参加了竞聘，最终竞聘落选。随后，竞聘落选的唐某被作低聘处理。

2005 年 4 月 17 日，唐某以自己落选、低聘是单位违规操作所致申请人事仲裁。会泽县人事争议仲裁委员会于同年 6 月 17 日作出裁决，确认该单位组织的竞争上岗竞聘结果有效。随后，接到仲裁裁决的唐某又以仲裁庭的组成存在违法，单位隐瞒了主要证据等为由，申请会泽县人民政府撤销该裁决。2006 年 6 月 5 日，会泽县人民政府作出了维持该裁决书的回复。

接到政府书面回复，依然对结果不满的唐某向会泽县人民法院起诉，诉请判决所在单位 2005 年度专业技术人员岗位竞聘结果无效。

会泽县人民法院经审理后认为，按照《最高人民法院关于人民法院审理事业单位人事争议案件若干问题的规定》及《云南省高级人民法院关于审理事业单位人事争议案的指导意见》的规定，“人民法院受理人事争议的范围为事业单位与其工作人员之间因辞职、辞退及履行聘用合同所发生的争议”。唐某参加专业技术人员岗位竞聘过程中落聘而与单位发生争议，不属于因辞职、辞退及履行聘用合同所发生的争议，不属于人民法院受案范围。据此，一审裁定驳回唐某的起诉。

一审判决宣判后，唐某不服，他坚持认为，他与单位在履行合同中因继续签订《岗位聘任书》发生争议，属于规定的法院受案范围，以一审裁定驳回他的起诉是错误的等为由上诉请求撤销一审裁定，发回重审或者提审。

二审审查中，双方均未提出新的证据。曲靖市中级人民法院终审审理后作出“驳回上诉，维持原裁定”的终审裁定。

【案例分析】

这是一起人事争议仲裁纠纷案件。涉及的法律问题有：会泽县人事争议仲裁委员会的人事争议仲裁行为的性质是什么？本案的人事争议纠纷是否属于法院的受案范围？

人事争议仲裁，是指专门性的人事争议仲裁机构居中对具有人事关系的单位及其工作人员之间，因执行人事法律、法规、政策或履行聘任合同（聘用合同）持不同的见解而产生的争议进行调解或裁决的行为。根据人事部《人事争议处理暂行规定》，各地设立人事仲裁委员会对行政机关、事业单位与其工作人员发生的人事争议进行仲裁，但该规定没有明确人事争议仲裁机构及人事争议仲裁行为的性质。

人事争议仲裁是人事管理的行政权力与司法程序相结合而产生的一种新的人事纠纷解决方式。一方面，人事争议仲裁委员会在实践中都设在各级人民政府人事行政管理部门内部，委员会主任通常由同级人民政府分管人事工作的负责人或者政府人事行政部门的主要负责人担任，主要的日常工作都由政府人事行政管理部门承担，委员会主任行使政府人事主管部门的一部分人事管理职权，因此人事争议仲裁委员会具有一定的行政性质。另一方面，人事争议仲裁作为一种行政仲裁，是人事争议仲裁委员会居中对当事人的特定争议依法进行裁决的活动，是运用行政权力作出的影响当事人权利义务关系的行为。因此，笔者认为，会泽县人事争议仲裁委员会运用行政管理职权对唐某与防疫检疫工作站之间的人事纠纷作出的仲裁行为是一种具体行政行为。

《最高人民法院关于人民法院审理事业单位人事争议案件若干问题的规定》及《云南省高级人民法院关于审理事业单位人事争议案件的指导意见》规定，人民法院受理事业单位与其工作人员之间因辞职、辞退及履行聘用合同所发生的争议。本案中，被告会泽县防疫检疫工作站进行人事制度改革，兽医师竞聘上岗，原告唐某同意并参加单位组织的岗位竞聘活动。唐某的这一同意参加竞聘行为，表明其知晓并愿意承担参加岗位竞聘而产生的相应的法律后果，唐某与会泽县防疫检疫工作站之间产生了新的法律关系，而不是履行2003年12月20日签订的《事业单位聘用合同书》发生的纠纷，因此不属于行政诉讼的受案范围。

【法律背景】

《最高人民法院关于人民法院审理事业单位人事争议案件若干问题的规定》第一条、第二条、第三条；《人事争议处理暂行规定》第二条、第五条、第六条。

《云南省高级人民法院关于审理事业单位人事争议案件的指导意见》　二、人民法院受理人事争议的范围为事业单位与其工作人员之间因辞职、辞退及履行聘用合同所发生的争议。

《云南省人事争议仲裁暂行办法》　第二条　本办法适用于本省行政区域内国家行政机关、事业单位与工作人员之间，企业与管理人员、专业技术人员之间发生的符合本办法受案范围的人事争议。

第九条　仲裁委员会的办事机构，设在同级人民政府人事行政部门，配备专职工作人员，负责办理仲裁委员会的日常事务。

第十二条　仲裁委员会受理下列人事争议案件：

（一）国家行政机关与工作人员之间因录用、调动、履行聘任合同发生的人事争议；

（二）事业单位与工作人员之间因调动、辞职、辞退或者履行聘任（用）合同发生的人事争议；

（三）企业与管理人员、专业技术人员之间因调动或者履行聘任（用）合同发生的人事争议；

（四）依照法律、法规、规章规定可以仲裁的人才流动争议和其他人事争议。

【知识点介绍】

行政仲裁，是行政机关依法居间对双方当事人的特定争议进行仲裁的活动。行政仲裁按照特有的仲裁程序，由特定的机构进行，因此其司法性较其他行政司法行为更为明显。它具有以下特征：（1）行政仲裁是行政机关行使行政职权的行为；（2）行政仲裁以一方或双方当事人自愿申请为前提；（3）行政仲裁机构与争议的双方当事人没有利害关系，保持中立性、公正性。

我国目前较为常见的行政仲裁行为主要是人事争议仲裁和劳动争议仲裁。我国人事争议仲裁制度运行的依据是1997年8月8日人事部颁布的《人事争议处理暂行规定》，该部门规章规定各地设立仲裁委员会对行政机关、事业单位与其工作人员发生的人事争议进行仲裁。人事争议，是具有公职身份的劳动者与所在单位之间，在人事管理过程中因录用聘用合同、职务任免、福利待遇、工资调整、辞职辞退等人事管理事项或人事管理行为而引发的权益争议和纠纷。人事争议仲裁，是根据人事争议单方或双方当事人的申请，由人事争议仲裁机构对其争议进行调解或裁决的活动。人事争议仲裁庭处理人事争议时应先行调解，调解未达成协议或调解书送达前当事人反悔的，仲裁庭应当及时进行裁决。当事人必须执行发生法律效力的人事争议调解书、仲裁裁决书。一方当事人在法定期间内不起诉又不履行仲裁裁决的，另一方当事人可向人民法院申请执行。

劳动争议仲裁，是指劳动争议仲裁委员会以第三人身份，根据劳动法律、法规的规定，依照一定的法律程序对劳动争议事项作出裁决，从而解决劳动争议的一项法律制度。劳动争议仲裁委员会是法律授权各级人民政府设定的，代表国家行使仲裁权的国家仲裁机构。它是解决劳动争议的专门机构，设在政府内部，与所在地的劳动部门有从属关系。我国劳动争议仲裁有以下特点：第一，及时性。劳动争议与劳动过程、职工的切身利益有着密切联系，因此法律规定了劳动争议仲裁委员会受理案件和办案的时效等制度。第二，程序简单。我国劳动争议实行仲裁前置、一次裁决，当事人不服劳动仲裁裁决的，可向人民法院提起民事诉讼。第三，具有法律约束力。劳动争议仲裁委员会作出的仲裁裁决书送达后15日内，当事人不提起诉讼的，裁决书发生法律效力，一方当事人可申请法院强制执行。

第六节　行政事实行为

【案例介绍】

原告（被上诉人）：张某某（被害人陈某某之妻）。

被告（上诉人）：青海省德令哈市公安局。

被告（被上诉人）：青海省德令哈市渔政管理站。

被诉具体行政行为：1997年7月27日，被告德令哈市公安局干警杨某某和渔政管理人员陈某某在尕海湖执行公务时，杨某某将陈某某殴打致死。

原告诉称：杨某某受到刑事处罚，承担了相应的责任，但不能免除德令哈市公安局和德令哈市渔政管理站的赔偿义务。依照《行政诉讼法》和《国家赔偿法》的有关规定，请求：二赔偿义务机关支付陈某某死亡赔偿金129 400元；支付被害人之女陈某（6个月）抚养费38 880元；支付被害人父母赡养费54 000元；支付被害人家属精神损害和生活补助费20 000元；承担直接损失费13 000元；共计人民币255 280元。

被告德令哈市公安局辩称：德令哈市公安局是根据市政府通告精神参加湖区管理，不是湖区管理的主管机关，杨某某当时行使的是非职务行为，是受市政府授权和受渔政部门委托行使的行为，故市公安局不应当承担行政赔偿责任。

被告德令哈市渔政管理站辩称：德令哈市渔政管理站在尕海湖管理期间，依法行使职权，没有实施侵害他人人身权和造成他人经济损失的行为，故德令哈市渔政管理站不应当承担行政赔偿责任。

海西蒙古族藏族自治州中级人民法院经公开审理查明：1997年7月，被告德令哈市公安局根据德令哈市人民政府1997年3月20日发布的关于“加强管理，合理保护和开发尕海湖卤虫资源”的通告精神，会同市农牧、工商、公交及渔政等部门，联合对尕海湖及湖区周围乱捕卤虫的人员进行全面清理整顿。德令哈市公安局抽调杨某某等两名干警负责该项工作。1997年7月27日，杨某某和渔政管理站人员陈某某在湖区执行公务时，杨某某因没收捕捞工具与非法捕捞卤虫的陈某某发生厮打，杨某某用捞卤虫的刷子朝陈某某头部击打两下，致刷子柄打断，陈某某于当日死亡。1997年11月6日海西蒙古族藏族自治州中级人民法院以（1997）西中刑初字第30号刑事附带民事调解书，调解由杨某某赔偿刑事附带民事原告人张某某经济损失27 500元。1998年8月21日，青海省高级人民法院以（1998）青刑终字第4号刑事判决，确认杨某某在执行公务中持械故意伤害他人身体，致人死亡，其行为构成故意伤害（致人死亡）罪，依法判处杨某某有期徒刑3年，缓刑3年。1999年4月19日，原告张某某向德令哈市公安局、德令哈市渔政管理站提出行政赔偿请求，因二行政机关逾期不予赔偿，遂于同年8月19日向人民法院提起行政赔偿诉讼。

青海省海西蒙古族藏族自治区人民法院认为：德令哈市公安局干警杨某某所实施的行为属执行职务的行为，在执行公务中致陈某某死亡，其行为违法，且超越了行政职权范围，依照《国家赔偿法》的规定，德令哈市公安局应当承担行政赔偿责任。德令哈市渔政管理站作为法律、法规授权的组织，其工作人员在执行公务中，没有实施违法行为，不应当承担行政赔偿责任。①

【案例分析】

这是在联合执法过程中发生的行政机关侵犯公民人身权引起的行政赔偿案件。联合执法，是指多个执法部门联合组成执法机构，统一对相对人进行监督检查，但分别以各自的名义对相对人实施处理或处罚的活动。在联合执法活动中，各行政机关应当依照法定的管辖权行使各自的职权，明确各自的分工、权限和责任。本案中，德令哈市公安局、渔政管理站、工商局等部门根据市政府的通告精神，联合对尕海湖及湖区周围乱捕卤虫的人员进行全面清理整顿，符合《中华人民共和国渔业法实施细则》（以下简称《渔业法实施细则》）第8条“渔业行政主管部门及其所属的渔政监督管理机构，应当与公安、海监、交通、环

---

① 参见国家法官学院 中国人民大学法学院编：《中国审判案例要览（2001年商事审判暨行政审判案例卷）》，825～829页，北京，中国人民大学出版社，2002。

保、工商行政管理等有关部门相互协作，监督检查渔业法规的施行”的规定。在联合执法过程中，各行政机关应当在法律授权范围内依法行使各自的职权。

在尕海湖湖区执行公务时，公安干警杨某某因没收捕捞工具与非法捕捞卤虫的陈某某发生厮打，杨某某用捞卤虫的刷子朝陈某某头部击打两下，致刷子柄打断，陈某某死亡。杨某某殴打他人致死的行为，从性质上分析：首先，它不是行政行为。行政行为是行政主体为了实现一定的行政管理目标，在其职权范围内对外作出的具有法律意义、产生法律效果的行为。杨某某作为公安局的一名干警，参加渔政管理的联合执法，根据《人民警察法》、《渔业法实施细则》的规定，其职责是维护社会治安秩序，预防、制止违法犯罪活动等，在渔政部门正常履行渔政监管职责时，公安机关不应介入；只有出现《渔业法实施细则》第 39 条所规定的违法嫌疑人拒绝、阻碍渔政检查人员依法执行职务或者偷窃、哄抢或者破坏渔具、渔船、渔获物的情形时，公安机关才能依照《治安管理处罚条例》的规定进行处罚。具体到本案，对陈某某捕捞卤虫的违法行为，依照《渔业法》及《渔业法实施细则》的规定，只有渔政管理站有权对违反渔业管理的非法捕捞行为处以罚款、没收等行政处罚。而公安干警杨某某在出现违法捕捞行为后即作出没收捕捞工具的行政强制措施，明显不符合法律规定，该行为不具备行政行为的职权要素，不是行政行为。其次，它是行政事实行为。行政事实行为，是行政机关实施的不以发生特定的法律效果为目的，但对当事人的权利义务产生实际影响的行为。事实行为不具有意思表示或观念表示要素，其对当事人所发生的影响不是基于行为人的主观追求，而是法律将一定的法律后果赋予行政机关的一类活动。其构成要件有：第一，是行政主体实施的行为。第二，是行政主体基于职权实施的行为。第三，是不具有法律约束力的行为。在杨某某暴力殴打他人的行为中，杨某某是公安干警，在工作时间、工作地点以执行公务的名义实施暴力殴打行为，这不是单纯的个人行为，而是滥用行政职权的行为；此外，杨某某的暴力殴打行为并不是行政主体为了实现行政管理目的而实施的行为，对相对人不产生法律上的约束力，但对受害人陈某某的身体健康权产生了直接、实际的影响。因此，杨某某的暴力殴打行为符合行政事实行为的构成要件。

根据《国家赔偿法》的规定，行政机关及其工作人员在行使行政职权时有以殴打等暴力方式造成公民身体伤害或死亡的，受害人有权取得赔偿权，实施侵权行为的行政机关是赔偿义务机关。德令哈市公安局的工作人员杨某某的暴力殴打行为造成相对人死亡，侵犯了公民的人身权，所以德令哈市公安局是本案的国家赔偿义务机关。

【法律背景】

《渔业法实施细则》第八条、第三十九条；《人民警察法》第六条、第二十二条、第五十条；《国家赔偿法》第三条、第七条。

【知识点介绍】

行政事实行为，是指行政主体基于行政职权实施的，不以产生特定的行政法律效果为目的，但客观上影响和改变了事实状态的行为。行政事实行为虽然不产生特定的行政法律效果，也即不改变行政法律上的权利和义务关系，但产生其他的法律效果，如民事侵权、刑事惩罚、国家赔偿等法律效果，因此它对相对人的影响是客观存在的。其特征有：（1）事实行为不包含行政主体的意思表示要素。实施行政事实行为时，行政主体并没有对相对人的权利义务进行有法律拘束力的处置的意思表示，该行为所引起的法律效果由法律直接规定。（2）基于行政职权性。行政事实行为虽然不属于行政行为，但它也是由行政主体基于行政职权进行的涉法行为，受行政法基本原理的约束，受法律调整。（3）行政事实行为法律效果的多样性。有些事实行为产生法律效果，如行政机关违法使用武器、警械等侵权行为引起国家赔偿责任，有些不产生直接的法律效果，如提供天气预报等资讯的行为。

行政事实行为主要有以下类型：（1）服务性行为，是行政主体旨在为相对人或社会提供便利，设立、经营和维持公共机构、公共设施的行为，如设置公共水电设施、交通信号灯、交通标志等。（2）即时性行为，是为确保正常的社会秩序或者公务活动的顺利进行，行政主体在执行公务过程中依实际情况即时采取的一类行为，如拖走抛锚车辆、修补灾后路基、清理路障等。（3）执行性、补充性行为，是将一个行政措施的内容具体付诸实施的行为。这些行为基于所实施的行政措施而产生，本身不发生法律效果。如工商局销毁假冒伪劣产品、公安机关根据解散命令驱散违法示威活动。（4）协商性行为，指为了代替行政决定，行政机关作出一定的行政措施之前与相对人进行的洽谈或相关接触，不具有行政法上的约束力。（5）暴力侵权行为，如国家赔偿法规定的行政机关非法拘禁或以其他方法非法剥夺公民人身自由，违法使用武器、警械造成公民身体伤害或死亡的行为。

阅读资料

1. 莫于川等．法治视野中的行政指导．北京：中国人民大学出版社，2006

2. 王名扬．美国行政法．北京：中国法制出版社，2005

3. 姜明安主编．行政法与行政诉讼法．北京：北京大学出版社，高等教育出版社，2005

4. 胡锦光主编．行政法案例分析．北京：中国人民大学出版社，2006

5. 姜明安，毕雁英主编．行政法与行政诉讼法教学案例．北京：北京大学出版社，2006

6. 余凌云．行政契约论．北京：中国人民大学出版社，2006

7. 张树义主编．纠纷的行政解决机制研究：以行政裁决为中心．北京：中国政法大学出版社，2006

8. 杨建顺，李元起主编．行政法与行政诉讼法．北京：中国人民大学出版社，2003

9. 应松年主编．当代中国行政法．北京：中国方正出版社，2005

10. 皮纯协，张惠福主编．行政法学．北京：中国人民大学出版社，2002

11. 翁岳生编．行政法．北京：中国法制出版社，2002

探讨性案例

1997年10月20日，原告张某某与被告福建省漳平市教育局签订了一份“一九九七年接受师资类定向、委培合同书”（以下简称“合同书”），该“合同书”约定，原告张某某愿意录取为委培生，在学校期间的费用一律由原告交，毕业后由被告统一分配到乡（镇）学校任教，服务期限10年以上方可考虑调动。自与被告签订了“合同书”后，经过三年的学习，原告修完学校要求的各项课程，成绩合格，于2000年7月学成毕业，要求被告履行分配其任教的义务。漳平市人民政府为切实解决好该批委培（捐资）毕业生的就业问题，进行了专题研究并形成了（2001）23号“市教育工作会议纪要”，对委培生的分配采取测试择优录用方式。被告根据“会议纪要”的精神，通知原告报名参加录用测试，被告还制定了“录用测试工作方案”，该方案明确了参加测试对象、考试内容与形式及录用与安排。被告还指定专人通知来报名参加测试人员看阅“工作方案”，并于测试开始前宣读了“录用测试工作方案”的全部内容。原告到被告处报名并参加了2001年8月27日由被告、漳平市人事局、监察局、编委办组织的测试。原告因测试成绩达不到录用标准而未被录用。原告认为被告拒不履行原合同约定的分配义务，损害了其合法权益，特向人民法院提起诉讼，要求判令被告履行分配原告任教工作的义务。

一审判决：驳回原告的诉讼请求。

二审判决：(1) 撤销漳平市人民法院（2002）漳行初字第7号行政判决。(2) 判令被上诉人漳平市教育局在2003年1月31日前履行与上诉人签订的委培合同。①

案例参考意见：

本案涉及的法律问题有：漳平市教育局与张某某签订的委培合同是否为行政合同？他们之间的争议是行政合同争议还是人事争议？

我国委托培养制度起源于计划经济时期的人才分配制度，与教育制度、劳动制度及人才的管理和使用制度有密切联系。从委托培养合同涉及的签约主体来看，委托培养合同是涉及委托单位（用人单位）、人才培养单位（高等教育学校）和被培养对象（待培养的人才）三方主体的协议，但实践中不少委托培养协议只有两方主体，即委托单位和被培养对象或者委托单位和人才培养单位。从法律性质上讲，委托培养协议主要是一种与劳动法律关系相关的法律行为，是一种为被培养对象提供一定期限的劳动服务的协议。

从主体资格上看，被告漳平市教育局是同级人民政府主管教育的职能部门，其主要职责是根据上级教育行政部门和本级人民政府的决定、指示制订本行政区内的教育事业的发展规划，组织、管理本地区的招生工作等。漳平市教育局在行使教育行政管

---

① 参见国家法官学院 中国人民大学法学院编：《中国审判案例要览（2003年行政审判案例卷）》，176～182页，北京，中国人民大学出版社、人民法院出版社，2004。

理职权的过程中，依据1997年省、市下达给漳平市委培生的指标，具备和张某某签订委培合同的主体资格。双方当事人经过协商，就教育费用、就业安排、服务年限等达成了一致意见，签订了委托培养合同。合同条款符合当时的实际情况及相关的法律规定。该委培合同是教育局在自己的职责权限范围内，为实现行政管理的目标而与张某某在意思表示一致的基础上达成的，符合行政合同行政性、合意性的特征，因此是行政合同。被告漳平市教育局作为行政主体，在行政合同中享有行政优益权，在法定或约定事由出现时有权单方变更、解除合同。本案中，没有出现国家法律、政策发生变化而造成履行合同会给国家、公共利益造成损害，或是行政主体丧失履行合同的能力，也不符合约定的单方变更情形，因此被告单方变更合同，要求合同的另一方当事人参加考试，根据考试成绩择优录用、解决就业，这种单方变更合同约定的就业分配方式的行为违反法律的规定，是违法行为。

人事争议是党政机关、社会团体、事业单位与其工作人员因录用聘用、辞职辞退、考核、回避、工资升降等人事管理事项引发的争议。人事争议涉及人事管理的各个环节，发生人事争议的前提是双方当事人之间已经建立了人事关系，其解决的途径是人事争议仲裁程序。本案中，该委培合同是教育局允诺张某某在符合一定条件的情况下，为她提供就业安排的协议，原、被告之间的权利义务关系以该“合同书”为依托，双方并未建立人事关系。张某某不服教育局不履行委培合同的纠纷不应当属于人事争议，而应该是因履行行政合同而发生的纠纷。根据《行政诉讼法》第2条的规定，原告张某某认为教育局的具体行政行为侵犯了其合法权益，有权提起行政诉讼。

案例参考法律依据：

(1999)4号国务院文件《国务院批转教育部面向21世纪教育振兴行动计划的通知》。

复习题

1. 行政合同的概念、特征如何，行政机关和行政相对人在行政合同中分别享有哪些权利和义务？

2. 行政指导的概念、特征及原则是什么？

3. 行政规划的概念、特征是什么？

4. 行政调查和行政检查的概念、分类、特征分别是什么，两者之间是什么关系？

5. 什么是行政裁决，具有哪些特点？

6. 行政调解的概念是什么，与行政裁决有哪些区别？

7. 行政仲裁的概念、特征、分类及救济途径是什么？

8. 什么是行政事实行为，有哪些常见类型，与行政法律行为的区别是什么？

第十章

行政程序

本章提要

行政程序是指行政主体行使行政权力，作出行政行为时所应遵循的方式、步骤、顺序和时限等的总称。行政程序是行政法的重要内容之一。行政程序不仅是保障实体法实现的工具，同样也有其自身的价值。尤其是在现代“行政国家”的背景下，为了保障个体正义和行政的灵活性、适应性，而不得不给予行政机关较大的裁量空间，行政程序的作用尤为显得突出。行政法治国家的核心是对政府的权力加以必要的制约，程序可以有效地制约行政权运行过程中的恣意、专横。程序还可以为行政行为提供正当性基础，“正义不仅仅是正义，还要是看得见的正义”。当代行政程序注重行政相对人的参与，科学合理的行政程序将促使行政机关与公民的理性对话，从而取得相对人的认同和合作。

一般来讲，行政程序要遵循法定原则、公开原则、参与原则和公正原则。根据不同的标准，行政程序可以分为具体行政程序和抽象行政程序；强制性行政程序和任意性行政程序；内部程序和外部程序；一般行政程序和简易行政程序。行政程序制度是多样的，主要包括调查制度、证据制度、简易程序制度、听证制度、回避制度、说明理由制度、陈述意见制度、信息公开制度、电子政务制度等。

违反程序法和违反实体法一样，也会导致不利的法律后果，要承担相应的法律责任。主要包括，违反程序规定导致重大而明显瑕疵的会导致行政行为的无效；程序的一般违法会导致行政行为被撤销的后果；行政程序的一般违法可以进行补正；行政主体因行政程序违法给相对人合法权益造成损失的要承担行政赔偿责任。

第一节　行政程序概述

【案例介绍】

三嫖客状告密云公安局①

不服公安机关对嫖娼事实的认定和6个月收容处罚的决定，被某银行总行开

① 参见“三嫖客状告密云公安局”，见人民网，http：//www.people.com.cn/GB/paper1787/10673/970149.html，2014年10月9日访问。

除的王某等三人以公安机关作出处罚决定时没有告知其享有诉讼权利程序违法为由，将密云县公安局告上法庭。某法院作出一审判决：公安局的行为没有违法性，王某等三人的起诉不符合法律规定，驳回诉讼请求。

王某等三人介绍，他们是某银行交际处的工作人员。2002年8月20日，他们和副处长到县云佛山度假村洽谈工作。当天晚上在度假村负责人的一再挽留下，他们遵照副处长的指示住下。他们发现度假村安排了“小姐”后，就到院子里商量怎么办。后看到副处长将小姐带到了房中，几个人称为顾虑领导的面子和各方面的关系，决定让“小姐”在屋中待会儿。

据王某介绍，他一直和“小姐”闲聊。约20分钟后，警察敲门。王某说，自己和“小姐”衣着整齐，床铺整洁，卫生间没有使用过，警察也当场拍了照片。但公安机关仍然作出了收容教育6个月的决定，某银行也据此作出了开除他们三人的决定。王某等三人认为由于密云县公安局的错误行政行为，导致其被单位开除的结果。同时，公安局宣布处罚决定时仅告知了复议的权利，没有告知在不服复议的情况下可以向法院起诉。

密云县公安局则认为，在三个“小姐”中虽然有两人说法和王某等人相同，但有一人承认发生了关系。当时，公安机关也明确告诉了对方复议的期限和机关。

某法院认定，根据《卖淫嫖娼人员收容教育办法》第20条规定，对决定不服的，可以向上一级申请复议，对上级机关复议决定不服的，可以向法院起诉。因此，行政复议是诉讼的必经程序，王某等人在规定的期限内没有申请复议，不仅丧失了申请复议的权利，也失去了起诉的权利。

【案例分析】

本案主要涉及如何理解公安机关在执法过程中是否给予行政相对人陈述、申辩权。如果没有给予行政相对人这样的权利，则公安机关作出的行政行为属于无效行为。

自然正义原则是源于自然法的基本法律原则，也是法治社会的基本原则。作为行政程序法的理论基础，它在英美行政程序法特别是英国行政程序法中表现得最为明显。虽然我国整个行政法体系的构建，大部分是以大陆法系的行政法为模板，但是随着两大法系的碰撞与融合，越来越多的英美法系的法治理论和原则被引进来，起到了补充和丰富的作用。所以尽管自然正义原则肇始于英美法系，并且主要是英美国家一个基本的法治原则，但是我们仍然可以借助它来完善我国的行政程序制度。本案所反映的问题，就非常明显地说明了在我国行政执法过程中同样存在适用自然正义原则的必要。

英国的行政程序法由两部分构成：一部分是由制定法组成的行政程序法规范；另一部分是由普通法产生的行政程序法判例。这两部分都依据自然正义原则而产生。自然正义原则的内容和作用体现了它对英国行政程序法的理论基础作用。自然正义原则的内容主要有两部分：其一，听取对方的意见。这是指行政机关在作出决定时，必须给予有利害关系的行政相对人以发表自己意见的机会。在司法上，任何人不能未经审判就受处罚，法官必须听取双方意见才能作出判决。这是公正程序的一个最低要求。无论裁决结果是否公正，首先必须在裁决程序上实现程序公正。这个原则同样也适用于行政机关的活动。其二，不能作为自己案件的法官。这里是指行政主体不能就与自己有利害关系的事实作出决定，以避免偏私，从而导致产生有关回避及禁止单方沟通的程序规范。在司法上，一个法官如果对他所处理的案件有个人利益牵涉在内，就不能作为自己的法官。这个规则是避免偏私的必要程序。这个原则也适用于行政管理法律关系。公民在其权利和利益受到行政决定的不利影响时，有权为自己辩护，而且有权要求其意见必须由一个没有偏私的行政官员决定。

在本案中，密云县公安局如果没有告知王某等三人任何有关行政救济的权利，其实质是阻断了行政相对人的陈述、申辩权。这样的话，显然与自然正义的原则背道而驰。在此种情况下，即使行政机关所作出的行政决定是正确无误的，但由于剥夺了行政相对人的陈述、申辩权，所以不能当然地认为是合法的。

【法律背景】

《行政处罚法》第四十一条；《卖淫嫖娼人员收容教育办法》第二十条。

【知识点介绍】

行政程序一般是指行政主体行使行政权力，作出行政行为时所应遵循的方式、步骤、顺序和时限等的总称。

对于行政程序的主体，理论上存在争论。一种观点认为，行政程序的主体必须是行政主体，即行政机关和法律、法规授权的组织；另一种观点认为，行政程序的主体不仅包括行政主体，还包括行政相对人，凡是行政法律规范确定的行政法律关系主体活动的程序都是行政程序。一般认为，行政程序主要是用来规范行政主体的活动的，因此行政程序主体应该是行政主体。

根据不同的标准可以对行政程序作不同的分类：（1）以行政程序所规范的对象为标准，行政程序可分为具体行政程序和抽象行政程序。具体行政程序是指行政主体实施具体行政行为时所应遵循的程序。抽象行政程序是指行政机关制定规范性文件时应遵循的程序。（2）以行政主体遵守行政程序是否具有一定的自由选择权为标准，行政程序可分为强制性行政程序和任意性行政程序。强制性行政程序是指行政主体在实施行政行为时没有选择的余地，必须严格遵守，不得增加或者减少行政行为的方式、步骤、时限和顺序。任意性行政程序是指行政主体在实施行政行为时法律规定了可供选择的余地，由行政主体根据具体情况酌情决定适用何种行政程序。（3）以行政程序适用的范围为标准，其可分为内部程序和外部程序。内部程序只在行政机关内部从事内部行政行为时适用，而外部程序是行政机关对外行使行政职权时适用。（4）根据行政程序的繁简程度，行政程序可分为一般行政程序和简易行政程序。一般行政程序是指行政主体行使行政权时应当遵守的基本程序，是行政程序中最完整的程序。简易行政程序是指行政主体对事实清楚、情节简单的行政事务，给予简便处理和执行的程序。

一般来讲，行政程序法要遵循以下基本原则：（1）合法原则。行政程序要尽可能地由法律、法规进行明确的规定，尤其是强制性行政程序要做到程序法定。（2）参与原则，指行政相对人有依法参与行政管理的权利，行政机关或其他行政主体实施行政行为，应通过各种可能的途径和形式为行政相对人提供参与的机会。（3）公开原则。行政公开是指行政主体的一切活动，除涉及国家机密、个人隐私和商业秘密，并由法律规定不得公开的以外，必须向行政相对人和社会公开，主要包括行政行为依据公开、过程公开、结果公开等。（4）公正原则。行政主体在遵循行政程序的过程中要对不同的相对人平等对待，不能有偏私。

第二节 行政程序的主要制度

案例一：

【案例介绍】

原告：吴某某，北京市大兴县人，原唐山市公安局干警，现从事个体经营，住唐山市路南区。

被告：唐山市公安交通警察支队第八交通警察大队（以下简称第八交警大队）。

2005年3月10日，被告第八交警大队对原告吴某某作出冀公交B007××××号公安交通管理简易程序处罚决定，认定：吴某某于2005年3月10日10时55分，在新华道广场岗处实施不按规定使用安全带违法行为，根据《道路交通安全法》第90条的规定，对吴某某处100元罚款；根据《中华人民共和国机动车驾驶证申领和使用规定》（以下简称《机动车驾驶证申领和使用规定》）有关规定，记1分。吴某某不服，诉称，当时其系着安全带，没有违反交通规则，被告执法人员孙某某对原告有偏见，要求撤销对原告的扣分和罚款，并向原告赔礼道歉。

经审理查明，2005年3月10日10时55分许，原告吴某某驾驶白色宝莱牌轿车，沿文化路由南向北行驶至新华道广场交通岗南侧等待放行信号时，被告第八交警大队值勤交警孙某某发现吴某某未系安全带，孙某某用对讲机通知交通岗北侧的交警刘某拦截。刘某将吴某某驾驶的轿车拦下。孙某某赶到后，口头告知吴某某违法行为及拟对其作出的行政处罚等事项，并当场制作冀公交B007××××号公安交通管理简易程序处罚决定，吴某某拒绝在处罚决定书上签字。

开庭审理中，孙某某、刘某出庭作证，证明吴某某未按规定使用安全带及对其处罚的过程；原告的妻子祝某某出庭证明原告当时系着安全带。

本院认为，根据《道路交通安全法》及相关法规、规章的规定，被告作为道路交通管理机关，有权对违反道路交通安全的违法行为进行行政处罚。被告对原告作出的处罚决定，事实清楚，有两名执勤交警予以证明，原告的证人与原告有亲属关系，其证言不足以推翻被告认定的事实。《道路交通安全法》第51条规定，驾驶人不按规定使用安全带是一种违法行为，该法第90条规定，对违法行为可处警告或20元以上200元以下罚款；《河北省公安厅处罚道路交通安全违法行为执法暂行规范》第39条14项规定，对该违法行为可处警告或100元罚款；《机动车驾驶证申领和使用规定》附件3“道路交通安全违法行为记分分值”第5条第2项规定，对未按规定系安全带的驾驶人记1分。根据上述规定，被告对原告作出罚款100元、记1分的行政处罚符合有关法律、规章及其他规范性法律文件的规定。被告对原告当场处罚的程序也符合《道路交通安全违法行为处理程序规定》第8条的规定。综上所述，被告对原告作出的处罚决定，事实清楚，适用法律正确，程序合法，本院予以维持。依照《行政诉讼法》（1989年）第54条第1项的规定，判决如下：维持被告2005年3月10日作出的冀公交B007××××号公安交通管理简易程序处罚决定。[①]

【案例分析】

本案涉及有关简易程序的适用问题。《道路交通安全法》第107条规定：“对道路交通违法行为人予以警告、二百元以下罚款，交通警察可以当场作出行政处罚决定，并出具行政处罚决定书。行政处罚决定书应当载明当事人的违法事实、行政处罚的依据、处罚内容、时间、地点以及处罚机关名称，并由执法人员签名或者盖章。”本案中的情形显然符合《道路交通安全法》规定的可当场作出处罚的情形。需要说明的是，《行政处罚法》也对简易程序的适用条件作了规定，该法第33规定：“违法事实确凿并有法定依据，对公民处以五十元以下、对法人或者其他组织处以一千元以下罚款或者警告的行政处罚的，可以当场作出行政处罚决定。”此处规定的只适用于50元以下的罚款。那么是否矛盾呢？在这里，《道路交通安全法》相对于《行政处罚法》显然属于特别法，根据特别法优于普通法的原则，适用前者是正确的。

【法律背景】

《道路交通安全法》第五十一条、第一百零七条、第一百零八条；《行政处罚法》第三十三条、第三十四条、第三十五条。

案例二：

【案例介绍】

江苏省苏州市东丰公司自2003年3月起根据与洛其公司的加工合同，为其加工生产系列男装43 927件，应得加工费701 508.90元。合同履行中，由洛其公司提供款式、主辅料，东丰公司负责加工制作及整烫和包装，并由东丰公司将洛其公司提供的产地标识等佩挂于服装上，而上述服装佩挂的产地标识均标注“上

① 参见河北省唐山市路北区人民法院（2005）北行初字第20号行政判决书。

海”。2004年3月起，东丰公司按照与洛金公司签订的加工合同，为其加工生产系列女装计6 468件。合同履行过程中，东丰公司同样将洛金公司提供的“上海”产地标识佩挂于服装上。

苏州市工商局在执法调查时，认为东丰公司涉嫌伪造产地，于2004年9月13日向东丰公司发出行政处罚告知书，告知其有陈述和申辩的权利，东丰公司也提交了书面申辩意见。苏州市工商局遂于同年9月20日作出行政处罚决定，认定原告共生产伪造产地的服装50 395件，获取加工费价税合计800 955.15元，扣除税款为684 577元，责令原告改正并对原告处以没收违法所得684 577元。东丰公司于2004年10月11日缴纳了该款项。但东丰公司对工商局作出的处罚决定不服，向法院提起行政诉讼。

东丰公司认为，其与上海洛其服饰有限公司、上海洛金服装有限公司之间属于纯粹的委托加工关系，并没有不正当竞争经营活动，也不存在伪造产地行为，处罚决定书对事实的认定是完全错误的。该处罚决定中认定自2003年3月起东丰公司为洛其公司加工的43 927件男装和为洛金公司加工的女装6 468件，均标注产地为“上海”，无事实依据。工商局认定原告从加工服装中获取的加工费全部是“违法所得”，也无法律依据。因此工商局作出的行政处罚既未查清事实，也违反法定程序，苏州市工商局没有告知原告听证的权利，拒绝听取当事人的陈述和申辩，因此请求法院判决撤销被告所作的行政处罚。

苏州市工商局则认为，东丰公司为上海洛其、洛金公司组织生产男女系列服装，整个服装的生产过程均在本厂内完成，明知应挂“苏州”的产地标识，但仍然实施了法律所禁止的行为，时间长达一年多。该局对东丰公司违法事实的认定是正确的，对违法所得予以没收，于法有据，并无不当。另外《行政处罚法》及《工商行政管理机关行政处罚案件听证暂行规则》都没有对“没收违法所得”这一处罚要求听证，工商局曾经依法告知了当事人可以进行陈述和申辩，东丰公司也行使了该权利，所以该局的行政处罚程序合法。

法院在审理后认为，根据《行政处罚法》第42条规定，行政机关作出责令停产停业、吊销许可证、较大数额罚款等行政处罚决定之前，应当告知当事人有要求举行听证的权利。该案中，没收违法所得达68万余元，属数额较大，且对原告的利益产生重大影响，而在作出处罚前工商部门没有告知东丰公司有要求听证的权利，违反了法律规定，属程序违法，依法应予撤销。①

【案例分析】

本案中，苏州市工商局在对东丰公司进行处罚前，向其发出了行政处罚告知书，告知其有陈述和申辩的权利，东丰公司也提交了书面申辩意见，保障了其申辩的权利。但是苏

---

① 载《法制日报》，2005-03-23，第8版。

州市工商局在作出没收东风公司违法所得68万元的行政处罚前未告知其有要求听证的权利。但工商局认为，行政处罚法和国家工商行政管理总局颁布的《工商行政管理机关行政处罚案件听证暂行规则》都没有明确要求对“没收违法所得”举行听证，而且在处罚作出前，工商局听取了东丰公司的申辩。《行政处罚法》第42条只规定对“较大数额罚款等”行政处罚应当举行听证，并没有列举“没收违法所得”应该举行听证，那么“违法所得”在“等”内呢？还是在“等”外？依据最高人民法院2004年9月对新疆维吾尔自治区高级人民法院《关于没收财产是否应当进行听证及没收经营药品行为等有关法律问题的答复》：“人民法院经审理认定，行政机关作出的没收较大数额财产的行政处罚决定前，未告知当事人有权要求举行听证或未按规定举行听证的，应根据行政处罚法的有关规定，确认该行政处罚决定违反法定程序。”因此，虽然行政处罚法在听证程序部分没有列举“没收违法所得”，但68万元确实属于“较大数额”且关系到行政相对人的重大经济利益，保护行政相对人的重大利益应是立法的本意，应该给予相对人听证的权利。苏州市工商局未告知东风公司有要求听证的权利属于严重地违反法定程序，严重违反法定程序属于重大瑕疵，所作出的行政行为应该予以撤销，因此法院的判决是正确的。

【法律背景】

《行政处罚法》第四十二条。

最高人民法院2004年9月对新疆维吾尔自治区高级人民法院《关于没收财产是否应当进行听证及没收经营药品行为等有关法律问题的答复》　人民法院经审理认定，行政机关作出的没收较大数额财产的行政处罚决定前，未告知当事人有权要求举行听证或未按规定举行听证的，应根据行政处罚法的有关规定，确认该行政处罚决定违反法定程序。

【知识点介绍】

行政行为主要有依职权行政行为和依申请行政行为两种，与此相对应，行政程序的启动主要包括两种情形：一是依职权启动，行政权属于公权力，与私权利的行使必须取得对方同意不同，行政机关有权单方作出行政决定，尤其是在相对人的行为违反行政法律规范，危害到社会公益时，行政机关有权主动启动行政程序。二是依申请启动，申请的方式有书面和口头两种。当事人以书面方式提出申请的，一般必须记载当事人的基本情况，受理请求的行政机关的名称，请求事项及请求的理由，申请人的签名等内容。只有在法律规定可以以口头方式提出的，才能以口头方式提出。

行政机关在作出行政行为之前一般要经过调查程序。调查是行政机关获取公民、法人和组织的个人信息、从事商业经营和公共事业活动信息和有关证据材料的制度，目的是查清事实、获取证据。调查方式主要包括：检查、询问证人和鉴定人、专业机构出具意见书、要求当事人提出证据、听取当事人意见、现场勘验、鉴定、抽样取样。行政机关实施被认为对当事人不利案件的调查时，调查人员不得少于两人，但情况紧急或者案件性质不准许的情况除外。在开始实施调查之前应当表明身份、说明理由。行政机关从有关单位和个人调取证据的，必须出具书面收据，注明有关证据或者材料的项目和编号，并保守当事人的商业秘密和个人隐私。行政机关进行调查检查应当遵守行政法律法规规定的程序。

行政证据有以下七种：(1) 书证；(2) 物证；(3) 视听资料；(4) 证人证言；(5) 当事人的陈述；(6) 鉴定结论；(7) 勘验笔录、现场笔录。以上证据经法定程序审查属实，才能作为行政处理的根据。

定案证据规则有特定的要求。调查、收集证据必须合法、公正、全面、客观。违法收集的证据不能作为行政处理的根据。定案证据的形成、调取、制作、保管、移送、质证等过程必须具有连贯性和完备性，不能中断。未经当事人口头或者书面质证的事实材料不能作为定案证据。

有的时候会涉及证据保全的问题。在证据可能灭失的情况下，行政机关可以依职权或者应申请采取录音、录像、先行登记保存等措施保全证据。行政机关依职权采取证据保全措施给关系人造成损失的，应当给予补偿。当事人申请行政机关采取证据保全措施，必须说明理由，并且提供担保。

简易程序制度。对于违法事实确凿、有法定依据、危害轻微的违法行为，法律、行政法规规定行政机关适用简易程序作出行政决定的，适用简易程序。适用简易程序的，申请人可以口头向行政机关提出申请，由行政机关记明申请人的基本情况、申请时间和申请事项。适用简易程序作出的对当事人不利的行政决定的，行政机关应当听取当事人的意见，但可以依职权采用就地听取当事人的陈述或申辩等便捷方式。事实清楚且当事人对事实的认定没有异议的，行政机关可以当场作出行政决定，并应当向当事人出示执法身份证件，填写预定格式、编有序号的行政决定书。适用简易程序，除当场作出行政决定的，一般来讲，行政决定应当自行政程序启动之日起 10 日内作出。

行政回避制度。行政机关的公务员在行使职权的过程中因其与所处理的法律事务有利害关系，为保证实体处理结果和程序进展的公平性，依法终止其职务的行使并由他人代替的一种法律制度。

职能分离制度。行政主体审查案件的职能和对材料裁决的职能，分别由其内部不同的机构人员来行使，确保相对人的合法权益不受侵犯。

案卷制度。指的是关于行政决定只能以行政案卷体现的事实作为根据的行政程序制度。行政案卷是有关案件事实的证据、调查或者听证记录等案卷材料的总和。行政案卷的构成和形成应当依据法律的规定。

听证制度。听证可以分为广义的听证和狭义的听证两种，前者是指任何听取相对人意见的活动，后者指行政主体在作出处理决定前，通过召开听证会的方式听取相对人意见的程序。这里所讲的听证主要是狭义的听证。听证的适用范围主要包括两种：一是法律、法规、规章、行政规范性文件规定行政决定的作出应当举行听证的；二是行政机关认为有必要举行听证的。听证会一般由参与调查、处理活动以外的行政工作人员主持。权利和利益受行政决定影响的人，可申请参加听证。

听证分调查、辩论两个阶段进行。调查阶段包括主持人询问调查人员、当事人、证人、鉴定人和利害关系人；调查人员、当事人和利害关系人可以发言并提出证据。辩论阶段包括调查人员、当事人及其代理人和利害关系人及其代理人发言；各方展开辩论。

听证应当制作笔录，笔录应交行政相对人审核无误后签字或盖章。当事人、利害关系人在听证时提出的书证、物证或者其他证据材料，作为听证笔录的附件。听证中，行政机关或其他行政主体作出行政处理决定，必须考虑行政相对人在听证中提出的意见和建议，对不予采纳的建议、意见，应简要说明理由，并附于笔录之后。

说明理由制度。行政主体作出涉及相对人权益的决定、裁决，特别是作出对相对人权益有不利影响的决定、裁决，必须在决定书、裁决书中说明其事实根据、法律根据或行政主体的政策考虑，同时应告知相对人参与行政行为的权利和参与途径、方法，以及告知相对人对行政行为不服寻求救济的途径、时限。

陈述意见制度。行政机关在作出行政决定前，应当告知当事人享有陈述意见的权利，并应当听取当事人的陈述和申辩，对当事人提出的事实、理由和证据，应当进行审查。一般来讲，当事人可以采用书面方式向行政机关陈述对行政决定涉及的事实、理由及依据的意见。当事人采用口头方式向行政机关陈述意见的，行政机关应当制作记录，向当事人宣读或由其阅览确认内容无误后，由当事人签名或盖章。当事人对记录有异议的，应当更正。

信息公开制度。行政法规、行政规章、行政规定和行政机关的组织、职权、管辖、办公地点、办公时间，以及行政机关或其他行政主体实施行政处理的条件、标准、程序等，均应通过一定途径、一定形式公开，让行政相对人知晓。信息公开的方式是多样的，如在行政机关的官方网站、国务院公报、地方政府公报中公布；出版单行手册，出售或者放置在公共阅览室中供公众查阅等。行政机关对其主动公开的信息，应当及时更新。

电子政务制度。各级人民政府及其工作部门应尽可能地通过互联网向社会公布其组织机构、职责、权限、办事程序以及其他各种行政信息。除法律规定不得以电子文件代替书面文件的以外，行政机关或其他行政主体与行政相对人为实施行政行为而进行的活动和联系可通过互联网进行。不适用电子文件的方式主要包括不得以电子文件代替书面文件的情形：行政机关制定行政法规、规章和行政规范性文件的行为；在行政程序中必须当面递交或亲笔签收回执的书面文件；行政机关作出的对公民、法人和其他组织不利的决定；可能涉及第三人利益，因而需要以特定形式公示的。一方以电子文件实施法律行为，应征得对方同意。但行政机关原有接受电子文件的承诺或惯例的，行政相对人以电子文件形式给其发送申请书、有关材料或表格，行政机关不得以事前未征得其同意为由拒绝接受。在电子政务活动中，行政机关或其他行政主体与行政相对人的电子签章具有与书面签字、盖章同等的法律效力。

第三节 行政程序的法律责任

案例一：

【案例介绍】

原告：樊某某，住郑州市金水区。

被告：郑州航空工业管理学院。住所地，郑州市二七区大学南路。

原告樊某某诉称：其于2002年1月12日代他人进行“全国大学生英语四六级”考试，构成舞弊，受到“留校察看一年（2002年1月21日起至2003年1月21日）”处分。原告愿意接受处分，且在一年中认真学习，遵守校纪校规，多次向系里汇报思想并无偿献血1 400CC，且各门成绩已达到校方要求，已成为一名合格的大学毕业生，符合《学位条例》《中华人民共和国学位条例暂行实施办法》（以下简称《学位条例暂行实施办法》）规定的授予学士学位的条件，应当授予学士学位。而被告以其《学生手册》中“第一条，在校期间因违反纪律，受到行政记过（含记过）以上处分；第二条，考试舞弊者不授予学位”之规定为由，对原告不授予学位，原告认为被告《学生手册》的规定与法律规定抵触，应认定无效。被告对原告不授予学位，没有告诉原告进行申辩说理，也没有说明不授予学位的理由，存在没有审查即做决定之嫌，故被告对原告评审学位的程序违法，请求法院判令被告对原告重新进行学位评审并依法授予学士学位证书。原告提交的证据材料有：(1)《学位条例暂行实施办法》第3条、第5条、第16条。(2)《学位条例》第4条第1、2款。(3) 郑州航空工业管理学院《学生手册》。(4) 郑州航空工业管理学院2003年9月17日出据的原告成绩单，2003年7月1日向原告颁发的毕业证书。(5) 2001年1月21日原告受到留校察看处分的证明。

被告郑州航空工业管理学院在收到起诉状副本之日起10日内未向法庭提交作出具体行政行为的有关材料，也未提出答辩状。

根据上述有效证据，本院查明以下事实：原告樊某某于1999年至2003年，在被告郑州航空工业管理学院建筑工程管理系工程管理专业学习，2002年1月12日因代他人进行“全国大学生英语四六级”考试，受到“留校察看一年（2002年1月21日起至2003年1月21日）”处分。留校察看期满后，被告未作出继续处分决定。2003年7月1日，被告准予原告毕业，并向其颁发毕业证书，但未授予学士学位证书。

法院认为：《教育法》规定：学校及其他教育机构行使对受教育者颁发相应的学业证书的职权；《学位条例》规定：学士学位，由国务院授权的高等院校授予。原告樊某某系被告郑州航空工业管理学院2003年本科毕业生，被告与原告之间存在管理与被管理的特殊行政关系，被告虽不是行政机关，却受法律法规的授权对受教育者行使授予学位的职权。故原、被告之间因授予学位而引发的争议，不是民事诉讼，而是行政诉讼。被告未在法定举证期间提交其对原告进行学位评审及不颁发学位证书的全部证据和所依据的规范性文件，应视为其具体行政行为没有相应的依据。被告所制定的《学生手册》中关于在校期间因违反纪律，受到行政记过（含记过）以上处分，及考试舞弊者不授予学士学位的规定，与《学位条例》中：高等学校本科毕业生，成绩优良，达到下述水平者，授予学士学位：(1) 较好掌握本门学科的基础理论、专门知识和基本技能；(2) 具有从事科学研究工作或担负专门技术工作的初步能力。及《学位条例暂行实施办法》中：高等学校本科学生完成教学计划的各项要求，经审核准予毕业，其课程学习和毕业论文的成绩，表明确已较好掌握本门学科的基础理论、专科知识和基本技能，并具有从事科学研究工作或担负专门技术工作的初步能力的，授予学士学位的规定相抵触，故应认定为无效。

法院依照《行政诉讼法》（1989 年）第 43 条，第 48 条，第 54 条第 2 项第 1 目、第 3 项，《行政诉讼法若干解释》（2000 年）第 26 条、最高人民法院《关于行政诉讼证据若干问题的规定》（以下简称《证据规定》）第 1 条第 1 款之规定，判决如下：被告于本判决生效之日起 60 日内，对原告进行学士学位资格审核，作出是否授予学士学位的决定。①

【案例分析】

本案中，郑州航空工业管理学院根据《教育法》和《学位条例》的授权在行使是否对学生颁发毕业证或授予学位的职权。《教育法》第 22 条规定：“国家实行学业证书制度。经国家批准设立或者认可的学校及其他教育机构按照国家有关规定，颁发学历证书或者其他学业证书。”第 23 条规定：“国家实行学位制度。学位授予单位依法对达到一定学术水平或者专业技术水平的人员授予相应的学位，颁发学位证书。”《学位条例》第 8 条规定：“学士学位，由国务院授权的高等学校授予，硕士学位、博士学位，由国务院授权的高等学校和科学研究机构授予……”根据以上法律、法规的授权，高等学校在决定对学生是否颁发毕业证和学位证时是在行使行政管理职权，是可以对外以自己的名义作出行政行为并独立承担责任的行政主体。那么，本案中原告樊某某可以对被告郑州航空工业管理学院不授予其学士学位的决定提起行政诉讼。在诉讼过程中，由于被告未在法定举证期间提交其对原告进行学位评审及不颁发学位证书的全部证据和所依据的规范性文件，应视为其具体行政行为没有相应的依据。法院同时认定该院《学生手册》的规定违背了《学位条例》的有关规定，应属无效。以上的各种判断都是正确的。但是法院并没有对原告主张的被告违背法定程序的诉求作出评判。由于不授予原告学士学位的决定是一个严重的对原告不利的行为，

---

① 参见河南省郑州市二七区人民法院（2003）二七行初字第 67 号行政判决书。

那么根据正当行政程序的要求，显然应该给予原告陈述和申辩的权利，并且应该向原告说明理由，告知救济的权利。假如如原告所说被告没有告诉原告进行申辩说理，也没有说明不授予学位的理由，显然属于重大且明显的程序违法，会导致被告不授予原告学士学位的决定无效的法律后果。

【法律背景】

《教育法》第二十一条、第二十二条、第二十八条；《学位条例》第四条、第八条。

案例二：

【案例介绍】

原告：谢某某，广西宾阳县人。

被告：南宁市公安局交通警察支队。住所地：南宁市贤宾路1号。

被告南宁市公安局交通警察支队于2004年9月22日对原告谢某某作出了《公安交通管理行政处罚决定书》，决定给予其吊销驾驶证的行政处罚。

原告诉称：(1) 原告没有实施造成重大事故负主要责任的违法行为。2004年3月13日19时左右，原告驾驶微型小客车从横县六景送安装石油管道的工程师李某某、汪某某、武警张警官三人返回黎塘沿金龙大道由西往东行驶，因当晚没有电，路灯不亮，车速20千米～30千米。当车行至镇中路口往西20米地段时，黄某某突然从北向南横穿机动车道，原告即急刹车向南右方拐转避开，因车临近时黄某某才突然横穿，结果黄某某撞到原告车的前左侧，反弹向北倒地，经送医院抢救无效死亡，因而造成重大交通事故。在这个事故中，原告是按章行驶，没有占道、超车违规行驶，原告的交通行为是合法的。可是，处罚决定认为原告实施了负主要责任的违法行为，与交通事故的客观事实是不相符的，与《道路交通管理条例》相违背。所以，处罚决定认定原告实施了造成重大事故负主要责任的违法行为，无事实和法律依据。(2) 本案死者黄某某应负事故主要责任。本案中，黄某某横行车道时，有人行横道不走且在车临近时突然横穿车道，造成事故的直接发生，应负事故的主要责任，原告在事故中没有实施应负主要责任的违法行为。(3) 处罚决定违反法定程序。1)《行政处罚法》和《交通违章处理程序规定》均规定，对吊销驾驶执照的，应告知当事人有举行听证的权利，被告在处罚决定过程中，不告知原告有听证权，不按听证程序听证，违反了法定程序。2)《行政处罚法》规定，对吊销驾驶执照按一般程序处理，规定要调查取证，询问证人，收集证据。本案事故发生时有同乘车人三人在场，被告不对现场目击者调查取证，收集证据，就对原告进行处罚，程序违法。

被告辩称：(1) 原告驾车发生事故，宾阳大队接到报警后及时出警对现场进行勘查及调查取证，整个调查取证的过程均是依法进行的。宾阳大队根据有关法律规定，依据查明的有关证据对事故责任进行认定，并于2004年3月31日召集当事双方进行宣布，事故责任宣布后，当事双方对事故责任均未表示异议，在法定的期限内也未向上级机关提起行政复议及行政诉讼，直至整个事故的调解结案，原告均未提出异议，并且同意按主要责任的80%与黄某某亲属签订《道路交通事故损害赔偿调解书》，并支付了50 800元。之后，原告向保险公司提交有关事故材料，索回了事故的损失。原告事后认为事故责任认定事实不清及适用法律法规不当是没有依据的。(2) 原告认为被告对其作出的行政处罚违反程序规定，是歪曲事实的。2004年10月20日，在涉嫌犯交通肇事罪的原告被执行逮捕前，被告办案人员向原告告知拟作出吊销其驾驶证的行政处罚，并制作了《公安行政处罚告知笔录》同时向其送达《犯罪嫌疑人诉讼权利义务告知书》，但原告当时情绪非常冲动，拒绝签名，并且未提出要求听证的要求，至今也未向有关部门提出要求听证请求。

本院查明，2004年3月13日20时许，原告驾驶微型普通客车途经宾阳县黎塘镇沿金龙大道由西往东行驶，当行驶至金龙大道镇中路口往西20米处时，与由北向南横穿公路的黄某某发生碰撞，造成黄某某受伤经送医院抢救无效死亡的交通事故。事故发生后，宾阳县公安局交通警察大队于2004年3月30日作出《道路交通事故责任认定书》，认定原告负事故的主要责任，死者黄某某负事故的次要责任。2004年5月14日，原告与死者的家属就经济赔偿问题达成了协议，并在《道路交通事故损害赔偿调解书》上签了名，之后，原告按协议履行了部分义务。因本案交通事故，被告于2004年9月22日对原告作出了《公安交通管理行政处罚决定书》，决定给予吊销驾驶证的行政处罚。但被告在作出该行政处罚决定之前，未向原告告知拟作出行政处罚决定的事实、理由及依据，也未告知原告有要求举行听证的权利。2004年10月20日，被告向原告送达了上述处罚决定书，原告因不服被告作出的上述处罚决定，于2004年11月23日向本院提起本案的行政诉讼，并提出前述的诉讼请求，被告则提出前述的答辩意见。

本院认为，被告南宁市公安局交通警察支队作为交通管理主管部门，依法享有对本行政区域内的道路交通安全管理的法定职权。被告在对原告作出吊销机动车驾驶证行政处罚过程中，应根据《行政处罚法》第31条："行政机关在作出行政处罚决定之前，应当告知当事人作出行政处罚决定的事实、理由及依据，并告知当事人依法享有的权利。"第42条："行政机关作出责令停产停业、吊销许可证或者执照、较大数额罚款等行处罚决定之前，应当告知当事人有要求举行听证的权利；当事人要求听证的，行政机关应当组织听证……"的规定进行。本案中，被告在对原告作出吊销机动车驾驶证行政处罚之前，未告知原告拟作出行政处罚决定的事实、理由和依据，也未告知原告有要求举行听证的权利，违反了上述法律规定，构成了程序违法。根据《行政处罚法》第41条："行政机关及其执法人员在作出行政处罚决定之前，不依照本法第三十一条、第三十二条的规定向当事人告知给予行政处罚的事实、理由和依据，或者拒绝听取当事人的陈述、申辩，行政处罚决定不能成立；当事人放弃陈述或者申辩权利的除外”的规定，因被告作出的上述行政处罚决定违反法定程序，故其作出的行政处罚决定依法不能成立，应依法予以撤销。原告诉请要求撤销被告作出的上述行政处罚决定，依法有据，本院予以支持。被告提出其作出的行政处罚决定，程序合法的抗辩理由不能成立，本院不予采纳。

法院依照《行政诉讼法》（1989 年）第 54 条第 2 项第 3 目的规定，判决：(1) 撤销被告南宁市公安局交通警察支队于 2004 年 9 月 22 日对原告作出的《公安交通管理行政处罚决定书》的具体行政行为。(2) 由被告南宁市公安局交通警察支队于本案判决生效之日起 30 日内重新作出具体行政行为。[①]

【案例分析】

本案中，被告南宁市公安局交通警察支队对原告谢某某作出了吊销驾驶证的行政处罚。《行政处罚法》第 31 条规定：“行政机关在作出行政处罚决定之前，应当告知当事人作出行政处罚决定的事实、理由及依据，并告知当事人依法享有的权利。”第 42 条规定：“行政机关作出责令停产停业、吊销许可证或者执照、较大数额罚款等行政处罚决定之前，应当告知当事人有要求举行听证的权利；当事人要求听证的，行政机关应当组织听证……”被告显然应该履行向原告告知事实、理由和权利的程序义务，但是被告没有遵循法律的规定，已经构成了程序违法。因此，被告南宁市公安局交通警察支队对原告谢某某作出了吊销驾驶证的行政处罚的效力受到质疑是必然的。但是法院最终判决撤销被告的行政处罚行为是值得商榷的。被告的行政处罚行为应该是无效的，而不是可撤销的行为。因为《行政处罚法》第 3 条规定：“公民、法人或者其他组织违反行政管理秩序的行为，应当给予行政处罚的，依照本法由法律、法规或者规章规定，并由行政机关依照本法规定的程序实施。没有法定依据或者不遵守法定程序的，行政处罚无效。”该法第 41 条同时规定：“行政机关及其执法人员在作出行政处罚决定之前，不依照本法第三十一条、第三十二条的规定向当事人告知给予行政处罚的事实、理由和依据，或者拒绝听取当事人的陈述、申辩，行政处罚决定不能成立；当事人放弃陈述或者申辩权利的除外。”本案中，被告对法定程序的违反显然已经构成了重大而明显的瑕疵，那么在这种情况下根据《行政处罚法》第 3 条和第 41 条的规定应该确认该行政处罚无效。

【法律背景】

《行政处罚法》第三条、第三十一条、第三十二条、第四十一条、第四十二条。

【知识点介绍】

违反行政程序，主要是指违反法定的强制性程序，要承担相应的法律责任，导致不利

① 参见广西南宁市新城区人民法院（2005）新行初字第 1 号行政判决书。

的法律后果。一般来讲，违反法律程序主要包括：（1）步骤违法。行政行为的作出如果不按法定的步骤进行，包括遗漏步骤或随意增加步骤等都会构成违法。（2）顺序违法。行政行为的步骤是有法定顺序的，如果不按照顺序进行那么也构成违法。（3）时限违法。指行政行为的作出违反法定的时效。（4）内容违法。主要是指行政行为作出时没有遵循法定的程序制度，如听证制度、回避制度、说明理由制度等。（5）形式违法。行政行为必须以相应的形式表现出来，如书面形式、口头形式等，行政行为不符合法定形式的也会构成违法。

违反行政程序要承担相应的法律责任，一般来讲包括以下几个方面：（1）无效。当行政行为违反重要的法定程序，构成重大而明显的瑕疵的时候，就会导致行政行为的无效。无效的行政行为自始不发生效力，相对人拥有程序抵抗权。（2）当行政行为不符合程序的规定，而又不适于用补正的方式进行补救的，那么就构成了行政程序的一般违法，在这种情况下，会导致行政行为被撤销的法律后果。被撤销的行政行为自撤销之时起失去法律效力，但在某些情况下也可能会溯及到行政行为作出之时。但是对于授益性行政行为的撤销，要受到信赖保护原则的制约。（3）补正。对于轻微违反行政程序的行政行为，可不宣告其无效或对其进行撤销，而由行政主体进行补充纠正。（4）行政赔偿。当行政行为因程序违法而被宣告无效或被撤销而给当事人合法权益造成损失的，行政机关应该进行赔偿。

阅读资料

论文：

1. 应松年．制定统一的行政程序法：我国行政法治的必由之路．中国司法，2006（7）
2. 章剑生．中国行政程序法典化的三个基本问题．甘肃社会科学，2006（5）
3. 姜明安．行政程序：对传统控权机制的超越．行政法学研究，2005（4）
4. 杨伟东．行政程序违法的法律后果及其责任．政法论坛，2005（4）
5. 王万华．论我国尽早制定行政程序法典的必要性与可行性．中国法学，2005（3）
6. 薛刚凌．论行政程序制度的理性价值．湛江师范学院学报，2005（2）
7. 应松年．行政程序立法的几个问题．湛江师范学院学报，2005（2）
8. 马怀德．行政程序法的价值及立法意义．政法论坛，2004（5）
9. 高秦伟．正当行政程序的判断模式．法商研究，2004（4）
10. 余凌云．违反行政程序的可撤销理论．国家行政学院学报，2004（4）
11. 莫于川．建议在我国行政程序法典中设立紧急程序条款．政治与法律，2003（6）
12. 应松年．中国的行政程序立法：语境、问题与方案．中国法学，2003（6）
13. 杨建顺．行政程序立法的构想及反思．法学论坛，2002（6）
14. 周佑勇．行政程序的价值定位．法学杂志，2002（3）
15. 杨海坤．中国行政程序法典化问题探析．江海学刊，2002（5）
16. 王锡锌．正当法律程序与“最低限度的公正”——基于行政程序角度之考察．法学评论，2002（2）

17. 应松年．行政程序立法略论．山西大学学报（哲学社会科学版），2001（3）

18. 杨寅．行政程序法治化的意义．华东政法学院学报，2001（3）

19. 章剑生．现代行政程序的成因和功能分析．中国法学，2001（1）

20. 杨海坤．违反行政程序法行为法律责任比较研究．法学评论，1999（5）

著作：

1. 姜明安主编．行政程序研究．北京：北京大学出版社，2006

2. 罗传贤．行政程序法论．台北：五南图书出版公司，2002

3. 李惠宗．行政程序法要义．台北：五南图书出版公司，2002

4. 应松年主编．行政程序法立法研究．北京：中国法制出版社，2001

5. 杨寅．中国行政程序法治化——法理学与法文化的分析．北京：中国政法大学出版社，2001

6. 季卫东．法律程序的意义——对中国法制建设的另一种思考．北京：中国法制出版社，2004

7. 皮纯协主编．行政程序法比较研究．北京：中国人民公安大学出版社，2000

8. 杨海坤，黄学贤．中国行政程序法典化——从比较法角度研究．北京：法律出版社，1999

9. 应松年主编．比较行政程序法．北京：中国法制出版社，1999

10. ［美］欧内斯特·盖尔霍恩，罗纳德·M·利文著．黄列译．行政法和行政程序概要．北京：中国社会科学出版社，1996

11. 章剑生．行政程序法学原理．北京：中国政法大学出版社，1994

探讨性案例

上诉人（原审原告）：马某某，住佛山市。

被上诉人（原审被告）：佛山市顺德区公安局交通警察支队第二大队。

原审认定的事实：原告马某某于2003年12月6日10时40分驾驶非法加装了机械动力装置的人力三轮车在道路上行驶，至省道326线顺德区龙江西华路口时，被被告佛山市顺德区公安局交通警察支队第二大队龙江中队民警截查，暂扣了原告的三轮车，开具了被告作出的《公安交通管理行政处罚通知书》和《行政强制措施凭证》，通知原告3天内到被告的龙江中队接受处理。原告对违章处罚有异议，并在通知书上签了名。2003年12月8日，原告到龙江中队接受违章处理时，对收缴其人力三轮车加装的动力机械装置提出异议，龙江交警中队对原告马某某进行调查询问，并制作了询问笔录，通过调查核实，认定马某某的违章事实清楚，对原告作出了《公安交通管理行政处罚决定书》，罚款5元的处罚，并收缴原告在人力三轮车上安装的机械动力装置。

原审认为：根据《国道路交通管理条例》[①] 第 86 条“对违反交通管理行为的处罚，由县或市公安局、公安分局或者相当于县一级的公安交通管理机关裁决。警告、五十元以下罚款、吊扣二个月以下驾驶证，可以由交通警察队裁决”的规定以及第 92 条“本条例由公安部负责解释”的规定，并结合公安部令第 46 号《交通违章处理程序规定》第 26 条第 2 项、第 5 项“公安机关交通管理部门及其交通民警在纠正、处罚交通违章时，可以采取下列行政强制措施：暂扣机动车、非机动车；收缴非法装置或者牌证”的规定，被告作为交通管理部门的交通警察队，依法有权行使作出 50 元以下的罚款、暂扣非机动车及收缴非法装置的职权。在本案中，原告驾驶非法加装了机械动力装置的人力三轮车在道路上行驶，违反《道路交通管理条例》第 19 条第 3 款“自行车、三轮车不准安装机械动力装置”的规定，被告在查清原告违章事实后，作出了《公安交通管理行政处罚决定书》，对原告处 5 元罚款，事实清楚，证据充分，但被告未在处罚决定书中注明对原告处罚的理由和依据，违反《交通违章处理程序规定》第 9 条第 1 项“对当事人予以处罚的，应当告知下列内容：交通违章行为的事实、处罚的理由和依据”的规定，属适用法律错误，程序违法，应予撤销。同时，被告因原告的上述违章行为，根据《交通违章处理程序规定》第 37 条第 2 项“有下列情形之一的，可以暂扣非机动车：非机动车安装机械动力装置的”的规定以及第 49 条第 5 项“有下列情形之一的，可以收缴非法装置或者牌证：非机动车安装机械动力装置的”的规定，发出《行政强制措施凭证》，暂扣原告的人力三轮车及收缴了原告的动力非法装置，事实清楚，证据充分，适用法律、法规正确，但被告未提供收缴原告机械动力装置的凭证及报批手续，违反《交通违章处理程序规定》第 50 条第 1 项“收缴非法装置或者牌证的，应当按照下列程序实施：须报经县以上（含）或者相当于同级的公安机关交通管理部门批准后，开具《凭证》，交付当事人”的规定，属程序违法，应予撤销。原告要求确认被告作出的《公安交通管理行政处罚决定书》和《行政强制措施凭证》违法的请求成立，应予采纳，但原告要求被告返还或赔偿机械动力装置，并赔偿违法暂扣期间误工费、拖车费、保管费等诉求，因原告确实存在在三轮车上安装动力装置，违反道路交通管理条例的行为，被告的具体行政行为尚未对原告的合法权益造成损害，对原告该诉求应不予支持。被告的辩解理由不成立，不予采纳。依照《行政诉讼法》（1989 年）第 54 条第 2 项第 2 目、第 3 目和《最高人民法院关于审理行政赔偿案件若干问题的规定》第 33 条以及《行政诉讼法若干解释》（2000 年）第 60 条第 1 款之规定，判决：(1) 撤销被告佛山市顺德区公安局交通警察支队第二大队作出的《公安交通管理行政处罚决定书》和《行政强制措施凭证》。由被告在 30 日内重新作出决定和强制措施。(2) 驳回原告其他诉讼请求。(3) 案件诉讼费 100 元由被告承担。

二审认定的事实与原审无异。

二审法院认为：根据《道路交通管理条例》第 86 条“对违反交通管理行为的处罚，由县或市公安局、公安分局或者相当于县一级的公安交通管理机关裁决。警告、五十元以下罚款、吊扣二个月以下驾驶证，可以由交通警察队裁决”的规定以及第 92 条“本条例由公安部负责解释”的规定，并结合公安部令第 46 号《交通违章处理程序规定》第 26 条第 2

---

① 已被 2005 年《道路交通安全法》废止。

项、第5项“公安机关交通管理部门及其交通民警在纠正、处罚交通违章时，可以采取下列行政强制措施：暂扣机动车、非机动车；收缴非法装置或者牌证”的规定，被上诉人佛山市顺德区公安局交通警察支队第二大队作为交通管理部门的交通警察队，依法有权行使作出50元以下的罚款、暂扣非机动车及收缴非法装置的职权。被上诉人根据对上诉人马某某的《询问笔录》和民警的《执勤经过》，认定上诉人驾驶非法加装了动力装置的人力三轮车在道路上行驶，认定事实清楚，证据充分。被上诉人在《公安交通管理行政处罚决定书》中未注明对上诉人处罚的事实、理由及依据，违反了《行政处罚法》第31条“行政机关在作出行政处罚决定之前，应当告知当事人作出行政处罚决定的事实、理由及依据，并告知当事人依法享有的权利”的规定，属适用法律错误，程序违法，应予撤销。被上诉人作出收缴非法装置的强制措施时未履行报批程序，违反了《交通违章处理程序规定》第50条第1项“收缴非法装置……须报经县以上（含）或者相当于同级的公安机关交通管理部门批准后，开具《凭证》，交付当事人”的规定，属程序违法，应予撤销。上诉人主张其使用加装了机械动力装置的非机动车，能够确保交通安全，符合《道路交通管理条例》第7条第2款的规定，故其没有违法情节。经查，《道路交通管理条例》第19条第3款已明文规定三轮车不准安装机械动力装置，不适用该条例的第7条第2款，且上诉人自己也承认其在三轮车上安装了机械动力装置的违法事实，故上诉人的该项主张没有事实和法律的依据，不予支持。上诉人还主张被上诉人赔偿其违法收缴机械动力装置的损失850元以及拖车费、保管费13元。虽然被上诉人作出的强制措施程序违法，但因上诉人确实存在违反《道路交通管理条例》的行为，根据相关法规，非法装置应予收缴，不属合法权益范畴，故被上诉人违法作出的强制措施尚未对上诉人的合法权益造成损害。根据《最高人民法院关于审理行政赔偿案件若干问题的决定》第33条“被告的具体行政行为违法但尚未对原告合法权益造成损害的，或者原告的请求没有事实根据或法律根据的，人民法院应当判决驳回原告的赔偿请求”的规定，上诉人的该项主张没有法律依据，也不予支持。原审判决认定事实清楚，适用法律正确，程序合法，依法应予维持。依照《行政诉讼法》（1989年）第61条第1项的规定，判决如下：驳回上诉，维持原判。①

案例参考意见：

本案中，涉及被上诉人（原审被告）佛山市顺德区公安局交通警察支队第二大队两个行政行为，即行政处罚和行政强制。经过法院的审理，最终认定这两个行政行为的作出都违反了法定程序，法院认为这两个行政行为都是应该被撤销的行政行为。对于这个结论值得进一步推敲，在本案中，由于行政处罚和行政强制违反的程序内容不同，行政处罚应该属于无效行为，而行政强制属于可撤销的行为。

根据法院查明的事实，被上诉人在《公安交通管理行政处罚决定书》中未注明对上诉人处罚的事实、理由及依据，违反了《行政处罚法》第31条“行政机关在作出行政处罚决定之前，应当告知当事人作出行政处罚决定的事实、理由及依据，并告知当事人依法享有

---

① 参见广东省佛山市中级人民法院（2004）佛中法行终字148号行政判决书。

的权利”。世界各国的行政法普遍认为，告知、说明理由和听取相对人申辩是正当行政程序的核心，是保障“最低限度公正”程序的最基本要素。那么，被上诉人（原审被告）佛山市顺德区公安局交通警察支队第二大队违背了这一程序内容，应该被认为是重大的违法行为，行政行为构成了重大而明显的瑕疵，从而应导致行政处罚无效的法律后果。《行政处罚法》第 3 条和第 41 条也对此作出了明确的规定。《行政处罚法》第 3 条规定：“公民、法人或者其他组织违反行政管理秩序的行为，应当给予行政处罚的，依照本法由法律、法规或者规章规定，并由行政机关依照本法规定的程序实施。没有法定依据或者不遵守法定程序的，行政处罚无效。”第 41 条同时规定：“行政机关及其执法人员在作出行政处罚决定之前，不依照本法第三十一条、第三十二条的规定向当事人告知给予行政处罚的事实、理由和依据，或者拒绝听取当事人的陈述、申辩，行政处罚决定不能成立；当事人放弃陈述或者申辩权利的除外。”而行政强制的程序违法则有所不同，它是因为被上诉人作出收缴非法装置的强制措施时未履行报批程序，违反了《交通违章处理程序规定》第 50 条第 1 项“收缴非法装置……须报经县以上（含）或者相当于同级的公安机关交通管理部门批准后，开具《凭证》，交付当事人”的规定。履行报批手续并不是正当行政程序的核心要求，对其的违反只能算是一般的程序违法，因此本案中的行政强制属于可撤销的行政行为。

案例参考法律依据：

《行政处罚法》第三条、第三十一条、第四十一条；《交通违章处理程序规定》第四十九条、第五十条。

复习题

1. 何为正当行政程序？

2. 如何理解行政程序的价值？

3. 如何理解行政程序中的民主参与原则，行政相对人的民主参与对于现代行政法治的实现有何意义？

4. 何为行政听证，如何理解广义的听证和狭义的听证？

5. 如何理解行政回避，行政机关在作出行政行为时如果违背了行政回避的要求会导致什么样的法律后果？

6. 结合《行政处罚法》的规定，谈谈简易程序和一般程序在适用上有何不同？

7. 违反行政程序将导致哪些法律后果，要承担什么法律责任？

8. 结合我国行政程序法的制定，谈谈行政程序法应该选择什么样的目标模式来处理效率和公正的关系。

第四编

监督与救济论

【本编导读】

第四编监督与救济论，通过一系列典型案例分析，讨论阐述对行政的监督机制，包括国家权力性的监督和非国家权力性的监督，以及若干特殊的监督制度，还讨论阐述了与监督救济法制有关的一些重要范畴。在此基础上，重点研究行政复议、行政赔偿、行政补偿等若干重要的广义行政救济制度。包括行政复议的基本原则、受案范围、复议机关、复议管辖、复议参加人、复议程序环节，行政赔偿的归责原则、赔偿范围、赔偿关系、赔偿程序、赔偿标准及其计算，行政补偿的补偿范围、补偿程序和补偿标准。

由于行政诉讼制度的内容丰富，本编将其分成两大块。结合案例分析，行政诉讼（上）讨论行政诉讼理念和受案范围，行政诉讼的管辖法院和当事人，行政诉讼（下）讨论行政诉讼的程序、证据和法律适用，行政诉讼的裁判标准、裁判类型，以及行政裁判的执行和非诉讼执行等制度环节。

俗话说，没有监督，势必滥用权力；没有救济，也就没有权利。当代行政法学的监督与救济论的内容丰富、发展很快，因此本编的内容非常重要，篇幅也比较大。

第十一章
对行政的监督体系

本章提要

对行政的监督，是指宪法、法律、法规规定的监督主体依法对行政机关及其工作人员是否依法行政进行的监督。一个完整的对行政的监督体系包括：国家权力性的监督体系、非国家权力性的监督体系以及其他特殊的监督制度。国家权力性的监督，是各种国家机关对行政机关进行的具有强制性的，并能直接产生法律约束力的监督，包括权力机关的监督、司法机关的监督、行政系统内部的监督。非国家权力性的监督，是各种社会力量依法对行政机关及其工作人员进行的不具有国家强制力的监督，这种监督对行政机关不产生直接的法律后果，包括政党和政协的监督、社会组织监督、公民个人监督以及大众传媒监督等。此外，还有行政申诉制度及其他一些具有国情特色的监督制度，如我国的信访制度、日本的行政苦情处理制度、瑞典的监察专员制度。

第一节　国家权力性监督体系

案例一：

【案例介绍】

重庆巴南区人大：弱点弱项就是监督重点①

“在宪法和法律规定的范围内，人大可以大胆探索，只要法律没有规定不准做的，我们都可以从监督的方式方法上‘先行先试’。”这是重庆巴南区人大常委会主任李俊文常挂在嘴边的一句话。

近年来，重庆巴南区人大通过探索，先后对涉法涉诉信访事项、市管行政机关管理、政府性融资、部门细化预算以及民生工程等12项工作开展了创新监督。

① 参见“重庆巴南区人大：弱点弱项就是监督重点”，见法制网，http://www.legaldaily.com.cn/rdlf/content/2012-07/30/content_3740356.htm?node=34020，2014年11月3日访问。

有着10多年财政工作经验的李俊文对人大监督工作的条条框框显然了然于心。在他看来，基层人大的创新举措从某种角度讲是对法律法规的补充和完善。

为涉法涉诉信访群众立“法”开窗

随着民主权利意识的增强，“有事找人大”、“难事找人大”已经成为普通群众解决问题的主要渠道之一。与此同时，各地人大及其常委会信访量也逐渐增多，涉法涉诉重点信访案件不断攀升。

对此，巴南区人大在重庆率先开始“试水”涉法涉诉信访事项监督工作，出台了相关办法。

办法要求，对涉法涉诉的群众来访，区人大常委会将决定是否启动特定问题调查监督程序。一旦启动该程序，被监督的司法机关将对案件作出调查报告，提交区人大常委会。

根据该办法，一些判决后执行难，或司法机关处理有失公正的案子，在巴南区人大督办下迎刃而解。巴南区居民罗某某与某公司曾因劳资纠纷对簿公堂，在法院判决后，老罗依然拿不到赔偿金。后经巴南区人大监督，案子终于得到解决，该公司当庭对罗某某进行了赔付。

据了解，自2009年施行这项办法以来，巴南区人大共受理群众涉法涉诉方面的来信881件，接待有关当事人665人次，督办了罗某某执行案等重大信访事项16件。

就在上月底，巴南区人大常委会对该办法进行了修正。李俊文说，区人大每年有十多件案子要督办，“这样做解决了不少矛盾，能促使公检法司等机关更好地维护信访当事人合法权益”。

让监督难点盲点有“法”覆盖

巴南区人大在调研中发现，市管行政机关，例如税务、工商等机关在区县的分支机构，由于受市级部门的垂直管理，往往成为区县人大监督的难点。

为此，巴南区人大经过总结，从2007年率先开始对市管行政机关开展监督。

“工作在细化上虽有些麻烦，但对政府工作人员震动很大。”李俊文坦言，监督工作要有创新性和针对性，关键在于度的掌握，要在循序渐进中推动民主法治进程。

近些年来，巴南区人大通过采取审议专项报告、组织专项工作评议、代表视察等方式先后对二十余个市管行政机关开展了工作监督和法律监督。

“以往信息不对称，代表不了解情况也不懂如何提问。”李俊文说，在监督工作的探索中，巴南区人大还着力突破盲点，相继出台一系列创新性监督文件：率先开展政府性融资工作监督、率先审查批准部门细化预算、率先监督国有资产管理……

经此，巴南区人大共听取和审议区政府关于融资方面的议案118个，对210亿元融资资金进行了有效监督。2011年，264个区级单位的部门预算草案全部提交给人代会审查批准。

李俊文认为，监督方式的不断深化，让人大代表在履职上更有信心和动力。现在，代表不再是象征性地举手表决预决算报告，而是认真看阅和审查预算的具体内容。

记者了解到，为配合监督工作，巴南区还在程序上对人大质询和询问率先进行规范，出台相关办法。在督办形式中，目前新增了组织人大代表约见国家机关负责人的方式。

对重点民生工程设“法”关注

当前，重庆对城乡基础设施建设投入多，政府重点项目和民生工程建设支出较大。

为进一步规范政府投资项目管理，巴南区人大常委会审议通过《重庆市巴南区人大常委会重点项目和民心工程监督办法（试行）》，规定该区人大常委会通过视察、调研、专项评议等方法，对区内实施的重点项目和民心工程进行监督。

根据该办法，巴南区人大对该区环境综合整治工程进行了监督。区人大通过调研发现，城市建筑的外立面整治中，一些施工单位未按照统一规划进行施工，并且在施工中存在扰民现象。区人大随即向区政府提出了监督意见，并在常委会上作出了加强市容综合整治中建筑外立面管理的决议，成为该区环境整治中建筑外立面改造的有力依据。

李俊文说，通过人大监督，深入了解重点项目和民生工程的实施情况，为加强整个面上的监督提供了第一手参考资料。

道路反复开挖是城市建设中的一项“顽疾”。巴南区区人大今年把《关于加大创模，严控城市人行道开挖管理的建议》（第 267 号）列入重点督办议案，并交由巴南区市政园林局承办。

前不久，巴南区市政园林局局长严蕾参加了区人大督办会。现场讨论激烈，抽空出来的严蕾介绍说，由于涉及近 20 家单位，包括应急抢险、开发建设项目、民生等各项事宜，统筹协调难度大。

“让政府感到有压力就对了，这样才有效果。”李俊文说，区人大在选择重点议案和建议时，往往考虑是不是群众所关注的热点，能不能解决群众的实际困难。

【案例分析】

本案是一个典型事例，涉及的主要问题是人民代表大会行使对行政机关的监督权。人大对行政机关的监督是《宪法》、《地方各级人民代表大会和地方各级人民政府组织法》赋予人大及其常委会监督国家法律的遵守和执行，监督本级人民政府及其工作人员行使权力的行为。我国宪法规定，中华人民共和国的一切权力属于人民，人民行使国家权力的机关是全国人民代表大会和地方各级人民代表大会。人民代表大会的权力直接来源于人民，有权决定国家的一切重大问题并且监督其实施。行政机关作为国家权力机关的执行机关，接受人大的监督就是接受人民的监督。在对行政机关的监督体系中，人大作为国家权力机关进行的监督是最高层级的监督，具体方式有：听取和审议工作报告、审查与批准国民经济和社会发展计划、审查与批准财政预算、对政府执法的检查、人事监督、行使质询权及询问权等。

本案中，巴南区人大在《中华人民共和国各级人民代表大会常务委员会监督法》（以下简称《监督法》）的基础上，对行政机关的监督方式进行改变：

一是涉法涉诉信访事项监督。对涉法涉诉的群众来访，巴南区人大常委会将决定是否启动特定问题调查监督程序。一旦启动该程序，被监督的司法机关将对案件作出调查报告，提交区人大常委会。

二是对市管行政机关开展工作监督和法律监督。巴南区人大通过采取审议专项报告、组织专项工作评议、代表视察等方式先后对二十余个市管行政机关开展了工作监督和法律监督，开展政府性融资工作监督、审查批准部门细化预算、率先监督国有资产管理。监督方式的不断深化，让人大代表在履职上更有信心和动力。

三是对区内实施的重点项目和民心工程进行监督。巴南区人大常委会审议通过《重庆市巴南区人大常委会重点项目和民心工程监督办法（试行）》，规定该区人大常委会通过视察、调研、专项评议等方法，对区内实施的重点项目和民心工程进行监督。

【法律背景】

《宪法》第二条、第三条。

【知识点介绍】

对行政权力的有效监督是法治国家的核心问题。国家权力机关对行政权的监督是控制行政权的重要部分，其实质是以权力制约权力。我国的国家权力机关是指各级人民代表大会及其常务委员会。根据我国宪法规定，行政机关由同级国家权力机关产生，是国家权力机关的执行机关，对其负责，受其监督，这是权力机关与行政机关的法定关系。我国的一切权力属于人民，人民通过人民代表大会行使国家权力，其中一部分国家权力由人民代表大会直接行使宪法和法律规定的职权，如立法权、决定权、监督权等；另一部分国家权力由法律授予其他机关行使，如政府行使行政权、法院行使审判权、检察院行使检察权等。各级人民代表大会及其常委会为了保证行政机关依法行政，防止行政机关滥用权力，以法定方式和法定程序监督行政机关及其公职人员。国家权力机关监督行政机关的方式有：

（一）对政府工作的监督

1. 对政府工作的宏观监督。主要方式有：听取和审议政府工作报告；审查批准国民经济和社会发展计划；听取政府专题工作报告等。

2. 对政府财政的监督。我国宪法、地方组织法、预算法等相关法律明确授权各级人民代表大会及其常委会对政府预算的审批监督权。其审批对象主要包括：审查批准预算、听取和审议财政审计报告、审议批准预算变更和调整。

3. 对行政执法的监督。以行政执法检查的方式进行，各级人大常委会、人大的专门委员会或人大代表对法律、法规的实施情况进行检查监督，保证法律、法规和决议、决定有效实施。

4. 对行政责任的监督，主要方式有询问、质询、对特定问题的调查。询问是人大代表在审议政府报告和议案时，对报告和议案中不了解的问题提出疑问，要求相关行政机关予以解释说明。询问权本质上是人民行使知情权的一种方式。质询权的行使通常涉及公共利益，要求被质询的政府或其所属部门在法定时间内对相关问题作出正式答复，质询权的行使有利于增强政府决策的科学性，促进行政机关及其公职人员纠正错误。对特定问题的调查是全国人大及其常委会认为必要时，对国家的重大问题或国家机关作出的重大决策进行调查、处理。

5. 对政府工作的评议，即对政府部门及其领导实行工作评议和述职评议。工作评议是指人大常委会或人大代表对政府的工作进行评议，对被评议的政府部门进行调查研究，形成评议意见，然后由被评议部门提出并实施整改方案，并向人大常委会反馈整改情况。对政府领导的述职评议，指人大常委会听取由它选举或任命的本级人民政府的领导或部门负责人在一定任期内的工作汇报，并依法进行评议。

（二）对行政立法的监督

一方面，监督一般行政立法是否违宪违法，主要通过对行政立法的备案和审查来行使监督权。备案是指行政立法公布后的一定期限内，法定机关依法将相关法规报送人大存档以备审查的制度；审查是人大对报送备案的法规是否与宪法和法律相抵触等内容进行审查，并提出审查意见。人大及其常委会有权依法撤销同宪法、法律相抵触的或不适当的行政立法。另一方面，监督授权行政立法，主要通过备案和撤销超越授权范围或者违背授权目的的法规来行使监督权。

（三）对政府的人事监督

罢免和撤职是国家权力机关监督行政机关公职人员的重要方式，也是各级人民代表大会行使人事监督权的有效途径。《宪法》第 63 条规定，全国人大有权罢免国务院总理、副总理、国务委员、各部部长、各委员会主任、审计长、秘书长；《地方各级人民代表大会和地方各级人民政府组织法》规定，地方各级人大有权罢免本级人民政府组成人员，县级以上各级人大常委会在本级人大闭会期间，有权决定撤销副省长、自治区副主席、副市长、副州长、副县长、副区长的职务，有权决定撤销由它任命的本级人民政府其他组成人员。

案例二：

【案例介绍】

因对质监局发文准许燃气公司采取强制措施更换超期使用的燃气表的答复不满，河南省新乡市“10 108 名管道气用户”以新乡市质量技术监督局新质监函

[2005] 4号《关于采取强制措施推进超期燃气表更换工作的报告的答复函》（以下简称《答复函》）违法为由，将新乡市质量技术监督局推上了被告席。6月20日，新乡市中级人民法院公开开庭审理，8月9日，新乡市中院一审裁定，因该答复函是抽象行政行为，不属于法院受案范围，驳回了该10 108名原告的起诉。

新乡市管道燃气用户王某某等10 108名原告诉称，新奥燃气公司收取用户气表更新费不合法，王某某等146名用户曾于2005年2月1日向新乡市人民政府申请行政复议，要求撤销新乡市物价局117号文件。新奥燃气公司便报告新乡市质监局，要对拒绝交气表更新费的用户停止供气，促使用户交费。新乡市质监局作出答复函，准许新奥燃气公司采取上述强制措施。原告认为被告的答复函是违法的。原因是：新奥燃气公司是个民营的经营燃气的企业，不具有对用户采取任何强制措施的资格；新乡市质监局不是燃气企业的主管单位，也不具有许可新奥燃气公司向用户采取强制措施的资格；新乡市质监局未召开听证，违反了行政许可法的有关规定；我国的"行政强制法"草案明确规定："不许采取停止供水、供电、供暖、供燃气的办法强逼公民履行行政义务"；新奥燃气公司与用户是供用气合同纠纷，应当协商解决，协商不成的应按照《合同法》的规定向人民法院提起民事诉讼，由人民法院按照《合同法》的有关规定审理裁判。

被告新乡市质监局答辩称，《答复函》不属于具体行政行为，不具有可诉性，并强调新乡市质监局《答复函》的作出符合法定程序，应予维持。同时被告还称，气表属于易燃、易爆这一特种行业所使用的计量器具，燃气使用安全不仅关系到千家万户，更涉及社会的公共安全，到期更换或轮换是国家的强制性规定。王某某等人使用的气表已超过安全使用期，必须予以更换，却因更新气表、费用等问题与新奥燃气公司产生纠纷，致使到期的气表无法及时更换。超期使用的气表，像一颗颗炸弹潜伏在广大人民群众的生活之中。新乡市质量技术监督局在2003年下发了91号文，2005年再次发函，其目的就在于防范人间悲剧的发生，这是被告正当的行为。①

【案例分析】

本案的关键问题是，新乡市质监局的《答复函》是否为抽象行政行为。抽象行政行为是行政主体针对不特定的人作出的具有普遍约束力的行为；具体行政行为是行政主体针对特定的人作出的具有特定约束力的行为。在个案的认定中，通常很难确定对象是否特定。从行为发生效力的方式这一角度考量，直接影响特定人的权利义务关系的行为是具体行政行为；对特定人没有直接的约束力，需要通过实施其他具体行为才对特定对象的权利义务发生实际影响的是抽象行政行为。本案中，新乡市质监局的《关于采取强制措施推进超期

① 参见"质检局更换燃气表答复引发万人诉讼 起诉被驳"，见中国法院网案件库，http://www.chinacourt.org/public/detail.php? id=259754，2008年3月29日访问。

燃气表更换工作的报告的答复函》针对的对象是本市整体范围内的所有管道燃气用户，不具有特定性，对某个特定管道燃气用户的权利义务不产生直接的、实际的影响。只有在某一用户的燃气表使用已经超期，又拒绝交费并更换燃气表时，这一答复函所规定的内容才会得到个别适用，特定用户的燃气使用才被强制停止。答复函通过具体行为的转化才能影响某一特定管道燃气用户的权利义务，具有反复适用性，应当为抽象行政行为。

根据《行政诉讼法》（1989 年）第 12 条①的规定，人民法院不受理公民、法人或者其他组织对行政法规、规章或者行政机关制定、发布的具有普遍约束力的决定、命令提起的行政诉讼。本案新乡市质监局作出的答复函属于行政机关发布的具有普遍约束力的决定，因此不属于行政诉讼的受案范围。

本案体现了司法权对行政权的监督。行政诉讼，是公民、法人或其他组织认为行政机关及其工作人员的行政行为侵犯其合法权益，请求法院进行司法审查，予以救济的制度。法院作为国家的审判机关依法享有审判权，通过行政诉讼的方式对行政行为的合法性进行审查以实现其监督行政职能。《行政诉讼法》（1989 年）采用列举式与概括式相结合的方式规定行政诉讼的受案范围。《行政诉讼法》第 2 条和第 11 条第 1 款第 8 项采用概括式，第 11 条第 1 款的前 7 项及第 12 条以肯定和否定的方式列举了受案范围。我国行政诉讼法界定行政诉讼受案范围的标准是具体行政行为标准和人身权、财产权标准，因此对抽象行政行为不能提起诉讼，政治权、自治权、受教育权等权益受到侵害的，行政诉讼法未对其可诉性作出一般性规定。行政诉讼受案范围的法定性、有限性从深层次上反映的是行政权和司法权的关系。处理两者的关系时，需要考虑的因素有：第一，法院和行政机关的职权分工不同，司法权是司法机关适用法律、处理纠纷的权力，行政权是行政机关管理社会事务、公共事务的权力，二者具有不同的功能，各自的职权不能相互代替。法律在设计司法审查制度，以司法权监督行政权的同时，规定了司法审查范围的有限性，明确哪些问题可诉，哪些不可诉，以避免不同权力的相互侵蚀。第二，法官精通法律，是法律问题的专家、社会纠纷的最后裁判者，但对行政领域中专业性、技术性强的行政事实问题，法官没有足够的知识和能力去分析、判断，而行政机关的工作人员在其事务范围内更为擅长事实认定和政策判断，因此法律规定司法审查强度问题，界清司法权和行政权的范围。

【法律背景】

《行政诉讼法》（2014 年）第二条。

《河南省燃气管理办法》第十条　管道燃气（含液化气区域管道供气）实行统一经营。

第二十四条　燃气企业应当加强对燃气设施的维修和管理，并定期对燃气设施进行检修，确保燃气设施的安全运行。

第二十五条　燃气经营企业使用的各类燃气设备、计量装置、燃气器具必须符合技术监督部门的规定和要求，并必须严格执行国家有关安全管理规定和安全技术标准。

---

① 即《行政诉讼法》（2014 年）第 13 条。

任何单位和个人不得使用或者销售无生产许可证标志、产品合格证以及安全使用说明书的燃气用具。

【知识点介绍】

司法机关的监督，是指司法机关依照法定职权、法定程序，对行政机关及其公务人员的行为是否合法进行的监督，包括审判机关对行政的监督和检察机关对行政的监督。司法监督在对行政的监督体系中，具有自身的优势：首先，司法监督具有稳定性，我国已经建立一整套相对完整的司法制度，可以持续性地监督行政机关及其工作人员，及时纠正违法的行政行为，维护公民的合法权益。其次，司法监督具有严格的程序性，严格的程序是司法公正的必要条件。公开、辩论、时限等原则有助于督促司法机关加强自我约束，有效地监督行政机关及其工作人员的行为。再次，司法监督具有强制性，可以直接产生法律后果，如果行政机关拒绝司法机关的监督，司法机关可依法采取强制手段迫使其接受监督。[①]

审判机关对行政的主要的监督方式有：（1）行政诉讼。行政诉讼是法院监督行政的重要方式，法院通过对具体行政行为的审查，作出维持、撤销、变更具体行政行为等类型的判决，监督行政机关及其工作人员依法行使职权。（2）非诉行政执行程序。法院审查被申请强制执行的具体行政行为，确认其是否合法，防止违法行政行为侵犯相对人的合法权益。（3）对公务员违反政纪行为的监督，指法院审理行政案件时认为行政机关的主管人员、直接责任人员有违反政纪的行为，应当将有关材料移送该行政机关或其上一级行政机关或监察、人事机关处理；认为有犯罪行为的，应将材料移送公安或检察机关依法处理。（4）规章报送解释，指法院认为地方政府规章与国务院的部委规章不一致或部委规章之间相互不一致时，可上报最高人民法院，送请国务院作出解释或裁决。（5）司法建议，指行政机关拒绝履行判决、裁定时，法院可向该行政机关的上一级行政机关或者监察、人事机关提出司法建议，督促其履行判决、裁定。

检察机关对行政的监督有两种方式：一是检察院对行政诉讼的各方参加人或诉讼过程依法进行监督，发现人民法院已经发生法律效力的判决、裁定违反法律、法规规定的，有权按照审判监督程序提出抗诉。二是检察院对严重违法乱纪构成犯罪的行政公务人员进行监督，例如对犯渎职罪的行政公务人员进行侦查和提起公诉，以实现对违法行政活动的监督。

案例三：

【案例介绍】

1999年12月13日，某市甲镇三轮车车主廖某等58人，不服市建设委员会分别向他们收取城市公用客运事业附加费、公共客运管理费的具体行政行为，向市政府申请复议，要求撤销市建设委员会的“乱收费”，并要求审查这两项收费依据

---

① 参见沈荣华编著：《现代行政法学》，316页，天津，天津大学出版社，2003。

的合法性。

某市政府受理此案后，要求市建设委员会答复。市建设委员会在提交书面答复的同时，向市政府提交了省物价局、省建设厅《关于进一步明确我省城市公共客运交通管理有关问题的通知》作为收费依据。该文件规定："城市公共客运交通管理部门代征收城市公共客运公用事业附加费，按经营收入10%征收；城市公共客运交通管理部门收取的城市公共客运交通管理费，按经营收入1%征收……"但某市政府在审查中认为，根据省府［1994］第52号令《某省行政事业性收费管理办法》第5条"设立行政性收费项目，由省财政部门会同省物价部门审批"的规定，城建部门执行的这两项收费标准必须由物价部门会同省财政部门审批，而不能由省物价部门会同业务部门审批。但由于该抽象性行政行为由省物价局、省建设厅作出，根据《中华人民共和国行政复议法》（以下简称《行政复议法》）第7条，该市政府中止对该行政复议案件的审查，并依法于2000年2月4日将省物价局、省建设厅《关于进一步明确我省城市公共客运交通管理有关问题的通知》转呈省政府审查处理。

某省政府作为有权处理上述文件的行政机关，收到该市政府转送的函件及资料后，及时对案情所涉的城市公用事业附加项目进行审查，并报财政部复核，于2001年2月21日处理终结并答复某市政府如下：

"1997年3月11日，省物价局、省建设厅根据1964年财政部《关于征收城市公用事业附加费的几项规定》，结合我省实际，联合制发了《关于进一步明确我省城市公共客运交通管理有关问题的通知》，规定在城市规划区域内供公众乘用的大、小公共汽车、电车、出租汽车、地铁、轻轨、缆车、索道、旅游客车、客运三轮车、轮船、水上快艇等城市公共交通工具及相关的配套设施，按经营收入10%的标准，征收城市公用事业附加费。收到你市某政函［2000］12号函时，正值省政府组织清理行政审批、收费项目。根据清理结果，报财政部复核，省政府责成省财政厅、省物价局重新发文明确我省城市公用事业附加费的收费项目与标准。2001年1月21日，省财政厅、省物价局发出了《关于征收城市公用事业附加费有关问题的通知》，请你市遵照执行。《关于进一步明确我省城市公共客运交通管理有关问题的通知》停止执行。

根据《关于征收城市公用事业附加费有关问题的通知》规定，应当停止征收城市三轮车城市公用事业附加费。原已征收的，不予退还。尚未征收的，停止征收。

请你市根据此答复，恢复三轮车车主廖某等58人不服市建委具体行政行为行政复议案件的审理。"

该市政府收到省政府的处理答复意见后，恢复了原行政复议案件的审理，于2001年3月15日作出了撤销市建设委员会收取廖某等58名三轮车车主城市公用事业附加费的具体行政行为。[1]

【案例分析】

这是一起涉及行政收费的行政复议案件。行政收费是行政主体在行使行政职权时，基于特定的目的，依法以强制方式无偿取得公民、法人或其他组织的财产所有权的一种具体行政行为。行政收费是行政管理的一种重要方式，通过对相对人收取一定的费用来限制某种特定的行为或者活动，实现调整社会关系、经济关系的目的。在行政法领域，通常认为行政收费是行政征收的下位阶概念。本案中，某市建设委员会向三轮车车主收取城市公用客运事业附加费、公共客运管理费的行为，是因行政法上的特定义务而引起的行政收费行为，这些附加性收费、管理费是国家借助行政权力强制、无偿地参与相对方的收入分配，取得一定的财政收入。廖某等58名三轮车车主是这一收费行为针对的对象，他们认为该具体行政行为侵犯其财产权，有权依据《行政复议法》第6条第7项的规定"认为行政机关违法集资、征收财物、摊派费用或者违法要求履行其他义务的"，提起行政诉讼。

本案的另一法律问题是行政复议附带审查抽象行政行为。行政复议是行政相对人认为行政主体作出的具体行政行为侵犯其合法权益，按照法定的程序和条件向法定的行政机关提出申请，由法定机关对该具体行政行为进行全面审查并作出处理决定的活动。行政复议是特定行政机关进行的行政系统内的层级监督，是监督下级行政机关，救济相对人的一项制度。与行政诉讼相比较，行政复议的监督范围广泛，对具体行政行为和抽象行政行为，外部行政行为和内部行政行为，行政行为的合法性和适当性都有权监督。抽象行政行为是不特定多数人在未来时间内所要遵从的行为规则，虽然抽象行政行为不直接对特定相对人的权利义务产生实际影响，但是抽象行政行为是具体行政行为的行为依据，一旦违法，影响范围广、损害程度大，因此一定范围内的抽象行政行为也应当受到审查。我国《行政复议法》第7条规定，公民、法人或者其他组织认为行政机关的具体行政行为所依据的规章以下的规定不合法，对具体行政行为申请行政复议时，可以一并向行政复议机关提出对该规定的审查申请。在本案中，某市甲镇三轮车车主廖某等58人不服市建设委员会收取城市公用客运事业附加费、公共客运管理费的具体行政行为，向市政府申请复议，并要求审查收费的依据是《关于进一步明确我省城市公共客运交通管理有关问题的通知》。这一通知是由该省物价局、省建设厅制发的，属于《行政复议法》第7条规定的"县级以上地方各级人民政府及其工作部门的规定"，可以进行附带性审查。该通知的制定主体是省政府的职能部门，即省物价局和省建设局，有权审查《关于进一步明确我省城市公共客运交通管理有关问题的通知》这一规定的应当是制定主体的共同上级机关省政府，因此，某市政府在审查复议案件时，依法定程序转送省政府审查，中止对行政收费行为的审理，符合《行政复议法》第26条的规定。

---

① 参见王平：《行政复议法例释》，93页，武汉，武汉大学出版社，2003。

【法律背景】

《行政复议法》第二条、第六条、第七条、第二十六条。

【知识点介绍】

行政内部监督，是指在行政组织系统内，上下级行政机关之间进行的以及专门的行政监督机关对其他行政机关及其公务人员进行的法律监督。行政内部监督是在行政组织系统内设立的一种自我监督、自我纠错的机制，其实质是行政权力监督行政权力，具有全面性、实效性和便捷性的特点。我国的行政内部监督包括一般监督和专门监督。

一般监督，是行政系统内部不以行政监督为专门或主要职责的行政主体依法对其他行政主体及其工作人员进行的监督。一般监督是行政内部监督的重要组成部分，包括层级监督、主管监督和职能监督三种。(1) 层级监督，是基于行政机关之间上下级隶属关系形成的一种纵向监督方式，主要是上级人民政府对下级人民政府以及县级以上各级人民政府对其所属工作部门实施的监督。层级监督是一种完整的监督权，监督对象具有全面性，对抽象行政行为和具体行政行为、违法行政行为和不当行政行为、内部行政行为和外部行政行为等均有监督权；监督措施具有多样性，包括撤销违法行政行为、责令履行法定职责、责令改正等。(2) 主管监督，是上级主管部门基于领导关系或业务指导关系对下级相应部门的监督，比如，国务院各部委和直属机关对地方各级人民政府相应的工作部门的监督。(3) 职能监督，指政府各职能部门以主管的业务内容为核心，在其职能范围内对其他部门实行监督，如国家人事部就其主管的人事业务，对各部委、各地区行政编制、人事录用、人事法规执行情况等进行的监督。

专门监督，是指以行政监督为专门或主要职责的行政机关或机构在其职权范围内对其他行政机构及其工作人员进行的监督，有行政监察和审计监督两种形式。行政监察，指国家监察机关依法对行政机关及公职人员遵纪守法的情况实施监督。行政监察机关通过主动调查和受理相关的申诉、控告、检举，发现并调查国家公务人员的违法违纪行为，根据调查结果直接作出监察决定或向相应主管行政机关提出监察建议。审计监督，是指国家审计机关对有关单位的财政、财务收支、遵守财经法纪的情况等进行审查和评价的经济监督活动。审计机关通过审计监督，发现监督对象违法或违反国家有关规定的财政收支行为，依法予以处理、处罚或提请有权处理的机关依法予以处理、处罚。

第二节　非国家权力性监督

【案例介绍】

为了招商开发一个“好项目”，广东省英德市的几级国土部门上下串通，伪造21套虚假材料，居然顺利通过了镇、县（县级市）、市三级政府共16道审查，骗征到1 226亩土地。最后，因群众举报，在国土资源部查处下戳穿此骗局，三级政府机关的7名涉案人员受到查处。

这起土地骗征案发生在广东清远市辖下的英德市横石塘镇。为开发横石塘镇内的热水湖温泉资源，英德市政府2004年引入了珠三角顺德的一家公司，拟开发项目共涉及用地6 763.94亩。

为解决历史遗留用地问题，广东省国土厅2004年下发了通知（即粤国土2004年9号文），规定符合条件并在1999年1月1日以前已签订征用土地协议的政府统征用地，可以完善征地手续把土地征为国有建设用地。为了使"好项目"能尽快取得土地审批，有关部门于是决定借2004年广东补办历史遗留用地手续的机会，伪造材料征地，让这个项目"早产"6年。现已被行政撤职和党内严重警告处分的横石塘镇国土所原所长潘歧赞承认：按照国家有关法规，当时清远市政府只有100亩土地的审批权，热水湖项目征用土地数量大，须上报国务院批准。为了绕过上级监管，就"化整为零"，拆分成21个项目。这样，2004年10月，他们伪造了21套1998年政府统征地的虚假材料进行报批。

2004年年底，清远市国土局对这21套虚假报批材料，作出"清国土2004（补办）476号"等21份批复，批准补办英德市虚假上报的1 226亩集体土地转为国有建设用地。

后经群众举报，广东省监察厅、广东省国土厅联合调查组于2007年年初对此事进行了调查。根据调查组意见，清远市国土局撤销了对横石塘镇政府补办用地手续的批复，并对项目开发公司非法占地行为处以675万元罚款。包括清远市政协副主席、市国土资源局原局长潘绪光，清远市市政房产管理局局长、英德市原常务副市长雷玉春，英德市国土资源局局长庄少华等7名责任人员，受到了党内严重警告或撤职等相应处分。①

【案例分析】

本案反映的是公民行使对行政机关的监督权，举报行政机关的违法行为。举报是机关、团体、企事业单位和个人向司法机关或有关部门检举、揭发、控告违纪、违法行为或犯罪事实及犯罪线索的行为。举报是我国宪法和法律赋予公民对国家机关和国家机关工作人员进行监督的一项民主权利。我国《宪法》第41条规定，中华人民共和国公民对于任何国家机关及其工作人员，有提出批评和建议的权利；对于任何国家机关和国家工作人员的违法失职行为，有向相关国家机关提出申诉、控告或者检举的权利，但是不得捏造或者歪曲事实进行诬告陷害。宪法的规定为公民行使对国家机关及其工作人员的监督权提供了法律保障，使举报成为我国公民同职务违法犯罪行为作斗争的重要手段，也

---

① 参见"广东英德国土部门串通伪造材料骗征1 226亩土地"，见人民网，http://society.people.com.cn/GB/41165/6699082.html，2008年4月8日访问。

为我国司法机关、行政监察机关以及其他相关部门发现和查处职务违法犯罪案件提供了主要线索。

广东省英德市为了招商开发热水湖温泉资源，取得开发项目土地的审批，借2004年广东省补办历史遗留用地手续的机会，几级国土部门上下串通，将热水湖项目拆分成21个项目，并伪造21套虚假材料，以此绕过上级的监管和审批，骗征了1 226亩土地。这一行为严重违反了法律的规定。

土地征用是发生在国家和农民集体之间的所有权转移，是国家为了社会公共利益的需要，按照法律规定的权限和程序，给予农民集体和个人一定补偿后，将农民集体所有土地转变为国家所有。1998年修订的以及2004年修正的《土地管理法》规定，只有国务院和省级人民政府享有征地权，其中征用基本农田、基本农田以外的耕地超过35公顷的、其他土地超过70公顷的，由国务院批准。本案中英德市热水湖项目骗征的1 226亩土地，超过70公顷（1公顷等于15亩），按照法律的规定应当由国务院审批。英德市政府为了借2004年广东补办历史遗留用地手续的机会，便捷地将土地征为国有建设用地，伪造虚假材料并将项目进行分解，以适用1988年修正的《土地管理法》的规定。1988年修正的《土地管理法》第25条规定，国家建设征用耕地1 000亩以上，其他土地2 000亩以上的，由国务院批准；征用耕地3亩以下，其他土地10亩以下的，由县级人民政府批准；省辖市、自治州人民政府的批准权限，由省、自治区人民代表大会常务委员会决定。而《广东省土地管理实施办法》第13条规定，县级人民政府有3亩以下耕地、10亩以下其他土地的征用批准权，省辖市人民政府有50亩以下耕地，100亩以下其他土地的征用批准权，清远市作为广东省的省辖市，有权审批100亩土地的征用权。1988年修正的《土地管理法》规定，一个建设项目需要使用的土地，应当一次申请审批，不得化整为零。英德市各级国土部门违反了法律的强制性规定，将1 226亩土地分成21个项目进行报批，从而骗取清远市国土局的批准，这一行为严重违反了法律规定。

我国宪法、监察法等相关法律都规定了公民对于国家行政机关及其公职人员的违法失职行为，有控告、检举等权利。公民作为监督主体，对行政机关及其公职人员的违法失职行为不能直接采取有法律强制力的监督措施，但可通过向有权国家机关提出批评、建议、申诉、控告、检举或起诉，为国家权力机关、行政监察机关、司法机关等提供信息，促使它们采取有法律效力的监督措施，从而实现监督行政的目的。本案中，群众行使对行政的监督权，举报广东省英德市的镇、县、市三级国土部门的违法失职行为，促使广东省监察厅与广东省国土厅组成联合调查组，对英德市三级国土部门弄虚作假的行为进行调查，最终撤销了违法行政行为、处分了相关的责任人员。

【法律背景】

《宪法》第四十一条；《行政监察法》第六条。

粤国土资（利用）字［2004］9号《关于在治理整顿土地市场秩序中完善历史用地手续问题的通知》　二、符合上述条件的用地，区别不同情况，适用如下政策：

（一）在1999年1月1日以前已签订征（用）土地协议的政府统征地，依照1988年修订的《中华人民共和国土地管理法》有关规定完善征地手续，将土地征为国有建设用地，由政府作为土地储备依照规划安排使用。

（二）凡在1999年1月1日前发生的违法用地，依照1988年修订的《中华人民共和国土地管理法》有关规定落实处理后，按项目性质完善土地征用和出让、划拨用地手续。

（三）凡发生在1999年1月1日以后的用地，未办理合法用地手续的，一律按1998年修订的《中华人民共和国土地管理法》有关规定进行处理（罚）后完善用地手续。

《广东省征地管理规定》（1993年）第十条　各级人民政府应严格执行国家和省的有关法律、法规，建立集体讨论、民主决策、政府领导成员专人负责的征地审批制度，不得多头审批。

各级人民政府征用土地的审批权限，按《广东省土地管理实施办法》第十三条规定执行，不得越权批地，不得擅自将审批权下放给下一级人民政府及人民政府的派出机构（包括开发区管委会）。

第二十八条　各级人民政府和国土部门在审批征地工作中弄虚作假或对违法用地行为包庇袒护、姑息迁就的，应由上级机关和监察部门依据有关规定追究有关人员的责任。

国家机关工作人员在实施征地工作中，行贿、受贿、索贿、玩忽职守、滥用职权、敲诈勒索的，由其所在单位或上级机关给予行政处分；构成犯罪的，依法追究其刑事责任。

《广东省土地管理实施办法》（1991年）第十三条　各级人民政府应严格执行年度土地利用计划，非农业使用耕地要控制在年度非农业建设使用耕地控制指标内。征用土地或划拨、出让土地使用权以及农业用地改为非农业用地的审批权限：

县级人民政府批准耕地（含水田、菜地、旱地、园地、鱼塘。下同）三亩以下，其他土地十亩以下。但市人民政府所在地的城市规划区内土地除外。

省辖市人民政府批准耕地五十亩以下，其他土地一百亩以下。

广州市、深圳市人民政府批准耕地五百亩以下，其他土地一千亩以下。

经济特区范围内的耕地一千亩以下，其他土地二千亩以下，由所在地的市人民政府批准。

经国务院批准的经济技术开发区范围内的耕地一百亩以下，其他土地二百亩以下，由所在地的市人民政府批准。

各级人民政府批准各类土地总和，每宗不得超过上述各款中“其他土地”的最高限额。

超过以上限额的，按审批权限报上一级人民政府审核、批准。

《土地管理法》（2004年）第六条、第四十五条。

【知识点介绍】

非国家权力性的监督，是指各种社会力量按照法律规定，监督行政机关及其公职人员是否依法行使职权。这种监督不具有国家强制力，对行政机关不产生直接的法律约束力，包括政党和政协的监督、社会组织监督、公民个人监督以及大众传媒监督等。

我国实行中国共产党领导的多党合作和政治协商制度，政党制度是国家政治制度的重要组成部分。政党对行政的监督包括中国共产党对行政的监督和民主党派对行政的监督。中国共产党对行政的监督，是指各级党组织对行政机关及其公职人员贯彻执行党的路线、方针、政策，遵守国家法律和党的纪律情况所实施的政治监督、思想监督、组织监督以及纪律监督等。中国共产党监督行政的方式有：日常性监督，即各级党组织对行政机关的公共管理行为进行经常性的了解，及时纠正行政机关及其公职人员的违法的、不合理的行为；专门监督，即中国共产党内的专门机构（各级纪律检查机关）对各级党组织和党员遵纪守法的情况进行党纪监督。民主党派对国家行政机关及其公职人员的行为进行监督是民主党派参政议政的主要任务。民主党派监督行政的方式主要有：列席各级人民代表大会；担任行政机关聘请的特邀监督员；参加行政机关组织的调查会、通报会、座谈会、专题讨论会等会议；参加人民政协组织的活动等。

中国人民政治协商会议是由中国共产党领导的，有各民主党派和各人民团体参加的，包括全体社会主义劳动者、拥护社会主义的爱国者以及拥护祖国统一的爱国者的广泛的爱国统一战线组织。政协监督行政的方式有：列席同级人民代表大会；参加人大或政府组织的对行政事务的检查活动；组织政协委员视察、调查行政机关的工作，并将社情民意反映给行政机关；接受公民对行政机关及其公职人员的询问、批评、建议、申诉、控告或检举，并作出相应处理。

社会组织对行政的监督，是指不直接拥有国家权力的各种社会力量对行政机关及其公职人员的行为实施的监督。社会组织主要包括工会、共青团、妇联、居委会、村委会、文联、侨联、基金会等各种行业协会、企事业单位。它们通过对行政机关及其公职人员的违法失职行为提出批评、建议、申诉、控告和检举等，间接维护本组织或组织成员的权益，实现对行政的监督。

公民对行政的监督，是公民以个人名义依法监督行政机关及其公职人员的行为。公民行使监督权的方式主要有：批评、建议、申诉、控告、检举或通过报纸、杂志、电台、电视、网络等舆论工具揭露违法行政行为。公民通过为国家机关提供信息，促使其采取有法律效力的监督措施，从而实现监督行政的目的。公民对行政的监督权是人民当家做主，参与管理国家事务、管理经济、文化、社会事务的权利，也是公民针对行政机关及其公职人员侵犯自身权益的行为，要求有关国家机关予以救济的权利。

大众传媒监督是指人民通过报刊、广播、电视、网络等传媒工具，对国家行政机关及其公职人员的违法失职行为进行揭发、披露，提出批评、建议的行为。大众传媒监督具有公开性、广泛性、及时性的特点，它作为现代社会进行法制监督的强有力工具，在监督国家机关的活动中具有重要作用。在我国，大众传媒是人民的新闻机构，人民通过传媒工具发表自己的意见、建议、要求，监督政府及其工作人员的行为，保护个人的合法权益。

第三节　若干特殊的监督制度

【案例介绍】

湖南省嘉禾县有一群人，他们非官，却什么都“管”；他们自称“看见腐败就伤心”；他们经常具名举报在任官员，喜欢对地方上大小事情品头论足。在一些很有影响的事件背后，都可以看到这群人的身影。在当地，他们是约束、监督政府行为不可小看的民间力量。他们生活的全部意义似乎就是与政府较真儿。许多人称他们是社会进步的助推器。

嘉禾这群人当中，名气最大者，非“三李”莫属。“三李”实际上是三个上了年纪的老人：李光生、李土保、李广昌。最让他们远近闻名的，是反对自来水涨价的事。

从2001年5月1日起，嘉禾县自来水公司按程序将生活用水从每吨0.9元调整为1.44元。7月5日和7月27日，李广昌向县物价局、水电局、审计局、自来水公司送上了两份水费调整不合理的上访信。“按照湖南省建委的政策规定，成本不实，不予调价。”搞过工程的李光生一口气指出问题：“盘江引水工程，花了600多万元，纳入成本。9.82公里引水管道，要我去，300万元就拿下来，还可以得20万元纯利润。这里就有个350万元的黑洞要摊成本，还要算利息。”

“县农委6 000元钱钢筋款怎么能拿来报销计入成本?”“审计局审出不属于自来水开支的有16.4万元，如果这笔钱降下来，水价就要减几分钱。”“三李”当中的李广昌懂财务，他复印了一套账本。结论是若按真实价格收费应该不到8角一吨，每一年县自来水公司要盈利几十万元。

9月6日，李光生、李广昌带着8个居委会盖章、24人签名的报告来到郴州市政府。“要求嘉禾县自来水公司向广大用户和物价部门及县领导公开检讨如何以不正当手段骗取物价部门批复的事实和违法行为，并赔偿报告人的经济损失1万元，精神损失费10万元。”

一支由市物价局纪检组长、县政府办公室副主任牵头的13人联合调查组，来到嘉禾县自来水公司调查，出具的《调查意见》结论是，嘉禾县的水价调整工作“并不存在成本不实的问题”。

对这一《调查意见》，“三李”撰写了《复县水电局、物价局的公开信及告用户书》，呼吁居民拒交涨价部分水费。以李光生为首的“嘉禾县自来水用户协会”成立，对《调查意见》三度公开评论。嘉禾县物价局在一份汇报材料中称这个协会为“非法组织”。

2004年珠泉商贸城事件发生后，新任县委书记、县长到任，就接到“三李”

来反映水价问题，县长还召开了座谈会。李光生说起县政府就像自己家一样熟悉。“为自来水的事，我差不多每个月找领导十来次。”

在接受记者采访时，嘉禾县现任领导干部坚持涨价没错。一位在局外然而熟悉内情的人认为“三李”所言有理。“解决问题关键是政府要让步，政府却死要面子。”

像自来水涨价一样，凡是嘉禾的“不平事”，“三李”都要操心。“我关心的事跟我的切身利益没有关系。按照党的政策，考虑广大人民的根本利益，这是党中央说的，我们应该这样做。”李光生这样说。

县信访局副局长李三平说：“这些人反映问题不管是为公共利益还是为私人利益，对推进社会发展都有用。嘉禾的党委、政府、司法部门比其他地方透明度相对高，原因之一在此。他们促使司法部门办案公正。出了事，他们不仅告公安局，还告公安局的办案人员，这一点使公安司法部门不得不心存忌惮，提高办案的责任心。”①

【案例分析】

本案是通过信访机制行使监督权解决争议、化解矛盾、保障权益的典型事例，是湖南省嘉禾县公民“三李”认为自来水价调整不合理而进行上访的案例。水具有公益性资源产品的属性，而且与社会生产生活密切相关，因此确定一个合理的并且能够为政府、供水企业、消费者三方接受的供水价格，成为各方关注的重点。城市供水价格是《中华人民共和国价格法》（以下简称《价格法》）中规定的重要的公用事业价格之一，应当按照统一领导、分级管理的原则，实行政府定价。《城市供水价格管理办法》及 1999 年湖南省物价局与省建设委员会制发的《关于贯彻国家计委、建设部〈城市供水价格管理办法〉的通知》中规定了调整水价的程序：供水企业在一定条件下可以向所在城市人民政府价格主管部门提出调价申请，价格主管部门会同供水行政主管部门进行调查核实，在尊重测算结果和兼顾供水企业的利益，又充分考虑单位和群众的承受能力的基础上，经当地政府同意、召开供水价格听证会、上级价格主管部门批准后才能实施水价的调整。

本案中，“三李”认为嘉禾县自来水公司将生活用水从每吨 0.9 元调整为 1.44 元的行为不合理，因而上访至县物价局、水电局、审计局、自来水公司，这是公民行使对行政机关的监督权的重要方式。信访，是公民、法人和其他组织采用书信、电话、走访等形式，向各级人民政府、县级以上各级人民政府所属部门反映情况，提出意见、建议和要求，依法由有关行政机关处理的活动。这里的信访是狭义的信访，指行政信访。信访制度是人民群众表达意愿和要求的重要渠道，是调节社会关系、解决社会纠纷的重要机制，具有救济公民和监督行政机关依法行政的双重作用。上访是《信访条例》允许的信访形式之一，即

---

① 参见“湖南嘉禾三李：生命的全部意义就是与政府较真”，见国际在线，http://gb.cri.cn/3821/2005/04/06/1329@506316.htm。

“走访”，上访的起因通常是人民群众的问题属于一定层级政府及其职能部门的权限管辖范围，但依照正常程序得不到解决，因而到更高层级的行政机关反映相关问题并要求解决。《信访条例》规定，信访机关按照“分级负责、归口办理”及“谁主管、谁负责”的原则处理上访事务，上访人如果对处理决定不服的，可持信访机关作出的处理意见书向其上级主管部门反映，因此上访是受《信访条例》保护的合法行为，也是公民行使宪法赋予的对国家机关及其工作人员批评、建议、申诉、控告或者检举权利的一种形式。

嘉禾县物价局、水电局、审计局参与了水价调整的不同阶段的审批程序，都行使了一定的行政职权，“三李”的上访是向对这一自来水水价调整行为有直接处理权的嘉禾县物价局、水电局、审计局反映情况、提出意见，属于信访的事项范围。县物价局、水电局、审计局作出处理决定后，“三李”等人对处理决定不满意，认为水价问题没有得到解决，于2001年9月6日上访至郴州市政府，请求处理嘉禾县自来水价格调整一事，这一行为属于越级上访。《信访条例》规定，信访人对信访机关作出的信访事项处理决定不服的，可以请求原办理机关或上一级行政机关复查。按正常程序，这一信访事项的复查机关是嘉禾县物价局、水电局、审计局或者嘉禾县政府或者郴州市物价局等机关，而不是郴州市政府。但“三李”等人的越级上访并不是违法行为，而是行使了宪法、法律赋予的公民监督行政机关的权力，并因此启动了郴州市物价局及嘉禾县政府对下级行政机关的行政监督。

【法律背景】

《宪法》第二条、第四十一条；《信访条例》（2005年）第二条、第十四条；《价格法》第十八条、第三十七条、第三十八条；《城市供水价格管理办法》第十九条、第二十条、第二十一条、第二十二条、第二十三条。

《湖南省实施〈城市供水条例〉办法》第二十四条　城市供水价格实行政府定价，按照国家规定的原则制定。省辖市的供水价格，由省人民政府价格行政主管部门会同省人民政府财政、建设行政主管部门制定，报省人民政府批准执行；其他城市的供水价格，由市、州人民政府价格行政主管部门会同同级财政、城市供水行政主管部门制定，报市、州人民政府批准执行。

制定城市供水价格，实行听证和公告制度。

【知识点介绍】

行政申诉，是公民、法人或其他组织认为自己的合法权益受到行政机关的违法或不当行为的侵害，向特定的机构提出自己的申诉意见，要求重新处理的一种救济制度。行政申诉通过审查申诉的理由，调查相应的行政行为，并依法采取一定措施纠正违法、不当的行政行为从而救济公民被侵犯的权益，实现对公民的保护，具有监督行政机关和救济公民的双重功能。按申诉渠道的不同，可将行政申诉分为诉讼意义上的行政申诉和非诉讼意义上的行政申诉。前者指诉讼的当事人、利害关系人或其他知道该案件情况的公民，认为法院已经发生法律效力的判决、裁定有错误，向相关的法院或检察院请求依法重新处理的行为；后者指公民、法人或其他组织不服行政机关作出的影响自己权益的行政措施，向有关国家机关反映，请求依法重新处理的行为。本节主要论述的是非诉讼意义上的行政申诉。在各国还存在符合本国国情，具有本国特色的行政申诉制度，例如，我国的信访制度、日本的苦情处理制度、瑞典的议会监察专员制度。

行政信访，是指公民、法人或者其他组织采用书信、电子邮件、传真、电话、走访等形式，向各级人民政府、县级以上人民政府工作部门反映情况，提出建议、意见或者投诉请求，依法由有关行政机关处理的活动。信访是一种特殊的行政救济方式，具有以下特点：首先，信访人的法定条件较低。凡是反映情况，提出建议、意见和要求或者投诉请求的公民、法人或其他组织，就是信访人，不需要信访人与所信访的事项有利害关系。其次，受信访审查的受案范围广泛，法律的规定较为模糊，几乎涵盖公民的所有合法权益。再次，信访事项具有公共性特点，与公权力的运用、公法上义务的履行等有关。

苦情处理是日本特有的一项制度。苦情处理是指私人因对行政业务的不平、不满等所谓行政苦情（也即较轻微的行政侵权伤害行为后果），向特定的苦情处理机关提出申诉，并由苦情处理机关进行调查，将苦情通知相关的行政机关并进行必要的劝告、调停等措施。苦情处理机关主要有：总务厅、行政商谈委员、法务省的人权保护局、人权保护委员、地方自治团体市民咨询室等。苦情处理是一种非正式程序的行政内部救济制度，处理的对象广泛，只要对行政业务有苦情，任何人都有权提出苦情申诉，而且没有申诉时间限制，程序也简单。虽然对行政机关不具有法律约束力及强制效力，但它与行政监察、行政运作的改善等制度相联系，是一种有效的救济方式。

瑞典的议会监察专员制度，是在行政权力扩张的情况下，议会加强对政府行为的监督而采取的措施。监察专员由议会选任，根据议会的指示对拥有公共权力的组织和个人执行法律、法规的情况实施监督。瑞典法律规定，监察专员独立行使职权监督公务人员的违法失职行为，享有巡视权、调查权、建议权、公开监察事项权和公诉权等权利。监察专员可以建议有关机关采取补救性或惩戒性行为，但不能直接控制公务人员的行为，不能发布命令或更改不适当的行政措施。

阅读资料

1. 应松年主编．当代中国行政法．北京：中国方正出版社，2005

2. 姜明安主编．行政法与行政诉讼法．北京：北京大学出版社，高等教育出版社，2002

3. 姜明安主编．行政法与行政诉讼法．北京：法律出版社，2006

4. 杨建顺，李元起主编．行政法与行政诉讼法．北京：中国人民大学出版社，2003

5. 沈荣华编著．现代行政法学．天津：天津大学出版社，2003

6. 于为民．舆论监督与新闻法治．开封：河南大学出版社，2005

7. 张越．行政复议法学．北京：中国法制出版社，2007

8. 朱维究．行政行为的司法监督．太原：山西教育出版社，1997

9. 朱应平．行政信访若干问题研究．上海：上海人民出版社，2007

探讨性案例

2006年3月8日，网名为“符永”的网友闯进天涯社区“海南一家”的临高版，以“欢迎各位网友给临高县政府提意见和建议”为标题，发帖宣称自己是海南省临高县县长，并表示“很高兴能够和关心与支持临高开发建设的各界人士结成网友，今后，我将经常登录本站和各位网友交流，欢迎大家给我和我的政府提出意见和建议”。“符永”紧接着公开了手机号码，并说：“手机随时可打，我已备足电池。”

人气并不旺、点击率偏低的临高版内，最先看到这个帖子的几十位网友一片惊愕。“是不是真的县长?”或许正因半信半疑，几乎无人冲“符永”扔“板砖”。

天涯社区海南版块工作人员立即启动对“符永”真实身份的调查。查证工作非常简单。早在2005年12月底，在临高县委书记江华安倡议下，江华安本人和县长符永的手机号码就已通过县电视台公之于众。要查证“符永”身份，只需拨打“真县长”符永的手机或致电县政府办公室核对即可。

3月10日，临高版“斑竹”西红用红体字在符永的帖子后加注：ID符永，是真实的身份，我们已向临高县政府工作的朋友及县长秘书证实了，网上留的手机也是真实的，希望大家真诚提建议，文明聊天，多谢合作!①

案例参考意见：

本案中海南省临高县县长符永通过网络，听取群众的意见、建议、要求，主动接受舆论监督。舆论监督是揭露社会弊端的利器，正确决策的先导、民主法制建设的动力。我国宪法规定，人民依照法律规定，通过各种途径和形式，管理国家事务，管理经济和文化事业，管理社会事务；公民对于任何国家机关和国家工作人员，有提出批评和建议的权利，申诉、控告或者检举的权利。本案中，人民群众通过网络，参与海南省临高县各项事务的管理，充分行使对本级政府及其职能部门等所有行政机关及其工作人员的批评、建议、申诉、控告或者检举权。网络具有传达信息快速、方式便捷、影响力大的优点，有利于公民和行政机关沟通信息，增进双方的相互理解和信任。一方面，公民通过网络可以发表自己的言论，对临高县政府、政府职能部门及其公职人员的违法违纪行为进行揭露，提出批评、建议，反映自己的意见；另一方面，舆论监督促使行政机关依法行政，及时纠正违法、不当的行政行为的同时，政府可以通过网络把相关问题的处理过程和结果向人民公开，提高政府信息公开的程度。

案例参考法律依据：

《宪法》第二条、第四十一条。

---

① 参见《多为百姓做实事好事》，载《海南特区报》，2012-10-22。

复习题

1. 对行政的基本监督体系包括哪些类型？
2. 国家权力机关监督行政机关的方式有哪些？
3. 司法机关对行政的监督包括那些，各自有哪些方式？
4. 行政内部监督、一般监督、层级监督、专门监督的概念是什么？
5. 非国家权力性监督体系包含哪些类型，各种监督方式有什么特点？
6. 行政申诉的概念是什么，如何提高行政申诉制度的运用效率？
7. 信访制度、行政苦情处理制度、议会监察专员制度的特点、优点是什么？

第十二章 行政复议

本章提要

行政复议是指法定的行政机关（行政复议机关）根据公民、法人或者其他组织请求，对引起争议的行政行为进行审查并作出决定的制度。它的目的在于防止和纠正违法的或者不当的具体行政行为，保护公民、法人和其他组织的合法权益，保障和监督行政机关依法行使职权。目前，规范行政复议的法律法规主要是《行政复议法》和《行政复议法实施条例》。

行政复议要遵循合法、公正、公开、便民、及时和司法最终原则。在我国，符合条件的公民、法人和组织不仅可以对绝大多数具体行政行为申请复议，而且可以附带对相关抽象行政行为申请复议；处理行政复议机关通常为作出行政行为的上级行政机关；在复议过程中，行政复议机关既可以审查行政行为的合法性，也可以审查其合理性，并针对不同情形作出不同的复议决定。

第一节 行政复议概述

【案例介绍】

原告：叶某某。

被告：河南省新乡市新华区国家税务局（下称新华区国税局）。

自1998年7月1日起，新华区国税局对在新乡市金利来购物中心经营的尚未建立账簿的个体工商户（包括叶某某）由实施“定期定额”的税款征收方式改为实施“自行申报，内部评估”的税款征收方式。2000年3月和4月，金利来购物中心的一些个体工商户（包括叶某某）未按新华区国税局规定的期限申报缴纳2000年2月和3月税款，在新华区国税局先后送达《限期改正通知书》、《催缴税款通知书》后，叶某某向被告申报缴纳了所属税款，新华区国税局按照《中华人民共和国税收征收管理法》(以下简称《税收征收管理法》)的规定，从其确定的税款缴纳期限届满次日起至叶某某实际缴纳税款之日止加收了滞纳金。2000年3月至4月，新华区国税局按照河南省国税局［1998］137号文的有关规定，对叶某某所属税款的申报缴纳进行核定，发现叶某某申报经营收入较以往大幅度下降，根据《税收征收管理法》的规定，新华区国税局向叶某某送达了《应纳税款核定书》，对叶某某所属税款进行核定，在新华区国税局申报缴纳了差额税款后，新华区国税局按照《税收征收管理法》的规定加收了滞纳金，处罚了叶某某。因叶某某不服新华区国税局的处理决定，曾向本院提起诉讼，庭审中，叶某某委托代理人违反法庭规则且中途退庭，新华区人民法院下达行政裁定书，裁定按撤诉处理。叶某某因不服新华区国税局2000年4月实施的征收税款及加收滞纳金行为，以重复征收和多征收税款及滞纳金为由，依法向新乡市国家税务局申请复议，要求依法对定期定额户的定额进行核定，退还重复征收和多征收的税款及滞纳金并赔偿经济损失，新乡市国家税务局于2000年8月18日以新税复决字［2000］第1号行政复议决定书，维持了新华区国税局对叶某某所确定的“自行申报，内部评估”的税款征收方式，并维持了新华区国税局作出的征收税款及加收滞纳金行为。叶某某不服，向新华区人民法院提起诉讼，请求判令被告对原告按“自行申报，内部评估”方式征收税款的行为违法，撤销被告2000年3月至4月对原告采取的相关征收税款的行政行为和处罚行为。

被告辩称：(1)“自行申报，内部评估”是税务机关征收税款的一种方式，这种方式是由有关税收征收管理法律、法规、规章及其他规范性文件规定的，是税务机关可以选择的，对原告的权利义务并未造成实际的影响，原告对这种征管方式提起诉讼不符合《行政诉讼法》有关受案范围的规定。(2) 原告要求法院撤销被告相关的征收税款的行政行为不能成立，因为其没有举出被告征收税款行政行为错误的理由和事实。(3) 原告要求法院撤销被告的行政处罚行为不能成立，因为原、被告之间就行政处罚的争议已被法院生效裁定所确认，原告起诉已按撤诉处理，其再行起诉应予驳回。(4) 采取“自行申报，内部评估”还是“定期定额”的税款征收方式，完全是被告征收行为的方式方法问题，也是程序问题，不是具体行政行为，原告对此提起诉讼不符合行政诉讼的受案范围。我们有权依据豫国税发［1999］63号文第18条对原告按二、三类税源使用“自行申报，内部评估”的征收方式。

新乡市新华区人民法院经审理认为：被告作为税款征收机关，有权对原告依法选择征税方式实施征收税款。国家税务总局《个体工商户建账管理暂行办法》、《个体工商户定期定额管理暂行办法》、《关于对实行定期定额征收税款的个体工商户进行重新核定和调整定额的通知》及河南省国家税务局豫国税发［1998］137号文《个体工商户自行申报、内部评估的征收管理暂行办法》第2条，明确规定“自行申报，内部评估”的税款征收办法的适用对象是已建立账簿，尚不具备查账征收条件的个体工商户，在豫国税发［1999］63号文《河南省国家税务局市场税收征收管理办法》中，在将市场税源进行分类的基础上，明确规定对三类税源实行“自行申报，内部评估”征收方式或定期定额征收方式，该规定也未废止“自行申报，内部评估”税款征收方式的适用对象是已建账簿的个体工商户的规定。被告在提供不出原告已建立账簿证据的情况下，即对原告实施“自行申报，内部评估”的税款征收办法，不符合税务机关有关规定的操作程序，被告今后对原告的税款征收方式应按规定程序办理。但原告要求撤销被告2000年3月和4月的相关征收税款的行政行为和处罚行为，因其已提起诉讼并已按撤诉处理，再行起诉理由不足，应予驳回。被告的税款征收方式对作出具体行政行为起决定性作用，并涉及税款额度，因此对原告的权利义务造成了影响，属法院受案范围。被告辩称税款征收方式不是一个具体行政行为，对原告的权利义务并未造成实际影响，原告对税收征管方式提起诉讼不属法院受案范围的理由，法院不予采纳。依照《行政诉讼法若干解释》（2000年）第1条、第44条第1款第9项、第46条第2项、第58条的规定，该院于2000年11月29日作出判决：(1) 被告对原告实行“自行申报，内部评估”的税款征收方式不符合有关规定的操作程序，被告今后对原告的税款征收方式应按规定程序办理。(2) 驳回原告要求撤销被告2000年3月和4月的相关征收税款的行政行为和处罚行为的诉讼请求。宣判后，原告及被告均未提出上诉。[①]

【案例分析】

此案是叶某某对河南省新乡市新华区国家税务局作出的行政行为不服而产生的争议，引发争议的行为有：河南省新乡市新华区国家税务局对叶某某采取“自行申报，内部评估”的税款征收方式，要求叶某某缴纳相应税款，加收滞纳金，并予以处罚。这些行为性质不同，分属行政征收（前两个行政行为）、行政强制执行（加收滞纳金）和行政处罚三类。就这些行为，叶某某曾先后使用过行政复议和行政诉讼两种救济方式，先是对后三个行为提起行政诉讼，在出现按撤诉处理情形后，对全部四个行为申请行政复议，再度提起行政诉讼。虽然叶某某的请求在行政复议中全部被驳回，但在第二次行政诉讼中部分得到支持。

抛开实体问题，此案有两个问题值得探讨。一是河南省新乡市新华区国家税务局对叶某某采取“自行申报，内部评估”的税款征收方式，是否属于行政诉讼受案范围问题；二是叶家明对行政复议和行政诉讼两种救济方式的使用，以及法院以叶某某曾提起过诉讼并按撤诉处理为由驳回其要求撤销河南省新乡市新华区国家税务局2000年3月和4月的相关征收税款的行政行为和处罚行为的诉讼请求。对第一个问题，法院在判决中明确指出，河

---

① 参见《叶某某不服新乡市新华区国家税务局征税方式及处罚决定案》，见中国法律信息网，http://bmla.chinalawinfo.com/NewLaw2002/SLC/SLC.asp?Db=fnl&Gid=117463560，2008年4月8日访问。

南省新乡市新华区国家税务局提出的税款征收方式不是一个具体行政行为，对叶某某的权利义务未造成实际影响，因此不属法院受案范围的理由不成立。相反，认定税款征收方式对作出具体行政行为起决定性作用，并涉及税款额度，对叶某某的权利义务造成了影响，属法院受案范围。法院对此的说理和认定是正确的。

然而，在第二个问题上，法院的判决似乎值得商榷。根据《税收征收管理法》第 88 条和《税收征收管理法实施细则》第 100 条的规定，因税务行政行为引发的争议可以分为纳税争议和其他争议两类。前者指纳税人、扣缴义务人、纳税担保人对税务机关确定纳税主体、征税对象、征税范围、减税、免税及退税、适用税率、计税依据、纳税环节、纳税期限、纳税地点以及税款征收方式等具体行政行为有异议而发生的争议；后者指当事人对税务机关的处罚决定、强制执行措施或者税收保全措施不服引发的争议。这两类争议虽均可以通过行政复议和行政诉讼加以解决，但二者使用的时机和顺序存在明显不同。对前者，公民、法人或者其他组织必须先申请行政复议，才能提起行政诉讼；而对后者，公民、法人或者其他组织则可以在行政复议与行政诉讼之间自由选择，并在行政复议后再行提起行政诉讼。恰恰就在这一界限分明而程序存在明显差异的问题上，法院未能明察秋毫。叶某某曾就河南省新乡市新华区国家税务局 2000 年 3 月和 4 月的相关征收税款的行政行为和处罚行为，即要求叶某某缴纳相应税款，加收滞纳金，并予以处罚三个行政行为，向法院提起行政诉讼。法院受理后以叶某某委托代理人庭审中违反法庭规则、中途退庭为由，裁定按撤诉处理。然而，如前所述，对要求叶某某缴纳相应税款的征税行为，必须先经行政复议后才能向法院提起行政诉讼，法院直接受理叶某某对此提起的行政诉讼，显属错误。由此，法院在第二次行政诉讼中以叶某某曾就此问题起诉并按撤诉处理为由驳回叶某某的请求，就失去了基础。

【法律背景】

《行政复议法》第二条；《行政诉讼法》（1989 年）第二条；《税收征收管理法》第八十八条；《税收征收管理法实施细则》第一百条。

【知识点介绍】

行政复议是因公民、法人或者其他组织对行政机关的行政行为不服，向法定的行政机关提出申请，并由行政机关对行政行为的合法性和合理性进行审查并裁判的制度。根据我国法律规定，承担复议审查的行政机关，即复议机关，一般为作出原行政行为的上级行政机关。行政复议具有以下特征：

1. 行政复议属由当事人申请的被动式监督。行政复议是行政机关根据上级行政机关对下级行政机关的监督权而进行监督的制度，带有行政层级监督的性质。但行政层级监督多属主动性监督，由上级行政机关主动进行；即使是被动式监督也基本与当事人无关，而是由下级行政机关主动向上级行政机关请求监督的。但行政复议却不同，上级行政机关对下级行政机关监督的前提是必须先有利害关系人提出的复议申请。如果没有利害关系人的复议申请，复议机关不能主动进行行政复议。

2. 行政复议是权利救济制度。行政复议虽与其他层级监督一样具有行政监督的特性，但与其他层级监督基本完全属行政系统内的监督不同，行政复议具有直接保护公民、组织的合法权益，防止和纠正违法或不当行政行为给公民、组织造成的侵害的性质。为利害关系人提供救济和补救是行政复议的重要目的和功能之一。就此而言，行政复议也可归于行政救济制度的范畴，行政复议具有很强的外部性。在现代社会中，行政复议也是解决行政争议的一种有效方法和重要手段，对于保护公民、法人和其他组织的合法权益，防止和纠正违法的行政行为和不当的行政行为，有十分重要的意义。

3. 行政复议有较为严格的程序要求。行政复议较为强调复议机关的相对独立，其程序设计更多体现司法程序的特点和要求，具有较强的司法性。

4. 行政复议既可以审查行政行为的合法性，也可以审查其合理性，范围比行政诉讼要宽泛。

对行政复议的性质，国内目前主要有三种明显对立的观点。有的学者则认为，行政复议是一种纯行政性活动，是行政机关按照行政上下级监督关系，直接地、单方面行使行政权力的行为；有的学者则认为，行政复议是由特定的行政机关进行的一种司法性活动，是行政司法行为；还有的学者则认为，行政复议归结为给予公民、法人或者其他组织进行权利救济的制度。虽然已有学者从宏观和综合角度概括行政复议的性质，但难以说已形成一致意见。显然，对行政复议的性质可以从不同角度加以界定和概括，不过问题的关键是要以哪种立场和视角设计和构筑行政复议制度，是以行政监督还是权利救济，抑或从另一角度？角度的不同，构筑的制度产生的后果会有重大区别。有关行政复议性质的论争背后，揭示了如何克服行政复议局限性和发挥行政复议功效这一目前困扰国内理论界和实务部门的大问题。

行政复议作为重要的权利救济途径，与司法救济相比，具有简便、审查范围宽泛等优点，但也有它自身的局限性。这些局限性突出表现在两个方面：一是行政复议机关本身即为行政机关，带有很强的行政性。行政复议虽然实行上级行政机关管辖原则，但由于行政复议机关毕竟仍然是行政机关，仍然是原行政机关的上级领导机关，哪怕行政复议机关真正是公正的，但由于至少在外观上不能消除当事人内心对行政复议机关中立地位的怀疑，这使得行政复议如何真正实现公正和不偏不倚十分关键。二是行政复议机关与原行政机关可能存在的利益一致性。行政系统是一个完整的复合体，它由一个个行政机关组成，尽管它们都有自身独特的利益体现，但行政系统的整体利益是统一的。虽然我国是社会主义国家，行政机关从根本上说是为了人民的利益，但不能否认行政机关有自己的利益考虑。同样，行政系统利益的一致性可能延伸到行政复议，实际影响行政复议的公正进行，给当事人产生“官官相护”的感觉。这一切都为行政复议机关公正履行行政复议职责造成了一定的障碍，形成了一定的威胁。

为克服行政复议的局限性，最大限度地发挥行政复议的监督作用和救济功能，至少应当从两方面下工夫：其一，通过行政机关的内部职能分工，将复议职能独立出来，强化主持复议工作的机关或机构的相对独立地位，增强行政复议机关的独立性和中立地位。其二，增强行政复议程序的公开性、抗辩性和公正性，通过公开、公正、具有准司法性的复议程序保障，实现复议监督的公正。我国《行政复议法》在上述两方面均需进一步改进和完善。由于我国《行政复议法》尚没有能从根本上解决这些问题，加之我国行政复议制度发展的社会环境尚不够良好，对复议活动的监督机制亦未完善，导致行政复议制度的作用未能充分发挥出来。

第二节　行政复议的基本原则

【案例介绍】

上诉人（原审第三人）：苏某某。

上诉人（原审第三人）：林某某。

被上诉人（原审原告）：王某某。

被上诉人（原审被告）：海南省人民政府。

1983年2月1日，王某某与皇宁管区签订《购买房屋基地证书》，购买位于苏屋村北侧第7行第4幢面积为240平方米的宅基地。1993年4月20日，文某某亦与皇宁管区签订《购买房屋基地证书》，购买位于苏屋村北侧第5行第3幢面积为240平方米的宅基地。同年5月8日，文某某将其购买的上述宅基地转卖给第三人林某某。1992年10月20日，经王某某申请，东方市政府所属国土部门于同年12月24日对王某某购买的宅基地进行地籍调查，确认土地四至：东至符琪离1米，西至钟圣平离1米，南至小巷2米，北至公路8米，面积240平方米。1993年1月9日，原东方县国土局对王某某私自购买的土地罚款总共683元。1999年12月13日，皇宁村委会向东方市国土环境资源局出具证明称："王某某与皇宁村委会购买的房屋宅基地位于苏屋村北侧第7行第4幢，现经核实该房屋基地坐落在市电视台后重新规划的第6行第4幢。"同日，东方市政府所属国土部门对王某某申请登记发证的土地再次进行地籍调查，确认土地四至是：东至陈川娥，西至空地，南至鱼鳞洲开发公司规划地，北至公路8米，面积为210.2平方米。2000年6月，东方市政府给王某某颁发了东方国用（八所）字第5691号《国有土地使用证》（以下简称5691号土地证）。苏某某、林某某不服，申请行政复议。

2006年11月3日，海南省政府作出琼府复决字第（2006）129号《行政复议决定书》（以下简称129号《复议决定》），其主要内容是：争议地面积240平方米。1982年，王某某与八所镇皇宁管理区签订《购买房屋基地证书》，受让位于苏屋村北侧第7行第4幢240平方米房屋基地。1992年10月，王某某向东方市政府递交土地登记发证申请书，交纳了土地丈量费、证书费等费用。同年12月，东方市政府第一次地籍调查争议地四至是：东至符琦，西至钟圣平，北至公路8米，南至小巷2米。1993年5月，苏某某、林某某与文某某签订《转让书》，称“将苏屋村北侧第5行第3幢240平方米的土地证转让给苏某某、林某某”。1994年，苏某某、林某某向东方市政府提交了地籍调查申请并缴纳了土地丈量费、证书费等费用。1999年12月13日，皇宁村委会向东方市政府出具《证明书》，证明王某某向皇宁村委会购买位于苏屋村北侧第7行第4幢房屋宅基地，其四至范围与东方市政府第一次地籍调查时的四至范围相同。同日，东方市政府第二次地籍调查争议地四至为：东至陈川娥，西至空地，北至公路8米，南至鱼鳞洲开发公司规划地。2000年6月，东方市政府根据第二次地籍调查结果向王某某核发了5691号土地证。同年，苏某某、林某某在争议地上施工时与王某某发生土地使用权纠纷。129号《复议决定》认为，东方市政府核发的5691号土地证所依据的四至范围与皇宁村委会出具的土地权源证明的四至范围不一致。东方市政府在争议地确权过程中对主要事实认定不清，遂撤销该土地证。

王某某不服海南省人民政府土地登记行政复议决定，向海南省海南中级人民法院提起行政诉讼。海南中级人民法院经审理认为，王某某的宅基地来源于八所镇皇宁管理区的转让所取得，该宅基地的转让当时虽属非法买卖土地行为，但1993年已经原东方县土地局对其进行罚款及补缴有关税费后，在作出的书面决定中已确认其购买宅基地具有合法性。苏某某、林某某提供的《购买房屋基地证书》及收据，只能证明其与出卖人文某某存在私下买卖宅基地的事实，并不能证明所买卖的宅基地就是与东方市政府颁证给王某某的宅基地是同一块地，且其未能举出拥有本案争议地使用权的合法证据，其复议的请求理由显然不能成立。苏某某、林某某是以其合法取得争议地使用权作为理由请求复议机关撤销东方市政府颁证行为的，其在复议程序中应当为其合法拥有争议地使用权承担举证责任，但复议机关在审查过程中对苏某某、林某某没有合法证据主张争议地的宅基地使用权这一事实没有认定，在此情况下撤销东方市政府的颁证行为显属认定事实不清，证据不足，导致适用法律错误，遂判决撤销129号《复议决定》，由海南省政府重新作出具体行政行为。

海南省高级人民法院认为，本案被诉的129号行政复议决定是否合法的关键在于其以东方市政府颁证行为认定事实不清为由予以撤销是否与事实相符。从相关证据材料来看，东方市政府颁发5691号国有土地使用权证所依的权源证明是皇宁村委会1999年12月13日出据的《证明书》。该《证明书》载明的四至是东至符琪，西至钟圣平，南至小巷2米，北至公路8米，坐落在市电视台后重新规划的第6行第4幢，与5691号证及1999年12月13日东方市国土管理部门进行地籍调查时认定的四至显然不同。据此可知，皇宁村委会出具的权源证明与同一天东方市政府国土部门进行地籍调查时，四至认定不一致。129号《复议决定》以东方市政府颁证行为认定事实不清而予撤销符合《行政复议法》第28条第3款第1项之规定。

上诉人苏某某、林某某对争议地主张权属的依据是其从文某某处转购的《购买房屋基地证书》及收据，与被上诉人王某某主张权属的依据即其所持皇宁管理区出具的《购买房屋基地证书》均经东方市政府有关部门进行过相关处理，两者作为权源证据的证明效力大体相同。虽然被上诉人王某某认为其经东方市政府国土部门确权登记已依法取得争议地的合法使用权，但由于该确权登记存在程序瑕疵，致相关权利人不能及时提出异议，应当认为争议地尚处权属不明状态。129号《复议决定》以东方市政府认定事实不清为由撤销东方市政府所颁5691号国土证，是上级行政机关对下级行政机关具体行政行为合法性监督，并不必然妨害被上诉人王某某对争议地的权利主张，东方市政府可根据《土地登记规则》第17条的规定，在解决权属争议后另行颁证给合法权益人。综上，一审法院以上诉人苏某某、林某某未合法取得争议地使用权为由撤销129号《复议决定》属认定事实不清，适用法律、法规错误，依法应予撤销。依照1989年《行政诉讼法》第61条第3项、第54条第1项、《行政诉讼法若干解释》（2000年）第70条之规定，判决如下：(1) 撤销海南省海南中级人民法院（2006）海南行初字第243号行政判决；(2) 维持海南省人民政府琼府复决字第（2006）129号《行政复议决定书》。①

【案例分析】

这是一起较为复杂的案件，涉及诸多事实认定。首先必须确定的是，本案的被告是海南省人民政府，被诉行为是海南省人民政府的行政复议决定，而非东方市人民政府的行为。海南省人民政府的行政复议决定的内容是，撤销东方市政府核发的5691号土地证，理由是该土地证所依据的四至范围与皇宁村委会出具的土地权源证明的四至范围不一致，属于对主要事实认定不清。《行政复议法》第4条规定："行政复议机关履行行政复议职责，应当遵循合法、公正、公开、及时、便民的原则，坚持有错必纠，保障法律、法规的正确实施。"因此，行政复议决定合法是最基本要求，对起诉至行政诉讼的行政复议决定而言，合法与否是法院审理的核心内容。此案争议的焦点是事实和证据问题，而不是法律问题。正如海南省高级人民法院的判决认定的，行政复议决定是否合法的关键在于海南省人民政府以东方市政府颁证行为认定事实不清为由予以撤销是否与事实相符。从案件的证据情况看，东方市政府核发5691号土地证的确存在四至认定前后不一致问题，海南省人民政府决定予以撤销合乎法律规定。不过，由于此案是苏某某、林某某与王某某之间因土地使用权而引发的争议，使用权的归属才是案件的核心问题，撤销东方市政府核发给王某某的5691号土地证只是确权的第一步。因此，海南省人民政府应当同时责令东方市政府在一定期限内重

① 参见《苏某某与王某某土地登记行政复议纠纷上诉案》，海南省高级人民法院（2007）琼行终字第115号行政判决书。

新作出具体行政行为。

【法律背景】

《行政复议法》第二十八条；《土地登记规则》第十七条。

【知识点介绍】

行政复议是解决行政争议的制度，在这一过程中，行政复议机关起着主导作用。因而行政复议机关能否正当履行行政复议职责对行政复议结果有直接的影响。《行政复议法》明确规定了行政复议机关履行行政复议职责的基本原则，旨在从总体上为行政复议机关行使职权确定方向。

1. 合法原则。指行政复议机关必须严格执照法律、法规规定的职责权限，以事实为根据，以法律为准绳，对公民、法人或者其他组织申请复议的行政行为，按法定程序进行审查，并分不同情况作出维持、撤销、变更的复议决定。行政复议机关应遵循合法原则体现在以下几个方面：第一，主体合法。行政复议机关必须是依法成立并享有法律赋予的复议权的行政机关，并且在具体的行政复议案件中具有对该案件的管辖权。因而非行政机关、虽为行政机关但没有法律授予的行政复议权及对具体的行政复议案件没有管辖权的行政机关若受理和审理行政复议案件即为主体不合法。第二，程序合法。行政复议机关审理复议案件应严格按照《行政复议法》和其他法律法规所规定的复议程序进行。第三，决定合法。行政复议决定是行政复议的结果，它是行政复议机关行使复议职权的最直接体现。行政复议决定表现在两个方面：一是复议决定的内容合法，即复议决定是依照有关的实体法的规定所作出的，符合法律规定；二是复议决定的种类和形式符合《行政复议法》和有关法律法规的规定。

2. 公正原则。公正是法律制度所要实现的最高理想和目标，也是人们用来评价和判断一种法律制度具有正当根据的价值标准。在法律制度中，公正有两种基本的形式，即实体公正和程序公正。所谓实体公正是指在对实体上的权利义务进行确定时要使每个人应得的利益得到保障。所谓程序公正是指参与程序的各方主体在程序中受到平等对待。公正在行政复议中作为对行政复议机关履行复议职责的基本原则也同样包括这两个方面，它既要求行政复议机关在行政复议中通过对复议案件的审理作出公平、合理的复议决定，同时也要求行政复议机关在行政复议程序中应平等对待复议申请人和被申请人，给予双方平等的参与机会，对各方的主张、意见予以同等的尊重和关注，不偏不倚。对于前者即实体公正多属单行实体法的范畴，在行政复议中只要求行政复议按照有关实体法的规定严格办事。而对如何保障后者的实现则更多属于《行政复议法》的任务，也是我们需要特别强调的。

3. 公开原则。公开原则是指行政复议机关应当公开进行行政复议工作，行政复议参与人有权了解与其权利密切相关的事项，行政复议机关也负有将有关情况告知参与人的义务。一切与当事人权利和义务相关的情况和决定应当公开进行，这是现代文明社会和法治得以运行的基本保证。

4. 及时原则。与行政诉讼程序的严格细密更强调公正相比，行政复议应发挥其迅速解决行政争议的优势和特长。同时由于行政管理的广泛性，行政争议数量巨大，行政争议的存在就必然会影响行政管理的效率，那么作为消除行政争议、缓解矛盾的行政复议就负有促进和提高行政管理效率的责任。因此，行政复议在保证公正性的前提下，必须注意行政效率。这突出体现在行政复议机关进行行政复议工作要遵循及时原则。及时原则要求行政复议机关按法定的期限承担复议责任，不得拖沓迟延，否则应承担不利的法律后果。行政复议机关遵循及时原则主要包括及时受理复议申请，及时进行复议审理工作，尽快作出复议决定等方面。

5. 便民原则。便民原则要求复议活动力求为相对一方提供方便，保证申请人便于行使复议申请权和复议参加权，免除不必要的麻烦。由于行政争议的双方在行政管理过程中的地位差异，这往往会延及行政复议阶段，申请人的各项权利的行使可能受到某些条件的限制。这就要求复议活动尽量方便行政复议申请人，不使申请人因为复议活动而受到更多的拖累，不使申请人因某种条件的限制而使其合法权益得不到保护。

6. 司法最终的原则。行政复议和行政诉讼是解决行政争议的两种重要途径，二者各具优点和长处，因而当今世界各国都十分注意二者的互相补充、互相配合和互相协调。尽管在处理行政复议与行政诉讼的关系上，究竟采用复议前置原则还是采用自由选择原则，各国有所差异，但在对待经过行政复议后是否仍可以提起行政诉讼，各国的规定基本一致，那就是复议不是终局的，当事人在复议后若对复议决定不服仍享有诉诸司法的权利，通过法院的裁判获得救济。

第三节　受案范围

案例一：

【案例介绍】

上诉人（原审原告）：邱某某。

被上诉人（原审被告）：东方市人民政府。

被上诉人（原审第三人）：陈某某。

1994年，东方市板桥镇文质村委会将村中的空闲地规划为宅基地有偿安排给村民建房使用。邱某某和陈某某同时于1994年4月14日向文质村委会缴纳500元宅基地款。文质村委会于1995年12月3日将上述争议地安排给邱某某建房使用，镇政府同时给邱某某颁发了编号为95—001的“宅基地证”。文质村委会收取陈某某的宅基地款后，一直未给其安排宅基地。2003年，陈某某在该宅基地动工建房时与邱某某发生纠纷，邱某某向板桥镇政府申请处理，板桥镇政府于2006年7月11日作出板府字（2006）6号处理决定（以下简称6号《处理决定》），确定争议地由邱某某使用，但该处理决定书当中没有适用有关的法律、法规、规章依据。

陈某某不服，向东方市政府申请行政复议。东方市政府经复议于2007年1月23日作出1号《行政复议决定书》，撤销了板桥镇政府作出的6号《处理决定》。邱某某不服，遂向海南省海南中级人民法院起诉。

一审法院经审理认为，《土地管理法》第62条第1款规定，农村村民一户只能拥有一处宅基地，其宅基地面积不得超过省、自治区、直辖市规定的标准。海南省人民政府颁布的《海南省确定土地权属若干规定》第13条规定，每户用地面积不得超过175平方米，6号《处理决定》确定给邱某某使用的宅基地面积为320平方米，已大大超过了海南省人民政府规定的标准，板桥镇政府作出的处理决定将争议的上述320平方米宅基地归邱某某使用没有法律依据。东方市政府的复议结果并无不当，但复议撤销的理由不当，板桥镇政府虽然在作出的处理决定书中没有适用法律条文，但处理的过程实际也是适用法律的过程，故东方市政府认定板桥镇政府的处理决定没有适用法律不妥，应予纠正。邱某某的请求无理，应予驳回。根据《行政诉讼法若干解释》（2000年）第56条第4项之规定，判决驳回邱某某的诉讼请求。

邱某某向海南省高级人民法院提起上诉。海南省高级人民法院经审理查明，板桥镇政府于1995年12月3日给邱某某颁发争议地的宅基地证，当时生效实施的有关法律是1986年通过、1988年修改实施的《土地管理法》和1991年1月4日颁布、同年2月1日实施的《土地管理法实施条例》（国务院令第73号）。其中，前者第38条规定："农村居民建住宅，应当使用原有的宅基地和村内空闲地。使用耕地的，经乡级人民政府审核后，报县级人民政府批准；使用原有的宅基地、村内空闲地和其他土地的，由乡级人民政府批准。农村居民建住宅使用土地，不得超过省、自治区、直辖市规定的标准。"后者第25条规定："农村村民建住宅需要使用土地的，应当先向村农业集体经济组织或者村民委员会提出用地申请，经村民代表大会或者村民大会讨论通过后，报人民政府批准。需要使用原有宅基地、村内空闲地和其他土地的，报乡级人民政府批准。"本案的争议地应属村内空闲地，依照以上法律、法规的规定，无须报县级人民政府批准，板桥镇政府颁发宅基地证并无不当。经查，当时颁布实施的法律法规没有对农村居民建住宅使用土地的面积作出具体的限制，行政程序中板桥镇政府、东方市政府均未收集，诉讼程序当中未提交1995年时生效实施的海南省关于农村居民建住宅使用土地的有关规定。

海南省高级人民法院判决认为，板桥镇政府在收到东方市政府的复议决定后，未在法定期限内提交据以作出具体行政行为的法律依据，东方市政府依法视为其在作出具体行政行为时没有法律依据，并以此理由撤销其作出的处理决定，认定事实清楚，适用法律正确。一审认定的事实基本清楚，但该判决以1999年颁布实施的法规去规范板桥镇政府于1995年作出的具体行政行为，属适用法律错误，其判决理由错误，应予纠正，但其判决结果并无不当，依法应予维持。上诉人的上诉请求没有事实和法律依据，应予驳回，但其可在本判决生效后，提交有关证据，重新申请确权颁证。依据1989年《行政诉讼法》第61条第1项之规定，判决如下：驳回上诉，维持原判。[①]

【案例分析】

本案是一起先经过行政复议再进入行政诉讼的案件，从案件审理看，争议的焦点在于行政复议行为是否合法。不过，从行政复议角度看，首要分析的是此案是否属于行政复议受案范围。引发本案的行为，是板桥镇政府就邱某某与陈某某宅基地纠纷作出的处理决定，在行政法上属行政确权行为。《行政复议法》第6条规定："有下列情形之一的，公民、法人或者其他组织可以依照本法申请行政复议：……（四）对行政机关作出的关于确认土地、矿藏、水流、森林、山岭、草原、荒地、滩涂、海域等自然资源的所有权或者使用权的决定不服的。"因此，陈某某对板桥镇政府的处理决定不服，向东方市政府申请复议，后者受理并作出复议决定，符合法律规定。

【法律背景】

《行政复议法》第六条；《行政诉讼法》（2014年）第八十九条。

案例二：

【案例介绍】

上诉人（一审原告）：重庆市垫江县桂溪镇松林村6社28户被拆迁户。

被上诉人（一审被告）：重庆市人民政府。

上诉人重庆市垫江县桂溪镇松林村6社28户被拆迁户不服重庆市高级人民法院对其诉重庆市人民政府渝府复函（2001）197号不予受理行政复议申请决定书一案作出的（2001）渝高法行初字第6号行政判决，向最高人民法院提起上诉。

重庆市高级人民法院根据当事人举证并经庭审质证，认定以下事实：1999年9月15日，重庆市垫江县人民政府（以下简称垫江县政府）以垫府发（1999）112号文件下发了《垫江县征地补偿安置办法》及其《实施细则》，该安置办法规定，任何单位和个人进行建设需要使用土地的，必须依法申请使用国有土地，同时对建设用地审查报批的程序和权限，征地的实施方案，征地的拆迁、补偿安置等作了一系列的规定。垫江县桂溪镇松林村6社28户被拆迁户属于该县建设桂西大道需征用的农村土地。在征地开发中，陈某某等人认为垫江县政府按垫府发（1999）112号文件征地、补偿、安置标准过低和安置办法不妥，向重庆市人民政府申请复议，请求对垫江县垫府发（1999）112号文件予以纠正。重庆市人民政府收到复议申请书后，作出渝府复函（2001）197号《不予受理行政复议申请通知书》，通知

---

① 参见《邱某某与东方市人民政府行政复议决定纠纷上诉案》，海南省高级人民法院（2007）琼行终字第130号行政判决书。

陈某某等人其复议申请不符合《行政复议法》规定的受案范围，根据《行政复议法》第 17 条第 1 款的规定，决定不予受理。陈某某等人对重庆市人民政府上述不予受理行政复议申请决定书不服，向重庆市高级人民法院提起行政诉讼，要求撤销重庆市人民政府渝府复函（2001）197 号文，同时判令重庆市人民政府受理陈某某等人的复议申请。

重庆市高级人民法院经审理认为：重庆市人民政府收到陈某某等人 2001 年 5 月 16 日的复议申请书以后，按照法定职责，对其复议申请和同时提交的垫府发（2001）112 号关于征地补偿安置办法的文件内容进行了审查，认为其复议申请不符合《行政复议法》规定的受案范围，即垫江县政府垫府发（2001）112 号关于征地、补偿、安置办法的文件属于抽象行政行为。陈某某等人未就具体行政行为申请复议，而要求复议纠正垫府发（2001）112 号文件，不符合《行政复议法》第 7 条关于在对具体行政行为申请行政复议时，可以一并向行政复议机关提出对该规定的审查申请的规定，重庆市人民政府决定不予受理陈某某等人的复议申请，事实清楚，证据确凿，适用法律正确，程序基本合法，依法应予维持。根据《行政诉讼法》第 54 条第 1 项的规定，判决维持重庆市人民政府渝府复函（2001）197 号不予受理复议申请通知书；驳回陈某某等人的其他诉讼请求。

上诉人重庆市垫江县桂溪镇松林村 6 社 28 户被拆迁户不服一审判决向本院提起上诉称：垫江县政府垫府发（1999）112 号文是针对垫江县桂西大道建设征地而发的，该文不具有反复适用性，对上诉人是具体行政行为；根据《宪法》第 27 条和第 41 条的规定，对抽象行政行为应纳入复议受案范围；上诉人在申请复议时，同时提交了"改变安置地点申请书"，对此一审法院没有审查。

重庆市人民政府辩称：垫江县政府垫府发（1999）112 号《关于印发〈垫江县征地补偿安置办法〉的通知》是针对垫江县全县范围内的征地、拆迁、安置补偿制定的规范性文件，不是针对特定的行政相对人；垫府发（1999）112 号通知具有反复适用性，凡涉及该县的征地、拆迁、补偿安置事项，均属该文件的调整范围。从该文件的效力看，对垫江县不同的单位和个人的征地、拆迁、补偿安置均反复适用。该通知对本案上诉人不直接产生执行力；本案上诉人申请复议的事项是抽象行政行为，不属行政复议受案范围，答辩人的不予受理决定是正确合法的。一审判决认定事实清楚，证据确凿，适用法律正确。请二审法院予以维持。

最高人民法院经审理认为：垫江县政府根据《土地管理法》以及重庆市有关土地管理和征地补偿的规定，结合垫江县的实际情况，制定发布了《垫江县征地补偿安置办法》。该办法对垫江县有关征地的审批权限和程序、征地的实施方案、拆迁补偿的办法等作了具体规定，属于行政机关制定、发布的具有普通约束力的决定。根据《行政复议法》第 2 条、第 6 条和第 7 条的规定，公民、法人和其他组织认为行政机关作出的具体行政行为侵害其合法权益的，可以向行政机关申请行政复议。公民、法人和其他组织不能单独对行政法规、规章或者行政机关制定、发布的具有普遍约束力的决定、命令提出行政复议申请。上诉人提出抽象行政行为应纳入行政复议范围的主张缺乏法律依据。上诉人提出其在申请复议时，同时向重庆市人民政府提交了《改变安置地点申请书》，一审法院未予审查的理由，因未能提供相关的证据证明，被上诉人亦否认收到该申请书，故根据《行政诉讼法》第 41 条规定，该诉讼理由不能成立。一审判决认定事实清楚，适用法律正确，程序合法。根据 1989 年《行政诉讼法》第 61 条第 1 项的规定，判决驳回上诉，维持原判。①

【案例分析】

这起行政诉讼案件被诉行为是重庆市人民政府不予受理行政复议申请决定，争议的焦点是重庆垫江县政府下发的《垫江县征地补偿安置办法》及其《实施细则》的性质，以及是否属于行政复议范围。《垫江县征地补偿安置办法》规定，任何单位和个人进行建设需要使用土地的，必须依法申请使用国有土地；同时对建设用地审查报批的程序和权限，征地的实施方案，征地的拆迁、补偿安置等作了一系列的规定。

从最高人民法院审理结果看，垫江县政府根据《土地管理法》以及重庆市有关土地管理和征地补偿的规定，结合垫江县的实际情况，制定发布了《垫江县征地补偿安置办法》。该办法对垫江县有关征地的审批权限和程序、征地的实施方案、拆迁补偿的办法等作了具体规定，所针对的对象为不特定对象，可以反复适用，属于行政机关制定、发布的具有普通约束力的决定，即抽象行政行为。

抽象行政行为是否可诉，《行政复议法》作了特别规定。《行政复议法》第 7 条规定："公民、法人或者其他组织认为行政机关的具体行政行为所依据的下列规定不合法，在对具体行政行为申请行政复议时，可以一并向行政复议机关提出对该规定的审查申请：（一）国务院部门的规定；（二）县级以上地方各级人民政府及其工作部门的规定；（三）乡、镇人民政府的规定。前款所列规定不含国务院部、委员会规章和地方人民政府规章。规章的审查依照法律、行政法规办理。"根据该规定，显然不能对《垫江县征地补偿安置办法》直接申请复议，而只能在对行政行为申请行政复议时，一并对《垫江县征地补偿安置办法》提出审查申请。然而，在此案中，重庆市垫江县桂溪镇松林村 6 社 28 户被拆迁户恰恰是直接对《垫江县征地补偿安置办法》申请复议，因而重庆市人民政府作出不予受理决定，而两审法院认定不予受理决定合法，是正确的。

【法律背景】

《行政复议法》第七条、第十七条。

---

① 参见《重庆市垫江县桂溪镇松林村 6 社 28 户被拆迁户与重庆市人民政府行政纠纷案》，最高人民法院（2001）行终字第 19 号行政判决书。

【知识点介绍】

行政复议的受案范围指行政机关受理行政复议案件的范围，即公民、法人或者其他组织对哪些行政行为不服可以依法向行政复议机关提出复议要求。行政复议作为一种行政救济手段，其范围大小直接关系到其价值与功能的实现。

《行政复议法》第二章专章对行政复议的受案范围作出了具体规定，概括这些规定可以看出我国行政复议的受案范围如下：凡法律明确规定不属于行政复议受案范围的行政行为外，均属于行政复议受案范围。具体可以从三方面来理解。

（一）不可申请复议的事项

主要包括两类：一是人事处理决定，即行政机关作出的行政处分或者其他人事处理决定。对此，应依照有关法律、行政法规的规定提出申诉，不能申请行政复议。二是对民事纠纷作出的调解或仲裁行为。对此，一方当事人不服的，可以向人民法院提起民事诉讼，不能申请行政复议。

（二）可申请复议的具体行政行为

《行政复议法》第6条具体列举了公民、法人和其他组织可以申请行政复议的具体行政行为的种类，包括行政处罚，行政强制措施，行政许可及相关行为，行政确权行为，侵犯合法经营自主权行为，变更或者废止农业承包合同行为，违法要求履行义务行为，不依法办理许可事宜，不履行保护人身权利、财产权利、受教育权利的法定职责的，认为行政机关不依法发放抚恤金、社会保险金或者最低生活保障费的，认为行政机关其他具体行政行为侵犯其合法权益的。

（三）对部分抽象行政行为可间接申请复议

这里的部分抽象行政行为指国务院部门的规定，县级以上地方各级人民政府及其工作部门的规定，乡、镇人民政府的规定。行政法规、部门规章和地方规章不在之列。同时，公民、法人或者其他组织并不能单独对该部分抽象行政行为申请复议，而只能在对具体行政行为申请复议的同时，一并对该具体行政行为所依据的抽象行政行为提出审查申请。

第四节　复议机关与管辖

【案例介绍】

申请人：赵某某，个体诊所医生。

被申请人：河北省兴隆县工商局。

2003年5月非典期间，河北省兴隆县个体诊所医生赵某某，将方剂中草药研成粉末装入胶囊，命名为“非典肺炎康”后装瓶出售，并在瓶签上标注“主治非典型肺炎”字样。兴隆县工商局认定其违反了《河北省反不正当竞争条例》的规定，构成虚假标注行为，依照该条例的规定，没收其违法所得，并处以罚款。兴隆县工商局在《处罚决定书》中告知当事人，如不服处罚决定，可在收到《处罚决定书》之日起60日内向承德市工商局申请复议或在3个月内向本县人民法院提起诉讼。

赵某某对此处罚决定不服，于2003年6月向兴隆县政府递交了复议申请。6月10日，兴隆县政府正式受理了他的复议申请，依据是《行政复议法》第12条第1款：“对县级以上地方各级人民政府工作部门的具体行政行为不服的，由申请人选择，可以向该部门的本级人民政府申请行政复议，也可以向上一级主管部门申请行政复议。”6月23日，兴隆县工商局向县政府提交《行政复议答复书》，指出县政府不应受理此案，并阐明县政府不应受理该复议申请的理由及依据。兴隆县工商局认为，1998年11月24日国务院国发（1998）41号文件规定：“省、自治区、直辖市工商行政管理局为同级人民政府的工作部门；地（市）和县（市）工商行政管理局为上一级工商行政管理局的直属机构。”由此可见，工商行政管理体制实行省以下垂直管理之后，县工商局成了市工商局的直属机构。而《行政复议法》第12条第2款规定：“对海关、金融、国税、外汇管理等实行垂直领导的行政机关和国家安全机关的具体行政行为不服的，向上一级主管部门申请行政复议。”由此，不难理解，就工商行政管理系统而言，对县工商局的具体行政行为不服申请复议，应由市工商局受理，对市工商局决定不服，应由省工商局受理。同时，2000年2月29日国家工商行政管理总局工商法字（2000）第37号文件《关于行政复议案件管辖权问题的答复》中已经明确：“对省以下工商行政管理机关作出的具体行政行为不服申请的行政复议，应由上一级工商行政管理机关管辖。”①

【案例分析】

这起行政复议案争议的核心，是对实行省以下垂直领导的行政机关的行政行为引发的行政复议，如何确定复议机关和管辖问题。传统上，我国政府职能部门的隶属关系主要体现为垂直领导和双重领导关系，而按过去的体制，前者应为中央垂直领导关系。1999年《行政复议法》对行政复议机关及其管辖的确定，基本是针对其时的行政层级关系确定的。对实行双重领导的行政系统，若被申请人为县级以上地方政府部门，则行政复议机关为本级人民政府或上一级人民政府主管部门，由申请人选择。《行政复议法》第12条第1款规定：“对县级以上地方各级人民政府工作部门的具体行政行为不服的，由申请人选择，可以向该部门的本级人民政府申请行政复议，也可以向上一级主管部门申请行政复议。”而对实

① 陈煜儒、梁仕成：《工商局省以下垂直管理后复议案件由谁受理》，载《法制日报》，2003-10-22，第8版。

行垂直领导的政府部门，则不适用此规则，须向上一级主管部门申请复议。《行政复议法》第12条第2款规定：“对海关、金融、国税、外汇管理等实行垂直领导的行政机关和国家安全机关的具体行政行为不服的，向上一级主管部门申请行政复议。”

上述规定和制度设计在省以下垂直领导体制出现后，引发了诸多争议，本案即是典型例证。从形式上看，《行政复议法》第12条第2款似乎适合于确定实行省以下垂直领导部门的复议管辖，因为该规定虽未列举实行“省以下垂直领导”的行政机关，但毕竟出现了“实行垂直领导的行政机关”的用语，而且该规定中“等”的用语似乎可以将实行“省以下垂直领导”的行政机关涵盖在内。这也正是2000年2月29日国家工商行政管理总局作出工商法字（2000）第37号文件《关于行政复议案件管辖权问题的答复》及本案中被申请人提出管辖异议的根据和理由。然而，深入分析该第2款规定，可以看出该款所列举的行政机关均为实行中央垂直领导的行政机关，因而对“等”的理解就应按照“等”前所列举的行政机关性质来确定。正是基于此种理解，兴隆县政府没有适用《行政复议法》第12条第2款，而是适用第1款的规定，受理了此案。

2007年5月由国务院公布的《行政复议法实施条例》最终解决了此问题。《行政复议法实施条例》第24条规定：“申请人对经国务院批准实行省以下垂直领导的部门作出的具体行政行为不服的，可以选择向该部门的本级人民政府或者上一级主管部门申请行政复议；省、自治区、直辖市另有规定的，依照省、自治区、直辖市的规定办理。”根据此规定，对实行省以下垂直领导的部门作出的决定不服申请复议，原则上按照双重领导关系确定复议机关，当事人有选择权。对此，省、自治区、直辖市可以作出特别规定。

【法律背景】

《行政复议法》第十二条；《行政复议法实施条例》第二十四条。

《河北省反不正当竞争条例》第五条　各级人民政府应当加强市场管理，制止不正当竞争行为，为公平竞争创造良好的环境和条件。县级以上人民政府工商行政管理部门负责对不正当竞争行为进行监督检查。法律、行政法规规定由其他部门监督检查的，依照其规定。

第五十条　当事人对监督检查部门作出的处罚决定不服的，可以自收到处罚决定之日起十五日内向上一级主管机关申请复议；对复议决定不服的，可以自收到复议决定书之日起十五日内向人民法院提起诉讼；也可以直接向人民法院提起诉讼。

【知识点介绍】

行政复议机关是指依法受理行政复议申请并对被申请的行政行为进行合法性和适当性审查并作出决定的行政机关。在我国，行政复议机关是行政机关，但并非所有的行政机关都能成为复议机关，如乡、镇人民政府通常不享行政复议职权，不能成为行政复议机关。

行政复议的管辖是指行政复议机关在受理行政复议案件方面的分工和权限。对于复议申请人而言，就是应向哪个机关申请复议的问题。我国《行政复议法》在确定行政复议管辖方面，贯彻两个基本要求：第一，保证复议的公正性，力求避免行政机关自己作自己案件的裁判者。由于行使监督权、主持复议的机关仍是行政机关，容易给人们产生不公正的印象，所以我国行政复议管辖的基本要求以上一级机关管辖为原则，以原机关管辖为例外。第二，方便当事人。行政复议由当事人参加，尽可能方便当事人，减少当事人的奔波，节省当事人的成本。《行政复议法》和《行政复议法实施条例》主要有一般管辖和特殊管辖两种。

1. 一般管辖。按照确定行政复议机关的基本要求和行政机关隶属关系原则确定的管辖。

（1）由上一级行政机关管辖

对县级以上地方各级人民政府工作部门的具体行政行为不服的，可以向该部门的本级人民政府申请行政复议，也可以向上一级主管部门申请行政复议，由申请人选择。但对海关、金融、国税、外汇管理等实行垂直领导的行政机关和国家安全机关的具体行政行为不服的，向上一级主管部门申请行政复议。而申请人对经国务院批准实行省以下垂直领导的部门作出的具体行政行为不服的，可以选择向该部门的本级人民政府或者上一级主管部门申请行政复议；省、自治区、直辖市另有规定的，依照省、自治区、直辖市的规定办理。

对地方各级人民政府的具体行政行为不服的，向上一级地方人民政府申请行政复议。对省、自治区人民政府依法设立的派出机关所属的县级地方人民政府的具体行政行为不服的，向该派出机关申请行政复议。

（2）由原机关管辖

对国务院部门或者省、自治区、直辖市人民政府的具体行政行为不服的，向作出该具体行政行为的国务院部门或者省、自治区、直辖市人民政府申请行政复议，采用的是原机关管辖。同时，如果申请人对两个以上国务院部门共同作出的具体行政行为不服的，可以向其中任何一个国务院部门提出行政复议申请，由作出具体行政行为的国务院部门共同作出行政复议决定。

不过，为避免由原机关管辖可能带来的不公正，行政复议法又规定了相应的补救措施，即对行政复议决定不服的，可以向人民法院提起行政诉讼；也可以向国务院申请裁决，国务院依照《行政复议法》的规定作出最终裁决。

2. 特殊管辖。针对行政体制和行政行为的多样性和特殊性，为解决行政复议中的特殊情况而确定的管辖。

（1）对县级以下地方人民政府依法设立的派出机关的具体行政行为不服，向设立该派出机关的人民政府申请复议；

（2）对政府工作部门依法设立的派出机构依照法律、法规或者规章规定，以自己名义作出的具体行政行为不服，向设立该派出机构的部门或者该部门的本级地方人民政府申请复议；

（3）对法律、法规授权的组织的具体行政行为不服，分别向直接管理该组织的地方人民政府、地方人民政府工作部门或者国务院部门申请复议；

（4）对两个或者两个以上行政机关以共同名义作出的具体行政行为不服，向其共同上一级行政机关申请复议；

（5）对被撤销的行政机关在撤销前作出的具体行政行为不服的，向继续行使其职权的行政机关的上一级行政机关申请复议。

第五节　参加人

【案例介绍】

上诉人（原审原告）：李某。

上诉人（原审原告）：肖某。

被上诉人（原审被告）：兴国县人民政府。

原审第三人：兴国县杰村乡人民政府。

2006年2月，李某、肖某向杰村乡杰村村委会提出申请，同月向兴国县杰村乡人民政府提出书面申请，申请在杰村乡杰村村坎上组本人老屋左侧建房，其中空闲地27.5 m^2，改建43.3 m^2，合计70.8 m^2。二十天左右后，兴国县杰村乡人民政府派出干部到实地踏看后，通知李某、肖某领取申请表，并按申请表中的顺序逐栏、逐级签字。村民小组长肖某发于2006年3月17日在村民小组意见栏中签字内容为“在无纠纷情况下，同意建造”。村委会以存在纠纷为由不同意在村委会意见栏中签署意见，也未召开村民会议，兴国县杰村乡人民政府即口头通知李某、肖某，对李某、肖某的宅基地申请不予审核。李某、肖某知晓后，于2006年6月向兴国县人民政府申请行政复议，后者2006年7月13日立案受理复议申请，并于2006年9月20日作出兴府复字（2006）5号行政复议决定书，内容为：兴国县杰村乡人民政府未按法定形式履行职责，决定责令被申请人在10天以内作出书面答复。复议期间，李某、肖某曾书面申请追加杰村乡杰村村委会为行政复议第三人，兴国县人民政府未予采纳。李某、肖某收到兴国县人民政府的行政复议决定书后，仍不服，于法定期限内向兴国县人民法院提起行政诉讼。兴国县人民法院于2006年10月18日受理，并通知杰村乡人民政府、杰村乡杰村村委会为第三人，审理中通知杰村乡杰村村委会退出本案诉讼。另查明，兴国县杰村乡人民政府收到兴府复字（2006）5号行政复议决定书后，于2006年9月29日作出杰政行字（2006）1号行政决定书，对李某、肖某的建房申请不予审核。

兴国县人民法院经审理认为，兴国县人民政府被诉行政复议决定，与杰村乡人民政府有利害关系，通知后者参加诉讼依法有据，兴国县杰村乡人民政府关于自身不属本案诉讼主体的异议，不予采纳。兴国县人民政府的行政复议决定，以兴国县杰村乡人民政府未按法定形式履行职责，决定责令被申请人在10天以内作出书面答复，符合法律规定，并无不当，且该决定没有涉及原告的实体利益，故争议双方关于村委会的意见是否应该认定为行政许可前置条件的争议，本案中可以不予审理。据此，依照《行政诉讼法》（1989年）第54条第1款第1项之规定，判决：维持被告兴国县人民政府行政复议决定。

李某、肖某不服，提出上诉。二人要求撤销原审法院判决和撤销兴府复字(2006) 5号行政复议决定书，并责令县政府重新作出全面的行政复议决定。理由是：县政府作出的兴府复字［2006］5号行政复议决定书违法；对建房申请村委会拒绝签署任何意见和乡政府口头通知不予审核违法。第一，上诉人的建房申请符合条件。第二，乡政府口头通知不予审核，实质上是不受理建房申请。第三，建房申请依法无须经过村民小组同意和村委会审查，乡政府应当直接受理和进行审核，并作出同意意见报县政府批准。第四，如果执行兴国县人民政府［2003］58号文件的第6条以及《江西省实施〈中华人民共和国土地管理法〉办法》第40条规定，则村委会就是本案行政复议的被申请人。第五，即使执行兴国县人民政府［2003］58号文件的第6条以及《江西省实施〈中华人民共和国土地管理法〉办法》第40条规定，杰村乡政府和杰村村委会也应当对我的建房申请作出同意意见。

被上诉人答辩称，上诉人肖某、李某对兴国县杰村乡人民政府未能及时对其宅基地许可申请作出审批不服，县政府已经受理申请并作出了支持肖某、李某行政复议请求的决定，但肖某、李某仍然提起上诉，其上诉理由不能成立，请求二审维持原判。

兴国县杰村乡人民政府述称，我方与兴府复字［2006］5号行政复议决定书有利害关系，即我方应对上诉人提出的建房申请作出书面答复，我方在收到兴府复字［2006］5号行政复议决定书后作出了杰政行字［2006］1号行政决定书，我方作出的以上行政行为符合兴府复字［2006］5号行政复议决定书的要求，上诉人提出要求撤销一审判决及兴府复字［2006］5号行政复议决定书与我方没有直接的关系。我方作出的杰政行字［2006］1号行政决定书的行政行为适用法律正确，程序合法，法院在审理时，应驳回上诉人将我方作为被上诉人的上诉要求。

二审法院经审理认为，根据1989年《行政诉讼法》第13条规定，对地方人民政府的具体行政行为不服的，向上一级人民政府申请行政复议。因此，被上诉人兴国县人民政府受理上诉人李某、肖某的行政复议申请是依法履行法定职责的行为。上诉人申请复议的目的，是不服杰村乡政府的口头答复，并要求其作出书面决定。兴国县政府受理上诉人的复议申请后，经审查已依法作出复议决定，即要求杰村乡政府作出书面审核意见。兴国县人民政府的复议决定实质上已支持了上诉人的申请，上诉人申请行政复议机关追加杰村村委会为被申请人的主张，由于村委会不是一级政府，其请求事项已超出行政复议机关的复议范围，县政府经审查不追加杰村村委会为被申请人符合法定权限及其职能要求，因而是合法的。上诉人诉请撤销该复议决定书无事实和法律根据，其上诉理由不成立，本院不予支持。依照1989年《行政诉讼法》第61条第1项之规定，判决如下：驳回上诉，维持原判。[①]

【案例分析】

本案的争议焦点除上诉人李某、肖某的请求是否成立这一实体问题外，涉及杰村乡杰村村委会在行政复议中的地位问题。在兴国县人民政府审理李某、肖某请求的复议期间，二人就书面申请追加杰村乡杰村村委会为行政复议第三人，但兴国县人民政府未予采纳。而在进入行政诉讼后，特别是在上诉时，二人又提出如果执行《江西省实施〈中华人民共和国土地管理法〉办法》第40条和兴国县人民政府［2003］58号文件第6条规定，那么杰村乡杰村村委会就是本案行政复议的被申请人。

《行政复议法实施条例》第11条规定："公民、法人或者其他组织对行政机关的具体行政行为不服，依照行政复议法和本条例的规定申请行政复议的，作出该具体行政行为的行政机关为被申请人。"《行政复议法》第10条第3款规定："同申请行政复议的具体行政行为有利害关系的其他公民、法人或者其他组织，可以作为第三人参加行政复议。"因此，确定行政复议的被申请人与第三人，必须先确定被申请复议的行政行为。

在此案中，兴国县杰村乡人民政府口头通知李某、肖某，对其宅基地申请不予审核后，原告向兴国县人民政府申请行政复议，申请复议的对象是兴国县杰村乡人民政府不予审核其宅基地申请的决定，而该决定由兴国县杰村乡人民政府作出，故被申请人应为兴国县杰村乡人民政府。杰村乡杰村村委会不是该决定的主体，不能成为此案的被申请人。李某、肖某提出根据《江西省实施〈中华人民共和国土地管理法〉办法》第40条，杰村乡杰村村委会应为此案的被申请人。换言之，李某、肖某认为，根据《江西省实施〈中华人民共和国土地管理法〉办法》第40条的规定，杰村村委会构成《行政复议法》规定的"法律、法规授权的组织"，可以成为行政复议的被申请人。然而，《土地管理法》第62条明确规定："农村村民一户只能拥有一处宅基地，其宅基地的面积不得超过省、自治区、直辖市规定的标准。农村村民建住宅，应当符合乡（镇）土地利用总体规划，并尽量使用原有的宅基地和村内空闲地。农村村民住宅用地，经乡（镇）人民政府审核，由县级人民政府批准"，并未授权村委员会审批农村村民宅基地。《江西省实施〈中华人民共和国土地管理法〉办法》第40条的规定，没有也不能改变《土地管理法》所确立的行政许可规定，增设新的行政许可机关。因此，该第40条的规定应理解为乡（镇）人民政府行使宅基地许可权时的程序规定，为乡（镇）人民政府行使许可权时应考虑的因素，而非唯一因素。退一步而言，即使杰村乡杰村村委会为法律、法规授权的组织，可以成为行政复议被申请人，根据《行政复议法》第15条规定："对法律、法规授权的组织的具体行政行为不服的，分别向直接管理该组织的地方人民政府、地方人民政府工作部门或者国务院部门申请行政复议"，理应向杰村乡人民政府而不是兴国县人民政府申请复议。

---

① 《李某等与兴国县人民政府土地行政许可复议决定纠纷上诉案》，江西省赣州市中级人民法院（2007）赣中行终字第24号行政判决书。

在被复议对象为杰村乡人民政府不予审核决定时，杰村乡杰村村委会能否成为该复议第三人，关键要看它同杰村乡人民政府不予审核决定是否有利害关系。即使根据《江西省实施〈中华人民共和国土地管理法〉办法》第40条规定，杰村乡杰村村委会与杰村乡人民政府的审核行为有关，但并不影响杰村村委会的权利义务，故杰村村委会不能成为行政复议案件的第三人。

【法律背景】

《行政复议法》第十条；《行政复议法实施条例》第五条、第六条、第七条、第八条、第九条、第十一条、第十二条、第十三条、第十四条；《土地管理法》第六十二条。

《江西省实施〈中华人民共和国土地管理法〉办法》　第四十条　农村村民因建住宅需要使用本集体经济组织土地的，由本人提出申请，经村民会议同意，村委会审查，乡（镇）人民政府审核，报县级人民政府批准。其中，涉及农用地转用的，由县级人民政府审核后整理汇总，每年分批次上报有农用地转用批准权的人民政府批准。

【知识点介绍】

行政复议参加人指与被申请复议的行政行为有法律上的利害关系，依法参加行政复议的申请人、被申请人和第三人。

行政复议的申请人是行政复议的启动者，是对行政行为不服，以自己的名义向行政复议机关提出申请的公民、法人或者其他组织。（1）享有行政复议申请权的只能是公民、法人或者其他组织，行使国家权力的机关不能作为行政复议的申请人；（2）申请人必须是认为自身合法权益受到侵害，并依法提出复议申请的公民、法人或者其他组织。行政复议法实施条例规定，合伙企业申请行政复议的，应当以核准登记的企业为申请人，由执行合伙事务的合伙人代表该企业参加行政复议；其他合伙组织申请行政复议的，由合伙人共同申请行政复议。合伙企业之外不具备法人资格的其他组织申请行政复议的，由该组织的主要负责人代表该组织参加行政复议；没有主要负责人的，由共同推选的其他成员代表该组织参加行政复议。对于股份制企业，并非只有法定代表人有权以企业名义申请复议，股份制企业的股东大会、股东代表大会、董事会认为行政机关作出的具体行政行为侵犯企业合法权益的，也可以以企业的名义申请行政复议，事实上赋予了股份制企业的股东大会、股东代表大会、董事会行使申请行政复议权利的地位。

行政复议的被申请人是指复议申请人指控其作出的行政行为侵犯其合法权益的行政机关或法律法规规章授权的组织。作出具体行政行为的行政组织有多种形态，所以行政复议的被申请人也有多种。（1）独立被申请人。作出具体行政行为的一级人民政府和它的工作部门是独立被申请人。（2）共同被申请人。若干行政机关以共同名义作出具体行政行为的，共同作出具体行政行为的行政机关为共同被申请人；行政机关与法律、法规授权的组织以共同的名义作出具体行政行为的，行政机关和法律、法规授权的组织为共同被申请人。但是，如果行政机关与其他组织以共同名义作出具体行政行为的，其他组织不能成为被申请人，只有行政机关是被申请人。（3）继续行使被撤销行政机关权限的被申请人。作出被申请具体行政行为的行政机关在申请提出时已经被撤销，继续行使其权限的行政机关是被申请人。（4）法定授权的组织作为被申请人。法律、法规授权的组织作出具体行政行为，公民、法人或者其他组织不服提出行政复议，该法定授权组织为被申请人。（5）批准机关为被申请人。下级行政机关依照法律、法规、规章规定，经上级行政机关批准作出具体行政行为的，批准机关为被申请人。（6）派出机关、派出机构、内设机构作为被申请人。行政机关的派出机关，以及经法律、法规授权的行政机关设立的派出机构、内设机构或者其他组织对外以自己的名义作出具体行政行为的，该派出机关、派出机构和内设机构为被申请人。而行政机关设立的派出机构、内设机构或者其他组织，未经法律、法规授权，对外以自己名义作出具体行政行为的，则由该行政机关为被申请人。

行政复议中的第三人，是指因与被申请复议的具体行政行为有利害关系，为了维护自己的合法权益，经复议机关同意参加到行政复议中去的公民、法人或者其他组织。《行政复议法》规定，同申请行政复议的具体行政行为有利害关系的其他公民、法人或者其他组织，可以作为第三人参加行政复议。

第六节　复议程序

【案例介绍】

上诉人（原审原告）：郑某某。

被上诉人（原审被告）：佛山市劳动和社会保障局。

郑某某是佛山市南平鞋厂有限公司（简称“南平鞋厂”）的员工，因南平鞋厂欠缴其社会养老保险费和失业保险费，向佛山市南海区劳动和社会保障局投诉。该局接到投诉后，经调查核实，于2004年9月22日作出了南劳社行处［2004］7037号《行政处理决定书》，限该厂在收到本处理决定书之日起15日内，为郑某某缴纳1998年11月1日至2004年4月30日的养老保险费10 645.39元；并支付因该厂拒不参加失业保险而导致郑某某不能按规定享受失业保险待遇的一次性生活补助费562元。2004年9月30日，佛山市南海区劳动和社会保障局对郑某某作出《告知书》：“你举报佛山市南平鞋厂有限公司未为你依法参加社会保险一事，经调查，情况属实。南海区劳动和社会保障局已于二〇〇四年九月二十二日依法作出了行政处理决定（南劳社行处［2004］7037号）。根据《社会保险费征缴暂行条例》第4条规定，你必须到南海区社会保险基金管理中心缴纳1998年11月1日至2004年4月30日的养老保险费（个人缴纳部分）2 042元。”并于同日将《告知书》直接送达给郑某某。2005年4月19日，郑某某不服该《告知书》，向被告佛山市劳动和社会保障局提出行政复议申请，后者于2005年4月25日作出佛劳社复字［2005］5号《不予受理决定书》，郑某某不服向佛山市禅城区人民法院提起行政诉讼。另，郑某某因不服佛山市南海区劳动和社会保障局作出的南劳社行处［2004］7037号《行政处理决定书》，曾向佛山市南海区人民法院提起行政诉讼，2005年8月13日，该院作出（2005）南行初字第37号《行政判决书》，对该《行政处理决定书》予以维持。

佛山市禅城区人民法院经审理认为，案件的争议焦点为：原告是否超过复议申请时效和是否属于重复起诉。《行政复议法》第9条规定："公民、法人或者其他组织认为具体行政行为侵犯其合法权益的，可以自知道该具体行政行为之日起六十日内提起行政复议申请；但是法律规定的申请期限超过六十日的除外。"《广东省行政复议工作规定》第6条第1项规定："以直接送达方式送达文书的，文书送达时间为知道日期。"佛山市南海区劳动和社会保障局2004年9月30日作出《告知书》，并于即日送达给原告，原告知道具体行政行为的日期应是2004年9月30日，但原告到2005年4月19日才向被告提出行政复议申请，根据上述规定，原告的行政复议申请已经超过了60天的法定时效。且对于原告向南海区劳动和社会保障局的投诉，该局已作出了南劳社行处［2004］7037号《行政处理决定书》，责令南平鞋厂为原告补缴社会保险费，而该局于2004年9月30日所作出的《告知书》是让原告知悉处理结果的一种告知行为，不是对原告实体权利义务的处理，没有法律上的强制力，故此，被告不受理原告的行政复议申请于法有据。原告因不服南劳社行处［2004］7037号《行政处理决定书》而提起行政诉讼，佛山市南海区人民法院作出（2005）南行初字第37号《行政判决书》，对该《行政处理决定书》予以维持。据此可见，原告已经行使其对《行政处理决定书》的诉权。由于原告向被告提起行政复议、向南海区人民法院提起行政诉讼均是对南劳社行处［2004］7037号《行政处理决定书》不服，主要认为未有处理南平鞋厂为原告缴纳从1992年3月21日到2004年6月21日社会保险费问题。故原告在南海区人民法院作出行政判决后，现又以同一事实理由提起行政诉讼，实质上属于重复起诉。根据《行政诉讼法若干解释》（2000年）第44条第8项规定，对原告的起诉应予以驳回。被告辩解不受理其申请的原因之一是原告曾向南海区人民法院提起行政诉讼，按规定不能提起行政复议申请。经审查，原告是在提起行政复议申请之后再向南海区人民法院起诉的，被告的该理由不成立，但不影响其行政行为的合法性。综上所述，被告作出的佛劳社复字［2005］5号《不予受理决定书》认定事实清楚、适用法律法规正确、程序合法，应予以维持。原告提起行政诉讼属于重复起诉，依法应予以驳回。依据1989年《行政诉讼法》第54条第1项、《行政诉讼法若干解释》（2000年）第56条第4项规定，判决：维持被告作出的佛劳社复字［2005］5号《不予受理决定书》，驳回原告郑某某其他诉讼请求。

上诉人郑某某不服原判提出上诉。佛山市中级人民法院经审理认为，本案中佛山市南海区劳动和社会保障局针对上诉人投诉南平鞋厂欠缴其社会养老保险费和失业保险费的问题，于2004年9月23日对南平鞋厂作出了南劳社行处［2004］7037号《行政处理决定书》（该处理决定已经行政复议和行政诉讼审查），并于2004年9月30日对上诉人作出《告知书》：告知其投诉的处理情况并让其补缴社保费的个人缴费部分。该《告知书》于同日直接送达上诉人。上诉人因不服该《告知书》而于2005年4月19日向被上诉人申请行政复议，但是根据《行政复议法》第9条的规定，上诉人提出的行政复议申请超过了法定60日的复议期限，故被上诉人依照《行政复议法》第17条的规定不予受理其复议申请是正确的，该复议决定认定事实清楚，适用法律正确，依法应予维持。上诉人关于其复议申请未超过法定复议期限的主张不能成立，本院不予支持。另外，上诉人提出的要求法院判定南平鞋厂支付其工作12年的经济补偿金等诉讼请求，不属于本案的审查范围。原审法院作出维持被上诉人的不予受理决定和驳回上诉人其他诉讼请求的判决是正确的，依法应予维持。依照《行政诉讼法》（1989年）第61条第1项的规定，判决如下：驳回上诉，维持原判。①

【案例分析】

此案的焦点问题有两个：一是郑某某不服该《告知书》向佛山市劳动和社会保障局提出行政复议申请是否超过法定期限？二是对《告知书》是否可同时使用行政复议与行政诉讼？

就申请行政复议期限，《行政复议法》第9条明确规定："公民、法人或者其他组织认为具体行政行为侵犯其合法权益的，可以自知道该具体行政行为之日起六十日内提起行政复议申请；但是法律规定的申请期限超过六十日的除外。因不可抗力或者其他正当理由耽误法定申请期限的，申请期限自障碍消除之日起继续计算。"本案中不存在法律特别规定超过60日的情形，故郑某某申请行政复议的期限应为自知道该具体行政行为之日起60日内。就知道具体行政行为的起算点，《广东省行政复议工作规定》第6条规定："以直接送达方式送达文书的，文书送达时间为知道日期。"当时尚未出台而目前已生效的《行政复议法实施条例》第15条规定："载明具体行政行为的法律文书直接送达的，自受送达人签收之日起计算。"

本案中，佛山市南海区劳动和社会保障局在2004年9月30日对上诉人作出《告知书》：告知其投诉的处理情况并让其补缴社保费的个人缴费部分，并于同日将《告知书》直接送达上诉人，郑某某于2005年4月19日申请行政复议。由于郑某某未提供证据证明存在"因不可抗力或者其他正当理由耽误法定申请期限的"情形，故郑某某的行政复议申请超过法定期限。佛山市劳动和社会保障局以此为由作出不予受理郑某某复议申请的决定，是正确的。

---

① 参见《郑某某与佛山市劳动和社会保障局行政复议决定纠纷上诉案》，广东省佛山市中级人民法院（2007）佛中法行终字第14号行政判决书。

行政复议与行政诉讼，是两种不同的救济手段，不管二者的关系如何，当事人都不得同时使用这两种救济手段。《行政复议法》第16条规定："公民、法人或者其他组织申请行政复议，行政复议机关已经依法受理的，或者法律、法规规定应当先向行政复议机关申请行政复议、对行政复议决定不服再向人民法院提起行政诉讼的，在法定行政复议期限内不得向人民法院提起行政诉讼。公民、法人或者其他组织向人民法院提起行政诉讼，人民法院已经依法受理的，不得申请行政复议。"第一审法院指出，郑某某存在重复起诉问题，其背后隐含有郑某某对《告知书》同时使用行政复议与行政诉讼问题。这一认定似不正确。理由如下：郑某某向南海区人民法院提起行政诉讼，所诉行政行为是佛山市南海区劳动和社会保障局作出的南劳社行处［2004］7037号《行政处理决定书》，该决定的内容是南平鞋厂应为郑某某缴纳1998年11月1日至2004年4月30日的养老保险费10 645.39元；并支付因该厂拒不参加失业保险而导致郑某某不能按规定享受失业保险待遇的一次性生活补助费562元。而郑某某起诉的理由，主要是认为南海区劳动和社会保障局未有处理南平鞋厂为原告缴纳从1992年3月21日到2004年6月21日社会保险费问题。郑某某申请行政复议的行为，是南海区劳动和社会保障局向他发出的《告知书》。该《告知书》虽具有告知内容的性质，但涉及郑某某的实体权利，即"必须到南海区社会保险基金管理中心缴纳1998年11月1日至2004年4月30日的养老保险费（个人缴纳部分）2 042元"。对此，郑某某享有行政复议权利。由于复议与向南海区人民法院起诉的行为不同，不存在同时使用复议与诉讼的问题。本起行政诉讼案所审理的佛山市劳动和社会保障局不受理郑某某复议申请的决定，与郑某某向南海区人民法院起诉要求审查佛山市南海区劳动和社会保障局作出的南劳社行处［2004］7037号《行政处理决定书》，无论是被告还是行为对象，均有不同。故第一审法院认为郑某某重复起诉的理由不成立，而第二审法院仅以郑某某逾期申请复议为由认定佛山市劳动和社会保障局不受理郑某某复议申请的决定合法是正确的。

【法律背景】

《行政复议法》第九条、第十一条、第十六条、第十七条；《行政复议法实施条例》第十五条、第十六条。

《广东省行政复议工作规定》第六条　以直接送达方式送达文书的，文书送达时间为知道日期。

【知识点介绍】

行政复议由不同环节组成，从当事人提出复议申请到行政复议机关审理并作出复议决定，都需要符合一定的要求。

行政复议申请是行政复议申请人向行政复议机关提出审查行政行为的请求，它是行政复议程序开始的前提。根据法律规定，提出复议必须具有一定的条件，这些条件包括：第一，申请人是认为具体行政行为直接侵犯其合法权益的公民、法人或者其他组织；第二，有明确的被申请人；第三，有具体的复议请求和事实根据；第四，属于复议范围和受理复议机关管辖；第五，在法定期限内提出复议申请。公民、法人或者其他组织认为具体行政行为侵犯其合法权益的，可以自知道该具体行政行为之日起60日内提出行政复议申请；但是法律规定的申请期限超过60日的除外。因不可抗力或者其他正当理由耽误法定申请期限的，申请期限自障碍消除之日起继续计算。申请人申请行政复议，可以书面申请，也可以口头申请；口头申请的，行政复议机关应当当场记录申请人的基本情况，行政复议请求，申请行政复议的主要事实、理由和时间。

行政复议机关收到行政复议申请后，应当在5日内进行审查，并根据具体情形作出不同处理：第一，对不符合条件的行政复议申请，决定不予受理，并书面告知申请人；第二，对符合条件的行政复议申请，但是不属于本机关受理的行政复议申请，应当告知申请人向有关行政复议机关提出。公民、法人或者其他组织依法提出行政复议申请，行政复议机关无正当理由不予受理的，上级行政机关应当责令其受理；必要时，上级行政机关也可以直接受理。

审理是复议机关对复议案件的事实、证据、法律适用等进行审查的过程，这是行政复议程序的关键环节。根据《行政复议法》的规定，行政复议原则上采取书面审查方式，原则上实行书面审理方式，并不能排除行政复议机关根据需要选择书面方式以外的其他适当方式进行审理。至于具体形式视案件而定，可以向有关组织和人员调查情况，听取申请人、被申请人和第三人的意见，实地调查核实证据，也可以给予当事人向行政复议机关口头陈述有关事实的机会，或者使被申请人与申请人进行辩论以查清案件事实。采用书面审理以外方式的条件，既可以由申请人提出要求，也可以由行政复议机关负责法制工作的机构认为有必要时依职权决定。行政复议法实施条例明确规定，对重大、复杂的案件，申请人提出要求或者行政复议机构认为必要时，可以采取听证的方式审理。

为促使行政争议的尽快解决，行政复议法实施条例规定，在行政复议期间，符合一定条件的案件，申请人和被申请人可以进行和解，行政复议机关可以进行调解。具体而言，在行政复议期间，申请人和被申请人进行和解的要求有：第一，对行政机关行使法律、法规规定的自由裁量权作出的具体行政行为。不过，对行政赔偿和行政补偿事项，也应属于可以和解事项；第二，和解应当出于双方自愿，并签订书面和解协议；第三，申请人与被申请人应当在行政复议决定作出前达成和解；第四，和解内容不得损害社会公共利益和他人合法权益；第五，应当向行政复议机构提交书面和解协议，并获得行政复议机构准许。行政复议机关在行政复议期间进行调解的要求和程序为：第一，所能调解的事项包括：因行政机关行使法律、法规规定的自由裁量权作出的具体行政行为引起的行政复议案件，当事人之间的行政赔偿纠纷，当事人之间的行政补偿纠纷；第二，行政复议机关应当依据自愿、合法的原则进行调解；第三，当事人经调解达成协议的，行政复议机关应当制作行政复议调解书。调解书应当载明行政复议请求、事实、理由和调解结果，并加盖行政复议机关印章。行政复议调解书经双方当事人签字，即具有法律效力。调解未达成协议或者调解书生效前一方反悔的，行政复议机关应当及时作出行政复议决定。

行政复议决定是指行政复议机关在查清事实的基础上，依法对复议案件实体问题作出的处理决定。行政复议机关通过对复议案件的审理，应当在受理行政复议申请之日起60日内，根据不同情况分别作出复议决定：

1. 维持决定。指具体行政行为合法，复议机关肯定其法律效力的决定。条件是具体行政行为认定事实清楚，证据确凿，适用依据正确，程序合法，内容适当。

2. 履行决定。指复议机关责令被申请的行政主体在一定期限内履行其法定职责的决定。其适用于的条件是：(1) 行政机关具有履行某种职责的职责和权力；(2) 行政机关没有履行该职责；(3) 不履行没有客观理由。

3. 撤销、变更和确认违法决定。行政复议机关经审查，发现具体行政行为有下列情形之一的，依法作出撤销、变更或者确认该行为违法的决定，必要时可以责令被申请人在一定期限内重新作出具体行政行为：(1) 主要事实不清，证据不足；(2) 适用依据错误；(3) 违反法定程序；(4) 超越或者滥用职权的；(5) 具体行政行为明显不当的。

《行政复议法》同时规定，被申请人行政机关不依法提出书面答复、提交当初作出具体行政行为的证据、依据和其他有关材料的，视为该具体行政行为没有证据、依据，决定撤销该具体行政行为。行政复议机关责令被申请人重新作出具体行政行为的，被申请人不得以同一的事实和理由作出与原具体行政行为相同或者基本相同的具体行政行为。

4. 赔偿决定。申请人在申请行政复议时如果一并提出行政赔偿请求，经审查认为符合国家赔偿法的有关条件，行政复议机关在决定撤销、变更具体行政行为或者确认具体行政行为违法时，应当同时决定被申请人依法给予赔偿。如果对于不符合国家赔偿条件的，应作出不予赔偿的决定。

申请人在申请行政复议时没有提出行政赔偿请求的，行政复议机关在依法决定撤销或者变更罚款，撤销违法集资、没收财物、征收财物、摊派费用以及对财产的查封、扣押、冻结等具体行政行为时，应当同时责令被申请人返还财产，解除对财产的查封、扣押、冻结措施，或者赔偿相应的价款。

行政复议机关作出行政复议决定，应当制作行政复议决定书，并加盖印章。行政复议决定书一经送达，即发生法律效力。

阅读资料

1. 莫于川主编．行政法原理与案例教程．北京：中国人民大学出版社，2007

2. 张越．行政复议法学．北京：中国法制出版社，2007

3. 周汉华主编．行政复议司法化：理论、实践与改革．北京：北京大学出版社，2005

4. 应松年等编著．行政复议法例解与适用．北京：中国民主法制出版社，1999

探讨性案例

程某某等206人不服海南省某人民政府多次违法克扣工资及离退休费向海南省人民政府申请复议，要求被申请人按中央及本省的有关规定补发被克扣的工资及离退休费。海南省人民政府认为，依据国务院《关于机关、事业单位离退休人员增加离退休费的通知》（国发［1995］32号），人事部、财政部《关于机关、事业单位离退休人员增加离退休费的通知》（人发［1997］91号）；以及国务院办公厅转发人事部、财政部《关于从2001年10月1日起调整机关、事业单位工作人员工资标准和增加离退休人员离退休费三个实施方案的通知》的精神，调整机关、事业单位工作人员工资标准和增加离退休人员离退休费均属行政内部行为及人事处理决定。海南省人民政府于2004年6月9日作出琼府复受［2004］字第1号《行政复议不予受理决定书》，认为申请人的复议请求不在行政复议受理范围内，根据《行政复议法》第8条和第17条的规定，决定不予受理。程某某等50人收到《行政复议不予受理决定书》后不服，提起行政诉讼。

问题：1. 海南省人民政府的不予受理是否正确？2. 程某某等206人应如何提起行政复议？

法院经审理认为，因公职人员离退休工资等属于行政机关内部人事管理方面的问题，根据《行政复议法》第8条第1款“不服行政机关作出的行政处分或者其他人事处理决定的，依照有关法律、行政法规的规定提出申诉”的规定，海南省人民政府认定，程某某等人的申请不属行政复议受理范围，决定不予受理其行政复议申请符合法律规定。

复习题

1. 行政复议有哪些特点？
2. 我国行政复议范围的具体内容是什么？
3. 如何确定行政复议管辖？
4. 如何确定行政复议的申请人和被申请人？
5. 行政复议的具体程序是什么？
6. 不同行政复议决定适用条件是什么？

第十三章

行政赔偿

本章提要

行政赔偿，指的是国家为了补救行政主体的侵权行为对公民、法人或其他组织造成的损害而承担的一种给付责任。为了确认、落实、执行这种责任而形成的法律制度，就是行政赔偿制度，它是宪法上的公民求偿权在法律中的具体贯彻。所谓“有权利必有救济”，而“救济”的本质无非就是侵害的停止和损失的弥补，且往往以后者居多。因此，赔偿的获得，在一般情况下，就是公民、法人或其他组织在行政救济程序中的最终诉求。

我国行政赔偿制度的初步建立，体现在1986年《民法通则》第121条对机关侵权责任的规定；《行政诉讼法》（1989年）以“侵权赔偿责任”一章，使行政赔偿责任得以从民事赔偿责任中独立出来；1994年颁布的《国家赔偿法》则标志着这一制度在我国的完整建立。《国家赔偿法》实施二十几年来，对人权保障的功绩不可磨灭，但由于制度本身的诸多缺陷和现实因素的种种制约，这一制度的实施状况并不理想。2008年，第十一届全国人大常委会启动了《国家赔偿法》的修订程序并在当年10月的第五次会议上初次审议，行政赔偿制度将通过法律的修订有所完善。

行政赔偿制度的基础与核心问题，是行政赔偿的归责原则，即国家承担行政赔偿责任的根据。不同的归责原则，是不同国家赔偿学说和制度选择的出发点。在这一基础上展开的行政赔偿制度主要包括四个方面的内容：赔偿范围、赔偿关系、赔偿程序和赔偿方式及其计算，分别解决的是“赔什么”、“谁赔谁”、“怎么赔”、“赔多少”四个主要问题。

第一节　归责原则

【案例介绍】

李某诉江苏省海门市刘浩镇政府公共设施致害行政赔偿案[①]

2007年10月的一天，海门市刘浩镇农民李某驾驶一辆二轮摩托车沿本乡一中

---

① 参见《路面不平致人车祸死亡　江苏一镇政府被判赔偿1.5万余元》，见新华网，http://news.xinhuanet.com/newscenter/2008-04/26/content_8056922.htm，2008年4月8日访问。

心路行驶，至路口西侧接口处上斜坡时刹车不及，车身失控，李某倒地后由于严重颅脑损伤而死亡。经调查，李某当时未戴头盔且属于无证驾驶。李某家属认为，李某的死虽主要是由于其未戴头盔且无证驾驶，但是事发地路面严重凹凸不平，又有坡度，也是导致这起车祸发生的重要原因，作为修筑路面的镇政府也应承担相应责任。事后，李某家属与镇政府进行交涉，要求其赔偿损失。因双方未达成一致意见，李某家属将镇政府告上法庭。

法院经审理查明，事发地段是镇政府所建村级中心路的交叉路口，在两条路的接口处存在一处约90厘米长、20厘米高的斜坡，直接导致李某驾驶的摩托车刹车不及车身失控而发生事故。被告镇政府则认为，这一路段没有具体的设计标准，管理上不存在任何瑕疵。受害人驾车时无证驾驶且又没有戴头盔，疏于对路面的观察，车速过快，应负事故的全责。法院经审理认为，在此次事故中，受害人李某无证驾驶且未戴头盔，行驶时疏于对路面情况观察，上斜坡时车速过快以至于失控，这些行为是造成事故的主要原因。而被告镇政府系中心路的修建出资人和实际管理人，对斜坡的存在及对行驶安全的影响未予以足够的重视，应负事故的次要责任。据此，法院判令被告镇政府赔偿事故损失的10%，即人民币1.5万余元。

【案例分析】

本案的核心在于辨明两个问题：一是刘浩镇政府对李某的死亡是否负有赔偿责任；二是这种赔偿责任的性质，及其应当适用的解决程序是什么？

对于第一个问题，我们很容易得到肯定的回答。因为被告刘浩镇政府对事发地点道路的设计和管理，与李某身亡的损害结果之间存在因果关系，而刘浩镇政府在此也存在过错，因此必须承担相应的赔偿责任。对于刘浩镇政府在本案中的“过错”，有两个问题值得注意：第一，这是一种推定的过错，并因此导致在诉讼中的举证责任倒置。本案属于典型的公共设施致害案件，从本质上来说应当适用危险责任的归责原则，实行严格的过错推定。即首先应推定刘浩镇政府在侵权行为（对斜坡的存在及其对行驶安全的影响未予足够重视并采取措施）中存在过错，但这种过错可以通过一定的理由来推翻，只不过这些理由又受到法律上的严格限制，仅限于不可抗力、紧急避险、受害人自我致害、第三人致害等特殊情形。因此，这是一种严格的过错推定。很显然，在本案中刘浩镇政府不存在上述抗辩理由，因而其过错可以认定。第二，这是一种混合的过错。本案中的受害人李某对损害结果的发生也存在明显过错——无证驾驶且未戴头盔，行驶时疏于对路面情况观察，上斜坡时车速过快以至于失控——这种过错与镇政府的过错构成混合，是减轻镇政府赔偿责任的正当理由。在本案中，法院认定被告镇政府承担10%的次要责任，其理由是充分的。

对于第二个问题，则涉及本节内容的核心。本案中的中心路属刘浩镇政府所有，毫无疑问，镇政府出资修建并实际管理中心路的行为，是其履行职责的行为，其背后是法律赋予政府的行政管理权。因此，本案中的公共设施致害，应属行政赔偿的范畴无疑。但是，我国现行的《国家赔偿法》上并无任何关于公共设施致害赔偿的规定，《国家赔偿法》上所确立的违法归责原则更不适用于大多数公共设施致害赔偿案件。正如本案，公共设施的修建和管理是一种行政事实行为而非具体行政行为，除了违反施工安全和工程设计等法律、法规、国家标准等情形外，一般情况下很难用"合法"或"违法"这样的标准来判断。换言之，公共设施致害赔偿的归责原则应当是"过错"而不是"违法"，而这种过错在具体形态上，是一种被严格限制了抗辩理由的推定的过错。正因为《国家赔偿法》上的违法责任无法解决公共设施致害中的赔偿责任，导致大量的公共设施致害案件无法得到处理，即使得到处理走的也是民事程序。本案正是一个通过民事诉讼解决行政赔偿案件的典型例子，其根源就在于现行《国家赔偿法》上单一的违法归责原则。

【法律背景】

《国家赔偿法》第二条第一款；

《最高人民法院关于审理人身损害赔偿案件适用法律若干问题的解释》第十六条。

【知识点介绍】

归责原则是整个行政赔偿制度的核心与基础，我国《国家赔偿法》确立的是单一的违法归责原则。在这里，我们主要介绍三个方面的问题：一是违法归责的基本内涵；二是从比较法的角度了解其他重要的行政赔偿归责原则；三是我国行政赔偿归责原则体系的完善。

第一，违法归责原则的基本内涵。从表面上看，违法归责原则是对过错归责原则的抛弃，即以行政机关的行为是否违法作为确定赔偿责任的基础，过错是否存在不影响赔偿责任的构成，而仅仅影响行政机关对其工作人员或受委托者的追偿。但从实质上看，违法归责的核心仍然是过错，只不过是将主观过错客观化了而已，即以行政行为是否违反法律这一标准来衡量过错是否存在，违法即有过错而引起赔偿，反之则无过错不引起赔偿。在违法归责原则中，所谓的"法"既包括宪法、法律、法规、规章等法律规范，也包括形成共识的法律原则，但不包括不确定的自然法和法的精神等；所谓的"违"包括作为违法和不作为违法，包括形式违法和实质违法（裁量不当），包括法律行为违法和事实行为违法，但主要指的是行为违法，而不是结果违法。由于违法归责的实质是将过错客观化，因而在诉讼中实行举证责任倒置。受害人只需证明损害结果的存在，并初步证明损害结果由行政机关造成；而行政机关的抗辩则需证明其行为没有违法，或其行为与损害结果没有因果关系，或证明存在受害人自我致害、第三人致害、不可抗力等免责事由。

第二，行政赔偿中的其他归责原则。除违法归责之外，各国行政赔偿制度上主要的归责原则还包括：（1）过错加违法归责原则。这种做法为日本、韩国和我国台湾地区所采用，只有行政行为违法且行为人存在主观过错（故意或过失）的情况下，行政机关才承担赔偿责任，违法和过错两个要件缺一不可。（2）公务过错原则。法国是公务过错的发源地，公务过错是以行政机关的公务行为是否达到中等的、良好的水平为标准，低于这一水平的公务行为造成损害事实的，行政机关即承担赔偿责任。公务过错同样是一种将过错客观化的归责原则，但它与违法归责的不同在于，公务过错是将中等、良好的公务水平作为客观衡量标准，而违法归责是将法律作为客观衡量标准。从实施的结果来看，违法归责最终确定的赔偿范围要窄于公务过错。（3）无过错归责原则。无过错归责是过错加违法原则或公务过错原则的补充，主要适用于公共设施致害赔偿。但正如本节案例所分析的那样，这里的所谓“无过错”并非绝对不考虑过错，只不过是对过错的存在进行了严格的推定而已，如果行政机关不能提出法律规定的、极为有限的抗辩理由，如不可抗力、第三人致害等，就认定存在过错，应当承担赔偿责任。

第三，我国行政赔偿归责原则体系的完善。《国家赔偿法》上所确立的违法归责原则简单明了、清晰易用，相对于过错认定的复杂性，具有效率上的优势。但是，违法归责原则的适用范围极其有限，许多行政赔偿案件根本无法通过这一原则来解决或解释，因此，单一的违法归责极大地限制了行政赔偿的范围，成为制约我国行政赔偿制度和实践发展的深层原因。因此，有必要在违法归责的基础上，建立我国完善的行政赔偿归责原则体系，包括：（1）适用于法律行为侵权的违法归责原则。（2）适用于事实行为侵权的过错归责原则。由于事实行为往往缺乏明确的法律依据作为客观化的衡量标准，因而仍应适用过错责任，在具体形态上表现为过错推定。（3）适用于公共设施致害的严格责任原则（无过错责任）。

值得同时指出的是，与行政赔偿一同规定于《国家赔偿法》中的刑事赔偿，其归责原则根本不应是（实际上也不是）该法所“宣称”的违法责任，而应当适用结果责任，其基本逻辑应当是“不当羁押——认定无罪——给予赔偿”，并不以违法作为构成要件。

第二节　赔偿范围

【案例介绍】

谢某某、谢某某诉娄底市交警大队行政不作为赔偿案[①]

1997年6月18日，湖南娄底师专医务室护士谢某某及其弟谢某某（下称二谢）乘坐三轮车，与娄底市必成汽修厂业主彭某某驾驶的小轿车相撞，姐弟两人和三轮车司机黄某某均被撞成重伤。事发后，娄底市交警大队及时派人到现场勘查，并将黄某某的三轮车、彭某某的小轿车扣押，二谢也被送到医院治疗，谢某某花去24 096.33元，谢某某花去18 458.39元。

事发后第三天，彭某某向交警大队预付1万元医疗费后其车辆被放行，二谢分7次领到了预付款。1998年4月30日，交警大队作出《道路交通事故责任认定书》，认定彭某某应负主要责任，黄某某负次要责任。2000年10月27日，作出《道路交通事故损害赔偿调解终结书》，建议按6∶4承担主次责任，彭某某赔偿二谢合计25 533元，减去已付1万元还应赔偿15 533元。黄某某应赔偿二谢合计

① 参见李建军、屈先蓉：《交警队不作为承担赔偿责任》，载《法制日报》，2003-03-03。

17 021元，但因其外出打工无法找到，未达成协议。

调解终结后，二谢对彭某某、黄某某提起了民事诉讼。但彭某某经营的汽修厂已经倒闭，其人下落不明，黄某某没有赔偿能力。二谢认为，事故发生后拖了10个月，交警大队才作出责任认定书，此后又以找不到三轮车司机为由长时间不予调解终结。由于时过境迁，肇事者没有存放足够的押金及财产抵押物，也没有设置担保，造成赔偿无法兑现，甚至连诉讼当事人都找不着。二谢认为这种索赔无门的情况是交警大队不负责任、办事拖沓所致，交警大队应对此负责。2002年4月29日，二谢向交警大队递交了《行政违法确认申请书》，未获答复后向娄底市中级人民法院提起行政诉讼。

法院经审理认为，轻微交通事故责任认定应在5日内作出，情节复杂的报上一级公安交通管理部门批准可延长5日。娄底市交警大队未经批准，迟至1998年4月30日作出责任认定书，属迟延履行法定职责。道路交通事故损害赔偿的调解期限为30日，公安机关认为必要时可延长15日。娄底市交警大队迟至2000年10月27日才作出调解终结书，亦属迟延履行法定职责。在此期间，原告因交警大队没有调解终结案件而不能提起民事赔偿诉讼，第三人彭某某从有车有厂有赔偿能力演变到无车无厂负债外出，原告的损失无法及时从彭某某处获得补救。交警大队迟延履行法定职责侵犯了相对人的合法权益，应承担相应的赔偿责任。因此，除第三人黄某某不配合交警大队及时处理事故负有20%的责任外，娄底市交警大队负有80%的责任，应承担彭某某赔偿二谢15 533元损失的80%，即12 426元。

【案例分析】

本案的核心是娄底市交警大队是否应当对谢某某、谢某某二人承担赔偿责任，对此有两个问题需要解决：一是行政不作为在何种情况下导致赔偿责任；二是不作为与损害事实的因果关系应如何认定。

第一，违法不作为的构成。在法定期限内对交通事故进行责任认定和行政调解是公安交警机关的法定职责，根据案情可知，交警大队在本案中没有选择不作为的裁量余地，交警大队必须依法履行上述职责。而交警大队怠于履行职责，已经构成不作为违法，符合行政赔偿的行为要件。

第二，不作为与损害事实的因果关系。根据相当因果关系理论，这可以从两个角度进行分析：首先，交警大队如果及时履行职责，结合案情可知，二谢的损害事实将不会发生。其次，交警大队怠于履行职责，二谢的损害事实虽不必然发生，但根据“常理”，对这种损害事实的发生，交警大队是应当知晓或可以正常预见的。因此，行政行为与损害结果之间的因果关系是成立的。

由于本案的直接责任人彭某某已支付1万元赔偿，因而交警大队只承担补足责任；而在这一部分责任中，又混合了第三人黄某某的过错，因此，娄底市中院判决交警大队承担

80％的补足赔偿，是合法、正确的。

【法律背景】

《国家赔偿法》第三条、第四条、第五条。

【知识点介绍】

行政赔偿的范围，取决于赔偿责任的构成要件，包括主体、行为、结果、因果关系、法律依据五个方面。

第一，主体要件，只有行使行政权的主体及其工作人员的行为，才有可能构成行政侵权。这里行使行政职权的主体包括行政机关，被授权的行政机构，被授权的非政府组织，实际行使行政权的武装力量（主要是主管消防、出入境管理的武警部队），受委托组织。工作人员包括上述主体雇佣的工作人员，也包括协助其履行职务的人，还包括受其唆使实施侵害行为的人。

第二，行为要件，必须是上述主体的职务行为才可能构成行政侵权。所谓职务行为，其含义广于职权行为，除了行使职权的行为之外，还包括与行使职权相关联的其他行为，如行政机关为了执行公务而驾驶的车辆在道路上发生交通事故。在这里，驾车的行为就不是职权行为，而是与行使职权关联的行为，但同样构成行政侵权行为。

第三，结果要件。《国家赔偿法》对赔偿范围的规定，主要就是从行为损害结果的角度来描述的。能够获得行政赔偿的损失应当符合下列条件：（1）属于合法权益；（2）属于人身权或财产权，具体一点讲，应属于人身自由权、生命权、健康权、名誉权、荣誉权、财产权中的某一种；（3）应当属于直接损失，即因国家侵权行为而引起的必然的、现实的损失，对于可得利益（即使是具有合理预期的利益）不予赔偿；（4）属于物质损害，对精神损害原则上不予赔偿，即使在特殊情况下给予赔偿，也不适用物质赔偿，而是适用赔礼道歉、恢复名誉、消除影响等非物质方式。

第四，因果要件。行政侵权行为与当事人遭受的损害必须具有一定程度的因果联系，国家才对此承担赔偿责任。按照《国家赔偿法》的立场，行为和结果之间必须构成必然因果关系，才符合赔偿条件，这一标准显然失之过狭。学界普遍主张使用相当因果关系，其公式是：如没有行为则必然没有损害，但有了行为按“常理”（一般人标准）就应当知道（或可以预见到）会发生损害，则因果关系成立；如没有行为则必然没有损害，但有了行为按照“常理”也不可能知道（或不能预见到）发生损害，则因果关系不成立。对于违法作为的侵权，如果成立因果关系，则行政机关应承担相应的赔偿责任；对于违法不作为的侵权，不作为常常表现为行政机关没有阻止他人的加害行为，因此存在直接的加害人，如直接加害人能够履行赔偿责任，则行政机关不再赔偿，如直接加害人不能（完全）履行赔偿责任，则行政机关承担补足的责任。

第五，法律依据要件。只有在法律明确规定的赔偿范围、方式和标准之内，行政侵权的受害人才有权获得国家赔偿。

第三节　赔偿关系

【案例介绍】

派出所副所长为抢道开枪杀人案①

2000年6月4日，河北霸州市公安局康仙庄派出所副所长杜某某与妻子童某某、儿子杜某驾驶一辆红色面包车前往霸州市信安镇看望岳父。面包车在上国道并线过程中，与在国道上自西向东正常行驶的霸州市供电局一电力工程车险些发生擦蹭。杜某某等认为是工程车故意不减速为其让路，便非常气愤，驱车强行超越工程车，迫使工程车停下。童某某、杜某上前辱骂工程车司机牛某某等人，双方厮打起来，杜某某掏出随身携带的"六四"式手枪，将工程车司机牛某某当场击毙。不顾现场人员的阻拦，杜某某驾车逃离现场，途中三人订立攻守同盟，编造了对方夺枪引起击发的虚假情节，并制造抢枪的痕迹假象，然后，杜某某驾车到霸州市公安局，按事先编造的虚假情节投案。

案件侦破后，廊坊市人民检察院对杜某某以故意杀人罪，对童某某、杜某以包庇罪向廊坊市中级人民法院提出公诉。法院最后判决：杜某某犯故意杀人罪，判处死刑，剥夺政治权利终身；杜某犯包庇罪判处有期徒刑7年；童某某犯包庇罪，判处有期徒刑5年。按照刑事附带民事赔偿程序，杜某某赔偿受害者家属赡养费、丧葬费、抚养费等共计人民币60 800元。

受害者家属代理人提出，霸州市公安局在本案中没有切实履行人员管理和枪支管理的法定职责，与杜某某构成共同过错，应承担国家赔偿责任。同时认为，此案中的国家赔偿与民事赔偿具有连带关系，两种责任可以并用，鉴于杜某某已承担民事赔偿责任，霸州市公安局应承担国家赔偿与民事赔偿之间的差额。

【案例分析】

本案的焦点是公务人员的个人民事赔偿责任与行政机关的国家赔偿责任两者能否并存。

按照《国家赔偿法》的立场，国家赔偿责任和个人的民事赔偿责任是互相排斥的，两种法律关系不可能并存，其第5条也明确规定，行政机关工作人员与行使职权无关的个人行为，国家不承担赔偿责任。按照这一逻辑，因公务人员个人行为导致的损害，只能由其个人承担民事赔偿，而公务人员实施与职权有关的行为，则由行政机关承担国家赔偿责任，个人的过错只影响到追偿程序是否启动。按照现行法的规定，本案被告杜某某已通过刑事

① 参见《审判杜某某：霸州枪案凶手被判死刑》，载《北京青年报》，2000-07-05；高家伟：《国家赔偿法》，209～211页，北京，商务印书馆，2004。

附带民事赔偿程序给予受害人赔偿，国家自然不再承担赔偿责任。

但上述逻辑显然没有考虑到行政机关的违法行为与公务人员个人过错混合的情况。在本案中，按照《人民警察法》的规定，杜某某不符合担任警察的条件，更不应担任副所长的领导职务；按照《枪支管理法》的规定，也不应允许杜某某在非公务时间佩带枪支。如果没有霸州市公安局上述失职行为，杜某某的侵害行为也不可能实施。因此，受害人家属的代理人认为，本案应当并用国家赔偿与民事赔偿，两者构成连带关系，这种观点是有道理的。

与本案相似的另外一种情况是，公安干警在依法履行职务过程中，因个人恶意如私仇等枪击他人。此时，只存在干警个人过错，不存在机关的违法行为，就只能单独适用个人的民事赔偿责任。

【法律背景】

《国家赔偿法》第六条、第七条、第八条。

【知识点介绍】

行政赔偿关系，主要解决两个问题：一是赔偿请求人（权利方）；二是赔偿义务机关（义务方）。

1. 请求人

行政赔偿请求人，包括本来的请求人与经转移的请求人。本来的请求人，指的是受行政行为侵害的公民、法人或其他组织。当受害的公民死亡，或者受害的法人和其他组织终止时，就产生了请求人资格转移的问题。受害的公民死亡的，其继承人、其他有扶养关系的亲属以及死者生前抚养的无劳动能力人有权替代死者要求行政赔偿。受害的法人或者其他组织终止，承受其权利的法人或者其他组织有权替代其要求行政赔偿。

2. 赔偿义务机关

行政赔偿的义务主体是国家，而赔偿义务机关指的是代表国家接受行政赔偿请求，参加行政赔偿诉讼，履行赔偿义务的机关。赔偿义务机关的确定与行政诉讼被告的确定十分接近，主要通过行政主体标准来认定，实行"谁侵权，谁赔偿"的原则。因此，行政主体对于自己实施的侵权行为，应当承担赔偿责任；在行政委托关系中，接受委托的行政机关、行政机构、社会组织和个人实施的行政侵权行为由委托的行政主体赔偿。在此基础上，我们需要分析几种特殊情况下行政赔偿义务机关的确定：

（1）共同行政侵权的赔偿义务机关。两个以上行政主体共同行使行政职权时发生侵权，应当共同作为赔偿义务机关，承担连带责任。

（2）侵权机关被撤销时的赔偿义务机关。实施侵权行为的机关被撤销，继续行使其职权的行政机关替代其作为赔偿义务机关；如果没有继续行使其职权的行政机关，由撤销原侵权机关的行政机关替代其作为赔偿义务机关。

（3）复议加重损害时的赔偿义务机关。在这种情况下，复议机关与作出原具体行政行为的机关应当就其侵权行为造成的损害分别负责，不承担连带责任。作出原具体行政行为的机关对其造成的损害负责，而复议机关就其加重的损害负责。

(4) 上下级交办案件的赔偿义务机关。在某些情况下，上下级行政机关之间存在所谓的“交办”任务，例如地方人民政府向其派出机关交办一定任务。如果下级机关在执行交办任务时造成了行政侵权，则赔偿义务机关的确定应当按照行政委托关系处理，即将“交办”定性为行政委托，由委托的交办机关赔偿。

(5) 非诉执行案件的赔偿义务机关。行政机关申请人民法院强制执行其具体行政行为，最终造成被执行人合法权益损害时，首先必须辨别侵权行为的性质。如果是法院及其工作人员在执行过程中违法造成侵权的，属于民事、行政司法赔偿的范畴，应当由负责执行的法院作为赔偿义务机关。如果法院的执行行为并无错误，但是其据以执行的根据，即被执行的具体行政行为存在错误的，则应当以申请执行的行政机关，也就是该具体行政行为的作出者，作为赔偿义务机关。

第四节 赔偿程序

【案例介绍】

甲诉天津市车辆购置附加费征收办公室行政赔偿案①

甲向乙购买汽车一辆，因为车辆购置附加费问题，该车被天津市车辆购置附加费征收办公室扣留。后甲通过民事诉讼途径，经法院判决买卖合同无效，法院到购置办公室执行被扣车辆，被告知该车已经车主乙领走。甲遂对购置办公室放车行为申请行政赔偿，经过先行处理，车购办作出放车行为合法不予赔偿的决定。甲对该决定不服，提起行政赔偿诉讼。

在审理中，天津市高院对如何适用最高人民法院《关于审理行政赔偿案件若干问题的规定》第21条第4项和第34条规定的问题，形成两种不同意见：一种意见认为，根据《关于审理行政赔偿案件若干问题的规定》(以下简称《行政赔偿规定》)第21条第4项“加害行为为具体行政行为的，该行为已被确认为违法”的规定，即凡是单独提起行政赔偿诉讼的，其前提必须是具体行政行为已被确认为违法，这种确认既可以经司法确认，也可以是行政确认。如具体行政行为没有被确认违法，即使符合《行政赔偿规定》第24条规定中的其他条件，法院也不应受理。本案中购车办的放车行为没有被确认为违法，不符合《行政赔偿规定》第21条第4项的规定，法院不应当受理。另一种意见认为，《行政赔偿规定》第34条规定：“人民法院对赔偿请求人未经确认程序而直接提起行政赔偿诉讼的案件，

① 参见刘飞宇：《对行政赔偿先行处理程序的再思考——兼论国家赔偿法的修改》，载《新东方》，2004(9)。

在判决时应当对赔偿义务机关致害行为是否违法予以确认。”根据该条规定，具体行政行为是否被确认违法不是单独提起行政赔偿诉讼的必要条件，而赔偿义务机关先行处理是必要条件，这符合国家赔偿法“赔偿请求人要求赔偿应当先向赔偿义务机关提出”的立法本意。此外，如果以具体行政行为已经被确认为违法为单独提起行政赔偿诉讼的前提，那么，未经确认的违法的行政行为则永远得不到纠正，如错过行政诉讼，相对人则永远得不到司法救济，不利于保护相对人的合法权益。

最高人民法院行政庭为此作出《关于如何适用最高人民法院〈关于审理行政赔偿案件若干问题的规定〉第二十一条第（四）项和第三十四条规定的答复》，指出：因行政机关的具体行政行为引起的行政赔偿，赔偿请求人单独提起行政赔偿诉讼的，应当符合第21条第4项规定的起诉条件；因行政机关的事实行为引起的行政赔偿，赔偿请求人单独提起行政赔偿的，应当适用第34条的规定。

【案例分析】

由于《国家赔偿法》确立了违法归责原则，因此，任何赔偿请求的提出都必须以侵权行为被确认违法为前提。根据确认违法与处理赔偿二者的关系，行政赔偿程序大致上可以分成两种情况：第一，确认违法与处理赔偿在同一程序中完成，如在行政诉讼中由法院判决行为违法同时判决赔偿，或在行政复议中有复议机关决定确认违法同时决定赔偿，或由侵权的行政机关自行确认违法并决定赔偿。第二，确认违法和处理赔偿通过两套程序先后完成，先通过行政诉讼、行政复议、行政申诉等途径将侵权行为确认违法，然后再要求赔偿。按照现行法的规定，在上述第二种情况下，对赔偿问题的处理就必须遵循侵权机关先行处理的原则，只有对先行处理结果不服，请求人才可以就赔偿问题单独提起行政赔偿诉讼。

但上述逻辑存在一个明显的悖论，就是对行政事实行为侵权的处理。一方面，事实行为不属于行政复议或行政诉讼的受案范围，无法通过这些程序确认违法并解决赔偿，只能申请侵权机关自行确认违法并决定赔偿；另一方面，由于在程序设计上有违自然公正原理，侵权机关对自身行为的违法性往往不予确认。如此一来，当事人因事实行为侵权造成的损害就很难获得赔偿。为了解决这一难题，《最高人民法院关于审理行政赔偿案件若干问题的规定》对此作出了弥补，其第3条规定：“赔偿请求人认为行政机关及其工作人员实施了国家赔偿法第三条第（三）、（四）、（五）项和第四条第（四）项规定的非具体行政行为的行为侵犯其人身权、财产权并造成损失，赔偿义务机关拒不确认致害行为违法，赔偿请求人可直接向人民法院提起行政赔偿诉讼。”第34条规定“人民法院对赔偿请求人未经确认程序而直接提起行政赔偿诉讼的案件，在判决时应当对赔偿义务机关致害行为是否违法予以确认。”

正如本案，区分侵权行为到底是具体行政行为还是行政事实行为，就成了使用不同赔偿程序的标准，其核心影响在于，在赔偿义务机关对侵权行为不予确认违法之后，请求人能否直接向法院提起单独的赔偿诉讼，这也是本案争论的焦点。本案中天津市车辆购置附加费征收办公室允许乙领走所扣车辆的行为，在性质上属于具体行政行为。因此，甲只有在该行为被确认违法之后才可能单独提起行政赔偿诉讼。

【法律背景】

《国家赔偿法》第九条第二款、第十三条；

《最高人民法院关于审理行政赔偿案件若干问题的规定》第三条、第四条、第二十一条、第二十二条、第二十四条、第三十四条。

【知识点介绍】

行政赔偿的程序，根据处理机关不同分为三种类型：一是普通行政诉讼与行政复议程序；二是先行处理程序；三是单独的行政赔偿诉讼程序。无论是哪一种程序，赔偿请求的提出都必须以侵权行为被确认违法为前提。对侵权行为违法性的确认既可以是法院通过行政诉讼确认，也可以是复议机关通过行政复议确认，还可以是赔偿义务机关自己通过先行处理确认。因此，对赔偿问题的处理与对侵权行为的违法确认，既有可能在同一套程序中进行，也有可能先通过一套程序确认违法，再通过另一套程序解决赔偿。

一、普通行政诉讼与行政复议程序

普通行政诉讼程序与行政复议程序在处理行政赔偿问题时具有以下特点：

1. 这两套程序仅限于处理其受案范围内的行政赔偿问题。即只能解决因具体行政行为所引起的行政赔偿，因行政事实行为而引起的赔偿无法解决。

2. 这两套程序对赔偿问题的处理原则上以当事人的请求为前提。例外的，在行政复议中，如被申请行为是直接针对财物作出的，且该行为依法应当被撤销或者变更，复议机关应主动决定赔偿。

3. 这两套程序同时处理具体行政行为的合法性问题与赔偿问题。法院和复议机关只有在解决被诉或者被申请具体行政行为合法性的基础上，才能同时处理有关赔偿问题。

二、先行处理程序

先行处理程序，指的是赔偿义务机关自己对赔偿事务的处理，对这一程序应当注意以下几点：

1. 先行处理程序可以处理全部的行政赔偿案件，只要是属于行政赔偿范围的案件，无论是因具体行政行为所引起的，还是因行政事实行为所引起的，都可以申请赔偿义务机关先行处理。

2. 先行处理程序的启动以受害人的申请为前提。

3. 先行处理程序既可能一并处理侵权行为的合法性问题与赔偿问题，也可能单独处理赔偿问题。也就是说，受害人可以在侵权行为还没有确认违法时就申请赔偿义务机关先行处理，此时赔偿义务机关必须同时确认违法并解决赔偿。受害人也可以在侵权行为已经确认违法之后再申请单独处理赔偿。

4. 先行处理可能出现如下几种结果：(1) 赔偿义务机关拒绝确认违法；(2) 侵权行为已经确认违法或赔偿义务机关确认其违法，但拒绝赔偿；(3) 侵权行为已经确认违法或赔偿义务机关确认其违法并决定赔偿，但受害人对赔偿方案不服；(4) 侵权行为已经确认违法或赔偿义务机关确认其违法并决定赔偿，受害人对赔偿方案感到满意。

三、单独提起的行政赔偿诉讼程序

单独提起的行政赔偿诉讼，是解决行政赔偿问题的终局程序，它的作用在于处理上述其他程序所不能处理的，或者没有处理的，或者没有处理完善的各类问题。

1. 处理其他程序所不能处理的问题。对于行政事实行为所引起的赔偿，普通行政诉讼与行政复议程序都无法处理。如果受害人就行政事实行为寻求赔偿，只能申请赔偿义务机关先行处理，如果赔偿义务机关不确认违法，或者虽予确认但不赔偿，或者虽赔偿但赔偿方案不能使受害人满意，受害人唯一的选择就是提起单独的行政赔偿诉讼。

2. 处理其他程序所没有处理的问题。在普通行政诉讼与行政复议程序中，法院或复议机关处理赔偿问题，原则上必须以当事人请求为前提（复议中有主动赔偿的例外）。如当事人没有提出，则赔偿问题必定无法处理。在程序终结之后，如当事人想重新解决赔偿，就只能通过先行处理程序申请赔偿义务机关自己处理，如对赔偿义务机关的处理决定不服，就必须提起单独的行政赔偿诉讼。

3. 处理其他程序所没有处理完善的问题。在行政复议中，如复议机关对侵权行为确认违法并作出赔偿决定，但当事人对赔偿决定不服，仍可单就赔偿问题提起诉讼。在普通行政诉讼中，如果当事人在一审期间没有提出赔偿而在二审中提出，或一审法院遗漏了赔偿请求而二审法院发现的，二审法院不能直接对赔偿问题作出判决，而应当进行调解。调解不成的，应告知当事人就赔偿问题另行起诉或单就赔偿请求发回重审，形成单独的行政赔偿诉讼。

第五节　赔偿标准及其计算

【案例介绍】

麻某某处女嫖娼案

麻某某是陕西省泾阳县一个农村姑娘。2001年1月8日晚，泾阳县公安局蒋路派出所一名干警和一名聘用司机，以麻某某涉嫌卖淫为由将她传唤到派出所，要麻承认有卖淫行为。麻不从，便被铐在院内篮球杆上，收审时间长达 23 小时。泾阳县公安局于当日以“嫖娼”为由作出治安管理处罚裁决，决定对麻某某行政拘留15天。裁决书上，麻某某的性别成为男性，日期是2001年2月9日。麻某某向咸阳市公安局提出行政复议申请，1月15日被受理，20多天后裁决撤销泾阳县公安局的裁决书。

在复议期间，麻某某被迫做了两次处女膜检查，证明其处女膜完好无损。麻某某随后以咸阳市公安局、泾阳县公安局为被告向咸阳市中级人民法院提起行政诉讼，要求确认泾阳县公安局上述行为违法，并请求判令泾阳县公安局和咸阳市公安局公开向麻某某赔礼道歉，恢复名誉并赔偿精神损失500万元等。

咸阳市中级人民法院于12月11日作出二审判决，判令泾阳县公安局支付麻某某被违法限制人身自由两天的赔偿金74.66元，加上医疗费、交通费、住宿费及误工费共9 135元。麻某某要求的500万元精神伤害赔偿等诉讼请求被法院驳回。

【案例分析】

麻某某案是我国行政赔偿制度史上的著名案例，其争论焦点在于国家赔偿的计算标准。麻某某主张的500万元精神赔偿和实际判决不足万元之间的巨大反差，成为人们争论的焦点，这里主要涉及如下几个问题：

一是限制人身自由的赔偿标准。按照《国家赔偿法》的规定，公民被非法羁押人身自由获得的每日赔偿金，按国家上年度职工日平均工资计算。因此，麻某某获得两天的赔偿金共计74.66元。学界普遍认为，以职工平均工资为计算标准，没有考虑到公民在实际收入上的巨大差别，以形式上的平等损害了实质上的平等。因此，必须综合考虑加害人的主观恶性、受害人的纳税收入等因素，决定公民被羁押期间的每日赔偿金。而职工平均工资只能作为最低标准，即受害人的实际收入低于这一标准的，适用该标准。

二是惩罚性赔偿的适用。现行的《国家赔偿法》不考虑惩罚性标准，而采用补救性标准。实际上，对于麻某某案这种行政机关主观恶性极大、致害手段恶劣的侵权行为，如果适用高于实际损害的惩罚性标准，不但可以对受害人起到抚慰作用，还可以通过额外的惩戒督促行政机关依法行政、加强自律，增强行政赔偿制度的监督功能。

三是精神损害赔偿的适用。正如麻某某的500万元精神损害赔偿被法院驳回那样，《国家赔偿法》排斥对精神损害适用物质赔偿，仅在有限情况下适用赔礼道歉、消除影响、恢复名誉的非物质补救，这一规定因其内在逻辑荒谬、负面效果严重而受到广泛指责。对此，2008年10月经全国人大常委会第一次审议的《国家赔偿法》修正案已经提出“……致人精神损害的，……造成严重后果的，应当支付相应的精神损害抚慰金”。

【法律背景】

《国家赔偿法》第二十五条、第二十六条、第二十七条、第二十八条、第三十条。

【知识点介绍】

根据当事人在行政侵权中所遭受损害的权利类型的不同，行政赔偿的方式也相应有所不同，但总的来讲，支付赔偿金是最重要的赔偿方式。

1. 侵害人身自由权的赔偿方式。侵犯公民人身自由的案件，国家应赔偿受害人的误工费，每日误工费按国家上年度职工日平均工资计算。对国家上年度职工日平均工资需要说明两点：（1）“上年度”指的是有权机关作出最终确定不变的赔偿决定当年的上一年；（2）“日平均”指的是按照国家统计局公布的职工年平均工资除以全年工作日的总数所得。

2. 侵害生命健康权的赔偿方式。侵害公民生命健康权的行为，就是造成公民死亡或者伤害的行政赔偿案件，同样以支付赔偿金的形式加以赔偿，赔偿标准按上述《国家赔偿法》第 27 条的标准执行。

3. 侵害财产权的赔偿方式。（1）能够返还财产的应当返还财产。因财物灭失而不能返还的，给付相应的赔偿金。（2）能够恢复原状的应当恢复原状，包括恢复物理原状与恢复法律原状。恢复物理原状指的是将形状、功能已经发生变化的财物修复还原，恢复法律原状指的是将被查封、扣押、冻结的财产，解除其查封、扣押、冻结。但如果财产的原状无法恢复的，或恢复原状成本较高的，应当给付相应的赔偿金。（3）财产已经拍卖的应当给付拍卖所得价款。如果本来应当拍卖却没有拍卖而是另行处理的财产，应当支付赔偿金。（4）处以行为罚的应当赔偿停业期间必要的经常性费用开支。必要的经常性费用开支，指的是当事人被迫停止营业后，为了维持生存或者为了维持企业的正常存在而必须付出的费用，如水电费、租金、职工工资、税费等。（5）行政侵权行为对财产权造成其他损害的，应当按照直接损失给予赔偿。

4. 侵害名誉权、荣誉权的赔偿方式。因限制公民人身自由，并同时造成公民名誉权、荣誉权损害的，应当在侵权行为影响的范围内，为受害人消除影响，恢复名誉，赔礼道歉，但不适用物质赔偿。单独造成或者因其他原因一并造成公民名誉权、荣誉权损害的，不予赔偿。

阅读资料

1. 冯军，皮纯协．国家赔偿法释论．北京：中国法制出版社，1996

2. 马怀德．国家赔偿问题研究．北京：法律出版社，2006

3. 杨小君．国家赔偿法律问题研究．北京：北京大学出版社，2005

4. 高家伟．国家赔偿法．北京：商务印书馆，2004

5. 马怀德．完善国家赔偿立法基本问题研究．北京：北京大学出版社，2008

探讨性案例

全国首例 110 接报不出警行政赔偿案①

2002 年 6 月 26 日，吴某和同乡程某到河南省卢氏县城办事，住在某招待所。凌晨 3 时许，吴某上厕所时看到街对面县国税局楼下，有几个人正用一根铁棍撬一家商店的铝合金卷闸门。吴某叫醒程某和招待所老板任某，任某拨打 110 报警。110 报警服务中心距案发地还不到 1 公里，如果接到报案立即出警，5 分钟内就能赶到现场。可接到报警后，110 的值班人员说："这么晚了，下着雨，哪有人偷东西？睡你的觉！"就将电话挂掉了。过一会儿，3 个人再次拨打 110 报警电话。值班人员很不耐烦，又挂掉了电话。就这样，3 个人眼看着盗贼把搬出的东西装上一辆摩的逃离现场。

当晚被窃的是卢氏县城关镇居民尹某所开的"工艺礼品渔具店"，失窃损失财物价值两万余元。事发后，卢氏县公安局对当晚 110 值班民警予以处分，并调离工作岗位，责令有关方面尽快侦破此案。但过去了两个多月，案件一直没有侦破。期间，尹某多次找公安机关协商财物被盗造成的损失一事，均无结果。无奈之下，尹某于 2002 年 9 月 14 日将卢氏县公安局告上法庭，要求赔偿其被盗造成的经济损失 25 001.5 元。

卢氏县人民法院对该案作出一审判决，认为县公安局承认接警不出警事实的存在，由于被告的行政不作为，给原告造成了巨大的经济损失，理应赔偿损失。但是原告不派人看管店铺，对失窃也有一定责任，也应承担部分责任。法院判决：卢氏县公安局赔偿尹某 25 001.5元损失的 50%，即 12 500.75 元，限判决生效后 10 日内给付。

问题：1. 在本案中，卢氏县公安局不作为的违法行为与受害人尹某之间是否存在混合过错？2. 卢氏县人民法院判决公安局承担 50%的赔偿责任，是否适当？

复习题

1. 什么是行政赔偿，有哪些特点？
2. 简述行政赔偿的范围。
3. 行政赔偿的构成有哪些？
4. 赔偿请求人提起行政赔偿诉讼应符合哪些条件？
5. 行政赔偿的标准如何确定？
6. 单独提起的行政赔偿诉讼程序适用于哪些情形？

① 参见《首例 110 接报不出警行政赔偿案判决》，载《中国青年报》，2003－02－11。

第十四章 行政补偿

本章提要

行政补偿是一项非常重要的行政救济制度，但与行政赔偿有所不同的是，行政补偿的救济功能要更加纯粹，监督功能相对弱化。一般认为，行政补偿包括以下三个方面：第一，征用补偿。这是行政补偿的经典含义，指行政机关出于公共利益的需要，取得私人的财产性利益或非财产性利益之后所给予的补偿。第二，无因管理补偿。指的是私人为公共利益实施了无因管理，为支付其在无因管理过程中所付出的成本而由政府给予补偿。第三，公务行为附随结果的补偿。即行政机关在实施合法的公务行为时，产生了损害私人利益的附随后果，对此给予的补偿。

行政补偿具有以下几个方面的基本特征：

首先，行政补偿的目的是弥补私人为公共利益所付出的特别牺牲。无论是何种性质的行政补偿，都可以看作是私人因公共利益的需要或因合法公务行为的实施而遭受的特别损失，一般称之为特别牺牲。所谓“特别”，指的是由于这种损失和牺牲只是个别人、少数人在特定情况下所遭受的，而不是所有人共同遭受的普遍损失、普遍牺牲。后者如公民因政府征收税费所损失的利益，便属普遍牺牲，不能获得补偿，或不能获得充分补偿。

其次，导致行政补偿的行为是行政机关的合法行为。这里的合法不是指结果合法，因为这些行为均以牺牲个别私人的合法利益为结果，在结果上很难称为合法。因此，对引起行政补偿的合法行为，应当理解为目的合法和形式合法，即一方面是基于公共利益的目的而采取的行为，另一方面该行为在实施主体、事实根据、法律依据和实施程序方面均无违法情形。这一点，是行政补偿与行政赔偿的根本区别。

再次，行政补偿是行政机关为自身行为承担责任的一种法律形式。行政补偿本身并不是一种具体行政行为，而是由于其合法实施的某种行为（可能是具体行政行为或行政事实行为）造成了私人合法权益的损害，为这种损害所承担的一种法律责任。但是，在实现行政补偿的程序中，如果由行政机关对补偿问题作出某种决定，则这种决定构成具体行政行为。

我国行政补偿制度的宪法依据，是2004年《宪法》修正案中有关私有财产和农村集体土地征用补偿的规定。在法律层面，则没有统一的行政补偿法典，或在某部法律中作出集中规定，而是零散地分布在大量的法律、法规、规章当中。应当说，我国目前的行政补偿法制还远不完善。本章将结合行政补偿的一般理论并通过梳理我国现有制度，重点介绍行政补偿的范围、补偿的程序、补偿的标准等问题。

第一节 补偿范围

【案例介绍】

野生动物造成人身财产损失的行政补偿①

1999年至2001年，根据陕西省汉中、宝鸡、安康、西安、商洛、铜川、咸阳和延安8地市统计，重点保护野生动物侵袭造成15人死亡，重伤和轻伤96人。毁坏农作物54万亩，伤害家畜近240头（只），三年造成损失合计462万余元。经省人大代表、政协委员多次提出议案和建议，呼吁尽快立法。2004年11月4日，《陕西省重点保护陆生野生动物造成人身财产损害补偿办法》（以下简称《陕西省补偿办法》）经省政府2004年第19次常务会议通过，自2005年1月1日起施行。《陕西省补偿办法》规定，在陕西省区域内遭受国家和省重点保护的野生动物袭击和危害，造成人身伤害和财产损失的，受害人有依照本办法取得政府损害补偿的权利；造成人身伤害的，有得到政府医疗救助的权利。《陕西省补偿办法》规定了可取得政府补偿的四种情形，包括：对正常生活和从事正常生产活动的人员造成身体伤害或者死亡的；对在划定的生产经营范围内种植的农作物和经济林木造成较大损毁的；圈养的牲畜造成伤害或者死亡的；县级以上林业行政主管部门认定的其他情形。

因国家重点保护野生动物造成损害的对象主要在农村，补偿主要以农民年人均纯收入为参照。《陕西省补偿办法》规定经县级以上林业行政主管部门确认，有以下情形的可按相应标准予以一次性损害补偿：造成身体伤害但未丧失劳动能力的，补偿金额最高为全省上年度农民人均纯收入的3倍；造成部分丧失劳动能力的，补偿金额最高为全省上年度农民人均纯收入的10倍。完全丧失劳动能力的，补偿金额最高为全省上年度农民人均纯收入的15倍；造成死亡的，补偿金额（含丧葬补助费）为全省上年度农民人均纯收入的20倍。

同时，《陕西省补偿办法》规定，损毁农作物或经济林木，个户总产量损失60%以上的，受损产量折成实价，给予50%补偿；损害家畜的，对受伤家畜医疗补偿金额最高按此家畜价值的20%予以补偿。对死亡家畜补偿金额按此家畜价值

① 参见《野生动物伤人政府补偿 四种情形可以获补偿》，载《华商报》，2004-11-10。

的50％予以补偿。

【案例分析】

国家保护的野生动物造成公民人身或财产损害，国家是否应当给予补偿？伴随着野生动物保护事业的发展而产生的一系列案件，使这一问题近年来颇受人们关注。

国家在1988年制定《野生动物保护法》时，已经考虑到了对公民（主要是农民）损失的补偿问题，但这里的补偿，主要是针对因划定野生动物保护区域对农作物或公民其他财产造成的损失。从1992年制定的《陆生野生动物保护实施条例》开始，开始提及因受保护动物造成危害而引起的损失补偿问题，但对于补偿范围、补偿程序和补偿标准均未作出详细规定。由此导致的结果是，许多损失发生以后，受害人实际上无法获得补偿。

因受保护野生动物攻击、觅食、踩踏等造成的人身或财产损失，之所以长期没有被纳入行政补偿的范围，原因在于：从客观上看，直接造成侵权的野生动物非国家驱使，国家从未实施过任何造成公民上述损害的行为；从主观上看，国家也绝不希望看到或放任上述损害结果的发生。因此，这种事件似乎只能被视为自然灾害，国家充其量只承担必要的救助责任。

但实际上，这种损害的发生虽然不是国家直接导致，却与国家机关的公务管理行为和行政政策调整所致风险有着密切关系。正因国家采取了促进繁殖、禁止狩猎等一系列野生动物保护措施，才使得野生动物数量增加，活动范围广泛，大大增加了附近居民遭受人身或财产损失的风险。这种结果虽然不是国家所主动追求，却因国家的公务行为附带引起，对此国家也应承担补偿责任，在理论上，这被称作公务行为附随效果损失补偿。案例中陕西省政府所制定的《重点保护陆生野生动物造成人身财产损害补偿办法》，便是对这种补偿责任的落实，近年来，其他省份也已陆续出台了类似的地方政府规章。

【法律背景】

《野生动物保护法》第十四条；

《陆生野生动物保护实施条例》第十条。

《陕西省实施〈中华人民共和国野生动物保护法〉办法》第十二条　对危害人畜安全和损坏农作物的重点保护野生动物，当地人民政府及有关单位和个人应积极采取预防、控制措施。因保护国家和省重点保护野生动物，造成农作物或其他损失的，应予以补偿。具体补偿办法，由省人民政府制定。

《陕西省重点保护陆生野生动物造成人身财产损害补偿办法》第二条　在本省行政区域内，国家和省重点保护陆生野生动物（以下简称重点保护野生动物）造成人身伤害或财产损失有下列情形之一的，受害人有依照本办法取得政府补偿的权利；造成人身伤害的，有得到政府医疗救治的权利：

（一）从事日常生活和生产的人员在采取了必要的防范措施或者依法履行保护野生动物义务的情况下，而造成身体伤害或者死亡的；

（二）对在依法划定的生产经营范围内种植的农作物和经济林木造成较大损毁的；

（三）对圈养的牲畜造成伤害或者死亡的；

（四）县级以上人民政府林业行政主管部门认定的其他情形。

第三条　重点保护野生动物造成人身伤害和财产损失有下列情形之一的，政府不承担补偿责任：

（一）对主动攻击和故意伤害重点保护野生动物的人员造成伤害或者死亡的；

（二）对进行非法狩猎活动或者擅自进入自然保护区的人员造成身体伤害或者死亡的；

（三）对在依法划定的生产经营范围以外种植的农作物和经济林木造成损毁的；

（四）驯养繁殖、运输重点保护野生动物的单位或者个人，因管理不善致使野生动物造成人身伤害或财产损害的；

（五）对野养散放或者在自然保护区内放牧的牲畜造成伤害或者死亡的。

第四条　重点保护野生动物造成人身伤害且符合本办法第二条第一项规定的，当地乡镇人民政府应当立即组织抢救。经抢救后需继续治疗或住院治疗的，应到县级人民政府指定的医疗机构治疗。抢救治疗费用由县级人民政府林业行政主管部门核实报销。

第八条　经县级以上人民政府林业行政主管部门确认，有本办法第二条规定情形之一的，按照以下标准给予一次性损害补偿：

（一）造成身体伤害但未丧失劳动能力的，补偿金额最高为全省上年度农民人均纯收入的3倍；

（二）造成部分丧失劳动能力的，补偿金额最高为全省上年度农民人均纯收入的10倍；

（三）造成完全丧失劳动能力的，补偿金额最高为全省上年度农民人均纯收入的15倍；

（四）造成死亡的，补偿金额（含丧葬补助费）为全省上年度农民人均纯收入的20倍；

（五）损毁农作物或经济林木，个户总产量损失60%以上的，按受损产量折成实价的50%给予补偿；

（六）伤害家畜的，对受伤家畜医疗费的补偿金额最高按此家畜价值的20%予以补偿；对死亡家畜的补偿金额按此家畜价值的50%予以补偿。

【知识点介绍】

关于行政补偿的范围，无论是在理论学说中，还是在各国的制度实践上，都呈现出纷繁复杂的形态。在我国当前，行政补偿法制极不完善，一方面没有统一的《行政补偿法》法典，另一方面散见于单行法中的补偿条款又多有缺漏、矛盾之处，因此对我国当前行政补偿的范围也很难加以准确概括。在这里，本书结合理论通说和我国实际，对一般情况下行政补偿的范围给予简单介绍。

一、财产性利益补偿

财产性利益补偿，指的是行政机关出于公共利益的需要征收、征用或限制私人的财产性利益，对其损失给予的补偿。财产性利益补偿是行政补偿的典型形态和源头，其范围包括：

1. 财产性利益征收征用补偿。即行政机关出于公共利益需要而取得私人财产利益所有权或使用权而给予的补偿，如土地等不动产的征收补偿、房屋拆迁补偿、企业征用补偿、移民补偿、专利征收补偿、取消相对人公法上地位（如废止许可证）的补偿等。

2. 财产性利益限制补偿。在这种情况下，行政机关并不取得私人财产性利益的所有权或使用权，而是基于公共目的限制私人财产性权利的行使，也需给予补偿。如基于生态保护的需要限制私人采伐权、捕捞权、狩猎权的行使，或者基于文物保护的需要限制私人财产所有权或使用权的行使，或者基于应对自然灾害的需要对居民生产、生活的限制，乃至于因变更许可证而限缩被许可行为范围所造成的损失，都属于对现实私人财产性利益造成的损失，应当给予行政补偿。

3. 公务行为附随效果损失补偿。即行政机关的公务行为并不以取得或限制私人财产性利益为目的，但在客观后果上却造成了私人财产性利益的损失，此时也应给予补偿。例如，基于保护野生动物的需要而划定保护区，导致保护区内的动物损害附近农作物甚至伤人；又如，由于修建公用设施而给周边的生活环境带来不利影响；等等。

二、人身性利益补偿

对于人身性利益的损失补偿，向来存在许多争议。传统上认为，国家无论如何不得要求公民牺牲人身利益用于满足公共目的，无论给予何种重大的补偿均是如此。但实际上，通过公民牺牲人身利益而满足公共利益的情况比比皆是。因此，我们认为，公民人身性利益的牺牲补偿应当得到承认，但必须限定在一定范围之内，如公民的生命权、健康权、长时间的自由权不得因公共利益的需要而剥夺或限制，而其他人身性利益如劳动自由、短时间的人身自由等可以受到适当限制。但这也并非绝对，在极个别情况下存在例外。例如，为了公共卫生的需要，政府要求公民必须接种某种疫苗，否则可能引发大规模疫病。但该疫苗的接种可能造成十万分之一人群健康受到损害或者死亡。在这种情况下，因接种疫苗而致死、致残、致病者便应视为基于公共利益而牺牲了人身性利益，国家应当给予补偿。

三、无因管理损失补偿

无因管理损失补偿，是对私法上无因管理制度的借鉴，指的是私人在没有法定义务的情况下，为了公共利益而实施管理行为而受到损失（包括财产利益损失和人身利益损失）所应当获得的补偿。例如，公民在突发公共危机中参加应急救援，公民协助警察抓捕歹徒等，由于这些无因管理行为致使私人权益遭受损失的，也属于特别牺牲，必须给予补偿。

第二节　补偿程序

【案例介绍】

湖南嘉禾拆迁事件[1]

2004年5月8日，从《新京报》上一篇题为《湖南嘉禾县拆迁引发一对姐妹同日离婚》的文章开始，一起地方政府滥用权力的恶性案件——嘉禾拆迁案成为当年轰动全国的重大事件。

2003年8月7日，湖南嘉禾县委、县政府为配合当地最大的招商引资项目珠泉商贸城拆迁，以县委办、政府办“两办”名义下发了嘉办字［2003］136号文件，要求“全县广大党员干部职工尤其是党政机关和企事业单位工作人员，务必做好珠泉商贸城建设范围内被拆迁对象中自己亲属的拆迁动员工作”，并提出所谓“四包”责任和“两停”处罚。“四包”指在规定期限内完成拆迁补偿评估工作；签订好拆迁安置补偿协议；腾房并交付各种证件；做好妥善安置工作，不无理取闹、寻衅滋事，不参与集体上访和联名告状。“两停”指对达不到要求的干部，“暂停原单位工作、停发工资”。2003年8月31日，嘉禾县政府办又将“四包两停”调整为“单位干部职工有被拆迁户直系亲属的，该干部职工可暂停其原单位工作，将其工作任务调整为做好被拆迁户的思想教育及宣传发动工作，其工资可不停发，但必须将其工作情况与工作绩效挂钩，实行定期考核，对工作绩效突出的予以表彰”。

在整个珠泉商贸城的拆迁过程中，共有11名领导干部及国家公职人员因在拆迁工作中“工作不力”而受到牵连。据央视调查，占地超过12万平方米，涉及拆迁居民1 100户的嘉禾珠泉商贸城建设项目并不是国家投资，而是纯粹的商业性开发。为了推动该商业工程的拆迁工作，嘉禾县政府打出了“谁影响嘉禾发展一阵子，我影响他一辈子”的口号，还创造性地推出了“四包两停”的株连政策，约有160人因为是被拆迁户的亲属而受到牵连。调查还发现，原本在招投标中每平方米808元出让的土地，经过县政府再三优惠后最终仅以每平方米30元的超低价格送到了开发商的手中。

【案例分析】

房屋拆迁是城市发展建设过程中一个不可避免的环节，其核心问题是对被拆迁人房屋和其他地上建筑物的征收和补偿。应当说，城市房屋拆迁补偿既是我国行政补偿制度中规

---

[1] 案例来源：2004年5月30日中央电视台节目。

范相对完整的一个领域，但也是纠纷、矛盾最集中的一个领域。

按照国务院《城市房屋拆迁管理条例》[①] 的规定，拆迁补偿的基本环节是“颁发拆迁许可证——公告——协商一致——签订协议”或者“颁发拆迁许可证——公告——协商不一致——行政裁决”。这样的程序设计，实际上已经对拆迁人相当有利，其原因就在于作出行政裁决的机关就是颁发拆迁许可证的机关，即地方政府的房管部门。因此，在拆迁纠纷中，行政机关一般倾向于作出对拆迁人有利的裁决。尽管当事人对拆迁裁决不服，仍可提起行政诉讼，但一方面胜诉的几率有限，即使胜诉也大大增加了其成本。

尽管如此，某些地方政府——如本案中的湖南嘉禾县政府认为现有程序仍无法满足其迅速拆迁、迅速开发、迅速出政绩的需要，非违法动员公权力而不能达其目的。因此，案中的拆迁程序就变成了“获得拆迁许可证——公告——协商一致——签订协议”或者“获得拆迁许可证——公告——协商不一致——‘四包’——‘两停’”。

嘉禾县政府之所以采取这种家族“株连”的极端方式来推动城市拆迁，究其根本，是地方政府颠倒公共利益与商业利益的结果。如本案中珠泉商贸城一类的建设项目，是典型的商业开发，其拆迁人与被拆迁人之间的拆迁补偿，应当是一种纯粹的市场交易行为，政府的公权力不应随意介入。即使是基于公共目的，如公共道路、公共基础设施的国家开发项目，公权力的运用也必须遵循法定程序，而不是像本案中的嘉禾县政府那样任意肆虐。

【知识点介绍】

损失补偿作为一种具体行政行为，其作出必须遵守法定程序，通过程序的制约，可以更好地保障公民的利益，也有利于防止行政机关滥用其权力。由于我国对行政补偿制度尚无系统规定，目前，在各种形态的补偿中，只有征收征用补偿的程序相对完整。下面，我们就以征收征用的补偿为例，介绍行政补偿的基本程序：

1. 征收征用的审批。除紧急征用之外，征收征用行为必须获得有权机关的批准，如《土地管理法》规定了非国有土地征收必须获得国务院或省级人民政府的批准；《城市房屋拆迁管理条例》规定征收被拆迁人的房屋必须获得市、县人民政府房屋拆迁管理部门颁发的拆迁许可证。

2. 通知或公告。通知或公告是保障被征收（征用）人知情权的要求，以便其了解有关补偿事项，提高补偿的透明度。如《土地管理法》规定国家征收土地的，依照法定程序批准后，由县级以上地方人民政府予以公告并组织实施；《城市房屋拆迁管理条例》规定房屋拆迁管理部门在发放房屋拆迁许可证的同时，应当将房屋拆迁许可证中载明的拆迁人、拆迁范围、拆迁期限等事项，以房屋拆迁公告的形式予以公布。

3. 审查或调查。审查或调查，是指补偿义务人受理了被征收（征用）人的补偿登记之后，根据申请人提供的证据材料进行审查、调查的活动。审查、调查的方式包括书面审查和实地勘察，审查机关采取不同的审查和调查方式，验证申请人提出的证据、材料是否真

---

① 该行政法规已被 2011 年《国有土地上房屋征收与补偿条例》废止。

实、是否符合补偿条件。

4. 协商并签订补偿协议。补偿义务人在经过审查或调查后，在合法、自愿的前提下，可以就是否应当补偿，以及补偿的范围、方式、标准与被征收（征用）人进行协商，协商一致的可以签订补偿协议，协商不一致的可以申请有关行政机关裁决，对裁决不服的可以申请行政复议或提起行政诉讼。在非国有土地征收中，则由政府根据法定标准单方作出补偿决定。

5. 补偿争议的裁决。补偿争议的裁决只在某些领域适用，如城市房屋拆迁纠纷中，拆迁人与被拆迁人或者拆迁人、被拆迁人与房屋承租人达不成拆迁补偿安置协议的，经当事人申请，由房屋拆迁管理部门裁决。房屋拆迁管理部门是被拆迁人的，由同级人民政府裁决。裁决应当自收到申请之日起30日内作出。

6. 补偿的执行。执行是行政补偿的最后一个环节，指的是补偿的给付，即补偿决定或补偿协议的履行。当事人不履行补偿决定或补偿协议的，可以申请法院强制执行。

第三节　补偿标准

【案例介绍】

重庆史上“最牛钉子户”案件①

2007年备受关注的重庆史上“最牛钉子户”基本案情如下：

案中被拆迁的小楼，前身是当事人杨某父亲的自有房屋，20世纪50年代私房改造的时候被公有化；80年代落实政策，房子又发还给杨某的父亲，后转到杨某名下。1992年，做生意挣了钱的杨某夫妇推掉老屋，建成红砖水泥楼，并拿到了房屋产权证和商用证。2004年，重庆南隆房地产开发有限公司与重庆智润置业有限公司（下称重庆智润）共同对九龙坡区鹤兴路片区进行开发。此后，重庆正升置业有限公司（下称重庆正升）也加入该项目开发。拆迁工作从2004年9月开始，2005年2月，开发商要求九龙坡区房管局裁决被拆迁人限期搬迁。至2006年6月，该片区所涉及的281户拆迁户中，有280家均协议搬迁，没有搬的只有杨某夫妇一户。2006年9月，鹤兴路开始断水断电，开发商也组织人在杨某的房子周围开挖，最终把杨某的房子挖成了“孤岛”。

2006年9月14日，双方协商中吴某提出在原拆迁范围内还营业房，“一楼还一楼，二楼还二楼，朝向不变，左右均可”，此外还提出两项共计500余万元的赔偿。开发商则提出货币安置和实物安置两种方式。其中，杨某的房屋按评估方案估价为250万元，开发商同意按350万元给予补偿。由于分歧较大，未能达成一

① 参见王真、赵志国：《重庆“最牛钉子户”拆迁案始末》，载《燕赵都市报》，2007-04-05。

致意见。2007 年 1 月 11 日，九龙坡区房管局下达了九龙裁［2007］1 号拆迁行政裁决书，依据《重庆市城市房管拆迁管理条例》，要求杨家在收到裁决书之日起 15 日内搬迁，交付房屋，但杨家仍未搬迁。2007 年 2 月 1 日，九龙坡区房管局向九龙坡区人民法院提起《先予强制拆迁申请书》，此案进入司法程序。2007 年 3 月 19 日，九龙坡区人民法院受理此案后组成合议庭，当庭作出《非诉行政执行裁定书》，随即送达了《限期履行通知》，责令杨家在 2007 年 3 月 22 日前自行搬迁；逾期不履行，法院将按有关法律规定办理，吴某拒绝签字。

随着 3 月 22 日最后时限迫近，21 日下午，杨某爬进了房子。3 月 25 日～27 日，双方三次协商未果。3 月 30 日，九龙坡区人民法院又发布强制拆迁公告，责令被执行人在 2007 年 4 月 10 日前自动搬迁，否则将择期依法实施强制拆除。4 月 2 日下午，双方达成和解协议，下午 16 时 30 分左右，杨某走出“孤岛”。

【案例分析】

绝大多数拆迁纠纷的根源都来自于拆迁补偿标准，“钉子户”的产生有两种情况：一是补偿标准过低；二是补偿标准不公。

补偿标准过低，指的是城市房屋拆迁后，被拆迁人获得的补偿金额明显低于房屋的市场价值，或其安置方案明显低于现有的居住标准，导致被拆迁人不愿搬迁。这种情况往往因地方政府违法行使公权力，以期降低拆迁人的开发成本所致，且经常伴随着官商勾结的违法行为。对于这种情况，通过行政机关严格遵循拆迁程序，公正评估房屋财产价值便能解决。

补偿标准不公，则往往因被拆迁人的谈判能力和签订补偿协议的时间不同所造成。一般来说，如果拆迁人使用“谈妥一户、拆迁一户”的办法，则谈判能力越强的人签订补偿协议的时间就越晚，拆迁人因工程无法启动而付出的代价也就越大，最终达成的补偿标准也就可能越高。补偿标准的明显差异，迫使每个被拆迁人想尽一切办法拖延时间，最后拆迁的人也就成为所谓“钉子户”，本案中杨某夫妇的房子便属此类情况。

为了解决此类“棘手”问题，近年来某些地方政府进行了探索，如北京市在朝阳区酒仙桥地区拆迁过程中，就采取了由被拆迁人投票决定之后一同拆迁的办法。但事实是，尽管同意拆迁的人数达到了预先设定的多数比例，政府面对少数住户的坚决反对仍无可奈何。理论界也认为，对个人私有财产的处分，不应当适用多数决的民主方式来决定。此后，北京市在东城、西城、崇文、宣武四个中心城区的旧城改造过程中，采取了由社区住户自我协商达成一致之后向政府提出改造申请的做法，结果应者寥寥，很少有社区能够通过内部协商达成一致。

应当说，如何保证拆迁补偿的合理性与公正性以保证城市开发改造的顺利进行，在实践中已经成为一个突出的难题。尽管通过《城市房屋拆迁管理条例》，这些纠纷在经历了裁决、诉讼、执行等程序之后可以获得法律上的最终解决，但后续产生的信访、冲突乃至暴力事件，仍然是长期以来困扰各级地方政府并受到社会广泛关注的焦点。

【法律背景】

《城市房屋拆迁管理条例》（已废止）第二十二条；

《土地管理法》第四十七条。

【知识点介绍】

有关行政补偿的标准，散见于各种法律法规的单行性条款。理论上的学说主要是两种：一是完全补偿标准；二是适当补偿标准。

第一，完全补偿标准。完全补偿说认为在没有扣除因素的情况下，国家给付的补偿应当与财产损失相当，计算标准是财产的市场流通价值。这种观点的主要依据是，国家和私人在补偿中是一种类似于市场买卖的关系，只有完全补偿才能够保证公民对公共利益的平等负担，同时不破坏市场经济秩序。

第二，适当补偿标准，又称相当补偿标准。这种观点认为引起补偿的行为是为了实现公共利益，因此不一定要求全额补偿，需要权衡人民的受益程度和国库的支付能力，参照当时的一般社会观念，按照公正、妥当的计算基准得出合理的金额予以补偿即可。

从我国现行的法律法规来看，对补偿标准的表述有"适当补偿"、"相应补偿"、"合理补偿"或"完全补偿"等：

1. "适当补偿"标准。多数法律法规规定适当补偿标准，如《草原法》、《国防法》、《防震减灾法》、《城市房屋拆迁管理条例》等。

2. "相应补偿"标准。规定相应补偿标准的法律包括《城市房地产管理法》、《外资经营企业法》、《台湾同胞投资保护法》、《外资企业法》、《戒严法》等。

3. "合理补偿"标准。规定合理补偿标准的法律法规包括《城市私有房屋管理条例》、《归侨侨眷权益保护法》等。

4. "完全补偿"标准。我国目前没有一部法律明确规定完全补偿标准，但从《土地管理法》中有关"依照本条第二款的规定支付土地补偿费和安置补助费，尚不能使需要安置的农民保持原有生活水平的，经省、自治区、直辖市人民政府批准，可以增加安置补助费"的规定可以看出，这种标准事实上已经接近了完全补偿标准。《大中型水利水电工程建设征地补偿和移民安置条例》规定的补偿标准也接近于完全补偿。

本书认为，行政补偿应当考虑到受害人的全部损害并充分考虑其长期生存与发展，从社会公正和限制公权力滥用的角度出发，应当以完全补偿标准为原则；但在公民、法人或其他组织存在过错，或因征收征用行为同时受益时，可适当降低补偿标准。

阅读资料

1. 沈开举主编．行政补偿法研究．北京：法律出版社，2004

2. 王太高．行政补偿制度研究．北京：北京大学出版社，2005

3. 司坡森．论国家补偿．北京：中国法制出版社，2005

探讨性案例

北京市在防治“非典”过程中对私有财产的征用①

2003 年防治“非典”期间，北京市政府决定紧急启用中日友好医院和宣武医院两所三级甲等综合医院，集中收治“非典”病人。这是北京首次征用三级甲等综合医院收治“非典”病人。

2003 年 4 月 27 日晚，北京市防治“非典”联合工作小组召开工作会议。会议研究通过了《关于加强“非典”医疗救治工作的若干意见》，提出提高“非典”病人的治愈率、降低病死率是当前救治工作的重点。因此，有关部门已决定，把危重病人集中在条件好、救治水平高的定点医院和三级甲等医院，配备最好的医护人员和设备，进行诊治和抢救。充分发挥专家组的作用，对疑难危重病人进行会诊和指导。同时，还要对成功抢救危重病人的医务人员给予激励。对接收“非典”病人的二级定点医院，由三级甲等医院进驻，实行对口承包。此外，各区县可确定一家医院集中收治疑似病人，进行留观和诊疗。

在征用三级甲等医院时，北京市还将征用周边宾馆等设施，作为医务人员的休整场所。此外，还将对各医院医务人员的防护状况进行评估，要求医院的各项隔离措施必须到位，以降低医务人员的感染率。

问题：1. 北京市政府征用宾馆作为医务人员休整场所的行为是否合法？2. 由此给宾馆造成的损失是否应当给予补偿？3. 如果给予补偿，应当补偿哪些方面的损失？

复习题

1. 什么是行政补偿，行政补偿与行政赔偿有什么区别？
2. 如何理解行政补偿的范围？
3. 行政补偿的标准如何确定？
4. 如何完善行政补偿程序？

① 参见崔红：《北京收治非典征用三级甲等医院 周边宾馆被征用》，见新华网，http：//news. xinhuanet. com/newscenter/2003－04/28/content _ 851462. htm，2003 年 4 月 28 日访问。

第十五章
行政诉讼（上）

本章提要

行政诉讼是解决行政争议最重要的法律制度。从理论上来看，行政争议指的是行政主体在行使职权和履行职责的过程中与公民、法人或其他组织发生的，以行政法上的权利义务为内容的争议，一切行政争议，都有可能通过行政诉讼来解决，但各个国家的行政诉讼法在受案范围上都作出了一定限制。在我国的实定法上，行政诉讼是指公民、法人或者其他组织认为行使国家行政权的机关和组织及其工作人员所实施的行政行为，侵犯了其合法权利，依法向人民法院起诉，人民法院在当事人及其他诉讼参与人的参加下，依法对被诉行政行为进行审查并作出裁判，从而解决行政争议的制度。

现代国家建立行政诉讼制度的目的，在于解决行政争议，保障和救济公民、法人或其他组织的合法权益，同时对国家行政活动的合法性加以监督。我国《行政诉讼法》自1989年颁布以来，经过二十多年的实践，在复杂的社会条件下艰难地运行和发展，取得一些宝贵的经验。

本章主要介绍行政诉讼制度的以下内容：第一，行政诉讼概述，包括行政诉讼的特征、功能和基本原则；第二，行政诉讼的受案范围；第三，行政诉讼的管辖规则；第四，行政诉讼的主要参加人。行政诉讼制度的其他内容在下一章介绍。

第一节　行政诉讼概述

【案例介绍】

四川夹江打假案①

1995年7月28日，四川省技术监督局稽查一队得到成都彩虹电器（集团）股份有限公司的举报和协助，在成都市成华区公安分局几位警察陪护下，派员、派

① 参见莫于川：《从夹江打假案看行政法治的若干现实问题》，载《行政法学研究》，1997（1）。

车去该省乐山市夹江县彩印厂，直接查封了该厂未经彩虹公司合法授权而印制的近2万个彩虹牌电热灭蚊药片包装盒（该种药片是彩虹公司产品），同时查封了有关的印刷设备和厂房（查封过程中双方发生了冲突），并于10月上旬直接对该彩印厂及其法定代表人万某某分别作出罚款5万元和4万元的处罚决定；因对该行政强制措施和行政处罚不服，夹江县彩印厂和万某某先后在夹江县人民法院和成都市中级人民法院提起了行政诉讼（被告均是省技监局胜诉）；与此同时，还打了两场有关的民事官司：一是彩虹公司诉彩印厂侵害其名誉权、荣誉权和商标专用权（成都市武侯区人民法院受理，原告胜诉）；二是夹江县法院诉成都商报社在报道此案时侵害了该院的名誉权（成都市青羊区人民法院受理，以调解结案）。由于在夹江打假案实施和审理过程中，许多新闻媒介（包括中央电视台）作了连续、大量、重点的报道，部分人大代表也进行了强力干预。一时间这个本来很普通的行政执法案和接连提起的行政诉讼案、民事诉讼案（特别是两个行政诉讼案）成了当时全国轰动的一个热点案件，人们见仁见智地就“省技监局是否越权”、“打假能否有错”、“制假者能否把打假者送上被告席”等展开了热烈争论，产生了非同寻常的社会轰动效应，也成为我国行政法学界重点剖析的案例。

【案例分析】

夹江打假案发生时，距离《行政诉讼法》（1989年）的实施已有5年的时间。作为当年受到广泛关注的“名案”，夹江打假案综合性地反映了行政诉讼制度在建立初期所遭遇的许多突出问题，其中有些问题在今天已经不成其为“问题”，有的则时至今日仍在困扰着这一制度的实施与发展。

围绕此案最直接的争论是：四川省技术监督局是不是此案合法的执法主体？在今天看来，这个问题的答案显而易见是否定的——因为技术监督局行使了工商局的职权。但在当时，相当一部分公众和媒体却提出了“制假者是过街老鼠，谁都该打”，“打假怎能有错”的看法，并形成了强大的舆论力量。

与此案有关的另一个问题是：法院独立审判与新闻监督、人大监督的关系如何？在案件审理过程中，方方面面的外部干扰是一个非常突出的问题，影响最大的是不规范的新闻监督和人大（代表）监督。一个原本很平常的案件，经过大众传媒的提前介入和大力炒作以后，变成了举国皆知的政治色彩浓厚的大要案，新闻舆论误导对此项行政审判工作的负面影响不可低估。虽然传媒积极参与报道此案的动机并不相同，但少数地方小报因此提高了知名度、扩大了发行量，却是不争的事实。在案件审理中，还出现少数人大代表对司法审查工作的不正常干预的行为，也令人担忧。由一部分四川省人大代表提出的夹江打假受阻质询案，在质询时机、对象、方式、程序、责任等方面，均不无商榷之处。特别是由直接利害关系者——成都彩虹公司的总经理刘荣富以省人大代表身份牵头提出该质询案，其合理性和合法性更加值得思考。

夹江打假案提出的另一个尖锐问题是：法律是否必须为现实政治需要让路？当时许多

人虽然认为行政执法机关不应越权，但又觉得打假是当时举国上下的重要政治任务，打假斗争的大局不能因行政诉讼个案的行政败诉结果受到影响，所以小道理要服从大道理，着眼于长期建设的行政审判工作要为当前紧迫的打假工作大局让路。

夹江打假案还在一定程度上反映了当时的社会法治观念。在新闻机关、行政机关、司法机关、人大机关、党群组织、人民群众中都有一些人（包括一些著名作家、专家、学者）认为夹江县人民法院不应该受理此案，受理此案起到了庇护制假者的作用；个别报刊甚至以“制假者竟然把打假者送上被告席”作为新闻报道和批评文章的标题句；个别基层法院的法官竟然认为行政诉讼超前了，当时还不到由审判机关去约束行政机关的阶段，勉强为之是自找苦吃。这些都说明，在“行政支配社会”的观念根深蒂固，封建法文化积淀甚深的我国，要牢固、普遍地树立起行政权应受制约、依法行政、民可告官、有损害必有救济等现代行政法观念，绝非朝夕之功。

【法律背景】

《行政诉讼法》（2014 年）第一条、第二条、第三条、第四条、第五条、第六条、第七条、第八条、第九条、第十条、第十一条。

【知识点介绍】

在此，我们简要介绍行政诉讼制度的基本特征、主要功能和基本原则。

一、行政诉讼的基本特征

1. 行政诉讼的主持者与裁判者是普通法院。据此，行政诉讼区别于行政复议等其他行政争议解决方式，也区别于某些国家的行政法院制度。行政诉讼的直接功能在于解决行政争议，但行政争议的解决方式并不限于行政诉讼，还包括由上一级行政机关处理的行政复议、由各级国家权力机关或上级行政机关处理的抽象行政行为审查制度、申诉与信访制度等。在所有这些行政争议解决机制当中，只有行政诉讼由法院居中裁判从而属于司法制度。某些国家和地区的行政案件交由专门的行政法院审判，我国的行政案件则由普通法院审判，一方面没有设立行政法院，另一方面既有的专门法院（包括军事法院、海事法院和原来的铁路运输法院等）也不审理行政诉讼。

2. 行政诉讼审理的对象是一定范围内的行政争议。据此，行政诉讼区别于刑事诉讼、民事诉讼。行政诉讼审理的对象，是因具有国家行政权的机关和组织及其工作人员实施行政活动而引起的争议。在我国，行政诉讼的审理对象还受到进一步的限制：首先，它原则上只能直接审查因具体行政行为引发的行政争议（《行政诉讼法》（2014 年）将其统一改变表述为行政行为），附带审查一部分抽象行政行为；其次，它只能审理那些没有被受案范围排除的行政争议。

3. 行政诉讼主要当事人的关系是恒定的。行政诉讼的原告只能是公民、法人或其他组织，被告只能是行使国家行政权的机关或组织，不能颠倒。换言之，行政诉讼只能是“民告官”，不能是“官告民”。原、被告双方的这种恒定关系，实际上是它们在行政程序中关系的延伸。一般情况下，行政程序中的行政主体就是行政诉讼中的被告，而行政程序中的相对人就是行政诉讼中的原告。这一点与民事诉讼明显不同，民事诉讼中双方当事人的诉讼权利是对等的，一方起诉，另一方可以反诉。而在行政诉讼中，行政主体没有起诉权和反诉权。

二、行政诉讼的主要功能

行政诉讼是广义行政救济法制最重要的制度设计之一：（1）它是行政系统外部的一种纠错机制，也称为异体监督方式；（2）它是一种横向的权力性的监督机制，是监督和保障行政权力合法、有效行使的制度设计；（3）它是一种以追求公正为主要价值目标的行政相对人权利救济机制，是行政法治化的产物；（4）它是一种事后救济机制，在没有建立宪法诉讼的国家（如我国）是公民合法权利救济的最后一道保障线；（5）它是一种检测依法行政水平高低、改善行政管理工作的客观尺度。

在此定位基础上的行政诉讼制度的基本功能，也即对社会关系可能产生的影响，或者说行政诉讼制度所能发挥的作用与效果，我们认为可从如下三个方面理解：

1. 定分止争，这是行政诉讼最直接的功能。既然行政诉讼审理的对象是行政争议，它最直接的功能就是对这种争议作出裁断，确定当事人之间的权利义务。基于司法最终裁判的原理，行政诉讼是处理行政争议的终局机制，行政争议一旦经过法院生效裁判，原则上就不再争议。因此，行政诉讼制度的存在，可以使当事人之间所争执的权利义务关系最终确定下来，避免长期纠纷不息造成讼累，造成各方当事人人、财、物力上的投入与浪费。

2. 权利救济，这是行政诉讼最核心的功能。行政活动纷繁复杂，极易违法而对当事人合法权益造成侵害。我国法治传统十分薄弱，法律体系尚未健全，法治意识相对淡薄，公务人员素质不高，因违法行政行为侵害当事人合法权益的事件大量存在。这就需要设计相关的法律机制加以救济，而在这些救济机制中，行政复议属行政系统的内部审查，在公正性上有所欠缺，实际效果并不理想，行政诉讼就成为事后救济的最重要法律机制。

3. 法制监督，这是行政诉讼的另一重要功能。行政诉讼在对公民、法人和其他组织的合法权益加以救济的同时，也起着监督行政机关依法行政的作用。如果行政机关实施了违法的行政行为，法院可以通过裁判将其撤销、变更、确认违法或责令被告履行法定职责，起到纠正行政机关违法行为，促使其依法行政的作用。即使行政机关并未违法，但鉴于行政诉讼制度的存在，也将使其在实施行政活动时有所顾忌。

三、行政诉讼的基本原则

行政诉讼的基本原则可以分为两类：第一类是行政诉讼与其他诉讼制度，如民事诉讼、刑事诉讼所共有的原则，包括：人民法院独立行使审判权原则；以事实为根据，以法律为准绳原则；回避原则；合议原则；公开审判原则；两审终审原则；当事人法律地位平等原则；使用本民族语言进行诉讼原则；辩论原则；人民检察院实行法律监督原则等。第二类是行政诉讼所独有的原则，包括合法性审查原则、不适用调解原则、被诉行政行为不停止执行原则。在此，我们主要阐述第二类原则。

1. 合法性审查原则。合法性审查原则，指的是行政诉讼只审查行政行为的合法性，而不审查其合理性问题。尽管对于一个行政行为来说，不合法因素与不合理因素的存在都可能给公民、法人和其他组织的合法权益带来损害，但基于司法权与行政权之间的基本分工，对于行政行为的合理性问题，法院原则上不能加以审查。合法性审查原则的存在，在根本上是由法院的性质与任务所决定的，法院是法律的适用者，只有法律调整的问题，法院才可以审理。对于行政行为的一般合理性问题，法律并不加以严格的规范与羁束，而是给行政机关留下一定的自由裁量空间，即使行政机关在裁量中有欠妥当，存在合理性上的欠缺，也并不构成违法，法院对此便不应加以审理。对于因行政行为合理性问题所引起的争议，原则上通过行政复议等其他方式寻求解决。

当然，行政诉讼并非绝对地不审查任何行政行为的合理性问题，如果一个具体行政行为存在严重的、明显的、重大的合理性问题，以至于违反了行政合理性原则的最基本要求，此时便可将该行为视同违法——“违法”包括违反法律原则。对于这种情况，法院也可以通过行政诉讼加以审查。因此，《行政诉讼法》（2014 年）规定对显失公正的行政处罚以及涉及确定款额的行政行为，法院有权加以审查并变更；对于明显不当的行为，法院也可以审查并撤销。但是，随着行政诉讼制度的发展，特别是修改法律后将行政协议行为争议也纳入受案范围后，实际上也开始进行一定范围和程度的违约性审查，这也可视为对合法性审查原则的一种补充。

2. 不适用调解原则。之所以把不适用调解作为一项原则，主要基于两方面的考虑：一是行政诉讼审查的主要是行政行为的合法性，被诉的行为要么合法，要么违法，不可能存在中间状态，而调解的目的正是在于寻找合法与违法之间的中间状态，这在逻辑上不可能。二是因为行政行为的作出是行政权运用的结果，被告无权对国家公权力作出放弃与让步。例外的情况是，对于行政诉讼中原告提出的赔偿或补偿请求，由于这些问题是在侵权行为违法性已经得到判断的前提下产生的，不再涉及对被诉行为合法性的判断，因而法院可以在一定范围内进行调解；又由于法院可以审查明显的合理性问题，因而那些基于被告的裁量权而作出的行政行为如果存在明显的合理性问题，也在法院可以审查之列。而合理性问题与合法性问题有所不同，并不是非此即彼的，而是存在一定的弹性空间，所以法院对此也可以适用调解。从制度形态角度看，总体而言似乎不适用调解是行政诉讼的原则，适用调解仍然是例外；但是，鉴于行政管理和执法活动中不同程度的裁量行为是非常广泛、大量存在的，实际上发生争议、诉至法院、接受审查、接受调解的裁量行为争议案件会是非常多的，这个“例外”及其走向不可忽视。

3. 被诉行政行为不停止执行原则。在行政诉讼期间，原则上不停止被诉行政行为的执行，但下列情况例外：（1）被告认为需要停止执行的；（2）原告或者利害关系人申请停止执行，人民法院认为该行政行为的执行会造成难以弥补的损失，并且停止执行不损害国家利益、社会公共利益的；（3）人民法院认为该行政行为的执行会给国家利益、社会公共利益造成重大损害的；（4）法律、法规规定停止执行的。不过，这种理念和做法，随着审判实践和司法改革的推进而出现了变化，提起诉讼后在不损害社会公共利益并提供担保的情况下，停止执行被诉行政行为的情形正变得越来越普遍。

第二节　行政诉讼的受案范围

【案例介绍】

袁某诉崇明交警大队交通事故责任认定案①

2001年2月22日，上海市崇明县人民法院受理了一起交通事故当事人因不服公安机关作出的责任认定而提起的行政诉讼案件，这在上海尚属首例。

2000年5月6日晚，在崇明一家保险公司工作的袁某酒后驾桑塔纳轿车回家，在一个路口与一辆轻便摩托车发生碰撞。摩托车驾驶员负轻伤，但同车另一名11岁的小孩受重伤，昏迷不醒。事后，崇明交警大队认定醉酒驾车的袁某应负主要责任，违章带人的王某负次要责任。袁某不服，于同年6月1日向崇明县公安局申请重新认定。当月26日，县公安局经复核作出重新认定决定书，认为“原责任认定袁某、王某的违章行为正确，责任划分得当”，予以维持。

2000年9月，袁某向崇明县人民法院提起行政诉讼，要求法院判令崇明县公安局撤销其作出的“崇明第30号道路交通事故责任重新认定决定书”，责令县公安局对本次事故责任再进行认定。但崇明县人民法院认为这不属于行政诉讼受理范围，因此裁定不予受理。因为早在几年前，最高人民法院和公安部曾联合发出《关于处理道路交通事故案件有关问题的通知》，明确规定：“当事人仅就公安交警管理机关作出的道路交通事故责任认定和伤残评定不服，向人民法院提起行政诉讼或民事诉讼的，人民法院不予受理。”

但是，袁某的代理人、四维律师事务所於炯律师却找出了新的法律依据：2000年3月8日，最高人民法院公布了《关于执行〈中华人民共和国行政诉讼法〉若干问题的解释》。该司法解释第1条第1款规定：“公民、法人或者其他组织对具有国家行政职权的机关和组织及其工作人员的行政行为不服，依法提起诉讼的，属于人民法院行政诉讼的受理范围。”他认为，公安机关对交通事故进行责任认定，属于行政行为。据此，袁某又向上海市第二中级法院上诉。同年11月，上海市二中院作出裁定：撤销崇明县人民法院的原裁定，指令该院立案受理。2001年2月14日，袁某再度向崇明县法院递交行政诉状，但将被告换成了崇明县交警大队，法院正式受理。

---

① 参见朱泳武：《不服交通事故责任认定 上海市受理首例行政诉讼案》，载《解放日报》，2001-02-23。

【案例分析】

根据当时有效的《行政诉讼法》（1989年），决定一个行政争议是否属于行政诉讼的受案范围，核心问题就是认定引起争议的是否具体行政行为。[①] 对于何谓具体行政行为，学理上存在极为激烈的争论，最高人民法院《关于贯彻执行〈中华人民共和国行政诉讼法〉若干问题的意见（试行）》（已废止）曾经为此下了一个"官方"定义，认为"具体行政行为"是指国家行政机关和行政机关工作人员、法律法规授权的组织、行政机关委托的组织或者个人在行政管理活动中行使行政职权，针对特定的公民、法人或者其他组织，就特定的具体事项，作出的有关该公民、法人或者其他组织权利义务的单方行为。

根据这一定义，具体行政行为必须具备四个要件：一是处分性，即行为对公民、法人或者其他组织的权利义务产生确定性的影响；二是特定性，即该行为是对特定的公民、法人或者其他组织，就特定的具体事项实施的；三是单方性，即该行为无须相对人合意，仅凭行政主体的意思表示即可成立、生效；四是外部性，即该行为的对象和效力都是针对行政主体外部的。尽管上述的司法解释已经被取代，但直到今天，这一颇为苛刻的"官方"定义还在我国的行政审判实践中发挥着巨大影响，成为许多法官自觉或不自觉的法律适用标准。

在上述"官方"定义的具体行政行为"四性"中，处分性——即产生变动权利义务关系的影响力——这一点最为关键，由此引发的争论也最多、最激烈，本案正属此类情形。

如果严格按照适用上述关于具体行政行为的定义，则交警部门所作出的交通事故责任认定书，必定不属于行政诉讼的受案范围。交警部门的这一行为从形式上看，只认定了"谁撞了谁"、"撞成什么样"一类的事实问题，并没有直接确定事故当事人之间的任何权利义务关系，特别是没有确定袁某应当向事故受害人如何赔偿等，而只是为可能产生的赔偿法律关系提供了一个证据而已。根据《道路交通安全法》的规定，此时事故双方根据交警部门的责任认定书，可能经过协商、调解，或者民事诉讼之后再确定赔偿法律关系。因此，如果对作出交通责任认定书的作为提起行政诉讼，就被认为是没有必要的。其逻辑在于：如果当事人对交警部门的认定不服，完全可以就赔偿问题提起民事诉讼，这个认定书在民事诉讼中就转化为证据，原告完全可以通过提出其他相反的证据来推翻它的效力，无须对认定行为本身提起行政诉讼。有关行政机关、司法机关乃至立法机关也曾三令五申，要求各级法院不得受理此类案件。

但事实是，尽管交通事故责任认定书没有直接确立事故双方的赔偿等权利义务关系，却会在很大程度上影响到这一权利义务关系的确立。按照《道路交通安全法》的规定，解决事故双方赔偿问题的最终程序是民事诉讼，而交警部门的责任认定书就是诉讼中起决定

---

① "具体行政行为"一词在《行政诉讼法》（2014年）中被"行政行为"替代，即受案范围的判断标准具有更大的灵活性。该法表述的"行政行为"目前主要指向具体行政行为，但也对行政规范性文件这样的抽象行政行为进行附随式审查，以及今后在司法审查实务中进一步扩大对于抽象行政行为的审查范围和强度，提供了法理基础和制度依据。换言之，《行政诉讼法》（2014年）施行后，由于许多现行法律法规尚有"具体行政行为"的表述，所以在当下的行政执法和司法审查实务中，"具体行政行为"和"行政行为"尚处于并用状态。

性的关键证据，对这一证据法院极少不予采纳，而当事人也很难找到足以推翻认定书的其他“过硬”证据。可以说，交警部门的认定书已经在事实上——而不是法律上确定了事故双方的赔偿权利义务关系，认定书事实上产生了一个具体行政行为应有的效果。

因此，我们认为，法院在判断一个行政争议是否属于行政诉讼受案范围时，不能纯粹只考虑法律上的、逻辑上的可能性，而应同时考虑事实上的影响和需要，避免司法实践与现实生活的脱节，也避免行政审判堕入纯粹形式法治的误区。正因为如此，在《行政诉讼法》（2014 年）中，关于“具体行政行为”的表述已经改变为“行政行为”，以免对行政诉讼的受案范围予以过多拘束，为对规范性文件的司法审查提供了理据，而且留下更多的解释、实践、发展的空间。

【法律背景】

《行政诉讼法》（2014 年）第十二条、第十三条。

【知识点介绍】

我国《行政诉讼法》（2014 年）对受案范围的规定，采取的是“概括性规定—肯定性规定—否定性规定”的混合模式，我们也按照这一结构加以介绍。

一、概括性受案标准

1. 职权标准。即引起行政争议的行为，必须是由具有行政职权的机关、组织及其工作人员，或者是由这些机关、组织所委托的组织和个人所实施的。换言之，只有基于行政职权的行使而引发的争议才有可能进入行政诉讼，行政机关以民事主体身份从事的行为不可能引发行政诉讼。

2. 行为标准。法院只受理对行政行为提起的诉讼。行政行为指的是行政主体在行政管理活动中根据行政职权，针对公民、法人或其他组织的权利义务作出的法律行为。主要根据行政性、法律性和外部性三个特征来进行判断。从《行政诉讼法》（2014 年）所具体列举的直接受理的案件类型来看，这里的行政行为主要指的还是那些传统的、单方性的行政行为，但范围已经有所拓宽，将双方性的行政协议行为涵盖了进来。同时，《行政诉讼法》（2014 年）借鉴了《行政复议法》上的制度，规定原告在对行政行为提起诉讼时，对作为该行为依据的、低于规章的一般行政规范性文件（抽象行政行为），可以一并请求法院进行附带审查。总的来说，就是行政行为可以直接审查，规章以下的抽象行政行为可以附带审查。

3. 结果标准。只有在当事人认为行政行为侵害其合法权益的情况下，方能受理有关争议。

二、肯定列举的案件

行政诉讼法及一系列司法解释对可以进入行政诉讼的案件进行了明确列举，包括：

（一）法律上规定的案件

1. 行政处罚案件。行政处罚是行政行为的重要类型之一，可以提起行政诉讼。

2. 行政强制措施案件。行政强制措施，是行政主体为了实现特定的行政管理目的，而对一定的人、物或场所采取即时性的强制手段，以排除某种妨碍或保持某种状态的行为。行政强制措施也是行政行为的一种，属于行政诉讼的受案范围。

3. 侵犯经营自主权的案件。即行政机关侵犯经营自主权或者农村土地承包经营权、农村土地经营权的行为。这种案件是从行为结果的角度来界定的，从行为的方式上来看则可以多种多样，包括行政处罚、行政强制、行政许可及其他行政行为。

4. 行政许可案件。行政许可实施过程中发生的各种行政行为，包括是否给予许可、许可的变更、延续、撤销、撤回等，都具有可诉性。

5. 行政确权案件。即行政机关作出的关于确认土地、矿藏、水流、森林、山岭、草原、荒地、滩涂、海域等自然资源的所有权或者使用权的行为。

6. 征收征用及其补偿案件。行政征收与行政征用都是行政主体从相对人处获得一定金钱、财物或其他利益的行为，在形式上比较接近，其差别在于国家从相对人那里取得的财产权属性不同。征收行为取得的是相对人财产的所有权，可能是无偿的，如征收税费，也可能是有偿的，如征收农村集体土地；征用行为取得的是相对人财产的使用权，是要给予一定补偿的，如政府在应对突发自然灾害的过程中征用私家车用于运送救援人员。无论行政征收与行政征用二者存在什么差别，这两种行为及其后续的补偿决定在性质上都属于行政行为，当事人如果认为这些行为违法，都可以提起行政诉讼。

7. 行政不作为案件。即当事人申请行政机关履行职责保护其人身权或财产权，而行政机关拒绝履行或不予答复的案件。起诉行政不作为，一般必须具备两个基本条件：一是当事人要求行政机关实施的行为，属于该机关的法定职责。如果当事人对行政机关提出超出其职权范围的要求，比如向工商局申请保护其人身安全，对此类要求行政机关根本无法给予满足。当事人据此起诉的，法院不予受理。二是必须以当事人向行政机关提出保护其权益的申请为前提。如果当事人并未向行政机关提出申请，行政机关无从知晓当事人面临着某种危险而有加以特别保护的必要，当事人据此起诉，法院原则上不能受理。

8. 行政垄断案件。即行政机关滥用行政权力排除或者限制竞争的行为。例如，地方政府规定给予本地企业某种税费优惠，而在本地经营同一行业的外地企业则不予优惠；或者要求进入本地经营的外地企业应当额外办理许可证，都属于这样的情形。

9. 行政给付案件。指的是行政机关给予某些特殊群体或个人以某种物质帮助的行为。行政给付的形式包括发放抚恤金、社会保险金、最低生活保障费等。行政给付是一种羁束性的行政行为，如果当事人已经符合获得给付的条件，而行政机关没有给付或没有足额、及时给付，当事人便可提起行政诉讼。

10. 违法要求履行义务的案件。所谓违法要求履行义务，主要包括两种情况：一是当事人依法并不负有某种义务，而行政机关仍然要求其履行义务；二是当事人虽然负有某种义务，但行政机关违反法定程序要求其履行。这一规定主要是针对所谓的“三乱”行为，即乱罚款、乱收费、乱摊派而制定的。

11. 行政协议案件。行政协议，指的是行政机关为实现公共利益或者行政管理目标，在法定职责范围内，与公民、法人或者其他组织协商订立的具有行政法上权利义务内容的协议。传统上，行政法对行政行为的界定强调单方性，因而认为具有双方性的行政协议不是行政行为，不属于行政诉讼的受案范围。但《行政诉讼法》（2014 年）改变了这一标准，承认政府特许经营协议、土地房屋征收补偿协议和其他行政协议属于行政行为，将其纳入受案范围。具体包括不履行行政协议的案件、未按照约定履行行政协议的案件、违法变更或解除行政协议的案件。

（二）学理解释所补充的案件

《行政诉讼法》（2014 年）第 12 条第 1 款的前 11 项规定了 11 类案件属于行政诉讼的受案范围，又在其第 12 项规定了一个兜底条款，即当事人“认为行政机关侵犯其他人身权、财产权等合法权益的”，也可以起诉。那么，侵犯其他人身权、财产权的案件到底还包括哪些行政行为呢？这里的“等”，立法原意是“等外等”还是“等内等”？学理上的通说认为这个兜底条款主要包括如下几类案件：

1. 行政裁决案件。行政裁决指的是行政机关在其职权范围内，对平等主体之间发生的民事纠纷作出的、具有强制力的处理，是行政行为的一种。

2. 行政奖励案件。行政奖励是指行政主体为了调动和发扬人们的积极性和创造性，依照法定的条件与程序对作出突出贡献和模范遵纪守法的行政组织和行政相对人予以物质和精神鼓励的行政行为。行政奖励属于行政行为的一种，具有可诉性。

3. 行政检查案件。行政检查是行政主体基于一定目的对人、对物、对场所实施检查、勘验的行为，也是行政行为的一种。行政检查可能包括两种情况，一种是行政主体为了实施另外一个行为而进行的检查，如为了实施行政处罚而对当事人的违法行为实施检查；另一种是为了确定当事人遵守法律的情况而进行的检查，如工商部门不定期对集贸市场进行的检查，或者行政许可实施机关对被许可人从事被许可行为的情况进行检查。无论是哪一种检查，行政主体的行为都有可能造成当事人合法权益的损害，当事人可以提起行政诉讼。

4. 行政确认案件。行政确认，指的是行政主体在其职权范围内，对当事人之间已经发生的事实或者已经建立的权利义务关系给予确定、认可或证明的行为。一般认为，如果行政机关的确认行为足以引起当事人权利义务关系变动的话，则当事人认为该确认行为违法的，就可以提起行政诉讼；反之，如果确认行为并不足以引起当事人权利义务关系的变动，则该行为即使违法，也不能通过行政诉讼的方式来解决。

（三）单行法补充的案件类型

《行政诉讼法》（2014 年）第 12 条第 2 款规定，在其第 1 款明确列举的案件之外，法院还受理法律、法规规定可以提起诉讼的其他行政案件。这是一个开放式的规定，为其他单行法继续拓宽行政诉讼的受案范围开了一个灵活的口子，留下了很大余地。例如，按照《政府信息公开条例》的规定，行政机关在政府信息公开工作中的行政行为，如果侵犯公民、法人和其他组织合法权益的，受害人就可以提起行政诉讼。

三、否定列举的案件

行政诉讼法对受案范围的规定，在做了概括式规定、肯定式列举之后，又进一步做了否定式列举，明确了一批绝对不能进入其受案范围的案件。这些案件之所以不能进入受案范围，总是由于其缺少了受案标准中所要求的某一个或几个要件。当然，除了行政诉讼法所明确排除的这些案件，还有一些案件由于不属于行政行为，当然也不具有可诉性。

（一）行政诉讼法明确排除的案件

1. 国家行为

指的是包括行政机关在内的特定国家机关，根据宪法和法律的授权以国家的名义实施的行为。这些行为具有高度政治性，不在行政法的调整范围之内，包括国防行为、外交行为、宣告紧急状态的行为、实施戒严的行为、宣布总动员的行为等。

2. 抽象行政行为

抽象行政行为是法学概念或曰学理概念，也是具体行政行为的对立概念，它是指针对不特定对象作出的具有普遍适用性的行为，不具备特定性的要件，只有经过具体行政行为的实施，才可能对特定对象产生权利义务上的实际影响，因此不能对抽象行政行为直接提起诉讼。

但是，当事人如果起诉了一个具体行政行为，同时认为这个行为的依据是属于规章以下一般规范性文件的抽象行政行为，可以请求法院对该规范性文件一并审查。

3. 内部行为

内部行为也不属于行政诉讼的受案范围。所谓内部行为，包括针对内部组织的行为和针对内部个人的行为，前者如行政主体对其下属机构设立、增加、减少、合并的行为，或对下属机构的权力加以配置、划定、调整的行为，以及行政机关内部公文函件往来的行为；后者则主要表现为对人事关系的处理，如对公务员的奖惩、任免。需要进一步强调的是，对内部行为不应做过于宽泛的理解，不能把一切行政主体对其“内部”作出的行为均视为内部行为。尤其是对个人实施的内部行为，主要应从人事关系的层面上来理解，对于非人事关系的其他处理不应视为内部行为。

4. 行政终局裁决行为

在个别案件中，虽然行政机关的行为完全符合作为一个行政行为的全部要件，但基于法律的特别规定，仍被排除在行政诉讼的受案范围之外，这就是法定行政终局裁决行为。所谓“法定行政终局裁决行为”，指的是法律（狭义法律）规定由行政机关作出最终裁决，当事人不得对该裁决提起行政诉讼的行为。“法定行政终局裁决”主要有如下几种：

（1）国务院的裁决，当事人不服省部级行政机关作出的行政行为时，如向原机关申请行政复议后对该复议决定仍不服的，可以起诉，也可以申请国务院作出裁决，国务院作出的裁决是终局的。

（2）省级政府针对自然资源权属作出的复议决定，省级政府根据国务院或者省级政府自己作出的勘定、调整行政区划的决定或者征用土地的决定，针对自然资源所有权或使用权作出的行政复议决定，具有行政终局效力。

（3）对外国人、境外人的出入境强制措施：外国人、境外人对公安出入境管理机构实施的继续盘问、拘留审查、限制活动范围、遣送出境措施不服的，可以申请行政复议，该行政复议决定为最终决定。

（二）其他应当排除的案件

这些案件虽然行政诉讼法没有明确将其排除出去，但由于它们根本不属于行政行为，不符合行政诉讼的受案标准，也不可能被法院所受理。包括：

1. 刑事侦查行为

指的是公安、国安等特定行政机关根据《刑事诉讼法》的授权实施的侦查犯罪活动的行为。这些行为虽然由行政机关实施，但性质上却是刑事诉讼活动的一个组成部分，也不属于行政活动，同样不被列入行政诉讼的受案范围。

2. 行政调解

指的是行政机关在其职权范围内，就平等主体之间发生的民事纠纷劝导其自愿达成协议的一种行为，没有强制力，当事人可以不受调解结果的约束，因此不是行政行为。当事人如对调解结果不服，不能对其提起行政诉讼，应当就原有的民事纠纷提起民事诉讼。

3. 行政指导

指的是行政主体向相对人采取指导、劝告、建议、鼓励、警示、倡议等不具有国家强制力的方式，谋求相对人的同意与协助，从而实现其行政目的的行为。这是一种没有强制力的行为，其目的的实现取决于当事人对指导意见的自愿听取，行政机关无权强行要求当事人听取其意见。因此，行政指导的作出并不会引起当事人权利义务的变动，也不是行政行为，对其也不能提起行政诉讼。但是，从行政实务看，如果行政主体在行政实务中变相采取了具有强制性和明显误导性的行政指导行为，由于实际产生了法律效果（指导对象的权利义务发生变化），也由于产生了损害后果，则可能会从结果论的角度被纳入受案范围接受司法审查。

4. 重复处理行为

指的是行政机关对其已经作出的行政行为加以解释、强调、坚持、重复的行为。如行政机关对于某件事情已经作出了决定，过了一段时间又作出一个新的决定，对前一个决定的内容加以明确、强调或解释，就是重复处理行为。又如行政机关作出一个决定之后，当事人通过来信、来访等方式申诉，行政机关经审查后驳回了当事人的申诉，重新肯定了原决定，这也属于重复处理行为。对于重复处理行为，当事人不能提起行政诉讼，因为这些行为的作出并没有引起权利义务关系的丝毫变化，只不过重复了原来的权利义务内容而已，同样属于不具有处分效力的行为，当事人自然不能对其提起行政诉讼。当事人如果提起行政诉讼，应当以行政机关第一次确定权利义务的行为为对象。法律上规定重复处理行为不可诉，可以避免当事人通过不断申诉，再就驳回申诉的处理决定去起诉，从而规避行政诉讼起诉期限的做法。

5. 阶段性行政行为

指的是行政机关在一个行政行为尚未最终完成时作出的阶段性处理或意见。此时行政行为尚未最终完成，不可能对当事人产生任何效力，当事人也就不能对其提起行政诉讼，只有在该行政行为最终完成之后，才能对最后的决定提起行政诉讼。

阶段性行政行为在实践中十分常见，如在适用听证程序的行政处罚中，行政机关经过初步调查会形成一个初步的处罚意见，将此意见告知当事人并告知其有申请听证的权利，这种文书通常被称作行政处罚告知书。但行政处罚告知书并不等于最后的处罚决定，最后的处罚决定只有等到听证结束之后才作出，而这个决定完全有可能改变告知书中的初步处罚意见。因此，当事人不能因为行政机关告知有对其实施处罚的可能性，就提起行政诉讼。

又如，在劳动监察工作中，劳动部门如果发现某些用人单位拖欠工资报酬、经济补偿或经济赔偿的违法行为，可能会就此向其发出劳动监察指令书，责令用人单位支付上述款项。此时用人单位尚可就此向劳动部门进行陈述、申辩，待其作出最后的劳动监察决定书，但不能就劳动监察指令书提起行政诉讼，因为这并不是劳动部门的最后处理决定。

再如，行政机关在作出某项重大的行政决定之前，可能向其上级行政机关请示，而上级机关对该请示作出的答复、批复、意见等也属于阶段性行政行为，同样不能提起行政诉讼。只有在下级机关根据这些答复、批复、意见作出最终的处理决定之后，当事人才能起诉该决定。

但在某些情况下，阶段性行政行为有可能对当事人的权利义务产生事实上的影响，实际上已经等同于一个行政行为。例如，在行政许可程序中，申请人递交的申请材料错误或缺漏的，行政机关应当在5日内一次全部告知，这种告知行为本属阶段性行为。但如果由于行政机关没有及时告知或错误告知，事实上就会导致许可程序终止，申请人的合法权利受到损害。此时，应当认定告知行为已经构成行政行为，可以提起行政诉讼。又如，对于和许可事项有利害关系的人，行政机关应当告知其有申请或参加听证的权利，告知听证本来也是一个阶段性行为。但如果因为行政机关没有及时告知听证，导致有些利害关系人无法申请或参加听证，已经对其权利产生实质性影响的，也可以提起行政诉讼。

6. 部分行政确认行为

对于行政确认行为的可诉性，上文已有详述，在此重新强调。并非所有的行政确认行为都会产生使当事人的权利义务关系产生变动的效果，因此，仅仅确定某个事实的行为，或确认某个法律关系但确认行为本身并非该法律关系生效要件的，不属于行政诉讼的受案范围。

第三节　行政诉讼的管辖

【案例介绍】

王某诉某市劳动教养管理委员会劳动教养决定案

1999年7月，亚洲排球锦标赛正在某市轰轰烈烈地展开。7月21日晚饭过后，国际裁判巴林人纳某、我国台湾地区刘某两人结伴散步，正好遇见拉客女朱某、汪某二人。当两位国际裁判正在犹豫不决时，拉客女朱某、汪某极尽拉客之能事，终于将二位国际裁判弄得魂不守舍，乖乖地跟着两位拉客女来到日本籍华人程某开设的外商独资的某娱乐大世界。因两位拉客女与该娱乐世界的工作人员王某关系不错，所以两位拉客女也就敢大胆行事。来到这儿以后，由工作人员将他们四人分别领到各自的KTV包间，由拉客女陪同二位国际排球裁判娱乐了2个小时左右，消费啤酒、XO洋酒各6杯，还有一些水果等，账台结账为人民币1万元。两位国际裁判认为太贵，便与账台发生争执，恰在这时遇上经过账台的外地打工仔王某（湖南某市人），王某见争执不下便建议打九折。后又经讨价还价，以1万元新台币另加800美元成交。后来，东窗事发，某市劳动教养管理委员会认为王某系该酒吧KTV包房的工作人员，与拉客女事先预谋“斩客”，其行为扰乱了社会秩序，遂根据《国务院关于劳动教养问题的决定》对王某作出劳教2年的决定，王某不服，准备提起行政诉讼，但是担心某区人民法院慑于某市劳动教养管理委员会的压力，不会保护他的权益，于是在老家（户口所在地）向该县人民法院提起行政诉讼。湖南某县人民法院受理了该案件，在答辩中，被告提出管辖异议，理由如下：《行政诉讼法》（1989年）第18条规定的是由原告所在地人民法院或者被告所在地人民法院管辖，而原告就在被告所在的城市工作，原告所在地就是某市，故原告和被告所在地一致，因此，本案应该由我区人民法院管辖。但是某县人民法院驳回管辖异议，同时经审理撤销某市劳动教养管理委员会的决定。

【案例分析】

诉讼法上的管辖制度，原本只是一种技术性的设计，其目的是通过管辖法院的合理设置以最大限度地方便当事人参加诉讼，降低各方的诉讼成本。但在我国的行政诉讼法上，管辖制度的主要目标却是尽量保证法院审判的公正性，这在级别管辖和地域管辖两个方面都有鲜明的体现。

在级别管辖上，管辖法院的级别高低对于审判结果的公正性有着极大的影响。按照当时有效的《行政诉讼法》（1989年）的规定，行政诉讼案件原则上由基层人民法院管辖，而大多数行政诉讼被告的行政级别都高于基层法院或者与其相当。在我国司法机关独立审判地位尚未获得保障，整个社会生活“泛行政化”色彩较浓的现实条件下，基层法院往往无法抵御来自被告的压力，最终作出不公正的裁判。正是考虑到这一问题，2008 年年初最高人民法院以司法解释的方式，将以县级以上政府为被告的案件规定为中级法院管辖，此司法解释的规定已由 2015 年 5 月 1 日起施行的新行政诉讼法采用，形成法律规定的管辖制度。

在地域管辖上，管辖法院与案件当事人之间的关系也在较大程度上影响着审判的公正性。一般来说，由当事人所在地法院管辖的案件，其审判结果对该当事人将更加有利。而根据原告就被告的一般诉讼原理，绝大多数法院都将由行政机关所在地法院管辖，并可能得到有利于行政机关的审判结果。因此，《行政诉讼法》（1989 年）及其司法解释规定了一系列地域管辖上的例外，如复议改变案件的例外、限制人身自由案件的例外、不动产案件的例外等，以平衡这种现实利益关系。

本案属于典型的限制人身自由案件，按照《行政诉讼法》（1989 年）的规定，既可由被告所在地，也可由原告所在地法院管辖，而这里的原告所在地根据司法解释的规定，可以指原告的户籍所在地，也可以指其经常居住地或被限制人身自由地。因此，本案原告向其户籍所在地湖南某县人民法院提起行政诉讼，受诉法院管辖了此案并驳回被告管辖权异议的做法，是完全合法的。

实际上，对于行政法院一审法院的管辖，《行政诉讼法》（2014 年）已经有了变化。虽然《行政诉讼法》（2014 年）在原则上仍然没有改变“基层人民法院管辖第一审行政案件”的规定，但却扩大了中级法院的管辖范围。按照新法第 15 条，对国务院部门或者县级以上地方人民政府所作的行政行为提起诉讼的案件，由中级人民法院管辖。而在此之前，只有国务院各部门或省级以上人民政府作出的行政行为才由中级人民法院管辖，这就导致了现实中由区县基层人民法院审理县级乃至市级行政行为的情况，影响了审判效果，也难免使原告对判决公正性产生质疑。《行政诉讼法》（2014 年）扩大了中级人民法院的管辖范围，目的在于提高管辖法院的级别，减少来自被告的行政干预。若适用新法，本案中的“某县基层人民法院”无权管辖，享有管辖权的法院应为某市中级人民法院（被告所在地、原告经常居住地）或某县所属的市中级人民法院（原告户籍所在地）。

【法律背景】

《行政诉讼法》（1989 年）第十三条、第十四条；

《行政诉讼法》（2014 年）第十四条、第十五条、第十六条、第十七条、第十八条、第十九条、第二十条、第二十一条、第二十二条、第二十三条、第二十四条。

【知识点介绍】

行政诉讼的管辖规则包括级别管辖、地域管辖和裁定管辖三个方面。

一、级别管辖

级别管辖解决的是不同级别的法院之间在审理第一审行政诉讼案件时的权限分工。我国行政诉讼的级别管辖，以基层法院管辖第一审案件为原则，以其他较高级别的法院管辖为例外。

（一）基层法院管辖的案件

第一审行政案件原则上由基层法院管辖，基层法院承担了绝大多数行政诉讼一审案件的审判工作。之所以将基层法院管辖作为原则，主要是考虑到：第一，基层法院在各级法院中数量最多、分布最广、人员众多，能够承担大量行政诉讼案件的审判工作；第二，基层法院一般距离当事人较近，方便当事人参加诉讼。

（二）中级法院管辖的案件

级别管辖的例外，也就是由中级法院、高级法院与最高法院管辖第一审行政案件的情况。《行政诉讼法》（2014 年）从减少行政干预的角度出发，着重于提高案件的管辖层级，这使得中级以上法院管辖的一审案件数量明显上升。由于高院、最高院管辖第一审行政案件的情况较少发生，其标准也较易确定，因此，这里重点介绍中级法院管辖的案件。

1. 被告是特殊主体的案件

某些案件的被告具有一定的特殊性，需要由较高级别的法院管辖才能顺利审判。比如，被告的行政级别较高，为了审判的公正需要提高管辖级别，使管辖法官的行政级别高于、相当于或者接近于作为被告的行政机关；或者被告主管的领域专业程度较高，只有较高级别的法院才有相应的审理能力。下列案件由中级法院管辖一审：

（1）被告是国务院下属部门的案件。

（2）被告是县级及以上政府的案件，但不包括县级以上地方政府部门作为被告的案件。

上述两条规定的主要目的就在于提高管辖法院的级别，减少来自被告的行政干预。

（3）被告是海关的案件。主要包括海关税收案件与海关行政处罚案件，被告可能是各级海关。这一规定主要是考虑到海关案件具有较高的专业性，基层法院审理能力不足。

2. 本辖区内重大、复杂的案件

如重大的共同诉讼、集团诉讼案件，重大的涉外案件、涉港澳台的案件，或者其他一些专业性较强的案件如知识产权案件等，基层法院对于这些案件很可能也缺乏审理能力，需要中院管辖。

3. 其他法律规定由中级法院管辖的案件

这是一个开放性的规定，留待将来单行法补充。《行政诉讼法》（2014 年）之所以开这样一个口子，目的还是在于为进一步提高行政案件的管辖层级预留空间。

（三）高院、最高院管辖的案件

高级法院管辖本辖区内重大、复杂的第一审行政案件。最高法院管辖全国范围内重大、复杂的第一审行政案件。

二、地域管辖

地域管辖解决的是同一级别的不同法院之间在审理第一审行政诉讼案件时的权限分工。我国行政诉讼的地域管辖，以被告所在地法院管辖为原则，以其他为例外。

（一）地域管辖的原则

原则上由被告所在地法院管辖，也称“原告就被告”。

（二）地域管辖的例外

1. 经过行政复议的案件

经过行政复议的案件，有权管辖的法院包括最初作出被诉行政行为的机关所在地法院，也包括复议机关所在地法院，原告可以选择任一法院起诉。

这一规定的立法目的主要是方便原告参加诉讼。经过行政复议的案件，如果复议机关维持原行为的，此时以原机关和复议机关作为共同被告。由于两级机关都是被告，原告自然可以选择任何一个机关所在地的法院来起诉。如果经过复议之后，复议机关改变了原来的行政行为，此时以复议机关作为被告，诉讼的标的就是复议决定。按照一般的管辖原则，此时应当由复议机关（即被告）所在地管辖。但是，考虑到复议机关是原机关的上一级机关，有可能距离原告较远；而原机关对原告直接实施管理，一般来说是原告当地的行政机关，可能距离原告较近。此时，如果一定要求原告向复议机关所在地法院起诉，有可能是舍近求远，使原告很不方便。因此，为了便利原告，就允许其选择在原机关所在地（多数情况下同时也就是原告的所在地）法院起诉。

对于经过复议的案件，还要特别注意其级别管辖问题。在复议改变的情况下，以复议机关作为被告，自然要根据复议机关的性质来确定管辖法院的级别。而在复议维持的情况下，虽然以原机关和复议机关作为共同被告，但根据《行政诉讼法若干解释》（2015 年）的规定，应当以原机关的性质来确定级别管辖。因为，如果此时允许按照复议机关的性质来确定级别管辖的话，基层法院就会面临着无案可审的局面。我们知道，能够具备行政主体资格、充当行政诉讼被告的行政机关最低也是一个乡镇政府，或者是县级政府的下属部门，那么，其复议机关通常就会包括一个县级政府；如果原机关的级别更高，其复议机关通常就会包括一个比县级更高的政府。而由于一旦县级和以上政府充当了被告，级别管辖至少就是中院。所以，只要当事人不服原行为先行申请行政复议，无论复议结果如何均选择继续起诉，至少就会被中院管辖，基层法院就没有案件可以管辖了。因此，对于这种复议维持的案件，只能按照原机关的性质来确定级别管辖。

2. 限制人身自由的案件

对限制人身自由的行政强制措施不服提起的诉讼，由被告所在地或者原告所在地法院管辖，原告可以进行选择。需要注意：

第一，这里的“原告所在地”具体可以包括其户籍所在地、经常居住地和被限制人身自由地。在我国，公民的户籍所在地就是其住所地，这是公民生活和活动的中心场所。经常居住地是指公民离开住所地，最后连续居住满一年以上的地方，但公民住院就医的除外。所谓被限制人身自由所在地是指被告行政机关将被告收容审查、拘禁等限制人身自由的地点。

第二，此处“限制人身自由的行政强制措施”应做广义理解。我们知道，限制人身自由的行政行为并不全部都是“强制措施”，行政拘留等处罚行为也可能限制人身自由。那么，此处的“行政强制措施”是做与其他限制人身的行为严格区别的狭义理解，还是做将所有限制人身自由的行政行为都包含在内的广义理解呢？我们认为应作广义理解，即所有限制人身自由的行政行为均符合本条规定。原因在于，只要一个行政行为对公民的人身自由进行了限制，无论其性质如何，它给当事人权益带来的损害都是相同的，在公民寻求诉讼救济的时候，法律上不应对其管辖法院区别对待。限制人身自由的行政强制措施给原告起诉带来的困难，和限制人身自由的行政处罚给原告起诉带来的困难是一样的，所以应当同等对待、同等处理。

在涉及限制人身自由的案件中，有一类情况更为特殊，就是行政主体同时对人身与财产进行处罚或者采取强制措施的情况。根据《行政诉讼法若干解释》（2000 年）的规定，“行政机关基于同一事实既对人身又对财产实施行政处罚或者采取行政强制措施的，被限制人身自由的公民、被扣押或者没收财产的公民、法人或者其他组织对上述行为均不服的，既可以向被告所在地人民法院提起诉讼，也可以向原告所在地人民法院提起诉讼，受诉人民法院可一并管辖”。对这一规定的理解向来存在许多歧义，且由于该条款与《行政诉讼法》（2014 年）及 2015 年《行政诉讼法若干解释》并不抵触，仍然有效，对此仍应充分注意。对此，应当特别注意该条款中的以下几点：

首先，这一解释的目的在于解决既有管辖规则所带来的矛盾。根据既有的管辖规则，行政机关对财产进行处罚或者实施强制的行为，应由被告所在地法院管辖，而它对人身进行处罚或者实施强制的行为则可能由被告所在地或原告所在地法院管辖。此时，如果行政机关基于同一事实对人身和财产同时进行处罚或实施强制，而原告一旦选择以人身内容为由向原告所在地起诉，必将出现同一行政行为中的人身内容与财产内容由不同法院分别管辖的情况。如果不同法院就这一行为的合法性作出了相互矛盾的评价，如甲法院判决该行为合法而乙法院判决其违法，就出现了现有体制下难以处理的矛盾，影响司法统一。正是为了尽量避免这种情况的出现，2000 年《行政诉讼法若干解释》在此处规定了“一并管辖”的规则，允许原告所在地法院或被告所在地法院中的任何一者就案件中的人身内容与财产内容全部管辖、一并判决。此时，案中的人身内容与财产内容形成了一种“牵连关系”，其中的一者因为与另外一者的“牵连”而有可能改变其管辖地。

其次，此时对人身内容不服与对财产内容不服的应当是同一原告。也就是说，这一规定指的是行政机关对同一相对人的人身与财产同时给予处罚或者进行强制的情况，而不能被理解为是行政机关对不同相对人的人身与财产同时给予处罚或者进行强制。应当注意到

2000年《行政诉讼法若干解释》规定的是相对人对人身和财产的处罚或强制“均不服”的情况，如果行政机关是对一个相对人限制人身自由，而侵犯另一相对人的财产，就不可能出现相对人对此“均不服”的可能，而应当是不同相对人对该行为的不同内容“分别不服”了。因此，将这一规定理解为行政机关针对不同相对人实施行为的说法是不准确的。

3. 涉及不动产纠纷案件

因不动产提起的行政诉讼，由不动产所在地法院管辖。不动产所在地管辖是一种排他性的专属管辖，只要是基于不动产引起的行政诉讼就只能由不动产所在地法院管辖，排除其他所有法院的管辖权。这一规定的目的在于方便法院行使审判权，因为一般情况下，法院对辖区内的不动产进行调查、鉴定、勘验、测量较之其他法院更为方便，由其审理本辖区内的不动产行政案件最合适。

（三）跨区域管辖

《行政诉讼法》(2014年）规定，经最高人民法院批准，高级人民法院可以确定若干法院跨行政区域管辖行政案件。长期以来，我国的司法管辖区域和行政管辖区域都是重合的。而在实际中，地方政府的地位和影响力都要远远高于同级法院，甚至同级政府的一些强势部门都能够对法院形成强大的制约。这导致在行政审判实践中，法院常常受到来自行政机关的强烈干预，严重影响到审判的公正性。正是为了促进这一问题的解决，《行政诉讼法》(2014年）规定了跨区域管辖制度，例如，可以确定由一个基层法院管辖周边若干个区县的行政案件，或者确定一个中级法院管辖周边若干个地市的行政案件。这项工作，从2014年开始已经陆续试点推行。

（四）共同管辖及其选择

共同管辖是地域管辖中经常出现的情况，它并不是指现实中出现了多个法院对同一案件共同行使管辖权的情况（这在逻辑上不可能），而是指根据已有的管辖规则，对同一个第一审案件，同时出现多个有管辖权的法院，也称为管辖权的竞合。

同一案件不可能由多个法院共同审理，当共同管辖出现时，必须根据一定规则加以选择。规则有三：(1）原告选择，两个以上法院都有管辖权的案件，原告可以选择向其中一个法院提起诉讼。(2）法律推定，原告向两个以上有管辖权的法院起诉的，由最先收到起诉状的法院管辖。(3）上级指定，两个以上有管辖权的法院同时收到起诉状的，由这些法院协商解决，协商不成的由其共同上一级法院指定其中一个管辖。

三、裁定管辖

行政诉讼裁定管辖，指根据人民法院的裁定而不是法律的直接规定而确定的管辖，主要包括移送管辖裁定、指定管辖裁定与移转管辖裁定三种。

1. 移送管辖的裁定。移送管辖的裁定，是受诉法院发现自己对案件并无管辖权时，将其移送到自己认为有管辖权的法院的裁定。这一裁定的目的在于维护现有的管辖规则，对此有以下几点值得注意：（1）移送管辖的案件应当已经被法院所受理，法院在受理前发现自己对当事人起诉的案件没有管辖权的，应当裁定不予受理。（2）移送管辖的前提是受诉法院发现自己对案件没有管辖权。（3）接受移送的是移送法院认为其有管辖权的法院。之所以强调只是移送法院“认为”其有管辖权，是因为移送法院也有可能作出错误判断，误向没有管辖权的法院移送，如果发生这种情况，则接受移送的法院不得再行移送，而应报请其与移送法院的共同上一级法院指定管辖。（4）移送管辖发生于同级法院之间。

2. 指定管辖的裁定。指定管辖的裁定，是上级法院确定将特定案件由某一下级法院管辖的裁定。对此应当注意理解以下几点：（1）指定管辖的产生是基于明确管辖权限或者法院有效行使审判权的需要。有时候，多个法院可能对特定案件的管辖权产生争夺或者推诿，如果有关法院就此不能协商解决，就需要其上级法院以裁定方式给予明确。有时候，本应管辖某一案件的法院因为特殊原因可能无法正常进行审判活动，如当地发生严重自然灾害，或者因回避而造成审判人员不足，这时候也需要其上级法院指定其他法院来管辖这些案件。（2）最后接受指定的法院既可能是本来依法有权管辖的法院，也可能是原来依法无权管辖的法院。（3）指定管辖只能发生于上下级法院之间。

3. 移转管辖的裁定。移转管辖的裁定，也常常被称为管辖权的转移，它指的是上级法院决定将特定案件的管辖权在上下级法院之间转移的裁定，实践中某些法院也有可能使用决定而非裁定的文书。其含义主要包括如下几个方面：（1）移转管辖转移的是管辖权而不是案件。这一点与移送管辖明显不同，移送管辖是将一个案件从没有管辖权的法院转移到有管辖权的法院，而移转管辖是将一个案件的管辖权从一个法院转移到另一个法院。（2）移转管辖只能是自下而上移转，既不可能自上而下移转，也不可能在同级法院间移转。（3）决定移转管辖的权力在上级法院。上级法院有权直接决定审理下级法院管辖的一审案件；下级法院对其管辖的一审案件认为需要由上级法院审理或者指定管辖的，也可以报请上级法院决定。

第四节　行政诉讼的主要参加人

【案例介绍】

田××诉北京市某区民政局为其父亲与郑××办理结婚登记案①

加拿大籍华人田××对北京市某区民政局为其父亲与郑××办理结婚登记行为不服，并要求行政赔偿，向某区法院提起行政诉讼。田××诉称，其父亲患有

① 参见程琥：《从儿子申请撤销父亲结婚登记行政诉讼案析行政诉讼原告资格制度的发展》，载《行政执法与行政审判》，2003年第1辑，北京，法律出版社，2003。

法定的禁婚疾病，不符合法定结婚条件。被告某区民政局为其父亲与郑某某办理结婚登记手续，免收了婚前健康检查证明，程序严重违法。同时，被告的结婚登记行为给原告造成经济损失。为此，向法院起诉，要求依法确认被告某区民政局颁发结婚证的行政行为违法，判令被告撤销结婚登记，并承担违法行政责任，限期恢复财产，并赔偿经济损失人民币 11 万余元。在案件审理中，某区民政局辩称，原告不是行政行为相对人，不具备诉讼主体资格。被告作为婚姻登记管理部门，在对登记人的婚姻状况等有关证明进行核实后，认为登记人具备民事行为能力，并系自愿结婚，故其行为并无违法之处。另外，根据婚姻法的规定，原告不得干涉其父的婚姻，原告没有要求撤销该婚姻登记的权利。

某区法院认为，根据《行政诉讼法》（1989 年）及《行政诉讼法若干解释》（2000 年）的规定，与具体行政行为有法律上利害关系的公民、法人或其他组织对该行为不服的，可以提起行政诉讼。本案中，原告田××所诉的婚姻登记管理机关为其父与郑××办理结婚登记行为，该行为系婚姻登记管理机关与结婚登记申请人之间的行政法律关系，原告田××与该行政行为没有法律上的利害关系。因此，原告田××不具有行政诉讼原告的主体资格。综上，依据《行政诉讼法若干解释》（2000 年）第 44 条第 1 款第 2 项之规定，裁定如下：驳回原告田××的起诉。

【案例分析】

行政诉讼原告资格的认定，在行政诉讼法上是一个颇为棘手的问题。《行政诉讼法》（1989 年）本身对此并未作出明确规定，在实际操作中，曾一度被“窄化”为只有行政行为的直接相对人才有资格起诉。《行政诉讼法若干解释》（2000 年）第 12 条对此作出了规定，认为“与具体行政行为有法律上利害关系的公民、法人或者其他组织对该行为不服的，可以依法提起行政诉讼”。接下来，又通过其第 13 条到第 18 条拓展了若干具体情形下的行政诉讼原告资格，其范围均明显宽于“行政相对人”，可谓恢复了《行政诉讼法》（1989 年）的立法原意。

因此，本案中田××与某区民政局的婚姻登记行为是否具有法律上的利害关系，就是判断田××是否具有原告资格的核心条件。至于通过什么样的具体标准来判断田××是否“与具体行政行为有法律上利害关系”，实务界有人提出了三点标准：一是看起诉者认为被侵犯或影响的合法权益是否客观存在，如果所谓的合法权益根本不存在，则谈不上被侵犯或者影响的问题，也就不可能有法律上的利害关系。二是看侵犯或影响是否真的已经发生或者发生的可能性是否必然，如果未发生或者有可能不发生，则损害事实不具有现实性，也就不存在法律上的利害关系。三是看侵害或影响与被诉的具体行政行为之间是否存在因果关系，如果不存在因果关系，则也不具有法律上的利害关系。不可否认，这三点标准对于理解“法律上的利害关系”确有参考价值，但也没有完全解决这一问题。因为，上述标准实际上是认定被诉行政行为对起诉人权益是否构成侵害或影响的标准，要求这种侵害或影响已经现实或必然会发生，实际上接近于行政侵权责任的构成要件。如果按照这一标准来认定原告资格，很可能仍失之过窄。

本书认为，可以使用以下标准来认定起诉人的原告资格：即起诉人客观存在的某一合法权益，是否构成被告行政机关在作出具体行政行为时应当依法、合理考虑的一个因素。如果构成，则起诉人具备原告资格，否则便不具备。按照这一标准，本案某区民政局在为田××的父亲和郑××两人办理结婚登记时，依法或合理应当考虑的因素无非是两人是否符合婚姻登记的条件，而绝不需要考虑该婚姻关系的成立将影响包括田××在内的其他人的继承利益。因此，田××在本案中不具备原告资格，某区法院驳回其起诉的裁定是正确的。

【法律背景】

《行政诉讼法》（2014 年）第二十五条、第二十六条、第二十七条、第二十八条、第二十九条、第三十条、第三十一条、第三十二条。

【知识点介绍】

行政诉讼最主要的当事人是原告与被告，此外还包括第三人和其他诉讼参加人。

一、原告

行政诉讼原告，是指认为行政主体及其工作人员的行政行为侵犯其合法权益，而向人民法院提起诉讼的公民、法人或其他组织。行政诉讼原告的确定规则，分为两种情况：一是本来的原告资格，二是经转移的原告资格。

1. 本来的原告资格。行政诉讼的原告，并不要求必须是行政行为的相对人，只要是与行政行为有法律上直接利害关系的公民、法人或其他组织，对该行政行为不服的，均可作为原告提起行政诉讼。因此，学理上把行政诉讼的原告分为两种人：第一种是行政行为直接针对其作出的人，称行政相对人；第二种是其他与行政行为有利害关系的人，称行政相关人。认定行政诉讼的原告资格，关键在于理解何谓“法律上直接的利害关系”。所谓“直接的”，就是不需要借助其他媒介的意思，即被诉行政行为一旦作出，不需要借助其他的法律关系就必将对原告的利益发生影响。所谓“法律上的”，指的是这种被影响的利益是法律上需要保护的，换言之，这是一种行政主体在作出被诉的行政行为时依法应当纳入考虑范围的利益。

2. 经转移的原告资格。有权提起行政诉讼的公民死亡，或法人与其他组织终止的，其原告资格可以发生转移。原告资格转移的规则如下：（1）有权提起行政诉讼的公民死亡的，其近亲属可以作为原告提起诉讼。这里的“近亲属”包括：配偶、父母、子女、兄弟姐妹、祖父母、外祖父母、孙子女、外孙子女和其他具有扶养、赡养关系的亲属。（2）有权提起行政诉讼的法人或其他组织终止的，承受其权利的法人或其他组织可以作为原告提起诉讼。

实践中存在一些特殊情况，这些情况下原告资格的确定相对复杂一些，为了给地方各级司法机关确定原告资格提供更为明确、具体的依据，最高人民法院的司法解释对这些情况下原告资格的确定做了进一步的规定，包括：

1. 相邻权案件的原告。即行政行为损害当事人相邻权（包括采光权、通风权、排水权、通行权等）的案件。典型的例子是，行政机关批准某企业建造一幢大楼或搭建其他设施，该建筑或设施影响了他人的采光、通风、排水、通行等权利，受到影响的人可以提起行政诉讼。

2. 公平竞争权案件的原告。公平竞争权，指的是当事人为从事一定行为、获得一定权益而参加平等竞争的资格与条件。在此类案件中，公平竞争权受到损害的人，很可能不是行政行为的相对人。如某地方政府为了扶持当地的国有企业而给予其税收上的某种优惠，就很可能影响到与这些国企有着竞争关系的民营企业的公平竞争权，后者便可提起行政诉讼。

3. 经行政复议后的原告资格。一个行政争议经过复议之后，如果争议仍然存在，则复议的申请人可以提起行政诉讼，这一点毫无疑义；而复议的被申请人自然不能提起行政诉讼，因为行政诉讼是“民告官”而不是“官告民”。需要解决的问题是，复议中的第三人，甚至是没有参加到复议程序当中但与复议决定有着利害关系的人，能否提起行政诉讼？答案是肯定的。因为复议决定本身也是一个行政行为，按照确定诉讼原告的一般规则，只要和行政行为有利害关系的人，都可以作为原告起诉。所以，无论是复议中的第三人，或没有参加复议程序但权益受到复议决定影响的人，都具备原告资格。

4. 受害人的原告资格。在某些案件中，存在一个“受害人”的角色，主要是行政处罚案件。此时，事件中存在一个加害人和一个受害人，加害人因其加害行为受到行政机关的处罚，对处罚不服当然可以提起行政诉讼。那受害人能不能也提起行政诉讼呢？答案是肯定的。如果受害人认为行政机关对加害人的处罚存在违法之处，一般表现为受害人认为处罚过轻，也可以提起行政诉讼要求加重对加害人的处罚。

5. 信赖利益人的原告资格。信赖利益人，指的是在行政机关撤销或变更其已经生效的行政行为时，因为信赖该行为而利益上受到损害的人。信赖利益人一般包括两种人：一种就是行政行为的直接相对人，另一种并非其直接相对人，是因信赖该行政行为而采取了相应行动并因此产生一定利益的人。当行政机关将一个已经生效的行政行为撤销时，第一种信赖利益人如果对此不服，其原告资格毫无疑问。而此时第二种信赖利益人能否也对此提起诉讼呢？当然也可以，因为其法律利益同样因该行政行为的撤销或变更而受到了影响。

6. 合伙的原告资格。合伙组织提起行政诉讼时，其原告资格的确定分为两种情况：(1) 是合伙企业的，以核准登记的字号为原告；(2) 是其他合伙组织的，以合伙人为共同原告。

7. 农村土地承包人的原告资格。行政行为涉及农村土地权益的，作为土地所有权人的集体经济组织当然可以作为原告起诉。而农村土地承包人作为土地的使用权人，也可以对此提起行政诉讼。

8. 联营、合资、合作企业案件中的原告问题。联营企业、中外合资或合作企业的联营、合资、合作各方（简称企业投资人），认为联营、合资、合作企业的权益或自己一方的权益受到行政行为侵害的，均可以自己的名义起诉。

9. 非国有企业案件中的原告问题。非国有企业包括集体企业、私营企业等，如果行政机关通过其行政行为，将非国有企业注销、撤销、合并、强令兼并、出售、分立或改变企业隶属关系，该企业或其法定代表人可以提起行政诉讼。此时就出现了企业主体资格与原告资格分离的特殊情况。行政机关将非国有企业注销、撤销、合并、强令兼并、出售、分立或改变企业隶属关系的，就是要消灭该企业的主体资格。一般情况下，法人或其他组织的主体资格一旦消灭，诉权也随之消灭，只可能发生原告资格转移的问题。但《行政诉讼法若干解释》(2000 年）在此作出了例外规定，继续保留了这些形式上已经被消灭了主体资格的非国有企业的诉权，允许其借助行政诉讼来审查行政机关消灭其主体资格的行为本身是否合法。

10. 股份制企业案件中的原告问题。如果行政行为损害了股份制企业的经营自主权，企业的法定代表人当然可以该企业的名义提起行政诉讼。但在有些特殊情况下，法定代表人出于各种原因不愿提起行政诉讼，此时企业的内部机构，包括股东大会、股东代表大会、董事会等，也可以企业名义提起行政诉讼。

二、被告

行政诉讼被告，是指作出原告认为侵犯其合法权益并向法院提起诉讼的行政行为，而由法院通知应诉的行政机关或者法律、法规授权的组织。一般情况下，行政诉讼被告的确定，主要根据两个条件进行判断：第一，它是实施被诉行政行为的行政主体；第二，原告起诉了它。这两个条件缺一不可。根据上述标准，对于行政诉讼被告的确定，可以认为：

第一，行政机关实施的行政行为被诉时，该行政机关是被告。

第二，被授权组织实施的行政行为被诉时，该组织是被告。

第三，受委托者实施的行政行为被诉时，委托者是被告。

第四，原告因行政机关不履行法定职责而起诉时，对相应事务负有职责的行政主体是被告。

在了解一般确定规则的情况下，我们再针对几种比较常见的特殊情况，做进一步的分析：

1. 新组建机构的被告资格。行政机关可能为了行政管理的需要而组建新的行政机构，这些新组建机构的职权状况是不尽相同的，主要有三种可能：(1) 并不具有独立职权，有的时候行政机关新组建一个机构只是为了辅助自己处理某些方面的事务，不需要赋予其独立对外实施行政活动的权力，这就是一个纯粹的内部办事机构或者议事协调机构，并不具有行政主体资格，不能作为行政诉讼被告。(2) 合法赋予其独立职权，行政机关在组织新的机构之后，根据法律、法规，或者有时候根据行政规章的规定，赋予该机构独立的行政管理职权，这实际上就是一个行政授权的过程，此时授权的依据是合法的、充分的，这种情况下的新组建机构就具备了行政主体资格，可以作为行政诉讼被告。（3）违法“赋予”其独立职权，这种情况下，行政机关也对新组建的机构“赋予”了一定的独立职权，但其授权依据却并不合法、充分，比如仅仅是依据普通的行政规范性文件进行的授权。这种情况下，被“授权”的新组建机构就不能获得行政主体资格，应当以组建该机构的行政机关作为被告。

2. 内设机构与派出机构的被告资格。行政机关的内设机构与派出机构，在职权状况上有两种可能：一种是没有独立职权，不能以自己的名义对外作出行政行为，因而不具备行政主体资格；另一种是具有独立职权，在一定范围内可以自己名义对外作出行政行为，具备行政主体资格，例如，内设机构中的专利复审委员会、商标评审委员会，派出机构中的派出所、工商所、税务所等。在第一种情况下，内设机构与派出机构自然不可能成为行政诉讼的被告，它们对外实施行政行为，应当视为所在行政机关对它们的委托，由其所在的行政机关作为被告。在第二种情况下，内设机构与派出机构就有充当诉讼被告的可能，需要进一步分析，可分为三种具体情况。（1）这些机构在自己的授权范围内实施行政活动，当事人提起行政诉讼的，应当以该机构自己作为被告。（2）这些机构在实施职权时，超越了法定授权的幅度，如派出所作出了 1 000 元的罚款决定，税务所作出了 5 000 元的罚款决定，这属于超越职权幅度的行为，因为派出所与税务所虽然有罚款的权力，但上述决定却超越了其罚款额度，这种情况简称“幅度越权”。“幅度越权”时，仍以作出行政行为的该机构为被告。（3）这些机构在实施职权时，“行使”了某类法律、法规、规章根本没有赋予它的职权，如派出所作出了行政拘留甚至劳动教养的决定，我们称这种情况为“种类越权”。此时，这些机构就没有资格充当行政诉讼被告，而应当以其所在机关作为被告。总之，对于这些获得一定授权的内设机构与派出机构，在确定其被告资格时，应当以其作出行政行为时的职权状况作为判断标准，只有在“种类越权”时才由其所在机关为被告，其他情况下仍以该机构自身为被告。

3. 共同行政行为案件中的被告资格。共同行政行为指的是多个行政主体以共同的名义一起作出的行政行为。当事人在对共同行政行为提起诉讼时，应当以实施这些行为的多个行政主体作为共同被告。但在有的情况下，原告只将其中的一部分行政主体列为被告，法院并不能直接将剩余的行政主体也列为被告。此时，法院正确的做法是：先告知原告，要求其追加其他行政主体作为共同被告，如果原告坚持不追加的，法院只能将其列为第三人。

4. 经批准行为的被告。有时候，行政行为是经过上级行政机关批准后，由下级行政机关具体实施的。此时，当事人不服起诉的，应当按照名义标准，以在对外发生法律效力的文书上署名的机关为被告。

5. 行政主体被撤销或变更职权后的被告资格。作出行政行为的行政主体机关被撤销或者变更了职权，而该行为又被提起行政诉讼时，应当以继续行使职权的新行政主体替代其成为被告。如果没有继续行使其职权的其他行政主体，就应当由撤销它的行政主体代替。

6. 经行政复议后被告资格的确定。《行政诉讼法》（2014 年）在这个问题上做了较大的调整并引起不少争议。按照新法的规定，当事人经复议后，对复议决定仍然不服提起行政诉讼时，其诉讼被告的确定，情况比较复杂。主要包括三种情况：（1）复议维持。在复议维持的情况下，原机关和复议机关是共同被告。原告只起诉其中一个机关的，法院应当告知其追加被告。原告不同意追加的，法院应当直接将另一机关列为共同被告。（2）复议改变。复议机关改变了原行政行为时，当事人对此仍然不服提起诉讼的话，其诉讼的对象不再是原来的行政行为，而变成了复议决定，此时应当以复议机关作为被告。（3）复议不作为。指的是复议机关在法定期限之内没有受理复议申请或没有作出复议决定的情况，此时如果当事人继续提起行政诉讼，被告应如何确定呢？在这种情况下，如果当事人继续起诉原来的行政行为，应当以最初作出该行为的主体为被告。但是，由于复议机关的行为本身已经构成了行政不作为，这又产生了另外一个诉因，当事人又可以起诉这种行政不作为，构成一个新的行政诉讼，这个诉讼的被告当然就是复议机关。因此，在复议不作为的情况下，首先应当明确当事人诉讼的对象，再据此确定被告。

三、第三人

行政诉讼第三人，是指与提起诉讼的行政行为有利害关系的其他公民、法人或者其他组织。根据第三人在行政争议中的不同地位，分为原告型第三人与被告型第三人。

1. 原告型第三人。包括以下几种情况：（1）行政处罚诉讼案件中的第三人。如果行政处罚案件中有多个共同被处罚人的，都可以作为原告起诉，如果只有部分被处罚人起诉，其他的被处罚人就可以作为原告型第三人参加诉讼；或处罚案件中有受害人的，加害人与受害人本来都有资格作为原告起诉，如果其中只有一人起诉，另外一人就可以作为第三人参加诉讼。（2）行政确权、裁决或许可案件中的第三人。行政确权案件，是多个平等主体就某一权利产生争议，最后由行政机关确定下来；行政裁决案件，是多个平等主体就民事问题产生争议，最后由行政机关作出裁断；行政许可案件，是多个申请人共同竞争一个许可证，最后行政机关将许可证颁给其中一人。这些案件都有一个共同点，就是多人争夺某项权利或发生一个纠纷，最后行政机关只可能将这项权利确定给某一个人，或者它对纠纷的裁断只可能对少数人有利。此时，其他没有获得权利的人或受到不利裁断的人，就有权提起行政诉讼，如果只有一些人提起诉讼，另一部分人就可以作为第三人参加诉讼。总之，只要被诉的行政行为与当事人有着法律上的利害关系，该当事人又没有起诉的，都可以作为第三人参加诉讼。

2. 被告型第三人。包括以下几种情况：（1）作出矛盾行为的其他行政机关，如果当事人对一个行政行为提起了诉讼，而此时还存在另外一个行政机关，其作出的行政行为正好与被诉行为矛盾，则该机关就应当作为被告型第三人参加诉讼。因为该机关作出的行为与被诉行为存在矛盾，而行政诉讼的结果又将直接判断被诉行为的合法性，这一判决也将必然涉及矛盾行为的合法性，作出矛盾行为的机关自然要参加到诉讼中来。例如，乡政府批准某人在堤坝附近建房，县水利局却认为该建筑影响防洪而责令其拆除，如果房主不服起诉县水利局，乡政府就应当作为第三人参加诉讼。（2）在行政决定中署名的非行政主体，如上文所述，对于行政主体与非行政主体共同署名作出的行为，只能以其中的行政主体作为被告，而那些非行政主体就应被列为第三人。(3) 原告起诉时遗漏的行政主体，对此前文也已有介绍，如果原告在起诉共同行政行为时，没有将全部参与该行为的行政主体均列为被告，法院应当通知原告追加被告，原告拒绝追加的，这一部分被遗漏的“被告”就转化为第三人。

四、代表人

行政诉讼代表人本身是原告中的一员，只不过有的时候原告一方是一个非法人的集体，或者原告的人数众多，为了诉讼活动的顺利进行，必须由一个主体代表原告（们）的意志，因此才产生了诉讼代表人制度。包括以下几种：(1) 合伙企业的代表人，合伙企业起诉的，应当以核准登记的字号为原告，由执行合伙企业事务的合伙人作为诉讼代表人。(2) 其他组织的代表人，不具备法人资格的其他组织向人民法院提起诉讼的，由该组织的主要负责人作为诉讼代表人，没有主要负责人的，可以由推选的负责人作为诉讼代表人。(3) 集团诉讼的代表人，在行政诉讼中，同案原告为 5 人以上的称为集团诉讼，集团诉讼中的原告应当推选 1 至 5 名诉讼代表人参加诉讼，在指定期限内未选定的，法院可以依职权指定诉讼代表人。

五、代理人

行政诉讼的代理人分为法定代理人、指定代理人、委托代理人三种，行政诉讼代理人的确定与民事诉讼代理人的确定适用同一规则。具体制度如下：(1) 法定代理人，没有诉讼行为能力的公民，由其法定代理人代为诉讼。(2) 指定代理人，法定代理人之间互相推诿代理责任的，由法院指定其中一人代为诉讼。(3) 委托代理人，当事人或其法定代理人，可以委托 1 至 2 人代为诉讼。

第十六章

行政诉讼（下）

本章提要

行政诉讼程序由第一审程序、第二审程序和再审程序组成。起诉与受理是行政诉讼开始必经的两个环节，起诉是公民、法人或者其他组织要求法院启动行政诉讼程序的主张，受理则是法院对符合法定条件起诉的认可和接受，二者共同作用构成了行政诉讼程序的开始。除需符合起诉的一般要求外，行政诉讼对起诉期限和程序有特殊要求。

行政诉讼证据制度是行政诉讼中的核心问题之一，它既是当事人进行行政诉讼，维护自己合法权益的有力武器，也是人民法院查明案件事实，辨别争议事实真伪的工具。在我国行政诉讼中，由被告行政机关承担主要举证责任；但在起诉被告不作为的案件中，原告应当提供其在行政程序中曾经提出申请的证据材料；在行政赔偿诉讼中，原告应当对被诉行政行为造成损害的事实提供证据。

根据我国行政诉讼法的规定，法律、行政法规与地方性法规是行政审判的依据；规章可以参照适用。在行政诉讼中，人民法院以合法性审查为原则，以合理性审查为例外。合法性审查主要包括：主要证据不足，适用法律法规错误，违反法定程序，超越职权，滥用职权等。

行政诉讼第一审判决具有独特性，包括维持判决、撤销判决、履行判决、变更判决、确认判决和驳回诉讼请求判决等。行政诉讼的执行，是指行政案件当事人逾期拒不履行人民法院生效的行政案件的法律文书，人民法院和有关行政机关运用国家强制力量，依法采取强制措施促使当事人履行义务，从而使生效法律文书的内容得以实现的活动。行政诉讼执行是行政诉讼的最后一个环节。而非诉行政案件的执行，是指公民、法人或者其他组织既不向人民法院提起行政诉讼，又不履行行政机关作出的行政行为，行政机关向人民法院提出执行申请，由人民法院采取强制执行措施，使行政机关的行政行为得以实现的制度。

涉外行政诉讼，是指具有涉外因素的行政诉讼，在我国是指外国人、无国籍人、外国组织认为我国国家行政机关及其工作人员所作的行政行为侵犯其合法权益，依法向人民法院提起行政诉讼。

第五节　行政诉讼的程序

案例一：

【案例介绍】

上诉人（原审原告）：徐某某。

被上诉人（原审被告）：龙门县人民政府。

原审第三人：龙门县移民办公室。

原审第三人：龙门县天堂山英村村民小组（下称英村村民小组）。

根据广东省人民政府［1987］40号文关于《批准天堂山水库工程复建》的批复，1988年下半年，在广东省水利厅的组织下，位于龙门县的天堂山动工兴建天堂山水库。因库区需迁徙当地居民，而由龙门县人民政府成立了龙门县天堂山水利枢纽工程移民办公室（下称天堂山移民办），负责确认当时库区移民的身份及是否享受移民待遇。1989年5月29日，龙门县人民政府向龙门县天堂山乡政府（下称天堂山乡政府）、县属各有关单位批转下发了天堂山移民办拟订的《关于天堂山水利枢纽工程移民待遇问题的规定》（龙府［1989］68号文）。该规定对享受移民待遇的条件及审查程序作了规定。其中在审查程序中规定确认享受移民待遇人员，经各村民委员会调查核实后，报天堂山乡政府及天堂山移民办公室审查批准。1989年冬，龙门县天堂山镇九牛圳村民委员会英村村民小组根据龙府［1989］68号文的要求，经天堂山乡政府及天堂山移民办公室审批，张榜公布了该村民小组享受移民待遇的名单。1992年10月30日，天堂山移民办向库区各管理区和村委发布了天移字［1992］19号《对部分移民户的水电安装费及审批移民待遇截止时间问题的规定》。该规定中规定审批享受移民待遇的截止时间为1992年11月底。1992年年底天堂山水库竣工。1993年3月21日，天堂山移民办经龙门县人民政府批准撤销。1993年3月2日，经龙门县人民政府批准龙门县移民办公室成立，负责承办移民（包括天堂山库区移民）的安置、管理、服务，属事业法人单位。

徐某某（女）为龙门县天堂山镇九牛圳村民委员会英村组村民。1987年10月30日，与增城市正果镇教师潘某结婚。天堂山乡政府和天堂山移民办核准，确认徐某某不能享受移民待遇，由英村村民小组张榜公布。期间，徐某某未曾向天堂山乡政府或天堂山移民办提出其应享受移民待遇的申请。1999年12月14日，徐某某向龙门县移民办公室书面提出异议，请求确认其移民身份和享受移民待遇。在未得到答复后，2001年12月20日，徐秀清向法院提起诉讼，要求对其是否享受移民待遇作明确答复。

龙门县人民法院审理认为：原告徐某某要求被告龙门县人民政府确认其是天堂山水库移民户，并享受移民待遇的问题，参照龙门县人民政府龙府［1989］68号文件的规定，“各村民、村民委员会、村民小组在办理确认享受移民待遇人员中，要坚持实事求是，不漏报、不虚报的原则，为依时准确做好办理确认手续，要求以村民委员会为单位，逐村逐户核实享受移民待遇人员名单。张榜公布期间，如有质疑，各村民可向村民小组，村民委员会或直接向天堂山乡政府、移民办反映，经村民委员会调查核实后报天堂山乡政府及移民办公室审查批准，最后张榜公布定案”。根据这一逐级核实上报和审批的确认程序，被告龙门县人民政府不是直接确认是否移民的机关，因此，原告徐某某诉被告龙门县人民政府不作为的理由不成立，本院不予支持。原告就其是否享受移民待遇问题于2001年12月20日向本院提起诉讼，依照广东省天堂山水利枢纽工程移民办公室天移字［1992］19号第3条的规定“审批享受移民待遇的截止时间为1992年11月底”，原告的起诉已超过了法定诉讼期限。此案经审判委员会讨论决定，判决驳回原告徐某某的诉讼请求。

徐某某不服，向广东省惠州市中级人民法院上诉。后者经审理认为，负责确认天堂山库区移民身份和落实享受移民待遇，制订天移字［1992］19号文的天堂山移民办，是被上诉人批准成立的，其已于1993年3月21日经龙门县人民政府批准而撤销。尔后，被上诉人批准成立了龙门县移民办公室（属事业法人单位），其负责承办移民的安置、管理等职权。被上诉人无法提供法律依据证明龙门县移民办公室行使的职权是法律法规规章授权的，所提供的依据是规范性文件，依据《行政诉讼法若干解释》（2000年）第20条第2款、第21条的规定，应视为是被上诉人委托龙门县移民办公室行使职权，依法被上诉人应为本案被告。原审判决认定被上诉人不是本案被告错误，依法应予纠正。上诉人从英村村民小组于1989年冬张榜公布，天堂山移民办核准确定其不能享受移民待遇的名单时起，就已知道自己的权益受到了侵害，但直到1999年12月14日才向龙门县移民办书面提出请求确认其享受移民待遇的申请。根据《行政诉讼法若干解释》（2000年）第41第1款“行政机关作出具体行政行为时，未告知公民、法人或者其他组织诉权或者起诉期限的，起诉期限从公民、法人或者其他组织知道或者应当知道诉权或者起诉期限之日起计算，但从知道或者应当知道具体行政行为内容之日起最长不得超过2年”的规定，上诉人在本案中提起行政诉讼的法定期限已过。上诉人认为其一直向有关部门申诉，要求解决其享受移民待遇的问题，但却没有证据可以证明其主张，上诉人出具的证据只能证明其在1999年12月14日才向龙门县移民办书面提出请求，确认其应享受移民待遇的申请。而被上诉人出具的证据，也证明上诉人只在1999年12月14日才向龙门县移民办书面提出申请。故上诉人以其一直向有关部门申请享受移民待遇，作为诉讼时效中断的理由不充分，本院不予支持。原审法院既然认定上诉人的起诉已超过法定的诉讼期限，但又作出驳回诉讼请求的判决不妥，应予纠正。1989 年冬，天堂山移民办核准确定上诉人不能享受移民待遇，并将之张榜公布，该行为是行政法律行为，一经作出即完结，该行政法律行为不存在持续性，上诉人的权益已受到影响。故上诉人认为被上诉人的行为属于持续性的侵权行为的理由不成立，本院不予采纳。依照《行政诉讼法若干解释》（2000 年）第 41 第 1 款、第 44 条第 1 款第 6 项、第 79 条第 1 项及《行政诉讼法》（1989 年）第 61 条第 2 项的规定，裁定如下：（1）撤销龙门县人民法院（2001）龙法行再初字第 1 号行政判决。（2）驳回上诉人徐某某的起诉。①

【案例分析】

本案中，有两个问题值得讨论。一是当事人的确认，二是原告的起诉是否超过法定起诉期限。本案中，一审法院认定龙门县移民办公室是被告，而龙门县人民政府不是本案被告。相反，二审法院认为，龙门县人民政府无法提供法律依据证明龙门县移民办公室行使的职权是法律法规规章授权的，而后者是经前者批准成立的，故二者之间的关系应为委托关系，被告应为龙门县人民政府。二审法院的认定是正确的。在此情形下，再把龙门县移民办公室列入第三人，是不恰当的。同时，龙门县天堂山英村村民小组与原告的起诉无直接、内在的关联，似乎不为列为第三人。

原告的起诉是否超过法定起诉期限，是本案的核心问题。两级法院，均认定原告的起诉已超过法定起诉期限。不过，此认定有探讨的必要。而问题的关键是，原告的起诉对象是什么？1992 年 10 月 30 日，天堂山移民办向库区各管理区和村委发布了天移字〔1992〕19 号《对部分移民户的水电安装费及审批移民待遇截止时间问题的规定》，规定审批享受移民待遇的截止时间为 1992 年 11 月底。1999 年 12 月 14 日，徐某某向龙门县移民办公室书面提出异议，请求确认其移民身份和享受移民待遇。假若徐某某以龙门县人民政府认定其不能享受移民待遇的决定是错误的为由，于 2001 年 12 月 20 日向人民法院起诉，毫无疑问，这一起诉超过了行政诉讼的法定期限。因为无论是根据《行政诉讼法若干解释》（2000 年）第 41 条规定，还是第 42 条的规定，原告的起诉不仅超过了不知诉权或起诉期限最长 2 年的保护期限，而且超过了不知道具体行政行为内容最长 5 年的保护期限。但是，值得注意的是，原告在她的请求未得到答复的情形下向法院提起诉讼，而其要求对原告是否享受移民待遇作明确答复，所诉的是被告不作为。这与前一种情形下，要求认定龙门县人民政府认定其不能享受移民待遇的决定错误，完全不同。原告是 1999 年 12 月 14 日向龙门县移民办公室书面提出异议的，于 2001 年 12 月 20 日向人民法院起诉的，原告是否真正超过起诉期限，需要查明相关情况才能作出判断。而本案中，由于法院错解了原告的诉讼请求和所诉对象，从而导致错误判断。

---

① 参见《徐某某诉龙门县人民政府行政不作为案》，广东省惠州市中级人民法院（2002）惠中法行终字第 12 号行政裁定书。

【法律背景】

《行政诉讼法》(2014 年）第四十五条、第四十六条。

案例二：

【案例介绍】

1999 年 3 月，深圳市城市规划委员会在设计大厦举办了为期一个月的法定图则草案展示。在这个展示中，居民们发现园岭 07—04—02 号地块——国城花园的正北面，规划为街道办事处社区服务中心用地，项目已经获得行政主管部门的批准，规划这里要建一幢 18 层的中高层建筑。国城花园 500 多户居民认为，这个建筑违反了 1997 年 3 月深圳市人民政府颁发的《深圳市城市规划标准与准则》。为此，国城花园数百住户签名要求立即停建 07—04 建筑物，并将意见书投送给城市规划委员会和市有关领导。在居民的强烈要求下，法定图则委员会初审意见为：请行政主管部门具体核实社区服务中心的内容和规模，适当降低开发强度，调整为多层。但是该建筑物建设暂停了 3 年后，又开始紧锣密鼓地施工兴建。为了捍卫自己的合法"阳光权"，国城花园居民将深圳市规划与国土资源局告上了法庭。后被告深圳市规划与国土资源局更改其具体行政行为，对规划为街道办事处社区服务中心用地的项目进行变更。原告于 2003 年 4 月 15 日向法院提出撤诉的要求，法院准许了原告的请求。

【案例分析】

本案是一起集团诉讼，原告为国城花园居民，被诉行政行为是深圳市规划与国土资源局批准建造 18 层的中高层建筑的行为。而在诉讼过程中，被告变更了用地的项目，从而改变了被诉行政行为，原告同意并提出撤诉申请。当时有效的《行政诉讼法》(1989 年）第 51 条规定："人民法院对行政案件宣告判决或者裁定前，原告申请撤诉的，或者被告改变其所作的具体行政行为，原告同意并申请撤诉的，是否准许，由人民法院裁定。"《最高人民法院关于行政诉讼撤诉若干问题的规定》第 3 条规定："有下列情形之一的，属于行政诉讼法第五十一条规定的'被告改变其所作的具体行政行为'：(一）改变被诉具体行政行为所认定的主要事实和证据；(二）改变被诉具体行政行为所适用的规范依据且对定性产生影响；(三）撤销、部分撤销或者变更被诉具体行政行为处理结果。"第 2 条规定："被告改变被诉具体行政行为，原告申请撤诉，符合下列条件的，人民法院应当裁定准许：(一）申请撤诉是当事人真实意思表示；(二）被告改变被诉具体行政行为，不违反法律、法规的禁止性规定，不超越或者放弃职权，不损害公共利益和他人合法权益；(三）被告已经改变或者决定改变被诉具体行政行为，并书面告知人民法院；(四）第三人无异议。"本案中，被告深圳市规划与国土资源局变更被诉具体行政行为的处理结果，属于被告改变被诉行政行为；而原告的撤诉经法院审查，符合法定条件。

【法律背景】

《行政诉讼法》（2014 年）第六十二条；

《行政诉讼法若干解释》（2000 年）第四十九条、第五十条；

《最高人民法院关于行政诉讼撤诉若干问题的规定》第一条、第二条、第三条、第四条、第五条。

案例三：

【案例介绍】

2002 年 4 月 10 日，甲县地税局认定 A 公司的行为构成偷税，向 A 公司送达税务行政处理决定书和行政处罚决定书，要求 A 公司在 4 月 25 日前缴纳税款、滞纳金和罚款。A 公司对行政处理决定书不服，向甲县地税局的上级机关乙市地税局申请行政复议。乙市地税局认为 A 公司未按照税务机关规定的期限缴纳税款或者提供担保，决定不予受理 A 公司的复议申请。A 公司向法院提起行政诉讼。法院是否应当受理此案？

【案例分析】

本案涉及行政复议与行政诉讼关系问题。《税收征收管理法》第 88 条规定："纳税人、扣缴义务人、纳税担保人同税务机关在纳税上发生争议时，必须先依照税务机关的纳税决定缴纳或者解缴税款及滞纳金或者提供相应的担保，然后可以依法申请行政复议；对行政复议决定不服的，可以依法向人民法院起诉。当事人对税务机关的处罚决定、强制执行措施或者税收保全措施不服的，可以依法申请行政复议，也可以依法向人民法院起诉。当事人对税务机关的处罚决定逾期不申请行政复议也不向人民法院起诉、又不履行的，作出处罚决定的税务机关可以采取本法第四十条规定的强制执行措施，或者申请人民法院强制执行。"《税收征收管理法实施细则》第 100 条规定："税收征管法第八十八条规定的纳税争议，是指纳税人、扣缴义务人、纳税担保人对税务机关确定纳税主体、征税对象、征税范围、减税、免税及退税、适用税率、计税依据、纳税环节、纳税期限、纳税地点以及税款征收方式等具体行政行为有异议而发生的争议。"A 公司对甲县地税局要求其缴纳税款的行为不服，必须申请复议才能提起行政诉讼，即采用复议前置要求。《行政诉讼法若干解释》（2000 年）第 33 条第 1 款规定："法律、法规规定应当先申请复议，公民、法人或者其他组织未申请复议直接提起诉讼的，人民法院不予受理。"

本案的复杂之处在于，A 公司提出了复议申请，但乙市地税局以 A 公司未按照税务机关规定的期限缴纳税款或者提供担保，决定不受理 A 公司的复议申请。在此情况下，法院是否应当受理 A 公司的起诉。对此案中的情况，法院应否受理此案需要解决两个问题。第一，对须先复议后诉讼的行政行为，若复议不受理当事人的复议申请，法院是否可以受理当事人的起诉？即复议前置程序是指当事人实际行使了复议申请权还是指必须由复议机关作出复议决定？为充分保护当事人的权益，《行政诉讼法若干解释》（2000 年）第 33 条第 2

款规定采取了较为宽松的解释，规定："复议机关不受理复议申请或者在法定期限内不作出复议决定，公民、法人或者其他组织不服，依法向人民法院提起诉讼的，人民法院应当依法受理。"第二，本案中，更为棘手的问题，是《税收征收管理法》第88条"纳税人、扣缴义务人、纳税担保人同税务机关在纳税上发生争议时，必须先依照税务机关的纳税决定，缴纳或者解缴税款及滞纳金或者提供相应的担保，然后可以依法申请行政复议"的规定。值得讨论的问题，该规定是否意味着履行税务机关的纳税决定，缴纳或者解缴税款及滞纳金或者提供相应的担保，是申请行政复议继而是提起行政诉讼的实质条件，换言之，当事人不履行税务机关的此决定，是否意味着当事人即丧失申请复议权以及尔后的起诉权。本书认为，《税收征收管理法》第88条的规定，更多是对当事人在申请行政复议前的程序性义务规定，而非对当事人救济权，尤其是诉讼权的实质性限制。除行政诉讼法所规定的一般起诉条件、起诉期限和行政复议与行政诉讼的关系处理外，其他法律、法规不得对当事人行使行政诉讼的权利附加其他限制条件。而税务机关要求当事人缴纳税款和滞纳金的决定，可以通过强制执行加以保障，无须也不能通过剥夺当事人的救济权得到保障。同时，根据《行政诉讼法若干解释》（2000年）第33条第2款的规定，法院亦应当受理A公司的起诉。

【法律背景】

《行政诉讼法若干解释》（2000年）第三十三条、第三十四条、第三十五条；

《税收征收管理法》第八十八条；

《税收征收管理法实施细则》第一百条。

【知识点介绍】

一、起诉

（一）起诉条件

行政诉讼的起诉条件包括：（1）原告是认为行政行为侵犯其合法权益的公民、法人或其他组织；（2）有明确的被告；（3）有具体的诉讼请求和事实根据；（4）属于法院受案范围；（5）属于受诉法院管辖。

原告的起诉只有符合起诉条件，才会被法院受理。

（二）起诉期限

行政诉讼的起诉期限，就是原告提起行政诉讼所受到的时间限制，原告只有在该期限之内提起诉讼方能被法院所受理，否则法院应裁定不予受理，已经受理的也应裁定驳回起诉。注意，行政诉讼的起诉期限与民事诉讼中的诉讼时效并不相同，民事诉讼的时效存在中断、中止的问题，而在行政诉讼的起诉期限中，并无此类问题存在，只有期限扣除和延长的问题。

行政诉讼起诉期限的计算，因当事人起诉的对象与程序不同而有所不同，分为下列四种情况。

1. 起诉行政行为作为的案件

原告直接向法院提起诉讼的，应当自知道或者应当知道作出行政行为之日起6个月内提出。法律另有规定的除外。因不动产提起诉讼的案件自行政行为作出之日起超过20年，其他案件自行政行为作出之日起超过5年提起诉讼的，法院不予受理。

这里可以分为两种情况。第一种情况，被告作出行政行为时，原告就知道了这个行为，比如被告向原告进行了直接送达。此时，行政行为作出之日和原告知道其作出之日，实际上是重合的。也就是从这个时间起，原告应当在6个月内起诉。

第二种情况，被告作出行政行为时，原告不知道这个行为，后来才知道这个行为，或者后来有证据证明他应该知道这个行为，就要以其知道或应当知道行为作出之日为准，从此时起算6个月的起诉期限。但是，最长不得超过行政行为作出之日起5年，不动产案件则是不超过20年。

2. 起诉行政不作为的案件

行政不作为案件，即行政主体不履行其法定职责，造成当事人合法权益的损害，因而提起的行政诉讼。诉行政不作为案件，其起诉期限的计算与诉行政行为作为的案件有所不同，包括三种具体情况：（1）如果法律、法规规定了行政机关履行职责的期限，则从该期限届满之日起，当事人可以起诉。（2）如果法律、法规没有规定行政机关履行职责的期限，则行政机关在接到申请之日起2个月内仍不履行职责的，当事人可以起诉。（3）当事人在紧急情况下请求行政机关履行职责，行政机关不履行的，可以立即起诉。如对于路旁发生的一起聚众斗殴事件，路过此处的巡警视而不见。虽有当事人向其呼救，巡警仍置若罔闻，则在斗殴中受到伤害的当事人可以立即起诉公安机关。

上述规则明确的是不作为案件起诉期限起点的计算，其终点应当是起点之后的6个月，与起诉作为的案件相同。

3. 经复议后再起诉的案件

当事人对于行政争议，经行政复议之后仍然不服复议决定的，其提起行政诉讼的期限，分为以下两种情况：（1）复议机关作出复议决定的，当事人可以在收到复议决定书之日起15日内起诉。（2）复议机关逾期不作出决定的，当事人可以在复议期满之日起15日内起诉。

在上述两种情况中，如果另有其他法律对15日的起诉期限作出不同规定的，从其例外。

4. 起诉行政协议的案件

当事人对行政机关不依法履行、未按照约定履行行政协议提起诉讼的，参照民事诉讼上关于诉讼时效的规定。对行政机关单方变更、解除行政协议等行为提起诉讼的，适用行政诉讼上关于起诉期限的规定。

行政诉讼的起诉期限除按照上诉规则计算之外，还包括扣除和延长的问题。

（1）扣除。原告因不可抗力或者其他不属于自身的原因（例如被限制人身自由）耽误起诉期限的，被耽误的时间不计算在起诉期限内。

（2）延长。因上述规定以外的其他特殊情况耽误起诉期限的，在障碍消除后10日内，可以申请延长期限，是否准许由法院决定。

二、立案

（一）立案的方式

对当事人依法提起的诉讼，法院应当一律接收起诉状，并根据不同情况作出下列处理：

1. 登记立案

法院在接到起诉状时，经形式审查能够判断符合起诉条件的，应当当场登记立案。

2. 审查后决定立案

对当场不能判定是否符合起诉条件的，法院应当接收起诉状，出具注明收到日期的书面凭证，并在7日内决定是否立案。经审查认为符合起诉条件的，应当立案；7日内仍不能作出判断的，也应当先予立案；经审查认为不符合起诉条件的，应当作出不予立案的裁定，裁定书应当载明不予立案的理由，原告对裁定不服的可以上诉。

3. 补正后决定立案

当事人的起诉状内容或者材料欠缺或者有其他错误的，法院应当给予指导和释明，并一次性全面告知当事人需要补正的内容、补充的材料及期限。不得未经指导和释明即以起诉不符合条件为由不接收起诉状。当事人在指定期限内补正并符合起诉条件的，应当登记立案；当事人拒绝补正或者经补正仍不符合起诉条件的，裁定不予立案，并载明不予立案的理由。

（二）不立案的救济

1. 法院不接收起诉状、接收起诉状后不出具书面凭证，以及不一次性告知当事人需要补正的起诉状内容的情况。这种情况下，当事人可以向上级法院投诉，上级法院应当责令改正，并对直接负责的主管人员和其他直接责任人员依法给予处分。

2. 法院既不立案又不作出不予立案裁定的情况。这种情况下，当事人可以向上一级法院起诉。上一级法院认为符合起诉条件的，应当立案、审理，也可以指定其他下级法院立案、审理。

3. 法院作出不予立案裁定的情况。这种情况下，当事人可以在裁定书送达之日起10日内向上一级法院提起上诉。

三、应诉

（一）书面答辩

法院应当在立案之日起5日内将起诉状副本发送被告。被告应当在收到起诉状副本之日起15日内向法院提交作出行政行为的证据和所依据的规范性文件，并提出答辩状。法院应当在收到答辩状之日起5日内将答辩状副本发送原告。

被告不提出答辩状的，不影响法院审理。

（二）出庭应诉

被诉行政机关负责人原则上应当出庭应诉；不能出庭的，应当委托行政机关相应的工作人员出庭。行政首长包括行政机关的正职和副职负责人。行政首长出庭应诉的，还可以另行委托1至2名诉讼代理人。

四、审理

（一）一审普通程序

行政诉讼的一审程序基本与民事诉讼相同，需要分析的问题不多，主要注意以下两点：

1. 审理的方式

行政诉讼的一审应当公开开庭审理，除非涉及国家秘密、个人隐私或法律另有规定。对于涉及商业秘密的案件，经当事人申请，法院也可以决定不公开审理。

2. 审理的期限

一审的审限原则上是6个月，有特殊情况需要延长的报高级法院批准，高级法院审理一审案件需要延长的报最高人民法院批准。

（二）一审简易程序

行政诉讼原则上实行合议制，合议庭由3人以上单数的审判员或由审判员与陪审员共同组成。对于发回重审的案件，原审法院还应当另组合议庭进行审理。对于个别案件，可以适用简易程序进行独任审理。

1. 简易程序的适用范围

法院适用简易程序的基本条件是认为该案件事实清楚、权利义务关系明确、争议不大。具体的适用范围包括：（1）被诉行政行为是依法当场作出的。如适用简易程序当场作出的行政处罚，当场作出的行政许可如工商登记，当场采取的即时性行政强制措施。（2）案件涉及款额2 000元以下的。（3）政府信息公开案件。在因政府信息公开引发的诉讼中，当事人一般对信息的要求是比较急迫的，而且信息本身也在不断更新。所以，《行政诉讼法》（2014 年）认为法院在审理此类案件时，不宜采用较长的审理期限，而应当视情况采取简易的审理方式。（4）当事人各方同意适用简易程序的其他案件。

对于简易程序的适用，还需要注意如下三点：（1）无论是哪种适用情形，适用简易程序都应当以案件事实清楚、权利义务关系明确、争议不大为前提。（2）即使一个案件满足了简易程序的适用条件，法院也只是可以适用简易程序，而不是应当适用，法院可以基于专业判断自主决定对某些案件依然采用普通程序来审理。（3）只有普通的一审案件才有可能适用简易程序，一审发回重审的案件、二审案件、再审案件都不适用简易程序。

2. 简易程序的特殊规定

适用简易程序审理的行政案件，由审判员一人独任审理，并应当在立案之日起 45 日内审结。其他方面的制度，与一审普通程序相同。

3. 简易程序向普通程序的转变

法院在审理过程中发现案件不宜适用简易程序的，如发现案件不属于可以适用简易程序的类型，或者不符合事实清楚、权利义务关系明确、争议不大等适用简易程序的前提条件等，应当裁定转为普通程序。

（三）二审程序

一审当事人，包括原告、被告、被判决承担义务或减损权益的第三人对法院的一审判决不服的，有权在判决书送达之日起 15 日内上诉；不服法院不予立案、驳回起诉、管辖异议三种一审裁定的，有权在裁定书送达之日起 10 日内上诉；逾期不上诉的，第一审判决或裁定发生法律效力。当事人的上诉引起二审，注意：

1. 审理内容

二审法院对于行政诉讼的上诉案件，既审查一审判决和裁定，也审查被诉行政行为，均为全面审查，不受上诉理由的限制。

2. 审理方式

二审采用书面审理与开庭审理相结合的形式，原则上应当开庭审理，但经过阅卷、调查和询问当事人，对没有提出新的事实、证据或者理由，合议庭认为不需要开庭审理的，也可以不开庭审理，即采用书面审理。

3. 审理期限

二审审限原则上是 3 个月，有特殊情况需要延长的报高级法院批准，高级法院审理上诉案件需要延长的报最高人民法院批准。

（四）再审程序

再审程序又称审判监督程序，是指法院对已经发生法律效力的判决、裁定确有错误，或者调解违反自愿原则或者调解书内容违法，依法再次审理的程序。我国的行政诉讼实行两审终审制，所以再审程序并不是每一个行政诉讼案件的必经程序，只是一种特殊程序。

1. 再审的发动方式

再审程序由以下三种方式发动：

（1）当事人申请。当事人认为已经发生法律效力的判决、裁定确有错误的，可以向上一级法院申请再审。是否再审由法院决定，但在决定前不停止原生效裁判文书的执行。当事人向上一级法院申请再审的，应当在法律文书生效后6个月内提出。但是，有下列情形之一的，自知道或者应当知道之日起6个月内提出：1）有新的证据，足以推翻原判决、裁定的；2）原判决、裁定认定事实的主要证据是伪造的；3）据以作出原判决、裁定的法律文书被撤销或者变更的；4）审判人员审理该案件时有贪污受贿、徇私舞弊、枉法裁判行为的。

（2）法院的决定，包括本院的发现与上级法院的发现。各级法院院长认为本院生效的判决、裁定应当再审的，或者发现调解违反自愿原则或者调解书内容违法认为需要再审的，应当提交审判委员会讨论决定。最高法院认为地方各级法院、上级法院认为下级法院的生效判决、裁定、调解书存在上述情形的，有权提审或者指令下级人民法院再审。

（3）检察院的抗诉或建议。最高人民检察院认为各级法院、上级检察院认为下级法院生效的判决、裁定应当再审，或者发现调解书损害国家利益、社会公共利益的，应当提出抗诉。地方各级检察院认为同级法院的生效判决、裁定、调解书存在上述情形的，可以向同级法院提出检察建议，并报上级检察院备案；也可以提请上级检察院向其同级法院提出抗诉。对于检察院抗诉的案件，法院应当再审。法院开庭审理抗诉案件时，应当通知检察院派员出庭。

有下列情形之一的，当事人可以向检察院申请抗诉或者检察建议：1）法院驳回再审申请的；2）法院逾期未对再审申请作出裁定的；3）再审判决、裁定有明显错误的。法院基于抗诉或者检察建议作出再审判决、裁定后，当事人继续申请再审的，法院不予立案。

2. 再审的基本制度

对再审程序注意几个问题：

（1）审理内容，再审法院应当全面审查原审判决与被诉的行政行为。

（2）审理程序，再审案件一般适用其原审程序，一审再审的原则上适用一审程序，如果再审是由上级法院提审的则适用二审程序；二审的再审适用二审程序。

（3）审理方式，再审均按原审方式进行，原审开庭审理的再审也开庭审理，原审书面审理的再审也书面审理。

（4）审理期限，再审均适用原审期限。

（5）审理组织，法院审理再审案件，应当另行组成合议庭。

（6）裁判效力，对于一审案件的再审，当事人对于其裁定、判决均可上诉，但如果再审是由上级法院提审的，则再审裁判是生效裁判；对于二审案件的再审，再审裁判为生效裁判。

五、共同诉讼与合并审理

共同诉讼与合并审理是相互联系紧密的一对概念。对于必要共同诉讼案件，法院必须合并审理；对于普通共同诉讼案件，法院可以合并审理，也可以分别审理。

1. 必要共同诉讼

当事人一方或者双方为二人以上，因同一行政行为发生的行政案件，为必要共同诉讼。例如，行政机关的处罚决定同时处罚了若干人，这些共同被处罚人分别向同一法院提起了行政诉讼，这就是必要共同诉讼，因为这个诉讼所指向的都是同一个处罚决定。对于必要共同诉讼，只要当事人诉至同一个法院，受诉法院就应当合并审理，因为一旦分别审理，将有可能出现对于同一行政行为，在不同案件中给予不同评价的矛盾。

2. 普通共同诉讼

因同类行政行为发生的行政案件，法院认为可以合并审理并经当事人同意的，为普通共同诉讼。对于普通共同诉讼，法院既可合并审理，也可分别审理。

六、撤诉

（一）自愿撤诉

法院对行政案件宣告判决或者裁定前，原告申请撤诉的；或者被告改变其所作的行政行为，原告同意并申请撤诉的，是否准许由法院裁定。这就是原告自愿撤诉的情况，其主要过程可以概括为三个步骤：

1. 改——被告改变被诉的行政行为

原告撤诉的原因多种多样，但在实践中，大多数情况都是因为被告改变了被诉的行政行为，其时间是在法院宣告判决或裁定之前，其方式包括：（1）被告自愿改变被诉行为；（2）法院经审查认为被诉行为违法或不当，建议被告改变其行为。

被诉行为的改变，包括以下几种表现形式。（1）行政作为的改变，包括：改变被诉行为所认定的主要事实和证据；改变被诉行为所适用的规范依据且对定性产生影响；撤销、部分撤销或变更被诉行为的处理结果。（2）行政不作为的改变，包括：被告根据原告的请求依法履行法定职责；履行职责已经没有现实意义时，被告采取了相应的补救、补偿等措施。（3）行政裁决行为的改变，包括：1）直接改变裁决方案；2）被告书面认可原告与第三人就所裁决民事争议所达成的和解。

2. 撤——原告撤诉

即在被告改变被诉行为的情况下，原告基于真实的意思表示自愿撤回了起诉。

3. 裁——法院裁定准予撤诉

（1）裁定的条件，法院裁定准予撤诉需要满足以下条件：被告改变被诉行为不违反法律、法规的禁止性规定，不超越或放弃职权，不损害公共利益和他人合法权益；被告已经改变或决定改变被诉行为，并书面告知法院；第三人无异议。

（2）裁定的时机：被告改变被诉行为，原告申请撤诉，有履行内容且履行完毕的，法院可以裁定准许撤诉；不能即时履行或一次性履行的，法院可以裁定准许撤诉，也可以裁定中止审理。

（3）裁定的内容：准许撤诉裁定可以载明被告改变被诉行为的主要内容及履行情况，并可以根据具体情况，在裁定理由中明确被诉行为全部或部分不再执行。

上述有关自愿撤诉的规定，既适用于一审，也适用于二审和再审。

（二）不愿撤诉

在行政诉讼中，被告改变了被诉行为，原告仍不愿撤诉的，应分别按照如下几种情况处理：

（1）原告不撤诉，但也没有对改变后的行为提起诉讼。这种情况下，原告对被诉行为本身已经没有什么争议了，其继续诉讼的目的一般在于寻求赔偿。既然原告没有撤诉，法院就应继续审理，不过在最后的判决类型上应有所变通。如果经审查发现被诉行为是合法的，仍应判决驳回原告的诉讼请求；如果经审查发现被诉行为是违法的，不能判决撤销，因为被诉行为已经被撤销了，再次撤销没有意义，应当判决确认该行为违法。

（2）原告撤回了原来的起诉，却起诉改变后的行为。此时，只要法院同意原告撤诉，原来的诉讼就不复存在，而代之以一个新的诉讼，法院应当审理改变后的行为并作出判决。

（3）原告既没有撤回原来的起诉，又起诉了改变后的行为。这等于原告先后提起了两个诉讼，法院应当对这两个诉讼都进行审理并作出判决。当然，由于原来的行政行为已经不复存在了，法院对这个诉讼的判决也应作出相应变通，这与上述第一种情况类似。

（4）原告起诉行政机关不履行法定职责，而在其起诉后被告已经履行了职责。此时如果原告不撤诉，法院应当继续审查被告行政不作为的合法性并作出判决。这种情况下法院的判决类型也应有所变通。如果经审查发现被告的不作为本来是合法的，仍应判决驳回原告诉讼请求；如果经审查发现被告的不作为是违法的，也不能选择撤销判决，因为对于本来就没有实施的行为无所谓“撤销”，法院应确认被告的不作为违法。

（三）视为撤诉与缺席判决

将视为撤诉与缺席判决放在一起介绍，是因为两者的适用条件存在某些相似之处。

1. 视为撤诉

对于以下情况，法院可按撤诉处理：（1）原告或上诉人经法院传票传唤，无正当理由拒不到庭；（2）原告或上诉人未经法庭许可中途退庭。

视为撤诉与自愿撤诉的法律效果是相同的，撤诉之后原则上就不得以同一事实和理由重新起诉。如果准予撤诉的裁定确有错误，原告申请再审的，法院应当通过审判监督程序撤销原准予撤诉的裁定，重新对案件进行审理。

2. 缺席判决

行政诉讼的缺席判决只针对被告，被告无正当理由拒不到庭或者未经法庭许可中途退庭的，法院可以缺席判决。缺席判决所产生的法律效果与正常判决完全相同。

需要注意，无论是撤诉还是缺席判决，都是针对原告、被告或上诉人而言的，与第三人无关，第三人经合法传唤无正当理由拒不到庭，或未经法庭许可中途退庭的，不影响案件的审理。

七、行政诉讼中对其他争议的处理

（一）对民事纠纷的处理

民事和行政交织案件的处理可以分成两种情况：一是解决行政争议以解决民事争议为基础的案件；二是解决民事争议以解决行政争议为基础的案件。

1. 解决行政争议以解决民事争议为基础的案件

在行政诉讼中，法院认为行政案件的审理需以民事诉讼的裁判为依据的，可以裁定中止行政诉讼，等待民事诉讼的审理结果再恢复审理行政诉讼。

2. 解决民事争议以解决行政争议为基础的案件

在涉及行政许可、登记、征收、征用和行政机关对民事争议所作的裁决的行政诉讼中，当事人申请一并解决相关民事争议的，法院可以一并审理。这些案件实际上有一个共同的特点，就是存在一个行政行为对于民事权利的归属作出了认定，因此，要解决关于这个民事权利的纠纷，就必须先明确行政行为的合法性，也就是要以解决行政争议作为前提。此时，法院就有可能对两种诉讼一并审理，形成行政附带民事诉讼。

对此需要注意：（1）要形成这种行政附带民事诉讼，应当以当事人申请一并解决相关民事争议作为条件，法院不能主动决定一并审理。原则上，当事人应当在行政诉讼一审开庭前提出一并审理民事争议的请求；有正当理由的，也可以在法庭调查中提出。（2）即使当事人提出了申请，法院也未必就一定要一并审理，而是可以自行裁量。（3）如果法院一并审理，审理的顺序是先行政、后民事。（4）法院对行政争议和民事争议应当分别裁判。当事人仅对行政裁判或者民事裁判提出上诉的，未上诉的裁判在上诉期满后即发生法律效力。当事人上诉后，一审法院应当将全部案卷一并移送二审法院，由行政审判庭审理。二审法院发现未上诉的那一部分生效裁判确有错误的，应当按照审判监督程序再审，而不是在二审中一并处理该部分的争议。

有下列情形之一的，法院应当决定不准许一并审理民事争议，并告知当事人可以依法通过其他渠道主张权利：（1）法律规定应当由行政机关先行处理的；（2）违反民事诉讼法专属管辖规定或者协议管辖约定的；（3）已经申请仲裁或者提起民事诉讼的；（4）其他不宜一并审理的民事争议。当事人对不予准许的决定可以申请复议一次。

（二）对刑事犯罪的处理

法院在审理行政案件时，认为其中存在犯罪行为的，应当将有关材料移送公安、检察机关处理。这类情况又常被统称为两法衔接、行刑移交问题，涉及的法律关系比较复杂。

（三）对行政违法违纪行为的处理

法院在审理行政案件中，认为行政机关的主管人员、直接责任人员违法违纪的，也无权直接处理，应当将有关材料移送监察机关、该行政机关或者其上一级行政机关。

稍有例外的是，法院对于被告藐视法庭的违法行为有权直接作出处理，因为这个违法行为是与正在进行当中的司法活动直接相关的。具体来说，法院对被告经传票传唤无正当理由拒不到庭，或者未经法庭许可中途退庭的情况，可以将这些情况予以公告，并可以向监察机关或者被告的上一级行政机关提出给予其主要负责人或者直接责任人员处分的司法建议。

第六节　行政诉讼的证据

案例一：

【案例介绍】

上诉人（原审被告）：江苏省徐州市某区城市管理局。

被上诉人（原审原告）：田某某，个体工商户。

2002年8月21日晚，江苏省徐州市某区城市管理局（以下简称城市管理局）执法人员以田某某擅自在徐州市淮海路与立达路交叉处附近占道经营，影响市容为由，扣押了田某某经营用的海尔314型冰柜1台、手推车1辆及遮阳伞1把等物品，并于第二天向田某某出具了物品暂扣单。田某某认为城市管理局扣押财产的行政强制措施违法，于2003年1月6日向徐州市中级人民法院提起行政诉讼。

田某某诉称：2002年8月21日晚，我在徐州市淮海路与立达路交叉处附近经营冷饮时，政府执法人员在未表明身份，未下达处罚决定，未列扣押清单的情况下，即认为我违法占道经营，并强制扣押了我经营用的冰柜、推车及食品、饮料。请求撤销被告的违法行政行为，返还扣押物品。田某某提供的证据有：(1) 城市管理局于2002年8月22日补发的8113号物品暂扣清单，以证明被诉行政行为的存在。(2) 证人陈某的证言：执法人员扣押了田某某海尔冰柜1台（冰柜内有待售食品）及遮阳伞和放置冰柜的手推车。

城市管理局在法律规定的期限内未提交答辩状，也未提供扣押财产强制措施的证据和依据。案件公开审理时，被告城市管理局出庭辩称：我局系根据市、区领导的统一部署，对占道经营影响交通的情况进行统一整治，没有违法。被告城市管理局出庭时提供的证据有：（1）徐州市黄茅岗停车场一份进车单，以证明扣押原告物品品种和数量与扣押清单相符。（2）证人彭某某的证言：他在参与2002年8月21日执法时，只扣押了1台空冰柜和遮阳伞。

法庭质证中，双方当事人对本案的事实存在严重分歧。城市管理局认为，对田某某扣押的物品，应该以扣押清单记载的内容为准。工作人员在采取强制措施时，没有扣押当事人冰柜中的食品、饮料及手推车。田某某认为，城市管理局提供的扣押清单不是现场制作的，亦无相对人或其他在场人签字认可，故清单中记载的物品与实际不符，不能证明执法人员没有扣押冰柜中的食品、饮料及手推车。

徐州市中级人民法院经审理认为，被告城市管理局在收到原告起诉状副本后的法定期限内，未向法庭提交暂扣田某某物品的证据和依据，依照《行政诉讼法若干解释》（2000年）第26条规定，应认定该暂扣行为无证据和依据，属于违法行政行为，应予撤销。城市管理局应返还违法扣押田某某的海尔314型冰柜1台、遮阳伞1把。违法暂扣的手推车和冰柜内的食品、饮料也应予返还；但鉴于城市管理局现在已无法返还手推车和冰柜内的食品、饮料，故应予折价赔偿。依据《行政诉讼法若干解释》（2000年）第27条第1款第3项的规定，田某某要求返还手推车及冰柜内食品和饮料的诉讼主张，应对被扣押的手推车价值及食品、饮料的品种和数量承担举证责任，但考虑到田某某的手推车是自制的，田某某的经营属于流动性的零售摊点，没有销售记录，客观无法准确举证，且被告城市管理局的工作人员在执法时未现场制作扣押清单或笔录，亦是造成该事实难以确定的主要原因，故手推车按田某某主张的价值200元认定比较合理，应予支持；食品、饮料损失根据田某某冰柜型号和经营品种等情况认定为800元比较合理，对田某某主张赔偿其食品、饮料损失1 000元的主张，不予支持。依据《行政诉讼法》（1989年）第54条第2项第1目、第2目、《国家赔偿法》第4条第2项、第28条第2项、第4项之规定，于2003年6月10日判决：撤销被告徐州市某区城市管理局2002年8月22日对原告田某某作出的编号为8113号的暂扣物品决定；被告徐州市某区城市管理局于本判决生效之日起3日内返还原告田某某的海尔314型冰柜1台及遮阳伞1把；赔偿田某某冰柜推车的损失200元和食品、饮料损失800元，合计1 000元，于本判决生效之日起3日内支付。

一审宣判后，城市管理局不服，向江苏省高级人民法院提起上诉。江苏省高级人民法院认为：城市管理局在案件的一审期间未在法定期限内提交答辩状，也未提供行政处罚的证据和依据，依照《行政诉讼法若干解释》（2000年）第26条规定，应当承担败诉的法律后果，且城市管理局的委托代理人在一审庭审陈述时，已自认其行政行为理由不充足。城市管理局在一审被判决败诉后，虽然提起上诉，却怠于行使自己的诉讼权利，未向法院提交法定代表人身份证明书，也未委托诉讼代理人参加诉讼。在接到第一次开庭传票后，既未申请延期开庭也未提供任何材料且拒不到庭，后也未按要求提供有关不能到庭的正当理由的说明；第二次接到开庭传票后，仍然拒不到庭且不说明任何理由，应视为申请撤诉。由于城市管理局不正当地行使了自己的诉讼权利，实际上加重了被上诉人田某某的负担，基于公平原则，城市管理局应当负担田某某因此次诉讼而支付的直接的、合理的费用，即二审期间的委托代理费用及诉讼参与人两次往返必需的交通费用共计人民币 1 570 元。

【案例分析】

本案是一起主要围绕事实问题产生争议的行政诉讼案件，其中有两个问题值得探讨。一是行政诉讼举证责任的分配和举证要求；二是对证据的要求。本案中，田某某提出两项诉讼请求：请求撤销被诉的行政强制措施，返还扣押物品及赔偿损失。前者涉及被诉行政行为的合法性问题，后者属于行政赔偿的范畴。《行政诉讼法》（1989 年）第 32 条规定："被告对作出的具体行政行为负有举证责任，应当提供作出该具体行政行为的证据和所依据的规范性文件。"最高人民法院《关于行政诉讼证据若干问题的规定》（下称《证据规定》）第 6 条规定："原告可以提供证明被诉具体行政行为违法的证据。原告提供的证据不成立的，不免除被告对被诉具体行政行为合法性的举证责任。"第 5 条规定："在行政赔偿诉讼中，原告应当对被诉具体行政行为造成损害的事实提供证据。"因此，对田某某提出的两项诉讼请求承担举证责任的主体不同，即就行政强制措施是否合法问题，应由城市管理局承担举证责任，而对返还扣押物品及赔偿问题，则由田某某承担举证责任。当然，对某一问题不承担举证责任主体，有权提供证据。如对行政强制措施是否合法，田某某提供了相应的证据证明其违法。

《证据规定》第 1 条规定："根据行政诉讼法第三十二条和第四十三条的规定，被告对作出的具体行政行为负有举证责任，应当在收到起诉状副本之日起十日内①，提供据以作出被诉具体行政行为的全部证据和所依据的规范性文件。被告不提供或者无正当理由逾期提供证据的，视为被诉具体行政行为没有相应的证据。被告因不可抗力或者客观上不能控制的其他正当事由，不能在前款规定的期限内提供证据的，应当在收到起诉状副本之日起十日内向人民法院提出延期提供证据的书面申请。人民法院准许延期提供的，被告应当在正当事由消除后十日内提供证据。逾期提供的，视为被诉具体行政行为没有相应的证据。"本案中，城市管理局在收到原告起诉状副本后的法定期限内，未向法庭提交暂扣田某某物品的证据和依据，只是在一审开庭时才向法院提供证据，且没有说明逾期提供证据的正当理由，根据规定应视被诉具体行政行为没有证据。一审法院据此判决撤销城市管理局暂扣田某某物品的行为，是正确的。

本案中，城市管理局制作的扣押物品清单是案件中的重要证据，双方围绕它能否作为定案依据和效力产生了争议。从证据性质看，扣押物品清单属现场笔录，是指行政机关及

---

① 该期限已被《行政诉讼法》（2014 年）第 67 条修改为"十五日"。

其工作人员在执行行政职务的过程中，在实施行政行为时，对某些事项当场所作的书面记录。行政机关的现场笔录通常在事后难以取证或证据难保全的情况下使用。行政机关制作现场笔录必须遵循下列规则：(1) 现场笔录应当现场制作，不能事后补作，这是现场笔录的应有之义。(2) 现场笔录应当有执行职务人、当事人、见证人等有关人员的签名或盖章。对现场笔录的要求，《证据规定》第 15 条规定："根据行政诉讼法第三十一条第一款第（七）项的规定，被告向人民法院提供的现场笔录，应当载明时间、地点和事件等内容，并由执法人员和当事人签名。当事人拒绝签名或者不能签名的，应当注明原因。有其他人在现场的，可由其他人签名。法律、法规和规章对现场笔录的制作形式另有规定的，从其规定。"本案中，城市管理局制定的扣押物品清单是事后补作的，不符合现场笔录的基本要求，因此不能作为定案依据。

此外，法院在审理本案时存在两个问题。一是适用的司法解释。田某某是 2003 年 1 月向法院提起行政诉讼的，《证据规定》自 2002 年 10 月 1 日起施行，但法院在审理此案时仅适用和援引《行政诉讼法若干解释》(2000 年)，即使就本案所涉及的问题两个司法解释的规定基本相同，只字未提《证据规定》似有不妥。二是本案中城市管理局的行为为行政强制措施，而非行政处罚，但二审法院却使用了"行政处罚"的字样。

【法律背景】

《行政诉讼法》(1989 年) 第三十二条；

《行政诉讼法》(2014 年) 第三十四条、第六十七条；

《证据规定》第一条、第二条、第三条、第四条、第五条、第六条、第七条。

案例二：

【案例介绍】

原告：徐某某。

被告：某县公安局。

2003 年 11 月 28 日中午，原告徐某某与同组村民陈某因口角互相辱骂，原告徐某某认为陈某骂得太难听，双方发生撕扯，致使陈某头部受伤。事后，陈某打电话报警。后来感觉头痛得厉害，又拨打 120 急救电话被送到某县人民医院住院治疗，医院诊断为一级脑外伤、脑震荡。经某县公安局刑事技术室鉴定为轻微伤。被告某县公安局于 2003 年 11 月 28 日接到报警电话后，对陈某进行了询问，2003 年 12 月 1 日决定立案查处。同年 12 月 5 日，被告某县公安局对原告徐某某进行了讯问，12 月 8 日、11 日分别调查、询问了证人李某和曹某某（小学生，生于 1992 年）。李某证实原告与陈某因口角相互辱骂，发生撕扯，原告用拳头打了陈某；曹某某证实，原告与陈某因口角相互辱骂，并发生撕扯，原告用手抓陈某的头发，扯摇了几下。12 月 11 日，被告向原告送达了公安行政处罚告知书，12 月 16 日向原告送达了 (2003) 第 860 号公安行政处罚决定书，决定给予原告徐某某罚款 200

元的治安行政处罚。原告徐某某对该处罚不服，依法向某县人民政府申请复议。经复议，某县人民政府于2004年2月27日作出当复字（2004）第1号行政复议决定书，维持了某县公安局（2003）第860号公安行政处罚决定。原告徐某某在2004年4月20日收到行政复议决定书后仍不服，于2004年4月20日向法院起诉。在起诉时，原告200元罚款未缴纳。

原告徐某某诉称，2003年11月28日，我发现两只猫在吃我晒的鱼，就边赶边骂："你好吃，看我不打死你。"陈某（以前为推鱼塘之事与我闹过矛盾）不问青红皂白，从自家门前骂过30米距离到刘某门口对我行凶，她猛抓我的头发，拼命地拉扯，并用拳头使劲地打我的头部。事情发生后，在被告某县公安局进行解决时，被告不认真调查了解案件的具体情况，仅根据陈某和她不在现场的姑姑李某的一面之词对我进行处罚。我不服，请求人民法院依法撤销（2003）第860号公安行政处罚决定书。

被告某县公安局辩称，2003年11月28日，原告徐某某与其邻居陈某因口角发生矛盾而相互辱骂对方。尔后，在刘某的屋门前，徐某某一手抓住陈某的头发，一手握着拳头对其进行殴打，经某县公安局法医鉴定，陈某的损伤程度为轻微伤。上述事实有曹某某、李某的证言，被害人陈某的陈述，原告徐某某的陈述，本局的法医鉴定书等证据证明，陈某的伤势确系原告徐某某殴打所致。原告的行为属违法行为，违反了《治安管理处罚条例》第22条第1项之规定，即殴打他人，造成轻微伤害的，应处15日以下拘留，200元以下罚款或者警告。本局考虑到原告徐某某与陈某系邻居，两人因口角发生矛盾，不宜适用拘留处罚措施。根据本案的事实、情节遂决定对原告徐某某罚款200元。本局认为对原告徐某某的治安处罚事实清楚，证据确凿、充分，程序合法，适用法律、法规准确，裁量适当，为维护法律尊严，请求人民法院依法维持我局的（2003）第860号公安行政处罚决定。

诉讼中，原告提供了以下证人证言：（1）曹某某证明：2003年11月28日中午，我到朱某某（陈某儿子）家去玩，看见陈某骂到刘某门口和徐某某（原告）打起来了，我就跑回家喊奶奶去看，他们就没有打了，我是听陈某的儿子朱某某说，徐某某打了他妈。（2）蔡某某、史某某证明，李某是陈某的远房姑姑。（3）廖某某（曹某某奶奶）证明，曹某某与朱某某要好。原告提供证人证言证明，李某是陈某姑妈，曹某某与陈某儿子朱某某要好，公安机关仅凭他们的证言对我处罚，证据不真实，请求法院撤销某县公安局（2003）第860号公安行政处罚决定。

诉讼中，被告针对原告提供的证人证言，补充了以下证人证言。（1）廖某某证明，原告威胁证人曹某某，要其作伪证说："没有看见原告打陈某。"（2）赵某某（史某某之子）证明，其母没有给原告出证据，是原告事先写好了，要其母签的名，其母根本不知情。被告公安机关提供以上证人证言，证明原告提供的证人曹某某、蔡某某、史某某、廖某某的证人证言是通过欺骗和威胁手段取得，其收集的证据违法，不能作为证实案情的依据。一审判决，亦认定了原告收集的证据违法，不予采信。

某县人民法院经审理认为：(1) 被告某县公安局接到报警后，依照法律赋予的行政职权，按照法定程序，对该案进行调查取证，在查明原告徐某某殴打他人致伤的违法行为后，根据《治安管理处罚条例》第 22 条第 1 项的规定，对原告徐某某处以 200 元罚款的具体行政行为是合法的，其认定的事实清楚，证据充分，程序合法，适用法律、法规正确，处罚幅度恰当，对被告的请求本院应予支持。(2) 原告徐某某在诉讼中虽向本院提供了 9 份书证，但其主要证据是证明证人李某不在现场，与陈某是亲戚关系，证人曹某某与陈某的儿子是好朋友，且该证据是在事发三个多月后取得，证据的效力在庭审质证时已被被告补充提供的新证据证实其取得证据的手段不合法，证明的内容不真实，即不能证明证人李某、曹某某在公安机关陈述的事实是虚假的。据此，对原告徐某某的请求，本院不予支持。根据《行政诉讼法》(1989 年) 第 54 条第 1 项的规定，判决维持某县公安局 (2003) 第 860 号公安行政处罚决定。案件受理费 100 元由原告徐某某负担。

一审宣判后，双方当事人在法定期限内均未提起上诉。

【案例分析】

本案争议焦点同样是事实问题，且集中于相关证据的合法性、真实性。为证明被诉处罚行为合法，被告某县公安局向法院提供的证据包括：曹某某、李某的证言，被害人陈某的陈述，原告徐某某的陈述，该局的法医鉴定书等。而原告徐某某则提供了以下证人证言：曹某某证明；蔡某某、史某某提供的李某是陈某的远房姑姑的证明；廖某某（曹某某奶奶）证明，曹某某与朱某某要好。据此，要求法院认定某县公安局的处罚证据不真实。不过，某县公安局补充了以下证据：(1) 廖某某证明，原告威胁证人曹某某，要其作伪证。(2) 赵某某（史某某之子）证明，其母没有给原告出证据，是原告事先写好了，要其母签的名，其母根本不知情。《证据规定》第 57 条规定："下列证据材料不能作为定案依据：……（三）以利诱、欺诈、胁迫、暴力等不正当手段获取的证据材料"，据此可以认定原告提供的证据是非法收集的，不具有合法性，不能作为定案依据。法院的认定是正确的。

当然，退一步而言，即使原告徐某某提供的证据不是违法收集的，也只能削弱某县公安局证据的证明力，如李某是陈某的远房姑姑的证明。《证据规定》第 71 条规定："下列证据不能单独作为定案依据：（一）未成年人所作的与其年龄和智力状况不相适应的证言；（二）与一方当事人有亲属关系或者其他密切关系的证人所作的对该当事人有利的证言，或者与一方当事人有不利关系的证人所作的对该当事人不利的证言……"

【法律背景】

《证据规定》第五十七条、第七十一条。

【知识点介绍】

行政诉讼证据是指在行政诉讼过程中，一切用来证明案件事实情况的材料。行政诉讼证据虽与其他诉讼证据有许多相同之处，但也有独有的特征：（1）行政诉讼证据来源的特定性。就行政案件而言，在行政诉讼之前往往已经历了行政程序。在行政程序中，作为行政诉讼原、被告的公民、法人或者其他组织和行政机关已围绕被诉行政行为提交和收集了相关证据。同时，行政诉讼的证据主要由被告行政机关提供给人民法院，行政机关在行政程序中必须遵循先取证、后裁决规则，待充分、全面掌握了证据，才能作出行政行为。行政诉讼证据主要是在行政程序中已产生或确定的证据。（2）行政诉讼举证责任分配的特殊性。在行政诉讼中，被告对被诉行政行为的合法性承担举证责任是基本规则，原告只在特定情况下对此承担举证责任。（3）行政诉讼证据证明对象的特殊性。行政诉讼证据则要证明行政行为是否合法。根据行政诉讼法的规定，行政诉讼证据包括书证、物证、视听资料、证人证言、当事人的陈述、鉴定结论、勘验笔录、现场笔录。在这些证据种类中，绝大多数与刑事诉讼、民事诉讼的证据种类相同，而其中属于行政诉讼特殊证据种类的是现场笔录。

行政诉讼法规定被告对其作出的行政行为负有举证责任，应当提供作出该行为的证据和所依据的规范性文件，也就是说主要的举证责任由被告承担。这一规定是行政机关在行政程序中必须遵循“先取证、后裁决”规则的自然延伸。行政机关行使职权必须“以事实为根据”，一旦其作出的行政行为被诉，由作出该行为的被告负担证明责任就是理所当然的。被告对所作行政行为承担举证责任，意味着被告将承担主要的诉讼风险，这种风险也可以促使被告在行政过程中注意形成和保存证据。

虽然行政诉讼中被告对行政行为承担举证责任，但并不意味着在行政诉讼中被告对一切事实全部负担举证责任，不排除在特定情况下由原告承担举证责任的可能。综合司法解释和基本的证据法原理，原告承担举证责任的事项包括：（1）原告起诉时的初步证明责任。原告向法院起诉时，应当提供其符合起诉条件的相应证据材料。（2）原告起诉行政不作为的申请证明责任。在起诉被告没有履行法定职责的案件中，原则上，原告应提供其在行政程序中曾经提出申请的证据。但是，被告应当依职权主动履行法定职责的，或原告因正当理由不能提供证据的除外。（3）损害证明责任。在行政赔偿、补偿的案件中，原告应当对行政行为造成的损害提供证据；但因被告的原因导致原告无法举证的，由被告承担举证责任。（4）对新主张事实的证明责任。如果原告在诉讼程序中，提出了被告在行政程序中并未作为行政行为的依据、但与被诉行政行为密切相关的事实，也应当由自己提供证据。（5）对部分程序性问题的证明责任。行政诉讼主要由被告证明其作出的行政行为合法，那是就实体问题而言。如果当事人主张的是关于诉讼程序的问题，这些问题虽然与被诉行政行为的合法性没有直接关系，却能影响行政诉讼的进程，那就必须和民事诉讼一样，实行“谁主张，谁举证”，原告提出的主张也不例外。例如，原告提出某个法官应该回避，那就得自己举证，而不是由被告来证明这个法官不需要回避；再如，原告提出应当中止诉讼，也得自己证明出现了必须中止诉讼的事由，而不是由被告来证明不需要中止诉讼。

原则上，被告应当在收到起诉状副本之日起 15 日内，提供据以作出被诉行政行为的全部证据和所依据的规范性文件。被告不提供，或者无正当理由逾期提供的，视为被诉行为没有相应的证据。此时被告将遭遇败诉的不利后果。而对于原告和第三人而言，原则上应当在开庭审理前或法院指定的交换证据之日提供证据。原告和第三人逾期提供证据的，视为其放弃举证权利。但视为放弃举证权利并不当然导致原告或第三人败诉，因为在原告或第三人不能证明被诉行为违法时，也不免除被告证明其行为合法性的责任。如果原告和第三人不能证明被诉行为违法，而被告同时也不能证明其合法的话，由于这一部分的举证责任已经分配给了被告，法院仍应认定被诉行为是违法的。

我国行政诉讼法及司法解释对被告行政机关的举证有特殊的要求。概括而言，被告行政机关向法院提供的证据，应是行政机关在行政程序中已收集、用来证明被诉行政行为合法的证据。由此，在行政诉讼中，对被诉行政行为的证据有更为严格的要求，下列证据不能作为认定被诉行政行为合法的依据：（1）被告及其诉讼代理人在作出行政行为后或者在诉讼程序中自行收集的证据。不过，原告或者第三人提出其在行政程序中没有提出的反驳理由或者证据的，经人民法院准许，被告可以在第一审程序中补充相应的证据。（2）被告在行政程序中非法剥夺公民、法人或者其他组织依法享有的陈述、申辩或者听证权利所采用的证据。（3）原告或者第三人在诉讼程序中提供的、被告在行政程序中未作为行政行为依据的证据。（4）复议机关在复议程序中收集和补充的证据，或者作出原行政行为的行政机关在复议程序中未向复议机关提交的证据，不能作为人民法院认定原行政行为合法的依据。

证据的审核认定，是指法官在听取当事人对证据的说明、对质和辨认后，对证据作出的采信与否的认定。它是法院对当事人举证、质证结果的评价和认定。证据审核认定的主体是合议庭的法官，审核认定的内容是对证据是否具有真实性、关联性和合法性作出确认。《证据规定》对如何判断证据的效力也作出了具体规定。

第七节　行政诉讼的法律适用

【案例介绍】

上诉人（原审原告）：朱某某。

被上诉人（原审被告）：桐乡市人民政府。

朱某某系桐乡市（县级市）梧桐街道三新村砧桥村民组村民，其离婚后单独立户，在册农业人口一人。2002年6月14日，朱某某提出农村村民建房160平方米用地申请，经其所在村民小组及村民委员会同意后，桐乡市人民政府梧桐街道办事处于2005年4月6日作出审核意见：根据桐乡市人民政府（2003）19号专题会议纪要（下称《19号会议纪要》）精神，及初拟小组讨论意见，同意建房用地60平方米，按规划建造。同月8日，桐乡市人民政府作出“根据桐乡市人民政府关于解决征迁中特殊群体户住房问题会议纪要精神，同意建生活用房60平方米”的审批。朱某某不服桐乡市人民政府土地行政审批决定，向浙江省桐乡市人民法院起诉，要求撤销桐乡市人民政府建房用地审批行政行为，并判令重新作出相应的建房用地审批行为。

浙江省桐乡市人民法院经审理认为，《土地管理法》第62条规定，农村村民住宅用地，经乡（镇）人民政府审核，由县级人民政府审批。《浙江省实施〈中华人民共和国土地管理法〉办法》（下称《浙江省实施土管法办法》）第35条第2款、第3款规定，农村村民一户只能拥有一处宅基地，宅基地的面积标准，使用耕地的，最多不得超过125平方米。农村村民宅基地的具体标准，由县、市人民政府在前款规定的幅度内根据当地实际确定。桐乡市人民政府第18号令《桐乡市农村村民建房用地管理暂行规定》（下称《18号令》）第6条规定，农村村民建房生活用房用地面积每户最多不得超过125平方米；农村村民建房家庭生产用房用地面积按不同类型定量；城（集）规划区内，每户最高不得超过35平方米……符合上述法律、法规规定，但这是农村村民建房用地面积的最高限度。桐乡市人民政府在法律、法规规定的建房用地面积范围内，考虑到朱某某的实际情况，作出准予60平方米建房用地的审批，是其行使自由裁量权，并不违法。故朱某某起诉认为桐乡市人民政府审核批准其建房用地60平方米没有法律依据的理由不能成立，其提出的诉讼请求不予支持。据此依照《行政诉讼法若干解释》（2000年）第56条第4项的规定，判决驳回朱某某的诉讼请求。

朱某某不服，向浙江省嘉兴市中级人民法院提出上诉称：一审法院已认定《19号会议纪要》不符合规范性文件的形式要件，不能作为被上诉人作出行政行为的规范性文件依据。被上诉人一审中也多次强调认为上诉人不符合《18号令》规定的立户条件，故不适用该文件。但一审法院不顾被诉审批行为系适用《19号会议纪要》作出的事实，为被上诉人指定适用法律依据为《18号令》，进而推断系被上诉人行使自由裁量权，实属判决不公。退一步讲，即使被上诉人的审批行为适用的是《18号令》，原审认定其享有自由裁量权也是错误的。

被上诉人桐乡市人民政府答辩认为，任何一项具体行政行为所涉及的法律、法规非常广泛，没有必要在审批文件中一一罗列。本案不能因为没有在审批文件中列举《土地管理法》、《浙江省实施土管法办法》等而认为没有适用。《18号令》是桐乡市管理农村村民建房的具有普遍约束力的规范性文件，包含了申请、审批程序及实体内容，一审认为审批行为符合《18号令》并非上诉所称的判非所诉。

二审中，双方当事人围绕着被上诉人作出的建房用地行政审批适用行政规范性文件是否正确，该行政审批中没有直接适用的其他行政规范性文件但被上诉人已作为依据提交，能否认定被上诉人作出的行政审批有合法依据等审理重点进行了辩论。

浙江省嘉兴市中级人民法院经审理认为，人民法院审理行政案件，以法律、行政法规、地方性法规及自治条例和单行条例为依据，参照规章，也可以引用规章以下的其他规范性文件。规章以下的其他规范性文件是指不具有制定和发布规章权限的行政机关制定和下发的具有普遍约束力的文件。但行政机关为处理行政管理事务中出现的某一具体问题而召开专题会议所形成的专题会议纪要，只是行政机关内部的一个公文，不具备行政诉讼中可参考引用的规范性文件的形式要件。本案中，《19号会议纪要》是被上诉人在2003年5月12日，针对《18号令》实施后至新的建房政策出台前有关“解决征迁中特殊群体住房问题”而形成的，但当时被上诉人并没有制定相应的规范性文件下发执行。因此，被上诉人对上诉人提出的建房用地申请，根据《19号会议纪要》的精神作出的行政审批，属适用规范性文件错误。虽然被上诉人在举证期限内已提交了相应的法律、法规及其他规范性文件即《18号令》、《桐政发（2004）42号文件》，但不能认定被上诉人作出的建房用地行政审批有合法依据。原审在认定《19号会议纪要》不符合规范性文件形式要件后，且被上诉人在一审答辩中也称上诉人不符合《18号令》有关立户建房条件，却认为《18号令》第6条符合《浙江省实施土管法办法》第35条第2款、第3款的规定，被上诉人据此作出60平方米的建房用地审批，属行使自由裁量权并无不当，是适用法律、法规及其他规范性文件错误，上诉人就此提出的上诉理由成立。据此，法院判决如下：撤销桐乡市人民法院（2007）桐行初字第18号行政判决；撤销被上诉人桐乡市人民政府于2005年4月8日作出的农村村民建房用地行政审批，并在本判决生效之日起30日重新作出具体行政行为。①

【案例分析】

本案争议的核心问题，涉及行政诉讼中的法律适用。针对朱某某的建房用地申请，桐乡市人民政府根据桐乡市人民政府关于解决征迁中特殊群体户住房问题会议纪要精神，即《19号会议纪要》，作出了同意其建生活用房60平方米的审批。在该决定中，桐乡市人民政府并没有援引《土地管理法》、《浙江省实施土管法办法》，甚至桐乡市人民政府第18号令《桐乡市农村村民建房用地管理暂行规定》，即《18号令》。

《行政诉讼法》（1989年）第52、53条规定，人民法院审理行政案件，以法律和行政法规、地方性法规为依据，并可以参照规章。同时，根据《行政诉讼法若干解释》（2000年）第62条的规定：“人民法院审理行政案件，可以在裁判文书中引用合法有效的规章及其他规范性文件。”人民法院审理行政案件时，也可以援引合法有效的其他规范性文件。换言之，在行政诉讼中，法律、行政法规、地方性法规（包括自治条例和单行条例）是人民法院审理案件的依据，而规章只是参照。规章之外的其他规范性文件，对法院的约束力更弱。此外，由于法律规范本身的层级性，上述作为审理依据和参照的规范，对法院的约束力并不完全相同。这些规定转化为对行政机关的要求时，不仅要注意哪些规范可以作为作出决定的根据，而且要注意这些规范的层级。

本案中，《土地管理法》（法律）和由浙江省人民代表大会常务委员会通过的《浙江省

① 参见《朱某某诉桐乡市人民政府》，浙江省嘉兴市中级人民法院（2007）嘉行终字第39号行政判决书。

实施土管法办法》（地方性法规），可以作为人民法院审理此案的依据；而桐乡市人民政府作为县级市，所制定的《桐乡市农村村民建房用地管理暂行规定》，即《18 号令》，在性质上属于其他规范性文件，在此案中仅处于低于参照的地位；桐乡市人民政府关于解决征迁中特殊群体户住房问题会议纪要精神，即《19 号会议纪要》，只是桐乡市人民政府就特定事项作出的内部性决议或决定，不属于其他规范性文件的范畴。

桐乡市人民政府在作出本案被诉行政行为时，根本没有援引可以作为本案审理依据的法律和地方性法规，也未援引属于其他规范性文件的《18 号令》，而仅仅依据《19 号会议纪要》即作出决定，显然属于被诉行政行为在法律上没有依据，构成违法。二审法院的判决是正确的。

【法律背景】

《行政诉讼法》（1989 年）第五十二条、第五十三条；

《行政诉讼法》（2014 年）第六十三条、第六十四条；

《行政诉讼法若干解释》（2000 年）第六十二条；

《土地管理法》第六十二条。

《浙江省实施土管法办法》第三十五条　农村村民建造住宅应当符合乡（镇）土地利用总体规划、村庄和集镇规划，尽量使用原有的宅基地、村内空闲地和村周边的丘陵坡地；鼓励自然村向中心村集聚；鼓励统建、联建和建造公寓式住宅；严格控制占用耕地建造住宅。

农村村民一户只能拥有一处宅基地，宅基地的面积标准（包括附属用房、庭院用地），使用耕地的，最高不得超过一百二十五平方米；使用其他土地的，最高不得超过一百四十平方米，山区有条件利用荒地、荒坡的，最高不得超过一百六十平方米。

农村村民宅基地的具体标准，由市、县人民政府在前款规定的幅度内根据当地实际确定。

【知识点介绍】

行政诉讼的法律适用是指人民法院在行政诉讼中，具体运用法律规则审查行政行为合法性并作出裁判的活动。根据我国行政诉讼法的规定，人民法院在行政诉讼中适用法律要遵循以下规则：

1. 法律、行政法规与地方性法规是行政审判的依据。即人民法院审理行政案件，审查行政行为是否合法进而对其作出裁判时，在有法律、法规具体规定的情况下，法律、法规是人民法院直接适用的根据，人民法院无权拒绝适用。

2. 规章的参照适用。与法律、法规作为审查依据相比，规章在行政诉讼中只居于参照地位。“参照”则是指人民法院审理行政案件，对规章进行参酌和鉴定后，对符合法律、行政法规规定的规章予以适用，参照规章进行审理，并将规章作为审查行政行为合法性的根据；对不符合或不完全符合法律、法规原则精神的规章，人民法院有灵活处理的余地，可以不予以适用。

3. 其他规范性文件在行政诉讼中的地位。其他规范性文件，是指规章以下的具有普遍约束力的行政决定、命令的总称。行政诉讼法对其他规范性文件在行政诉讼中的法律效力没有作出规定。一般认为，人民法院参考其他规范性文件只是考虑其规定，其他规范性文件只具有辅助作用。

同时，人民法院在行政诉讼中，发现对同一法律事实或者法律关系，存在两个或者两个以上的法律规范，且对其作出了不同的规定时，应当对如何适用作出判断。在行政诉讼中，人民法院解决相应法律适用冲突的规则包括：

1. 层级冲突适用规则。不同层级法律规范产生冲突一般属违法冲突，按照法律优先原则，高层级法律规范优于低层级法律规范，但高层级法律规范授权低层级法律规范作出与高层级法律规范不同的规定除外。

2. 平级冲突适用规则。它是解决制定机关不同但效力层级相同的行政法律规范相冲突应适用何种规范的规则。目前，我国尚没有制定这类冲突适用规则，采用的办法是送请有权机关作出裁决。例如，部门规章之间、部门规章与地方规章效力等级相同，人民法院认为它们之间不一致的，应由最高人民法院送请国务院作出解释或者裁决。

3. 特别冲突适用规则。在同一效力层级上，特别法优于普通法。

4. 新法优于旧法。对新、旧法之间的冲突，新旧法冲突适用规则应体现为新法优于旧法和法律不溯及既往原则，当新的行政法律规范与旧的行政法律规范相冲突时，除旧法具有溯及力外，人民法院应当适用新法，即对新法生效后发生的事件适用新法，对新法生效前发生的事件适用旧法。但当新法明确规定有溯及力时除外。

5. 人际冲突适用规则。人际冲突适用规则一般规定，不同民族、种族或者具有特殊身份的个人，适用就该民族、种族或者具有特殊身份的个体作出特别规定的法律规范。

6. 区际冲突适用规则。区际冲突所涉及的两种法律规范冲突需要采取不同的适用规则。目前，国内相互间的法律冲突尚缺乏统一的冲突适用规则，而对内地与港、澳、台地区的法律冲突，即内地法律规范与港、澳、台地区法律规范的冲突，适用“属地管辖”原则：发生于港、澳、台地区的行政案件，适用在港、澳、台地区施行的法律规范；发生于内地的行政案件，则适用当地施行的法律规范。同时，此类冲突还可以通过双方协议来解决。

第八节　行政诉讼的裁判标准

案例一：

【案例介绍】

上诉人（原审原告）：东莞市裕福商业投资有限公司。

被上诉人（原审被告）：东莞市寮步镇人民政府。

被上诉人（原审被告）：东莞市公安局寮步分局。

2002年6月18日，按照东莞市委、市政府的通知精神，东莞市城建规划局作出了东规发［2002］9号《关于加强东城八一路和寮步西南路两侧用地规划控制的通知》，要求东城区规划管理所和寮步镇规划管理所暂停审批所有位于八一路和西南路中线两侧各500米规划控制范围内的项目，待规划编制完成后，再按照规划审批；控制范围内所有在建工程立即停工，等待处理。2002年6月20日，东莞市寮步镇人民政府向西南路沿线各村委会、各建设用户下发了寮府办［2002］51号《关于转发市城建规划局关于加强东城八一路和寮步西南路两侧用地规划控制的通知》传达东规发［2002］9号文件的精神，在通知中，东莞市寮步镇人民政府要求位于西南路中线两侧各500米控制范围内所有在建工程停止，严禁在控制范围内擅自占地建房或抢建。2004年11月1日，东莞市裕福商业投资有限公司位于东莞市寮步镇上底村福田村小组路段的办公楼、厂房和宿舍项目开始施工。上述工程项目位于西南路中线两侧500米的控制范围内。2005年1月20日上午，东莞市寮步镇人民政府对东莞市裕福商业投资有限公司所建的上述工程项目进行了强制拆除，东莞市公安局寮步分局到场维持秩序。东莞市裕福商业投资有限公司认为东莞市寮步镇人民政府和东莞市公安局寮步分局强制拆除其房屋的行政处罚违法，向东莞市人民法院提起诉讼，请求判令撤销该行政处罚、由两机关在全省发行的报纸上公开赔礼道歉、承担案件受理费并赔偿其损失人民币4 414 269元。

东莞市人民法院经审理认为，本案原告诉及的建筑物，并没有取得相关的建筑规划许可证及建筑工程施工许可证，其建筑属违法建筑。根据《城市规划法》第40条的规定，对原告上述未取得相关许可证而强行抢建施工的建筑物，应由城市规划行政主管部门依有关规定予以处理，而被告东莞市寮步镇人民政府作为镇一级政府，对原告违法建筑行为可以并且应当予以制止及责令其纠正，但并无强制拆除的权力，被告强制拆除原告房屋的行为越权，属于违法行政。因原告建筑本属违法，依法就应拆除，其要求撤销和纠正拆除房屋行为不获支持，违法建筑物也不获法律保护，且其损失属其自身强建抢建所致，不应获得赔偿，对其赔偿请求及公开赔礼道歉要求应予驳回。而被告东莞市公安局寮步分局是应寮步镇政府要求到现场维持秩序，其并非房屋拆除行为的实施者，原告诉其行政行为违法并请求赔偿的理由不成立，应予驳回。综上所述，法院判决确认被告东莞市寮步镇人民政府2005年1月20日对原告东莞市裕福商业投资有限公司位于东莞市寮步镇上底村的房屋强制拆除的行政行为违法，驳回原告东莞市裕福商业投资有限公司请求被告东莞市寮步镇人民政府赔偿人民币4 414 269元及公开赔礼道歉的诉讼请求，驳回原告东莞市裕福商业投资有限公司对被告东莞市公安局寮步分局的诉讼请求。

东莞市裕福商业投资有限公司不服东莞市人民法院的决定，向东莞市中级人民法院提出上诉。东莞市中级人民法院经审理认为，根据《城市规划法》第40条的规定，被上诉人东莞市寮步镇人民政府作为镇一级人民政府，并不具有对违反

《城市规划法》的行为进行行政处罚的权力，因此，被上诉人所作的拆除涉案建筑物的行为属超越职权的行为。原审法院关于被上诉人强制拆除涉案建筑物行政处罚违法的定性正确。同时，由于被诉行政处罚已经实施完毕，原审法院适用《行政诉讼法若干解释》（2000 年）第 57 条第 2 款："有下列情形之一的，人民法院应当作出确认被诉具体行政行为违法或者无效的判决：……（二）被诉具体行政行为违法，但不具有可撤销内容的；……"的规定，确认被上诉人作出的行政处罚行为违法，并无不当。本案中作出强制拆除行政处罚者是东莞市寮步镇人民政府，从上诉人提供的证据看，被上诉人东莞市公安局寮步分局只是到场维持秩序，其未作出也未具体实施行政处罚，上诉人认为被上诉人东莞市公安局寮步分局共同作出行政处罚的理由不成立，不予支持。一审法院判决驳回上诉人对东莞市公安局寮步分局的诉讼请求正确。

根据《城市规划法》第 30 条、第 31 条和第 32 条的规定，在城市规划区内进行建设，必须要有"一书二证"即选址意见书、建设用地规划许可证、建设工程规划许可证。根据东莞市城建规划局出具的《关于核查裕福商业投资公司在寮步镇上底村福田施工项目建设工程规划许可证的复函》，上诉人未办理有关规划报建手续、未取得建设工程规划许可证即开始建设涉案被拆除建筑物，同时上诉人亦未能向法院提交涉案被拆除建筑物的建设工程规划许可证，结合上诉人在一审庭审时对其建设涉案被拆除建筑物未完善报建手续、未得到报建批准事实的确认，东莞市中级人民法院认为，上诉人不能证明涉案被拆除建筑物的合法性。根据《国家赔偿法》第 2 条的规定，国家承担赔偿责任的条件之一是国家机关和国家机关工作人员违法行使职权的行为侵害了公民、法人和其他组织的合法权益，由于上诉人不能证明涉案被拆除建筑物的合法性，故对上诉人要求被上诉人赔偿其建设涉案被拆除建筑物实际支出费用人民币 4 414 269 元的请求，东莞市中级人民法院不予支持。根据《国家赔偿法》第 30 条的规定，东莞市中级人民法院认为，本案不属《国家赔偿法》第 3 条第 1、2 项的情形，上诉人要求被上诉人在全省发行的报纸上公开赔礼道歉的请求，缺乏法律依据，予以驳回。原审法院在城市规划行政主管部门未对涉案被拆除建筑物的性质作出认定的情况下认定涉案被拆除建筑物属违法建筑不当，予以纠正。故判决驳回上诉，维持原判。[①]

【案例分析】

本案被诉行政行为，是东莞市寮步镇人民政府和东莞市公安局寮步分局（实际为寮步镇人民政府单独作出）强制拆除其房屋的行政行为。东莞市裕福商业投资有限公司除提出国家赔偿请求外，其关键请求是要求法院审查该行政处罚的合法性。根据《行政诉讼法》

---

① 参见《东莞市裕福商业投资有限公司与东莞市寮步镇人民政府等规划行政处罚及行政赔偿纠纷上诉案》，广东省东莞市中级人民法院（2006）东中法行终字第 75 号行政判决书。

（1989 年）第 54 条的规定，人民法院审查行政机关已作出的行政行为的合法性，基本围绕以下方面进行：主要证据是否充分，适用法律、法规是否正确，是否违反法定程序，是否存在超越职权和滥用职权。

两级法院在审理此案时，虽然认为东莞市裕福商业投资有限公司所建设的建筑物涉嫌违法，但根据《城市规划法》第 40 条："在城市规划区内，未取得建设工程规划许可证或者违反建设工程规划许可证件的规定进行建设，严重影响城市规划的，由县级以上地方人民政府城市规划行政主管部门责令停止建设，限期拆除或者没收违法建筑物、构筑物或者其他设施；影响城市规划，尚可采取改正措施的，由县级以上地方人民政府城市规划行政主管部门责令限期改正，并处罚款。"对此享有处理和处罚权的主体，应当是县级以上地方人民政府城市规划行政主管部门。包括东莞市寮步镇人民政府和其他部门，均无权对此行为进行行政处罚。因此，东莞市寮步镇人民政府在无法律授权的情况下，行使其他机关的权力，作出拆除东莞市裕福商业投资有限公司所建的建筑物的行为，属超越职权，构成违法。两级法院最终根据案件的具体情况，作出确认该行为违法的判决是正确的。

【法律背景】

《行政诉讼法》（1989 年）第五十四条；

《行政诉讼法》（2014 年）第七十条；

《城市规划法》第三十条、第三十一条、第三十二条、第四十条；

《国家赔偿法》第二条、第三十条。

案例二：

【案例介绍】

原告：毛某某。

被告：龙岩市质量技术监督局。

2001 年 3 月 21 日，龙岩市质量技术监督局接到群众举报，即派具有执法资格的检查人员，对连城县庙前镇毛某某的棉胎店进行现场检查。被告根据《产品质量法》第 18 条规定，发出岩技监存字（2001）第 38 号"登记保存（封存）通知书"，对原告店内的棉胎 82 件、棉花 32 包 5 420 斤就地登记保存（封存），期限 1 个月，原告毛某某在现场检查笔录和封存通知书上签名。被告于当日现场抽取"一级"、"特级"、"优级"棉胎样品各 1 件，于同年 4 月 18 日将抽样中的"一级"棉胎样品一床委托福建省中心检验所进行评定检验。该中心检验所于 4 月 24 日作出检验报告。被告于 5 月 20 日将该检验报告送达给原告之夫林某某。在 4 月 21 日，被告在第 38 号"登记保存（封存）通知书"上注明"续封到 5 月 15 日止"。5 月 14 日，被告再发出龙岩市技监存字（2001）第 57 号"登记保存（封存）通知书"，对原告封存的产品继续进行封存 1 个月，于 5 月 31 日作出第 57 号现场处罚决定书，以原告的棉胎店在 2001 年生产销售的棉胎检验不符合 SB/T10098 标准要求，违反了《产品质量法》第32条的规定，并据该法第50条规定，对原告给予责令停止违法的生产、销售，罚款200元的行政处罚。当日，被告开具福建省代收行政罚款收据一份，向原告收取罚款200元，同时发出岩市技监解字（2001）第3号解除封存通知书。

原告不服，向福建省龙岩市新罗区人民法院起诉，请求确认被告的封存强制措施行为违法，赔偿由此造成的损失1 000元；撤销被告作出的第57号现场处罚决定，并退还收取的罚款200元。

被告辩称：被告对原告的棉胎店进行现场检查，作了调查笔录，对店内棉胎和棉花依法进行封存，同时抽样送检，原告在样品包装上签了字。被告根据调查情况和检验报告，认定原告经营的棉胎不符合SB/T10098标准要求，在产品中掺杂，以次充好，以不合格产品冒充合格产品，依法对原告作出处罚。该处罚实体依据正确，程序合法，请求确认被告的强制措施合法，维持被告的处罚决定。

被告龙岩市质量技术监督局向法院提交了《产品质量法》第8条、第18条和1996年9月18日根据国家技术监督局令第46号修正发布的《技术监督行政案件办理程序的规定》第21条的法律依据，证明被告具有对本行政区域内的产品质量监督的职权，有权对违反产品质量法的行为作出处罚。

新罗区人民法院认为：《产品质量法》规定，禁止生产、销售的产品中掺杂掺假，以假充真，以次充好。对涉嫌违法行为的，可以查封或者扣押，依法可以对产品进行抽样检验。被告接到举报后，有权对原告生产、经营的棉胎店进行监督检查。但是，被告在对原告现场检查后，当日作出对原告店内产品就地封存1个月的强制措施，此后又于4月21日和5月14日作出了续封的通知，该一系列封存措施，均违反了《行政处罚法》关于先行登记保存应当在7日内作出处理决定的规定，被告也未在法定期限内提供保存（封存）已经行政机关领导批准的证据。被告以国家质量技术监督局《关于实施〈中华人民共和国产品质量法〉若干问题的意见》第2条“查封、扣押的期限3个月”来说明其对原告查封未超出期限，显然有悖于法律规定。况且被告只对抽查中的一级样品送检，没有证据证明其他两个等级产品不合格。因此，被告对原告产品封存3个月的强制措施属违反法定程序，原告请求确认被告封存行为违法的请求有理，予以支持。由于诉讼中原告未能提供因被告封存行为造成损失1 000元的依据，故对原告该赔偿请求不予支持。

《行政处罚法》规定，违法事实确凿并有法定依据，对公民处以50元以下，对法人或者其他组织处以1 000元以下罚款或者警告的行政处罚的，可以当场作出行政处罚决定。原告系个体工商户，其经营的棉胎店不属上述规定的“其他组织”，被告适用简易程序作出200元罚款的现场处罚违反法定程序。《产品质量法》规定，依照本法规定进行监督抽查的产品质量不合格的，由实施监督抽查的产品质量监督部门责令其限期整改。逾期不改正的，由省级以上人民政府产品质量监督部门予以公告；公告后经复查仍不合格的，责令停业，限期整顿；整顿期满后经复查产品质量仍不合格的吊销营业执照。抽查的产品有严重质量问题的，给予处罚。被告对原告作出了责令停止违法的生产、销售，处罚款200元的现场处罚决定书，属适用法律、法规错误，依法应予以撤销。《国家赔偿法》规定，处罚款、罚金、追缴、没收财产或者违反国家规定征收财物、摊派费用的，返还财产。被告向原告罚款200元违反法律规定，依法应予返还。

福建省龙岩市新罗区人民法院作出如下判决：（1）被告分别于2001年3月21日、4月21日和5月14日作出的保存（封存）强制措施的行为违法。（2）驳回原告毛某某要求被告赔偿其损失1 000元的诉讼请求。（3）撤销被告于2001年5月31日作出的第57号现场处罚决定书。（4）被告应于本判决生效之日起5日内退还向原告的罚款200元。[①]

【案例分析】

本案的争议除行政赔偿问题外，涉及的是质量技术监督局采取的查封强制措施与其后作出的罚款200元的行政处罚是否合法。《产品质量法》第18条规定："县级以上产品质量监督部门根据已经取得的违法嫌疑证据或者举报，对涉嫌违反本法规定的行为进行查处时，可以行使下列职权：（一）对当事人涉嫌从事违反本法的生产、销售活动的场所实施现场检查；……（四）对有根据认为不符合保障人体健康和人身、财产安全的国家标准、行业标准的产品或者有其他严重质量问题的产品，以及直接用于生产、销售该项产品的原辅材料、包装物、生产工具，予以查封或者扣押……"以及《产品质量法》第49条至第63条的规定，质量技术监督局有权予以处罚。因此，质量技术监督局对所处理的事项，依法享有相应的职权。

就质量技术监督局采取的查封强制措施是否合法问题上，争议的焦点是究竟依据哪一规定确定查封扣押的期限，被告是以国家质量技术监督局《关于实施〈中华人民共和国产品质量法〉若干问题的意见》第2条"查封、扣押的期限3个月"来证明其查封未超出期限；而法院在审理时则认为应当适用《行政处罚法》第37条第2款的规定，即"行政机关在收集证据时，可以采取抽样取证的方法；在证据可能灭失或者以后难以取得的情况下，经行政机关负责人批准，可以先行登记保存，并应当在七日内及时作出处理决定，在此期间，当事人或者有关人员不得销毁或者转移证据"。《产品质量法》第18条虽授予质量技术监督部门查封、扣押的权力，但并未规定查封、扣押的目的。根据行政强制措施的一般原理，它既可以用于预防或防止危险或危害的发生或扩大，也可以用于收集证据、查明情况。国家质量技术监督局《关于实施〈中华人民共和国产品质量法〉若干问题的意见》第2条"查封、扣押的期限3个月"，显然针对的是查封、扣押的所有情形。而《行政处罚法》第

---

① 参见《毛某某不服龙岩市质量技术监督局封存强制措施和行政处罚案》，福建省龙岩市新罗区人民法院（2001）龙新行初字第41号行政判决书。

37 条第 2 款所规定的先行登记保存措施，目的仅限于收集证据。因此，可以看出，《产品质量法》第 18 条及国家质量技术监督局《关于实施〈中华人民共和国产品质量法〉若干问题的意见》第 2 条所规定的期限，与《行政处罚法》第 37 条第 2 款规定的适用情形存在区别，究竟该适用哪一规定取决于案件的具体情况。遗憾的是，被告在封存书中并未说明理由。不过，从其运作过程分析，被告的封存行为主要是为了收集抽样取证，因此应当适用《行政处罚法》第 37 条第 2 款这一针对性规定。然而，被告却适用了国家质量技术监督局《关于实施〈中华人民共和国产品质量法〉若干问题的意见》，构成适用法律、法规错误。法院的认定是正确的。

被告当场对原告作出 200 罚款的行政处罚行为违法，并无争议。因为根据《行政处罚法》第 33 条规定："违法事实确凿并有法定依据，对公民处以五十元以下、对法人或者其他组织处以一千元以下罚款或者警告的行政处罚的，可以当场作出行政处罚决定。当事人应当依照本法第四十六条、第四十七条、第四十八条的规定履行行政处罚决定"，被告对原告个人当场作出 200 元罚款决定，明显不符合适用简易程序的形式要件（对公民处以 50 元以下）。不过，值得探讨的是，法院认为其违法性在于适用法律、法规错误，即误将原告个体工商户，视为"其他组织"。然而，该处罚的直接对象是原告个人，同时被告的决定书并未说明因认为个体工商户构成"其他组织"，遂适用《行政处罚法》规定采用简易程序。本书认为，被告对原告作出当场处罚决定，可能有多种原因，当然也包括错误理解个体工商户性质，从而误把它视为"其他组织"，但从结果看均属于对不应当适用简易程序的情形适用了简易程序，本质上为违反法定程序，而不属于适用法律、法规错误。只有被告决定书明确认定因个体工商户属于"其他组织"，故可以适用简易程序时，才能认定适用法律、法规错误。本案中的情形，是基于被告的原因（包括可能错误理解了法律规定的意义）而导致的程序违法。

【法律背景】

《行政处罚法》第三十三条、第三十七条；

《产品质量法》第十五条、第十八条、第三十二条、第五十条；

国家质量技术监督局关于实施《中华人民共和国产品质量法》若干问题的意见。

【知识点介绍】

我国行政诉讼法遵循合法性审查，是法院在审理行政案件时所采用的基本要求。综合《行政诉讼法》（2014 年）第 70 条的规定，人民法院在对被诉行政行为进行合法性审查时，主要围绕是否超过职权，主要证据是否充分，适用法律、法规是否正确，是否违反法定程序，是否有滥用职权，是否明显不当六个方面进行。

1. 超越职权，指行政机关实施行政行为时超越了法律、法规授予其的权力界限，实施了无权实施的行政行为。主要表现有：行政机关行使了宪法、法律没有授予任何国家机关的权限，或者行使了法律授予其他国家机关的权力；超越了行政机关行使权力的地域范围；

超过法定时间行使权力；超越了法律、法规规定的数额规定。

2. 主要证据不足，指被诉行政行为缺乏必要的证据，不足以证明被诉行政行为所认定的事实情况。主要证据不足意味着行政机关在没有查清案件基本情况或在没有充分证据证明的情况下就作出了行政行为，行政行为缺乏事实基础，人民法院有权予以撤销。

3. 适用法律、法规错误，指行政机关作出行政行为时错误地适用了法律、法规或者法律、法规的条款。

4. 违反法定程序，指行政机关在实施行政行为时违反了法律规定的作出该行为应当遵循的步骤、顺序、方式和时限等要求，它是作出撤销行政行为判决一个独立存在的理由，不依附于其他任何条件，只要行政行为违反程序，不管实体决定正确与否，都构成撤销该行政行为的理由。

5. 滥用职权，指行政机关具备实施行政行为的权力，并且其行为形式上也合法，然而行政机关行使权力的目的违反法律、法规赋予其该项权力的目的。它实际属于权力的不正当行使。在实践中滥用职权的主要表现有：第一，不正当的考虑。行政机关或公务员为了小集团利益或者个人利益，故意考虑法外因素或者故意不考虑应当考虑的因素。第二，故意迟延和不作为。指行政机关在处理公民、法人或者其他组织的请求或者申请时，明知自己负有作为义务，但却以各种理由故意推脱，拖延履行自己的职责。第三，不一致的解释和反复无常。不一致的解释指行政机关在处理同类案件时，对某些规范不经法定程序故意随意解释，导致这些解释往往相互矛盾和冲突；反复无常指行政机关实施行政行为时，没有明确的标准，经常改变自己的主张和决定。

6. 明显不当。值得注意的是，《行政诉讼法》（2014 年）对于合法性审查的内容增加了“明显不当”这一类型。“不当”原本是合理性问题，但是由于“不当”的程度已经达到了相当的标准（法律文本将其表述为“明显”），不符合正常人的判断标准，也即违背行政法理，或曰违背了行政条理法，因此对其进行的司法审查也可以看做一种特殊的合法性审查。

第九节　行政诉讼的裁判类型

案例一：

【案例介绍】

上诉人（原审原告）：苏某某、周甲某、周乙某、周丙某、周丁某、周戊某、周己某。

被上诉人（原审被告）：上海市黄浦区房屋土地管理局。

原审第三人：上海新浦市政开发建设有限公司。

上海市方斜路430弄2号房屋系苏某某、周甲某、周乙某、周丙某、周丁某、周戊某共同共有的私有房屋，周己某自1997年5月起租赁被拆迁房屋的部分面积作为经营场所，成立上海黄浦区富得服饰设计制作室，从事个体经营。2003年9月3日，上海新浦市政开发建设有限公司（以下简称新浦公司）经批准，取得对上述房屋所在地块的拆迁许可。2006年3月24日，新浦公司向上海市黄浦区房屋土地管理局（以下简称黄浦房地局）提出房屋拆迁裁决申请。黄浦房地局受理后，因苏某某户经两次通知均未参加协调审理会，故在对事实进行调查核实后，于2006年4月18日作出黄房地拆（2006）第403号房屋拆迁裁决，认定：苏某某户居住房屋权利人苏某某等，建筑面积121.70平方米，该房屋经房地产市场评估单价为每平方米4 267元。按照黄浦区人民政府黄府发（2003）第10号文的规定，该地段属B类区域，居住房屋最低补偿单价为每平方米4 100元，价格补贴系数20%。该户应得货币补偿款为人民币615 023元｛[4 267元+（4 100元×2－4 267元）×20%]×121.70平方米｝，如按面积标准房屋调换方式，安置到六类地段房屋，可得建筑面积243.40平方米（121.70×2）。拆迁人提供安置苏某某户的方案为：（1）本市浦东新区北城壕路111弄10号502室（该房屋建筑面积69.85平方米，市场评估单价人民币2 703元/平方米，总价人民币188 805元）；（2）浦东新区城南路229弄2号502室（该房屋建筑面积53.47平方米，市场评估单价人民币2 668元/平方米，总价人民币142 658元）；（3）浦东新区航城五路401弄3号501室（该房屋建筑面积74.42平方米，市场评估单价人民币1 897元/平方米，总价人民币141 175元）；（4）浦东新区新川路625弄9号102室（该房屋建筑面积73.34平方米，市场评估单价人民币2 880元/平方米，总价人民币211 219元）；（5）闵行区华宁路191弄87号311室（该房屋建筑面积33.53平方米，市场评估单价人民币2 208元/平方米，总价人民币74 034元），以上五套全独用产权房，合计建筑面积304.61平方米，合计市场评估总价人民币757 891元。申请人同意免去被申请人（户）面积标准调换房屋差价款人民币116 115.37元[（304.61－243.40）×1 897]。该安置补偿方案对苏某某户有利，黄浦房地局遂按照拆迁管理的有关规定，作出了上述裁决。

苏某某、周甲某、周乙某、周丙某、周丁某、周戊某、周己某7人不服此拆迁行政裁决，向上海市黄浦区人民法院提起行政诉讼。上海市黄浦区人民法院经审理认为，黄浦房地局具有作出被诉拆迁行政裁决的主体资格，黄浦房地局所作裁决没有查清周己某在被拆迁房屋中从事个体经营，既没有对被拆迁房屋的居住及非居住面积加以区分，又没有对个体经营者因拆迁造成停产、停业损失予以适当补偿，认定事实不清、证据不足。遂判决：撤销黄浦房地局的房屋拆迁裁决，并对拆迁补偿安置事宜重新作出裁决。

判决后，苏某某、周甲某、周乙某、周丙某、周丁某、周戊某、周己某7人不服，向上海市第二中级人民法院提起上诉。上诉人诉称，原审判决认定事实不清、适用法律不当，被拆迁房屋系苏某某、周甲某、周乙某、周丙某、周丁某、周戊某6人共有产，该6人在2001年已经对该房屋进行了分割析产，并进行了公证，应当对6人分别予以安置；上诉人在起诉时请求一并确认房屋拆迁裁决违法，而一审仅判决撤销房屋拆迁裁决，而未确认其违法。请求在维持原审判决的基础上追加判决确认被上诉人黄浦房地局所作具体行政行为违法。

上海市第二中级人民法院认为，被上诉人黄浦房地局依法具有作出本案房屋拆迁裁决的职权。被上诉人在上诉人与原审第三人新浦公司就房屋拆迁补偿安置未能达成协议的情况下，受理原审第三人新浦公司提出的裁决申请，并根据有关规定审查了被拆迁房屋的相关资料，确认被拆迁房屋建筑面积，依法组织双方进行了调解。在调解不成的情况下，作出本案被诉房屋拆迁裁决，程序合法。上诉人苏某某、周甲某、周乙某、周丙某、周丁某、周戊某于2001年达成析产协议，对被拆迁房屋进行分割，但未对房地产权利进行登记。根据《上海市城市房屋拆迁管理实施细则》第20条第1款规定，被拆迁人以房屋拆迁许可证核发之日合法有效的房地产权证计户，由拆迁人按户进行补偿安置。上诉人要求分别予以安置缺乏法律依据。但被上诉人对于上诉人周己某租赁部分被拆迁房屋从事个体工商户经营、被拆迁房屋中有部分面积属于非居住性质的事实未予审查，所作裁决对于周己某个体工商户因拆迁而造成的停产、停业损失未予以补偿，亦未对被拆迁房屋中非居住部分按照非居住房屋予以评估和补偿安置，违反了《上海市城市房屋拆迁管理实施细则》第24条第2款、第43条、第44条和第45条的规定。原审判决以被诉具体行政行为认定事实不清、证据不足为由，判决撤销该具体行政行为并责令被上诉人重新作出裁决，符合《行政诉讼法》（1989年）第54条第2项第1目之规定，依法应予维持。行政诉讼中的撤销判决和确认违法判决不能同时适用，本案不具有《行政诉讼法若干解释》（2000年）第57条第2款和第58条规定的可以适用确认违法判决的情形，且原审判决撤销具体行政行为已经确认了被诉具体行政行为的违法性，故上诉人要求追加判决确认被上诉人所作房屋拆迁裁决违法的上诉请求，没有法律依据，本院不予支持。据此，根据1989年《行政诉讼法》第61条第1项之规定，判决驳回上诉，维持原判。①

【案例分析】

本案被诉行政行为，是上海市黄浦区房屋土地管理局作出的房屋拆迁裁决。人民法院围绕行政行为合法性标准对该行为的合法性进行了审查，法院经审理认定，苏某某、周甲某、周乙某、周丙某、周丁某、周戊某共有的房屋的部分面积，自1997年5月起租赁给周己某作为经营场所从事个体工商户经营，然而上海市黄浦区房屋土地管理局在作出裁决时，

---

① 参见《苏某某等与上海市黄浦区房屋土地管理局房屋拆迁行政裁决纠纷上诉案》，上海市第二中级人民法院（2006）沪二中行终字第352号行政判决书。

未查明周己某租赁部分被拆迁房屋从事个体工商户经营、被拆迁房屋中有部分面积属于非居住性质的事实，所作裁决既对于周己某个体工商户因拆迁而造成的停产、停业损失未予以补偿，也未对被拆迁房屋中非居住部分按照非居住房屋予以评估和补偿安置，违反了《上海市城市房屋拆迁管理实施细则》的规定，因此所作出的裁决事实不清、证据不足，属违法行为。

一审法院根据《行政诉讼法》（1989 年）第 54 条的规定，判决撤销上海市黄浦区房屋土地管理局的房屋拆迁裁决，并要求其对拆迁补偿安置事宜重新作出裁决。然而，苏某某周甲某、周乙某、周丙某、周丁某、周戊某、周己某 7 人不服，认为一审判决仅撤销房屋拆迁裁决，而未确认其违法，请求在维持原审判决的基础上追加判决确认上海市黄浦区房屋土地管理局所作行政行为违法。在此，所涉及的问题是撤销判决的本质与撤销判决与确认（违法）判决之间的关系。撤销判决是指人民法院经过对案件的审查，认定被诉行政行为部分或者全部违法，从而部分或全部撤销被诉行政行为。由此可见，撤销判决须以被诉行政行为违法或部分违法为前提和基础，而撤销判决本身体现的正是人民法院对被诉行政行为效力的部分或全部的否定。确认（违法）判决指人民法院通过对被诉行政行为的审查，确认被诉行政行为违法的判决形式。因此，就对被诉行政行为违法的确认而言，撤销判决与确认（违法）判决二者并无本质差异，只是确认（违法）判决显得更直接，而撤销判决似乎间接。

正因为二者具有同质性，撤销判决与确认（违法）判决在不少情况下可以交互使用，但仔细分析，二者的适用仍有不少差异。第一，总体而言，与确认（违法）判决相比，撤销判决对当事人的保护力度更大。因为撤销判决所产生的后果，是被诉行政行为不能继续存在。而确认（违法）判决仅确认了被诉行政行为违法的事实，对一些行为未必就产生使该行为失去继续存在的效力。第二，在一些情形下，法院只能作出确认（违法）判决，而不能适用撤销判决。《行政诉讼法若干解释》（2000 年）第 57 条、第 58 条所规定的情形，即是如此。因此，从《行政诉讼法》规定及撤销判决与确认（违法）判决二者关系分析，出于对当事人权益的保护，在可以选择作出撤销判决与确认（违法）判决时，法院原则上应作出撤销判决而非确认（违法）判决。

此外，《行政诉讼法》（1989 年）第 61 条规定："人民法院审理上诉案件，按照下列情形，分别处理：（一）原判决认定事实清楚，适用法律、法规正确的，判决驳回上诉，维持原判；（二）原判决认定事实清楚，但适用法律、法规错误的，依法改判；（三）原判决认定事实不清，证据不足，或者由于违反法定程序可能影响案件正确判决的、裁定撤销原判，发回原审人民法院重审，也可以查清事实后改判。当事人对重审案件的判决、裁定，可以上诉。"本案中，第二审法院经审理认为，一审法院判决认定事实清楚，适用法律、法规正确，故判决驳回上诉，维持原判。一审、二审法院的判决是正确的。

【法律背景】

《行政诉讼法》（1989 年）第五十四条、第六十一条；

《行政诉讼法》（2014 年）第七十条、第七十四条、第八十九条；

《行政诉讼法若干解释》（2000 年）第五十七条、第五十八条。

《上海市城市房屋拆迁管理实施细则》第二十条　被拆迁人、房屋承租人以房屋拆迁许可证核发之日合法有效的房地产权证、租用公房凭证、房屋租赁合同计户，由拆迁人按户进行补偿安置。

与拆迁人签订拆迁补偿安置协议的被拆迁人、房屋承租人，以房地产权证所载明的所有人和租用公房凭证、房屋租赁合同所载明的房屋承租人为准。

第二十四条　与拆迁人签订拆迁补偿安置协议的被拆迁人、房屋承租人，以房地产权证所载明的所有人和租用公房凭证、房屋租赁合同所载明的房屋承租人为准。

拆迁人与被拆迁人或者房屋承租人达不成拆迁补偿安置协议的，经当事人申请，由被拆除房屋所在地的区、县房地局裁决。裁决应当自收到申请之日起 30 日内作出。

居住房屋的拆迁补偿安置争议，应当裁决以房屋调换。非居住房屋的拆迁补偿安置争议，可以裁决以房屋调换，也可以裁决以货币补偿。

…………

第四十三条　拆迁非居住房屋，货币补偿金额应当根据被拆除房屋的房地产市场价确定；实行价值标准房屋调换的，应当按照货币补偿金额与安置房屋的房地产市场价结算差价。

第四十四条　拆迁未出租非居住房屋的，或者拆迁由租赁双方协商议定租金标准的出租非居住房屋，被拆迁人与房屋承租人协议解除租赁关系的，拆迁人对被拆迁人给予补偿安置；被拆迁人与房屋承租人对解除租赁关系未达成协议的，拆迁人应当对被拆迁人实行价值标准房屋调换。安置房屋由原房屋承租人承租，被拆迁人应当与原房屋承租人重新订立房屋租赁合同。

拆迁执行政府规定租金标准的公有出租非居住房屋，被拆迁人选择价值标准房屋调换的，由被拆迁人安置承租人，租赁关系继续保持；被拆迁人选择货币补偿的，拆迁人应当将被拆除房屋的房地产市场价的 20%补偿给被拆迁人，将被拆除房屋的房地产市场价的 80%补偿给房屋承租人，租赁关系终止。

第四十五条　拆迁非居住房屋，拆迁人应当补偿被拆迁人或者房屋承租人下列费用：

（一）按国家和本市规定的货物运输价格、设备安装价格计算的设备搬迁和安装费用；

（二）无法恢复使用的设备按重置价结合成新结算的费用；

（三）因拆迁造成停产、停业的适当补偿。

案例二：

【案例介绍】

原告：彭某某。

被告：上海市工商行政管理局。

2000 年 8 月 16 日晚 8 点，上海有线电视台戏剧频道《闪亮时分》栏目播放了专题节目《共和国之歌——献给人民功臣》，该节目内容主要是介绍上海 411 医院院长章某等五位上海市新长征突击手的事迹。原告彭某某2000年12月1日向被告上海市工商行政管理局（以下简称工商局）投诉称，因为看了该节目，他妻子于2000年8月21日住进了411医院进行治疗，29天后死亡。彭某某认为该节目系违法医疗广告，故要求工商局进行查处。对此，工商局口头答复该节目不属于广告，不同意立案查处。故彭某某起诉要求工商局履行法定职责，查处电视台播出该医院违法广告的行为。

被告辩称：原告反映的电视节目是一个专题报道，主要内容介绍了包括411医院院长章某在内的五位上海市新长征突击手的事迹。节目虽然有关于骨病治疗的内容，但认定为广告依据不足，故我局已口头答复原告不对该节目立案查处。现原告要求被告履行法定职责与事实不符，请求驳回原告的诉讼请求。

上海市徐汇区人民法院经审理认为，被告工商局作为上海市的广告监督管理机关，对违反法律规定的广告活动，有权依照法律的规定进行行政处罚。国家工商行政管理局、卫生部1993年9月27日发布的《医疗广告管理办法》明确规定，医疗广告是指医疗机构通过一定的媒介或者形式，向社会或者公众宣传其运用科学技术诊疗疾病的活动。国家工商行政管理局2001年3月1日在工商广字（2001）第57号答复中进一步明确，大众传播媒介利用新闻报道形式介绍医疗机构及其服务，如出现医疗机构的地址、电话号码或其他联系方式等内容的，在发表有关医疗机构报道的同时，在同一媒体同一时间（时段）发布该医疗机构广告的，即使发布者声称未收取费用，也应认定为利用新闻报道形式发布医疗广告。从彭某某提供的电视节目内容可以看出，该专题报道从形式上具备了上述规定认定医疗广告的基本特征，工商局对彭某某的投诉应予以调查处理，并将处理结果告知其本人。综上所述，彭某某要求工商局履行法定职责的诉讼请求应予支持。依照《行政诉讼法》第54条第3项之规定，于2002年12月9日判决如下：被告上海市工商行政管理局应于本判决生效之日起3个月内，履行对上海有线电视台戏剧频道2000年8月16日20时播出的专题报道节目是否构成违法医疗广告进行调查处理的法定职责，并将结果告知原告彭某某。

一审宣判后，上海市工商局向上海市第一中级人民法院提出上诉，认为有关电视专题报道主要是介绍海军医院院长等医务人员的事迹，虽然其中包括了关于骨病治疗的内容，但认定为广告依据不足；接到彭某某的投诉后，已积极进行调查，将节目内容录制成了光盘交给其本人，并将处理结果告知了彭某某，已履行了法定职责，请求驳回彭某某的诉讼请求。

上海市第一中级人民法院经审理认为：《广告法》第6条规定，县级以上人民政府工商行政管理部门是广告监督管理机关。根据广告法的规定，广告的管理和监督是工商行政管理部门的职责之一，因此，认定有关节目是否构成广告、是否构成违法广告以及如何依法进行行政处罚，均属于工商行政管理部门的职责范围。彭某某认为上海市有线电视台播出节目属于违法广告，侵犯其合法权益，并向上海市工商局申请对该广告予以行政查处，符合《行政诉讼法》（1989年）的有关规定。

《医疗广告管理办法》第2条第2款规定，医疗广告是指医疗机构通过一定媒介或者形式，向社会或者公众宣传其运用科学技术诊疗疾病的活动。公众所理解的广告，就是以一定的方式通过媒体对商品或者服务以及提供商品或者服务单位的宣传和介绍。从庭审播放的上海市有线电视台专题节目《共和国之歌——献给人民功臣》来看，尽管录制的光盘声音不清晰，但画面反映出节目中不仅有对411医院院长章某的事迹介绍，还有相当一部分内容是介绍其诊疗方法和疗效，画面上还三次出现411医院名称的特写镜头。该节目反映的信息既有医务人员工作事迹的介绍，又有医务人员医术和医疗专长的介绍，其宣传医院和医院服务的用意十分明显，彭某某有理由得出该节目属于医疗广告的结论。因此，原审认定该专题报道从形式上具备了认定为医疗广告的基本特征，并无不当，符合《医疗广告管理办法》的有关规定，工商局以该节目不构成广告而不予查处的理由不成立。工商局虽然将不予立案查处的理由告诉了彭某某本人，但由于工商局没有依法履行其法定的行政职责，未能够依法保护申请人的人身权和财产权，故原审判决认定工商局应对该节目进行查处，亦无不当，可予维持。据此，上海市第一中级人民法院依照相关法律规定于2003年4月21日作出判决：驳回上诉，维持原判。[①]

【案例分析】

本案是诉请被告履行法定职责的行政案件。两审法院均认定，被告上海市工商行政管理局构成不履行法定职责，从而作出要求被告履行法定职责的判决。根据《行政诉讼法》（1989年）第54条的规定，法院作出履行判决的前提是行政机关构成不履行法定职责。认定行政机关构成不履行法定职责，应当同时具备三个要件：一是行政机关有法定职责；二是行政机关没有履行该职责；三是行政机关不履行该职责没有客观理由。

本案原告彭某某认为上海有线电视台戏剧频道的节目，系违法医疗广告，要求被告进行查处。而被告工商局口头答复该节目不属于广告，不同意立案查处。彭某某起诉要求工商局履行法定职责，查处电视台播出该医院违法广告的行为。结合构成不履行法定职责的三个构成要件和本案的案情，认定被告的行为构成不履行法定职责的关键也是争议点（被告没有履行职责及不履行职责无客观理由问题在此案中并没有提出），是对原告彭某某请求事项，被告是否有法定职责。

《医疗广告管理办法》（1993年，已于2006年修订）第4条规定："医疗广告的管理机关是国家工商行政管理局和地方各级工商行政管理机关；医疗广告专业技术内容的出证者是省、自治区、直辖市卫生行政部门。"第20条规定："本办法规定的处罚，由工商行政管理机关负责实施。其中吊销《医疗广告证明》的决定，由卫生行政部门执行。"因此，工商

① 见 http：//bmla. chinalawinfo. com/NewLaw2002/SLC/SLC. asp？Db＝cas&Gid＝117507822。

行政管理部门对医疗广告享有管理权，并对违法广告享有处罚权。在此情况下，双方争议的焦点具体化为，上海有线电视台播出的有关 411 医院的节目是否应认定为医疗广告。原告认为，该节目构成医疗广告，被告对此有法定职责。而被告则辩称原告反映的电视节目是一个专题报道，主要内容介绍了包括 411 医院院长章某在内的五位上海市新长征突击手的事迹。节目虽然有关于骨病治疗的内容，但认定为广告依据不足，故被告对此没有法定职责。

《医疗广告管理办法》第 2 条第 2 款对“医疗广告”作了规定，“指医疗机构通过一定的媒介或者形式，向社会或者公众宣传其运用科学技术诊疗疾病的活动”。上海有线电视台播出的有关 411 医院的节目，是否符合这一“医疗广告”规定就成为问题的关键因素。二审法院经审理认为：“节目中不仅有对 411 医院院长章某的事迹介绍，还有相当一部分内容是介绍其诊疗方法和疗效，画面上还三次出现 411 医院名称的特写镜头。该节目反映的信息既有医务人员工作事迹的介绍，又有医务人员医术和医疗专长的介绍，其宣传医院和医院服务的用意十分明显，彭某某有理由得出该节目属于医疗广告的结论。”

一旦认定上海有线电视台播出的节目构成医疗广告，实质上意味着本案被告对原告提出的请求，即负有法定职责。然而，被告却没有履行，且无客观理由，因而构成不履行法定职责。两审法院判定被告在法定期限内履行职责，符合《行政诉讼法》（1989 年）的规定。

【法律背景】

《行政诉讼法》（1989 年）第五十四条；

《行政诉讼法》（2014 年）第七十二条；

《行政诉讼法若干解释》（2000 年）第六十条；

《广告法》第六条；

《医疗广告管理办法》[①] 第二条、第四条、第二十条。

【知识点介绍】

行政诉讼的裁判是指人民法院在审理行政案件时，对案件的实体、程序事项或特定事项作出的具有法律效力的判定，具体包括行政诉讼判决、裁定和决定。

（一）行政诉讼判决

行政诉讼判决，是指人民法院审理行政案件终结时，根据审理所查清的事实，依据法律规定对行政案件实体问题作出的结论性处理决定。它是人民法院行使国家行政审判权对行政机关进行监督的集中体现，是人民法院审理行政案件和当事人参加诉讼的结果的表现形式。行政诉讼判决主要包括第一审判决和第二审判决，其中第一审判决具有特殊意义。

---

① 现已经国家工商行政管理总局和卫生部于 2006 年 11 月 10 日修改，并自 2007 年 1 月 1 日起施行。

1. 第一审判决

（1）驳回判决

按照修订前的《行政诉讼法》，在被告胜诉的情况下，法院原则上应当作出维持被诉行政行为的判决，个别情况下难以适用维持判决的，才转而判决驳回原告的诉讼请求，也就是维持判决为主，以驳回判决为辅。新修订的《行政诉讼法》废除了维持判决，对于被告胜诉的情况，一律适用驳回判决。这一修改是非常正确的，因为，行政行为在作出之后本来就具有拘束力、确定力和执行力，只要没有通过撤销、变更、废止等方式来推翻它，这个行为就一直是有效的，没有必要再通过一个法院的判决来画蛇添足地维持它。如果法院经过审查，认为一个行政行为是正确的，只需要判决驳回原告的诉讼请求，就等于肯定了这个行为的效力。

具体而言，驳回判决适用于两种案件：一是作为案件，即行政行为证据确凿，适用法律、法规正确，符合法定程序的情况；二是不作为案件，即原告申请被告履行法定职责或者给付义务但理由不成立的情况。

（2）撤销判决

撤销判决是判定原告胜诉的最重要的判决类型，适用于原告起诉被告作出行政行为的案件。具体而言，撤销判决又包含几种子类型：根据是否撤销被诉行为的全部内容，分为全部撤销与部分撤销；根据撤销的同时是否责令被告作出新行为，分为简单撤销与撤销并责令重做。被诉行为有下列情形之一的，法院应当判决撤销或部分撤销该行为，并可以判决被告重新作出行政行为：主要证据不足的；适用法律、法规错误的；违反法定程序的；超越职权的；滥用职权的；明显不当的。

这里应当特别注意撤销并责令重做的判决。法院在判决撤销被诉行为的同时，可以同时判令被告作出新的行为，但是不能直接替代被告作出新的行政行为，否则就构成变更判决了。例如，法院审理一个行政机关不予行政许可的案件，即使认为原告请求准予许可的理由是成立的，被告也没有选择不予许可的裁量余地，也不能直接判决给原告颁发许可证，只能判决撤销不予许可的决定，责令被告重新作出决定，并在判决理由中写明意见。被告重新作出的行为应当遵循不得雷同的原则，即不得以同一的事实和理由作出与原行政行为基本相同的行政行为，至少应当在行为结果、行为主要事实、行为主要理由这三个要素中有一个与原来的行为明显不同。如果被告以同一事实和理由重新作出与原来基本相同的行为，将被视为拒绝履行法院的判决，法院应当重新判决将该行为撤销或部分撤销，并依法对被告强制执行。

（3）履行判决

履行判决也是一种原告胜诉的判决，适用于起诉被告不作为的案件。具体包括两种情形：

一是责令履行法定职责。法院经过审理，查明被告不履行法定职责的，应当判决被告在一定期限内履行；尚需被告调查或者裁量的，应当判决被告针对原告的请求重新作出处理。注意，在撤销并责令重做的判决中，法院并不为被告重做行为设定期限；而在责令履行职责的判决中，原则上应当为被告设定履行期限。

二是责令履行给付义务。法院经过审理，查明被告依法负有给付义务的，应当判决被告履行给付义务。应当说，行政机关对当事人负有的给付义务实质上也是一种法定职责，但这种职责表现得更加具体、明确而已，直接表现为一种给付义务。在这种情况下，法院判决被告履行给付义务，相对于原来只判决履行法定职责而言，有利于更加直截了当地满足原告的诉求，减少讼累。

原告申请被告履行支付抚恤金、最低生活保障费、社会保险费等给付义务的，被告依法负有给付义务而拒绝或拖延履行义务且无正当理由的，法院在判决被告履行给付义务时，可以同时规定履行的期限。

（4）变更判决

变更判决同样是判定原告胜诉的判决类型。行政处罚明显不当，或者其他行政行为涉及对款额的确定、认定确有错误的，法院可以判决变更。对此需要注意：

一是变更判决与适当性审查的关系。我们知道，法院在行政诉讼中主要审查被诉行政行为的合法性，兼顾审查适当性，即可以审查明显不当的行为。而变更判决就是一种用于处理适当性问题的判决，但并非所有不适当的行政行为都可以适用变更判决。变更判决本质上是法院替代行政机关作出一个新的行政行为，涉及司法权和行政权之间的关系。因此，只有在行政机关的自由裁量余地很小、且法院具有较强判断能力的领域，才能适用变更判决。行政处罚明显不当，在绝大多数情况下就体现为数额上的不当，如罚款的金额、拘留的期限、暂扣许可证的期限等；在部分情况下，也可能体现为种类上的不当，如对应当适用警告的违法行为进行了罚款。其他行政行为涉及对款额的确定、认定确有错误的，主要也是一个适当性问题，而且这个适当性问题也应当达到较为明显的程度才能称得上“错误”，如税费征收行为、行政给付行为、土地房屋征收补偿行为等，都有可能出现这样的案件。

二是禁止不利变更原则。法院判决变更被诉的行政行为，不得加重原告的义务或者减损原告的权益；但利害关系人同为原告且诉讼请求相反的除外。以行政处罚案件为例，如果只有被处罚人作为原告起诉，要求减轻处罚甚至免除处罚，法院经过审理之后却发现应当加重处罚，此时不得加重对原告的处罚。如果只有受害人起诉，加害人作为第三人参加诉讼的话，由于加害人并非原告，此时法院可以加重其处罚。如果加害人与受害人同时起诉，两人就都是原告，如果法院经过审理认为对加害人这个原告的处罚确实轻了，仍然可以判决加重对他的处罚。否则作为受害人的原告其诉求便没有被满足的可能，其诉权就失去了意义。

（5）确认判决

即判决确认被诉行政行为违法或无效。确认判决也是判定原告胜诉的判决，适用于被诉行政行为虽然违法但不应被撤销或变更，或不宜责令被告履行的案件。具体包括确认违法判决和确认无效判决：

一是被诉行政行为违法，但不具有可撤销内容的。这种情况指的是被诉行政行为已经不复存在，或已经被执行完毕并且无法恢复原状的情况。例如，被诉的是公安机关的一个拘留决定，而原告已经被拘留期满释放；又如，被诉的是工商部门销毁伪劣商品的决定，而商品已经被销毁完毕。此时，撤销被诉行为已无实际意义，法院应当转而适用确认违法判决。

二是被告改变原违法行政行为，原告仍要求确认原行政行为违法的。这种情况和上一种情况实际上具有相同性质，因为既然原来违法的行政行为已经被被告自己改变了，这个行为也就不存在了，如果还要撤销就连对象都找不到了。但是，如果原告不愿意撤诉，就意味着对这个行为的诉讼仍然存在，法院仍然必须对这个行为作出一个评价，那就是将其确认为违法。

三是被告不履行或者拖延履行法定职责，但判决履行没有意义的。在这种情况下，被告不履行法定职责这一事实给原告带来的损失已经形成，被告此时再履行职责已无济于事，难以挽回损失。例如，原告起诉公安机关没有履行保护其人身安全的职责，但原告已经因此而被他人殴打导致轻伤，则此后公安机关采取任何措施都不能消除原告被殴打这一事实。此时适用履行判决在道理上已无可能，法院只能转而适用确认违法判决。

四是被诉行政行为违法，但撤销该行为将给国家利益或公共利益造成重大损失的。这是一种利益权衡之下作出的判决，出于保护重大国家利益或公共利益的需要，法院不应撤销被诉的行为，而是使其继续存在下去；但与此同时，法院又必须否定被诉行为的合法性，就只能将其判决确认违法了。

五是行政行为程序轻微违法，但对原告权利不产生实际影响的。程序合法是行政行为的合法性要件之一，但如果程序违法的程度较为轻微且对原告权利义务也无实质影响，此时撤销被诉的行政行为就违背了实质法治的精神，也会给行政机关依法履行职责造成不利影响。因此，新修订的《行政诉讼法》规定这种情况下法院不应撤销被诉的行政行为，转而采取确认违法判决。例如，在一个行政处罚案件中，行政执法人员在听取当事人的陈述申辩意见之后，应当将其记入笔录，并经当事人阅读核对后签字确认。但是，行政执法人员忘记告知当事人需要阅读核实，直接就让其签字了。当事人事后不服提起了行政诉讼，法院经审理认为该行政处罚决定在实体上是完全正确的，虽然执法人员将陈述申辩意见记入笔录后未经当事人阅读核实，但经审查其记录内容并无错误。这就是一种轻微的、瑕疵性的程序违法，且对当事人权利义务没有实际影响（因为记录内容没有错误），法院如果将该处罚决定撤销，就明显不利于行政机关依法行使职权，此时就应当判决确认违法。

六是行政行为明显重大违法的。例如，行为的实施主体不具有行政主体资格，或者行为没有依据等情形。这种情况不同于上述五种情况的确认违法，而是应当判决确认无效。我们知道，明显重大违法的行政行为构成无效，一般的违法行为构成可撤销，也就是说，无效行为的违法程度比可撤销的行为严重得多。如果被诉行为在性质上已经达到了明显重大违法的程度，法院自然不能选择对其否定性评价较轻的撤销判决，而应判决确认该行为无效。

法院判决确认违法或者无效的，可以同时判决责令被告采取补救措施；给原告造成损失的，依法判决被告承担赔偿责任。

（6）赔偿判决

赔偿判决也是原告胜诉的一种判决类型，但它在普通行政诉讼中不单独适用，而是在法院作出了撤销判决、履行判决、变更判决或确认判决之后，所附带作出的判决。法院作出赔偿判决，必须同时符合几个条件：1）被诉的行政行为是违法或明显不当的；2）原告在起诉之后到一审庭审结束之前提出了赔偿请求；3）符合行政赔偿的其他构成要件。

（7）对复议决定的判决

经过复议的案件，在复议改变的情况下，原告起诉的是复议决定，以复议机关为被告。此时，法院只需要将复议决定当做一个普通的行政行为作出判决就可以了，没有什么特殊之处。

而在复议维持的情况下，法院审理的是原行为和复议决定两个行政行为。但是，这两个行为在实体上具有一致性，实际上审的是一个；但在程序上，这两个行为是按照各自的程序分别实施的，法院还是应当分别审理。所以，对于复议维持的案件，法院应当在审查原行为合法性的同时，一并审查复议程序的合法性。原机关和复议机关对被审查的原行为的合法性共同承担举证责任，但也可以由其中一个机关实际承担举证责任。不过，复议机关应当自行对复议程序的合法性承担举证责任。

对于复议决定的判决，根据对原行为判决的不同，具体分为如下几种情况：

法院判决撤销原行为的，应当同时也判决撤销复议决定。需要责令重做的，应当责令原机关（而不是复议机关）重做。

法院判决责令原机关履行法定职责或给付义务的，应当同时判决撤销复议决定。

原行政行为合法、复议决定违反法定程序的，应当判决驳回原告针对原行为的诉讼请求，但判决确认复议决定违法。

原行政行为被撤销、确认违法或者无效，给原告造成损失的，应当判决原机关承担赔偿责任；但是，因复议程序违法给原告造成损失的，判决复议机关承担赔偿责任。

（8）针对行政协议的特殊判决

新修订的《行政诉讼法》将特许经营协议、房屋土地征收补偿协议等行政协议纳入受案范围。但是，行政协议是双方行为，法院对这种行为的判决方式和针对传统行政行为的判决方式是完全不同的，而是更加接近于对民事合同的判决方式。具体包括：

一是针对被告行为违法的判决。被告不依法履行、未按照约定履行或者违法变更、解除行政协议的，法院可以根据原告的诉讼请求判决确认协议有效、判决被告继续履行协议，并明确继续履行的具体内容；被告无法继续履行或者继续履行已无实际意义的，判决被告采取相应的补救措施；给原告造成损失的，判决被告予以赔偿。

在上述情况下，如果原告的诉讼请求是解除协议或者确认协议无效，法院应当判决解除协议或者确认协议无效，并根据《合同法》等相关法律作出处理。

二是针对被告行为合法的判决。被告因公共利益需要或者其他法定理由合法地单方变更、解除协议，给原告造成损失但未依法给予补偿的，法院应当判决给予补偿。

被告因上述原因合法地变更、解除行政协议，且已依法给予补偿的，法院应当判决驳回原告的诉讼请求。

2. 第二审判决

第二审人民法院运用第二审程序对上诉案件进行审理后，可以作出两种类型的判决，即维持原判和依法改判。

行政诉讼的第二审判决，即法院对上诉行政案件的判决，也是生效的终审判决。第二审判决应当对两个问题作出结论：一是一审裁判，二是被诉的行政行为。法院对二审案件按以下规则裁判：

（1）维持原裁判

一审判决、裁定认定事实清楚，适用法律、法规正确的，二审法院应当判决或者裁定驳回上诉，维持原判决、裁定。

（2）直接改变原裁判

一审判决、裁定认定事实错误或者适用法律、法规错误的，二审法院应当依法改判、撤销或者变更。其中，依法改判是针对一审判决而言的，撤销或者变更是针对一审裁定而言的。在这种案件中，一审裁判的基本事实是具备的、主要证据也是充足的，但是一审法院在事实认定或法律适用上出现了错误，说到底就是专业判断上出现了错误，如果二审法院将其发回原审法院重审的话，就会造成不必要的时间拖延，降低诉讼效率，因此，直接改变原裁判结果即可。

二审法院需要改变一审判决的，应当同时对被诉行政行为作出判决。二审法院对被诉行为的判决，也按照第一审判决的适用规则作出。

（3）发回重审或者直接改判

一审判决认定基本事实不清、证据不足的，二审法院可以发回一审法院重审，也可以查清事实后直接改判。

（4）撤销原判，发回重审

如果一审判决存在严重违反法定程序的情况，如遗漏应当参加诉讼的当事人、遗漏应当判决的诉讼请求、违法缺席判决、当事人应出庭而未出庭、审判人员应回避而未回避等，二审法院应当裁定撤销原判决，发回一审法院重审。一审法院对发回重审的案件作出判决后，当事人提起上诉的，二审法院不得再次发回重审。

（二）行政诉讼裁定

行政诉讼裁定是人民法院在审理行政案件过程中或者执行案件的过程中，就程序问题所作出的判定。

行政诉讼中的裁定主要适用于下列事项：（1）不予受理；（2）驳回起诉；（3）管辖异议；（4）终结诉讼；（5）中止诉讼；（6）移送或者指定管辖；（7）诉讼期间停止行政行为的执行或者驳回停止执行的申请；（8）财产保全；（9）先予执行；（10）准许或者不准许撤诉；（11）补正裁判文书中的笔误；（12）中止或者终结执行；（13）提审、指令再审或者发回重审；（14）准许或者不准许执行行政机关的行政行为；（15）其他需要裁定的事项。

对一审法院作出的不予受理裁定、驳回起诉裁定和管辖权异议三类裁定，当事人可以在一审法院作出裁定之日起10日内向上一级人民法院提出上诉，逾期不提出上诉的，一审人民法院的裁定即发生法律效力。对其他裁定，当事人无权提出上诉，一经宣布或者送达，即发生法律效力。

（三）行政诉讼决定

行政诉讼决定，是指人民法院为了保证行政诉讼的顺利进行，依法对行政诉讼中的某些特殊事项所作的处理。行政诉讼中的决定主要有：

1. 有关回避事项的决定。人民法院对于是否回避的决定以口头或者书面方式作出，申请人对决定不服，可以申请人民法院复议一次，但不停止执行。

2. 对妨害行政诉讼的行为采取强制措施的决定。人民法院作出训诫、责令具结悔过强制措施的，通常由审判长当庭作出口头决定，并记入笔录；对采取罚款、拘留强制措施的，应由合议庭作出书面决定，并报院长批准，当事人不服的，可以申请复议。

3. 审判委员会对已生效的行政案件的裁判认为应当再审的决定。对人民法院已发生法律效力的裁判，发现违反法律需要再审的，由院长提交审判委员会讨论决定是否再审。审判委员会决定再审的，该行政案件应进行再审。

4. 有关诉讼期限事项的决定。公民、法人或者其他组织因不可抗力或者其他特殊情况耽误法定期限的，在障碍消除后的10日内，可以申请延长期限，由人民法院决定。对于下级人民法院需要延长审理期限的申请，高级人民法院和最高人民法院作出是否延长的决定。此外，如诉讼费用的减免、强制执行措施的采取等事项，都可适用决定。

在行政诉讼中，无论何种性质的决定，一经宣布或送达，即发生法律效力，义务人必须履行相关义务。对决定不服，不得提出上诉。

第十节　行政裁判的执行和非诉讼执行

【案例介绍】

申请执行人：清流县计划生育局。

被执行人：上官某甲（系上官某乙之妻）。

上官某乙、上官某甲未履行福建省清流县计划生育局已发生法律效力的（2004）第8002号征收社会抚养费决定书。清流县计划生育局依据已发生法律效力的（2004）第8002号征收社会抚养费决定书，于2004年7月20日向福建省清流县人民法院申请强制执行征收社会抚养费人民币12 988元。福建省清流县人民法院受理后，于同年7月22日向二被执行人发出执行通知，责令二被执行人于

2004 年 7 月 25 日前履行缴纳社会抚养费人民币 12 988 元及本案执行费和执行费用 635 元，但被执行人未能自觉履行。依照《民事诉讼法》第 221 条、第 222 条、第 223 条的规定，裁定如下：

冻结、划拨被执行人上官某乙、上官某甲的银行存款人民币 13 623 元，或者扣留、提取被执行人应当履行义务部分的收入，或者查封、扣押、拍卖、变卖被执行人应当履行义务部分的财产。

本裁定送达后立即生效。①

【案例分析】

本案是一起非诉行政执行案。申请执行人清流县计划生育局作出的要求被执行人履行缴纳征收社会抚养费决定书所确定的义务，而被执行人却未履行。申请执行人根据《行政诉讼法若干解释》（2000 年）第 83 条规定，向清流县人民法院提出强制执行决定书的申请。后者受理，并作出强制执行的裁定。

根据《行政诉讼法若干解释》（2000 年）第 86 条和第 93 条、第 95 条的规定，人民法院在非诉行政执行中须对申请人的申请进行审查后方能强制执行。而审查包括两个方面：一是当事人的非诉强制执行申请是否符合法院受理条件，核心是申请执行的行政行为是否符合《行政诉讼法若干解释》（2000 年）第 86 条所规定的条件；二是对所执行的行政行为的合法性进行审查。然而，遗憾的是，在本案中，清远县人民法院仅指出申请执行人作出的行政行为已发生效力，而未对申请人是否符合受理条件，特别是征收社会抚养费决定是否合法进行审查，并作出认定说明，即作出强制执行的裁定，显然不符合法律规定。

【法律背景】

《行政诉讼法》（1989 年）第六十六条；

《行政诉讼法》（2014 年）第九十五条、第九十六条、第九十七条；

《行政诉讼法若干解释》（2000 年）第八十三条、第八十四条、第八十五条、第八十六条、第八十七条、第八十八条、第八十九条、第九十一条、第九十二条、第九十三条、第九十五条。

【知识点介绍】

当事人拒绝履行法院生效的判决、裁定、调解书的，其他当事人可以申请法院强制执行，或由有权的行政机关自己执行。对此需要注意：

1. 执行根据

执行根据是法院在行政诉讼中作出的所有生效法律文书，包括行政判决书、行政裁定书、行政赔偿调解书。

---

① 参见《清流县计划生育局与上官某乙等征收社会抚养费申请行政执行案》，福建省清流县人民法院（2004）清非执字第 13 号行政裁定书。

2. 被执行人

被执行人是行政诉讼中的所有当事人，包括行政主体与一般公民、法人或其他组织。掌握法院的强制执行措施，必须注意区分被执行人，因为对行政机关的执行与对普通公民、法人、其他组织的执行措施是有所不同的。

3. 执行机关

被执行人是行政主体的，执行机关只能是法院。被执行人是普通公民、法人或其他组织的，执行机关可以是法院，也可以是作为被告的行政机关自己。如果被告是拥有直接强制执行权的机关，如公安、国安、税务、工商、海关等，既可自己执行，也可申请法院执行；如果被告并不具有直接强制执行权，或者是第三人要求执行的，只能申请法院执行。

由法院强制执行的案件，一般由一审法院负责执行。一审法院认为情况特殊需要由二审法院执行的，可以报请二审法院执行，二审法院可以决定自己执行，也可决定仍由一审法院执行。

4. 强制执行的措施

由有权的行政机关对公民、法人或其他组织强制执行的，采用行政强制执行的一般措施，对此本书前文“行政强制”部分已有详细介绍，不赘。

由法院对公民、法人或其他组织强制执行的，采用民事诉讼法中的强制执行措施，不赘。

由法院对行政主体强制执行的，其执行措施包括：（1）划拨，对被告应当归还的罚款或者应当给付的款额，通知银行从该行政机关的账户内划拨。（2）罚款，被告在规定期限内不履行的，从期满之日起，对该行政机关负责人按日处 50 元至 100 元的罚款。（3）公告，将行政机关拒绝履行的情况予以公告。（4）提出司法建议，向监察机关或者该行政机关的上一级行政机关提出司法建议。接受司法建议的机关，根据有关规定进行处理，并将处理情况告知法院。（5）司法拘留，被告拒不履行判决、裁定、调解书，社会影响恶劣的，法院可以对该行政机关直接负责的主管人员和其他直接责任人员予以拘留。（6）追究刑事责任，前项情形如果情节严重构成犯罪，还应当依法追究刑事责任。以上第（3）、（5）两项措施是新修订的《行政诉讼法》增加的，意在加大对行政机关强制执行的力度。

阅读资料

1. 莫于川主编．行政法原理与案例教程．北京：中国人民大学出版社，2007

2. 姜明安主编．行政法与行政诉讼法．北京：北京大学出版社，2007

3. 应松年主编．行政诉讼法学．2007 年修订版．北京：中国政法大学出版社，2007

4. 马怀德主编．行政诉讼原理．北京：法律出版社，2003

5. 杨伟东．行政行为司法审查强度研究——行政审判权纵向范围分析．北京：中国人民大学出版社，2003

6. 莫于川主编．建设法治政府需要司法更给力——行政诉讼法修改问题研究及专家建

议稿．北京：清华大学出版社，2014

7. 莫于川等．新《行政诉讼法》条文精释及适用指引．北京：中国人民大学出版社，2015

探讨性案例

某省某市颜氏节能技术研究所，由颜某、颜某某以及其他6位家庭成员通过签订“合伙投资协议”，于1988年在工商部门登记注册为“合伙企业”，其中，颜某是该企业的法定代表人。1994年前后，颜某利用职务和掌握该企业行政公章的便利，伪造颜某某夫妇笔迹写了一份7合伙人的“退伙声明”，然后以该企业的投资人只是颜某个人的独资企业为由，将属于该企业的国有土地使用权和房屋所有权通过市规划局、市国土局、市房产局变更到自己名下，并分别于1994年4月1日和5月8日领到了国有土地使用权证和房产证。之后，又于1995年6月以颜某某夫妇不具有合伙人资格为由向法院提起民事诉讼，要求取消颜某某夫妇的合伙人资格。该案经过某省高院二次裁定发回重审，最终于2001年1月22日下达确认颜某某夫妇具备合伙人资格的终审判决。而在这期间，颜某于1997年10月1日根据当时的生效判决（确认颜某某夫妇不具备合伙人资格），将已变更到自己名下的土地使用权和房屋所有权通过市国土局和市房产局，以580万元的价格全部转让给了某公司。2002年2月24日，颜某某夫妇以上述行政机关的两次行政行为侵害了其合伙人的合法权益为由，要求上述三个行政机关撤销其变更产权的行为。三被告均以诉讼时效已过为由进行抗辩。

问题：颜某某夫妇的起诉是否已超过了法定期限？

特别提示：本案中，市规划局、市国土局、市房产局变更产权的时间分别为：1994年4月1日和5月8日，而颜某某夫妇起诉的时间为2002年2月24日。颜某某夫妇的起诉属于直接起诉，依据《行政诉讼法》（1989年）第39条的规定，直接起诉的应当在知道作出具体行政行为之日3个月内提出①，法律另有规定的除外。本案所涉及的行政行为的起诉期限，无法律作出特别规定，故应适用一般规定。由于颜某某夫妇不是三机关变更产权的直接当事人，颜某某并不知道变更产权的内容。根据《行政诉讼法若干解释》（2000年）第42条：“公民、法人或者其他织不知道行政机关作出的具体行政行为内容的，其起诉期限从知道或者应当知道该具体行政行为内容之日起计算。对涉及不动产的具体行政行为从作出之日起超过20年、其他具体行政行为从作出之日起超过5年提起诉讼的，人民法院不予受

① 《行政诉讼法》（2014年）第46条对起诉期限的规定从3个月延长为6个月：“公民、法人或者其他组织直接向人民法院提起诉讼的，应当自知道或者应当知道作出行政行为之日起六个月内提出。法律另有规定的除外。因不动产提起诉讼的案件自行政行为作出之日起超过二十年，其他案件自行政行为作出之日起超过五年提起诉讼的，人民法院不予受理。”

理。”颜某某的起诉期限从知道或者应当知道该具体行政行为内容之日起计算，即颜某某的起诉期限期限是其知道三机关变更产权内容之日起 3 个月。此案涉及不动产，法律保护的最长期限为具体行政行为从作出之日起 20 年。变更产权的时间分别为 1994 年 4 月 1 日和 5 月 8 日，至颜某某夫妇 2002 年 2 月 24 日起诉时，并未超过最长保护期限。由于本案案情并未提供颜某某夫妇知道三机关变更产权内容的时间，颜某某夫妇起诉是否超过 3 个月的期限无从判定。故问题的结论应当是：颜某某的起诉未超过最长保护期限，若二人是在知道三机关变更产权内容之日起 3 个月内起诉的，即未超过起诉期限。

复习题

1. 如何确定行政诉讼的起诉期限？
2. 我国行政复议与行政诉讼的关系是什么？
3. 行政诉讼的举证责任如何分配？
4. 在行政诉讼中，对行政机关举证有哪些主要要求？
5. 在行政诉讼中，人民法院审理行政案件的依据有哪些？
6. 行政诉讼一审判决的适用条件是什么？
7. 行政诉讼执行与非诉行政案件的执行的区别是什么？

结 语

在行政法制建设现有基础上不断稳步前进

在依法治国这项宏大的社会系统工程中，政府机关是否依法行政、依法办事，必然成为一个重点、难点和基础环节。这是因为：法律的实施无疑是所有国家机关和全体公民及各类社会组织的共同任务，但最主要的一类承担任务者是政府机关，如果没有科学合理、坚强有力的政府机关依法行政的机制，则立法机关的努力成果将束之高阁，司法机关的监督救济将疲于奔命，依法治国方略也就难以落实到位，故依法行政成为依法治国的一个重点环节；行政权力行使过程的重要特点是强调集中，追求效率，实行首长负责制，拥有自由裁量权，具有扩张和滥用的顽强倾向，这就容易使掌握行政权力者习惯于按个人意志办事，忽视依法行使行政权力，故政府机关依法行政也是依法治国最难实现的一个环节；从行政管理和行政法制实务来看，依法治国也是依法行使国家公权力的过程，主要包括依法立法、依法行政、依法司法、依法监督等诸多环节，其中政府机关的依法行政工作是与人民群众联系最广泛、最经常、最密切、最直接且易于出现问题的一个环节，所以也是依法治国的基础性、关键性、疑难性的环节。

改革开放三十多年来，我国的经济、政治、文化和社会各方面都取得了很大发展，行政法制建设也获得令人瞩目的发展进步，并对经济、政治、文化和社会发展起到了特殊的推动和保障作用。三十多年来，各级政府及其工作部门加强行政立法和制度建设，改进行政管理和行政执法，强化行政执法监督，加大行政救济力度，依法行政的能力和水平不断提高，这是有目共睹的行政法制建设成就。

我国行政法制建设三十多年取得丰硕成绩的原因是多方面的：第一是汲取“文化大革命”的教训，政府管理的理念发生了从基本上依政策行政到主要是依法行政的革命性变化；第二是经济体制、政治体制和行政体制改革特别是确立市场经济发展方向带来的动力和环境；第三是中央层面和地方层面的人大立法和行政立法为行政法制建设提供了基础性的框架、依据和保障；第四是国外经验和我国的地方创新努力为行政法制建设提供了营养、动力和平台；第五是行政法制理论发展对行政法制建设起到了思想观念的指导和推动作用。

行政法制建设亟须遵循以人为本的精神和科学发展观，系统地总结反思和分析前瞻，通过总结经验、寻找差距、思考对策，更好地解决行政法制建设中的重大难题。比如，改革动力和阻力问题，法制建设的系统化问题，行政执法不到位的问题，制度评价的科学化问题，等等。对这些问题加以具体研究获得正确认识，有助于在新形势下全面推进依法行政。

例如，关于三十多年来我国行政法制发展的阶段性特点，可划分为如下四个建设时期加以认识：（1）行政法制建设起步发展时期，时间跨度大致是从 1978 年到 1988 年。也就是从 1978 年年底召开的中央工作会议和党的十一届三中全会正式确立改革开放方针，到行政诉讼法颁布之前的 1988 年。在这个十年，从过去行政法律被单纯视为政府管治老百姓、管治社会的手段，行政法治观念比较淡薄，到开始注重运用法律手段，老百姓可以针对违法的行政行为提起诉讼，行政法制建设开始起步。（2）行政法制建设规范发展时期，时间跨度大致是从 1989 年到 1998 年。我国于 1989 年 4 月 4 日通过并于次年 10 月 1 日起施行了具有行政法制发展里程碑意义的《行政诉讼法》，1990 年 12 月 24 日，国务院发布了《行政复议条例》，1993 年发布施行了《国家公务员暂行条例》，1994 年通过并于 1995 年施行了《国家赔偿法》，1996 年通过并施行了《行政处罚法》，1997 年通过并施行了《行政监察法》，行政主体和行政行为受到规范，行政程序法治观念得到提升，行政审判受到重视，行政法制建设日益规范发展。（3）行政法制建设走向全面发展时期，时间跨度大致是从 1999 年到 2010 年。其主要标志是 1999 年修宪将“依法治国，建设社会主义法治国家”的治国基本方略载入宪法，同年国务院发布了《全面推进依法行政的决定》，最高人民法院颁布了新的执行《行政诉讼法》若干问题的解释，2000 年出台《立法法》，然后是 2003 年《行政许可法》出台，2004 年修宪将“国家尊重和保障人权”写入宪法，同年国务院发布《全面推进依法行政实施纲要》，2008 年颁布了《关于加强市县政府依法行政的决定》，2010 年颁布了《加强法治政府建设的意见》，确定了建设法治政府的远景目标，分步骤、有重点、由点到面、以人为本地推进行政法制建设。（4）行政法制建设开始精细化发展时期。近些年来，随着我国法制建设开始进入精细化发展阶段，人们对于修法与立法并重且以修法为主逐渐达成共识，修法问题也即修改不适应社会发展的法律文件日渐被提上立法工作日程，成为主要的立法工作。2014 年，《行政诉讼法》的修订在受案范围、级别管辖、判决类型等方面都有了进步。2015 年 3 月，《立法法》的修改在立法权下放、增强立法民主性方面有所创新。2015 年 4 月，最高人民法院根据修订后的《行政诉讼法》颁布了《关于适用〈中华人民共和国行政诉讼法〉若干问题的解释》。2015 年 12 月，中共中央、国务院印发《法治政府建设实施纲要（2015—2020 年）》，提出“到 2020 年基本建成职能科学、权责法定、执法严明、公开公正、廉洁高效、守法诚信的法治政府”的目标。这些努力从不同角度推动我国行政法走向精细化、科学化发展。

又如，我国行政法制建设三十多年，风风雨雨、艰难前行、成果丰硕，给予人们许多经验和启示，可将其择要概括为如下八个方面的发展：（1）行政法制建设有系统且有重点和渐进式的推进策略；（2）不断完善我国行政法制建设的基础环节和运行环境；（3）从法律虚无主义到重视法律规范的功能，从单纯倚靠行政实体法到日益注重行政程序法的作用；（4）从单纯依赖刚性手段，到注重运用柔性手段，实行刚柔兼济的行政管理方式；（5）从秩序为本、单纯管理、治理百姓，到以人为本、注重服务、治官治权；（6）从高度集权、无限政府、权责脱节，到公众参与、有限政府、责任政府；（7）从单纯依靠政策行政，到注重依法行政，再到建设法治政府、阳光政府和服务型政府；（8）日益重视行政法学理论研究对推进行政法制建设的作用。简言之，从集权型、管理型、秩序型、封闭型、随意型的政府管理模式，转向民主型、指导型、服务型、开放型、责任型的政府管理模式，这是改革开放三十多年来我国行政法制建设的基本经验和总体趋势。

再如，三十多年来我国行政法制的理论发展、观念演进特别是方法论的改进，也表现出许多突出特点：（1）从简单拿来主义，到选择他山之石与挖掘本土资源、创新中国经验相结合；（2）从法律虚无主义到行政法治主义，从形式法治主义再到实质法治主义、功能法治主义；（3）从只注重实体法，再到既注重实体法也注重程序法还重视条理法（特别是法律原则）的作用；（4）从传统型的高度集权的行政法制理论，走向民主化、科学化、法治化的行政法治理论；（5）从不讲法理、不重诚信、不计成本、不讲效率，到注重正当基础、政府形象、科学评价、成本效益。

最后，还要看到，与完善社会主义市场经济体制、建设社会主义政治文明和实施依法治国基本方略的客观要求相比，我国行政法制建设三十多年来也走过一些弯路，存在许多不足，面临不少矛盾，这些问题在一定程度上损害了人民群众的利益和人民政府的形象，阻碍着经济、政治、社会和文化的全面协调发展，其中最主要的教训是：（1）行政法制建设与经济、政治、行政体制改革的结合不够，行政法制与发展社会主义市场经济和民主政治的要求还有许多不完全适应之处，依法行政面临诸多体制和机制障碍；（2）行政法制建设的速度与质量未能做到充分协调一致，制度建设反映客观规律还不够充分，难以全面、务实、高效、低成本地解决实际问题；（3）有法不依、执法不严、违法不究现象时有发生，人民群众反映比较强烈，特别是行政决策机制和程序不够完善，重大决策失误时有出现且难以追究责任、汲取教训；（4）对行政行为的监督制约机制不够健全，一些违法或不当的行政行为不易得到及时、有效的制止或者纠正，相对人的合法权益受到损害常常难以获得及时、有力、可靠的救济；（5）行政法文化长期幼稚，一些行政公务人员的法治意识不强或者观念陈旧，依法行政的能力和水平有待进一步提高；等等。

在走向深入改革开放新阶段之际，必须着力转变职能、理顺关系、优化结构、提高效能，加快行政管理体制改革，建设服务型政府，继续推进依法行政，这对新形势下提升行政法制工作水平具有重要的指导意义。行政法制实务和理论工作者，包括行政法初习者，都要通过案例分析更清楚地认知现实情况，努力回应现实需求，总结经验、吸取教训、深化认识、达成共识，为新时期完善行政法制、推进依法行政，互系联动一体地建设法治政府、创新政府、廉洁政府和服务型政府而共同不懈努力。

附录

行政法制实务常用法律文件目录

一、《宪法》和行政纲要文件

1.《中华人民共和国宪法》（1982 年 12 月 4 日通过，经 1988 年、1993 年、1999 年、2004 年四次修正，共 31 条修正案）

2.《全面推进依法行政实施纲要》（2004 年 3 月 22 日国发［2004］10 号国务院文件）

3.《国务院关于加强市县政府依法行政的决定》（2008 年 5 月 12 日国发［2008］17 号国务院文件）

4.《国务院关于加强法治政府建设的意见》（2010 年 10 月 10 日国发［2010］33 号国务院文件）

5.《法治政府建设实施纲要（2015—2020 年）》（中共中央、国务院于 2015 年 12 月 27 日印发）

二、行政组织法

1.《中华人民共和国国务院组织法》（1982 年 12 月 10 日通过，同日起实施）

2.《中华人民共和国地方各级人民代表大会和地方各级人民政府组织法》（1979 年 7 月 1 日通过，同日起施行，2004 年 10 月 27 日第四次修正）

3.《中华人民共和国公务员法》（2005 年 4 月 27 日通过，2006 年 1 月 1 日起施行）

4.《行政机关公务员处分条例》（2007 年 4 月 4 日通过，2007 年 6 月 1 日起施行）

5.《地方各级人民政府机构设置和编制管理条例》（2007 年 2 月 14 日通过，2007 年 5 月 1 日起施行）

6.《公安机关组织管理条例》（2006 年 11 月 1 日通过，2007 年 1 月 1 日起施行）

三、行政行为法（一）

1.《中华人民共和国立法法》（2000 年 3 月 15 日通过，2000 年 7 月 1 日起施行，根据 2015 年 3 月 15 日第十二届全国人民代表大会第三次会议《关于修改〈中华人民共和国立法法〉的决定》修正）

2.《行政法规制定程序条例》（2001 年 11 月 16 日通过，2002 年 1 月 1 日起施行）

3.《规章制定程序条例》（2001 年 11 月 16 日通过，2002 年 1 月 1 日起施行）

4.《法规规章备案条例》（2001 年 12 月 14 日通过，2002 年 1 月 1 日起施行）

四、行政行为法（二）

1.《中华人民共和国行政处罚法》（1996 年 3 月 17 日通过，1996 年 10 月 1 日起施行，2009 年 8 月 27 日通过决定作出部分修正）

2.《中华人民共和国行政许可法》（2003 年 8 月 27 日通过，2004 年 7 月 1 日起施行）

3.《中华人民共和国行政强制法》（2011 年 6 月 30 日通过，2012 年 1 月 1 日起施行）

4.《中华人民共和国治安管理处罚法》（2005 年 8 月 28 日通过，2006 年 3 月 1 日起施行，2012 年 10 月 26 日通过决定作出部分修正）

5.《罚款决定与罚款收缴分离实施办法》（1997 年 11 月 17 日公布，1998 年 1 月 1 日起施行）

6.《中华人民共和国政府采购法》（2002 年 6 月 29 日通过，2003 年 1 月 1 日起施行）

7.《中华人民共和国突发事件应对法》（2007 年 8 月 30 日通过，2007 年 11 月 1 日起施行）

8.《中华人民共和国城乡规划法》（2007 年 10 月 28 日通过，2008 年 1 月 1 日起施行，2015 年 4 月 24 日通过决定作出部分修正）

9.《中华人民共和国食品安全法》（2009 年 2 月 28 日通过，2009 年 6 月 1 日起施行，2015 年 4 月 24 日作出修订，2015 年 10 月 1 日起施行）

五、行政程序法

1.《中华人民共和国政府信息公开条例》（2007 年 1 月 17 日通过，2008 年 5 月 1 日起施行）

2.《生产安全事故报告和调查处理条例》（2007 年 3 月 28 日通过，2007 年 6 月 1 日起施行）

六、行政监督法

1.《中华人民共和国各级人民代表大会常务委员会监督法》（2006 年 8 月 27 日通过，2007 年 1 月 1 日起施行）

2.《中华人民共和国行政监察法》（1997 年 5 月 9 日通过，同日起施行，2010 年 6 月 25 日通过决定作出修正）

3.《中华人民共和国行政监察法实施条例》（2004 年 9 月 17 日通过，2004 年 10 月 1 日起施行）

4.《中华人民共和国审计法》（1994 年 8 月 31 日通过，1995 年 1 月 1 日起施行，2006 年 2 月 28 日通过决定作出修正）

5.《中华人民共和国审计法实施条例》（1997 年 10 月 21 日公布，2010 年 2 月 2 日修正）

6.《信访条例》（1995 年 10 月 28 日颁行，2005 年 1 月 5 日通过修正案，同年 5 月 1 日起施行）

七、行政复议法

1.《中华人民共和国行政复议法》（1999 年 4 月 29 日通过，1999 年 10 月 1 日起施行，2009 年 8 月 27 日通过决定作出部分修正）

2.《中华人民共和国行政复议法实施条例》（2007 年 5 月 23 日通过，2007 年 8 月 1 日起施行）

3.《最高人民法院关于适用〈行政复议法〉第三十条第一款有关问题的批复》（2003 年 1 月 9 日通过，2003 年 2 月 28 日起施行）

八、行政诉讼法

1.《中华人民共和国行政诉讼法》（1989 年 4 月 4 日通过，1990 年 10 月 1 日起施行，2014 年 11 月 1 日通过决定作出修改）

2.《最高人民法院关于执行〈中华人民共和国行政诉讼法〉若干问题的解释》（1999 年 11 月 24 日通过，2000 年 3 月 10 日起施行）

3.《最高人民法院关于适用〈中华人民共和国行政诉讼法〉若干问题的解释》（2015 年 4 月 20 日通过，2015 年 5 月 1 日起施行）

4.《最高人民法院关于行政诉讼证据若干问题的规定》（2002 年 6 月 4 日通过，2002 年 10 月 1 日起施行）

5.《最高人民法院关于审理国际贸易行政案件若干问题的规定》（2002 年 8 月 27 日通

过，2002年10月1日起施行）

6.《最高人民法院关于审理反补贴行政案件应用法律若干问题的规定》（2002年9月11日通过，2003年1月1日起施行）

7.《最高人民法院关于审理反倾销行政案件应用法律若干问题的规定》（2002年9月11日通过，2003年1月1日起施行）

8.《最高人民法院关于行政案件管辖若干问题的规定》（2007年12月17日通过，2008年2月1日起施行）

9.《最高人民法院关于行政诉讼撤诉若干问题的规定》（2007年12月17日通过，2008年2月1日起施行）

10.《人民检察院民事行政抗诉案件办案规则》（2001年9月30日通过，自颁布之日起施行）

九、国家赔偿法

1.《中华人民共和国国家赔偿法》（1994年5月12日通过，1995年1月1日起施行，2010年4月29日通过决定作出第一次修正，2012年10月26日通过决定作出第二次修正）

2.《最高人民法院关于人民法院执行〈中华人民共和国国家赔偿法〉几个问题的解释》（1996年5月6日通过，同日起施行）

3.《最高人民法院关于审理行政赔偿案件若干问题的规定》（1997年4月29日通过，同日起施行）

4.《最高人民法院关于民事、行政诉讼中司法赔偿若干问题的解释》（2000年9月14日通过，2000年9月21日起施行）

5.《最高人民法院、最高人民检察院关于办理人民法院、人民检察院共同赔偿案件若干问题的解释》（1997年6月27日通过，同日起施行）

6.《国家赔偿费用管理办法》（1995年1月16日通过，1995年1月25日起施行）

7.《国有土地上房屋征收与补偿条例》（2011年1月19日通过，2011年1月21日起施行）

8.《最高人民法院关于办理申请人民法院强制执行国有土地上房屋征收补偿决定案件若干问题的规定》（2012年2月27日通过，2012年4月10日起施行）

相关教材

书名	ISBN	作者	定价（元）	出版日期
1. 宪法				
宪法（第六版）（“十一五”国家级规划教材；教育部全国普通高等学校优秀教材一等奖）	978-7-300-18845-4	许崇德　胡锦光	32.00	2014.3
宪法练习题集（第三版）（配套辅导用书）	978-7-300-18437-1	胡锦光	28.00	2014.1
中国宪法（第四版）	978-7-300-12301-1	许崇德	29.80	2010.6
宪法学（第二版）	978-7-300-20104-7	焦洪昌	26.00	2014.10
宪法学（第二版）	978-7-300-19860-6	朱最新　杨　桦	38.00	2014.9
外国宪法（第四版）（“十二五”国家级规划教材）	978-7-300-17968-1	韩大元	45.00	2013.9
外国宪法	978-7-300-19963-4	张　震	32.00	2014.9
2. 行政法与行政诉讼法				
行政法与行政诉讼法（第六版）（“十一五”国家级规划教材；教育部全国普通高等学校优秀教材一等奖）	978-7-300-20724-7	张正钊　胡锦光	42.00	2015.6
行政法与行政诉讼法练习题集（第四版）（配套辅导用书）	978-7-300-21624-9	李元起	39.80	2015.8
行政法与行政诉讼法（第四版）	978-7-300-21648-5	叶必丰	39.80	2015.8
案例行政法教程（第二版）（“十一五”国家级规划教材）	978-7-300-22622-4	莫于川	45.00	2016.4
行政法与行政诉讼法（北京高等教育精品教材）	978-7-300-15573-9	莫于川	39.80	2012.6
行政法学（第三版）	978-7-300-21641-6	胡建淼　江利红	42.00	2015.8
行政法案例分析（第三版）	978-7-300-13120-7	胡锦光	28.00	2010.12
国家赔偿法（第三版）	978-7-300-14502-0	胡锦光　余凌云	23.00	2011.11
警察法通论	978-7-300-16981-1	李元起　师　维	48.00	2013.6

图书在版编目（CIP）数据

案例行政法教程／莫于川主编．—2版．—北京：中国人民大学出版社，2016.4
ISBN 978-7-300-22622-4

Ⅰ.①案… Ⅱ.①莫… Ⅲ.①行政法-案例-中国-高等学校-教材 Ⅳ.①D922.105

中国版本图书馆CIP数据核字（2016）第046687号

普通高等教育“十一五”国家级规划教材
新编21世纪法学系列教材
总主编　曾宪义　王利明
案例行政法教程（第二版）
主编　莫于川
Anli Xingzhengfa Jiaocheng

出版发行	中国人民大学出版社		
社　　址	北京中关村大街31号	**邮政编码**	100080
电　　话	010－62511242（总编室）		010－62511770（质管部）
	010－82501766（邮购部）		010－62514148（门市部）
	010－62515195（发行公司）		010－62515275（盗版举报）
网　　址	http://www.crup.com.cn		
	http://www.ttrnet.com(人大教研网)		
经　　销	新华书店		
印　　刷	北京东君印刷有限公司	**版　　次**	2009年6月第1版
规　　格	185 mm×260 mm　16开本		2016年4月第2版
印　　张	25	**印　　次**	2016年4月第1次印刷
字　　数	537 000	**定　　价**	45.00元

《　　　　　　》※任课教师调查问卷

为了能更好地为您提供优秀的教材及良好的服务，也为了进一步提高我社法学教材出版的质量，希望您能协助我们完成本次小问卷，完成后您可以在我社网站中选择与您教学相关的1本教材作为今后的备选教材，我们会及时为您邮寄送达！如果您不方便邮寄，也可以申请加入我社的**法学教师QQ群：83961183（申请时请注明法学教师）**，然后下载本问卷填写，并发往我们指定的邮箱（cruplaw@163.com）。

邮寄地址：北京市海淀区中关村大街31号中国人民大学出版社411室收

邮　　编：100080

再次感谢您在百忙中抽出时间为我们填写这份调查问卷，您的举手之劳，将使我们获益匪浅！

基本信息及联系方式：※

姓名：__________ 性别：__________ 课程：__________________

任教学校：____________________ 院系（所）：________________

邮寄地址：____________________ 邮编：____________________

电话（办公）：__________ 手机：__________ 电子邮件：__________

调查问卷：※

1. 您认为图书的哪类特性对您使用教材最有影响力？（　　）（可多选，按重要性排序）
   A. 各级规划教材、获奖教材　　B. 知名作者教材
   C. 完善的配套资源　　D. 自编教材
   E. 行政命令
2. 在教材配套资源中，您最需要哪些？（　　）（可多选，按重要性排序）
   A. 电子教案　　B. 教学案例
   C. 教学视频　　D. 配套习题、模拟试卷
3. 您对于本书的评价如何？（　　）
   A. 该书目前仍符合教学要求，表现不错将继续采用。
   B. 该书的配套资源需要改进，才会继续使用。
   C. 该书需要在内容或实例更新再版后才能满足我的教学，才会继续使用。
   D. 该书与同类教材差距很大，不准备继续采用了。
4. 从您的教学出发，谈谈对本书的改进建议：____________________

____

____

选题征集：如果您有好的选题或出版需求，欢迎您联系我们：

联系人：黄　强　联系电话：010-62515955

索取样书：书名：__________________________________

书号：____

备注：※ 为必填项。